内藤湖南

中国史通论

余之所谓东洋史，即是中国文化发展的历史。

通观中国文化发展的总体，

宛如一棵树，由根生干，而及于叶一样，

确实形成为一种文化的自然发展的系统，

有如构成一部世界史。

日本人、欧洲人都以各自的本国历史为标准，

所以把中国史的发展视为不正规，但这都是谬误的。

在中国文化的发展中，

文化确是真正顺理成章、最自然地发展起来的。

这与那种受到其他文化的刺激，

在其他文化的推动下发展起来的文化，是不同的。

——内藤湖南

中国史通论

〇上

〔日〕

内藤湖南

著

夏应元

编选并监译

夏应元 钱婉约

等译

九州出版社
JIUZHOUPRESS

图书在版编目（CIP）数据

中国史通论 /（日）内藤湖南著 ；夏应元，钱婉约
译. -- 北京：九州出版社，2021.12
ISBN 978-7-5225-0664-7

Ⅰ. ①中… Ⅱ. ①内… ②夏… ③钱… Ⅲ. ①中国历
史－研究 Ⅳ. ①K207

中国版本图书馆CIP数据核字(2021)第231738号

中国史通论

作　者	（日）内藤湖南
译　者	夏应元、钱婉约等
责任编辑	李黎明
封面设计	吕彦秋
出版发行	九州出版社
地　址	北京市西城区阜外大街甲 35 号（100037）
发行电话	(010) 68992190/3/5/6
网　址	www.jiuzhoupress.com
电子信箱	jiuzhou@jiuzhoupress.com
印　刷	三河市国新印装有限公司
开　本	880 毫米×1230 毫米　32 开
印　张	25.75
字　数	570 千字
版　次	2023 年 4 月第 1 版
印　次	2023 年 4 月第 1 次印刷
书　号	ISBN 978-7-5225-0664-7
定　价	158.00 元（全三册）

⊙ 内藤湖南青年时照片（采自《内藤湖南汉诗酬唱墨迹辑释》，
　钱婉约、陶德民编著）

⊙ 内藤湖南（右一）与罗振玉（右三）等人合影（采自网络）

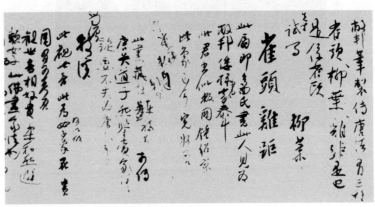

⊙ 内藤湖南与罗振玉的笔谈（采自《内藤湖南全集》）

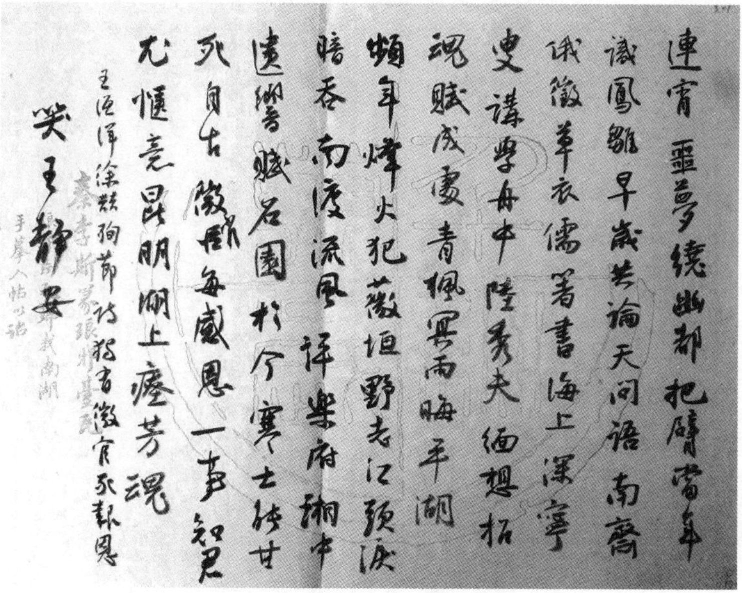

⊙ 内藤湖南悼王国维诗（采自《内藤湖南汉诗酬唱墨迹辑释》）

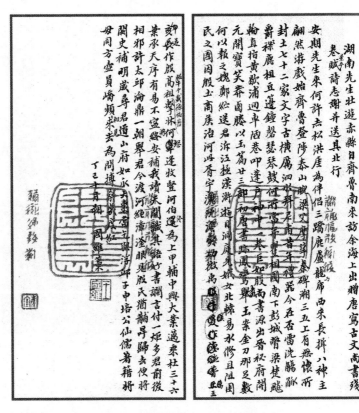

⊙ 王国维致内藤湖南信札（采自《内藤湖南汉诗酬唱墨迹辑释》）

目　录

中国上古史

出版说明

内藤湖南先生是日本著名的历史学家，"内藤史学"的创始人，日本学界中国史研究的开拓者之一。

内藤湖南生于儒学世家，受家庭影响，自幼学习汉学，能用汉文写作，一生热爱中国文化。他曾十次访华，与中国的文人学者来往密切，并到各地游历考察，搜集研究资料。在中国学方面，其研究范围非常广泛：对中国稀见古籍史料的搜求、考证、编辑、出版，对中国历史发展的时代划分，对中国文化发展趋势的论证，对中国近代史重大事件的分析、评论，对中国史学史、目录学史、美术史、敦煌学、满蒙史地的研究，都卓有建树。

内藤湖南对中国历史与中国文化的评价非常高，认为它自成体系。但他的著作成于约百年前，并且由于外国人的身份，部分观点与立场自然有其局限性，如对东亚国家与地区局势的态度与立场，特别是把"满洲"与中国并列、所谓其"侵入中国"的说法，对中国历史上汉族政权与少数民族政权的认识，以及对农民起义的看法等等，都是我们不同意的。为了让读者了解当时日本历史学界对中国的主流观点，本着参考与研究之目的，中译本保持了作者论述的原貌，请读者批判地阅读。特此说明。

再版前言

众所周知，日本内藤湖南先生为日本史学界著名的中国史专家。我在 1984 年访日时，虽然内藤先生早已去世，但当年秋季去京都出席一次学术集会时，有幸与内藤先生高足宫崎市定先生晤面，也有幸与内藤先生再传弟子谷川道雄先生相见，可称幸会。归国后，又从恩师周一良先生处得知内藤先生业绩，倍感钦敬。八十年代，在北京大学历史系举行的一次国际性学术会议上，又一次与来华的谷川先生见面。由于在会议讨论的发言中，涉及到内藤先生，因而谷川道雄先生提议，在日方支持下，是否可以在中国出版内藤先生的中国史著作，以填补这一学术空白。谷川先生当场提议，由我身担其任。我不好推辞，于是，邀集中方有关翻译人员，在大家共同努力下，经过数年的工作，终于在 2004 年，名为《中国史通论》上下两卷宣告问世。这是内藤先生的中国史著作首次在中国出版，能为介绍内藤先生大著在中国面世做一点工作，也感到不胜欣幸。

1994 年我赴日本东京大学学术交流；1998 年开始在早稻田大学讲授"中日交流史"课程，长达十年之久。由于长时间不在国内，因而，对内藤著作出版后国内学界的反应，不甚了解。离别国内十数年之久，有一次回到北大，在图书馆的人文社科阅览室浏览，无意中见到内藤的《中国史通论》一书，摆在书架上十分醒目的位置。并且发现，此书似乎已经被许多人翻阅，书角非常零乱不堪。当时，我感到十分意外。去年，原出版社听说我回国了，找上门来，表示此书早已脱销，要准备再版。后因双方条件未谈妥，只有作罢。但，我对于这样"冷僻"的书，居然脱销，北大校内这样多的人竞相阅读，有些始料未及。

通过对内藤先生此书的选编及翻译工作，使我对于内藤先生的中国史研究，有一些粗浅的体会。

内藤先生认为，"通观中国文化发展的总体，宛如一棵树，由根生干，而及于叶一样，确实形成为一种文化的自然发展的系统，有如构成一部世界史。"他还指出，"中国历史发展本身即是各时代文化的发展。""各时代文化发展的不同内容及形式，显示出阶段性，成为划分时代的依据。"根据这一观点，内藤将中国历史划分为下列三个时期。

第一时期，"上古"，即远古到后汉中叶。

第二时期，"中古"，三国至唐中期，特点为贵族政治。

第三时期，"近世"，即唐宋之交，贵族政治没落，君主独裁政治兴起。——此即"唐宋变革说"。近世成为变化转折点。关于内藤的这一观点，在初版《编者前言》中，已经详述，不再重复。

除了"唐宋变革说"之外，内藤的另一个重要理论，即文化中心移动说，内藤认为：

上古时期，秦汉统一时代，文化中心由内部向外发展。文化向四方扩散，异族侵入时代。

中古时期。由三国分裂到唐代大一统，世界性文化形成时期，此时是文化中心由四面岸上反射过来的时代。

近世时期，宋代以后，独裁君主权力确立时期。文化由岸上超越，向外部溢出的形势。宋元统一文化，不断向岸上反作用，不断反复时代。统一→分裂→再统一……不断反复，可称为"循环说"，或"波动说"。内藤主张，中国文明自上古以来（至汉代）以黄河文明为主。自三国以后，中心逐步南移。内藤在1894年，已发表文章，主张以物质文明为特征的欧洲文明，经过四五百年的发展，已经开始暴露其弊点。（内藤《日本的天职与学者》，1894）内藤主张："印度以其神秘的特性，中国以其礼义的特性、日本以其趣味的特性，或足以对西欧之欠缺，予以弥补，以至于世界开化之大成，或为天之明命欤？"（《重赠渡美僧言》，《内藤湖南全集》第一卷，347页）

内藤在同年发表文章说："我对于欧美现代文明有着与过去一般人的完全不同的看法。不单是中国，即使我们日本人都有一种错误的看法，即以富强为国家唯一的目的，而我认为，国家之根本目的在于发展和保护文化。"（《东洋文化史研究》之《回归中国》，《内藤湖南全集》第八卷，178页）

除在本书初版的《编者前言》及上面介绍的内藤史学的一些主张之外，还需要特别介绍一下内藤湖南本人1934年去世以后，八十余年中其弟子们的一些言论，作为内藤史学的新动向，奉献于中国读者之前。

近年来，有内藤门下弟子表示：欧洲诸国近三四百年来，物质文明趋于极盛，其短处亦自然显露。而东方各国，例如印度文化具有神秘的特性，中国文化具有礼义的特性，日本具有趣味的特性，俱可以补足西欧之缺欠。以促进世界开放之大业。这情况，促使内藤门人认识到，中国在大陆立国，有自己的文化，而日本则以海岛立国，其文化皆出自假借。他们认识到："东洋诸国，中国最大，凡事必须以中国为主。"（大谷敏夫《湖南的中国文化论与政治论》，见《内藤湖南的世界——亚洲再生的思想》，内藤湖南研究会，2001）这些论调，反映近年来在中日关系上，内藤史学门下对待中国，具有更谦虚、更友好、更热情的倾向，这值得我们欢迎和注意，并努力学习。

九州出版社准备再版《中国史通论》，我通读《中国上古史》、《中国中古的文化》、《中国近世史》这三部，更正了初版中已发现的错误，并对部分译文进行了修订。钱婉约对《清朝史通论》与《清朝衰亡论》，重新进行了全面的译校与修订。责任编辑李黎明为本书的再版与完善，投入了大量精力。总而言之，新版较旧版有不少改进，但遗漏在所难免，恳请方家批评指正。

夏应元

2017 年 8 月于北京

编者前言

内藤湖南（1866—1934）先生是日本明治维新以后，20世纪一二十年代，日本中国史学的开创与奠基时期京都学派的主要奠基人之一。他在中国史学方面的开创性建树，至今仍为日本中国史学界所广泛承袭，对日本甚至国外的中国史学都产生了相当深远的影响。

内藤湖南，本名虎次郎，1866年生于今秋田县鹿角市十和田毛马内。因该地在十和田湖之南，故号湖南。在江户时代，该地虽远离江户、京都，但因该地是南部藩的重臣樱庭氏的领地，湖南的祖父、父亲都是世代仕于樱庭家的儒学者。由于家庭熏陶，他自幼随父亲学习汉学，打下汉学根基，对他一生热爱中国文化，并最后走上中国史学家的道路，关系甚大。

及长，入秋田师范学校，毕业后，在小学任教。1887年（二十二岁）去东京，在近二十年间先后从事各杂志的编辑工作，任《日本人》、《大阪朝日新闻》的记者，颇有才名。1890年，曾加入"政教社"。该社宗旨为反对当时明治政府推行的欧化主义路线，主张恢弘包括日本文化在内的东方文化，以贡献于世界文化之林。这一思想结构，对于形成他后来学术活动的出发点，颇有影响。

1894—1895 年甲午中日战争后，湖南以在野的文人，日益关心中国问题。他利用多次访华机会，用心搜集中国历史资料，努力从事中国史的研究。1907 年，京都帝国大学开设史学科，当时京都大学学长狩野亨吉邀他去京大任教。湖南欣赏清代顾炎武、黄宗羲等在野的朴学之士淡泊名利、专心治学之风，他认为京大与己之爱好相合，遂欣然应聘。但以他非帝国大学出身，暂以讲师应聘，担任东洋史学讲座。1909 年晋升为教授。从此时起直至1926 年退休时止，主持东洋史学第一讲座，经常讲授中国上古史、中国中古的文化、中国近世史、清史、中国史学史、中国目录学等课程，多次发表有关中国历史的演讲及论文。1926 年被任命为帝国学士院会员（相当于院士），标志着在日本学术界的权威地位。1926 年退休后，隐居于京都府相乐郡加茂町恭仁山庄，郭沫若等中国文人曾去拜访。1934 年因病逝世。

综合他一生在中国史学方面的贡献，大致在以下三个方面。

一、他在 1899—1910 年间，曾六次来中国考察。他虽系受《大阪朝日新闻》、外务省等单位派遣，考察中国形势，但他却趁机得与中国文人学者严复、文廷式、张元济、罗振玉等交往，并潜心搜集中国资料，他喜获或亲见《满蒙文藏经》、文澜阁《四库全书》、《蒙文元朝秘史》等。在 1907 年任职于京都大学之后，仍数次来中国调查敦煌文书、《汉文旧档》、《满文老档》、《五体清文鉴》等秘籍，并努力搜集甲骨文、金文、中国金石及古器物等，对日本中国史学的史料建设，做出了开创性的贡献。

二、他对中国古代史领域的各断代专题，例如上古史、清史、"满蒙史"等方面用力最深，不仅在京大讲学，还发表论文及演讲多次，颇有建树。

三、内藤在中国史学的最大建树，还是在思想理论方面。

（一）他的基本理论观点认为，历史的发展本身即是各时代文化的发展。而他之所谓文化，是指广义的文化，即包括政治、经济、社会、思想等人类所创造的一切成果。各时代依据这些文化发展的不同内容及形式，显示出其阶段性，从而成为划分时代的依据。

（二）他十分推崇中国的传统文化，认为它自成体系，循序渐进、独立发展，以中国文化为中心的东亚世界，是一个独立的文明世界，其历史展开，形成了一个完整的世界史体系。他反对欧美及部分日本学者的中国文化停滞论及各种贬低中国文化的观点。他认为，中国历史上的文化，曾成为东亚世界的主轴，强烈影响及于周围国家，首先是朝鲜及日本。日本之所以有今天的日本文化，完全是中国文化作用的结果，因而他有中日文化同一论的观点。

（三）中国历史上的文化一经形成，就会有其文化中心，而这一中心会随着时代的演变而移动。例如，从以汉族为中心的中原地区的文化，向周围其他民族地区扩散。周围民族受此影响，文化上"自觉"后，再反过来向中原地区施加影响。文化中心不仅可以在国内移动，还可能超出国界，向邻国（如朝鲜、日本）转移。文化中心不仅有地域上的转移，也可能在社会阶层中转移。例如，他认为，清代文化中心原在士大夫阶层，后来转移到下面的商人，将来也可能转移至工人、农民。

（四）在社会各阶层中，他又特别重视平民的地位。他在中国史分期中，特别提出"唐宋变革说"。因为他认为，中国自宋代起进入近世，即进入君主独裁政治时期，而从此时起平民地位有所抬头，支持君主独裁政治，因而又逐步培育起民众力量。而这一趋势发展的结果，自然会造成清末之后，必然走上共和制的前途。

四、内藤在上述基本历史观的基础上，提出了把中国史划分为上古、中古（中世）、近世三个时期的分期理论。在此之前，虽有中国史学家使用上述名词进行分期，但只是偏重从时间观念上使用它，而内藤则按每个时代的文化创造力及时代特点来使用它，赋予时代的内容，以此建立起中国史的新体系，成为内藤对于中国史学领域的新贡献。

内藤对中国史分期法的主张，可以简要概括如下：

第一时期：上古时期，由远古到后汉中叶。上古时期的内容是继承上古发生的文化，完成了向四方扩展的过程。此时期还可更进一步划分为前、后二期。

前期，中国文化在中国本土上形成并进行充实的时期。

后期，中国文化向边境各民族传播，并向东亚发展的时期（而实际上，此前、后二期往往是复杂交错着的）。中国文化向四方扩展的工作宣告完结时，即为上古时期的终结，即至2世纪的汉末时期。

继之，是一个由上古向中世的过渡期（内藤称它为"中国史上的第一个过渡期"），即由后汉后半叶起，至西晋（316年）止。此时期是中国文化暂时停止向外发展的时期。

第二时期：中世时期，由五胡十六国至唐代中叶（9世纪初）止。这一时期是边境各民族接受中原文化后觉醒起来，其势力反作用于中国内部（主要表现为军事入侵）的时期。

第二个过渡期：由唐末至五代，为外部势力在中国本部达于顶点的时期。

从内部社会体制来说，内藤认为，中世时期的一大特点是贵族政治（士族，门阀）的兴起，君主也只是贵族阶级的一员。

第三时期：近世时期。内藤认为，中国唐末与北宋之交是"中世"向"近世"变化的转折点，即他著名的"唐宋变革说"。他认为，唐宋之交在政治、经济、文化各方面，均有根本的变化。政治方面，由贵族政治的衰微过渡到君主独裁政治。君主具有超越统治阶级之上的地位。另一重要现象为随着贵族的没落，平民地位有一定的提高，平民获得一定的社会自由，通过胥吏阶级，参与一定的地方政事。此因素在中国内部的积累，到清末终于决定中国历史必然走向共和制的前途。这一唐宋变革说，在日本国内外历史学界都获得广泛的认同，影响很大。

我个人粗浅体会，内藤的文化史观，特别是他著名的文化中心移动说和文化的作用与反作用的思想，以及唐宋变革说，是他的中国史分期理论的两大支柱，影响巨大，值得我们注意和借鉴。我国的历史学界自共和国成立以来，还是比较注意对中国历史发展规律的理论表述和探讨的，但，恕我斗胆直言，从总体情况看，接受上面权威人士既成理论较多，自下而上独创的较少。而这种情况，又与长期闭锁条件下，很少吸取国外史学界的理论成果有很大的关系。即使对于与我国历史、文化有特别密切关系的日本，也是如此。譬如，对日本著名史学家内藤湖南先生的研究，缺乏系统的介绍，就是其中表现之一。这些情况，自改革开放以来，虽有一定的好转，但仍有许多空白领域需要我们努力填补。这次，我们把内藤先生关于中国史的代表性著作编译出版，介绍给国内史学界的朋友，也是这种努力之一。

正因如此，我刚一拟意着手，立即得到日本著名历史学家、内藤先生的再传弟子、京都大学名誉教授谷川道雄先生和河合文化教育研究所研究员山田伸吾先生的热情关怀、大力支持，用自己薪金的节余资助本书的出版。对他们的无私援助，谨志衷心的感谢。

本书在翻译过程中，大致分工情况如下：夏应元负责全书的选编及校阅工作，翻译《中国上古史》目录、绪言、第一、十、十一章，《中国近世史》目录、第一章，《清朝衰亡论》附录2等。刘文柱翻译《中国上古史》第二～五章，《中国近世史》第二～十六章。徐世虹翻译《中国上古史》第六、七、九章。郑显文翻译《中国上古史》第八章。徐建新翻译《中国中古的文化》。钱婉约负责《清朝史通论》、《清朝衰亡论》（附录1张键译）的翻译。对译者的辛勤劳动，谨致诚恳的谢意。承蒙中国社会科学院历史所研究员宋镇豪先生审阅了本书的部分稿件，匡正错误，并承他为本书出版事宜进行联系，谨致衷心的谢意。最后，还要向热情接受本书出版的社会科学文献出版社社科编辑部黄燕生主任，表示谢意。没有她的大力协助，本书是难以这样顺利出版的。

还有，需要说明的是，尽管内藤湖南先生是日本著名历史学家，但毕竟这些论述是发表在距今数十年前，其中涉及的某些史实，今天可能已有更新的研究。另外，由于当时社会思潮的影响，著者对我国历史上各少数民族，往往以"蛮夷"、"夷狄"相称，使我们感到不习惯；对农民起义称为"盗贼"之类，使我们这些受过"农民战争神圣论"洗礼的人感到"刺眼"。但我们究极的目的是吸收外国史学家的成果，开阔我们的眼界，活跃我们的思想，因而对于这些细节，不必过于苛求。故而本书中，对这些地方也一仍其旧，未作改动。

对于本书中，如有编选失当、翻译失实之处，欢迎广大读者惠予指正。

夏应元

2002 年 3 月 27 日夜于东京寓所

日本内藤湖南先生在中国史学上之贡献
（摘录）

周一良

　　日本文学博士内藤湖南先生以昭和九年（1934）六月二十六日病殁于京都，享年六十有九。先生为彼邦汉学耆宿，治中国史卓然有所建树，新进学子多出其门下。

　　先生尝自言，早年颇热心于政治……其初期著作乃偏重于论列中国时事。……迨弃新闻记者生活后，始专力于学问。举凡史学、文学、金石、目录、书画无不涉及，皆有所成就，而以史学为中心。其方面之广，精力之强，遑论日本，即我国近代学者中亦不数觏焉。盖先生汉文根柢极深湛，复与中国学者罗叔言、王静安诸先生相友善，故治中国史学，于资料之蒐集，文义之解读，均无甚困难。而目光之犀利，资料之运用，则多少亦受西洋学风之影响。先生曾谓早年业新闻记者，故涉猎广博，迨晚年专治史学，向所究心者，亦皆足资利用。盖自博返约，先生得之矣。其于史学最致力中国上古史及清初史地，重要论文皆载《研几小录》、《读史丛录》二书；而史学方法及中国史学史亦曾三致意焉。……先生于中国史学家最服膺唐之杜君卿及清之钱竹汀、章实斋。窃谓先生趣味之博大，成就之精深似竹汀；其注意于修史方法及中国史学史乃承受实斋衣钵；而探讨我东北史地，不遗余力者，斯又君卿述作之征诸人事，施于有政，以经邦致用为根柢之意欤。……

一良以见闻所限，未能遍读散见之遗著。故仅就先生最精粹之论文结集《研几小录》、《读史丛录》二书中国史方面论文分类撮取，作为提要，以当介绍。非敢谓先生之成就止于是，姑窥其荦荦大者，且志末学景仰之意云尔。至诸篇结论，自今观之，容有待商榷者，然先生治学之途径与态度，则永足为吾人之楷模也。

（下略）（原发表于《史学年报》第二卷第一期，1934年9月）

附注：周一良先生为我国著名历史学家，精通中国古代史（特别是魏晋南北朝史）、日本史及中日文化交流史诸领域。本文是他在燕京大学就读的1934年，亦即内藤先生逝世的同年所写，为我国介绍内藤先生的第一篇文章。但先生生平谨慎自谦，极少张扬。当笔者撰稿中提到此文时，先生极力劝阻，认为是青年时所写，极不成熟，严命我绝不要提及。恩师之命敢不凛遵，是以此文鲜为人知。先生对内藤史学十分推崇。1985年先生应邀赴东京大学讲学，余有幸躬逢其会。时主持其会的池田温教授在演讲会后赠以内藤先生的墨宝，先生十分珍视。回至下榻处后仍再三展观，欣喜之情，溢于言表。

后来，1999年我拟意编译本书时，曾禀明一良师，深得先生之赞许，并慨允为本书撰写序言。惜因先生突然仙逝，以致未竟其稿。惋惜之余，谨选录先生文章之片段，以代序言。（又，文中所提及之罗叔言、王静安、杜君卿、钱竹汀、章实斋，当依次为罗振玉、王国维、杜佑、钱大昕、章学诚。）应元谨志。

致中国读者

日本的中国史学，自从明治时代（1868—1912）以来，在世界的史学界中，一直保持着比较高的水平。日本的历史学家们，既具有汉学（中国学）的修养，又熟习近代历史学的方法，因而创造出一些先进的成就，奠定了日本中国史学的基础。在这些前辈大师当中，特别出类拔萃的学者，当推内藤虎次郎（号湖南，1866—1934）。

这些前辈大师们所创造的优秀业绩当中，随着经过百年左右的时间，其中有不少到现在已经失去了现实的价值，不为人所注意。但内藤湖南所创立的中国史体系，直到今天仍旧存在，并放射出耀眼的光芒。例如，二次大战后，在日本史学界，就中国史的时代划分问题，展开了热烈的讨论。站在唯物史观立场的学者们，批评京都学派的分期学说，提出了新的分期法，成为这场争论的起因。经过约二十年争论的结果，对于京都学派持批判态度的一方，由于其学说在理论和史实上都有不能自圆其说之处，自然失去史学界的支持。与此相反，京都学派的说法，时至今日，仍继续保持其生命力。而创造这一分期法的鼻祖就是内藤湖南。

不仅日本国内，而且欧美的史学界也十分关注内藤湖南的分期说，把它称之为"内藤假说"（Naito Hypothesis）。他的分期理论最主要的核心，就是所谓唐宋变革说。而这一说法是否正确，成为欧美学术界议论的话题。总之，不论如何，湖南的学说经历了一个世纪，至今仍继续存在于世界的学术界，这一点不能不说是使人惊异之点。而其原因何在呢？

过去站在京都学派对立面的人之所以失去人们的支持，并非意味着唯物史观的误谬，而是由于其理论与史实上有不能自圆其说之处。换言之，是由于从外部引入的理论，不能准确地适用于中国史的内容。与此不同，湖南的说法是立足于中国史的内部，从中引出对中国历史发展动向的认识，因而他的理论体系是不可动摇的。

湖南之所以采取这一方法，在很大程度上是由于他具有卓越的汉学功底。但他又不只是一位汉学大师而已。与此同时，他又是把中国史的全部过程，作整体性的观察，具有近代历史学的观点。可以说，湖南的中国史学是从中国史内部构筑起来的近代历史学。

我认为，今天中国史这一学科最重要的课题是，用中国史内在的理论来说明中国史的整个发展过程。可是，这是一个说起来容易做起来难的工作。即使日本的史学界，自从20世纪70年代以来，中国史的研究也只局限于个别的问题上，具有不能从整体上把握中国史的缺陷。我推测，不仅是在日本史学界，即使是中国史学界恐怕也有突破这一局限的必要。如果这一推测正确的话，这一工作恐怕可以说是中日两国史学界需要共同合作的事业。

我每逢在研究中遇到困难，就必然要向前辈宗师的业绩中寻找答案。这里所谓前辈宗师，决不仅限于本国的范围。我们日本学者在战后一直把中国尊为史学大师的陈寅恪先生也当作我们的导师。陈先生著名的关陇集团说，今天已为日本很多专攻中国史的学生所熟知。如果中国史学界让我从日本史学界中推举一位前辈大师的话，那我将毫不犹豫地推举内藤湖南先生。当然，此外值得推荐的学者还很多。例如宫崎市定那样卓越的学者，但他学问的渊源也出之于内藤湖南。

但是，内藤湖南的著作迄今为止向中国史学界介绍的工作还太少。以他的全集多达十四卷的庞大数量来比，真可谓不过九牛一毛。这次，由对内藤湖南的学问造诣很深的夏应元教授选编和监译之下，翻译出版了他从上古直到清代的中国通史性论著，比之过去的情况来说，真可谓是划时代的大事业。作为出之于内藤先生学问系统中的一员，我由衷感到喜之不尽。

本书中所收载的内容，全部是内藤湖南在大学讲课的笔记，其翻译工作十分不易。各位译者想必付出了很大的辛苦。我在此谨向夏教授以及各位译者表示衷心的谢意。

内藤湖南一生一贯热爱中国文化。当他六次访问中国之际，曾与严复、刘鹗、文廷式、罗振玉等文人、学者当面交谈，与胡适交换资料。辛亥革命后，罗振玉、王国维来日本时，曾与他结下深交。总之，他很喜欢与清末、民国时期的中国知识界人士交往。现在把他的一部分著作翻译出来，提供给今天中国的学界人士阅读，我想这确是一件意义深远的事情。

谷川道雄　谨识

2002 年 3 月 13 日于京都

（夏应元　译）

中国上古史

绪　言

　　余之所谓东洋史，即是中国文化发展的历史。亚洲大陆的土地，是以葱岭、西藏等的高原地带为中心，向四方扩展的形势。这是古来中国人、印度人等都已注意到的。印度人称之为四大部洲，中国人也说，河自昆仑之墟流向四方，而各自形成其流域。此四方之地，各有其历史。只是北方，由于寒冷并未拥有完整的历史，其他三方面都各有其历史。这样，由于其历史各自分别发展，所以很难总括起来进行研究。尤其是，这些地方都有各自向其河流上游寻求自己种族起源的倾向，但此多为历史上没有根据的传说。实际上，文化起源并非来自各自河流的上游，通常是自其下游向上游扩展的。这不只限于亚洲，其他有如此地形之处也是一样。例如欧洲，也与此相同。欧洲最早开发的是地中海地区，相当于亚洲向印度洋开拓的地区；欧洲面临大西洋的地区，相当于亚洲面临太平洋的地区，即中国一带。从今日世界历史研究的结果观之，正如欧洲先开发东南地区一样，似乎认为亚洲最早先开发的是西南地区。但是，欧洲文化很早就从亚洲西南隅和欧洲东南隅开发起来，然后有系统地向各处普遍扩张，这是比较明显的。而西南亚洲的文化有系统地向中国方面扩展的迹象，并不明显。但，想从这一模式出发，来研究这一问题的人非常之多。例如，著名的怪论家拉克佩里是最为致力于此的。但总的来看是毫无根据之说。向西北方面来寻求中国文化的起源，想以通过大陆中心而来的道路来解决这一文化起源的学说，是想满足一些人的好奇心，但实际上很难成立。不过，印度和中国之间有文化交流，某些时代的印度文化曾对中国产生过影响，这是明显的事实。但印度和中国之间，发展的年代差别不大。印度文化流入中国时，中国人已经有了自己的优秀文化。而且，研究印度的困难之点在于，印度人本来就极度缺乏纪年思想，而且，在他们的看法中，难以区别哪些是空想或是事实。或许他们认为，区别空想与事实本身，本来就是错误的。但历史不应该建筑在这种空想的基础之上。所以，近来研究印度历史的人们，也开始根据印度和邻国之间的有关事件，依照邻国的纪年来推测印度的年代了。从历史学的角度而言，印度学是有些难以处理的事情，不能要求像中国的文化史那样，处理得准确无误。这只能交给印度学专家，有待于专家的妙手。故余之所谓东洋史，就是中国文化的发展史。但是，以中国文化为中心的国家不只是中国，还涉及其他不同种族、不同语言的国家。然而，不管怎么说，中国文化的发展，对于其他种族、语言不同的国家，形成了一个堂堂的有系统的、持续发展的历史。从这一点来看，余之所谓东洋史是中国文化发展史的说法，并无不妥之处。

以中国文化为中心的东洋史，是经过了相当久远的年代。从中国人一般的说法来看，近来甚至有人以黄帝以来四千几百年为纪年的。中国虽然时常发生革命，但各朝代之间是连续的，一般认为依此划分时代最为方便。近来，又效仿西方，开始划分为上古史、中世史、近世史。一般是这样划分的，即：上古是自从开天辟地以来到三代；中世为两汉、六朝；唐、宋为下一个阶段；

元、明、清又为再下一个阶段。但是，从作为代表东洋整体的中国文化发展史来说，这种划分是无意义的。如果要作有意义的时代划分的话，就必须观察中国文化发展的浪潮所引起的形势变化，从内外两方面加以考虑。第一，是从内部向外部发展的途径，即在上古的某个时代，由中国的某个地方发生的文化，逐步发展，向四方扩展的途径。宛如投石于池中，其波浪向四方扩展的情景。第二，是做与此相反的观察。中国文化向四方扩展，由近及远，再促进周围的野蛮种族的新的觉醒，使它在觉醒中前进。这些种族觉醒的结果，时常出现有力人物。这样，就会向大陆内部产生一种反弹的力量。这就像波浪冲撞水池四壁之后，而反弹回来的情况一样。但，这并非经常以相同的年数，连续发生反作用，而是有如波浪的起伏，是间歇的。这会时常给中国的政治上及内部其他方面，以显著的影响。第三，作为第一、第二的副作用，时常发生波浪越过池边而流泻到附近地区的情况。在陆地上，它越过中央亚细亚，开辟了去印度和西域地方的交通。这时，会把印度、西域的文化引入中国，而后由海上，即经由印度洋与西方各国发生关系。历史上的世界性浪潮中，产生很大的文化交流者，就是由此之故。然而，大体上是第一和第二种作用时常反复发生，其间，会使文化产生时代特色。我认为，依照文化的时代特色而划分时代，这是最自然、最合理的方法。如果这样考虑的话，东洋史即可大体划分为四个大的时代。

　　第一期　从开天辟地到后汉中期——上古时代

　　第一期还可以再划分为前后两期。前期是中国文化的形成时代；后期是中国文化向外部发展，演变成为所谓东洋史的时代。这种前后两期的划分方法，从历史角度精确地说，并不准确。这是因为，迄今为止，总是把中国本部看成是中国，以其文化在中国进行充实的时代作为前期，文化流传到外部的时代作为后期。但在实际上，中国本部也并非从一开始就是由同一种族和同一语言的人在居住。精确地说，第一期是中国文化从某个地方逐步向其他地方扩展的时代。以现在的中国本部这个地理界限为基础的考虑方法并不正确。只是从历来惯用的角度来说，划分为上述两期是比较方便的。但从第一期到第二期之间，有一个过渡期。

第一过渡期　从后汉的后半期到西晋这一时期，可以说是中国文化暂时停止向外发展的时代。

第二期　从五胡十六国到唐的中期——中世时代

这一时代，可以说是由于外部种族的觉醒，这一时代的文化力量在反弹作用之下而及于中国内部的时代。此后，产生了第二过渡期。

第二过渡期　由唐末至五代，这是来自外部的力量，在中国达到顶点的时代。

第三期　宋、元时代——近世时代前期

第四期　明、清时代——近世时代后期

在以上各时期，中国内部产生的文化的式样各不相同，这是事实。因其文化式样而产生各时代文化的特色。从总体观之，可以看出，这是一部中国文化的发展史。通观中国文化发展的总体，宛如一棵树，由根生干，而及于叶一样，确实形成为一种文化的自然发展的系统，有如构成一部世界史。日本人、欧洲人都以各自的本国历史为标准，所以把中国史的发展视为不正规，但这都是谬误的。在中国文化的发展中，文化确是真正顺理成章、最自然地发展起来的。这与那种受到其他文化的刺激，在其他文化的推动下发展起来的文化，是不同的。由于中国的历史时代非常长，所以，本国的古文化遗物、记录、传说等，很多都已经遗失。其遗失的部分，如果与日本这样迟发达的国家而完整地保存着古旧状态的情况相比较，不免使人感到有资料不完整之处。然而，这一不完整的情况，是理所当然之事。宛如儿童之不知其幼小时之事一样。因为知道这一情况者，有身旁之大人，可以把这些情况告诉他。像日本和欧洲，由于其近邻有具有古老文化的国家，于是，可以通过该国的记录，详知本国古代的历史。这虽然比较勉强，但作为研究历史的一种方法，它可以通过不太顺当的材料，来研究最古老时代的事情。

第一章 三皇五帝

中国民族的历史觉悟和传说、记录的编纂

历来的上古史相当于余所谓之上古史前期，即从过去称为开天辟地至秦统一为上古史。近来希尔特氏著《中国古代史》，仍以一些理由采用其区分法，以五帝以前为神话传说时代，尧舜时代为儒教传说时代，春秋战国为五霸及孔子、老子时代。这是因袭式时代划分法，简单省事，但完全缺少史料批判，这就不能成为真正的文化发展史。

在中国，也并非自古以来就没有考虑过一些时代划分。司马迁的《史记》中，在《表》的部分列有《三代世表》、《十二诸侯年表》、《六国年表》，这是一种时代划分法，从某种意义上说，划分得很好。这大体上分为无纪年时代和有纪年时代，即将无纪年的时代列入《世表》，有纪年的时代列入两个《年表》。如是，列入《世表》的部分，就完全没有纪年吗？并非如此。此事从《三代世表》的序中所说"余读牒记，黄帝以来皆有年数"可以得知。但此年数，是从五行说中推测出来的年数，是来自一种理论，自然不是来自记录的，所以没有采用。又，十二诸侯大体上相当于春秋时代，但其《十二诸侯年表》比此略早，始于共和时代，即周的厉王和宣王之间。后来，中国的历史学家有许多人采用此划

分法，有些改动的是郑樵的《通志》。它把《史记》上称"世表"之处称为"世谱"，称"年表"之处称为"年谱"；《史记》上始于黄帝的部分，郑樵则始于三皇，开头的部分为世谱，年谱始于春秋中有纪年之时，因此《通志》的年谱，比《史记》的年表晚一百二三十年。这从现存的史料考虑，郑樵的《通志》看似确实，但司马迁采用的材料今已不存，所以也不能说一概以司马迁为非。司马迁也标出了世表和年表的区别，是非常慎重地考虑过的，所以从共和时采用纪年，恐怕并非没有根据。不能只以现存史料为据，轻率下断语，认为郑樵的《通志》为确实，司马迁的《史记》不确实。

以上是依据纪年的有无，划分上古时代的方法，吾人现今欲采用的，完全是另外的方法。每个民族都有历史自觉的时期，这相当于儿童已达到了考虑自己出生时情况的时期。余欲以此历史自觉发生的时期，作为划分上古时代的标准。所谓的历史自觉，并不意味着已经存在记录，即已存在按中国语言所说的"史"。记录，有时在无自觉时代也存在。此历史自觉，如果更加严密地考虑，今有二种。即传说中的自觉和记录上的自觉。即使是传说，在自觉时可以对传说进行编纂。在佛教中，曾汇集佛典，这就是编纂的意思。但最初汇集佛典，并没有写成文字，然后进行编纂。而是由亲近的门人聚在一起，谈论从其师处听到的事情，纠正错误，补充不足，然后加以归纳。与此同样，也可以汇集尚未记录的资料，来构成作为历史起源的传说。在中国，若问什么人拥有这种资料时，可以回答，大体上是盲人。《国语》的《楚语》中有瞽瞍一职，《周礼》有名的"大师"、"小师"的乐官，这些都属于这种人。这相当于日本的语部。没有证据说明，日本的语部是盲人，即使不是盲人，记忆力强的也可掌此事。在中国，盲人口传历史资料，而且多由歌曲传达。其中有真带曲谱的歌，也有的只背诵那些有节拍而不带曲谱的资料。传说多起来，自然就会出现要汇集在一起的想法。更多的情况，并非只因为传说增多，就想法把它汇集在一起。当时在统一国家的君主中，出现有能力的人，随着国家的统一，就谋求传说的统一，或因重要家族的灭亡，使得有关它的一部分传说受到严重损伤，而感到不便，于是把传说汇集在一起。在日本，也是由卜部、忌部在国史之外，把传说汇集在一起传播下去的。这也是在各个家族行将衰亡时发生的事情。总而言之，在民族发展的道路上，遭遇到空前的异常事件时，将会引起民族对自己过去的回顾，而进行汇集传说的工作。这是传说方面的自觉，中国的《诗经》正相当于这种情况。尤其是《诗经》中的《大雅》、《小雅》之类，是最适当的例子。周的势力因内乱而受到打击以后，最先想到的是平定了这场内乱的中兴君主，从此逐步上溯，再回顾到本民族的过去、民族的发生，这就是《大雅》、《小雅》。《颂》，可以说反映了民族与祖先神的关系；《国风》使地方民间传说和民间歌谣结合起来，使它成为乐官能够唱的歌，这就是一种汇集的工作。这种汇集就反映了传说方面的自觉。

再者，记录方面的自觉，也自然随之要编纂记录。截至今日，发现的中国的记录材料，是龟卜、金石文和简册。其中简册是较为进步以后的东西。最初是龟卜文和金石文，但金石文主要是铜器铭文。至于说，龟卜文怎能成为记录的材料，因为其中几乎网罗了古代生活的最重要的事实。龟卜文分为卜问之辞，如繇即判语。现在出土的龟版可以看到的，只有卜问之辞，繇恐怕最初是由大卜官暗诵的。繇可能是后来记录的，即成为中国最初的字典。

当然，卜问辞和繇，还都不能称为历史，只不过是职业上的记录。铜器上刻有制造时的动机和有关使用的语言，其中开始时只是记录，后来也有的成了历史的材料，也有的写上，包括即将成为历史意思的内容。但此等材料，并没有立即编纂成历史。有许多古来存在的国家，衰亡或被外族攻击而迁移，或在内部被臣子篡国而易姓，在如此诸国兴亡的时代，龟卜文未能成为记录的有力材料，而铜器成了主要的材料。然而如铜器之类的重器，或者被掠夺，或因被强要，或作为贿赂不得不赠送等种种原因，而移动存放的地址。于是，会自然产生保存记录的念头，以至用简册，将记录传之于世。现在存留的《尚书》，就是用此种保存法得以保存的。此外，中国有作为经书而重视的《春秋》和礼书，带有诸国兴亡时形成的学派色彩，后来是九流百家的全盛时代，当时产生了作为各学派的经典而保存下来的记录。

最后，如不把这些材料进行总结归纳，就不能完整地回顾民族的历史，于是产生了综合各种记录的想法。此时是产生真正记录的时候。当然在这种综录产生时，则不会只汇集像龟版、简册那样严密的记录，也要加上传说。此综录即是真正的历史自觉。因此，只有把记录和传说都加以汇总的时候，才会产生历史的自觉。很显然，这一综录大体上要以孔子为中心。孔子因为有很多的盲人朋友，所以他与乐官朋友商议，整理诗歌，又整理了《尚书》。然而他们整理《尚书》，并非只来自严密的记录，其间也采纳了传说，余认为这大体上是没有问题的。《春秋》到底是否孔子所写，这是个疑问。但估计其正文大部分来自记录。自从春秋时代以后，越来越盛行把这些记录加以汇总的计划，至于究竟它经历了什么样的过程，清代汪中的《左氏春秋释疑》对此作过最好的说明。而对此综录集大成的，是司马迁的《史记》。《史记》的《十二诸侯年表》中，汇集了九流百家的记录，并加以总结。他这样论述本书编纂的宗旨。他说：

> 儒者断其义，驰说者骋其辞，不务综其终始，历人取其年月，数家隆于神运，谱牒独记世谥，其辞略，欲一观诸要难，于是谱十二诸侯。

根据上文看，很明显，是汇总儒者、驰说者等五种人，对他们进行了综录。儒者是春秋的徒，驰说者是《国语》、《国策》[1]的家，历人是掌管历法者，数家是根据五行说明进化的派，谱牒是制作年谱、世表即指制作系谱的派。由此可知，是把这些资料归纳在一起，于是编纂成《史记》。这种方法自孔子以后，逐渐发达，到司马迁时集其大成。《史记》相当于余之所谓上古前期，即中国文化形成的时代，亦即在中国本部，以中国民族的文化实现统一的时代。写成《史记》的司马迁，肯定本来就有历史自觉。当时的一般学者则未必有这种自觉。经过一百年后出现的刘向的《别录》、刘歆的《七略》（《汉书·艺文志》），还没有史部这一门。总之，当时作为历史自觉的产物，虽然出色地出现了，但还未得到普遍的承认。而且这第一部历史是通过司马迁的天才，把纯粹的记录和记录化的传说，巧妙地汇总起来的。后来，中国的历史学家以此为标准，对材料不做批判，把它与纯粹记录同样对待，今天看来这是一种不恰当的处理方法。必须认真地选用这些材料，

---

[1] 《国策》为《战国策》的原书名。——译者注

充分批判之后使用。在中国，用纯粹的记录写成的历史，始于《汉书》。《汉书》本来有种种缺点，从今天的史学角度来看，有不如《史记》之处。但毕竟是以纯粹记录为本而写成的。可能是出自偶然，它恰恰在中国文化史即将变形为东洋史的东汉中期问世。

传说的形成

对传说有种种划分方法。如希尔特，他把中国古代的传说分为神话传说和儒教传说，但这并不恰当全面。近来有人分为民间传说和儒教传说，但这也大体上与前者同样不全面。神话传说和民间传说之类毕竟还有二种。一是来自地方原始信仰的口碑类，也称为地方传说；二是开天辟地说或有关人的先祖的传说，这不属于那种只是来自原始信仰，而后来逐步丢掉其中旧事成分之类的传说，而是通过传说的自觉意识产生的，是属于比较进步一些的。此二者即形成了神话传说。后来出现一种风气，开始进行传说的统一，即将种种地方传说或各种类的传说归纳在一起，使之融会贯通。这姑且称之为统一传说。

这种传说的统一一旦开启，随后就会产生层累的增加。故在被统一的传说里，为了对种种传说进行调和，就会出现在空间方面将地方性的因素，纳入按时间段重加整理的倾向。这样一来，就会产生一种原则，新组合的传说几乎经常被置于古远的时代。

传说大体上如此形成，在研究古事中应用这种"加上"[1]说

---

[1] "加上传说"，即在传说之上再加上新传说，相当于顾颉刚先生的"层累"说，或曰"累加"说。——译者注

的，是一百七八十年前日本著名佛教研究家富永仲基。仲基先研究印度的古代宗教，后来转到佛教，又研究佛教中各宗派逐步发展的途径，在名著《出定后语》中的《教起前后篇》中说："宗教之发达，生自相累加之处。否则，道法不新起。此为古来道法之自然也。"这看来似乎并不是什么了不起的事，但是他在日本，探讨通过汉译佛典来研究印度佛教之类的学问的方法，而且特别是研究佛教这种全然无视时间原则、最不具备组成历史素质的东西，他却从中发现了考虑前后关系的原则。这可以说是一件很了不起的事情。因此可知，在传说所具有的形态中，在现在中国的书籍中给予最古老位置的，却是最新的传说；而置于比较新的时代的，则是比较古老的传说。

关于盘古的传说

一般在中国的历史中，被认为最古老的，是盘古氏的传说。它既有开天辟地的成分，也有关于人类始祖的传说，是含有种种要素的极为奇怪的传说。从中国的传说发展的历史来说，是最晚形成的。在现存的书籍中，它始见于梁代任昉的《述异记》中。其中，它这样说："盘古氏死，其头成四岳，目成日月，脂膏成江海，毛发成草木。秦汉时代之俗语中说：头成东岳，腹成中岳，左臂成南岳，右臂成北岳，足成西岳；又或说泪成江河，息成风，声成雷，瞳子成电；又说，喜则成晴天，怒则成雨天；又另说，盘古氏有夫妇，是阴阳之始。任昉时，南海有盘古氏之墓，亘三百里。又有其庙，也有祭祀处，又南海有盘古国，以盘古为姓云云。"这些说法，似乎当时其他的书中也有。据说吴时徐整的《三五历记》及作者未详的《五运历年记》中也可以看到，它是引自古书，其传说大体与前者相似。最有趣的是《荆州风土记》中载有盘古氏的生日为十月十六日这一说法。从此事所表现出的书籍的年代来看，似乎是六朝时形成的传说。看起来此故事不是中国北部的传说，而是南方传说，即根据南方某地区的传说加以夸张而形成的。《后汉书·南蛮传》中载有槃瓠的传说。这就是五色犬的故事。高辛氏时，犬戎为寇，虽征伐但不能克。于是，向天下招募云：若有取来犬戎之将吴将军之首者，与之黄金，与之土地，且与其女。结果，高辛氏所畜之五色犬——槃瓠将之取来。高辛氏大喜，但不能将女儿嫁给犬，正在考虑如何处理之时，其女闻之，认为天子的命令不可违信，自请为犬之妻。于是，槃瓠伴其女入山，三年间生六男六女。其男女互成夫妇，据说其子孙之繁昌者即成南蛮，即当时长沙的武陵蛮。现在是湖南的一部分，古为苗族的居处。总之，此说似乎在苗族中有过。苗族开化晚于中国，于是将中国传说中的有关高辛氏的故事取来，制成如此浅薄的传说，但妙在传说一经流行开来，正欲使之成为旧说时，随着本国文化扩展及于乡间，则会有一种风气，即竭力采用乡间传说，并将此放在先形成的本国传说之前。日本也是大和早开化，于是扩大势力，征服出云，以出云先祖之神和大和先祖之神为兄弟。实际上，尽管出云神的历代数目少于大和神的数目，还是这样做了，还发生过势力扩及九州地方，以阿苏的先祖为大和天子的兄弟等事情。这不仅是日本，朝鲜和满洲的传说也有此倾向。如盘古的传说，是想将后汉时才形成的苗族的传说置于中国固有的传说三皇五帝说之前，并附上顺序，制造理由，说盘古为一，三皇为三，五帝为五，由一生三，由三生五，从而使盘古成为中国开天辟地的先祖。然而，中国的古传说中，并不是采用由一生三，由三生五，由五生七的增加率前进的，而三五、三五的反复是普遍的，盘古说对此难于顺利说通。这是一个例子，说明像开天辟地的传说，尽管荒诞无稽，但却一直流传到后世。

三皇五帝的传说

下面是三皇五帝的传说。这一传说，作为开天辟地的说法，既有以地方传说为根据的成分，也有理想化的社会发展的合理成分。虽是古时形成的，却是出色的传说。最终以三和五交互而构成为一个系统，是在汉代初期，并且出现得非常巧妙。汉代的公羊学者董仲舒认为，三五交替，时代越古，数越多。即先置三王，然后在其前面放五帝，再往前面放九皇，这样由当代而上溯至古代，反映一个时代。天子统治该国的当代为三王之一，合其前二代王朝称为三王。王者称为天子，并且是以王的名义进行统治的。除去当朝以外，前二朝的末代后裔受到最高的待遇，各朝都照常使用其古时用过的礼乐，成为当朝的宾客享受待遇。而且，这一客人身份的国家受封于大国。进而，以前五代朝廷为五帝，其子孙被封到小国或附庸国家。还有一种制度，即此前九皇的末代后裔降为平民，每当革命这就要各提前一代。周若为当朝，夏、殷就是三王中的二王，一般所说的五帝仍是五帝，前面的三皇则放入九皇中。汉代，与周、秦合成为三王，夏、殷放入五帝之中。董仲舒的想法是：王尊，帝、皇逐渐变为不尊，所以称之为绌王而帝，绌帝而皇。即使按今天来看，这也是符合实际的理论。但是，许多人通常不用此说，而是设三皇以代替九皇。再者董仲舒之说中也没有提出九皇之名。公羊春秋的组织实在有趣，它设置了实际无王的春秋时代，孔子以"素王"身份统治之，这真是奇特。于是董仲舒说："远者号尊而地小，近者号卑而地大，亲疏之义也"（见《春秋繁露》之《三代改制质文》篇）。现存的书，如《史记》，似乎是用董仲舒之说而写的。一般地说，夏、殷应为王，而《史记》则记为帝。夏、殷之王没有自称为帝的，所以这可能是以董仲舒之说为根据的。

三皇说

要问三皇说为何物，盖其说大体上有三种。第一类分为天皇、地皇、人皇，有时也称人皇为泰皇。泰皇之事出现在《史记·秦始皇本纪》中，但天皇、地皇、人皇出现在宋代胡宏的《皇王大纪》中，更详细记述的是宋代罗泌的《路史》。据记述，三皇中也有初三皇、中三皇之类，使三皇更加重复了。最后的三皇就是通常所说的三皇。第二类分为伏羲、神农、燧人的比较多，也有人认为是伏羲、神农、黄帝的。也有以前者为羲皇、农皇、燧皇，还有以祝融或女娲代替燧人之说，皆大同小异。有关这类的汉代书有很多。例如《尚书大传》、《白虎通》、《风俗通》、《潜夫论》、《古史考》等许多的纬书类，主要采纳伏羲、神农、燧人说；采纳伏羲、神农、黄帝的，是古文《尚书》的《孔安国序》（即使是伪作，若是晋代的就很古）、《世本》、《帝王世纪》、宋代苏辙的《古史》等。第三类是想要将前二说加以调和的，以伏羲为天皇、神农为人皇，黄帝为地皇。这是在郑樵的《通志》中引用三皇太古书所说的。以上是三皇说，此外《路史》

设有初三皇、中三皇和十纪。这出自纬书。纬书自古以来有其所本，而其形成是在前汉哀帝、平帝时期，即王莽得势的时代。如此看来，大体上伏羲、神农、燧人说是汉代的说法，伏羲、神农、黄帝说，除《世本》外是晋代的说法。此外，纬书有过种种计算，认为天地开辟以来的年代为数百万年。还有，欲观此事，便利的是《路史》、《通鉴外纪胡注》、马骕的《绎史》等。而且此等传说不是像盘古说那样，是带有乡里乡气的地方传说，而是想要显示出社会发展顺序的。其中，各有显示：以伏羲显示狩猎时代，神农显示农业时代，燧人是显示熟食时代。也就是说，作为开天辟地的传说，其中已具有相当发达的结构。其中某些事情，不是进入汉代时很快出现的，而是战国时已开始存在，是在汉代至晋代之间，大体上整理成形的。一般将这一时代放在盘古时代之后，但此说之出现，反而是在盘古传说出现三四百年以前的事情。

五帝说

其次是五帝说。在古代，大体上有以时间，即年代顺序来进行考察的，或按空间，即方位进行考察的两种。所以在某个时代，称依时间出现的五帝为人帝，以此为实际上已成帝王的人，依空间考察，以此为一种近似神的东西，而即使是神也是很复杂的。但进入后汉时，似乎出现了二说合一的现象，于是，形成了今天一般所说的五帝说。

（一）依时间上看有：

黄帝　颛顼　帝喾　尧　舜（《史记》）

帝鸿　金天　高阳　高辛　唐　虞　（郑玄）

少昊　颛顼　帝喾　尧　舜　（《帝王世纪》）

庖牺　神农　黄帝　尧　舜　（《易·系辞传》等）

（二）依空间上看有：

黄帝　炎帝　共工　太皞　少皞　（《左传》昭公十七年）

黄帝　炎帝　颛顼　太皞　少皞　（《吕氏春秋》、《礼记·月令》）

黄帝　神农　颛顼　伏羲　帝挚或少昊金天　（后汉时的一说）

第二说中，《礼记·月令》之说比较普遍，在这里，它把五帝分为帝和神两种。

（帝）黄帝　炎帝　颛顼　太皞　少皞

（神）后土　祝融　玄冥　句芒　蓐收

《淮南子·天文训》与《礼记·月令》内容同一，只是《月令》把可称为神者命名为佐。而且以如下顺序各以五行等安排之。

土　　火　水　木　金

　　　夏　冬　春　秋

中央　南　北　东　西

此处《淮南子》所说的五帝佐，在《左传》中作为五官出现。即为：土正、火正、水正、木正、金正。

以上是已完全整理以后的说法，但是在用五行说统一之前经过了什么样的发展顺序，则是一个令人感兴趣的问题。《吕氏春秋》

等关于帝和神的解释是，帝生时为人王，即伏羲死后受到祭祀，如伏羲死后被祀于东方，为木德之帝而称为太皞，帮助木德之帝的神，如果成为《左传》中的木官之神，即所谓句芒。其他几位也可以依此类推。五帝是重要的神，五神就是他的辅佐神。然而在汉代，五帝之说不仅止于此，更就天之星考虑五帝座，从此说的精华中推断可得如下的说法：

苍帝——灵威仰——东

赤帝——赤熛怒——南

黄帝——含枢纽——中

白帝——白招拒——西

黑帝——汁光纪——北

这是纬书之说。在祭祀上述五帝时，前面称为五神的将各依其方位接受配享。如此，方位上的五帝和作为活人的五帝二者之间关系比较疏远，因而应予分别考虑之。

这些神的起源如何呢？《吕氏春秋》、《淮南子》书中所说的各方位上的五帝，没有另外描绘出其具体的形象，但其辅佐五神中的东西南北四神有已显示的形象。四神都描绘有形象的是《山海经》的《海外经》（东西南北四经），其中显示了祝融、玄冥、句芒、蓐收四神（只有玄冥是以别名显示的）。据此，神们的形象都很奇妙，例如句芒是鸟身人面，骑在二龙上。不独是一个《山海经》，《墨子》中也载有句芒的事情。蓐收也出现在《国语》中，大体上与前者是一致的。这也像在日本一样，虽然真的神形象不明确，但该神的使者也使用的是狐和鸠。如是，这些神从前似在某处享受过祭祀，在《山海经》中说这些神到处都享受祭祀。即作为各土地的神享受祭祀。《山海经》中的神在山上受到祭祀，但不只是山，似乎河也供奉过这种神。《左传》昭公元年中提到，称汾河之神为台骀，是其中的一例。如此可以想象得到，名为五帝的神可能与某种地方有关系，果然有这种痕迹。即《左传》昭公十七年中记有：

宋，大辰之虚也。

陈，大皞之虚也。

郑，祝融之虚也。

卫，颛顼之虚也。故为帝丘。

又，《左传》定公四年记有：

命以伯禽，而封于少皞之虚（鲁）。

可知，陈、郑、卫、鲁等乃各神之虚。所谓虚就是墟，指的是从前大户人家住过的旧址。虚之丘指的是人们居住的高地。古时低地有湿气，不适合人们居住。

如此看来，曾经有这样的时代，即存在过以帝的身份享受祭祀的人。这可能是春秋时代的诸侯在因衰或亡而成为墟之处，建立了国家。唯一的大辰是星，所谓星的痕迹，估计意思是祭祀大辰的人民住过的墟。宋国祭祀大辰是一件很繁杂的事情，《左传》其他的条中也出现过。《左传》襄公九年及昭公元年中出现的，就是这种情况。依此可知，在宋尚未来到此地之前就有祭星的房屋。即高辛氏有二子，名阏伯和实沈。因为兄弟关系不好，经常打仗，于是让阏伯去商丘祭辰，实沈去大夏祭参，所记的就是此事。商丘后来是宋，大夏后来是晋。说明祭星之处的旧址都成了一个国家。各地有此种种族，他们祭祀的对象，除星之外似乎还有估计是太皞、少皞、颛顼等。有人说，《左传》此种说法是以五行说为依据后来编造的，但是事实上并非如此。这是因为，与五行的方位有不一致之处。

鲁——少皞 根据五行，少皞配于西，但鲁在东；

陈——太皞 根据五行，太皞配于东，但陈在南；

郑——祝融 根据五行，祝融配于南，但郑在西；

卫——颛顼

如上所列，竟有三条与五行中的方位不一致，如此看来，估计仍是地方传说。这种地方传说，估计各地方存在许多，这在用五行说进行整理时，恐怕以上五神被保留了下来。

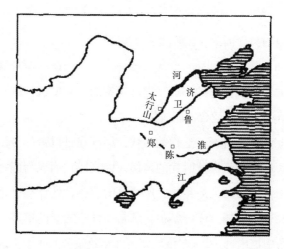

据上所述，可以想象太皞、少皞、颛顼、祝融的传说可能是黄河下游的地方传说。但关于黄帝、炎帝二者，古来就有许多不同的说法。此二者可能本来是各地方的开天辟地传说的一个种类。《国语》卷十《晋语》中记有：

昔少典取（娶）于有蟜氏。生黄帝、炎帝。黄帝以姬水成。炎帝以姜水成。

这指的是黄帝成长于姬水，炎帝养育于姜水，成了该地方的首脑。这两条河在陕西地区渭水的上游。后来，姬水的人姓姬，姜水的人姓姜，成了周及辅佐他的齐的太公的家。即可以说，这是与周代先祖发祥地有了因缘的开天辟地说。但并不只此一件，《左传》僖公二十五年记有晋文公占卜时，黄帝与炎帝战于阪泉。《史记》也记有黄帝与蚩尤战于涿鹿之野。这些地方是古时的上谷，现在的宣化、大同附近，所以此传说似乎在直隶、山西地方也有过。《史记·五帝本纪》中说，各地都有黄帝说，不能一概说其为伪，果如是，黄帝说在各地就大概成了开天辟地的传说。黄帝是土神，炎帝是火神，日本也有类似的古代的开天辟地的传说（传说天火明尊是火神，琼琼杵尊是土神，兄弟相争的结果土方胜。此说即为一例）。所以，大概在地方上把关于祝融的传说附会到炎帝身上，与黄帝一同合成一个开天辟地的传说。开始时，恐怕是以四神为基础，而不是五帝，成为五帝，又在五帝之上出现天之五帝神，说明越是后来产生的就越尊贵，五帝以至成为配享，于是五帝中分成人间之帝和神。

原来帝的含义，其本义是作为神，抑或作为人，这是个麻烦的问题。在现存的《尚书》中，此问题也很矛盾，在《尧典》、《舜典》、《皋陶谟》中帝成了人，在《洪范》及《吕刑》中极为含糊不清，《洪范》以上帝或天解释为神，《吕刑》中的说法则诸说纷纭，按《今文尚书》之说，理解为天似无大碍；《古文尚书》则解释为颛顼或尧。然而，在大体上只说是帝时，最初对其含义的理解是上帝、天或曾为王者之人死后享受祭祀者，对现在之人的王者似乎未曾考虑称之为帝。如是，原来所说的五帝究竟是由开天辟地的传说而来的神，还是依地方传说是王死后享受祭祀的神，恐为其中之一。黄帝的故事多为六国时形成，神农也有战国时形成的证据，所以此二者最早依据开天辟地说被编成故事，以至于有时与地方传说发生了联系。于是，最初被归纳为相当于空间、方位的神，其次再从时间上加以安排，到汉代又从理想的历史人物的角度加以考虑，于是演变成为今天的传说。一旦作为历史人物加以考虑，就会产生宗谱，在《大戴礼》中分为《帝德》和《帝系》，前者作为实际存在过的王，叙述其治世情况，论述了理想化的五帝之德。后者则将其制成宗谱，宛如对待实有的人物那样，以至于考虑到其子孙一度统治后世天下时的情况。当然《大戴礼》的《帝系》也有种种可疑之处，很难解决，在《绎史》中已经就此事提出过疑问，在《通鉴外纪》中也有议论五帝之处，观此二者，可知自古以来成疑问之点在于何处。

如上所见，五帝说或者曾经是某地方的传说，或者原来是开天辟地的传说，二者逐渐混同，再根据五行说加以筛选淘汰，于是成为五帝。而后产生三皇说，遂至认为其神是实在人物，这就是古代传说的真相。将此等传说按历史年代顺序加以整理，再附上关于社会发展的巧妙理由，再如《易经》的《系辞传》，把五帝按年代顺序加以排列，将社会发展过程加以巧妙地分段安排，就成了今天的传说。

第二章　尧　舜

对尧舜二典的批判

尧舜列入前五帝最早在儒教经典中就有记述。一般认为《尚书》的记述是可信的。《尚书》中记述尧舜的主要篇章是《尧典》、《舜典》、《大禹谟》、《皋陶谟》、《益稷》、《禹贡》。此外，《洪范》、《吕刑》中好像也有提及。就今天一般公认的《尚书》而言，《尚书》也有古文与今文之别。汉代初期问世的是《今文尚书》，其后是《古文尚书》，再往后还有种种变化。如今所见到的《古文尚书》中附有《孔安国传》，被认为是伪书，称为伪《古文尚书》。《今文尚书》与伪《古文尚书》内容有重复，而后者的内容比前者多。《今文尚书》中把尧、舜二典合一，称为《尧典》，没有《大禹谟》。《皋陶谟》和《益稷》在《今文尚书》中也是合一的，叫作《皋陶谟》。伪《古文尚书》与此不同，两篇分立。概括地说，在今天可以见到的两种《尚书》中，《今文尚书》可信度高，伪《古文尚书》可信度低。本文关于尧、舜的事迹部分，主要取自《今文尚书》，个别地方也摘用伪《古文尚书》中靠得住的章句作为补充。

浏览一下《尚书》中有关尧、舜的内容，感到几乎没有诸如神话或传说式的味道，文章漂亮，叙述合理，能让人相信记录的是事实。以往都认为是夏朝的史官所作，也有很多新读此书的人，认为出自周朝史官之手。因为《周礼·春官》中有外史"掌三皇五帝之书"文句，所以推测可能是出自周朝史官之手。那么，《尚书》中关于尧、舜的记录能不能相信呢？当然除《尚书》以外的记录历来可信度就低。究竟如何看《尚书》，深入思考就会产生疑点，即大部分今文《尧典》（古文中是《尧典》、《舜典》两篇）可能不够完全。

古书中所见到的关于尧、舜的记述中确有实际的部分，但二典中没有反映。其一是《孟子·滕文公上》中说：

"放勋曰：劳之来之，匡之直之，辅之翼之，使自得之，又从而振德之。"

所谓放勋据称是尧的名字，但今天的二典中没有这段话。古来的学者也注意到这个问题，朱子说："此语大概是对掌管教育人民的契发布命令。"朱子学派的王柏受朱子此说影响，于是在舜对契下命令的话中补进这段话。值得注意的是，放勋是尧，把它放入《舜典》的舜的话中是否合适呢？总而言之，《尚书》有脱漏是确实的。

另外，《孟子·万章上》关于尧的死，说："二十有八载。放勋乃徂落。"而如今的《尚书》中只提到放勋成为帝。《孟子·万章上》中还说：

"《书》曰，祗载见瞽瞍，夔夔齐栗，瞽瞍亦允若。"

这是说舜当了天子也仍然从命于其父瞽瞍，而《今文尚书》中没有这个内容，只在《大禹谟》中有，但是取自《孟子》的。这句话大概最早出自《舜典》。

《孟子·万章》中，关于舜还有很多记述：父母让舜缮廪而又撤梯烧廪，让舜浚井而又欲将舜活埋于井中。这些记述虽然没有明确说明是引用《尚书》的，从古朴的文字来看，很像《尚书》的风格。魏源在其著作《古微堂集》中搜集了遗漏部分，作了《舜典补亡》。孟子好像是一个对《尚书》相当通晓的人，屡屡引用《尚书》，但孟子所见《尚书》好像确实与今天的《尚书》不同。当然与尧、舜无关的内容也有不同，而最甚者是有关尧、舜的内容。

下面是《论语·尧曰》中尧对舜的命令：

"咨！尔舜！天之历数在尔躬，允执其中。四海困穷，天禄永终。"

这段话在现今的《大禹谟》中断成几种形式，是伪作。历来就有人认为这段话是《尧典》或《舜典》中的内容，于是王柏和魏源都把它补入尧舜二典。即可以说《论语》的编者所见到的《尚书》也与现今的《尚书》有不同的地方。被认为可信度高的《今文尚书》与《孟子》、《论语》时代的《尚书》不同，可以说也有靠不住的地方。

对此，有人说此类《论语》、《孟子》中的话比现在《尚书》中的话更难让人相信。《考信录》的作者崔述就持这种看法。其主要的理由，是说"《论语》、《孟子》中的引文多押韵而语意浅"。但这种理由不够充足。不能说《尧典》、《舜典》由于无韵而是旧东西，有韵的就是新东西。二典中押韵的地方也很多。从《尧典》的开头部分，授时条、尧寻找后继人条、舜命官篇《舜典》和《皋陶谟·益稷》[1] 等部分内容中就能看出来。崔述说只有《益稷》的最后部分君臣赓和处有韵，其实到处都有韵。有这样的情况：开

---

[1] 《孔安国传》将《皋陶谟》一分为二，从中析出《益稷》。——译者注

头时有韵后来没了，随着时代的推移字义发生变化，旧辞出现新解，因为变成新时代的语言而没有了韵。《孟子》关于"廪"和"井"的内容中也没有韵。并不能说《论语》、《孟子》中引用《尚书》的部分比起现在的《尚书》可信度低，现在的《尚书》中关于尧、舜的记述即便是事实，显然也有许多缺陷。自《孟子》、《论语》之后有关尧、舜二帝的记述不断变化，并且在变化中趋向合理，越发合乎常识。

尧舜传说的构成

那么，此二帝的故事大体是怎么一回事呢？现在《尚书》的记述是怎么编成的呢？认真思考就会明白，尧、舜的故事原来是一种传说，是一种非常一致的传说。要弄清楚这一点，首先需要探讨是否有比二典中记述的内容更像传说的成分，把这样的内容筛选出来。

《尧典》授时条（天文）中有把羲仲、羲叔、和仲、和叔派往四方掌管天文的记述，四者合一时即成为羲和。在《尧典》中有羲和一族，分则成四人，像是实在的人物。而在《楚辞·天问》篇中羲和被视为日御，即太阳的驭手，指的是乘在车上让六龙拉着跑时的太阳的变动。这么说，羲和原来是太阳的驭手这样一个传说在《尧典》中被变成历史的事实了。

另外，《尧典》中还记述了共工的事：当尧问道有谁能胜任自己的事时，驩兜回答说：只有共工最合适。对此，尧是这样说的：

"帝曰：畴咨若予采？驩兜曰：都！共工方鸠僝功。帝曰：吁！静言庸违，象恭滔天。"

惠栋、孙星衍、皮锡瑞等人就此中的"静言庸违"做过研究。认为在《左传·文公》十八年中是"靖谮庸回","庸回"有时也写成"康回"。《楚辞·天问》中有"康回冯怒，地何故以东南倾"这句话。王逸认为康回是共工的名字。皮锡瑞认为《尚书》中的"庸违"即是"康回"，理解成共工的名字为宜。皮锡瑞认为这与《楚辞》中的话不是一回事。《楚辞》中的话，讲的是颛顼时女娲修补被共工击毁的天地的事。尧时有共工，颛顼时还有共工，总有共工是个怪事，不过是把共工击毁天地一个传说分成了几种说法。可见这种击毁天地的传说也收进《尧典》。也可以说这是古代传说的成分进入《尧典》的一个具体例子。

关于羲和的传说中有这样的说法："羲仲居于嵎夷，名为旸谷。羲叔在南交。和仲在西，叫昧谷。和叔在朔方，叫幽都（有人认为南交应叫明都）。以此四分天下，掌管天文。"对此，《今文尚书》学家解释说，此旸谷、昧谷之名不是地名，而是太阳运行的躔度（星躔）的一部分。简单地说，其实是给太阳的驭手之神通过的场所起的名字。由此便可以知道，这也是有关驭日的传说被吸收进《尧典》的证明。

后来的书籍里，也有很多把尧、舜看作现实的人的记述，可以根据这些记述推测产生尧、舜传说的发源地。其中说尧一开始就是一位很杰出的天子，这一点没有不同的说法，而舜由于是从卑贱的地位上升为天子的，其生活中出现了变化，因此各种事迹流传很多。对尧、舜、禹的都城所在地，一般认为尧在平阳、舜在蒲坂、禹在安邑，这好像是源于《帝王世纪》的看法。《帝王世纪》是晋朝人皇甫谧所著，因此是相当晚的说法。《帝王世纪》企图把这三个都城都放在山西，然而《孟子·离娄下》中说："舜生于诸冯。迁于负夏。卒于鸣条。东夷之人也。"从这段话来看，诸冯是山东的诸城，负夏是卫国之地，在河南，鸣条与殷代汤王流放夏桀之地同名，应是安徽省的南部，巢湖附近。这三处都在中国的东部。我想"东夷之人也"的说法是由此来的。后来的《史记》、《淮南子》对《孟子·离娄下》进行补充，说舜耕于历山、渔于雷泽、陶于河滨，在寿丘制造什器等。这些地域均未出今天山东、河南境外。《尚书》中没有这些地名，关于舜只记述说他在汭汭。关于汭汭的所在地有种种说法，有的说在山西，也有的说在直隶北部（上谷）。简言之，如果看了关于舜的所有传说，就会清楚它是发生在中国东部的传说。如果弄清了舜兴起的地域，自然就可以推测出尧的居住地，也可以知道尧的传说大致出现在山东、河南之间。

尧、舜传说成为统一传说之前，是由谁流传的呢？就像日本的忌部、卜部一样，各家都有各自不同的家世传说。那么尧、舜传说是由什么样的家庭流传的呢？应该注意称尧为陶唐氏、舜为有虞氏这一点。陶唐氏是尧的家，舜继承了尧的家业，其后裔作为制造陶器的家庭延续下来。据说周武王灭殷后，发现了舜的后裔胡公满，任命他为陶正。制作陶器在古代是很重要的职务，所以那时制陶者是大家族（类似日本的土师部）。关于有虞氏没有什么记载，但掌管山泽者为虞，大概舜的祖辈是看守山林的。我认为尧、舜传说最初是由这种家世流传下来的，后来以其为中心，合并其他传说，形成统一的传说。

古代的地理知识

下面说一下尧、舜时代的疆域以及其他地理方面的情况。这并不是传说性的，而是当时学问上所能明确的最高水平。《尧典》、《舜典》记载的有十二州，《禹贡》上是九州。九州的位置如下（其他文献中也有关于九州的记录，《尔雅》中也有，《尔雅》的九州以营州取代了青州，幽州取代了梁州）。

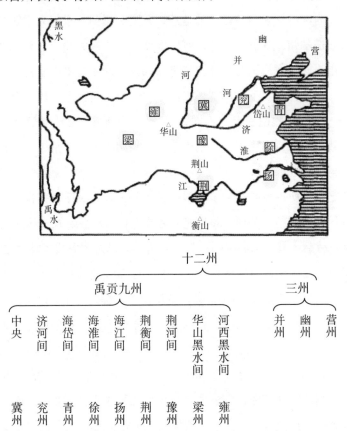

十二州											
禹贡九州									三州		
中央	济河间	海岱间	海淮间	海江间	荆衡间	荆河间	华山黑水间	河西黑水间	并州	幽州	营州
冀州	兖州	青州	徐州	扬州	荆州	豫州	梁州	雍州			

《周礼·职方氏》的九州中，没有徐州和梁州，加进了并州和幽州。对于这种异说，以往的认识是，《禹贡》的九州，是尧时，禹治理洪水后的划分情况，以后舜即位后把九州扩大成十二州；《尔雅》的九州是殷时期的情况；《周礼·职方氏》的九州是周朝的情况。尽管如此，这种异说还是令人费解，譬如禹时已有梁州，而殷以后的时代却没有了。因此，我认为九州说流行的时代曾存在各种异说。像战国时代那样，学问急速发展的时候，对于同一件事产生很多不同的异说，地理方面的异说大概也是那时的产物。西部的学者清楚西部的地理，知道有梁州；东部人了解东部，知道幽州、并州、营州，所以即便同认为有九州，但具体九州所指不同。在战国时期任何事都是如此，同一件事中常常都有异说。在这种情况下，出现了把同一件事分成夏、殷、周三类的习惯。在年份的说法上也不同，《尔雅》中有载、岁、祀、年之别，载用于尧，岁用于夏，祀用于殷，年用于周。岁是十二年转一周的星名（木星），祀是一年一次的大祭，年（季）是谷物一年一熟之意，所以岁是最进步且最后通行的东西。关于九州说，不同时代有不同的九州说，特别是《尔雅》的九州说，由于未记为殷制，故后人有说为殷制的。关于九州说，晋人张华的《博物志》中又出现了异说，当他提到了赵的事情时说："赵东临九州，西瞻恒岳。"赵在战国时期建都邯郸，从位置上来看九州在其东面，恒岳是太行山脉中的一座山，九州全都处于此山脉以东的地方。黄河的河口分为九河，在《禹贡》及其他战国时代的书中都能见到。《博物志》中所说的九州，大概指这九河之间的地方。州即洲，是河流之间的陆地，即三角洲之意。我想九州这一名称的产生或许就是洲源于这类地方。另外，战国时代各学派都重视"九"这个数字，把所有事物都分成九种，《洪范》九畴和井田法即是其例。九州也是出于与此相同的理由吧。这个黄河口的九洲，后来被扩大用于中国全部国土的九州。对此也出现了异说，因而并无定论，后来被推衍到各个时代。所以，即使是《禹贡》的九州说也未必是最早的说法。

下面，探讨所谓"四至"，即已知土地的极限问题。《禹贡》，最后的记述中是这样写的："东渐于海。西被于流沙。朔南暨声教讫于四海。"伪《古文尚书》中，到"朔南暨"断为一句话，而《今文尚书》中读成"朔南暨声教"，稍有不同。这其中的意思是教化遍及东方的海，西方的流沙，以及北和南之四海。这是当时地理的极限。这种记述不仅《禹贡》，《尔雅》中也有。《尔雅》的《四极部》中说：

"东至于泰远。西至于邠国。南至于濮铅。北至于祝栗。"

也就是认为，这即是四极。除四极之外，还有"四荒"、"四海"之说。"四海"说的是九夷、八狄、七戎、六蛮。还有以齐州为中心的记述：

"距齐州以南，戴日为丹穴，北戴斗极为空桐，东至日所出为太平，西至日所入为太蒙。"

《史记》中关于黄帝时期的地理有这样的记载：

"东至于海，登丸山，及岱宗，西至于空桐，登鸡头，南至于江，登熊、湘，北逐荤粥，合符釜山。"

同样是《史记》及《大戴礼·五帝德》中（《大戴礼》中认为是颛顼时期）说：

"北至于幽陵，南至于交趾，西济于流沙，东至于蟠木。"

这与前述《尧典》中羲和之说有联系。由此来说，《尧典》天文条中所见的"四至说"、《禹贡》及其他四至说都是同一系统说法中的异说，全都是出自当时的地理学的认识。此事不单纯是经书，也不仅限于帝王，霸主也是这样认为的。对于齐桓公，《管子》的《小匡》和《国语》的《齐语》中都有记述。可以说《管子》与《国语》大同小异。并且就这类四至说，认为东方是海已是当然的事。值得注意的是，大部分说法都认同西至流沙。由此来看，此说是诞生在中国地理学上对流沙的认识出现以后的时代。当然，其中有较为古的和较为新的说法，也有不知流沙的说法，但像《禹贡》这样，知道流沙的是主要的代表倾向。总之，可以说，这是战国时期出现的说法。

还有关于水脉的说法。即九河、四渎之说。《禹贡》中四渎之说不明确，但已有关于水脉的记述。《孟子·滕文公上》中记述说：

"禹疏九河，瀹济漯而注诸海，决汝汉，排淮泗而注之江。"

而《禹贡》的说法则多少有些不同。即河、济、淮、江在《禹贡》中都分别入海。《孟子》的说法，在九河、济的方面与《禹贡》吻合，但在淮和江合一这一点与《禹贡》不同，它认为淮与江之间的运河是吴王夫差开凿的，叫做"邗沟"。《孟子》时期大概曾有过淮江合一的见解。不清楚《孟子》时期所见到的《尚书》中有没有《禹贡》，多半没有。所以，我认为《孟子》中好像不太清楚《禹贡》中关于水脉的记载。明确记述四渎的是《史记·殷本纪》的《汤诰》。《墨子·兼爱》篇中也有记述，在对水脉的认识上与《孟子》相似。在中国地理中，水脉是主要的部分，《禹贡》之说与《孟子》、《墨子》说的不同，在于战国时期出现了多种四渎说，并且这些不同的说法结果又都进入经、子诸书。

下面考察一下税赋情况。《禹贡》中有赋、贡、篚、包、瓯

（《今文尚书》中包匦合一）几种不同类型，其中出现疑问的是赋。赋来自田制，田分成九等纳税，这是耕作进步、田地的收获提高以后的事。到底禹时田制是否完备是个疑问；贡是对自然物附加人工的结果，是百姓的献上品；篚是女工的劳动产品；包匦是把地方的土产品打包装箱后献上。这在天下未统一时就实行，而赋具有统一后才能实施的性质。《禹贡》中对此二种情况都有记述，并且记述物品的内容包括砮、羽旄、齿革等。这些东西是射猎时代的产物。其中还有"莱夷作牧"的记述，讲的是牧畜时代的事。当然主要记述都是农业时代的事，好像各时代的事都写到一起了。在中国这么辽阔的土地上，至今仍然有实行田制的地方和实行蒙古那样的牧畜制的地方。但从赋这一件事来看，是在田制已有相当发展时的记录。在"田"尚未作为耕地使用之前，是猎场的意思，也写成"佃"（"佃"后来变成佃耕的意思了）。从《禹贡》中把"田"作为耕作地之义使用来看，可以认为《禹贡》是农业已很兴盛时写作的。简言之，《禹贡》的内容虽有些杂乱，但其中自有它的可取之处。譬如，"贡"原来是把加工后的自然物献上之义，而《孟子》中把它作田租之义使用，认为它是夏时的贡法、殷时的助法、周时的彻法。相比较还是《禹贡》中确切地反映了"贡"的原义。《周礼》的九贡之义也与《禹贡》近似。在关于当时的产物的记述中，与《禹贡》类似的是《周礼·职方氏》中记述九州的地利时讲到的产物。《逸周书》中有《王会解》，其附录中有《汤四方献令》。《王会解》中记述了周成王时期由四方集聚物产的事，而据说《汤四方献令》记述的是殷汤时伊尹集聚四方献上物的事。这两本书估计是进入汉代后写作的，匈奴的产物也列入进来，范围很广，大致与《禹贡》近似。总起来说，从战国末期到汉朝初期，已经出现了根据当时使用的地理学的知识叙述产物的学问。因此产生了以上所述四种异说。其中有的作为对尧、舜时代的叙述，被纳入《禹贡》，有的被纳入《周礼·职方氏》，有的被纳入《王会解》和《汤四方献令》。

尧舜传说中出现的人物

考察尧、舜传说时代的主要人物时，应注意《尧典》、《舜典》中的命官说和关于"四罪"的议论。就命官来说，《舜典》的最后写道"咨汝二十有二人"，具体指何人，《古文尚书》和《今文尚书》说法不同。伪《古文尚书》之说认为在四岳、十二牧之外，另加禹、垂、益、伯夷、夔、龙六人，总共为二十二人。而《舜典》认为除上述有名有姓的六人之外，还有皋陶、后稷、契三人，合起来为九官。为什么在《舜典》中皋陶、后稷、契被列入后加的人数中呢？据说是因为此三人自尧时就是官，不是舜时新任命的。

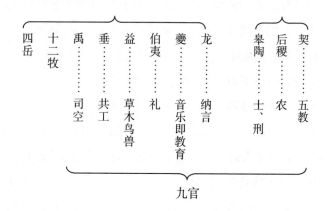

四岳
十二牧
禹……司空
垂……共工
益……草木鸟兽
伯夷……礼
夔……音乐即教育
龙……纳言
皋陶……士、刑
后稷……农
契……五教

九官

郑玄去掉四岳，加上了殳斨、伯与、朱虎、熊罴。这是真《古文尚书》之说。《今文尚书》与其相同，也去掉了四岳，但加上的是皋陶、后稷、契及彭祖（出自《大戴礼》）。这些是二十二人说中的异说。此外，对舜的用人也有异说，即《左传》、《史记》中都有记述的"八元八恺"说。据说八恺是高阳氏的后裔，八元是高辛氏的后裔。其名称如下：

八恺是：苍舒、隤敳、梼戭、大临、龙降、庭坚、仲容、叔达。

八元是：伯奋、仲堪、叔献、季仲、伯虎、仲熊、叔豹、季狸。

在以往的传说中巧妙地变通了其不同，认为八元八恺是舜给尧当宰相时用的人，二十二人是其当天子后任命的。然而应注意的是伯虎与朱虎、仲熊与熊罴相似这一点。另外，在皋陶和庭坚这两个方面，《左传·文公》五年中讲了楚灭六和蓼的事，其中有"皋陶庭坚不祀忽诸"的记述。应该认为这是说皋陶和庭坚有亲属关系。概括起来说，此二十二人说和"八元八恺"说是舜采用贤人事迹中的异说。

下面要说的"四罪"是关于惩罚恶人的说法。《尧典》中说把共工流放到幽州（北）、驩兜流放到崇山（南）、三苗流放到三危（西）、鲧流放到羽山（东）。《左传·文公》十八年中讲到八元八恺时，也讲了对四个罪人的惩罚，但名字不同，是浑敦、穷奇、饕餮、梼杌等四人。自古就把这两种说法融会在一起，即认为浑敦是驩兜，穷奇是共工，饕餮是三苗，梼杌是鲧。我想这本来就是把相同的人的事作为异说传播开了。《尧典》、《舜典》中出现的最主要人物是禹、皋陶、后稷、契、益、伯夷等人。对此有"三公"和"三后"之说，最多的是以其中的禹、皋陶、后稷三人为"三公"的说法。《尧典》、《舜典》、《皋陶谟》、《益稷》等篇中所言即是。《史记·殷本纪》的《汤诰》中明确称这三人为"三公"。据说由于这三人对人民有功，其后裔都当了天子。即禹之后是夏，皋陶之后是秦，后稷之后是周朝天子。另外，《吕刑》中称禹、后稷、伯夷三人为"三后"，用伯夷取代了皋陶。这是"三公"说的异说。伯夷是齐祖，益与皋陶是父子，被认为是秦祖，契是殷祖。总之，战国时期把他们看成是大国的祖先，好像很流行把大国与这"三公"对号。对此，有禹、皋陶、后稷之"三公"为真，把皋陶换成伯夷为伪的说法。但很难说何为真何为伪，应该说都是当时关于"三公"的异说。这一说法的形成，出现在《史记·陈杞世家》的末尾部分。古代对人民有过功德的人，其后裔一定会成为天子或杰出的诸侯，尧、舜时期的名人都是如此。并且为那些成为天子者作《本纪》、为成为诸侯者立《世家》。这种意识大概一直持续到写《史记》的时代。甚至周代的后稷和殷代的契，都分别作为人类的始祖出现在开天辟地的传说中。有关后稷的事迹，可以在《诗经·大雅·生民》中见到，契的事迹可以在《诗经·商颂》中见到，有关皋陶的事迹，据说在《秦本纪》中也已成为一个独立的传说。这些原本都是关于人类始祖的各自独立的传说，后来被归纳起来，结合其功业和职务，形成《尚书》中开头的从尧、舜到益稷的各篇章。禹＝土地　皋陶＝刑　后稷＝农　契＝教　益＝山泽　伯夷＝礼

把这些零散的传说完全归纳起来大概是秦代的事。之所以这样推测，那是因为其中包含的一些地理上的情况，到秦代时才为人所知。由于尧、舜的传说是这样形成的，所以要规定其真伪的范围是困难的。

洪水的传说

前面已叙述了尧、舜传说是综合传说。在中国古代传说中，比尧、舜传说更确切、更早的传说是关于洪水的传说。这类传说在世界各民族中都有。从中国最早开辟的地域的地势来说，出现洪水的传说是自然的。并且这方面的传说很多。中国学者非常灵活地把这些传说安排到各个时代，似乎发生了多少次洪水，其实大概只有一次。其一，是与共工有关的洪水传说。共工遍历各地，后来各时代出现不同的传说，所以注定共工多次出现在与洪水有关的传说中。在罗泌的《路史》中共工出现过三次，其中最早的一次是在太皞和炎帝之间，这也就相当于伏羲和神农之间。此种传说，前者见之于郑玄注的《礼记·祭法》，后者见之于《淮南子·原道训》注及《帝王世纪》中（《鲁语》中说："共工氏之伯于九有也，其子曰后土，能平水土。"这或许指的是最早的古代）。时代稍往近来，出现了共工与五帝之一的颛顼相争的传说，这一传说出现在《列子·汤问》中。据此篇说，共工与颛顼争夺帝位失败，一气之下怒而触不周之山，致使天柱折，地维绝。这无疑是一种开天辟地的传说。因此"天倾西北，故日月星辰移焉。地不满东南，故百川水潦归埃尘焉。"这是为说明中国原来的地势西北高、东南低而编的故事。《史记·律书》也引此说：颛顼与共工相争，平定了水患（此说也出现在《淮南子·天文训》中）。还有一种高辛氏即帝喾和共工一同与颛顼抗争之说，此说出现在《国语·周语》的注中，《淮南子·原道训》中也有记述。《淮南子》中讲的仍然是不周山之类的事。往后的时代里，把共工说成是尧时代的人，这也就是《尧典》中讲的共工被流放的事。还有的传说，把共工说成是舜时代的人。《淮南子·本经训》中说："舜时共工振滔洪水。"为防治洪水"壅防百川"，结果反而招至洪水泛滥。又有的传说，把共工说成是禹时代的人，《荀子·议兵》中有禹讨伐共工的记述，《山海经·大荒西经》中有"禹攻共工国山"的记述。如此可见，关于共工的传说，上自伏羲神农，下至禹，遍及很多时代。此外，《楚辞·天问》中有"康回凭怒，地何故以东南倾"的记述，有一种说法，认为康回是共工的名字。也有的说法推测康回是庸回，这种说法不妥。共工是双声字，《左传》的"穷奇"也是双声字，所以把康回理解成双声比较妥当。这些都是同一件与共工相关的事中产生的洪水传说，结果却逐步演变为许多个传说。归根结底，到底是共工引发了洪水，还是治理了洪水？或是治理不当反而造成洪水泛滥？但无论如何，他是与这些事有关的人，因而是洪水传说中的重要人物。

下面是有关禹的洪水传说。这一传说，源之于建立王朝的先祖治理洪水的说法。这就是禹的父亲鲧和禹治水的传说。从《尧典》到《禹贡》，各篇都有这方面的记述，而且也见之于《孟子》、《墨子》、《淮南子》及其他古书中。《孟子》、《淮南子》对洪水时代的中国地理情况有各种说明，其中主要的是有关九河、济漯、淮江的记述。首先是从九河的传说开始的，说黄河的下游分成九个支流。到战国时代就盛传，禹浚通九河，以至伯益焚烧山泽以去猛兽毒蛇之害的传说。这就是夏后氏先祖平定洪水的传说。不仅夏后氏，传说殷的祖先也与洪水有关。即传说从汤往前九代就有冥（或玄冥）治理洪水的事。这种传说出自于《竹书纪年》中，也见于《山海经》中。除此以外，《国语·鲁语》、《礼记·祭法》

中也有记述。由于夏、殷的祖先都曾治理洪水,《竹书纪年》把这两时代合记,所以把冥的时代放在后面。夏代中兴之主少康时商侯冥治水,少康之后的帝王杼时有记载说"冥死于河"。关于平水土之说,《史记·秦本纪》中记载说,秦的祖先中有大业、大费两人辅佐禹平水土。而后来又与伯益联系起来,甚至传说大费是费侯伯益,大业就是皋陶。秦是晚出的国家,大概皋陶、伯益的传说出来之后才想出了上述故事。

如此来看,洪水传说与各王朝祖先都有关系。但是仔细考虑一下,还是无法得知这种洪水传说到底是由哪里开始的。禹的治水传说流传最广,可还是说不上是最早的。《史记》中载有夏后氏及那时殷的宗谱。夏后氏时从禹到桀共十四代,殷代从冥到汤有九代。但是传说中很少讲到夏后氏时代出现过什么事迹,很难得知那时的情况。殷代从汤往前七代有个叫上甲微的,他是殷人中最早以十干起名的人,其父叫王亥,取十二支之一为名,其前辈是冥。这种祖先的名字是不是可靠,还是个疑问。但是,以干支命名的人即是在其干支之日被祭祀的人,这种被祭祀者可追溯到王亥,其前辈名为冥,而冥是洪水传说的主人公是明确的。

殷代饱受洪水之苦,数次迁都。好像是因为人口增加,大量砍伐山林引起的水灾。可以说,从这时开始,人们都自觉到洪水的危害,结果出现了各种有关洪水的传说。如果是这种情况,那么禹和冥是同时代的传说,意味着殷人很早就知道有自己的洪水传说。据说玄冥、共工都是负责治水的官名。但是后来由于知道殷代之前有夏后氏,并且其祖先有治水之功,或许由此产生与禹相关的洪水神话。认定夏后氏为十四代、殷为九代是由于尧、舜综合传说的出现,也为了与洪水传说相重叠,而重叠了冥之前的世代，也考虑了殷是掌管卜法、教育的契的后代。由此可见，最古老的神话应是洪水传说。周朝的祖先中没有与洪水相关的传说。首先，传说大概与其起源的地方（陕西的高原）有关系。简单地说，与洪水相关的这些人物和日本的神话相比较，相当于大国主命、少彦名命。日本没有洪水传说，是由于日本的地势与中国不同。

这些洪水传说与中国民族最早出现的地方的地势有关系。从哪里产生的这些传说呢？其中心是九河。就九河的范围来说，《尔雅》中说：东是鬲津、西是徒骇，其间有九河。据说鬲津位于山东济南（平原），徒骇位于直隶中央的成平。但崔述的《考信录》中认为这种说法不可信。藤田元春君根据《汉书·地理志》进行了研究，认为徒骇应该在成平县，但九河的古道不限于徒骇，还远至更西边。从这样的地方产生了洪水传说。东南方面产生的好像是夏后氏的传说。禹时的都城是安邑的说法，来源于《帝王世纪》，不可轻信。《竹书纪年》中说禹都在阳城（嵩山登封）。王国维认为在河与济之间，我也认为大体位于从济南附近到淮县这一带。传说自禹开始数代后，即在夏代势力衰落的太康、仲康、相、少康期间，有穷氏之后羿取代夏掌握了统治权，其所在地是古代叫做穷石的地方，在今天的汲县附近。在羿被其臣下寒浞杀害，寒浞与夏后氏之间开战的记述中，出现了斟鄩、斟灌、戈、过等地名。斟鄩、斟灌在今天的潍县附近，戈和过在山东的沿海地区。根据这些地名推测，可以知道夏后氏的传说产生在自河南的东部到山东的西部一带。

有关殷代的传说中，有传说认为在冥之前，契被封为商，商在黄河的上游。这种说法不可信。商在河南的归德府，即商丘的说法比较正确。有一种说法，说在冥之前有名叫相土的人居于商丘。商丘是祭祀大辰星的氏族一直居住的地方。有关于王亥、上甲微的传说，讲的是王亥去易，遭到了其领主的杀害，其子上甲微在河伯的援助下消灭了领主的事。易是今天的易州，易的古音是"テキ"，与狄同音。不清楚易与狄是否同义，但无疑这地方当时是中国的边境。可以明确殷位于太行山麓，是在黄河北部发展起来的，可以说，洪水传说是以黄河河口为中心兴起的中国最古老民族中的最早的传说。

禹以后，夏、殷、周历代世系如下：

禹—启—太康
　　　└仲康—相—少康—予（杼）—槐—芒

　　　—泄—不降—孔甲—皋—发—履癸（桀）
　　　　　└扃—廑

契—昭明—相土—昌若—曹圉—冥—王亥—上甲微—报丁
　—报乙—报丙—主壬—主癸—天乙（汤）

弃（后稷）—不窋—鞠—公刘—庆节—皇仆—差弗—毁隃
　　　　　—公非—高圉—亚圉—公叔祖类—古公亶父

据《世本·作》篇的记述，禹前面的鲧是第一个建立城郭的人，禹是第一个建造宫室的人，然后奚仲造车，少康造酒，予（或作杼或舆，舆或为作之意）造甲，羿的弟子逢蒙学射，孔甲时豢龙氏开始养龙（或许是养马）。殷代时，相土乘马，王亥服牛（或仆牛）。报丁、报乙的"报"字是与祭祀有关的名字，从中可以得知当时祭祀是重要的活动。有意思的是孔甲和王亥之养马服牛的时代与奚仲、相土的营生有密切关系。然而周代情况变得不可思议了：弃是务农的，公刘也是务农的，而像皇仆、高圉、亚圉这些养马的人却在务农的之后出现。其可信度很低，很像是后世人编造的。周代古公亶父以前的事不可信。简言之，显然夏是牧畜时代，殷是牧畜和农作相交的时代，这个时代非常重视祭祀宗教。这两个时代的记述是可靠的，而周代的记述是混乱的。根据上述世系表可以推测其社会状态，同时可以弄清产生传说的条件。现在已明确夏代的廑被称为胤甲，与孔甲是堂兄弟。履癸之名说明那时有以十干为名的时尚。《白虎通》中说殷人以生日为名，夏代中也有胤甲、孔甲、履癸这样的人名，应该说，在同一时代的其他民族中，也有相似的风俗。然而在周代却完全没有，这很明显地说明，有关周代的传说是不确切的。总之，可以说夏、殷是在同一个时期，活动在黄河下游地区，有相同的顺序，相同的传说，平行发展起来的。

第三章　夏殷时代

夏　代

夏代的事在《尚书》中见于《甘誓》、《五子之歌》、《胤征》三篇。后两篇是伪《古文尚书》，迄今被认为比较可信的只有《今文尚书》中的《甘誓》。自然对《甘誓》自古就有许多种说法。认为其是禹之子启时作品的说法，见于《书序》、《史记》；认为其是禹时的作品的说法，见于《墨子·明鬼》，此中名为《禹誓》，《庄子·人间世》中也与此相同。《吕氏春秋·先己》中认为，其是夏后相时的作品，而清朝的孙星衍认为相是柏的错字，柏禹即是禹。这种说法站不住。诸种说法中有一种调停说，认为其内容从讨伐有扈氏开始，可理解为是在禹时，其子启时继续讨伐。可这样就把本来是一个人的事向两个方向叉开，就更不容易判断是禹时还是启时的作品了。特别是《甘誓》原文是不是夏代问世的还有疑问。从其内容来看，好像不是夏代时的作品。《甘誓》中是这样说的：

"大战于甘。乃召六卿。王曰：嗟六事之人，予誓告汝，有扈氏威侮五行，怠弃三正，天用勦绝其命，今予惟恭行天之罚，左不攻于左，汝不恭命；右不攻于右，汝不恭命。御非其马之正，汝不恭命，用命赏于祖。弗用命戮于社，予则孥戮汝。"行文大体押韵，像似比较古的作品，但内容不通。其中五行说的是木火土金水之五，三正是定年的三法。殷代以夏历的十二月为正月，周代以夏历的十一月为正月，正月随王朝的更迭变化。这即是历日。左右是军令；祖是祖庙之主；社是社稷，祭土地的坛，其中也有社主；孥戮的孥在伪《古文尚书》中是孩子，意为不仅本人连孩子也受到惩罚，而在《今文尚书》中孥通奴，是变为奴隶的意思。其中不妥当之处首先是六卿，从上文来看，好像夏代时就有《周礼》中那样的六人大臣，但是试看比它晚得多的叙述殷代法制的《洪范》就会知道，其中只有这六卿中的三个。照此来说，夏代完备的六臣到殷代时减少了三个。前代完备的东西后代反倒减少，有些不合常理。再说五行和三正。五行之说盛行在周代末期，《洪范》中也有五行，这都值得怀疑，自夏时就有五行更是难以置信。更甚者是在那之前就说到六府的事，即在木火土金水之后又加上谷，很难相信从夏代开始就有这种认识。另外，三正之说源于天子三统，三正随三统变化，而三统是夏、殷、周三代出现以后的事，所以夏代初期绝不可能有三正存在。更为滑稽的是，还有认为夏以前就有三统互相替代的事。不用说这完全是出自后来的想象。"威侮五行，怠弃三正"是《甘誓》中很重要的一句话，而这句话也是不真实的。"左不攻于左，右不攻于右"这句话也不是《尚书·甘誓》中特有的句子，《国语·吴语》中讲到，越王勾践为攻吴下达军令时有与此非常相似的一段话：

"谓二三子，归而不归，处而不处，进而不进，退而不退，左而不左，右而不右。身斩妻子鬻。"《两汉刊误补遗》的作者宋代的吴仁杰认为，前面这段话是勾践模仿《甘誓》的。其实不然，这段话是周代末期军令中的通用语，我觉得是后人把周末的语言放到了《甘誓》和勾践的军令中。由此来说,《甘誓》中有很多疑点,很难相信孔子收录的是自夏代开始时维持原状的东西。甚至可以说完全没有夏以来的文书。我想《甘誓》与其说是文书,不如说是一种朗诵文,以此为基础流传下去的。有很多内容非常奇怪,我认为有多半是战国时代编造的。

就经学方面来说,到禹时天子的继承法的变化成了问题,即尧、舜时是让位给贤者,而禹把帝位传给了儿子。这说明到夏代重德行的意识已经减退。可孟子反对说德行已经减退,说:天或予贤者,或传子,这并不是德行的减退。对此,崔述的《考信录》提出最有常识的见解。他主张,古代没有固定的帝王,诸侯分别选出有德的人并服从于他。既没有把天子位置传给贤人的定式,也没有传给儿子的定式。先王死时,如有代替他的贤者就服从这位贤者,如其子是贤者就服从其子。这种解释大致符合事实。在未开化时代继承法不明确,近似于共和制。夏代启时并没有确定把帝位传给其子,《考信录》中说,传给其子是后来的决定。太康、仲康、相三代德行急剧减退,没能维持住地位,到少康及其子杼时恢复了势力、统一了天下,后来才规定禹的子孙继承帝位。这种说法源于《孟子》。孟子认为,殷时出现圣贤之君六七人,每位圣贤之君都使势力得到恢复,直到最后也没有失去势力。总之,自这时期开始子孙继承制度已实行。可以说这种见解比其他说法更站得住脚。

太康、仲康、相、少康时代的传说,《左传》中记述得很详细,然而《史记》中完全没有收录,以往的批评家认为这是《史记》的疏漏,如果是因为弄不清《左传》是否基本反映了事实而没有收录,应该说是一种有主见的做法。《左传》中有太康时出了个叫羿的人精于射，后来取代太康居于夏都理政的传说，可羿在《淮南子》中是尧时的人，羿之妻姮娥即嫦娥，偷吃了羿从西王母那里得到的不死药，被发现后逃到月亮上去。这一传说见之于《淮南子》和张衡的著作《后汉天文志注》中。但是还有认为嫦娥是舜的妻子的说法，即舜之妻是尧之女娥皇、女英。这种说法出现在《帝王世纪》中。而在《山海经·大荒西经》中娥皇被称为常羲，在《山海经·大荒南经》中被称为羲和，同时在前述《帝王世纪》中又被称为常仪。所以姮娥是舜之妻，还是羿之妻，难以断定。原来有羲和是太阳的驭手的传说，这个传说又插到舜和羿两人的故事中来，很难判断真伪。关于中兴之主的少康也有不同的传说，其中有一种说法：少康在母亲胎内时亡国，母亲逃出来后少康出生，少康后来成大业。但是还有传说：逃难时少康当了有虞氏的庖正，此时的主人虞思送他两个姚姓女子。这与尧送给舜二女的传说相同。想来，这就是贫寒家庭的人艰难度日时，有女人上门的传说形式。少康出现在两种传说中，很难说清楚哪一种可信度大。只是从其传说中的地名，可以大致辨别出它是什么地方出现的传说。

迄今出土的文物中几乎没有夏代的东西。据说，古铜器中有夏代的东西，但没有一种有根据证明是夏代的。当然不能说绝对没有，但至少现在还不明确，所以有关夏代的事很难弄清楚。孔子在《论语》中说："夏礼，吾能言之，杞不足征也。殷礼，吾能言之，宋不足征也。文献不足故也。"确实如此。这个杞、宋不足征之说也有三个出处：一是《论语》、二是《中庸》、三是《礼运》，从中可以得知其说的发展顺序。在《礼记·礼运》中说：由夏获得了小正。这是《论语》以后的事。即无疑夏代的历法见于

孔子之后，很可能是六国时期。孟子说："夏后氏五十而贡"，讲
的是夏代的井田制及其学校制度。对于夏代的事，孔子、孟子知
道的不过是一些传闻，很难说自那时起已经有书籍存在，不能相
信有确实的东西，只能说曾有过夏后氏不假。关于夏代，真正能
知道的仅此而已。《竹书纪年》中说：仲康五年出现过日蚀。这事
引起西方学者的极大关注。然而此说在《竹书纪年》中虽不算是
后来伪造的部分，它出现在实在的部分中，但此书问世于周代末
期，因此或许是由周末的历法推测出来的事件。

夏殷革命说

夏代最后的帝王桀是个暴君，殷代的成汤代之建立了殷王朝，
迈出革命的第一步。此种革命说很早之前就有流传。《尚书》中被
认为可信的部分——关于周公的记述，其中《多士》、《多方》两
篇是周灭殷后对殷遗民的告谕。这两篇在《尚书》中，就其内容
来说属确实存在的部分，其中有夏殷革命说。据此二篇讲，周灭
殷时殷民顽强抵抗，周称这些人为顽民，但为了说服殷民，周公
说："天命无常。汝之祖先成汤不也是因夏君主无德而取夏代之成
为天子的吗？周代替殷也与其无异。"这之中多少包含一些策略的
言辞。不清楚夏殷革命究竟是否采取了像殷周革命那样的残酷的
灭敌方法，但有一点可以肯定——不知从什么时候开始，确实存
在过这种说法——由于桀是暴君所以被成汤消灭，与由于纣是暴
君所以被周消灭是同样的道理。桀、纣成了残暴君主的标本。但
是，据《论语》中的子贡的话来看，好像纣王的暴虐程度并没有
那么严重。常言道：君子恶居下游，天下之恶皆归焉。可以说这

句话是很正确的议论。亡国其中自有原因，但由于不知桀的真实情况，只能按后世的纣之图，索前世的桀之骥。近来王国维说："古代诸侯和天子之间，没有很大的地位差别，诸侯在本国都称王。殷的祖先中也有叫王亥的，其王即是大王，这虽然可能是后来追谥的，但也有像汤自以武王为号的例子。周代时除本族的诸侯之外，异姓诸侯中也有从很早开始就称王的，徐州的偃王和楚国各代的王就是例子。周文王也是王，但这未必是赞称。所以，称王是可以的，只是是否是诸侯之上的王的问题。其不同在于是否是一统之王的问题。"照此来说，夏殷之间的革命并没有翻天覆地的变化。可以说夏代子孙德行衰颓，国势下降，从而殷取代了夏。或许是灭亡时的君主比较要强，主动攻打新兴的汤，结果失败，被戴上暴虐的恶名。总之，所谓夏殷革命，不过是殷周革命后想象的状况，没有准确的材料证据。

关于此事，《尚书·汤誓》中记述了灭亡桀的事。这是一篇押韵文，与《甘誓》相似。现在《尚书》中的这篇文章与《史记》中收录的不同，《史记》中收录的是今文本，可能是正确的。从文章的前后内容来看，《史记》接续顺当。这是讨桀的军令，据说，此外还另有被称为《汤誓》的文章。与《论语·尧曰》、《墨子》、《吕氏春秋》、《国语》中的文句有共同之处，并且都称为《汤誓》。过去都把它说成是讨桀的军令；而近代清朝学者对其研究的结果，认为它不是讨桀的军令，而是汤时面对长期干旱表示牺牲自己以祈祷上天的誓言。也就是说，此说认为《汤誓》是那时的文章，这是站得住脚的。同样是韵文，以此作为对古代祭祀词的考察是可以的，但未必可以以此断定为殷汤时的事实。因为殷代的事实比夏代的年代晚，多少有些可信的东西，但不能说它是可信的史料。

殷代的事，不仅仅出现在《尚书·汤誓》中，《诗经·商颂》五篇中也有反映，没有多大可信性，也不能视为有说服力的材料。《商颂》中关于殷代始祖契的出生，说：简狄吞玄鸟卵生出契。这是属于开天辟地时的传说。在中国洪水传说是开天辟地说，按说《商颂》中应该有洪水传说中的冥的事，然而《商颂》中没提到冥的事，与洪水相关的事讲到了禹。《商颂》中有"九围"、"九有"的记述，这证明《商颂》在确定有关禹的洪水传说后，有了把中国分成九州的想法，而"九国"、"九有"又是"九州"之后的事。总起来说，《诗经》是口传的东西，早于文字记述，所以《商颂》中没有收录。历来认为《商颂》是孔子的祖上正考父所作，也有说是他从周代大师处拿到自己国中来的。这种传说是西周末期的事，时间相当早；好像应该是比那时晚得多的事。南宋朱子的门人已经对此产生怀疑，说："《商颂》与简洁的《周颂》相比，文句过长。"对此，朱子作了"《商颂》之辞自来就奥古"的暧昧回答。从内容来看，也不能说它是研究殷代情况的确实材料。然而从何时开始中国历史才算是有据可考的呢？下面谈这个问题。

殷代的史实

中国古代史中的传说和事实何时开始吻合，是一个重要的问题。我认为大致是从殷代盘庚时期开始的。就盘庚时的事件来说，《尚书·盘庚》三篇完全是当时的记录，但要问记载的是否是确定的史实，回答是否定的。此三篇作为记述殷代情况的文章有些过长，其中包含的内容也比较复杂。就文章的形式而言，与今天《尚书·周书》中写周公的部分很相似，并且与《周书》中的完全从当时的记录，即简册或金文中传录的《洛诰》，稍有不同。其他的《多士》、《多方》、《无逸》、《君奭》等周代初期的书不是直接来自记录，一开始就是由传说形成的，只是后来以记录的形式保留下来。《盘庚》与这类书很相似。不过《盘庚》与前述《尚书》的古代部分——《典》、《谟》、《甘誓》、《汤誓》等相比是在更早的时代就被记录的。《盘庚》三篇也称《盘庚之诰》。关于这部书问世的时代，据《史记》说，盘庚死后，小辛时期，国势衰落，民思盘庚，作《盘庚之诰》。我觉得还很像是一种传言。又据《吕氏春秋》说：周武王灭殷时，命周公问殷遗老殷亡国之所以，及殷民有何要求。遗老回答说："愿还盘庚之政。"于是武王准许在旧殷地行盘庚之政。我认为这即是《尚书》能保留《盘庚》篇的原因。只是武王时"盘庚"三篇并未成文，是在其后不太长的时代成书的。所以，假设不是直接的记录，也是口传的事实。《盘庚》的情况与后来通过想象而作的记述不同，显然其记录的是直接从殷代遗老那里听到的情况。

据《史记》说：殷代多次迁都，盘庚时代定国名为殷；在这之前，商代都城由黄河南边迁到北边，盘庚说这是迁回到祖先成汤时的亳（河南商丘北面）。对此有不同的说法，《史记·殷本纪》的注中引古本《竹书纪年》说：从盘庚到纣一直没有迁都。从盘庚到纣有七百七十三年。王国维认为，这是二百七十三年之误，当时盘庚迁都到殷，后来此殷字成了卫字，周代时的卫（国）即是旧殷地，所以殷都不是由黄河北边迁到南边，反而是由黄河南边迁到北边。王国维的这种说法是有根据的，即可以从殷墟中发掘的遗物得到证实。殷代盘庚以后仍居原处，其间出了个武丁（高宗），二三百年非常安定。虽说最后出了暴君纣，但如孟子所说，即便君主恶虐但辅佐中有好人，所以周没有轻而易举灭掉殷。

好像殷人对盘庚以后的事记得很清楚，从盘庚到纣直系八代。日本阿伊努族人还记着十代的事。所以从现存的书籍来看，盘庚以后的事在一定程度上是可信的。加之，近年殷墟的发掘，给历史研究带来很大的光明。殷虚（墟）之名很早就有，在《史记·项羽本纪》中说：与秦国的章邯，在洹水南边的殷虚盟会，并且在《水经注》中的洹水条中，也有殷虚的记载。这是近年的发掘成果，其中还有很多甲骨文和其他遗物。这些东西都是从很早以前就被称为殷虚的地方出土的，与以往的传说、记忆等非常一致。出土的这些甲骨文中，很多都记载了历代帝王的名字，其中也出现有排列殷代历代帝王名字的资料。这见于王国维的研究，其中的殷代帝王名的排列顺序，与《史记》以及其他书籍（《史记·殷本纪》、《三代世表》、《汉书·古今人表》）非常一致。甲骨文中只有直系人的记载，其他人被省略，但总算与已见到的资料吻合了。所以，终于有证据说明，殷代的帝王不仅仅是传说中的人物，而且是实在的事实。其中，甚至连盘庚以前的人也收录进来，使我们印证了以往的书籍中所反映的那些盘庚以前的事。成汤以前的事，也与《史记》中的殷代宗谱相吻合。《史记》中的顺序是：上甲微、报丁、报乙、报丙、主壬、主癸、天乙（成汤）；而在甲骨文的记述中，上甲微是甲、报丁是乙、报乙是丙、报丙是丁、主壬是示壬、主癸是示癸，没有天乙，接下来是大丁。不知上甲微的上是标注甲、乙、丙顺序的最古的人的意思，或是像帝字（商）之上的二那样表示帝义？报是祭祀的名，主和示都是被祭祀的人，称为木主。只是这个排列顺序（甲、乙、丙、丁、壬、癸等）过于严谨，使人产生怀疑，莫非成汤以前掺进了想象的成分？

原来殷人以生日为祭，对生日进行占卜，但甲、乙、丙、丁的顺序过于严谨，给人留下了怀疑的余地。如果说，汤以前有令人生疑之处，汤以后则基本上是可信的。汤以前，不仅是商的祖先以十干为名，夏代也用十干作人名，从可信度上说，应该是同等的。夏代的只看到了胤甲、孔甲和履癸几个名字，开始是甲，末了是癸，好像排列顺序也很严谨。桀和汤的名字都叫履，似乎履在传说中有特殊的意义。我想履字，在古代一定有其他意义。综上所述，盘庚以后的事为殷灭亡时的遗老准确流传，由此可以推测，盘庚以前到汤为止的系统排列，或许也是靠得住的。因为以往书籍中所见的记述，和近年新出土的文物印证，是一致的。这些材料，并不是历史家为作史而写的，而是在偶然的事实触发下，留下的文字材料。在那个时代，由于盘庚非常卓越，所以只有他的事，留在人们的记忆中。

从上述有关殷代系统的思考来看，如王国维的研究所表明的那样，有证据说明，古代的继承法未必坚持子继父位的原则，尤其不存在长子继承王位的固定模式。殷代共三十一代，其中直系继承的有十七代，很多是由兄弟继承了王位。兄弟同辈继承王位之后的下一代继承人，往往不是长子之子而是少子之子。这是任何地方的民族，都曾实行过的古代的继承方式。这里嫡庶的区别并不那么清楚，在长子和少子的关系中，一般继承权在少子一方。这是后来的中国严格的继承制度，即宗法尚未形成的时代。所以，这时的服的关系，即继承关系，与周代，特别是周代中期以后的情况，有很大不同。王国维认为，到周代初期为止，仍尚存殷代遗风。可以说殷、周之际是宗法产生的分界线。

由此来说，关于殷代，《尚书·周书》开始的记述，大部分是可信的。即《无逸》、《君奭》中记述了殷代的事实。《无逸》中警示天子说：君主不流于享乐便可以长寿，其中作为引证讲了殷代天子的事，说中宗（大戊）活了七十五年、高宗（武丁）活了五十九年、祖甲活了三十三年。这几代帝王皆知稼穑之艰辛，不图逸乐。引证中完全没有殷以前的事，因为当时尚不知那时的事。另外，《君奭》中说：明君应有好辅佐。作为好辅佐的例子，如果是后世，肯定会举尧、舜、禹等人，而《君奭》中举的都是殷代的人，例如成汤时的伊尹，太甲时保衡，大戊时的伊陟、臣扈、巫咸，祖乙时的巫贤，武丁时的甘盘等。《君奭》问世的年代不详，但可以明确，有关殷代君臣关系的事，周代初期已有流传。这些流传与孟子说的"由汤至于武丁，贤圣之君六七作"是一致的。可以说，孟子的话证明，殷代的传说是可靠的。虽说这些还没有确实的证据，但如果以确实的证据为中心，努力在古书中搜集与其相符的可信的事实，我想会得出上述的结论。

殷代的社会状态

此外，从殷虚的出土文物中，使人们重新思考很多事情。罗振玉发表在《殷虚书契考释》上的研究成果，也使人们明白了很多事情。他指出，殷虚的书契就是那些为占卜而写到甲骨上的文字。罗振玉按占卜的种类，把占卜的必要事项分为祭、告、享、出入、田猎、年、风雨、征伐等，对甲骨上的文字进行了研究。其所举的内容多半是以前已知的东西，最多的是关于祭祀的，竟有 306 项。告是向神或祖先报告，有 16 项；享（酒席）有 15 项；出入有 128 项，其中包括步、往、在、还等与场所有关的事项，步、在等《尚书》中也能见到，金文（铜器铭）中也有记载，这些是金文与甲骨文一致之处，增强了作为史料的价值；与田猎有关的有130项，其中狩的部分占123项，渔的部分占7项；年有22项；风雨有77项；征伐有35项。当然这些都是罗氏读过部分的统计，不能说是整体的统计，但是以此可以推测其大概。那个时代的事情如果与日本的情况相比较，会使人更容易理解。在中国，古代天子一年里固定的活动是祭祀，而日本到明治初年为止，祭祀活动被编入日历。在中国古代享是相当多的活动，日本德川时代大名与大名的交际也主要是这种活动。在中国，出入、田猎方面的活动，到日本德川时代初期为止表现为狩鹰猎，中国曾在三代有过的活动，在日本则持续到德川初期。甲骨文记述的主要是与占卜相关的事，所以，若从这一角度把上述事情作为史料对待时，必须清楚其是事先的记录，而不是事后的记录。《春秋》等记录就是事后的记录。这也与历法有关系。日本王朝时代也有"具注历"，由贺茂氏（土御门氏）掌管，每年向天皇、大臣颁发历本。天皇一日有五行，摄政和关白有三行，往下行数更少，把每一天要做的事记录在历本上。这说明《春秋》的历法曾流存到日本。所以说《春秋》之法以日历为本，记述了所发生的事件。殷虚的记录，是把事件之前问卜的话，写到甲骨上，而自然形成的记录。罗氏的研究是从当时存在的文字开始的，与祀相关的内容很多，看了他的著作就会明白，从殷代开始有过什么样的祭祀。

从罗氏的著作中，还可以明白古代的官职。罗氏发现的官名有：卿士、大史、方、小臣、竖、扫臣、巫、衡、尹等。卿士当然是最重要的官职，见到卿字之后的士，就会知道刑、罚方面的事是其掌管的大事。大史，我想或许是与记录有关的官职。方是地方官，《周礼》中有"职方"、"训方"、"土方"，可能就是从这里的方衍生的。小臣是奴隶的官，臣扈也在奴隶之上，竖也同样。扫臣是负责打扫卫生的官职，相当于日本的扫部头。另外，巫也是重要的官职，包括巫咸、巫贤，可以说是天子的辅佐。衡也叫衡麓，章炳麟说它后来成为光禄，光禄是负责工的官职。章氏认为："古时候天子居于山。《尔雅》中还有林为君之义，由林字衍生禁字，即君之住所、禁区。由于君主居于山，故宰相居于麓。由此出现大麓之语，也随之出现衡。"我不敢肯定这段话是否可信，但可以说是研究古代官职问题的一种启发。虞也是山林的官职：尹与君同义，尹加上口便成君。可以说与殷相关的事一半是传说，另一半则不是出自古代想象的传说，而是事实，它反映了当时社会的进步。

就殷虚中出土的遗物而言，《朝日讲演集》记述了当时使用的物品，主要是骨器或牙器。这些器物的制作水平非常高，骨或牙的雕刻相当精巧。我研究铜器时，感觉殷代的铜器制作工艺非常高超，周代的比较粗糙。想来，这是因为殷代盛行田猎，所以多在动物骨头上雕刻，其技巧直接转用在铜器上，因此铜器的雕刻技术相当高超。而周代来自西方，虽然消灭了殷代，但其文化程度不高，技术不发达，因此铜器制作工艺粗糙。最近我见到的牙器中也有试图在牙器上镶嵌石头的。我曾怀疑罗振玉的《殷代古铜器图录》中说的镶嵌铜器，从牙器的水平来看，可以想象大概是有罗氏说的镶嵌铜器。殷虚的遗物中还有石器、玉器，材料的质地不太好，但可以看出其磨琢雕刻已经有了艺术水平。特别应该注意的是，像是货币的东西，辨不清是货币还是装饰品，或是二者兼而有之的东西，是仿照贝的形状用骨做成的。这种用骨做的仿贝品比天然的贝还多，可以认为，好像当时骨器已作为货币大量被采用。从殷虚出土的遗物中，主要的是骨器、牙器，好像都是狩猎时代的东西。然而在文字遗物中发现了牧字，这意味着当时有一部分人也从事农业。就建筑方面而言，看了《商代遗物铭》中的重层形仌就会明白，当时已有了两层结构的房子。后来这种结构的房子成了明堂，即祀天祭祖的地方。政治上的事，重要的是祭祀活动，所以明堂成了用于祭祀的建筑。看了这种明堂和卜辞中很多与祭祀有关的内容，就会知道殷代对祭祀的重视程度。用祀记录年代，是由一年一度的大祭，即冬至时的祭开始的。天子就是神主，所以在殷代没有其他祭祀的官职。遇到大旱灾，向桑林祈祷时，汤自己一动不动，拿出神灵附体的样态。殷代的天子基本上是神主的角色。王字也是由祭祀产生的，后来说它是统贯天地人的三才。而其原字是玊，⿺是火，火是祭祀中重要的东西，所以应该把王作司火之义理解。

以上所述事项是对殷代遗物、记录的解释。可以说，明晰的中国文化是从殷代开始的，那之前不过是开天辟地传说性的东西。大体上的史实从殷代开始才显现出来。

殷代灭亡的原因

殷代亡在纣王手里。有关纣王的议论很多，一段时期把所有暴虐君主做的坏事都推到纣王身上，但也有同情纣王的议论。这种同情论自古就有，前面提到《论语》中子贡的话，认为纣王不

善未到如此程度。"君子恶居下流，天下之恶皆归焉"[1]，即是对
纣王的同情。《论语》写作的时代最晚也在战国初期到中期。有
关纣王的议论《尚书》中比较多。《尚书·商书》的《西伯戡黎》
和《微子》（今文）中都记述了纣王的事。《今文尚书·周书》中
的《牧誓》、《酒诰》、《立政》也都讲到纣王；《无逸》没有明确提
到纣王，但其中说殷代末期诸王天生好逸。然而这些材料有多大
可信度，必须认真考虑。最初的两篇，特别是《微子》好像比较
可信。现在仅从文体上对其进行判断。文体接近周代初期的作品，
与《牧誓》相比，更像《酒诰》或《大诰》、《洛诰》，确实近似出
自简册的内容。当然《商书》等的编纂时期是战国初期，但它可
能是把更早的简册的内容汇编而成的。虽然还不能说它是殷代灭
亡时写成的，但可以推测距那时不远。即其是还未收录春秋战国
时代思想前的作品。

从这些资料中可以了解很多情况，其中也有与《论语》中子
贡所言相符的东西。《西伯戡黎》中说，文王讨黎时纣王之臣祖
尹惊恐地说："殷灭亡的命运来矣，以人事、以龟卜来看，无一好
事。虽先王不会不助我等子孙，但王以淫戏自绝，故天弃我也。"
对此，纣王答："我生莫非命在于天？"《微子》中说："纣溺于酒。
且殷人无论大小皆盗，无不喜欢做恶事之人。官吏亦仿做恶事，
不捕罪人。小民互争，不听年长和自来在位之人所言。人皆盗神
之牺牲，彼此敌视。"据说微子是纣王的庶兄，《微子》中还有他
告太师、少师的话。《牧誓》中的主要事件是："纣王专听妇人之
言，弃祭不祀，置兄弟于不顾，重用四方逃来罪犯，作官吏，对

---

[1] 见《论语·子张》。——译者注

百姓行暴虐。"《牧誓》在殷周的书籍中行文平稳,不被认为是简册的转述。它是武王讨伐殷时的命令,可能因为是名篇,被广泛流传。《酒诰》中也有与纣王相关的事,作为饮酒之祸的例子讲了殷代天子的事:因溺于酒,其臭冲天,故至天灭之。《立政》中说:纣王用受刑之恶人,不重用本国之人。《商书》和《周书》中一致的内容很多,我想这类内容作为传说大概很久以前就出现了。《无逸》中说:直到祖甲都是好天子,不追求享乐且知百姓艰难;尔后之王享乐且不知稼穑之难,故命短。有关这类事,崔述的《考信录》所论比较得要领。崔述认为:"《微子》中讲的事除嗜酒外,其他事与其说是王之过,不如说是殷人之过。都是民众的风俗之弊,并非对纣王而言。虽说如此,但上述官吏互相学做恶事,不听老成人之言仍是其本。即原因在于王不知用人之道。结果以淫戏自绝,是其根本。"帝王失德是亡国之本的说法,作为中国式的分析是自然的,而看到了民众中的弊风之罪,是其卓见。此外,崔氏认为:"纣王之恶有五:听妇人之言、嗜酒、怠祭、却贵戚老人、用小人。此外,就各种书籍中所说的恶事而论,就像在中国把所有应验的预言全都归于孔明、刘伯温,把奸诈全都归于曹操,公正的裁决全都归于海瑞一样,把所有恶事全都推给纣王有失公允。"崔述所言是很符合常识的判断。近年夏曾佑在其著《中国历史》中说:"一提到暴君必然会把桀纣一并举出,两者所为皆同一事:妇人之事、饮酒之事、兴土木之事、拒谏之事、受贿赂之事、信天命而不反省之事。即便是恶人也不都模仿别人的恶事,二者不可能那么一致。"夏氏的议论尽管以传说为根据,但称得上是一种进步的历史观。

从今天的观点来看,如果说《尚书》中的事多少有些事实,也只是崔述、夏曾佑两人所举的那种程度。自《尚书》以后，历代中国君主亡国之失德都源于同样的认识，似乎都是从这时开始的。其中道出了一个似乎古代既有的事实，即民众失去了信仰之观念。战国时代就有"殷人信鬼"的流传，表明战国时人信仰之观念越来越淡薄。《史记》中说："武乙失去信仰，做个假人，名之为天神，作为与人赌博之用，如自己一方赌赢了就侮辱天神。还有所谓的射天，做一个皮囊，其中注入血液，然后射之。后来武乙独自出外打猎时遭雷击而死。"这一记载不知有多大可信度，可是其中有些内容与《微子》中的记述不谋而合。在古代，信仰衰颓是国家的大事。其次，是纲纪的废弛。《微子》篇中讲的大小盗的出现，即是一种无政府状态，也是造成国势不强的原因。再就是《牧誓》、《立政》中所讲的恶人聚集天子身边的情况，这也是亡国的原因。如果历史的眼光不发达，根本注意不到这些情况。这类事实在《牧誓》及其他篇章中都能看到，所以可以断定《牧誓》等篇是说出了这些事实的。这些亡国的因素在清朝也同样存在，皇室成了赌徒的黑窝。日本德川幕府的最后时期也出现了与此相同的问题。这都是历史上发人深省的事实，因而是没有历史眼光的人难以认识到的事。《牧誓》、《立政》传播这些事，就可以说把它作为了记述事实的证据。下面是听妇人之言和不用贵戚老成人的事。这是《微子》、《牧誓》中记述的事，这是后世也存在的事实。如以上所言的那样，即使纣王是正面人物，面对的国势也已是难以避免灭亡的厄运了，更且还有周的威胁。到文王、武王为止，周朝国势如旭日冲天，根本拦挡不住。尽管如此，亡国过程拖延了数年，我认为原因就像孟子所说的那样：先王中有贤君、人民受其余泽，还有纣王时代未被重用的众多贤人。例如《论语》中说殷有三仁，并举出微子、箕子、王子比干三人。孟子讲的商容、胶鬲的事大概也是事实。总之，有贤人是事实。

殷周革命的性质，王国维的《殷周制度论》

殷代亡国的事，在中国历史上是未曾有过的大事件。在那之前有过殷取代夏的事，那不过是自古代开始并存的同一性质的国家的取代，夏王虽失败，但并没有被杀害。然而殷、周的情况却完全不同，第一，好像人种不同。夏、殷都是生息在渤海沿岸、黄河口的民族，语言也相同（近似于乌拉尔阿尔泰语），其间曾交替做盟主。而殷、周的情况却不然，在西方渭水上游地区兴起的周，或许与后来的氐羌人是同一种族。周迅速强大起来，对异人种的殷人开始了进攻，简直残酷到极点。据《逸周书》所传（《史记》中也收录了），殷亡国时纣王自杀，周人还不罢休，对其尸体进行侮辱。此际的革命是相当重大的事件。

近年有王国维著的《殷周制度论》问世，论述了殷周的不同。我本人对其论述中，不谈周代制度初期与中期以后的不同，只讲两国之异这点，感觉好像缺了点什么，不过整体上论述得不错。书中说"都邑起初位于东方逐渐移到西方"，为此举出了例子，多少有些不当，但着眼点是好的。换句话说，就是说文化由黄河河口转移向上游。这样，实际上王氏是在说，殷、周间的制度的不同，比夏、殷间的不同要大。另外，王氏注意到了殷以前没有嫡子庶子之别，也不是嫡子继承，而是传位给兄弟这个问题。从殷代的宗谱中可以看到，大部分传位给兄弟，其兄弟去世时，也不把王位还给长兄的长子，而是传给最后的弟弟的儿子。这样，祭祀时也是一样，兄弟一辈人受到相同规格的祭祀，对父亲和对伯、叔父的称呼是一样的。这种情况不仅限于殷代，周代也有。大王的三个儿子中，前面的泰伯、仲雍没有继承王位，而是后面的季历继承了王位，文王之后继承王位的不是伯邑而是武王。再后，周公摄政也是按继承法做的。应该注意摄政期间对天子称王这一称呼。古代全都是如此，与后来的中国不同，古代的王也与后世君主独裁时的王不一样。那时是同族人继承王位，兄之子不继承王位而弟之子继承王位，这是因为当时有兄之子早些长大后离开中央的倾向。继位的不是微子而是纣的理由大概也在于此。殷周没有不同的变化，证明古代曾有过少子继承法，长子继承是后来的事。另外，王氏说，没有帝王给自己的儿子、兄弟分封的事，这也是卓见。历来人们认为殷代也有封建制，子爵是最高的。王氏认为没有这回事。出于某种方便上的原因，王子离开都城远居他方的事是有的，但并不是封建。大概由于微子、箕子是天子的儿子用了子字，自然子就成了尊称。铜器中孚字也多有出现，是因为子受到尊重。在后世之风中王位传给长子，如不是父子关系不能继承，但在殷代无视这种关系。甚至有兄继位的，所以在祭祖时也祭兄。这事是从罗振玉发现的古代武器中得知的。看了"大祖曰己祖曰丁父曰癸兄曰戊"这句话自然就明白了。这种事在后世的中国人看来，是不可思议的事。罗氏认为，在殷之前天子与诸侯之间并未确定君臣之分，诸侯在其国内也能称王。过去认为文王在纣王存在时称王，在一个统一国家中是不可能的事。对此，王国维给予了回答。另外，殷代妇女没有姓（妇女有姓始于周代），所以天子的母亲、妻子都以其生日为姓。没有妲己这样的己姓，或许是以其生日称呼其人（但王氏遵从历来的说法，认为这是召呼妇女姓的开始）。总之，王氏的着眼点是明智的，认为这是进入周代后产生的不同于以前的新事。看了殷周的相异之处，可以知道古代中国。但是这其中的情况，并不是随着王朝的变更而完全变化的，它是时代前进的象征。

殷代文明也是如此，是不断进步的。《史记》引用《竹书纪年》的内容说：盘庚以后国都没变，纣王时都城扩大，南到朝歌，北到邯郸、沙丘都有分都。果真如此的话，似乎殷代时居民都聚集在都市中了。《诗经》中说：殷之地分为邶、鄘、卫三部分，其中卫风与郑风一样，多男女淫乱之诗，是进步和堕落并存的土地。所以后来武王为这里的治安伤脑筋，虽封了武庚，又派管叔、蔡叔辅佐。大国之后文化水平也高，好像不是轻易泯灭的，据说后来把殷代文化之粹——《洪范》传授给周代的是箕子。这样一来，异种族的周代继承了相当发达的殷人文化。现在只要看了出土的殷虚遗物，就会感到其发达状况，甚至体现到艺术领域，这些遗物就是殷代文化进步的证据。

第四章　西周时代

周的祖先

关于周代祖先的事在《诗经》的《大雅》和《鲁颂》中有记述，其中所述都是后稷的事。后稷之母名叫姜嫄，据《诗经·大雅·生民》说这个女子郊禖时（无子者为求生子而祭神，但好像是公然允许野合的古代祭祀的风俗）踏到上帝武敏的脚印上，受孕生了后稷。这段故事在《诗经》的解释中有两种：一是《三家诗》之说，现在这本书已失传，残存在《郑笺》中；一是《毛诗》之说。训诂为踏了上帝小脚趾的脚印的是《三家诗》之说；训诂为踏了上帝脚印而生的是《毛传》[1]之说。就姜嫄本人来说，《毛传》说她是高辛氏帝王的妻子，而后来朱子写《诗经集传》时依据的是《三家诗》说法。总而言之，姜嫄受孕生了儿子。她想把儿子扔掉，可扔了几次都没有成功：扔到窄巷里牛羊养他，扔到冰上鸟们呵护他，扔到森林里又被伐木人救出，最后只得自己抱回来抚养，在有邰住下来。据说有邰是姜嫄的娘家。后来，《史记》中认为姜嫄是高辛氏帝喾的元妃，而生了殷代祖先的简狄是帝喾的次妃。这是周人美化自己祖先的说法。依《毛传》之说，帝武

---

[1] 《毛诗》、《毛传》均为《毛诗故训传》之略称。——译者注

即是帝喾的足迹；依《三家诗》说，是一个不知名的大神的足迹；《史记》中认为是巨人的足迹；朱子也理解为是巨人即神的足迹。宋代欧阳修、苏洵认为这种巨人足迹之说荒唐无稽，持否定态度。但欧阳修、苏洵之后的朱子仍然坚持前说。古代的传说虽不合理，可确实有这样的说法，所以朱子依据《三家诗》的说法，比较合适。《诗经·鲁颂·閟宫》篇（谈到经常关在宫中祭祀姜嫄的部分）中也能见到有关后稷的记述。其中说后稷生来精通农耕，积极从事农业生产。《诗经·大雅·生民》篇把周代的祖先说成是农耕之神。有邰的邰字，一作斄字（或作釐或邌字），为川名。有一种说法认为周之所以为姬姓源于姬水，或许有理由认为姬与斄同字（据说黄帝出自姬水，炎帝出自姜水，炎帝的姜水和姜嫄的姜是同一个地名）。

至于说明这些传说产生的时期问题，有待于对《诗经》的《鲁颂》和《大雅》的研究。《鲁颂·閟宫》产生的年代基本清楚，《鲁颂》是为颂扬鲁僖公而作；在《閟宫》篇最后的诗中也讲到僖公。因为讲到僖公是庄公之子，显然，《閟宫》篇中的诗肯定不是僖公之前的作品。再说《大雅》、《小雅》、《生民》篇是何时之作不得而知。《大雅》中的《文王之什》，主要讲的是文王的事，《大雅·生民之什》讲的大部分是文王以前的周代祖先的事。不知道《大雅·生民之什》是什么时期的作品，是否是与《大雅·文王之什》同期的作品。另外，《小雅》主要讲的是宣王的事，这不用考据《毛传》之解就能清楚。分析这些诗的产生过程时，应该看到，并不是描写更古时代的东西先写成，描写较晚时代的东西后写成，而是由新时代向古时代回溯，可能是描写较晚时代的东西先于古时代的东西写成。这与日本的情况有相似的地方，比如《大镜》

是在藤原氏衰落时受到触发写成的,《水镜》则写的是那以前的事,但《水镜》晚于《大镜》。《大雅》、《小雅》是口头唱的内容而不是文字记录。这类诗中的大部分最初成了歌颂宣王的《小雅》,其后出现了歌颂文王的《文王之什》,再后出现了歌颂周代祖先——后稷的《生民之什》。即与今天的大小雅的顺序是相同的。至于说歌颂宣王的内容是何时出现的?我想情况大概是这样的:宣王在位五十年,是鼎盛时期,其后出现的幽王失掉了国家,再往后平王又兴东周,大概由此盛衰感发出现了歌颂宣王的《小雅》诗篇,然后逐渐向前代回溯,所以《小雅》大概是幽、平王时期,主要是平王时期的作品,《大雅》好像是继其之后的作品。从大小雅的文辞来看,与其相似的东西也见之于铜器的铭文中,例如虢季子白盘。它是七八十年前在陕西省宝鸡县出土的。从出土的地区来看,金石学者断定不是东周时代的东西,而是西周时代的东西。所以"二雅"中的诗大概全部是两周交替时期所作。可以说,其中收录的传说是比较早的东西。正因为其是很早的传说,才与后来的有关后稷的传说相矛盾,可这更说明其是有价值的东西。

在上述传说中,后稷被说成人类的始祖,特别是在《大雅·生民》篇中此种倾向很明显,而《鲁颂·閟宫》篇中说稷继承了禹的王位,即:"奄有下土,缵禹之绪。"从中可以认为《閟宫》篇是稍后写成的。这就是说,后稷起初被认为是周人的始祖;后来又出现继承禹位的事,被看作是领有整个中国的人;而到《尧典》、《皋陶谟》中进一步变成尧、舜时期众多官吏中掌管农事的人了。《尧典》与《大雅·生民》篇不一致的地方恰好证明《大雅·生民》篇是很早就存在的传说,正是其有价值的地方。

但是不清楚后稷是否一开始就被认为是周人的始祖。《史记》

中收录的出自《世本》的传说，对周代的宗谱是这样排列的：

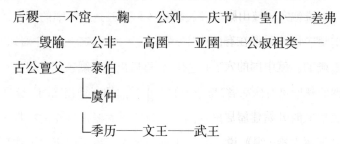

后稷——不窋——鞠——公刘——庆节——皇仆——差弗
——毁隃——公非——高圉——亚圉——公叔祖类——
古公亶父——泰伯
　　　　　　└虞仲
　　　　　　└季历——文王——武王

这里有些说不通的是，说公刘修后稷之业，精通农事。《大雅·公刘》诗中的"彻田为粮"说的是井田法，而皇仆、高圉、亚圉其名明显表示是与牧畜有关的人，如果相信这个排列次序，就成了先行农后行牧了。这是与自然的发展过程不符的。或许周人起初先有牧畜时代的传说，尔后开辟了农业，由此把后稷说成是农之祖，与此同时，又把他说成是周人之祖，全民之祖的吧！如是这样，或许周人最初的传说讲的就是宗谱中公刘以后的那些与牧畜相关人的事？尧、舜之后夏、殷两朝代历时一千年左右，如果一代为三十年，以直系计算就是三十代。夏、殷两朝代的直系代数大致与此数相符，而周从后稷到文王仅有十四代，所以把后稷与尧、舜并列为同一时代的人则很难令人信服。自殷代中期开始，文化向地方传播，从那以后的事开始为吾人所知，然后把皇仆、高圉等视为周之国家的创始人，并把这一认识与后来产生的公刘说以至后稷联在一起，从而形成把后稷列为尧、舜同一时代人的认识，形成上述说不通的宗谱。况且相信彻法税等始自公刘时代的认识，本来就是个大错误。

只是从古公亶父以后，才进入可以真正弄清事实的时代。但是没有关于古公亶父的记载，只在《大雅·绵》的一段歌中出现过古公亶父。据此歌说，古公亶父好像在叫作沮或漆的河边生活过。据说他穴居岐山脚下，起初没有居室。这也与《大雅·生民》篇的诗中说的后稷在有邰有家相矛盾。大概有关古公亶父的说法是正确的。就中国的穴居而言，未必穴居的事就久远，直到今日山西、陕西仍有穴居者。但一般来说，从穴居到屋居是一种进步。古公亶父时开始建屋居的说法，与后稷时开始有居屋的说法相矛盾。据《大雅·绵》说，掌管居住的官吏是司空，此外还有指挥农奴的司徒。其中还说古公亶父的妻子是个姜姓女子，这时的故事好像回溯到了后稷，后稷的母亲不就是姜姓女子嘛。《鲁颂·閟宫》中关于古公亶父有一句"实始翦商"的话。一般认为这句话讲的是侵略殷的事，后来把翦解释为践，变成与殷交往建立联系的意思了。无论如何，与文化先进的殷建立联系，接受殷代文化以至建造居室，是很早就认识到的事。从周来讲，是自己国家兴起的过程；从中国整体来讲，是先进的殷文化溯河而上向陕西发展，教化土人，使得酋长中诞生亶父这样人物的时期。

亶父有三个儿子：泰伯、虞仲、季历。季历的儿子中出了个文王。文王天生有瑞兆，亶父有意让他将来继位，泰伯、虞仲逃往荆蛮，断发文身没再回来。这与王国维的说法是一致的，是与殷同样的少子继承方式。但把泰伯的事与吴联系到一起，说成是吴太伯，则有附会之嫌。文王扩大了国土，迁居到位于渭水边上的丰。有文王受命称王之说。这里所谓的受命是受天命。按后来的一统天子论来说，认为殷王在位时文王不可能称王，然而在古代稍大一些的诸侯称王是通例。由此来看，可以想象这时的周已是相当大的诸侯国了。文王与纣之间有很多故事，就像桀与汤时的情况一样。纣王下了一道命令拿住了周文王，文王手下的人用了很多贿赂才换回了文王。文王手下有名的佐臣很多，《商书·君奭》中都有记载，一定程度上反映了事实。实际灭殷的是武王，但一般把文王看作周朝的创始人，所以应避免按后世的一统君主论来规定朝代的开始。古代有把自己所出之处作为始祖祭祀的传统，所以作为始祖祭祀文王是理所当然的事。这种说法，一直持续到《史记》问世时。

周文王时已经开始征伐其他国家，扩张了领土，《论语》中说：三分天下有其二，以服事殷。此事《史记》中也有记载，《诗经·文王之什》、《尚书》中都有清楚的证据。可以说是从很早以前流传下来的东西。据这些书说，受天命为王后"一年断虞芮之讼，二年伐邘，三年伐密须，四年伐犬戎，五年伐耆（西伯戡黎），六年伐崇，七年崩"。这五六年的征伐已进入殷的畿内，可以看到对殷的压迫态势了。《史记》的记载与此有所不同，认为伐崇后就定都于丰。丰在今天的西安市附近，显示出周要从渭水的上游向下进军东方的志向。所谓天下三分有其二，即是在当时的九州中占了六州的说法，这是后人的附会，当时没有九州。正当国势强盛，大业成功在即的时候文王害病死了，继之武王成了国君。

武王的事迹

武王伐纣的事在《尚书》的《泰誓（大誓)》、《牧誓》、《武成》各篇中都有记述，但《今文尚书》中靠得住的只有《牧誓》。很早就有说法认为《泰誓》是插进来的。最初伏生的《今文尚书》问世时，二十九篇中没有《泰誓》就是个疑问。有人认为没有《泰誓》，加上书序正好二十九篇。此二十八篇说的证据是，在前汉末的刘向《别录》中说："汉武帝末《泰誓》由民家壁中取出来。"如果二十九篇中有《泰誓》，此时就不会有从民家壁中新发现《泰誓》一事。但从另一方的看法来说，据说是从受伏生学问影响的人们——欧阳、大夏侯、小夏侯那里传下来的《尚书大传》（现在尚有残篇）中引有《泰誓》的句子。另有说法，反对认为《泰誓》是武帝末年问世的看法，理由是活跃在武帝初年的董仲舒的"对策"中引用了《泰誓》的内容。作为二者的折中论调，有人认为伏生的《尚书》中原本就有《泰誓》，但只有残缺不全的上、下两篇，后来又复得中篇，凑齐原本。这种说法关系到鉴定《泰誓》的真伪问题，如果其说是真的，就等于说现存的《古文尚书》中的《泰誓》是伪作，同时也等于说真的《泰誓》可能还在某处存在。一般相信有真的《泰誓》的人们认为，《泰誓》的基本内容收在《史记》中，现在即便有《尚书大传》也是残缺很多的东西，《史记》中大致保持了《泰誓》原有的形态。进入清朝学者们试图根据《史记》复原《泰誓》。其中有孙星衍写的《尚书今古文注疏》，又有人搜集《尚书》的马、郑注，两者都力图复原《泰誓》，其后的魏源在他的《书古微》中，也作了同样的尝试。现在想探寻《泰誓》原形的人们，都依据这些资料。这与伪《古文尚书·泰誓》在做法上有相似的地方。伪古文的做法是从古书中找出像《泰誓》句子的部分汇集起来，然后按自己的想象续补中断的部分；孙星衍、魏源的做法是按照《史记》中的基本脉络，在现存的部分上加以镶嵌补充。作为古书的复原方法，此二者的做法可以说是完善的。只是《史记》引用原来类似《尚书》这样的古书时，有的地方把非常古的语言改成当时能懂的语言了，所以，这种复原的《尚书》，在语言上不可能实现真正原古语的复原，只能做到不失其意。就这个意义来说，虽然今天《泰誓》还存在，但这个《泰誓》还是有疑问的东西。阅读如此作成的《泰誓》上、下篇的下篇时，感觉其文句与《牧誓》非常相似。《史记》中《泰誓》、《牧誓》两篇都收录了，但感觉是这两篇就像很早以前就混在了一起似的，使人怀疑《牧誓》的传来和《泰誓》的传来似乎不是一个途径。除这些疑问之外，还有一点不清楚，即《泰誓》、《牧誓》是否一开始在简册、铜器这类确凿的记录中出现过？《孟子》中所引《泰誓》的佚文押韵，且十分流畅，与《牧誓》风格一样。今天尚存的周代铜器古盂鼎毛公鼎上的铭文，与《周书》中的《召诰》、《洛诰》的文句有相似的地方，但与《泰誓》、《牧誓》相比，后者的文句显得过于流畅。由此我猜测，此两篇一开始就是以讽诵的方式传播的，从来没有载入简册。另外，《武成》自很早开始就是有议论的作品，孟子曾说："尽信书则不如无书，吾于《武成》取二三策而已矣。"况且现存的《武成》还是伪古文。我认为《泰》、《牧》二誓也是一样，是讽诵传说，是没有收入记录的东西。总起来说，《泰》、《牧》二誓都没有像《诗经》中的《小雅》、《大雅》及"虢季子白盘"那样形成文字的作品。二雅和"虢季子白盘"中都是非常规整的四字句，而《泰誓》、《牧誓》却不然。所以我推测它是出现在西周时代的通过讽诵逐渐传开的作品。

如上所述，如果把它看作是古代的传说，其年代落款有些可信之处。但自很早开始其年月也有疑问。《泰誓》落款中写的是九年、十一年。今文家认为这是从文王受天命称王时开始数起的。文王受天命后七年死去，再加二年即是九年，九年再加二年即是十一年，此年武王灭了纣。古文家对此持异议，认为文王死时是九年，自那时算起十三年灭亡了殷。今文家的说法基本正确。总起来说，在年数的计算上，今文家和古文家都从文王称王时开始，并没有因为文王死后武王即位改元而改变计算方法。这些都是古代质朴的方面，但是这难以成为计算周代文、武王时期距今天有多少年的标准。《国语·周语》中有"伶州鸠"之语，孔颖达的《正义》以此计算年代，与《淮南子》中的计算方法不同，最终还是弄不清距现在到底有多少年。《牧誓》中也有甲子字样的年代记录，按周历计算为十二年二月，但仍然说不清准确的年代。好像《牧誓》中的日期基本准确，可由于不是当时的记录，难说不夹杂记录时的判断，但无论如何可以明确，其是距周代初期不远的时代的传说，其内容大体可信。

此中，作为后来的研究材料可取的是官名。除了《大雅·绵》中所见到的司徒、司空外，《牧誓》中出现了司马。把这与《洪范》合起来考证，就可以知道周初的官名。另外，武王军中有各种各样的蛮人，把这些人分别称为：庸、蜀、羌、髳、微、卢、彭、濮人。这些是以四川为中心包括从渭水沿岸到云南的西南夷人。这些人的到来，与同时在黄河下游兴起的文化发达国家之间的争斗，即夏、殷革命，多少有些不同。后者不过是同等程度文化国家的一胜一败，而灭亡殷时，是武王率领渭水上游来的西南夷人，压迫下游地方的文明国家。四川、云南人基本是西藏系即泰族；而黄河下游有文化的国家的人是东北民族，即接近蒙古和满洲民族的人。应注意《尔雅》等古辞典中的东北系语言，从中可以了解古代不同人种之间发生的从侵略到统一的状态。以此，也可以证明，中亚来的民族压服中国原住民的说法的荒谬。中国文化西方起源论认为，中国人大部分是泰族，辅助其建立新型国家的是中亚来的人，然而一点也没有古代中亚人来过的迹象。只是说到周代发生的革命时，讲了一点西南民族与东北民族的冲突，再往前的黄帝时期，找不到任何中国土著民族被来自中亚民族压迫的证据。此次革命，是在文化程度有很大差异的人群中进行的，显然周文王征服的是文化非常发达的地方。虽说这也是一个传说，《左传·定公》四年记录了纣王灭亡时的事，其中讲了分配财宝和殷朝遗民的事。财宝有车、旗、玉器、铜器、武器等战利品，有从殷朝掠夺来的，好像也有从文王时期消灭其他小国掠夺来的。据《左传》说，这些财宝主要在鲁、卫、晋之间分配。据说《尚书》中还收录了一篇题名《分器》的古时文章。分配财宝的同时，也把战败国的遗民分配了。这些遗民中有各种职业的人，分配给卫国的有陶氏等。这与日本征伐朝鲜时的情况一样，从现存的铜器中可以得到证实。总起来说，殷代是相当进步的，而周代质朴是其特点。以上是一些比较可靠的古代传说，有助于了解周代初期的事实。

《史记》中收录了《逸周书》，如何考虑这本书的价值是个问题。此书当然不像《尚书》中的实在部分那么可信，但我并不认为像以往的学者所说的那么不可信。《逸周书》的先辑成的部分和后辑成的部分不一样，其先辑成部分可以利用。其中很多内容可以认为是从古代简册和铜器中搜集的材料。《史记》巧妙地利用了这些内容，比较详细地叙述了周代初期的情况。这是古代传下来的资料，可以斟酌使用其中可信的部分。所以在魏源的《古微》[1]中由于《武成》不可信，便改用《逸周书》中的《克殷解》和《世俘解》。可以说这是中国学者认为《尚书》和《逸周书》的可信度

---

[1]　检魏源的原著是《书古微》。——译者注

没有什么大差别的一个例子。《墨子》中所引用的《尚书》内容大部分都是由传说形成的，太史公把这些传说变为雅训，使其成为道理上可信的东西，然而把它作为史料，在今天的判断上，并没有特别重要的意义。古代的传说虽不是雅训，甚至写了不少奇怪的事，但反而其中有很多可信的内容。

武王即位后数年就死了，建设周国的大业很多都是其死后完成的。所以，武王想做的事，与其死后别人想出来的事，没有明显的区别。大体上说，武王的政策，表现了对于战败国皇族和百姓比较宽容的气度。灭亡殷朝时，仍封其后裔于殷都，让自己的弟弟去监督。我想大概对于其他战败国也同样，在其故地给其先王子孙封官，使其在当地领有封地，像后来那样封同姓诸侯的现象，武王在世时并不明显。总起来说，使殷民放心安居是武王的着眼点。武王还把被纣王赶走的殷人贤者召集回来，对殷人采取了安抚政策。《史记》、《逸周书》所收录的记事中，讲了武王到被纣王杀害的比干墓前吊唁，为殷朝时隐匿的商容的间里加以旌表，还向被称为殷代贤者的箕子问《洪范》之事等。虽说这些都是后世的传说，我想其中有些事确实存在。另外，武王还到处寻找古代帝王的后裔为其加封。《史记》中记载了为黄帝、尧、舜、禹的子孙加封的事。其中，黄帝、尧的子孙的事说不清楚，舜、禹的后代一直延续到春秋时代，或许确有为其加封的事实。这些优待旧名族的政策给当地带来了安定。至于说为自己同姓人和臣下封侯的事，究竟有多少属武王亲自所为，还是个疑问。像齐太公这样的人，或许因为是功臣而被加封，但找不到周公接受封地去了鲁国的形迹。还有管叔、蔡叔也是同样，只是去旧殷地做了武庚的监督，没有给他们封国。总起来说，在很短的数年中，周朝的威力没有广被四方，所以好像也没有明确制定封同姓诸侯的政策。

武王患病，周公作替身为其占卜祈祷的事，虽然《尚书·金縢》中有记述，但还有很多可疑之处。今天的常识论者，认为像周公这样的圣人，不会相信迷信，《金縢》篇与《尚书》其他篇体裁不同，有可能是把很长时间里发生的事，经过取舍，牵强连接起来写成的，祈祷替身的事，当时是很可能的，祈祷的语言也是很质朴的。可以认为是充分反映当时状态的表现，所以这种事，被用古老传说的形式记述下来。只是这件事成为疑问的原因在于，汉初的《今文尚书》中没有进行解释，所以太史公也是根据《古文尚书》的记述做的解释，结果造成与《尚书》中其他的古代传说部分不一致。这种情况在《尚书·微子》中也存在。比较古老的传说是后来才被收录的，不像《召诰》、《洛诰》那样，一开始就是文字记录。虽说如此，我觉得仍不失为相当确实的记录。

《洪范》的问世

一般传说认为，《洪范》是周武王问箕子的内容，但持异说者认为，其中讲到"十有三祀"的"祀"是殷代纪年之语，武王在位不足十三年，故此中所说的应是纣王。中井履轩即持此观点。他认为，虽说纣王暴虐，但是其人聪明，所以问《洪范》者非纣王莫属。然而此说谬也，周代初期也用祀字，盂鼎中的记述即是证明。所谓十三祀是从文王受命开始计算的，文王是受天命后七年死的，十一年武王灭殷，十三年即指灭殷后二年。如此来说，就像自古传闻的那样，《洪范》是武王和箕子的问答不是说不通的。

不过，《洪范》自古就在学者中引起不少疑问，原因是文中存在不少错简。最早提出疑问的是宋代的苏东坡。苏东坡认为从"王眚惟岁"到"则以风雨"这一段，从文义来说如视为对五纪的解释，应列在五纪之下，现在的排列是错简（《东坡书传》）。另外，在《中吴纪闻》中可以看到宋代的余㷱纠正这一错简的上书。由此来说，《洪范》的错简问题早就提出来了。研究《洪范》的学者很多，王柏（宋末）、金履祥、吴澄（元代）等人都作了订正。明末的黄道周为订正错简下很大功夫，写了《洪范明义》。其说被后儒广泛采用，魏源的《书古微》论述《洪范》时完全遵从黄氏之说。其订正案例如下：

"从十有三祀到四、五纪，其下插入苏东坡指出的：'曰王眚惟岁……则以风雨'。一段原文在'五皇极皇建其有极'处断，

"接'六三德'，然后在'高明柔克'处断，

"接'七稽疑'，至'曰雾恒风若'再往下（跳过'曰王眚云云'）直到'九五福'，'六曰弱'下接'惟辟作福惟辟作威一节'，直到'民用僭忒'，其下接'五皇极皇建其有极'，

"'敛时五福'，至'以为天下王'。"

经过这样的订正，意义变得明确，故而应从其说。

我想对皇极部分作些订正。大凡《洪范》之文皆有韵，可以根据其韵发现错简的地方。原来《尚书》是写在竹简上的，一简的固定尺寸是长二尺四寸，其字数大凡也是固定的。《汉书·艺文志》中也有记载说："《尚书·酒诰》脱简一，简二十二字者，脱亦二十二字。"据我分析，《洪范》错简是二十三字，每简可能是二十三字。以此办法推理可以订正一部分错简。

〔从"惟辟作福"到"民用僭忒"这一章的"福"、"威"、

"食"、"国"、"辟"、"忒"字与"敛时五福"中的"福"成韵。这样，自其以后到"于汝极"的"极"、"锡汝保极"的"极"、"无有比德"的"德"、"惟皇作极"的"极"都是韵，所以下文"凡厥正人既富方榖"（韵）也接此韵，再到"而康而色 曰予攸好德 汝则锡之福 时人斯其惟皇之极"（加。者皆为韵）这是一段的完结。

〔下文"无虐茕独而畏高明（改韵）人之有能有为使羞其行而邦其昌"（到此押明韵）。

〔下面接在"凡厥庶民有猷 有为有守（改韵）汝则念之不协于极不罹于咎 皇则受 之"之后，下文"汝弗能使有好于而家 时人斯其辜于其无好德 汝虽锡之福其作汝用咎"继续押此韵。

经过这样的订正，文义看起来可能更明白。

很早以前就有认为《洪范》出自"河图洛书"的说法，即认为乌龟驮着文图出来，这就叫洛书。其说现在已不足为信。认为《洪范》原文中最初就有现在这样完整的九畴，这一说法是值得怀

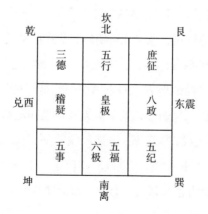

疑的。在古代学者中，就有持怀疑态度的人。《尚书》以今文本形式面世之后，可以看到其中有些变化：也有人认为"八庶征"中原来没有"曰时"二字，可能其他部分中也有附加的成分。宋代的王应麟认为："《诗经》的《小雅·小旻》中说：

"国虽靡止，或圣或否。民虽靡膴，或哲或谋，或肃或艾。"
这是《洪范》之学。《庄子·天运》中说：

"天有六极五常，帝王顺之则治，逆之则凶。"
也是《洪范》之学。《庄子》还不明显，《诗经》中把五事全包含在内。朱子注意到了这一点，说：作此诗者据说是在传播《洪范》。然而恐怕并非如此。以《诗经》的句子来说，仅把《洪范》的内容整理成为"五事"，是《洪范》的作者学《诗经》编排的。《诗经·小雅》成书时间如果是在西周末东周初，那么与《洪范》的"五事"相近的《庶征》的结合大概是比这更晚的事。再有，《韩非子·有度》中说：

"先王之法曰，臣毋或作威，毋或作利。从王之指，无或作恶，从王之路。"王应麟指出这也是出自《洪范》之学而又将其失之的东西。应该特别指出的是，《荀子》、《吕氏春秋》都引用了《洪范》的文句。应该认为这些都是读了《洪范》之后出现的事，好像此篇战国末期流传很广。如此来说，这时期出现在世人面前的《洪范》大概不会是很久以前的东西。难以理解的是，"惟辟作威云云"一节是甚重君权之说，像是《韩非子》等法家之言，其实际落实者始于秦始皇。另外，《稽疑》中的：

"谋及卿士。谋及庶民。"

不是《稽疑》的本旨，社会的进步导致笃信卜筮的现象消失，而其中却掺进了在遇事与很多人商量的风气产生之后的含义。最令人生疑的是"谋及庶民"这句话。应该清楚"五纪"中出现历数是历法发展了以后补进去的。"八政"中的"六曰司寇"和"八曰师"互相重复,以三官摄六官时,司寇与司马实为同一职务。在国内搜捕盗贼时即为司寇,指挥军队出征时即为师。二者并存不合理。"三曰祀"和"七曰宾"互相重复,殷代祭祖时以被祭之祖为宾,此时的宾没有后世宾客的意义。《洪范》的"宾"用的是后世的"宾"的含义,可见这样的《洪范》不可能是很久以前的作品。食和货二者之中也应削减一个。《稽疑》中有"卜五筮二"的内容,可是箕子生活的时代,《周易》的筮是否出现值得怀疑。《庶征》中的"曰时"应该删掉,这一点我前面已经讲过了。"五福"和"六极"不相称也令人生疑,如果是五极的话,可以把"弱"删掉。

以上综合考察的结果,可以推断"九畴"之说不是《洪范》当初的形态,各畴中的细目大致是由五项构成那是当然的,所以可以认为"八政"中的宾和师、食和货这两对中各有一项是后来附加上的,《稽疑》中的贞和悔(此二字旧皆从卜即𠧟𠧫)原本是与卜法相关的词,而后来演变成了筮法,因而这也是附加上的。如果确定《庶征》中的"六极"之弱是附加的,那么可以认为"皇极"和"三德"以外各畴都是由五项构成的。如果确认都由五项构成是合理的,那么总括成的《洪范》不是五畴而是九畴就成了一大疑点。以数目表现思想时,采用九或十二是战国时代产生的思维方式,此前多用五,《山海经》最初也叫《五藏山经》。

假如把《洪范》定为五畴,那么九畴之中何去何留呢?我认为从开始的一畴到四畴即"五行"、"五事"、"八政"、"五纪"是附加的。"皇极"和"三德"原本是一畴,大概是后来被分割开的,这一畴是关于王者之德的垂训;《稽疑》和《庶征》是王者所为事业的两大项;作为其结果产生出来的是"五福"和"五极"。大概这才是原始的王者之大法。《洪范》即大法之义。

虽说《洪范》中有不少是后世加进的内容,但其中原有的部分确实很古老,序文中自"十有三祀云云"开始的这段文字可认为是帝向禹传授《洪范》的记述。其帝字自古从未解释成尧或舜,而解释成天,表明这是尧、舜的综合传说尚未形成之前的事。因此,如果去掉后世附加的成分之后,可以说中国王者古代遵循的大法,就是通过《洪范》这样流传下来的。

周公的事迹

《史记》中关于武王、成王的事迹的记述,主要是根据《逸周书》写的。后世的史学家和经学家从史料价值的立场,对《尚书》和《逸周书》作了原则上的区分;一般轻视《逸周书》,但太史公大体把《逸周书》、《尚书大传》、《大戴礼》的史料价值与经书同等看待。当然《逸周书》中材料有些混乱,把来自古代简册中的内容和战国时期的各种见解统统编纂到一起,这是秦汉以前的书籍中常有的现象,后人利用时需要剔除其中不正确的部分。《逸周书》的编纂年代较晚,即使是古老的材料,其间词句上会有所变化,其间也会有些新的东西。这一情况,在《尚书》中,同样也会有。《尚书》中最古的部分,即《今文尚书》的《大诰》到《立政》,多数出自简册。把它们编纂到一起,最早估计也在孔子时期。即使是孔子时期的书籍,在周公以后的流传中不可能词句没有一点变化。孔子以后到汉代这段时期里,《今文尚书》和《古文尚书》

中的文字就有所不同。这种情况任何国家都可能存在，应该认真鉴别后作为史料使用。尤其孔子以前的东西模糊不清，孔子以后经书的流传中都附有传。像今天见到的《春秋》那样，在《公羊传》《穀梁传》中，经、传混为一体不加区分。在汉代的《春秋》里也有一些汉代初期多少发掘出来的只有经的版本。即使这样的经书也难说是真是伪。《尚书》在汉初出现时附有《大传》，从今天流传的《尚书大传》的文体来看，好像与《尚书》中的某些部分没有多大差别，《尧典》的文句与《尚书大传》的文体几乎没有明显的不同。这些内容都有简册或金石文原本，可以把经和传区别开来。如果不是这样，把经与传作为同等价值的资料处理也是无可奈何的事。在这个问题上，我认为后世学者非难《史记》的编纂杂乱无章不太合适。

《尚书》从《大诰》到《立政》的各篇，即《今文尚书》本的《大诰》《金縢》《康诰》《酒诰》《梓材》《召诰》《洛诰》《多士》《无逸》《君奭》《多方》《立政》十二篇，大体记述了周公时代的事。《尚书》中有很多有关周公的事，如果今文二十八篇都是靠得住的，其中上述十二篇都记述了与周公有关的事。如果怀疑《尚书》的史料价值，剔除其中有疑问的篇章，那么孔子时期编纂的七八分是与周公相关的内容，简直似乎孔子是为周公编纂《尚书》的。当然这十二篇的体裁并不完全一样。例如《无逸》和《君奭》以某种历史性的眼光，引古代的事作为当时的鉴戒，使人怀疑其中加进了后世的思想。但《召诰》《洛诰》的内容来自简册，几乎没有可疑的东西。据说二诰原本是一篇文章，是后来分成两篇的。其行文与今天尚存的金文——盂鼎的铭文相似。通览各篇，我认为其编纂工作是在孔子及孔子以后时期进行的，有些地方掺进了当时的思想和语言。因此，依据古书研究古代的事时，必须想到其书编纂的时代。应该看到在编纂《史记》的时代，自然有用那时的思想认识周代的倾向。孔子也是同样，用他所处时代的思想分析他涉及的问题。所以，要想知道当时的真实情况，只有依赖现存的金文或类似金文的材料。就上述十二篇来说，今文和古文的说法也有不同，即使二者在古代没有不同，近年来根据金文分析，也会产生某些疑问。例如《金縢》今文本与古文本没有大的不同，但在周公代武王祈祷这一普通理解之外，《史记》以前还曾有过成王病时周公代其祈祷的说法。这些事今天无从判断。近年来今文体研究者们提出了很多疑问，虽说不可能以一两个疑问推翻先前的解释，但有置疑的余地。要把那个时代的事一一甄别是不可能的。将来会逐步形成这样一种研究，即先在大致了解事态的基础上，再把它与后世人们写出的历史书相对照，找出其中有哪些不同。

武王死后，成王继承王位，由于成王年幼，周公践祚，据说周公以王的资格坐在王坐的地方摄政。这也是自古流传的议论，一说不可能有践祚之事，一说成王还是襁褓中的婴儿需要抱着他登基。这些说法未必准确，成王已是不算小的少年，但还不能亲自理政，好像周公登上王位是事实。这是殷代的风气，假如哥哥死了，弟弟代之理政是普通的事，还没有后世那样严格的名分论思想，大概周公自称为王也不算个问题。践祚不得人心，是因为有说法认为王莽篡位摄政最后夺取天子地位是模仿了周公的故事，所以周公践祚也被人理解成令人讨厌的事情。事实上可以认为周公就是王。周公的实绩有居摄、救乱、克殷、践奄、封卫康叔、营成周、制礼乐、致政等。到制礼乐为止，七年里做了七件事，每年一事。虽说这可能是后人为整理事实编排的次序，但可以说大体上这都是事实。救乱之后周公摄政，派兄弟管叔、蔡叔监督武庚，此时出现周公篡夺王位的流言，周公派兵讨伐，杀了叛乱的武庚，彻底灭殷。按上述七年七事的顺序，据说为平息叛乱征伐至奄，并且建立了宋国，封了微子启，在夺取的殷故地封了卫康叔，在洛阳建都，兴礼乐。据说这时已有了《周礼》、《仪礼》，难以置信。不知这时是否制定礼乐，假如制定了官制，大概也只是在《立政》中见到的程度。但是在周公时，已制定了作为周代基础的制度，这是无疑的。再往后的顺序是向成王还政。后世人认为武王、周公都是圣人，由于后来的周代制度决定长子继承王位，所以武王死后其子成王继王，但不知真实情况怎样。在任何朝代中有武功的人受到尊重是常事，武王被尊为圣人是因为他打败了殷，他的部下拥立其子也是这个原因（关于这方面的问题可以参考清朝初期的继嗣情况。清太宗有武功，其弟睿亲王虽聪明，太宗的部下还是希望太宗的儿子继位，因此世祖顺治继位，睿亲王摄政。可以根据这些事实推测周代的事）。总起来说，从十二篇记述的情况，可以明确周公的确是个非常聪明的政治家，尤其不容易的是，在彻底灭殷后为他本族人封官这件事。武王时依旧保留了殷代后裔，后来可能有武庚作为与周王并立的殷王而延续下来的事，到周公时采取了削弱殷后裔的政策，尽管封了微子启，也并不是在原来的殷都所在地，而是把他封到了其他地方。据说除了殷代后裔，周公还封了夏代和舜的后裔，三者合称为"三恪（愙）"。即周之客分，而不是周代真正的臣下。好像与武王时相比，削弱了殷后代的势力，也降低了礼遇。不仅在殷故地封了卫康叔，据《酒诰》、《康诰》、《梓材》篇中说，这时还给卫康叔下了一道硬性命令，让他完全镇住敌国。另外，在《尚书》的《多士》和《多方》中有一些警示亡殷后裔的布告，也有的布告是针对以前其他灭亡国家遗民的。可见，周公为建立统一的国家绞尽脑汁。《召诰》、《洛诰》篇讲的是经营成周，即兴建新都的事；《无逸》、《君奭》篇讲的是统一内部的事。即前者告诫君主不能贪逸，后者教宰相明白职责。可见，周公在内外政治上下了很大功夫。最后，在《立政》篇中设定了主要的官职。

与武王时期相比，周公时期强化了中央集权，封了很多同姓诸侯。成王以后继续沿用这种政策。在《尚书》中称太子为孟侯，意为侯伯中的头领。诸侯朝拜周王时，太子出门去迎接。这种情况好像符合情理，因为原来周是与其他诸侯一样的诸侯，只是后来代替了殷。异姓诸侯国相当于日本的"外样大名"（德川时代直到第三代将军时期，外样大名来参见时，老中要出门到很远的品川去迎接）。这样说来，周初太子远迎诸侯的事是可信的，不能用后世一统君主的名分论来解释。但是后来封了很多同姓诸侯，在莱夷封了齐太公、徐淮封了鲁公伯禽，原先的诸侯国都变成了附庸国。鲁国虽有像颛臾、邾娄这样的本地旧领主，但都是处于附庸地位。由于自周公以后多封同姓诸侯，异姓势力渐渐衰落，直到春秋时期十二诸侯中大部分是同姓，只有个别的异姓。由此来说，周代的封建与日本德川的封建是一样的，是真正的封建制度。由于现在常把西方历史中的 feudal system 翻译成封建制度，就说德川时代的制度不是封建，这是用词的错误。中国也是这样，周代以前的制度反而接近 feudal。中国人认为自尧、舜以来就存在封建也是错误的，这种认识不过是用后世的制度解释先前的事实。传说自这时开始有了与异姓结婚而同姓不能结婚的制度，事实并非如此。这也是用后来的道德准则解释先前的事，同姓通婚一直延到春秋时期。周代迫于自然的需要出现了很多新生事物，但也并不是一开始就都那么健全，有些是后来出于某种目的的需要，逐渐建立的制度，后来又附以道德的意义加以解释的。关于姓的问题，后面再叙述，总起来说，严格意义的姓氏区别，似乎从这时开始逐渐地自然产生。

官职及姓氏

通常认为周代制度是经周公之手形成的，然而表明经周公之手形成周代制度的现有书籍，多数不真实。其中主要的有《周礼》。《周礼》编制的方法是把官职分成六官，分别配置附属官职，合起来总共是三百六十个官职。六官的名目如下：

天官——冢宰（大宰）

地官——司徒

春官——宗伯

夏官——司马

秋官——司寇

冬官——司空

现存的《周礼》中没有冬官，在《考工记》中补上了。这种六官制合乎道理，是后世制度的起源，但值得怀疑的是它是否出现在周公时代？与此相同的六官划分方式《管子》中就有，但名称不同。即，

天道——当时

地利——廪者

春　东方——土师……相当于司空

夏　南方——司徒……相当于地官

秋　西方——司马……相当于夏官

冬　北方——李……司寇，相当于秋官

这些出现在《管子·五行》中，不过没有说是周代制度，却说是黄帝的制度。《管子》成书较晚，在战国末期。

《曲礼》中有天子建天官之说，其中作为"六大"，列举了大宰、大宗、大史、大祝、大士、大卜等六官；作为"五官"，列举了司徒、司马、司空、司土、司寇。《曲礼》中还讲了天子的六府、六工，编制方式不同于其他书。郑玄的《曲礼注》中，虽然说它是殷代的制度，但对于周末儒家传播孔子之学所讲的制度，没有说出任何不同意见，又应当理解为它是周代的制度。郑玄说其是殷代制度，是因为《周礼》中官职编制方式为六官，它与《曲礼》不同之故。总之，我们可以了解到《曲礼》问世时，六官还未定为《周礼》中的六官。此外，关于官职，《礼记》中有《王制》篇讲到这个问题，《荀子》的《王制》篇中也有关于序官的记述，但讲的都不一样。甚至都没有把它分成六官。《荀子》的《序官》条与《管子》的《立政》篇的记述相同（《立政》篇在《管子》中被认为是最早成书的部分）。《管子》中既有与《荀子》之说相似的内容，又如《五行》篇那样，包含了与《周礼》的六官相似的内容。《孟子》中没有讲到官职的事，但讲到爵位问题，记述了卿、大夫、士的区别，与《礼记》的《王制》相似。

五爵之解

公是周代的宰辅及三恪；侯是同姓及前世帝王的后裔

以及被封为功臣的人；伯是帝王畿内的诸侯并分辖外诸侯的人，外面的诸侯能担任此任者也是伯；子是殷代以来的贵族尊称，周代多把它用于异姓的外诸侯，结果反而成了对夷狄等使用的贱称，对楚、吴就是这样；男多是对附庸国，但春秋中期以后其意义发生变化，只成了五爵中的一种，表示贵贱了。这是我的看法。

孟子、荀子这些儒家的主要代表人物，有其特殊的见解，他们把帝王也算作官职中的一个。《孟子》中把王置于卿、大夫之上的第一位，不认为王是超越官职以外的人物。《荀子》在"序官"中把辟后、天王都纳入序官，认为其是官职。好像这种方法是中国自古以来的思想，不像后来专制君主那样位置特别突出，天下的事一切都均衡而治，只是在这之中天子的地位是最高的而已。

就官职来说，自周初就有的——《尚书》中记述周公的各篇，即《今文尚书》中的从《牧誓》到《立政》各篇中都能见到的官职名，大概是真实的。据此来说，司徒、司马、司空三个官职名是主要的，确实在《牧誓》、《梓材》、《立政》三篇中全都出现了这三个官职名。《洪范》中也是三个，只是用司寇替换了司马。在《诗经·大雅·绵》中也出现了司徒和司空。应该说，这些是原来就有的官职，或许早在周代以前就有了。《尚书》中见到的其他官职是：亚旅、师氏、少正、大史、太宗、内史、尹旅、大保、作册[1]、常伯、常任、准人、缀衣、虎贲、趣马、小尹、尹伯、庶常等。

---

[1] 作册原来没被认为是官职，近年根据王国维等人的研究认为是官职，与大史等相类似。

其中的虎贲、趣马二职名也见之于《周礼》中。如此来说，好像《周礼》的记述不能说全是虚构。依赞成《周礼》一方的学者之说，今天《逸周书》中保留的《职方解》与作夏官司马的职方氏的记述是相同的，并且《周礼》中写担任春官、宗伯的大司乐的部分，据说是生活在从战国魏文侯到汉代文帝时期的乐人窦公献出来的一章，所以《周礼》可能是把先前留下的资料汇编而成的，因而是可信的。因此，近来的今文本学者解释说："《礼记·王制》篇是比较早的东西，所以与《孟子》一致；《周礼》是后出的东西，所以与《孟子》不一致。《周礼》中与《王制》篇等一致的部分，是由《王制》篇等中转录的，所以是可信的；不一致的部分是汉代刘歆的伪作。"这种说法有些走极端。《王制》篇中有的内容未必与今天的《今文尚书》相一致，《王制》中没有，而《周礼》中有的官职，往往《尚书》中也有，并且与近年出土的铜器的铭文或玺印中所见到的官职相符。不能说因为《周礼》是后出的，就都是编造的，后人发现前人不知道的东西是常有的事。《周礼》作为记述周代制度的书籍是最后问世的，吸纳了到其为止所有先前已知的内容。由于周代是经历很长岁月的王朝，会出现先前的官职不久就不见了，由新的官职取代的现象，并且把这些全部归纳成一个组织，凑齐六官三百六十的预定数字时难免有为凑数随意编造附加的部分。攻击《周礼》是伪作的说法很多，其中有的说：如果官职有三百六十级，官吏的总人数就会超过一万，比千里四方的王畿的面积还多。这种攻击没有道理，这样庞大的数字里把像村长这样的今天不认为是官职的人都包括进来，当然数字就大了。

大致像在《尚书》和铜器中所见到的那样，由于实际需要出现了一些官职。此外，大概是由于农事的需要，从最初就有一些季节性的官职。周代基本是农业时代，非常重视农时，从《诗经》的《豳风·七月》的词句中也能窥见当时以农事为主的状态。我认为这些都是实际需要的结果，没有多少理想性的东西。由于重视农事，设置与农事相符的官职，也是社会进步的一种表现。按时设置官职一事叫作月令。《礼记》、《吕氏春秋》、《逸周书》中都有月令的记述，其说法大致相似。一年中每月都安排月令，以区别所做的官事。月令的设置与明堂的设计有关系。明堂自古被认为是天子处理政事的场所，如下图所示，明堂是一个四方形的殿堂。

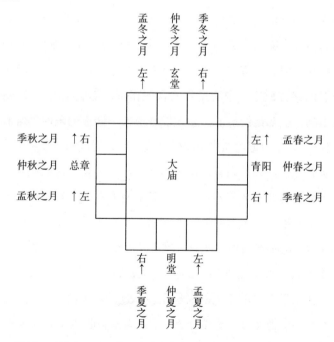

按这一说法，天子一年到头围着四方形殿堂转，处理政事（实际没有实行，战国末期有过这种理想）。由于闰月时在有门的

地方处理政事，所以闰字是门字里有王。一年中的月与官职吻合，如果在春季里为夏季之政，就会出现各种灾祸，夏季里为春季之政，也会出现各种灾祸，十分严格，不能错位。这种说法不仅《月令》篇中有，与此类似的说法《管子》的《幼官》、《四时》、《五行》各篇中都有。都是把一年中的季节与为政方法联系起来记述的。但这类说法之间又略有区别。《幼官》篇与《月令》篇的差别最大，《四时》、《五行》两篇中的此类内容，好像与《月令》篇更接近。由此可以得知，最初与官职相关的多种思想逐渐合为一体的过程。这样，最后形成了与天地春夏秋冬相配的《周礼》中的六官，并由此构筑起与官职相关的理想。《周礼》是调和从周公到汉初的理想和实际存在的官职的产物，显然周公在世时尚未形成如此完整的制度。

那么，周公时期官职是何种状态呢？它与殷代的制度有很多关联，从某种意义说，殷代的制度传给了周代。通过甲骨文的研究多少也可以知道一些远古方面的情况，《周礼》则更加详细地提供了这方面的资料。其中之一，是《周礼》的三百六十官职中屡屡出现的附带……氏的官名。氏字之上有附带一字的，也有附带二字的，其中原委很难明解，具体情况罗列如下：

地官司徒——师氏　　保氏　　媒氏

春官宗伯——鞮鞻氏　冯相氏　保章氏

夏官司马——挈壶氏　服不氏　射鸟氏

　　　　　罗氏　　虎贲氏　旅贲氏

　　　　　节服氏　方相氏　职方氏

　　　　　土方氏　怀方氏　合方氏

　　　　　训方氏　形方氏

秋官司寇——禁暴氏　野卢氏　蜡氏

　　　　　　　雍氏　　萍氏　　司寤氏

　　　　　　　司烜氏　条狼氏　修闾氏

　　　　　　　冥氏　　庶氏　　穴氏

　　　　　　　翨氏　　柞氏　　薙氏

　　　　　　　硩蔟氏　翦氏　　赤友氏

　　　　　　　蝈氏　　壶涿氏　庭氏

　　　　　　　衔枚氏　伊耆氏

冬官（考工记）——筑氏　冶氏　桃氏

　　　　　　　　凫氏　栗氏　等

　　上述文字中有的一看就能知道是什么职务，有的则不然。例如师氏、保氏、媒氏、鞮鞻氏等，由其名称就知道职司是什么。像冯相氏、保章氏属于春官大史的职务范围，是掌管天文的官职，但从文字上理解不到其意义。更不知道条狼、修闾、硩蔟、赤友、壶涿是怎么回事。这些不知其意的官名，是其家族代代世袭的官职，在殷代是一种职业，传承到周代。桃氏是造剑的，凫氏是造钟的，并由此形成一个部落。进入周代后仍然保持着原来的状态，但在其部落之上又安置了周代的长官，让其统辖这种官职。这种情况中国后世也存在。在日本氏族制改成郡县制时也有过这种情况。日本的国造通过大化改新成为郡领或神主，此外又根据天皇命令设置国守。中国的元代、清代也是在以前的汉人官吏之上又安置了蒙古人或满洲人（蒙古人和色目人是各省各司的长官）。这些都是古代行使过的政策，不是我的随意想象。可以从《周礼》中找出一两个例子。冯相氏、保章氏的情况即是这样。这两家原来是掌管天文的家族，周代时在其之上又设置了大史，这个大史是由殷代时数弓箭之家升任的，原来不是天文官，后来成了《周礼》中有记载的统管天文官的官吏。这种情况是常见的通例。早先夏、殷时代在河南、山东发展起来的文化进步很快，其基础是氏族制度，但是后起的周朝驱使农民战胜了夏、殷，统治这些有古文化传统的国家，这些国家中有很多周朝没有的官职，于是就在原来这些国家的各专门官职之上又加上自己的官职，并且模仿这些古老的国家，开始把原来周朝并非世袭的官职变成世袭的官职。可以说，这类官职是在夏、殷制度之外周代新设的官职。其实这也是自然发展的结果，决非没有天才的周公就不会出现的事。相比而言，如前所述，内部制定天子、宰相之诫；外部封同姓诸侯，以确立统治权，这点是周公的伟大功绩。

这种制度的变化，导致"氏"的性质渐渐明朗。"姓"从同姓异姓的诸侯的关系出发变得日益明确了，而"氏"显然是由职务关系逐步发展起来的。"氏"表示自古承传过来的家族，而"姓"是从古代传下来的家族与周代同姓的关系中产生的。原来不需要姓和氏，也不称呼姓和氏，到周代初期姓和氏的作用显露出来，并且后来又出现了新的氏，到王侯子孙数代后分裂成公孙氏、王孙氏这样的称呼。还出现了以祖先的字为氏和其他与世袭的职业中已有的氏不同的氏，数量和内容都增加了。有关姓氏的旧说还理想主义地附会了某些理由，令人难以置信。

关于制礼作乐之说

对于周公制礼作乐的传说，学者中认为比较可信的是《仪礼》一书，汉族人把这称为《礼经》，传说是周公所作。特别是自宋代

朱子开始，认为《仪礼》并非是一时之作。近年来林泰辅博士在
其著作《周公及其时代》中认为《仪礼》是西周末年的作品。然
而中国人有人认为还要晚些时候，崔述的《考信录》就是其中的
一种见解，其中有些可取之处。崔述主张《仪礼》不是周公之作
的理由：(1)《仪礼》非常繁缛，文繁事奢，与周公和孔子的思想
相悖。(2) 先前臣下面见君主时有堂下拜但无登堂拜的礼节，而
《仪礼》中讲了堂上拜的事。对此，朱子为《仪礼》做了辩护，但
孔子也认为下拜为礼。现在如果认为堂上拜是僭上就与古礼一致
了。由此来说，《仪礼》显然与孔子的见解相反。(3) 在古制度中，
王之下是公，公之臣是大夫。如果王之下无王，当然公之下也应
无公。然而在《仪礼》中诸侯之臣中有诸公，这大概是周末诸侯
之大夫僭上称公的结果。(4)《仪礼》有十七篇，包括婚礼、冠礼
等各种内容，但其中还有聘礼、觐礼。觐礼是诸侯朝拜天子时的
大礼，聘礼是诸侯派大夫面见其他诸侯时的小礼，因此写礼的情
节时，理应觐礼比聘礼详细百倍，而事实聘礼反而相当于觐礼的
十倍。这是由于春秋以后王室衰落没有实行觐礼，只记述了仅留
下的部分；聘礼当时非常盛行，所以记述相当详细，由此可以认
为《仪礼》显然出现在春秋以后。周公制礼是制定了大纲，大概
是比较简单的内容。《仪礼》的大部分是士礼，并不是天子、诸侯、
大夫之礼。如果把它搜集齐全大概是一个相当大的集成，做成古
代那样的竹简，没有十余车载不下。绝对不可能全部通晓和遵守
这些礼。后世唐代的开元礼、宋代的开宝礼也算详细，但只是收
藏在官署里，体裁齐全，连学士、大夫也有很多未曾看过。所以
周公的制度不可能那么绵密，周公只制作了大纲目，详细内容是
各国根据其国俗制定的，并且周代进入东周时发生了种种变化，

甚至有证据表明，现在所见的《仪礼》并不是孔子亲手写成的。著书常常需要后人不断补充，司马迁的《史记》也是褚先生接着写成的，刘向的《列女传》同样是后汉人续写的，许慎的《说文》从五代写到宋代，后经徐铉校订成书。可见秦始皇焚书以前的书，不可能是写完当时的样子。连孔子的书都有可疑之处，所以周公写完全部《仪礼》的说法，根本站不住脚。一般来说，类似礼之类的东西，仅是当时担任此职务的人掌握的，写出来是很简单的。在日本德川时代，武士中的高层和在朝廷里有职者全都如此。所谓孔子到大庙一一询问就是向礼官打听事务的细节。《仪礼》大概也是同样，最初是些简单的纲目，不断积累变得繁缛了，再加上孔门的后人以其为学派的重要内容，不断完善，形成秘传，这种情况不仅限于《仪礼》，从《礼记》开始，《管子·弟子职》等都是把教弟子日常行为的内容押韵而成书的。这种东西，自后来出现"礼家"这样的专家，就变得庞大起来。

在乐的方面也是同样。有人说，最初周公作乐，特别认为《诗经》中的《周颂》三十一篇是周公之作，还认为《小雅》中的一部分也出自周公之手。对此，《考信录》提出不同的见解。即《周颂》中有"成王不敢康"这句话，其他地方也用了成王的称谓，还有一句说"自彼成康、奄有四方"，其中的成王或成康都是谥号，是此二王以后出现的。所以自古把成王称为"成王功"。这种不正常的现象宋代欧阳修和朱子已察觉到了。就所谓《小雅》中的周公之作而言，据说吴国的季札在鲁国观周乐时听到《小雅》的歌后，说了周德已衰的话。如果是周公之作不会给人周德已衰的感觉。对此有人注解说，衰可读作小，可解释为德尚小。小和衰是同等的意义，都不等于说周代正在兴起。这无论如何是得当的说法。另据《考信录》说，《礼记》的《月令》中也有表明《周颂》不是周公之作的反证。《月令》中说，在明堂按十二个月居于不同地点施政。大概周代初期就有了明堂，但每月换居似乎是战国时代出现的附会之说。明堂是显示原始素朴之风的场所，是兼做住居、祭祀、政治等一切活动的地方，它的存在是事实。后来分别建成明堂、宗庙、大寝，建筑形式也发生变化，但最初三者的形式是一样的，是四面开门的简单的建筑结构（今天北京的中和殿保留了其遗风。日本古代的大极殿也是一样的）。

如此来说，周公制礼作乐的说法，今天看来不实在的东西很多。最能说明问题的材料，是从《尚书》的《金縢》到《立政》的各篇文章。这些篇文章是孔子编纂的，无疑从中可以了解孔子理想中的周公。今天很难超出孔子对周公的了解。此外，还可以通过金文进行某些研究。金文中的毛公鼎，文章古雅，据说是周公时代制作的，考察其字句，有些地方与《尚书》中的《文侯之命》相似，不知到底是不是周公时期的作品。盂鼎有与《洛诰》的写法类似的地方，其年纪的写法比《洛诰》还早，代替"年"采用"祀"字，可以表明其是周公时代的文物，但如说什么都是周公所作是不正确的。金文中有些内容像《洛诰》一样古朴（如盂鼎等），也有与《大雅》、《小雅》相似的规整的韵文，无疑可以根据这些来区分何者是周公时代的东西和宣王时代的东西。通过这些东西进行分析研究，多少能明白哪些内容是周公时代的礼。虽然在《左传》中说，晋代的韩宣子看了《易》中的《象》和鲁国的《春秋》之后说，周礼尽在鲁矣的话，但根据上述情况可以知道这是编造的故事。《大戴礼》中有《武王践阼》篇，其中说：在家中的柱子或自己使用的器物上都刻有君主的警示语。可以认为确有此种可能，但现存的铜器中很少看到。据说罗振玉所有的两千篇铭文中有警示语的只有"取他人之善"一例。现今保存的铜器，一般来说都是祭器，或许这些东西便于保存，而日常的器具容易磨损难以保存，所以常用的器具尚存的很少。但比起此时代的文章，口传的东西较多，原因是君主的主要辅佐人中有的是盲人，他们编故事常采取与君主问答的形式。此外，主管天文的人知天文，卜筮家知卜筮，史官知与君主的训诫相关的事，不盛行写文章。纪念某种功绩或君主的赏事时，在宗庙里放置铜器，刻制铭文，因而这些东西作为祭器保存至今。虽说当时可能有简册，但只是一时性的辞令类的东西，用完后没有保留的必要，随着时间的推移都丢弃了。所以不能指望《尚书》原封不动地汇编过去的简册。

总起来说，《周礼》不是一进入周代在很短的时间里一下就编出来的东西，初期袭用殷礼，后来逐渐整理成《周礼》。周代的盂鼎中仍使用"祀"字即是一个例子。《洪范》中使用了"祀"字，也是同样的道理。周代产生了谥法，据说文王、武王之称都是谥号，但不知道实际情况是怎样的。据说殷代的汤自称武王，文、武之称或许也是自称的。我个人认为可能是昭王、穆王时期开始确立谥号的。一般认为周代有昭穆制，如下图所示。然而如果一开始就确立了昭穆，它就必须与昭王、穆王的实际一致。如果以文王为太祖，就会出现下图这样的与昭穆相左的情况。

因此，周代的谥制和昭穆制都是后来才有的，最初并没有把文王奉为太祖的设想。在最初的诸侯中没有谥号的人很多，例如齐大公的大公可能不是谥号。据《史记》说，齐大公的儿子是丁公，丁公之子是乙公，乙公之子是癸公。这是按照殷代的风俗，

以祖先的生日为祭日的做法。可见，这时候还没有脱离殷代风俗的影响。大公活的时间很长，其曾孙癸公赶上了昭、穆两代王朝。其他诸侯的家族中开始的几代也没有谥号。虽说周公有了谥号，可其子伯禽没有谥号。所以，崔述说谥号是自然形成的，但崔述又认为，自成王有了谥号以后，开始出现了加谥号之风。联系前述情况分析，我认为这种加谥号之风大概是昭王、穆王以后出现的。概括地说，模仿殷代制度的过程大致长达一百到一百五十年，以后才逐渐出现周代独特的制度。

我认为"乐"之类的东西多数出现在成、康以后。其中"颂"大概是最老的，它是用于祭宗庙的歌。颂的意义是祈神、向神求福，没有后世的颂德的意思。王国维也说："周代的颂多数不押韵，调子太长，够不上韵。"确实像王国维说的这样。如果不是四言二句一断，就没有必要押韵。"颂"是附属于祝词的歌，大概是由非常原始的曳声之类的东西成歌的。《大雅》、《小雅》是宴会时用的高雅的东西。《国风》是民谣，多数都不需要押韵。这些都不是周初产生的，大概是平王以后的东西，据说《国风》中最初的《关雎》是为文王后妃颂德的作品，也说是抨击康王失德的作品。但是后来与《周南》、《召南》这类回忆召公功德的作品相同，成康以后成了对前代事物的回忆（召公已是长寿了，据说《召南》、《甘棠》等篇自召公死后又经过数十年才问世）。

总起来说，周公时期礼乐制度很少，孔子理想的周公的经纶，就是收入《尚书》十二篇中的事迹，只限于（1）对殷民的怀柔；（2）对成王及卫康叔的辅助；（3）建立制度及建设国家的中心都城；（4）培养宰相等四个方面。孔子之后，周公更成了理想人物。那就是在王莽时期，那时周公甚至被视为创造所有制度和文化的大圣人。

周公曾两度被理想化：第一次是被孔子理想化，通过这次被理想化，诞生了以礼乐为主的儒家；第二次是被刘歆理想化，在这次被理想化中，周公被塑造成规模宏大的制度的制作者。

成康昭穆时代

接下来是成王、康王时代。与后世有明确记录的时代相比较而言，这个时代类似汉代文帝、景帝时代。四方还未完全平定，还有一些必要的征伐。周公时代也是如此。有说法认为成王时代又对徐淮、奄进行了征伐，还没有真正进入和平时代。好像到康王时代战争渐渐平息下来。据说成王、康王时期总共四十年，汉代文、景两代也是这么长时间。

《尚书》的《顾命》和《康王之诰》两篇讲了成王与康王承传的过程。书中关于成王病重最后让位给康王和康王即位时的情况，自然不是来自当时的记录，但这种传承之礼的事例成了后来的范例。大概最初是以言谈形式流传下来的，后来成了文字记录。所以传说也是可信的事实。特别是《尚书》中出现的官职，不用说比《周礼》，即使与战国时代的文字资料中的名称相比，也有很多不相符的地方，所以我认为，反而《尚书》更接近事实。

顺利度过成、康时代，接着进入昭、穆时代。据《史记》说，自昭王时期开始，周代的王道就呈现衰落的趋势，昭王到南方巡狩时死在江上。在这方面有很多传说，有的说昭王渡江时乘了船夫用胶粘起来的船，行至江中船破，昭王被害死。这时虽然德行衰颓，但王者掌管国家大政，其势力不会不影响到江边。继昭王之后，穆王时代是领土扩张欲非常明显的时代。后来的史学家讨厌领土扩张，因为战争征税给百姓造成痛苦，明君不该做这样的事。据说穆王起初进攻犬戎失败，造成夷狄不再来周朝拜的结果。《国语》就是从这时写起，即从周代开始出现动乱叙述起的。这些关于穆王的故事，可能是一种偶然，然而却和汉武帝的事实极为相似。《左传》中说，他在征伐巡幸之后，祭公谋父作"祈招"之诗，使穆王放弃了过分的欲望，穆王在自己的居室里安乐而死。这与汉武帝初期征伐四方，发出轮台撤兵之诏后平静地死去的故事极为相似。

有关穆王的记述，《尚书》中有三篇，即《君牙》、《冏命》、《吕刑》，《今文尚书》中只有《吕刑》。《吕刑》在《今文尚书》中叫《甫刑》。其中讲了刑和罚的事项，规定了刑和罚的种类，记述了五种刑和与其相关的大量犯罪事项。这是否是当时的记录还是疑问。在罚金事项的记述中有百锾、千锾之说，用了"锾"字（《今文尚书》使用的是"率"或"锊"字）。然而有"锾"字的货币出现在更早的时代。先前确实有"梁正尚金当爰"之说，其中的"爰"即是"锾"。开头的"梁"被读作"乘"，古泉家称其为乘马币，《管子》的《乘马篇》中讲到过此事，被认为是尧、舜时代的货币，但现在没人相信。由于"锾"字与《吕刑》中的"锾"字相同，若把它看成穆王时代出现的字，可以从中分析《吕刑》与穆王时代的关系。但从这种货币的制作来看，我认为可能是春秋战国时代出现的字。另外，金文中虽没有实物，但在只保留铭文的"散氏盘"中，有爰千、罚千的字样；曶鼎中有"百爰"的字样。据说这二器是西周的东西，也很像西周的东西，但从文义来看有人认为"爰"（爰）字两部分之间的点是贝币的形状。这样看来，散氏盘和曶鼎中的"爰"或许是贝币。金文中经常出现"锡贝百朋"之类的词句，穆王时期不可能以铜币作罚金，但可能以贝币偿还罚金。有人说穆王征伐四方，造成财政匮乏，企图靠罚金增加收入。这是用后世人的立场推测古代事情，是没有根据的。还有人说穆王是杰出的名君，但没有实在的证据，《诗经》等史料中也没有相关的记述。此说的目的是，为了反对历来认为昭、穆开始周代逐渐走向衰败之说。这种立场，可以见之于明代张燧的《千百年眼》和马骕的《绎史》中。此说比较模糊，只是在想象中认为昭、穆二王时期增加了姬姓国，领土得到大幅度扩张。他们用汉代文帝之后出了武帝来比拟周公、成、康之后出现的昭、穆二王，揣测那个时代取得的大发展。即中国常见的规律是创业的君主之后出现勤俭的君主，再后出现乐业的君主。所以，认为昭王征伐徐淮是确有的事。总之，这个时代征服了四方，姬姓国家也大大增多了。这一见解是由反面事实推导出来的：即春秋时代齐桓公针对日益强大的楚国，以征伐的名义灭了江汉之间的很多姬姓小国。除此之外，还有诸如《穆天子传》等是战国时期的小说，这些当然更是不足取的。

从共王到西周末期

昭王、穆王之后的顺序是：共王、懿王、孝王、夷王、厉王、宣王、幽王。其间的事实见于《史记》，而《史记》的依据是《国语》等。一般来说，穆王以后的事以《国语》为据。似乎《国语》中的《周语》，主要讲的是穆王以后周代走向衰落的原因。其他简单叙述周代衰亡的资料有《左传·昭公》二十六年里出现的王子朝之言。其中概述了成王以后的变迁，特别明了地叙述了自夷王开始的变迁。其中说：夷王患病在身，诸侯都祈盼他痊愈，厉王暴虐被人民赶到彘去了，诸侯希望王政还旧，宣王有志整顿政治国势渐好，幽王不懂如何作王辞了王位。以上是王子朝之言的内容。而这些《左传》中的记述都是后来的东西，可能出自某些简册。王子朝之言是说给诸侯听的。《国语》中也讲到这时期的事，其中特别详细地叙述了厉王时期的事。《国语》的内容多半不是出自简册，是瞽史的谈话，这些谈话大概在战国初或中期才载入简册竹帛。《史记》中说，懿王以来周代渐渐衰落，以至被戎狄所犯。这大概也是出自把瞽史的言传编成的书籍。即便说王子朝之言载入简册，其时期并不算早，已是春秋时代，其资料来源大概也是瞽史。大凡此时代的史实都是以瞽史的背诵为其根本来源的。

宣王、幽王时代的事，还可以从《诗经》的《大雅》、《小雅》中得到了解。在《大雅》、《小雅》中讲了很多与宣王有关的事，并且以诗的形式非常详细地叙述了事实。虽然《国风》也详细地叙述了事实，但一般不借助《诗序》看不懂。《毛诗·序》有人说是毛公所作，但靠不住，据说是后汉的卫宏写的，朱子、郑樵删掉了这部分。就《诗序》来说,《关雎》说其是"述后妃之德也"。《诗序》中讲的事实与《诗经》究竟是否存在《诗序》中所说的那种关系,还是个疑问。即便说《诗序》与《诗经》没有关系,但《诗序》中写的事不会是没有根据的。不仅如此,如果脱离开《诗经》来考虑,作为历史性资料,《诗序》的记述是很有用的。当然,《诗序》是作为传说时代的史料发挥作用的,但应该说《诗序》中颂扬的人物无一不是明君,抨击的人物全都是大昏君。可以说《诗序》的传说中没有大错误,可《诗序》与《诗经》结合到一起出现了错误。简单地说,《诗经》的《大雅》、《小雅》中见到的宣王、幽王时代的事,不用借助《诗序》就能知道其事实。其中记录了宣王时期立功人的姓名。即讨伐夷狄的一支——猃狁(与獯鬻、匈奴、昆夷、鬼方都是同一所指)的人中有尹吉甫,讨伐南方的荆蛮的人中有方叔,讨伐江汉的人中有召虎(召公的子孙),讨伐徐淮的人中有南仲。此外,还有韩侯、申伯、仲山甫等人的名字。这些在内外战争中立了功的人名,大小雅中都有,即使没有《诗序》也很清楚。其征伐的区域相当广,在南方一直到江汉淮水附近,在北方一直到貊(也称貉,这是后来对高句丽、朝鲜等所有东北夷的称呼。没有抵达满洲,大概到了直隶附近)。《史记》中说召公受到燕之封,这是编造,西周时期这一带大概还处在野蛮状态。

与宣王有关的大小雅中,好像有些是当时编撰而成的。据说当时有尹吉甫这样的名人把这些事迹作成诵。由此观之,当时已经编写了一些诗了。就像日本把语言说话的底本编写成《古事记》等书籍那样。这是周代文化取得发展的时期,被认为是这时的铜器(在陕西出土的,被认为其中写的是西周时代的事)——虢季子白盘中的文句与大小雅文句惊人地相似。因此，可以说大小雅是那时开始编写的。大概是为纪念那时的功绩而作的诗。这种功绩报告是致告明堂、大庙的，据说后来在辟雍里报告。辟雍是在方形的建筑物外侧修建一个圆形池塘，这就是大学。在这里报告、诵诗或举行庆祝活动。清朝也学这种做法，在国子监建了征伐西域的献馘碑。大小雅是那时留下来的，应该说是传说中比较真实的部分，所谓史诗时代就是以这一时代为中心的。好像"颂"早于这时代产生，所以文和韵都不规范，比较粗糙，多数用于祈神。与"颂"相反，"雅"则多数是歌功颂德的。因此，以"雅"为据，考察那个时代的事是比较可靠的。至于对宣王的记述，《国语》中看到的只讲其坏的方面。《诗经》中记述了他的功绩。《国语》中说宣王征伐无功，调查人民的户籍（"料民于大原"），制定了发兵、征税的计策。古史研究者们说宣王起初很好，后期变坏，失误很多。但《诗经》基本是为颂扬功绩而作的。《国语》记述了穆王以来的君王的失政，以训诫君王。应该从二者不同的侧面中看到全面的事实。

在厉王和宣王之间，有一段称为共和的时代。《史记》中说，周公、召公曾一段时期暂管政治，所以称这时期为共和。《竹书纪年》中说，共伯和代替君王为政。都说出了"共和"这两个字。不知哪一方是真的，但有过这种时代是事实。此共和在历史上具有重要意义，在于《史记》由此开始有了明确的纪年。在《史记》中，那以前有《三代世表》，只记代，没有纪年，《十二诸侯年表》中记载了共和，从而建立了明确的纪年。郑樵认为，从春秋开始有纪年，不知道从共和到春秋的年代，但好像《史记》中有些可作依据的史料。所以，不能以后世的见解一概予以排斥。根据《史记》的纪年，宣王的年代大体可以查清楚，即在位四十六年。宣王在如此长的治世期间，又出兵征伐，又整理内政，可见是非常紧张的政治时期。所以，其后继者如果不是杰出人物，承担不了前代的事业。这是实际情况。这种情况后世也有，汉武帝也是与此相似的一个。至于进入幽王时代，即使王子朝之言中也说君王昏庸，大概最初就有说幽王是昏君的传闻。据《国语》的记述来看，当时遇到地震等天灾，幽王的政治也不好，更由于家庭关系出现紊乱，造成受到犬戎的侵略，最终西周走向灭亡。这里所说的家庭关系出现紊乱，即由与女人相关的事导致亡国。在《大雅》中也有记述，大概是事实。据《大雅》说，除地震外，还出现了饥荒。这种情况常有，即达到全盛之后普遍贪图奢侈，内部腐败，再加上自然灾害，如果不是相当伟大的人物，很难维持住大局。幽王是昏君，使用的人也不得力，造成亡国的结局。这虽说是传闻，但大概是事实。因而像《国语》这样的书籍，它以周代的衰亡为本加以记述，并向君主提出告诫，一直上溯到全盛时代的起源和穆王时代。在正处于全盛时期的穆王、宣王时代，即使出现一两次失误，国力仍然不减。但是，由于对外征伐，扩大了国土，培植了诸侯，给外敌造成了新的刺激，结果内部一旦产生薄弱环节，作为先前对外征伐的反弹，必然反而受到外部的压迫。《史记》中说，从懿王开始受到猃狁的侵略。即是从穆王的孙一代时期开始出现了上述的反弹。秦始皇对匈奴的征伐，与汉代初期来自冒顿的压迫的关系，好像也是这种反弹现象。穆王时代已经出现来自徐淮的反弹。由于宣王时代继续对外征伐，上述反弹也往后推迟，到幽王时被邻近猃狁的犬戎消灭。《考信录》对于周室是被与幽王王室内部的动乱有关系的申侯配合犬戎消灭了的说法提出怀疑。起初申侯之女是幽王的王后，后来被废，幽王宠爱褒姒，并想把王位传给她的儿子，申侯一气之下勾结犬戎消灭了幽王。这是后来补上的动乱情节。虽说有些荒唐，但被邻近的蛮人所灭是事实。那么，对远处蛮人的影响是怎样的呢？在成王时期荆蛮地方诞生了楚国，昭王以后，特别是受到宣王征伐的刺激，春秋时代楚国成了周同姓诸侯的大敌。从全局来说，周代文化影响到地方，刺激了戎狄，戎狄中出现了新兴国家，甚至这样的新兴国家开始策划侵犯中原，同时也成了中国文化扩展的一条途径。《史记》等书籍中说，西周灭亡是由于自穆王时期开始德行衰颓。然而从外界来看，穆王、宣王时期周代达到全盛状态，相对来说，它与由小国骤然上升的武王、成王时期相比，确实有不可同日而语的地方。如厉王时期那样，由于势力过大反而遭到民众的反对，幽王时期由于全盛造成的反动力和君主的昏庸，再加上天灾，百姓在本国生活不下去了。穆王、宣王时期，对地方征伐的同时也把文化带到地方，就像楚国由于受到刺激取得发展那样，可以说，夷狄已经能够从自己的目的出发来利用中国文化了。

从此时编写的《大雅》、《小雅》、铜器的铭文中，可以得知已经出现了贝币。从计算贝币时使用的"十朋"、"百朋"的用语，可以窥见经济进步的程度。《大雅》有"彻土田"的文句，意思是种田者上缴十分之一的税。虽不清楚先前公刘时期是否确有"彻法"，但在《大雅》中唱出来的时代已是明确执行的政策。后来由于课税过重，《孟子》等书中说，应该像以前那样课轻税，然而奇怪的是宣王时期执行的"彻土田"并不意味着减轻租税。当时对周朝境外的土地，只限贡献土产品，不课田赋，而对于被周朝新平定的地区则要"彻土田"，让耕者负担十分之一的税。

　　《竹书纪年》中认为西周经历二百五十七年，有的书籍中认为还稍微长一些。从后来的历史来看，一个王朝经历由兴到亡的过程需要二百五十到三百年左右。经过这样的年数，祖先的功德就变淡薄了，如果出现动乱就会灭亡。看来《竹书纪年》的说法基本是可信的。

第五章 春秋时代

《春秋》之经、传的形成

平王迁都洛阳以后称为东周。平王四十九年是鲁隐公元年，此后的二百四十二年为春秋时代。在《史记》中用《十二诸侯年表》表示从共和元年到春秋结束四年后这段时期。言称十二诸侯，实际是十三诸侯，此外，还有周朝本国。其实是十四国年表。十三诸侯国中唯独未把燕国计入在内，因此通称十二诸侯国。

如果要问有什么史料记述了此间发生的事情，那就是《春秋》。《春秋》是由当时的记录编纂成书而构成一"经"的。但是其记录并没有像后世史学家认为的那样，写出整个国家的沿革，不过是从不同时期的不同需要出发，汇总了一些事件。今天见到的《春秋》是鲁国的记录，但这作为一国记录的《春秋》中，收录了各国的事。用日本人的话说，春秋的情况，与平安朝以后的各种个人日记年表中，记述了别人的事的情况是一样的。特别是日本寺院的记录与《春秋》很相似。《春秋》中记录的事，主要是诸侯的会盟聘问。如说其原因，那是因为天子的统一中央没有了，诸侯的会同盟约成为重要的事件。自然以这类事作为中心，成了记录的主要内容。但"传"中的记述不限于此。《左传》是主要的传，它不仅限于对会盟的记述。清朝的汪中说，《左传》中所见的事不止于人事，其中专门有天道、鬼神、灾祥、卜筮、梦幻类的记述。此类事情都有主管其职务的人，原来由这些掌管其职务的人加以记述。由于周室东迁，有些官职没有了，而列国中又没有能够替补的，结果这些职务渐渐落入史官手里，所有的事都是史官写入简册的。后来史官也没有了，这项工作由儒士担任，作为其工作，编纂了《左传》。这种说法大体是事实。即除了政治上的记录，还记载了宗教方面的事，但最终这些是否都记入了简册，还是个疑问。原来《春秋》的经和传是分开的，传写成的时期相当晚，把二者汇总到一起是更晚的事，资料式的《左传》编成书是战国中叶以后的事。并且编成传记式的书籍是从史学的立场改编的，那以前的《春秋》并不是从史学的立场编纂的。《礼记》的《经解》篇中也说："属辞比事，《春秋》教也"，"疏通知远，《书》教也。"从今天的意义来说，后者具有史学的意义，《春秋》没有史学的意义。"属辞比事"是把类似的事汇集在一起便于了解，特别是《春秋》便于了解礼的实例，并不是基于史学的考虑。司马迁在《十二诸侯年表》的序文中说：

"儒者断其义，驰说者骋其辞，不务综其终始，历人取其年月，数家隆于神运，谱牒独记世谥，其辞略，欲一观诸要难，于是谱十二诸侯。"

显然，司马迁所言是史学的认识。司马迁知道，构成其材料的，儒者依赖于《春秋》，驰说者依赖于《国语》、《左传》和天文、五行、宗谱等，还没有一种汇集了所有材料的书籍。

在《春秋》的各种传记中，《左传》除了礼外，也写了政治上的事；《公羊》、《穀梁》二传只记述了礼，很简单。所以，最初儒者利用此二传，说明其中尚存《春秋》最初的意味。《公羊传》中有"所见异辞"、"所闻异辞"、"所传闻异辞"，这是公羊的意思，一切都按礼来行，所以举了上述例子。但是春秋是一段很长的时间，其记述的事疏密不同，因此写《公羊传》的人作了上述说明。汉代的何休给《公羊传》中的上述记述加上了时代："所见"是孔子和其父时代的事，相当于鲁国昭、定、哀三公的时代；"所闻"是王父即孔子祖父时代的事，相当于文、宣、成、襄四公时代；"所传闻"是孔子高祖父、曾祖父时代的事，相当于隐、桓、庄、闵、僖五公时代。并且，何休把这段时期划分为衰乱、升平、太平三个时代。然而这种以时代划分的方法是不妥当的。但是，其衰乱、升平、太平的说法，是以春秋时义理通畅与否的程度区分的，是个很有意思的方法。何休认为，《公羊传》起初只记述国内的事，其后记述一些与夷狄的关系，最后记述夷狄进入国内、接受本地文化，与诸侯并立的事，把《公羊传》的内容分成三部分考虑。然而这种理想的历史观是汉代的，《春秋》问世时未必有这样的认识。《公羊传》的伟大之处在于，它建立了"所见"、"所闻"、"所传闻"的三原则。即使今天，仍然有遇到古代事时，想把它马上归纳成一体的习惯，把这种很难办到的事，用三原则加以表述，确实是既有意思又透彻的认识。

对于《春秋》的成书，最早明白地说出来的是孟子。孟子说："王者之迹熄而《诗》亡。《诗》亡然后《春秋》作。晋之《乘》，楚之《梼杌》，鲁之《春秋》，一也。其事则齐桓、晋文，其文则史，孔子曰：其义则丘窃取之矣。"

这里的"王者"说的是君主的一统政治。一统君主时期有采诗官，收集各地的诗，视其是否符合风俗，以资施政参考。然而没有了一统君主，也就没有了采诗官，采诗的事也随之完结了。

在这种情况下，作出了以道理褒贬诸侯的《春秋》。《春秋》的材料组成是各国的国史，楚国为《梼杌》、晋国为《乘》、鲁国为《春秋》，记述的事都差不多。写的都是诸如齐桓、晋文这些霸主的事，内容主要是诸侯会盟方面的。而在对其进行判断整理时，按孔子自己的考虑，把书名定为《春秋》。按赵岐的说法，《乘》是本自田赋、乘马等军备记录，因以为名。《梼杌》本来是一恶人名，因为历史主要是写恶人事的，所以采用《梼杌》为篇名。另外，"诗亡"的诗指《诗经》中的《颂》、《大雅》、《小雅》及《国风》中的《周南》、《召南》等。这些都是写君王活动的诗。《国风》中其他十一国的诗叫"变风"，相对于"正风"的《周南》、《召南》来说，是写诸侯国的诗。其中也有春秋时代的诗。总的来说，语言很简单，孟子所言可以说明《春秋》成书的过程。十一国的"变风"基本与《春秋》相对应，可以说原原本本地照搬了《春秋》的形式。所谓十一国指邶、鄘、卫、王、郑、齐、魏、唐、秦、陈、桧、豳（其中两个不是国）。邶、鄘、卫三国是殷之旧地，周王把旧殷地一分为三，纣王之子武庚给了卫地，其他两地为管叔、蔡叔管辖。君王所在地是东周，豳是西周旧地，魏和唐是一体，相当于晋地。孔子一派的人把这时的君王同列国的王同等看待，虽说表明《春秋》的理念已纳入《诗经》当中，但从事实上看，此时的周王没有权力，处于与诸侯平行的地位。"变风"大体唱的是到春秋中期的事，研究"变风"时应注意到这一点。在春秋时期里，隐、桓、庄、闵、僖时期是一个特殊时代。

齐桓、晋文的霸业与楚的崛起

在东周初期大约一百年的时间里，君王完全丧失了权威，各诸侯国都忙于解决内乱。诸侯国的内乱多数类似日本的"御家骚动"，起因于女人和"家督"[1]。十二诸侯国中的重要国家基本都出现了内乱。这种内乱持续了百年，结果出现了受到锻炼的人物，齐国的桓公成为霸主即是在这一时期。各国的内乱与周幽王灭亡一样，一半原因在于王室的内乱。大体上自宣王以后周本国变富，同时各诸侯国也富起来，结果出现内乱。诸侯的生活奢侈起来，常出现女人问题，以至造成王室内乱。富起来的原因好像与德川初期诸侯的情况不一样。日本的诸侯一开始就很富，一直持续内乱，诸侯的经济也经得起频繁的战争，自从天正年间以后得到统一，没有了战争，各国经济一下变得富裕起来。德川幕府极力抑制诸侯的发展。在这之后的一百年里，幕府以及诸侯各国或忙于解决"御家骚动"，或沉醉于奢侈生活。这些与东周初期诸侯的情况非常相似。内乱的结果，各国中诞生了明君贤相。日本也有这样的例子，德川时代的享保年间以后，在幕府以及诸侯国中都出现了明君贤相。中国这时期的明君贤相中，最杰出的是齐国的桓公和其辅佐者管仲。此时，其他各国也出现了与桓公相当的明君。鲁国经过不断的内乱诞生了僖公，其时间大概与齐桓公是一个时期。晋国出现的献公在某些方面也是个杰出人物，在其后的内乱中又出现了文公。在这些诸侯国中多少有相似的地方，即都出现

---

[1]　家业的继承人。——译者注

了得力的辅佐者。齐国是管仲；鲁国是三桓，即桓公之后的孟孙、叔孙、季孙（虽说这几个人后来成为国家的祸害），特别是季孙之后季友，辅佐僖公建立了国家。

在上述杰出人物中齐桓公最出众，由于他采用了管仲的好政策，齐国取得了很大发展。但管仲的政策是否像《管子》所说的那样还是个疑问。关于桓公的事，《左传》中的记述也该打一定的折扣。《左传》中有关齐桓公的记述非常详细：北伐山戎收复燕地，西南方面出兵召陵，召见楚国使臣，指责楚国不向周朝贡，以及其经历的"九合一匡"等。不知究竟哪些是确实的东西。讨伐山戎的事《春秋》中有记述，然而燕国是周国的亲族，被山戎侵犯又收复的说法不实在。这件事《公羊传》中根本没有，只是在《左传》和《穀梁传》中有记述。但《穀梁传》的记述非常暧昧。另外，《韩非子》中说，讨伐山戎从秋天到春天，而《左传》中只认为是冬天的事，说从齐国到燕国，为讨伐山戎进军到孤竹，冬天里进军非常艰难。其中，翌夏把捕获物送回鲁国的记述也值得怀疑。后来给《公羊传》作注的人说，讨伐山戎后在归来的路上顺便去了鲁国。山戎与燕国没有关系，好像是在中国之间曾经存在过的夷狄的一支。《穀梁传》对这类记述感到困惑，解释"献戎捷"。这句话说戎是豆菽来敷衍了事。总起来说，帮助燕之事不确实，大概为了夸耀春秋时代齐国的霸业才编造了上述说法。另外，把楚国使臣召到召陵，责难楚国不向周王朝贡和昭王南征不归的责任的事《公羊传》中也没有，只是《左传》和《穀梁传》中有记述。这也是夸张的记述，令人怀疑。这些话就像说书先生讲的战争故事，完全不能信以为真。当然，这时期楚国已经崛起，在此情况下，管仲这样的杰出政治家必然会考虑做些什么事的，我想基本事实或许存在。

齐桓公的真正事业，在于邢、卫二国遭到狄（翟）人侵略，几乎快要亡国时得到拯救。在中国，历代所赞赏的王霸之业是"继绝兴废"，特别看重继绝国的功绩。不用说文王、武王之后的姬姓诸侯，其他诸侯也被视为神圣之裔，要消灭它是极大的罪恶；反之，拯救它被认为是极大的善事。不是让邢、卫二国返回故地，而是让其在另外的地方筑城再立。为成全此事，桓公召集各路诸侯，调动了同盟的力量。灭亡邢、卫二国的狄人居住在太行山山脉附近，防御狄人入侵邢、卫二国也是齐国自身的大事。所以，越过此地，为了燕国征伐山戎的事那时候根本不可能存在。再就是平息周国内乱，保卫王室的事。周朝东迁后已经非常衰弱，此时与其相距最近的郑国也在周朝东迁的同时迁到东周的东边，其是分封时期（厉王时期）新生的国家。有一句话可以说明周朝对郑国的信任程度，即"周之东迁，晋、郑是依"。然而郑国与周朝的关系最坏，最先与周朝开战，甚至有郑人用箭射中周王肩膀的传说。周朝东迁不久，刚尝到亡国之苦，王室特别紧张，稍微松弛下来就产生了动乱。第一次是王子颓的内乱，第二次是王子带的内乱。其中第二次内乱是靠桓公的力量缓和的，没有动用武力就平息了内乱。由于桓公的努力，离开都城的周王又重新返回。据说桓公非常尊重王室，使受到众诸侯轻视的王室多少恢复了一些尊严。桓公的做法成了后来成霸业者的榜样。这类事是内乱之后常有的，与日本足利末世的情况有些相似。所谓"九合一匡"，即兵车之会三次，衣裳之会六次。所以有人说桓公的政策是和平政策。也有人的计数是兵车之会六次，衣裳之会三次。都是传说，不足为信。总起来说，持续百余年的动乱局面暂时制止住了。桓公在位长达四十余年，成了那个时代的核心力量。

此时的中国诸侯中还有与桓公发挥不同作用的人，即晋国的献公。晋国一开始就比其他国家内乱严重，本家的晋国与分家的曲沃战事不断，分家不断强大，压住了本家，后来攻取了本家。这时出现了晋献公。晋献公与齐桓公相反，一开始就采取了残酷的手段，把同姓诸侯全都消灭了，为此不得民心，没能成就霸业。但是其作用的效果在文公时代显现出来。献公殁后出现了大内乱，文公在国外流亡十九年。此时齐桓公已死，齐国也出现了内乱。宋国的襄公作齐国的保护人，企图借机继承霸业，但由于楚国的威胁没能成功。此时流亡国外的晋文公回国，君主和侍从在长期的流亡生活中尝尽各种艰辛，所以其中出了很多其他诸侯国中没有的人才。此时文公欲成霸业的理由之一是效法桓公，实现攘楚拯救王室的目的。为此，在城濮与楚国开战，为平息王室内乱杀了王子带。他的做法与桓公相反，完全依仗兵力权谋，不忌用兵。文公治世虽只有短暂的十年，但其帐下贤人很多，继承了他的宏图，使其霸业延续到春秋时代结束。

此时的问题是楚国的崛起。楚国处于以周代同姓诸侯为中心的中国的同盟之外，形成独立的势力。关于楚国的起源有各种各样的说法，《史记·楚世家》中记载有很长的宗谱。诸如其先祖曾侍奉周文王，是文王的老师之一等。这些都是后世编造的。楚是芈氏，这是南方蛮夷中通用的名字。就像闽、苗、濮、沐、孟一样，都属南方的泰族，芈也是其中之一。在《史记》中作为夷王，也记述了楚国最早的王的情况。楚国人自认为自己是蛮夷，与中国没关系（不需要中国为他封王——译者），所以一个叫熊渠的人自己任命其三个儿子为王。这是后人编造的传说，他们不可能那么早就知道有王的称呼。西周末期即宣王、幽王时期，楚地的王叫若敖，其后的王叫霄敖，再后是蚡冒，前二者中的敖字大概在楚语中是王的意思。这些最初用夷狄语言表示的至尊者，到中国语言进来后也尊重起中国的称呼来，使原有语言的称呼变得卑贱起来，并且楚国把宰相称为莫敖也降低了王的意义。因此，虽然以前没有王的称呼，但蚡冒以后其弟成了武王，武王之子成了文王，真正有了王的称呼。这时正值春秋初年的时期。据《史记》记载，好像从楚国的武王时期，开始出现自己的祖先是周文王的老师的说法。好像此时的楚国在江陵（郢，今天长江沿岸的荆州），后来不断扩大。文王时，齐桓公做了霸主。文王之后，又出现了一个堵敖囏，堵敖囏之后是其弟成王。成王时期发生了齐桓公的召陵之会和晋文公的城濮之战等事件。所以，成王以后才真正有王的谥号，前面的武王、文王不过是模仿周代追加的谥号。简言之，上述讲了从周代之外的夷狄中崛起的大国——楚最初如何与周代发生关系，同时这也是制造假宗谱的开始。此间地处江汉的姬姓国家开始衰落。尽管有桓公之霸，楚国的势力仍然延伸到召陵即陈、蔡之间（颍水、淮水附近），江、黄、息等淮水沿岸的小国都被楚国消灭，其触角伸到了蔡国，并随即与齐桓公发生冲突。晋文公时，楚国俘虏了宋国的襄公，使楚国的势力进一步扩大，甚至郑国已对楚国称臣。照此下去，楚国的势力将扩展到黄河沿岸。周朝处于楚国势力的威胁下，影响到中原的大局，晋文公为遏制楚国的势力，不得已与之开战。宋、郑二国是晋国与楚国的必争之地，陈、蔡二国倒向楚国，直到淮水完全在楚国的控制之下，晋、楚二国开始争夺黄河南岸。以上即是晋文公霸业结束时的形势。

晋楚争霸和吴国的崛起

齐桓公的霸业仅一代就结束了，而晋文公的霸业后来持续了一百年。晋文公治世时间非常短暂，其子即位后维持了父辈的势力。究其原因，大概与文公帐下有很多辅佐者有关。齐桓公只有管仲一人辅佐，而晋文公在他长期流亡时帐下聚集了很多有才干的臣下，这些人在文公死后继续辅佐襄公。已于前述，文公时期发动城濮之战，遏制住了楚国对中原的进犯，襄公时期又遏制住了位于西方的秦国的扩张。原来秦国对文公有恩，帮助晋文公回到自己的国家，并且在城濮之战中站在晋国一方，与晋关系非常好。但在文公死后襄公服丧期间，秦国企图袭击郑国。秦国袭击郑国时，需要经过其他国家，晋襄公站在郑国一边，在臣下的全力支持下拦截了秦军。虽然拦截秦军获得成功，但造成此后六七十年两国不和。晋国与南方的楚国对抗的同时，还要防备西边的秦国。晋文公为了帮助王室，甚至接纳了敌对的狄人。晋确立了以武力立国称霸中原的政策，与秦、楚开战，一胜一负。由于与秦不和，秦穆公时代晋国堵住了秦国去中原的通道，致使以后百余年秦国去不了中原。秦国虽与楚国一样，出自夷狄，但其形成的过程不同于楚国，文化比较落后。然而后进的缺点最后反而成为走向强盛的原因（马骕《绎史》）。

虽说晋国三方受敌，但实际上是在与楚争霸。败给晋文公的是楚成王，其后的穆王等仍企图争霸中原。一直到庄王时期，楚国非常强盛，庄王成了屈指可数的五霸之一。春秋时代是楚国的鼎盛时期，在邲击败晋国军队，接着以讨伐东周附近陆浑的戎人为名，挥军直抵黄河沿岸。楚人挑衅问周朝使臣鼎的重量，周朝的王孙满回答说："在德而不在鼎"。这句话成了广为人知的名言。由于楚国的势力太大，经宋国华元斡旋，晋与楚在宋国开了一次和会。这是一次和平会议的萌芽，后来召开了更大范围的和会。庄王是楚国罕见的明君，注重德行，中原的诸侯纷纷加入以楚国为首的同盟，晋国势力大减。

　　不过，庄王时期已经出现楚国将要衰落的迹象，其原因在于庄王参与了陈国的内乱。当时晋、楚二国之间有陈、宋、蔡、郑等四国。其中宋、郑二国比较强大，它们的向背经常会带来晋、楚二国势力的消长。陈、蔡二国属于楚国的势力范围，是楚国进入中原的内线，所以楚国经常参与陈国的内乱。事实上，此时楚国已经灭亡并吞并了陈国，把它变成了一个县。那个时代，灭人之国断人之后被认为是极大的罪恶，特别是灭陈国这样的舜的后裔是绝对干不得的事。所以，庄王后来采纳别人的意见，又恢复了陈国。可以说这是庄王的盛德，但此事却无端给楚国带来了打击，其表现是在庄王殁后。庄王治世共二十三年，其后又过了七年，事发。其实，在庄王死后的第三年已经显露端绪，此时是庄王之子共王时期，陈国发生内乱。最初的情况是，灵公与臣下夏徵舒的母亲夏姬有不义之事。同时灵公的两个臣下也与夏姬私通，夏徵舒一气之下杀了灵公。当时庄王讨伐了夏徵舒，把内乱平定了。可是，庄王本人见夏姬很美想娶夏姬。此时庄王的臣下申公屈巫进谏说，美人是妖，为她会伤害很多人，不要娶她。此时楚国有个名叫子反的掌实权的大臣也喜欢夏姬，同样被申公屈巫劝阻。在这种情况下，庄王让夏姬嫁给了别人，果然这个娶了夏姬的人遭到了不幸。庄王这一代就这么过去了。共王二年申公屈巫出使齐国，不知何故，中途变卦，偷偷把夏姬弄到自己身边，不能回国就去了晋国。后来又替晋国出使吴国。此时吴国是寿梦时代，吴国自寿梦时代强盛起来，其中屈巫发挥了作用。屈巫逃亡后，其家人遭到杀害。为向楚国报仇，屈巫极力促成晋国与吴国联合。这之前，吴国是与楚国接壤的蛮国，楚国看不起吴国。屈巫到吴国后，教吴国中原战法，帮助吴国强大起来，结果吴国与楚国成了敌对国。可能也是屈巫告诉吴国，他们是太伯的后裔。申公帮助吴国力图与鲁国接触，以便使吴国与中原拉上关系。鲁国是周代遗物最多的地方，吴国大概从这里得知自己的祖先是周代王室之兄的宗谱，自此吴国常以吴子之称参与中原的会盟。春秋时代，蛮人的爵位都称子，楚国也是如此。在周代，子是个暧昧的爵位，用它称呼暧昧的国家正合适。夏姬是个有名的淫乱之妇，但如上所述，她一个人使晋、楚二国的形势发生很大变化。楚国先进的文化在边境上产生影响，由此兼并了一些小国。可如今由于申公屈巫的作用，作为边疆小国的吴国也强大起来，成了楚国的心腹之患，楚国拿它没有办法。楚国兼并的小国中有庸、濮、舒等国。前二国是助周武王征伐的国家，《牧誓》中有记载，舒国位于江淮地区。吴国稍靠南边。屈巫见吴国势力逐渐强大，使其保持独立，楚国在与吴国的争斗中消耗了力量，不能集中力量对付中原了。正在崛起的吴国又出现了贤人，这就是寿梦的第四个儿子——广为人知的季札。寿梦诚意让四子接替王位，但季札执意不受，出使中原，才名远扬（季札像似圣德太子与稚郎子集于一身的才子）。

这时期晋、楚争霸不断，楚共王与晋厉公在鄢陵开战，晋国取胜。晋国与吴国接上关系，并且此时的悼公是文、襄以后的贤君，终于又重新恢复了霸业。当时的形势是：秦国独立于西方，狄人中的赤狄被晋国消灭，东边的齐国还有桓公以来霸业的影响，仍不失为大国，经常持中立态度。所以，晋、楚二国都企图把齐、秦变成自己的同盟国。楚国共王时期企图向中原扩大势力，没有成功，其后再没有新的举动，于是在楚国康王时代召开了真正的和平会议。和平会议的名称叫"弭兵会"。在宋国的斡旋下以罢兵为目的，召开了各路诸侯都参加的和平会议。按规定盟主先歃血，晋、楚二国都想争先，但楚人衷甲劫盟抢先歃了血。此时是晋国的霸业走向衰落的时代。由于晋国衰落，楚国也渐渐失去与之对抗的力量，所以在后来的诸侯中没再出现有名的盟主。

春秋末期的形势

没有了盟主，列国各自都不得不加强自卫。这正好是中等诸侯国中产生政治家的机会，大国却在苦于内乱。由于没有了外部对抗，晋国国内大家相争，楚国灵王时期也发生了大乱。两国的势力都大大削弱了。这时，中等诸侯国中出现的政治家，有郑国的子产，齐国的晏婴，稍后一点的是鲁国的孔子及卫国的蘧伯玉等，各国都在加强自卫，这些名臣发挥了很大作用。大概这时期是春秋文化发展最快的时期。当各国依靠霸主就可以度日的时代，霸主国专事穷兵黩武发动战争，各国只是应其征发，少有专心考虑本国发展的机会。而如今霸主不存在了，各国都在独立谋划自卫，并随之出现了改革内政的趋势。作为内政改革的先驱，最有名的是郑国的子产。其新政治的一项内容即铸刑书，是最早的成文法，可以说是很突出的改革。子产的政治是法治性的，起初民众觉得很麻烦，不愿执行。时间一久，觉得它确实带来很大方便，后来各国都跟着学起来。从中国政治的发展过程来说，子产是这个时代相当重要的人物。当时是列国贤人竞出的时代，据说吴国的季札出使中原的诸侯国时，与这些贤人有过接触。但这话有多大可信度还是个疑问。特别是关于他在鲁国欣赏音乐，评论各国的诗等说法很像后来编造的。但无论如何，各国中都出现了贤人这一点大概没错。这时代的贤人多数并不是依靠明君施政，其中齐国的晏婴侍奉三代君主，三代君主都是昏君。尽管如此，晏婴仍然实行了很好的政治。卫国的灵公也是如此，昏庸无道，没有亡国全靠其帐下有几个贤人。这在《论语》中有记述。在这些贤人中，孔子是政治上不成功的人，在这方面不及晏婴和子产。虽然这与孔子本人的情况有关系，但与国情不无关系。鲁国虽非大国，但三家得势，其领地比鲁公的领地还大，所以孔子没能实现削掉三桓恢复王室的愿望。

给春秋的形势带来巨大变化的是吴国的崛起。吴国在寿梦之孙阖闾时期，取得了很大发展，征伐楚国并占领了其都城，几乎灭亡楚国，楚国好不容易依仗秦国的援助才恢复了国家。此时，为吴国效力的是从楚国逃出来的伍子胥。从齐国逃出来的庆封没有向齐国报仇，可是从楚国逃出来的伍子胥，却差点帮助吴国灭亡了自己的国家。到阖闾之子夫差时，吴国已成为中原中的大国，开始与晋国争夺霸主。晋国被周朝称为伯，吴国被周朝称为兄，现在这两国之间相争。据说由于夫差忙着与越国作战，吴国让了晋国。像吴、越二国这样，以地方为根据地进入中原争夺势力的现象是春秋末期常见的情况。这与日本足利末期细川、大内等人，以地方为根据地争夺京都的情况一样。综上所述，此时已不存在占优势的霸主，大国若生内乱，主要的士大夫之家飞扬跋扈，公室软弱无力，中等国家中出现了一些有名的政治家，为文化的进步做出了贡献——这即是此时的整体形势。

春秋时代通论

春秋时代的整体情况与日本德川时代后半期的情况有相似的地方。其初期，诸侯中出现一些贤明之人，这一点与日本田沼时代前后出现很多贤侯的情况相似。日本那时出现很多贤侯，是由于当时国家很穷，而春秋时代则是在解决内乱或其他问题上出现了很多贤侯。其主要代表有齐桓公、晋文公、宋襄公等霸主。此外，还有平王时期的晋文侯、桓王时期的郑庄公、五霸时期的晋献公、鲁僖公、卫文公等。这些人挽救了濒临灭亡的国家。其后，王室日益衰落，其主要原因如《绎史》及其他书籍中记述的那样，与其说是在于诸侯的跋扈，不如说是在于王室内部不统一，大臣之间不合作，以及君王家族中出现矛盾等。这时正值家族制度变迁的过渡时期。在历来沿袭少子继承王位习惯的国度里，随着国事的复杂化也改成了长子继承的方式。此时少子受到宠爱，大臣也帮助他，由此造成同族的不和，甚至王室的混乱。就此情况而言，在侯国中较早自然地顺利改变家族制度者，没有造成危害。但在由少子继承变成长子继承的时期，多出现同族不和的情况。如前所述，到春秋的后半期，原来的霸主已经衰落，中等国家发展起来，但多数中等国家的发展并不是因为出了贤明的诸侯。大国中的一般情况是公室衰颓，势力大的卿大夫跋扈，但其中也有陪臣[1]得势、上大夫受制于陪臣的情况。春秋末年陪臣跋扈的现象很严重，晋国、鲁国都饱受陪臣叛逆之苦。在比较小的国家的大夫中，也出现了一些贤人。总起来说，在诸侯或上大夫中产生贤人的时代已经过去，从下层中出现越来越多的贤人，是向战国转移这一过渡时期的特点。

同样引人注目的是兼并现象。春秋初期存在的很多国家逐渐减少，到春秋末年仅剩下为数不多的国家，最后形成战国时期的七国。其中，齐国兼并了莱夷（自称莱侯），宋国灭亡了曹国，卫国灭亡了邢国，郑国兼并了许国。楚国消灭的小国最多，不仅消灭了一些姬姓国，甚至还消灭了先前传说是圣贤之后（例如皋陶子孙之国的英六）的国家。秦国成了西戎之霸，据说它吞并了二十个小国。晋国先消灭了同姓国家，又灭亡了赤狄及其他戎狄。这样，诸侯国的规模都变大了，如战国初期孟子所说的那样，起初方圆百里的国家这时都变成了大国，连比较小的鲁国也扩大了四五倍。事实确实如此，只有变大的国家才存续下来，在这种变化中好像文化也出现了变化。

春秋走向战国这段时期，出现一件特别值得注意的事，即在军事上车战变成了步战。好像这种变化起因于春秋时与戎狄作战的需要。晋国与肥、鼓等赤狄作战时，开始都是战车部队，临时把车战改成步战才战胜了夷狄。大概这是最初的步战，可能进入战国后又改成骑战，是件新鲜事，但由车战变成步战是从此时开始的。这种事关系到战士的名誉，据说此时晋国有人不听命令。但总起来说，这是由实际需要带来的变化。

---

[1] 陪臣，指大夫的家臣。——译者注

　　还有一件值得注意的事，即春秋时代边境的夷狄渐渐强大起来。开始，楚国的崛起引人注目，楚国渐渐把势力发展到中原，与晋国争霸，甚至成了中原的会盟之主，文化上也不断发展，好像与中原融合到一起了。但从《左传》、《国语》中来看，楚国是否从春秋时代开始，与中原具有相同的文化，还是个疑问。《左传·昭公》十二年条中有"左史倚相读《三坟》、《五典》、《八索》、《九丘》"的记述，《三坟》、《五典》可解释为三皇五帝之书。但不知此话到底是不是春秋时代的真话。有可能是把《左传》成书时的话，作为春秋时代的事编进了《左传》。但多少总有些这方面的记述。孟子也曾提到过《梼杌》的事，从其素朴的名称，便可知道其记录也是素朴的内容。楚国是大国，可以想象国王及主要贵族的生活状态大概无异于中原。在楚国变得强大的同时，位于其边境的吴国兴盛起来。《左传》中说，楚国曾有个叫熊绎的人侍奉过周代的康王。这是基于把楚国与当时中原的诸侯——齐、晋两国同等看待产生的传说。吴国是周代太伯之后，是周代祖先之兄的后裔。越国从更早的宗谱来看，是夏代的后裔等等。这些全都不可信。又说燕国与齐国有关系，是召公的后裔，也是无稽之谈。鲁国昭公、齐国景公时代确实出现了燕的国名。最初把燕国与齐国联系起来的原因，大概在于黄河口渐渐出现土地，使得齐国和燕国在黄河口接壤的原故。这些边境上出现的国家，除燕国外都能左右中国的会盟，并且新生的国家中最先加入强国同盟的，是周朝同姓国家。在与楚国的关系方面，不用说郑国，连鲁僖公都与楚国来往，以楚国为靠山。吴国一兴起，鲁国就马上与它建立了亲密关系，怂恿吴国与齐国开战，与晋国争夺盟主地位。据说是孔子的门人子贡充当过这种角色。被认为中国文化主要继承国的鲁国，在国际上采取的是上述做法。越国兴起时鲁国也最先与其建立联系，哀公为借助越国的力量压住国内三桓的势力，甚至亲自出访越国。新兴国家的命脉不长，吴国仅持续两代就亡国了。越国由于很快断绝了与中原的联系，命脉稍长一些，持续的时间也不算长。中国人说夷狄国家不会长久存在就是从这来的。相比较而言，很早就缓慢吸收中国文化而发展起来的楚、秦两国长久地存续下来。这段历史约有二百余年，其间文化上发生了种种变化。

虽说《左传》中收录的当时的文章和辞命等，有多大可信度还是问题，但好像从中可以看出，有某些根据说明，初期的辞命与中期以后的辞命有明显不同。齐桓公、晋文公从周王那里接受的辞命，其风格多少有与《尚书》近似的地方，而后期的辞命变成了大段文章。晋国的吕相作为使臣与秦国断绝交际时写的"绝秦书"（名义上是绝秦书，其实并非是书，而是口述的辞命）是一篇很长的名文。王子朝向诸侯宣告自己立场时的辞命，也是从周初的事开始陈述的长篇名文。另外，真伪不清楚，据说是郑国的子产给晋国的叔向写的信，也是一篇实实在在的名文。其文章体裁，也与多少带有《尚书》风格的《左传》初期的作品不一样，同为辞命，但已经进步了，其中带有某些游说的味道。《左传》从中期以后记述这种长话的篇章很多，类似《国语》的记言。但《左传》与《国语》文章的情形还是有些不同。崔述在《考信录》中对二者作了区别，他认为《左传》是当时的记录，《国语》是后世的创作。这种看法有点绝对化，《左传》反而由于有后世人的加工，文章变得更漂亮了。无论怎么说，二者都收录了当时的辞辩，在内容上二者有相似之处。从二者大体的倾向来说，好像多数叙述都出自这样的立场：必须以《周礼》为基础，遵从这一法则则荣，反之则衰。并且在这种倾向下，同情弱者，认为灭亡小国是坏事，议论也比较保守。这些都与战国时代不同。这种辞命或不成辞命的瞽史，以记述古代事实、警示现代来引起人们的思考。从《左传》等的辞命及《国语》等的说书先生式的语言中，渐渐衍生出具有历史意义的故事。当然，这时代人的语言多有诗性，但即使是诗，事实上也带有促使人们回顾这个时代的倾向。《诗经》的《周颂》中有很多向神报告的语言，意思非常好懂。但到了《鲁颂》时，首先是为回顾颂扬鲁僖公功德，并上溯到周代祖先，明显地带有历史性回顾性意味。春秋中期以后的很多辞命中都利用了诗，出现不顾其原本意思，断章取义之风。即把诗作为当时谈到的事件的证据，并把它作为历史性证据的材料来用。

另外，春秋末年还出现很多对于春秋时代出现的灾祸的预言。当然，其中有很多不能相信是那个时代实际存在的东西。特别是《左传》或《国语》中引用《易经》的预言，好像其中很多都是原封不动地接受了《易经》非常盛行的战国时代的传播《易经》家的记录。各家为自我吹嘘编造出一些事，根本不能相信，但好像术数的观念在春秋中期以后有很大发展。新城博士说，春秋中期以后明确了历法。但《左传》中记述的到处散布灾祸论的梓慎、苌弘等人，也是春秋中期以后的人。这种事在拥有很多文献，而又面临衰运的国度里特别多。即使《左传》的记述不是全都可信，可出现了这种人，成了术数的鼻祖，这还是确实的。大体来说，从周代初期持续到春秋的重祭祀之风渐渐淡化，祭祀流于形式，代之对灾祸的预言兴盛起来。即由以古代祭祀为中心的信仰变成相信预言，是宗教发展中的必经之路。

　　春秋末年出现了靠术数学问发迹的倾向。此外，孔子的门人也推动了文化的发展。孔子的门人都跟随孔子，学习周代以礼乐作为治国的工具。这与人的地位无关，而是专事研讨学问。其学问需要找寻有用武之地，孔子在世时一直寻找这样的场所。在孔子的弟子中，子路到了卫国，冉有为鲁国的季孙所用，都没有用到孔子中意的地方。据说，后来子夏被聘请到魏文侯帐下。这些人各自都以其所掌握的学术，或为诸侯之师或为之效劳，成了所谓的流亡官吏。这些人的情况，与前面说的自己本国不容而为他国效劳的申公、庆封的流亡相比，虽然情形不同，但从实际所用来说，结果是一样的。可以说，对于文化的发展做出了很大贡献。从另一方面来说，与官职相伴的文化，与官职分离开来，为官吏服务的人也由过去的国人，变成上述所谓流亡者了。这是不同于过去的新局面，是春秋向战国过渡时期出现的情况。春秋末年之后又过了两年孔子去世，大概从那时开始是孔子门下的活跃时代。这段时期，正好是记录和传说中都缺少年代的模糊时期，但姑且可以说是孔子门下的初期教会史的时期吧！

　　当然这期间制度也发生了变化。依儒者来说，周代的爵位中尊卑之别非常严格。但在春秋时代，实际上爵位随着国家的盛衰发生了变化。不用说由夷狄进入中原而获爵位的楚、吴二国的情况，即使原本中原的诸侯在国内也遇到了僭越问题。楚国君主自称为王，其臣下称公的也很多。在周代，公只是用于对三王之下客人身份者的称呼，而这时出现了诸侯之下的称公者。在春秋，公是内部的称呼，对侯称公仍然是一种僭越。《尚书》中"文侯之命"的记述，表明谥号的使用也应当与爵位相当。另外，在由高位变低位者中，有滕、薛、杞这样的例子。其中，杞属于公一级的国家，但最初时记为"伯"，滕、薛属于侯一级的国家，而记述中是"子"。这说明由于国势的下降，爵位的等级也下降。在春秋诸侯的会盟中，拿不出相当的玉、帛、币的国家，无可奈何只能归于低爵国家之列。完全是实力本位。大夫等随意称"子"的，有鲁国的季文子、季平子、季康子这样的例子。到这时为止，与爵位无关。用伯、仲、叔、季等字作谥号的，有齐国的管敬仲、鲁国的臧僖伯、臧文仲这样的例子。带有这几个字的谥号，大概已经与爵位分不出高低了。礼乐也由王宫走出来，据说特别允许鲁国使用天子的乐，后来作为臣下的季氏，也使用了王的礼乐（《左传》、《礼记》）。大夫享受华夏礼乐在春秋中叶就出现了。这意味着下位者已经享受上位者所用之物，上位者日益衰颓，中位者有了财富和势力。关于鲁国的三桓、晋国的六卿、齐国的田氏得势的情况，崔述有详细的研究。不知三桓肆虐乡党、六卿横行都鄙的说法有多大可信度，但中间阶层得势是无疑的〔殷代以来的古国旧族灭亡（例如，颛臾、阏伯、实沈、台骀等），周代同姓诸侯（十二国中的大部分）进入全盛时期〕。

第六章　战国时代

关于战国时代的史料

《战国策》是记载战国时代的历史并保留至今的典籍。关于《战国策》，所幸刘向《别录》有所记载且存于今《战国策》之首，故可略知此书的性质。据此记载，可见是书原作《国策》，又写作《国事》，亦称《短长》、《事语》、《长书》、《修书》。刘向以此认定，此系战国时代的游说之士为其效力之国出谋划策，故称战国策。但是原作《国策》，是策谋之意，还是策书之意，未详。若据其他《国事》以下的名称见之，应是策书之意。国事之"事"，或当是"史"之意。短长可解作纵横策谋之意。不过长与长书、修书相当，具有长篇策书之意，只是因其既有长文，也有短文，故取是名。又，事语之谓，相对于国语而言。《国语》是保存下来的专述传说的典籍。与此相反，事语也许因其初次记事，故才有此称。或因其第一次记载长篇策书，故取"事语"。以往的书籍，自汉初开始载于竹帛。在此之前，短文用简书传之后世，长文用语言传之后世，而《战国策》出现后，才第一次形成了策书。

《战国策》毕竟是纵横家的教科书。根据其年月不明一点可知，当时中国人对历史的思考，尚未意识到以纪年体叙述的必要。在此之前有《春秋》之书，是孔子一派人物特别保存传承简册的结果，据此可以推知这并非是一般风气。但据司马迁云，战国时代的列国史记焚于秦火。另一方面虽有《竹书纪年》，但司马迁说，他作《六国年表》所据《秦记》，无日月之载。今《秦始皇本纪》末尾所附，未详出处，亦云或为《秦记》原本。若果真如此，单纯记秦纪年本是简单之事，然而正是这样的记载，或许就是当时真正的录史之风。《竹书纪年》与之相比有了很大的进步，但它是魏国国史，与现在的《竹书纪年》体例有所不同。魏国开展学术较早，据说很早就有人考证历法，或许它是利用历法编写的历史。除此以外，像一般的编年史毕竟还没有使用。《孟子》所说的晋之《乘》，也许就是像《竹书纪年》一类的记载，而楚之《梼杌》则似恶行记录，极为粗杂。尽管如此，春秋时期有明确的编年史，战国则无，由此可以说春秋留下了编年史，这在当时恐怕是一件较为特殊的事件。孔子一派的史家也没有认识到编年史的重要性，只是注重记录春秋时期各种事件的确凿史料。鉴于这种情况，要想根据流传至今的史料了解战国时代的纪年，的确比春秋时代更难。以《孟子》所见的问题为中心考察年代的思路，目前也缺乏确凿的依据。即关于梁惠王与襄王之间的年数，《史记》作惠王三十六年，次有襄王；《竹书纪年》在三十六年之后有惠王元年，又续十六年；《史记》则在第二个元年后加入襄王。以后《通鉴》从《竹书纪年》，近年亦行此说。又齐宣王与湣王的年数，《史记》和《孟子》也不相合，因此有人主张将《史记》宣王的年代往下推延，便可和《孟子》相符。可是从哪一年往下推延合适，又不能提出确切的年数。也就是说关于这一时代，司马迁也只是以简单的《秦记》为基础将列国之事熟练地分开，却很难确定比春秋时代更远的时代。有《战国策》而无年月，其目的与其说留下事件的记录，莫如说意在作为纵横家的教科书，故年月不明。但其记事，较少像《春秋传》那样，在间隔很大的年数后面展开话题。《史记》有的地方记事要比《战国策》详细。《战国策》虽然年月不明，但作为纵横家所传达的内容，不能说不可信。

刘向在谈到此书的形成时，说本字误脱而成为半字之处甚多。今对照战国时代的文物，可得出很有意思的结果。即刘向说"赵"为"肖"，"齐"为"立"，而现存古玺上，赵皆为肖，又以齐为，或许可见"立"形。由此可知，此书并无误脱，所书为当时通用文字，在当时就形成了策书。因此，《战国策》是较早写成的书籍，"肖"、"立"等文字产生于秦李斯、赵高作字书以前。

欲知战国时代的事情，应看《六国年表》及其他一些书。尽管对各国的事情不能像年表所载那样，对每件事都照信不误，但至少从中可以大体推测出世代嬗变的情况。

三晋的兴起及其影响

作为战国时代的著名事件而广为人知者，就是周威烈王二十三年出现的三晋，即赵、魏、韩的兴起。三家原为晋大夫，此时被威烈王封为诸侯。《通鉴》等书自此起笔记录。其后不久，齐大夫田和亦夺其国而成为诸侯。这些都是重大事件，被视为战国时代的标志与基础。但是崔述的《考信录》对此质疑：威烈王以晋大夫为诸侯的真相究竟如何？这是因为与《史记》中的记载有矛盾之处。《周本纪》、《晋世家》等有封诸侯之载，而《赵世家》则云诸国"皆相立为诸侯"，此后又有诸国皆称王、皆相称王之载。

崔述以此认为这并不是出于周命。然而这或许是两方面多少有些相同的事实。如后文将述，后汉末期，英雄一出便任意成为州牧，但在表面上仍维持向朝廷上表，受命成为州牧的体制。日本战国时代也有这种情况，即在接受足利氏的教书、天子敕书的体制下行事。因此在这种情况下，也许是两方面都有其事实。总之三晋成为诸侯，田氏在齐掌权，是进入战国时代后一件显著的事件。

若论此事给当时的时代带来了怎样的影响，这就是新兴之国使列国的形势变得大为紧张起来，使战国初期的各国意外地得到了有效治理。这应当是一个很好的时代。春秋中期以后，中等之国在发达后力量逐渐衰退，至孔子去世前后则陷入较大的混乱。但从孔子去世后到三晋兴起，列国的内政得到了有效的实施。据此可以推定，当时的诸侯中确有伟人。即三晋的创始人中，有如赵襄子等颇为贤明者。魏文侯、武侯乃至遭到失败的惠王，都是有为的君主，韩昭侯也是非常贤明的君主，他们是主要人物，皆活动于此前后时代。在齐则继田和之后，出现了威王、宣王等著名君主；在秦则有献公、孝公等明君。此时不振者为楚国，楚经吴征伐后出现白公之乱，内乱不断。

游士的活跃

如上所述，这一时代大体贤君甚多，但与此同时，这些贤君被隐藏于记载的深处，并未现于表面。不过这是个游士始开一家之学，颇有心得之士为列国所用，并有所奏效的时代。一开始为孔子殁后至三晋为诸侯之间，其时孔子弟子为诸侯所用，多得非常优待。在鲁国，孔子之孙子思也受到了比孔子要好的待遇。特别是这一时代的游士，由于被用为诸侯的宾师，故较少成为臣下者。这和孔子之前，子产和晏子作为国臣而发挥作用有所不同。这是个以游士为宾师而发挥其功效的时代。与此同时，以儒家为首的诸子之学盛行，时期为孔子至孟子之间。若据《孟子》，则有杨子、墨子、农家诸家。为韩昭公所用的申不害是刑名之家的鼻祖，李悝则是法家鼻祖。这些人物立一家之言，若用其言便可获得实际功效，故各为其国所用。即使流派不同，但根据一家之道便可施展治国抱负，这与德川末期的情形十分相似，如二宫尊德、佐藤信渊为侯国所用而有所奏功。其结果就是国力充实，乃至互相发生冲突，由此产生受压制之国，梁惠王、齐宣王是为其例。然而游士为各国所用的数量一增加，便自然开始走向堕落，在治理各自之国时显得力不从心，于是产生了纵横家。由此就游士自身而言，这是个全盛的时代。这些游士们对各个诸侯不居其下的态度，孟子以前就有所提及，如田子方不答魏武侯之礼。当然，这还只是受到一国之君优待的记事。但到苏秦时情形为之一变。苏秦身为六国之相，从约之长，从约之长不是诸侯而是苏秦，本身就说明了问题。可见游士的地位得到了很大的提高。张仪对苏秦言连衡，又分别在诸国任宰相，所到之处待遇甚优。比较他们的所作所为，苏秦颇具男子气概，与诸侯夫人相恋以及失败的方式亦颇具丈夫气。反之，张仪则不具男子气，有点敲诈的味道。这个时代虽然短暂，但游士的生活达到了顶端。此后伴随着数量的增加，开始走下坡路。

四君时代，秦孝公与赵武灵王

接下来是四君时代。四君即齐孟尝君、赵平原君、魏信陵君、楚春申君。此时可称作诸国皆称王的时代，其中也有如赵武灵王以"无其实"而去掉王号，但大体上皆称王。然而在诸国中，不懂政务的昏庸者甚多，为此出现了身负一国重任、代王执行实际政务的人物，他们就是四君。然而四君亦以多养游士为荣，聚集一些平庸之辈。游士就是一些没有自信之辈，在微薄待遇下糊口。这是个游士堕落的时代，持续了百年之久。其中孟尝君的地位比较特殊。他在齐本土获得领地，却又在秦任相。齐宣王伐燕，几乎使之灭亡，所以此后湣王时又几乎为燕所灭，而其时孟尝君居其领地而作壁上观。与此相比，平原君、信陵君则为国竭力。其中信陵君最有口碑，是中心人物，但他的地位非常奇特。尽管没有得到魏王的许可，但他仍以私人关系发魏兵救赵。而为信陵君所用的人们，是自孟尝君以来堕落的群体，其发展到极端，与其称游士，莫如说已变为游侠。信陵、春申二君的末年已是秦始皇时代，二君之死与六国势力同时如燃尽之火，最终为秦合并。

秦自献公、孝公以来日趋兴盛。尤其是孝公时代，用魏国游士商鞅并委以国政，大施富国强兵之策。商鞅改革历来的均贫富的政策，实施自由竞争政治，并在战场上也实践这一主义，多立功者给予重赏，秦国政由此强盛。商鞅为孝公之子惠王所杀，但其法永存。秦也用游士，但做法异于三晋，即并不是在国政停滞之际使用游士，而是作为新兴之国在逐渐发达、国政并未停滞时使用游士，由此得秦非常之功而走上强大之路，最终成为第一强国。另一方面从秦国国情看，它缺乏在古典文化形成地中掌握传统政治的中间人物，如晋六卿、鲁三桓等，因此在推行富国强兵之策时，与国君权力得到加强的同时，君主独裁的倾向也是值得注意的事实。在这个时代里，比起其他因历史原因而形成很多障碍的国家，能够推行君主独裁政治的国家得以用强势制服他国，这就是秦国兼并六国的原因之一。如果三晋游士入秦，也会像李斯、韩非那样，竭力提倡强化君主权力。

若论最成功者，当是在秦之前就具有统一天下资格的赵武灵王。在他国国王皆为昏君之际，唯独他堪称贤明，以胡服骑射破胡。这固然得益于赵国地势、兵制的优越，但利用这一点讨伐将要兴起的秦国，也是一个很大的想法与举动。胡服骑射之用，使春秋以来车战向步战转移，使数量的多寡成为胜败的基准。赵国因其地势与胡相接而有骑射之想。关于胡服，据王国维考证，其冠除去冕旒而用武弁（如汉时貂蝉盛行的式样），并开始废履穿靴，衣为窄袖。此后这样的衣冠越来越流行，遂成为一般习俗。其原因在于，它一变传统服装的累赘为简易。赵军以此装备经过胡地而攻秦。《史记》载，赵武灵王曾亲自派间谍入秦侦察，他还独自不称王而称君，反映了以隐居而为自由之身，不为他人所并的意向。然而不幸的是，他死于家庭内部事件。如果没有这一事件，战国形势也许会为之一变。受其感化，赵国产生了廉颇、李牧等名将，这些名将至死为赵保存实力。就这样，六国在用尽文武人才后，被虽然开化较晚，但人民质朴而无传统羁绊，从而得以实施正规改革的秦所兼并。兼并当然是起因于秦始皇这一伟大人物，但同时也可以说秦始皇代表了兼并的时势。

统一的前提

关于春秋与战国的时代差异，据顾炎武《日知录》题为"周末风俗"的记载，可得其简要。其大意是：(1) 春秋时犹重礼、信，而战国不言礼、信。(2) 春秋犹以周王为宗，然战国不言此。(3) 春秋犹盛言祭祀，重聘享，而战国不行此事。(4) 春秋论宗族姓氏，然战国未及一言。(5) 春秋时宴会赋诗，而战国不行此事。(6) 春秋时犹有赴告策书，战国则无，云国无定交，士无定主。比较《左传》与《战国策》，大体可见此差别。在儒者看来，战国是风俗变恶的时代，但这一时代又逐渐走向统一。只是统一形成了破坏旧事物，由新人实施统一的倾向。

如上述《日知录》所言，诸侯并不以周王室为宗，而且在事实上，为王者也不具有诸侯之宗的资格，因此《战国策》不载周王，而只出现西周君、东周君之名。通常在赧王献地于秦之前，都是正统之王，但据崔述研究，大概在此之前周王室就已无事实存在，而成为西周君、东周君。即使有王，也称西周君、东周君。周在战国威烈王的上一代王周考王弟弟的时代，分为西周君、东周君。至战国末周亡时，西周、东周分别向秦献国，不具有一个整体的王室。通常认为周经历了八百余年，但所谓"卜世三十，卜年七百"，实际是预言周亡之语，其年数恰好是分为西周、东周之时，因此周当终结于威烈王之时。诸侯不称王，并非一时之举，而是以往即已如此，并非由于顾忌周王。当然也有反对此说的证据，但这种见解大体得其要领。另一方面，诸侯中则有人地位上升而为王者。在秦昭襄王时，更是以齐为东帝，以秦为西帝，为此鲁仲连认为以秦为帝，是士的耻辱。这里第一次出现了称在世之君为帝，尽管很快消失，但在秦统一列国的历程中，终究产生了在世之人被称为皇帝这一现象。这一时代具有一种倾向，凡是逐步得尊，就会逐步走向一人独尊。帝虽有西帝、东帝二人，但称为皇帝的只有一人。这是新事物代替旧事物，趋向统一的过程。于是在此过程中，也出现了高高在上者沦落为下的情况，周王室的分裂与东周君、西周君之称，就是明显的例子。战国诸侯大抵称公，势力稍下者称侯，再下者称君。

又如顾炎武所言，郡县制自春秋之际打下基础。所谓县，不是划分土地分封给人，而是指君主直辖的土地，这从《左传》中已经可见一些记载。战国时一些郡名也可看出来。郡是大于县的地方直辖地。这些君主具有直辖新得土地的倾向。这些新得土地中，也有取夷狄之地而为郡县者，但大体上是世禄之家灭亡后合并而成，并以此成为统一的基础。又有小国灭亡后合并土地而成者。小国之灭亡，自春秋战国时代增多，其中也有出乎意料地保留下来的小国。如鲁一直存在到东周灭亡之际，卫虽称下君，但至秦二世时始亡。七国因合并这些小国而变得非常强大。

其中最急速增强的是秦。秦压迫山东诸侯，每有机会便夺取土地，六国不堪其压迫而向东迁都：赵自晋阳越过太行山迁邯郸，魏自安邑迁大梁，楚迁陈，后迁寿春。即将中心自河南、湖北移往安徽方面。就这样，秦变得强大起来。这其中，范雎的远交近攻策略发挥了重要作用（人们历来是越过国境攻伐他国，但这样很难使他国成为自己的领土，而此策则可使自己国家领有所得土地）。特别是秦压楚，导致了新开西南夷之地：陕西汉中之地本是楚的领地，结果落入秦手，最后还吞并了贵州、云南部分土地。

《禹贡》中的梁州，大概是于此时被人所知，即包括梁州在内的九州，或许于此时为地理学家所注目。由于秦一意经略东方，故位于西方的甘肃方面的情况，此时尚未知晓，所以《禹贡》也只是把昆仑、析支、渠搜归入西戎而语焉不详。汉代，在这方面可见月氏，但其由来之时不详。若来自战国时代，秦人当知之，然而当时的书籍无任何记载，因此月氏可能很早就已经进入了当时人的视野。然而西方中亚文化经此传入中国的迹象，完全无从确认。

另一方面，受秦压迫的其他六国，也在扩大版图。楚向东扩张，战国初期并蔡，中期并越，末期并鲁。越为楚亡后，其国东移，开浙江东南为瓯越，随后又开闽越，因此楚之东迁促成了东海岸的发达。齐国原来偏于东方，无从发展，只是与魏楚共同分割了宋。如此无由对外发展，便以内部发展取而代之。齐原以临淄为都，不仅濒临海岸，土地肥美，而且潍县之地自夏朝即已开发，从北方渤海沿岸到南海岸的胶州即墨，经济发达，与吴实行海上交通。自古以来，齐就有富国之称。关于其原因，《史记》归于太公望，中兴之际则举出管仲。但这是在战国时代追溯往事时归功于此二人，因此就战国时代的现状而言，在事实上并没有发展。赵一面与秦为界，一面与胡（匈奴的旧称）为界，因此在军事和经济上都得到发展。在北方以代（大同）为军事中心，以邯郸为经济中心（据说邯郸位于交通要衢而繁华昌盛，亦多出美人）。军事发展的结果就是扩张领土，侵略如林胡、楼烦等夷狄。也许是因为周围无强国，本不是强国而得以发展的是燕。燕与东胡接壤，燕将秦开讨满潘汗，得地二千余里，此为鸭绿江以南、大同江以北之地。这些地方属燕已久，以后扬雄作《方言》时，屡记燕至列阳大体使用同一方言之事。列阳为大同江北侧之地。据《山海经》记载，其势力进一步扩大到大同江以南。江南有朝鲜，其南有盖国（韩），再南侧有倭国，倭是位于朝鲜南岸之国。《山海经》云倭属燕，以最近于南海岸康津出土的明刀见之，这似乎不是牵强附会之说。齐虽然拥有很大的经济实力，但在当时和朝鲜没有交通关系，在今天的辽东朝鲜并没有发现齐刀。战国时期，庙岛列岛是神仙传说的中心地，据说羡门子高居此，这也许可以作为没有向东扩展的依据。因此，燕是单独向朝鲜发展的大陆之国，只是它与大同江以南一带仅仅是经济方面的关系，并没有形成领土关系。

与交通、经济发展的同时，防御也成为必要之举，最显著的例子就是长城。如顾炎武《日知录》中《长城》一节所云，秦始皇以前就已建造长城，以后始皇将燕、赵、秦三国长城连为一体，其中燕长城自造阳（居庸关附近）至襄平（辽阳）。如此，长城的内侧成为郡县，在秦始皇统一之前，逐渐形成了郡县的基础。

文化中心的转移

以上为统一的外部形势。从内部来看，其间的变化就是文化中心的转移。战国初期，魏是文化中心，文侯尤其是儒家的保护者，因此子夏在西河受到文侯的尊敬。今此地归陕西，夹河而与山西接壤。古时此地为秦晋间的交通之路，儒者集中。特别是此时的游士唯有儒家，道家仅处于萌芽状态，其余诸家皆未兴起。稍近之处有少梁，后为秦魏的争夺之地。魏惠王时失去少梁，受到重大打击。这是第一时期的中心。其次是齐威王、宣王时，聚学者于稷下（临淄城门外）而呈现繁荣。魏为文化中心时，从文武二侯到惠王，持续了数十年。齐的稷下也经历了威、宣、湣三王，持续了数十年。以后齐大败于燕乐毅，燕昭王聚集游士，建黄金台，然而这只是一时之举，并未持续下去。继稷下而昌盛者，是楚春申君的所在之地，即原吴国。荀卿也自齐来到此地。吴在阖闾时代昌盛，复昌盛于春申君时代。若论楚文化，有《楚辞》流传至今，不过春申君时代要稍晚于以《楚辞》为中心的屈原、宋玉时代。关于《楚辞》的编纂年代，历来认为是在屈原、宋玉时代，但楚文化的昌盛，莫如说是在春申君时代。从荀子也作赋这点来看，《楚辞》的编纂也许正是在这一时代。《楚辞》原本非经一人之手而成，它汇集了如《九歌》、《招魂》、《大招》等有关古代祭祀的民谣，以及如《天问》等来自中原的开辟传说诸内容，如果它编纂于屈原、宋玉之后，则正好相当于春申君时代。继楚之后是秦，吕不韦聚集学者而著述。这种文化中心的转移，不久便成为趋向统一的成因之一。

在此文化转移期间，文化昌盛之国各自具有其特色。若论对后世之影响，那就是文化最终昌盛之国的特点，对后来的汉代文化产生了深刻的影响。在汉代，《诗经》这种诗体不太运用，而盛行于楚的辞赋却十分流行，这是例子之一。这当然和汉高祖是楚人有关，但汉代继承了战国中最后成熟的文化，则是重要的原因。毫无疑问，由于汉代包容了战国各地方的思想，因此汉初成书的《淮南子》，多所继承了产生于战国末期文化中心的秦国吕不韦的《吕氏春秋》。要言之，这是汉代继承的又一个战国中最终成熟的文化。汉代文化表述的体裁形式多用辞赋。总之，这反映了文化发展上的一种必然趋势，即中原以外的秦楚文化对汉代产生了很大的影响。

财富的分布

与此同时，富庶中心的转移，也是应当思考的对象。仔细读
《禹贡》、《职方氏》、《史记·货殖列传》等记载便可得知，较早开
化的地区，即渤海岸的青州、兖州和河南的豫州，多产手工纺织品；
较晚开化的荆州、雍州、扬州、梁州，天然物产较多（《禹贡》、《职
方氏》）。又据《货殖列传》，齐很早就开发了天然物产丰富的海域，
以后又开发了交通便利的区域。陶朱公之"陶为天下之中"，便明
确反映了这一点，即交通之便带来了贸易的活跃。陶位于今直隶、
山东、河南、江苏等地中心，为交通要途，是富庶集中之地。

其次来看货币流通的区域。据今天发掘文物所见，秦、韩、
魏、赵多布。其由农具变化而来，空首布最为古老。秦币形小，
且只有布，但赵和东方齐交通后，亦有刀币。齐以及燕的部分地
区流通刀。今日货币多出土于齐与赵，表明在战国末期这里是货
币活跃的地区。据罗振玉氏云，楚无本国铸造的货币。秦多货币
虽然不可思议，不过这大概和开发魏之西河以致货币发达有关。
布的形状发展，从空首布到尖足布、方足布、圆足布，逐渐失去
农具的原形。刀也从最初的 ⌐◎ 形，逐渐变成 ◎ 形，最后成为 ◎
形。《国语》云周景王时铸大钱，其宝货即为 ◎ 形，然而景王时代
果真有 ◎ 形货币吗？这还是个疑问。作为 ◎ 自刀变化而来的例子，
就是在燕有明刀，它成为以后秦始皇统一天下后所作半两钱的原
型。货币形状最富于变化者，是在商业发达地区。从这点考虑，
从齐、赵到燕的直隶地区最为发达，其中心应当是在邯郸一带。
又，今存古玺中亦多见有关经济方面的史料，廪、计等即为实例。

思想统一的倾向

其次应当注意的是思想。一般中国学者认为，春秋之际，具有古代官师职务者失去其职后，逐渐形成家业而成为专家。如汪中论《左传》由来时说，与天道、鬼神、梦、灾祥、卜筮有关的职务，在春秋末期落入史官之手，又由史官之手落入儒家之手。以儒家为榜样，又逐渐产生出九流百家，于战国初期出现了各自的专家。其总的趋势是，先涌现出一批人，然后逐步走向合拢，最后走向秦的统一。大体上是儒家首先兴起，随后各家竞相兴起，但是九流各家皆称以其言易天下，提倡惟己说是存，排斥他说而确立己说，其证据可见《孟子》、《庄子·天下》、《荀子·非十二子》等。最后由《吕氏春秋》归诸家为一，以此统一了各家学说。这一学说的统一要稍早于秦始皇的国家统一。这个统一并不仅是形式上的，在内容上也具有同样的倾向。即名家之言通用于各家而融入孟、荀二子，道家也融入其说。即思想基础尽可能是道家之言，思辨手段尽可能是名家之言，这种诸家通用的现象较之唯己说是存，已经显现了学说归一的趋势。另一方面，又有道统之见兴起，因重视自己的道统而以自己的学说为最古老，但最终也走向妥协而被纳入秩序之中：

周公—汤—禹—尧舜—黄帝—神农—伏羲—三皇（天皇、地皇、泰皇）

儒　墨　儒　道　农　卜筮　方士

平民力量的发展

作为战国时代的特殊现象，应当注意的是，随着世禄之家的灭亡，导致君权的扩大，乃至促进了平民的发达。如顾炎武所言，春秋时位重的宗姓氏族至战国时代皆亡，士无定主，只要是有才能者，无论是何人仕于何处，都可以发挥自己的才能，立身之道大开，从而不久后就使统一呈现出明显的可行性。《史记》设列传，正是出于此因。如世家等所见，除有关一个天子、一个世家的内容之外，还重视个人的力量，记录为个人而活动的情况，这是太史公作为史家的伟大之处。与此同时，战术也发生了变化，由车战变为步战，由此为了扩充兵员的需要，而使用平民，以后还征发无赖之徒。至秦统一，这种倾向最甚，士兵中即使是身份下等者，也可得到重视。其结果，就是出身于世禄之家者，被身份为罪人者消灭。使用此等不逞之徒与富人的产生，使得富人也具备了自卫能力，令君主也不敢轻视此等富人。另一方面，游侠乘治安力量的缺乏，以自己拥有的部下武断乡曲。因此君权的扩张，使得过去带有自治性质的、严密的不成文法和秩序遭到破坏，通过个人自卫，产生一种社会关系。据此可以说，战国是破坏一切秩序，社会动乱分裂，但又孕育着统一时势的时代。乘其势而出者，就是秦始皇。

第七章　秦楚时代

关于秦代的史料

在古代历史中，秦史是根据比较正确的史料书写的。始皇以前就多少有些正确的记录。六国因被秦亡，记录无存，而所留《秦记》成为《史记·秦本纪》所依据的史料。《秦记》的写法同《春秋》，因此司马迁在写《史记》时，为便于理解而多少有些改写之处。《史记》中有关六国及其他记事，所据为《左传》、《国语》、《战国策》。若说很多是根据传说撰写的，这是不对的，其所取确实是当时的史料。至于《秦始皇本纪》，所据更是确切的史料。《史记》成书，去秦未远，所以其材料当多所留存。如《史记》所说的"金匮石室之书"，应是留存于当时的资料。又，金石文字特别是碑文等史料，因其材料而尤为正确。《史记》取材于原始书籍的证据，就是始皇本纪中包含了很多诏令奏议。即使是其他记事，也确实是根据秦始皇时代的记录书写的。例如始皇二十九年张良在博浪沙暗杀始皇之事，被记作"为盗所惊"，这似乎是秦史官记录的事件。如果是后世的历史，也许会不根据原始记录而根据历史家的喜好书写，但司马迁不存在修饰写法的念头，如果当时的典籍不是这样，他就不会这样写。据金石之文写史，这可以通过一些保留至今的当时的实物得到印证。不过现存秦碑，只有保留在岱庙中的泰山碑，仅有十字。距今二三十年前，琅邪台刻石还有部分残存，因雷击而沉没于海。但是不管怎样，由于琅邪台刻石距今未远，所以常常有真品拓本。又邹县峄山刻石已不存在，但宋时所刻摹本全文流传。以后秦统一了度量衡，因此即使在今天，也时见所传衡即秦权。以后量也往往留存。这些衡量大体都有刻文，拿它和《史记》中保留的文句相比，几乎相同。据此可知，秦史是就此采用当时正确的材料书写的，《秦本纪》、《秦始皇本纪》是古代历史中相当正确的记载。

秦始皇其人和天下一统

秦统一了历来分裂的中国，开创了新局面，而实行统一的始皇也是应统一之运而出现的人物。这是一个非常聪明，精力绝伦，不委权力于臣下的人物。据当时的学者侯生、卢生的批评，天下之事无大小，皆决于上，上至以衡石量书，不问日夜，有文书皆上呈于天子，若不能见文书，则官吏不得休息，贪于权势至如此。他十三岁成为秦王，第二十六年时统一了天下。统一天下后仍不稍事清静，经常巡幸、微行。作为中国的天子，是位罕见的喜欢活动的人物。

在统一的过程中，六国自其强盛时保持的实力，到始皇时就难以为继了，趋势是六国逐渐衰微，秦势力逐渐强大。始皇的曾祖父昭襄王在位五十六年，其间势力得到扩张，与其接壤的韩、魏、赵、楚为秦所蚕食，周边皆亡于秦。昭襄王之后的两代秦王皆在位日短，孝文王二日，其次的庄襄王三年。在此期间，有一件前后罕见的事件，这就是六国由魏信陵君率兵击破秦兵。当时追兵攻入函谷关，虽然只是一时，但韩、魏二国侵略了占一半的秦地。此时始皇以幼年即位。他在幼年时吕不韦掌握政权，努力汲取中原文化，并吸取六国的浮华文化，尚未产生侵略意图。但到了三十岁时，便迅速开始侵略。十七年灭韩，十九年灭赵，二十一年灭燕。二十二年灭魏，二十四年灭楚。燕国的残余之人逃往辽东，复亡于二十五年，齐亡于二十六年，天下一统。

始皇的政治

始皇统一天下后，虽然在位仅十二年，但是他为以后的中国开创了统治标准。第一，称皇帝为朕，确定了具有统一君主资格的称号。其次，在政治上最大的措施，就是废止封建制，实行郡县制。如前所云，郡县制并非始于此时，六国时各国就已经实行，而此时则借天下统一而全部实行郡县制。如《史记》所记，当时对实行封建制还是郡县制，意见尚有分歧，后据李斯之议而采用郡县制。有关废止封建制、确立郡县制的措施，有种种议论产生，儒者认为其实质是私天下而大加攻击，这是不合理的。对此，王船山的评论最为妥当，即使站在今天的立场上来看，他的看法也是符合道理的。即过去的封建政治，就是诸侯世领其国，大夫世袭其官，士之子永远为士，农夫之子永远为农夫的封建政治，即使士人不才而农夫贤明，其天生之才也因士农的身份而没有区别。因此，郡县政治使有才能者治人，是很合理的，也就是通过选举使用人才是理所当然的。尽管封建国家持续了很久，而郡县国家仅存续了十六年，但是封建的长久持续，实际就是王室的持续，其间战乱不绝，人民痛苦。而郡县非天子之利，所以国祚不长，

较之世袭的诸侯或大夫世代残虐人民，即便出现恶官，也能止于
一时。虽然就王室一姓而言，其国祚不长，但从天下公义而言，
郡县制可以不管天子之家是否存在而多福于民，因此以郡县制为
好。始皇废封建而立郡县政治，或许是出于私心而吝惜分封子弟
功臣，但这是天借始皇之私心而行大公，其结果即使不利于王室，
而于天下则有大功。作为儒者的评论，这是最卓越的见解。此时
秦大规模地推行郡县制，初为三十六郡，后为四十郡。其疆域南
至今安南，北、西至流沙，东到朝鲜大同江畔。

其次，统一内部文化又是一项显著的事业。《秦始皇本纪》中
有"车同轨，书同文"的记载，这是此后论及统一时不可分离之
点。即它是中国统一政治的最初标语。与此意义相同的是"中庸"
的中。《中庸》一般认为是孔子之孙子思所作，但我认为它是秦始
皇时代之作，其中记载的内容，无论如何也只能认为是表达了始
皇时代的理想。即"子曰：愚而好自用，贱而好自专，生乎今之
世，反古之道，如此者灾及其身者也，非天子不议礼，不制度，
不考文。今天下车同轨，书同文，行同伦……"仅此而言，叙述
的终究像是始皇的理想，因此同样的文句出现于《史记·秦始皇
本纪》，绝非偶然。尤其是这是荀子学派人物的观点，所以大概是
由李斯付诸实施的。举其细目，不议礼则行同伦，不制度则车同
轨（统一度量衡），不考文则书同文（统一文字）。这些对于政治
和社会而言，无疑都是重要的方面。

关于书同文，据《汉书·艺文志》载，此时李斯作《仓颉》
七章，赵高作《爰历》六章，太史令胡毋敬作《博学》七章。根
据这三种书在汉时以仓颉之名通用见之，字体应是三卷统一的。
这些书籍都是当时的字典。周时有称为《史籀篇》的字典，以此

为基础而将其篆书稍加变化的。此三种字典体，被称为秦篆。琅邪台刻石等所见文字，就是秦篆。关于为何要统一文字，据罗振玉、王国维二氏研究，战国时使用的文字有籀文和古文，古文用于六国，而籀文主要用于秦和周。秦起于原来西周的残存地区，故沿袭传承了周文字。而六国文字恐怕传承于殷代，故字体迥异。至始皇时代，以籀文为基础作秦篆，全部废弃六国使用的文字，这就是文字的统一。此外，秦时还出现了隶书。这是由于官狱事务繁多，需要使用简省的文字，因此隶书是用于徒隶的文字。所谓徒隶，是指没有为官资格的下级，由此便产生了即使是没有文化素养的人也能书写的隶书。至汉，隶书成为大为通行的文字，由此文字得到统一，进一步成为今天楷书的由来。

再者，关于行同伦，《史记》中虽然没有明确记载，但这是事实所在。始皇到处立碑刻文，而至会稽碑发生了一种变化。这是顾炎武在《日知录》中首先注意到的，即碑文为有关男女关系的规定，也就是以淫乱为防止对象：女子有儿子，夫死后弃子他嫁，视为不贞；男子去别家行不义者，杀之无罪；妻子弃夫而逃嫁与他人者，儿子不以其为母。据顾炎武之说，会稽是过去的越国，越国是新兴国，经三十年"生聚"而破吴。由于当时繁殖人口是重要的政策而对淫乱未加禁止，因此较之其他地方，越地有淫乱之风，为改变此风，统一风俗，特别只在会稽山刻写有关规定。世儒云始皇为亡国之行，然而如此施行人伦之教，堪作美事赞赏。姑且不论六国中仪礼伦理的异同，可以确认的是，这是一项旨在统一、革除弊风的措施。即使就此点来看，《中庸》也是为始皇代言之作。

随后《始皇本纪》二十六年记载了封域之事，写到四至，写了领土的大小。同样的内容也见琅邪台碑。以此为例，可以表明尽管中国人在记述前代之事时必云"四至"，但是这一事实，却是以始皇为模仿对象的。姑且不论秦始皇的其他事业，仅以所拥有的广大疆域一点而言，就为当时的政策赋予了特别的意义。

其次，是始皇徙十二万户富豪于京城之举。这也是由始皇开创，而为后人效仿的做法。汉时都长安，周边有五陵，于是徙南方富豪居住五陵。这不仅是为了繁荣都市，也是为了在都市集中资本，充实财力，是一统政治必要的措施。这种做法最初不为人接受，但到最后成为一种风俗，成为得意之举，如唐诗屡屡言及的五陵少年。这毕竟是由秦始皇实施的范例。日本在以奈良、京都为都以及丰臣氏开大阪时，又江户开府时，也实行了类似的做法。如前文及现在所述，这是政治上的重要措施，所以后世的君主必须要加以效仿。

由始皇实行的统一事业，还有一个重要之点，这就是统一货币。最近中国学者特别是罗振玉指出，所谓货币古已有之之说，多为不实，货币之盛始于周。其证据来源于古代书籍，即《说文》中所说，"古者化贝而宝龟，周而有泉，至秦废贝行钱"，清楚地反映了古代货币的变迁。罗氏在十三四年前主此说时，贝币尚未出现，但此后至明治四十三年，第一次发现了贝币，随后又不断出现。即最初以子安贝为货币，此在殷代已有之。而自殷墟发掘出的货币要比此种贝币先进，它是用骨雕刻成贝币。其次产生了铜币即蚁鼻钱，这似乎是从西周时代出现的。西周铜器上屡屡铭有"赐贝"，《诗经》上也有"贝百朋"之载。朋，古文作拜，与贝形相关。如此，至春秋时货币逐渐发展。从西周到春秋，发达的货币有两种，其如前所言，一为布，一为刀。布作凸，以空首布为最古，恐怕是农具之形。其后有方足布、圆足布、尖足布等形，布逐渐发展变化。刀有齐刀，又有明刀、尖首刀，齐刀主要行于齐即山东至河南，明刀、尖首刀行于赵、燕即直隶、山西。布行于韩、魏、赵、周、秦。战国时，大体流行这两种货币。它们经过几个进步阶段后，形成了圆形圆孔钱。此钱出于赵、齐边地，其形状令人想象正好是刀的下部。其后出现了圆形方孔钱，还有罕见的方形圆孔钱。始皇时统一货币，行半两钱，以此统一了全部货币。汉时，以半两钱重而不便使用，允许百姓自由铸小钱，是为榆荚钱。当时半两当是具有很高价值的钱币，以后这种形状的货币大体上变为五铢钱。半两与五铢均重如其文，半两相当于现在日本货币的约五匁。（一两为二十四铢。唐开元通宝重二铢四参，十枚为一两。一两大约相当日本的十匁，一枚开元通宝为一匁，故有说法云通宝一文，意为一匁。）

遗留后世的恶例与焚书坑儒

此外，始皇的做法也有为后世天子留下恶劣先例之处。即封禅、巡幸、神仙等，成为后世君主长期效法的恶例。封禅为祭祀泰山之礼。在泰山顶上筑土祭祀为封，在泰山之麓扫梁父之土为禅。从这时起，中国的征服者开始摄取被征服者的文化。封禅原来不是秦礼，而是齐鲁之地的土地祭。在齐鲁，存在着泰山是中国中心的意识，流行换代帝王必祭泰山的信仰。因此秦始皇统一天下后，也祭祀泰山。由此秦祭祀的对象，不是由本国自古以来就有的上畤或西畤，而是改为信仰他国流行的观念。这是很不一般的祭祀，需要艰难地攀登险阻之山。此后在安定时期，当成就大事业之际，天子皆行泰山封禅。而与此相关，便产生了财源问题，封禅由此流毒百姓。即宗教性的封禅，成为君主挥霍钱财，煽动天子夸大妄想的行为。其次是巡幸。这是始皇统一天下后立即付诸实现的行为，其目的之一，当是向被征服人民显示自己的威力。由于他几乎每年都要巡幸，所以应给人民带来了很大的困难。天子巡幸，费用浩大，即使在国泰民富时期，也常令人民苦不堪言。明武宗的南巡，清康熙、乾隆的南巡，皆劳民之甚。但是这一做法和当时学者们的煽动倾向不无关系。《尧典》和《舜典》有巡行之载，或许正是为了煽动始皇的夸大妄想而附加的内容。如果将天子的全部想法真实地表现出来，那就是希望长生。天子以人君之尊而为所欲为，恣肆情欲，自然讨厌年老，始皇由此迷信神仙。始皇开此先例后，在中国流传甚久，即便是在清朝，也有如雍正帝晚年信仙术者。就此而言，始皇是其元祖。为了求神还造船等，从而开辟了与日本等国的交通之源。

对始皇批判最多的，就是焚书坑儒。这是一个伤脑筋的问题。杀一些人这种激烈行为，是任何一个时代在统一国家或兼并他国时经常发生的事情，不足为奇。焚书的原因是，由于此前六国皆有自己本国的历史，并以此作为标准批评新政，其后果除迷惑人民外别无他益，为此焚烧这些书籍而令学习秦律。始皇特别相信法家的学说，从这一立场看，他当然要禁止迷惑人民视听的学说，并坑杀宣传此学说者。总之，在统一之后仅用了十年的时间就取得了非凡的成就，因此即使在今天来说，始皇也堪称是有为君主。

秦亡之因

秦统一天下后，国内出现了剩余兵器，即秦与六国均有剩余兵器，于是令销兵器，聚铜于都，造金人十二。在销毁兵器的同时，又以剩余兵力指向外敌，征伐匈奴用兵三十万，对南方五岭也用兵数十万。由此，今广东至安南地方皆入其版图。这些作为政策是可行的，但从根本上看，这些政策虽然不错，可是在对外用兵的补充方法上似有缺点，由此导致了秦的灭亡。又，由于始皇巧妙地利用武力统一了天下，所以自恃聪明，以为自己死后，李斯与赵高等人也会贯彻自己的思想，这是失误的根本所在。在这种独裁政治下，唯天子独尊，结果在与始皇崩于巡幸途中的同时，身边近侍发生了骚动。始皇遗言让位于太子扶苏，但李斯与赵高篡改遗言，逼死太子扶苏，立二世皇帝。若据中国学者的见解，秦亡是因为不用先王之道，即在这种专制政治下，君主贤则治，昏则乱，这是通行的定律。然而尽管如此，天下大乱自人民而起，它不是引发于一般百姓，而是引发于输送外征兵员的手续不完备上。始皇喜好法律，以天子身兼最高审判长，同时地方也有众多的罪犯，故用罪犯充实外征兵源。另一方面又征发百姓为边疆戍卒。经漫长的路途向边疆输送戍卒，是错误的根本。即因雨失期的人们，以秦法之严而必陷于罪，为此起兵，这是根本原因所在。如果早些设置屯田之兵，也许不会发生这场天下大乱。

以下王夫之也有所论及，即秦法虽严，但仍有若干空隙。其例证就是以后对秦起兵的项羽，是楚将项燕之子，杀人后因狱掾书信关照，避仇他处，逍遥法外。王船山之说颇有见解，张良等人也是暗杀始皇未遂而逃，未被逮捕。这反映了战国以来的社会状态。即使是在六国，诸侯领地扩大，政治也有未及之处，因此在人民中间实行的是自然自由的裁断。游侠与货殖即为其例。游侠以与政府无关的力量支配一方，货殖以财力支配一方，隐藏于此的罪人便可不被发现而免受惩罚。这种情况在统一政治时代时有发生，因此尽管法网严密，仍有疏漏，不逞之徒仍得以隐匿。于是因谪戍而引起的反乱一旦发生，其势遂如蜂起。始皇三十三年，发逋亡人、赘婿、贾人等加入流民之中，作为军队遣戍，三十四年又令治狱不正者谪戍。将这些社会剩余者遣往边疆，从节约人力上看是良策，但却存在着危险，秦因此天下大乱。这样一来，始皇为将来和平计而销毁兵器，却导致了地方政府军和民军没有兵器，兵器没有甲乙之分，兵种也无甲乙之分，结果就是数多者取胜。而反乱者因无援助之路而生必死之心，加之地方官也不像过去诸侯那样拼死相守，由此反乱蔓延。唐末的庞勋之乱也与此相同。在云南防御的士兵，期限已到却不见返回之令，于是全部自己返回京师。既已乱法，便不惜一死，地方官对这些叛卒也无法遏制，沉默地令其通过。这些人一旦不惜一死，战斗力便很强。然而秦都毕竟是秦都，兵器装备充足，首先率兵讨伐的章邯便击破民军，项梁等败死。当出兵至直隶钜鹿时，又打乱了民军的联络。在兵围钜鹿之际，也是民军全面崩溃之时。而此时赶往此地为民军解围的是项羽。项羽此时虽处于不利之地，但以天才和勇气取胜。章邯以此失败而降项羽，秦军全面败北。而在秦内部，李斯被杀，二世皇帝为赵高所杀，以后所立的孺子婴降汉高祖。

　　秦朝的灭亡，使一个完成统一大业的国家崩溃，因此是非常值得君主借鉴的。汉初贾谊的《过秦论》对此展开过论述。《过秦论》三篇，既论及秦如何做才可不亡天下，也论及秦亡之因是不施仁义之政，以守势防止叛乱（"仁义不施而攻守之势异也"），又论及二世时尤其应当施行之术。较之后世学者所说的亡于暴政等陈腐之论，贾谊的论说有过人之处。然而连续出现贤明之君一事是无法预测的，中国各朝大抵是第一、二、三代出现优秀人物，否则就没有历史的长期延续。尽管秦始皇是比较聪明的，但子孙较他为昏愚，这是秦家的不幸。

布衣白身的抬头

秦亡之因如前所述，始于人们因谪戍误期将被处以死刑，故引起造反，但它不仅仅是一般的谪戍造反。此时秦统一天下日浅，战国末期以来养成的游侠与货殖富者并存的民间风俗，总是不能和太平政治相安，其中还有若有机会便要起事的不逞之徒。其原因就是战国末期以来，为将相者多出民间，其风延续至秦，便和一统政治的规则格格不入。最初起于谪戍的陈胜，也以"王侯将相宁有种乎"起事。其口号所云为战国末期习俗，战国时即使是王侯将相，也可以由没有任何背景的人充任。大概唯有陈胜此语反映的是真实情况。项羽见始皇巡幸，说当取而代之；汉高祖说大丈夫当如此，当是后人附会。陈胜起事后的七八年间，中国的局面发生了很大的变化。对此，赵翼的《廿二史劄记》有很巧妙的论述。据他所言，汉初臣下出身最贵者是张良，他是六国时韩国宰相之子。其次张苍为秦御史，叔孙通为秦博士，萧何为沛县主吏掾，曹参为沛县狱吏，这些人居中。然后是王陵、陆贾等无官职的平民，即白徒。自此以下，樊哙为屠狗者，周勃为办丧事者，灌婴为贩缯者，娄敬为挽车者。这些人都做了大将或宰相。这在以前是未曾有过的，其原因是秦汉为天地之间的一大变局。赵翼论其由来时解释道："自古皆封建诸侯，各君其国，卿大夫亦世其官，成例相沿，视为固然。其后积弊日甚，暴君荒主，既虐用其民，无有底止，强臣大族，又篡弑相仍，祸乱不已。再并而为七国，益务战争，肝脑涂地，其势不得不变。而数千年世侯世卿之局，一时亦难遽变，于是先从在下者起。游说则范雎、蔡泽、苏秦、张仪等，徒步而为相。征战则孙膑、白起、乐毅、廉颇、王翦等，白身而为将。此已开后世布衣将相之例，而兼并之力，尚在有国者……于是纵秦皇尽灭六国以开一统之局。使秦皇当日发政施仁，与民休息，则祸乱不兴，下虽无世禄之臣，而上犹是继体之主也。惟其威虐毒痛，人人思乱，四海鼎沸，草泽竞奋，于是汉祖以匹夫起事，角群雄而定一尊。其君既起自布衣，其臣亦自多亡命、无赖之徒……"多亡命无赖之徒的原因，是由于秦的统一政治没有普及到一般，人民尚未习惯太平而恐惧动乱，所以经常有骚动之心。赵翼觉得意犹未尽，继说："然楚汉之际，六国各立后……即汉所封功臣，亦先裂地以为王……盖人情习见前世封建故事，不得而遽易之也。乃不数年而六国诸王皆败灭，汉所封异姓王八人，其七人亦皆败灭，则知人情犹狃于故见，而天意已另换新局。"

赵翼的这番议论大体得其要领。即秦骚乱之兴，始于起自谪戍的陈胜，但此后六国之后皆起。当时被称为楚第一策士的范增，也认为秦亡六国，亡楚是最残酷的。当时有"楚虽三户，亡秦者必楚"之谚，故立楚王。总之，破秦者是楚人项羽，项羽身为六国之后，并新起豪杰而分秦天下，因在分法上引起不平，遂形成楚汉之争。在楚汉之争期间，有看法认为宜立六国之后，如郦食其便如此劝高祖，但洞察时局者则认为此为无益之举。如张良劝高祖，自己虽身为韩宰相末孙，但时代已非立六国之后而能分裂天下，故应停止立六国之后。事实果然如此，在楚汉五年相争期间，立六国之后者皆亡，取而代之的则是布衣的兴起。其后汉灭楚，其中韩信等虽然是普通之人，而彭越、黥布则起自群盗，汉通过他们的力量统一了天下。此时发生争乱仅七年，但在此期间登场的人物发生了很大的变化，以往的世家和名士丧失其作用，完全起自布衣白身者成为活跃人物。像范增失意而死，张耳、陈馀等皆无用武之地，虽然他们作为名士而为人所知，然而发挥很大作用的，却是在相争前完全没有名气者。萧何等人即使成为宰相，也不过是以一县主吏掾的俗吏身份，以处理一县事务的手腕而为天下之相。这就是六国以来实力逐渐归于民间的结果，至此已是表现无遗。

东西局面

这里应当注意的是，此时中国天下的局面，基本上定位于旧有的文化中心区域，今天的南北尚未被中国形势明确划分。秦亡六国诸侯时，也是在关西以关东诸侯为对手而亡之。楚虽然是南方大国，但是真正的实力中心、财力中心，则是在六国中除楚以外的五国之中，尤其是在商贾云集之地的三晋和齐之间。楚国的东北部，既有中原文化和富庶，也有实力。项羽破秦将章邯之地钜鹿，相当于今直隶南部，即三晋与齐的交界处，而楚汉之战多在荥阳和成皋之间进行。这里是黄河横断太行山山脉流经之地，为今天河南的中心，位于山西、河南和直隶的交界处，是定天下大势之所。这一形势一直是分为东西而未分为南北，这表明南方文化尚处于不发达阶段。南北之争的出现，是在三国时期，而在此之前的形势一直是东西之分，即在黄河流域分为东西。此种东西局面，《史记·项羽本纪》有详细记载。

第八章　前汉时代（上）

汉高祖时期的政治

经过约五年的楚汉之争，汉高祖刘邦一举统一全国。而在此时，昔日沿用的以学问治国，即按学问制定制度几乎荡然无存，这其中的情形，有陆贾之例（据《史记》记载，陆贾经常在高祖面前谈论《诗》、《书》，高祖颇不耐烦，说："乃公居马上而得之，安事《诗》、《书》！"陆贾曰："居马上得之，宁可以马上治之乎？"见陆贾的著作《新语》）。在他后来撰写的《楚汉春秋》等著作中，保存了有关的历史资料〔太史公所用的汉代史料，主要有陆贾的《楚汉春秋》、案牍，曹参、周勃的传记，实见者之传闻、图画（如张良的画像）等〕。陆贾在汉高祖统治时期并未起到多大作用。因为汉初的宰相皆为追随高祖起兵的一些亡命者，只是需要为朝廷制定礼仪时，才需要如叔孙通等这样的人物。叔孙通带领自己的弟子来到长安为汉朝起草礼仪，汉高祖甚悦，说只有此时才知道皇帝的尊贵。当时在鲁国有两个儒生，没有追随叔孙通，认为礼乐始于积百年之德，今叔孙通为刚夺取政权的汉朝起草礼仪，是媚俗之举，后世也有学者赞成这种议论。不过，明末清初的王船山等人对此却另有论述，他说"此时叔孙通制定的礼仪，是适用于当时的朴素无华的制度。如鲁之二生所云者，是指只为粉饰太平之用，没有实际用途的礼"。在当时来说，制定像叔孙通所制的礼仪颇为需要，其说十分中肯。特别是汉高祖由昔日平民百姓一跃而成为天子，再像过去那样君臣箕踞而坐，饮酒行令已行不通，叔孙通定礼仪正是解决了这一难题。

在政治方面，虽然如萧何等人乃俗吏出身，但对行政事务多少有些熟知，因而在汉初政治舞台上也就发挥了作用。萧何本人也很精明强干，高祖一入咸阳，他即着手收集关于秦朝政治方面的图书典籍。在后来的楚汉战争中，刘邦依此对天下之险要、郡县人口之多寡以及租税之多少尽悉胸中。楚汉战争之后，萧何在政治舞台上也担当了重要角色，尤其是对于迅速弥合战争创伤、稳定政治形势还是出力颇多。后世曾有人对汉高祖入关，萧何广收图籍一事进行非难，认为萧何乃一俗吏，故仅收其图籍之类，而对三代以来的礼乐典籍却未收藏保存，应当说这很不允当。汉高祖统一天下之时，如百卷之《尚书》已尽残佚，关于周代封建的典籍尚遗存一些，然而这些东西在政治上不会有什么用途。因此幸而萧何为一俗吏，不取那些经书而取账簿典籍，为后来的政治斗争发挥了作用。

其后天下政局已定，政皆出于高祖，这似乎是一条正途。正如苏老泉在《高祖论》中所指出的那样，汉高祖靠三杰而取天下，后传天下者乃高祖一人之力。汉高祖大权独揽，刚一破楚，即驰车入韩信军中，剥夺其兵权，十分巧妙地控制了韩信的军队；后彭越反，黥布发动叛乱，高祖亲自平定了叛乱。随后虽封功臣为王，但从最先封长沙王吴芮、闽粤王无诸即可看到其初衷。这些人灭项羽无功，但在叛秦时却颇有功劳。从对最先反秦的陈胜的态度，亦可见其一斑。刘邦视其为王侯，派人为他守冢。这在司马迁的思想中亦有所反映:《史记》未将陈胜列入《列传》,而将其收入《世家》。汉高祖之所以将陈胜视同王侯,无非就是认为陈胜首义反秦,引起群雄逐鹿,最后自己夺取了天下。这其中赏罚的标准,就是以亡秦为首功。正由于高祖本人能通览全局,高瞻远瞩,因而也就具备了一个开国英雄的全部素质。

秦汉之交的六七年间,是一个最惊人的时代。韩信及项羽等人尽管没有特别的军事阅历,但战术非常优秀,成为后世楷模。汉高祖更是位大人物,此时所有治国的方略已尽在思虑之中。原来儒者所说的典籍,是世袭国家时的产物,对于以匹夫而起取得天下的刘氏政权来说,没有任何作用。相反,汉高祖本人思索出来的政策却很适合当时的实际情况。萧何任宰相后,依其俗吏作风,修订法律,摒弃礼乐,实施适应当时形势需要的政策。其时与秦始皇之时相同,实行中央集权政治,所分封者皆为同姓诸侯,且沿至汉末。此时尤其需要强化中央权力,张良、娄敬等人力劝高祖定都关中,正是考虑到了这一点。为此,也要考虑到都城必须壮丽雄伟。秦始皇的都城最为豪华壮丽,其仿所灭六国都城风格加以营建,集六国之富贵壮丽于咸阳,但此后大部分为项羽所破坏。这就是当时中国的实情,即富贵壮丽必须集于中央。中国人虽说有"王侯将相宁有种乎"的思想,而一旦成为王侯将相,就要想方设法享有富贵,并用权力保障自己过着舒适的生活。即无论如何也要以富贵和壮丽来压服天下,这是适合当时的做法。为此,汉初大力兴建未央、长乐等宫殿,将六国后裔及天下豪杰(地痞流氓之头)聚集关中。将六国后代及天下豪杰移居关中,主要是防患于未然,防止他们再反叛。这与日本的德川家将诸侯妻子迁至江户颇为相似。汉高祖的这种做法,对后来关中地区的繁荣起到了极大的作用。至于其他方面，则随顺秦以来的做法，制度也大体承袭了秦朝模式。但在此时，领土反而比秦朝有所缩小。秦时，南方至安南，而汉初疆土尚未及至今天的广东、广西。这是由于在楚汉之争中，秦朝官吏南越王赵佗乘机独立，占据南越，故而五岭以南尚未划归汉代版图；在北方，秦时漠南之地尽为其领土，而楚汉之争时，由于对匈奴的防范减弱，于是前所未有的匈奴豪杰冒顿单于迅速崛起，企图侵汉。汉高祖本人就曾在山西地区被匈奴所围，因此在北方疆域也有所缩小。由于领土减少，汉初也省去了像秦时派遣谪戍者赴远方以及派军队防守的麻烦。另外，匈奴入侵也因娄敬的和亲政策而得以缓和，汉初政权无须准备大量的财力和兵力。总之在政治上，尽可能沿袭秦朝之制，由此奠定了一个稳定的基础。

但是也有一个疑难问题，在天下兵戈纷起之际，需要征集大量的军队，可是当天下晏然，这些士兵就需要返回家园。王船山对此评论道：过去兵出于农，兵无家者，因罢兵可归于农事，故与后世募失业之民入伍有所不同，因而罢兵并非如后世所说的如此困难。此种情况在秦始皇时同样存在。始皇之时，天下游民众多，故而将其遣往边疆驻防。及至汉初，内乱一停，这些士兵是否都能回归故里从事农业生产，尚为问题所在。刘邦打败项羽后，八个被封的异姓诸侯王先后被灭掉七个，那些被灭掉诸侯国的士兵也大都无条件解散。高祖讨伐项羽时，聚集了大量军队，但彭越、韩信分兵灭项，并非一次即达目的，也就是说他们的兵力被重复使用。由于高祖无须养兵，而敌对者的兵力又被多次削减，所以即使战争结束后，也不会出现一时士兵无业的情况。也就是说，为消灭项羽而聚集的大军，在消灭诸王时已得到解决。这虽然不是为裁军而想出的办法，但从中自然得其便宜。再有一个因素，就是经过七八年的战争，丁壮劳动力锐减，即使这些士兵皆解甲归田，亦不会出现劳动力剩余。对此汉初政府给予了足够的重视，在田宅返归旧主方面投入了力量。

在这一时期里，如果说由于战争而引发的破坏已不足为奇，那么经此七八年的大规模战争而一改过去的局面之后，采用什么样的政治进行统治则是问题所在。那些儒者所谓的礼乐之事于事无补，所幸君臣也未用此学说。对于秦朝的制度，人们沿袭了于目前有用的内容，去除了引起战争动乱的内容。在此七八年间，民间能出头者皆争相出头，结果或被杀戮，或被镇压降服。高祖之后，吕后辅佐惠帝统治国家，汉朝政权进入了相对平稳的历史时期。

高祖其人

汉高祖崩于在位十二年，包括做汉王的五年，实际做皇帝仅七年左右，不足八年。《史记》产生时，有关高祖的传记已在很大程度上被传说化。像汉高祖是其母受真龙感应而生，其为赤帝子，斩大蛇杀白帝子而起义，其所居之处常常白云缭绕等传说，都带有很神秘的色彩。不过《史记》成书，距高祖七八十年之后，流传的事迹应有确凿之处。特别是司马迁作为历史学家，不仅看重文献记录，也看重亲眼所见与亲耳所闻，因此《史记》中其实际见闻无所不在。所以，关于高祖草创时期的英雄言行，在很大程度上得到了忠实的记录，《史记》的文笔也因此而颇为精彩，不同于仅依据文献的记载。

　　前已述及，秦汉之交是一个起自布衣者大显身手的时代，高祖刘邦即是其中的代表人物。在中国历代帝王中，高祖是最能体现与生俱来中国人特色的人物，尤其是他具有虽无学识，却丝毫不加以掩饰的特点。当他闻听萧何去世时，正处于非常困难时期，《史记》形容其困窘为"如失左右手"。有人称汉高祖为宽仁大度之主，但又不忘其中的利害得失。也正因为他不忘利害得失，所以有时他的行为又近似残酷，这也正如注中所云，他是天生的英雄。此后，中国历史上的英雄人物皆以高祖为心中楷模。像尧舜、文武等神秘人物，本不能成为现实人物榜样。后汉光武帝曾向人询问，自己与高祖有多少不同；蜀汉刘备也一直梦想成为第二个汉高祖，不过这些人都有些虚饰。光武帝刘秀多少有些学问，是儒生类；刘备起自民间，具游侠之风，有股不服输的劲儿，但不是天生如此。其后的唐太宗、明太祖更多虚饰，又残忍。在这一点上，汉高祖堪称是位最伟大的楷模式人物，这也是时势使然。高祖兴起时，正值战国后列国学问颓废，更加之以秦始皇毁弃学问之时，所以要避免来自学问的祸害。不过，他平素听到的一些前代逸闻，对自己的修养并非没有益处。高祖平素最羡慕的人物是魏国的信陵君。他称帝之后，为秦始皇及六国之后护陵，置守冢十家（秦始皇守冢二十家，陈胜三十家），特别是为信陵君也置守冢户五家，可见他对颇有游侠之风的信陵君的崇敬。他虽然没有像信陵君那样谦让和礼贤下士，但却有"己不能为而任之以人"的度量，这点反而较信陵君更为自然。因此，若说汉高祖稍微有点修养，应该是以信陵君为楷模的结果。司马迁在其传记中虽有这样的表述，只是拘泥于其为创业之君，并未给予充分的论述，考虑的只是天运循环，以三统之序而成为天子。然而不管如何，像司马迁这样杰出的历史学家撰写出来的高祖其人其事，时至今日，都给人以一种恰如其分的感觉。

汉初的无为政策

高祖死后，吕后立孝惠帝即位。《史记》未立惠帝本纪，而作《吕后本纪》，这主要因为实权掌握在吕后手中。尽管司马迁的做法引起了后世史家的非议，但从中也可以看出当时的思想是重视实权，像为项羽作本纪也是这种思想的反映。

从吕后时代开始，汉在相当长的一段时间里实行无为统治。司马迁曾指出："孝惠皇帝、高后之时，黎民得离战国之苦，君臣俱欲休息乎无为，故惠帝垂拱，高后女主称制，政不出房户，天下晏然。刑罚罕用，罪人是希，民务稼穑，衣食滋殖。"所谓罪人是希，并非指没有人犯罪，而是因当时的政治方针是对那些邪恶之徒不刻意揭露，故而有尽可能不用刑之意。此时曹参继萧何为相。此人曾为狱吏，在战争中显示出了较强的能力，但性格温顺，以至在高祖论功封赏时，许多人希望曹参在萧何之上。作为政治家，曹参主张推行黄老之术，主张无为，尤其是自己为相后政策无所更改。从最初辅佐高祖长子齐王时，就力主推行无为政策。

吕后晚年，孝惠帝病死。关于后立者是否为惠帝之胤有过争论。后虽出现吕氏之乱，但不久文帝以代王的身份即位。他采纳黄老之术，厉行节俭，几乎过着与普通百姓中略有财力者同样的生活。此时天下已平稳地度过二三十年，百姓逐渐富裕，于是很多人进谏文帝，让他效仿古代理想的天子制礼作乐，创立新制，其中最有名的是贾谊，提出了定制度、变服色、修历法等多项主张。所谓变服色，源于战国以来流行的五行学说，即制定与自己"土德"相应的服色。但文帝是谦和之君，他认为自己尚无其德而不用其说。其原因完全是出于文帝的谦让，即文帝认为源于那种空论的说法不足为用，并非出自其远见卓识，而是来自于内心的谦让。另一方面，也出于维持清净稳定政策的需要，即不希望稍一多事而引起社会动荡。

所以在文帝时，首先尽可能避免与周边少数民族发生事端。汉高祖时，曾与匈奴偶尔发生冲突，这并非高祖好为此事。楚汉之争中，边防松弛，加之汉朝立国后大加诛灭异姓诸侯，因此其中与匈奴邻近的韩王信、燕王卢绾等降附匈奴，也是针对高祖的猜忌之心，而以此作为后路。最后引匈奴入内，汉与匈奴发生冲突，高祖为此大尝苦头。冲突总算平定后，后继者尽量不与匈奴发生冲突。吕后之时，虽匈奴多次致信汉朝，且无礼之极，扬言"今汉朝太后吕氏寡居，我匈奴单于亦为鳏夫，何不结为婚亲之好？"即便如此，汉仍未出兵打击。冒顿单于病死，老上稽鬻单于即位，汉送其阏氏北上，中行说随从前往。因中行说不愿随行而被强行派遣，所以他到匈奴后，屡次做出不利于汉朝之事。这就是所谓汉奸的来历。汉给匈奴的信函，用的是一尺一寸之牍，上写"皇帝敬问匈奴大单于无恙"云云，而在中行说的授意下，匈奴写给汉朝的信函，却用一尺二寸之牍，印封也比汉朝大，而且言辞倨傲，自称"天地所生，日月所置，匈奴大单于敬问汉皇帝无恙"云云。中行说说，所谓匈奴风俗落后（《史记》载，汉之使者谓"匈奴俗贱老"，"父子乃同穹庐而卧。父死，妻其后母；兄弟死，尽娶其妻妻之，无冠带之饰，阙庭之礼"），也是生活方式使然。汉代若是处于相同境遇，亦是如此。中行说又劝说匈奴首领，主张保存匈奴的国粹。当时匈奴颇好汉绢（缯）及汉人的食物，中行说则认为这不足称道，匈奴即使黄毛乳子穿着旃裘也很好看。在食物方面，匈奴的乳酪也很好。中行说的这些言论，作为对匈奴的忠告很有见地，然而本国汉朝却因此饱受其苦。尽管有这些不愉快的事情，但文帝始终避免争斗，和平相处。又，自高祖时就有南越王赵佗其人，吕后时因政策稍有失误，他怒而在广东自称武帝，侵略湖南。即使如此，文帝仍为其先祖守墓，厚遇亲族。赵佗原来就无意与汉皇帝相争，于是自动归附，撤去帝号而称藩臣，仍在其领地内称王，向汉朝派使臣称"王朝命如诸侯"，文帝继续与他交往。

汉高祖夺取天下之际，以秦始皇时丝毫不行封建制度，不分封寸土给自己的功臣子弟，因而导致秦代速亡之说为鉴，为不蹈秦之覆辙，将自己的子弟皆分封为诸侯王，赐予大量的土地。此后不久，诸侯王的势力日渐强大，拥有很多土地。以高祖之侄吴王濞为例，就拥有大量土地和人口。其时吴有铜山，广招天下亡命者开采。尤其是当时允许私铸铜钱，吴遂广为铸造；而且吴濒临大海，颇得煮盐之利。因此吴王无须向人民征收赋税，即可财用充裕，由此傲慢之心日渐增长。不过文帝时，对他尽量予以宽恕，未施以严惩。尤其是文帝之弟淮南王刘长因傲慢而屡屡触法，也未施加惩处，最后因废黜而自杀。文帝对诸侯的骄慢忍耐顺从，这也是社会未出现动荡的原因。当然，这种极端的无为政策不可能永远延续下去，但在文帝统治的二十年间一直贯彻执行，始终相安无事。

无为政策延及到经济领域，那就是尽量不与人民发生关系。高祖即位之初，认为民尚奢侈，源于商人，因而对商人施以重税，禁其为侈。此时正值战乱刚过，经济凋敝，故采取这种政策颇为适当。此后，管理商人的法律日渐松弛。只是汉天子、诸侯王均起自布衣，所以最初还是生活俭朴。而且他们各自都有私人收入，没有必要从租税中获取自己的生活费。在都城长安，居住着众多的官吏，其衣食由东方运抵，仅谷物一项，一年就需数十万石。在货币方面，由于允许私铸钱币，结果引发私铸的榆荚钱泛滥，物价腾贵，故而文帝时铸四铢钱，称为半两钱。这与秦半两钱相比，品位已有所下降。由于当时货币质量差，若再用秦十二铢，会引起国内经济混乱，故将四铢钱作为半两钱发行。然而国家既然放任私铸，吴王濞等人即因私铸而暴富，文帝嬖臣邓通也因文帝赐予铜山而致富。此时还出现了纳谷物赎罪、将谷物运至边疆而封爵之做法，于是在百姓中向往上流社会生活的人逐渐增多，奢侈之风日渐增长。只不过因天下无事，国家又无大的灾害，所以社会呈现出富裕景象，都城钱财盈余，天子之库谷物陈陈相因。由于生活优裕，食物充足，所以官吏也形成了将自己职务让位于子的习惯，产生了居官者以其官为氏的倾向，即听任自然发展，尽量提供宽松的生活环境。民众也大都谨慎从事，遵纪守法，以违法乱纪为耻，整个社会呈现出犯罪者寡的太平景象。然而富者兼并土地，又导致了富豪逐渐占据势力，统治乡曲，放任一方的后果。因此在这种太平景象背后，隐藏着奢风日盛、贫富悬殊的事实，这就是经济上完全实行放任主义所带来的后果。总而言之，文帝统治的二十三年，社会始终处于一种安定的环境之下。

在这期间，文帝也并非全无创立制度、兴起礼乐之意。如文帝在位期间就有后元年年号之说。文帝从最初称元年，一直延续到十六年。至十七年称为后元年，一直沿用到后七年。其依据毕竟还是五行终始说。在当时的官僚中，丞相张苍是唯一的学者，民间也有人上书提议改正朔，于是改元为后元年。在当时的五行学说中，汉居何德，有种种不同的说法。张苍说水德，民间上书称土德（鲁人公孙臣持土德说，贾谊亦持土德说）。秦始皇时，就已经称秦为水德，故秦尚黑，以十月为一年之始，张苍沿袭此说。这些改制虽有几次，但大都无关痛痒。于是贾谊献策，主张对国家宏观机构实行改革，认为汉朝若任此形势持续下去，势必会引发非常危险的动乱。他在太平环境中提出这种悲观论调，当然不会被采用。但以后果真引发了一场大的社会动荡。

贾谊的《治安策》及封建制度

汉朝的文物制度，大体说来发端于文帝时期，这是舆论准备阶段，很多项目到汉武帝时，逐步付诸实施。其中最明显的是封建制度。文帝时，贾谊对此进行了深刻的论述。贾谊对汉朝制度的论述，记载于其所著的《新书》中。《新书》体裁，顺序各异，论述的主旨也难于理解，而《汉书·贾谊传》对此则作了很好的归纳。然而《汉书》的本传又过于简略，其中列举的项目也不相符。宋代王益之的《西汉年纪》，详采《新书》事项，较《汉书》为详，因此若想了解贾谊的观点，以《西汉年纪》为宜。

贾谊的论说，最常见者莫过于《治安策》。此文分项论述，列举了"可为痛哭者一"，"可为流涕者二"，"可为长叹息者六"。其中最为深刻的，是关于封建制度的论说，"可为痛哭者一"，即指出汉初对有王爵的诸侯封赐土地过多。贾谊所论是正确的。汉赐给齐王七十余城，吴王五十余城，楚王四十余城，即为其例。贾谊指出：高祖时分封的异姓诸侯大国已消亡殆尽，其中长沙王吴芮之所以能够存留，是因为其封地仅为二万五千户的小国。韩信、彭越的封地如果也是这样的小国，其家族也许可以存续到今天。不仅是异姓诸侯，同姓诸侯也是如此，特别是同姓诸侯，名曰臣下，却皆以为是布衣时兄弟，而不认为是臣下，因此在自己的封国内享有与天子一样的特权。现在文帝之弟淮南王不正是如此吗？因此若想使汉家安全，只有实行"众建诸侯而少其力"。

根据贾谊的这项政策，文帝时仅分封了齐悼惠王六子和淮南厉王三子，并未广泛推广。景帝时晁错因操之过急而失败，招致杀身之祸，引起吴楚"七国之乱"。文帝时对骄横的诸侯如吴王等人给予优遇，景帝时诸侯有过失则削其土地。为此削去了二三个诸侯王的土地，然而当削到吴王的土地时，吴王就与楚王联合起来反叛。其时，未加入反叛行列的有齐王和梁王。梁王乃景帝之弟，有望于景帝之后继承皇位，所以在困境中固守。在齐和梁防守之间，汉中央派大军灭掉七国。在当时，汉朝内部也出现分歧，晁错本人即因景帝向七国谢罪而被杀。平定叛乱之后，吴国为反叛祸首，其封国灭。对楚国，则将其土地划分为若干小块，而授予楚子孙。这种划地分封的办法，一直持续到汉武帝时期，也未引起争乱。其根本，还在于采用了分割土地的政策。这种政策称为"推恩"，即诸侯王有几个儿子，就把土地分成几块，分别封给其子弟，授予封号，中央政府自上而下，形成统一的推恩形式。这样，中央无须劳神即可推加恩泽。与此同时，诸侯之子通过所封土地也得以存续。如此，其势力自然减弱。

汉朝的各诸侯王国，最初都设有丞相。丞相一职由天子任命，但诸侯属官由诸侯自己任命，因此整个封国几乎成为一个独立王国。而且各诸侯王虽然奉汉朝正朔，但在各自的封国内部有自己的纪元，其制度一脉相承。经吴楚七国之乱以及汉武帝实行推恩令后，官吏的任命权逐渐收归中央，诸侯王只能收取地租以供衣食之用。这样由于势力减弱，倘有过失，即被削减土地，致使很多诸侯国绝迹。这是封建制度的一大变化。在汉朝，像周代那样的分建制度仅复活了四五十年，这说明这种制度赖以存在的时代已经过去，有利于中央集权的时代已经来临，所以这种变化也是顺理成章。但是，这其中也有利害得失。汉初吕后让诸吕称王，根据汉高祖刘邦的约定，"非刘氏而王者，天下共诛之"，为此齐王最先举兵。齐是汉高祖长子的封国。其时吕氏派灌婴去防御齐国，结果灌婴与齐兵合谋，双方没有交战。吕氏一死，诸吕被杀，刘氏得以保全。这种情况，只有在诸侯拥有势力时方可实现。像景帝以后的小诸侯，就难以发挥这种作用。因此，后来也就很难出现依靠外部力量来保护王室政权的事情，这也是封建制度的一大变化。汉以后即使恢复了封建制度，大都也因引发叛乱而告终，如司马晋即为其例。

贾谊及晁错对匈奴的政策、贾谊的皇太子教育论

此时对汉政权来说，还有另一个棘手的问题，即对匈奴的政策。文帝时，对匈奴尽可能采取宽大政策，虽屡次被侵，仍只是采取防御措施，没有越出边境予以还击。对于这种情况，贾谊力陈己见。他认为：匈奴人口最多不过为汉朝一个大县，以天下之大而困于一大县之众，实在令人羞愧。而且汉年年向匈奴馈赠大量财物，只有臣下向天子进贡之理，而无天子向臣下贡礼之事。

如果让我做属国之官，则"必系单于之头而制其命，伏中行说而笞其背"。然而贾谊所云，只是豪言壮语，对匈奴终究未提出明确的制服之策，所谓制策也只是三言两语。

对此提出明确措施的，是晁错。其主张为屯田驻军。在论及屯田制之前，晁错对汉与匈奴进行了种种比较，得出了匈奴不足为惧的结论。这是一个切实可行的对策，以后在武帝时期得到实行。其主要方面是对双方的优劣之势进行比较，从地形等方面详加论证。大致说来，决定战争的要素有：一为地形；二为士卒的训练；三为武器的精良与否。匈奴之地多山坡深谷，不利于汉军作战；匈奴士兵擅长骑射，汉军骑兵尤弗能及；在耐饥渴方面，汉军也不及匈奴，这是匈奴的三个长技。但如果平地车战，就容易突破匈奴之兵；利用劲弩长戟等远距离兵器，汉军就能取胜匈奴；以坚甲利刃短兵相接，匈奴不敌汉军；选弓术优秀者同时发射，匈奴的劣质铠甲无法抵挡；下马作地面搏斗，汉军兵器要优于匈奴，此为中国的五个长技。总之从兵器来说，汉军较为优良，若在平地作战，汉朝胜算较大。晁错对当时的实际情况进行了研究，得出了汉人不负于匈奴的观点，的确言之有据。及至汉武帝时，对匈奴取胜，并未运用汉军的这些长技，毋宁说是汉人取匈奴之长技而胜之。其制胜根据也源于当时晁错不负于匈奴的论述。

晁错又提出应当守边备塞，防御匈奴入侵的决策。守边备塞，秦时曾实行过，后来却以失败而告终。为了不使汉代重蹈覆辙，晁错进行了缜密的思考。秦时，北攻匈奴，南攻两广，向南北两面分派军队。可是由于两地水土迥异，中原之人难以忍受，因此秦百姓几乎视遣往该地为前赴死地，称之为"谪戍"。起初，犯罪官吏被遣往该地，以后赘婿、贾人亦被发遣，再到后来，祖父母、父母为贾人者亦被发遣，人数日渐增多。甚至居住闾左者亦被发遣，致使人民怨声载道，萌生背叛之心。而匈奴居无定所，过着逐水草而居的生活，向何处侵略难以预料，若仅在一地设防当然不会收到什么效果。如向边境派兵，兵未至即已散尽。况且在边境地区也不可能长期不换防，然而军卒轮防频繁，不晓匈奴之长，失败在所难免。所以，最上策莫如屯田。即先以罪犯及免罪者为主，再迁奴婢，给土地令其屯住耕作，并且习武练兵。晁错的想法不失为上策。汉武帝时，采用了不仅用屯田防止了匈奴的侵袭，而且还深入匈奴腹地，对其根据地进行攻击的战略。然而，汉朝为此也花费了大量的财力。而文帝时不需要使用大量的费用，所以晁错的这项建议得到了批准。文帝对各种建言献策具有足够的判断能力，但出于节俭避繁，对晁错的建议没有全部采纳。

贾谊的论述还涉及其他制度，但投入精力最大的，莫过于对未来皇帝的继承者即皇太子的教育上。他热衷于此事，自己也曾一度出任诸侯王之子的太傅。后因梁怀王刘揖从马上摔下而死，自己痛感失职，过早地离开了人世。他的主张，在文帝时通过晁错得到若干实施。受其影响，晁错主张明君政治，但由于过于刻薄，从而引发了吴楚七国之乱。尤其是对贾谊的论述，王船山认为：贾谊的设想即使实现，皇太子也不会成为他所希望的理想人物。天子虽说受到良好的教育，但由于生活优裕，放任自流，其品行是否能与所受的教育相符，难以断言，因为即使像成帝这样有规矩的人也沉溺于女色。因此不如像文帝那样，自身修黄老无为之术，自然感化其子，若教以学问或其他什么，不会有什么效果。这种看法，与汉初天子出自民间，内部没有什么规矩有关。像贾谊把礼乐制度放在重要地位，是想再实施一些良好的教育。

景帝为皇太子时，吴王太子来朝，两人为双陆博弈，因吴王太子不懂恭敬，皇太子以棋盘殴而杀之。这正是贾谊最为忧虑之处。

总之在这个时代，有贾谊和晁错这两位富有远见的政治家，而且不可思议的是他们都非常年轻。贾谊死时才三十三岁，晁错活至景帝时，被杀时年纪也不大。可见当时能够洞察时势的，是年轻而有学问的人。反之，收入《儒林传》的学者儒生们，对政治则不见有如此剀切之论。贾谊精于学问，晁错也曾从伏生学习《尚书》，但并未专门治学。

景帝之政治

文景时代大致经历了四十年，其间虽然经过了吴楚七国之乱，但并未发生大的动荡。社会安定，也使汉朝政权得以巩固。文景二帝为人不同，文帝实行黄老之术，景帝采纳若干法家学说，晁错实际上教授的可以说都是法家之事，即以法律制度作为实际统治的工具。这是因为文帝的善政恶政，全部都由景帝继承，某些恶果的出现，实际酝酿于文帝政治之中。文帝在世时，对遗留下来的隐患似乎也有所担心，对吴楚之乱的出现也有所预见，并给予了重视。后平此乱的周亚夫，就是文帝在长安集结军队时，因看到周亚夫的军队纪律严明，故临终遗言，若有何事，可用周亚夫。因此到景帝时，当七国之乱一起，便立即起用周亚夫。周亚夫除治军严格外，还以持久战对七国疲惫之师，从而大破之。此时天子的亲弟弟梁孝王（他深受皇太后的宠爱）为叛军所围，急速向天子求救，但周亚夫出于全局战略考虑，决定舍梁而不奉诏。在梁拼死防御期间，周亚夫令七国之军疲惫不堪，最终为梁解围。

他是一位颇具战略之术的将军。当时的将领，为了获得有影响的人物以增强势力，就像今天利用土匪与马贼一样利用游侠。当时洛阳有游侠名为剧孟，颇有势力，周亚夫率先得之，并说"吴楚举大事而不求剧孟，吾知其无能为已"。由于当时政治放任，地方势力无处不在，因此得之者便可壮大势力。周亚夫在以严厉军律用兵的同时，也意识到了当时的社会状态，就是这些人得势的时代。经此两代俭约，景帝时又严饬若干规范，从内部巩固了汉王朝。其后到了武帝时代，则在外部大有作为。当时的政治思想也为之一变，由过去的消极政治变为积极政治。

汉史所幸有《汉书》存世。它是当时实际情况的记录，因此作为史料可以信赖。通过这些实际情况，不必说汉代，就是在思考其他时代的情况时，也能提供很大的帮助。例如周代，都认为是理想社会，但实际情况并不知晓。后世学者称通过周公的力量，于成康时代整顿了全部的典章制度，但真实情况并不清楚，而是由后来推测所得。结合汉代的史实考虑，文景两代实行的是无为政治，那么周成康时代是否也是如此，即由周公创立的典章制度，也是在以后才发展起来的？贾谊等建言由无为政治推进至完善制度，但其中所论也采取了非常宽容的态度，如不对大臣罚罪，令其自杀等。可知尽管贾谊是提倡以制度为主的论者，但在当时仍持如此宽容的立场。

第九章　前汉时代（中）

武帝的尊崇儒术

其次是长久的武帝时代。在长达五十余年的时间里，内外形势发生了根本的变化。武帝喜好的学问已异于文、景。文、景是黄老之学加名家、法家，而武帝则非常喜好儒学。武帝初期，尽管景帝之母窦太后犹在，好黄老而不喜儒学，武帝所用儒者如申培等人为太后排斥，但儒学将得到发展的趋势已经显现。黄老之学崇尚无为自然，这一学说在政策上的弊端，就是滋生了贫富差别，游侠横行，因此其说又逐渐被名家之学取代。所以在景帝时代，对外平定吴楚之乱，对内严肃官吏管理，政权逐渐巩固。至武帝时承其基础，时势使儒学呼之欲出。就政治实务而言，在追求制度肃然这点上，儒家和法家是共同的，再加上礼乐所具有的文化色彩，因此在文、景以来国力逐渐强盛，秩序逐渐肃然的基础上，饰之以儒教的礼乐，是最符合时代要求的措施。由此不仅是天子武帝，其宰相如田蚡等，也共同喜好儒学。景帝时诸侯待遇过苛，小过皆罚，为此至亲诸侯也战战兢兢，而武帝的性格则不如景帝那般严酷。武帝初年在宫中宴请至亲诸侯时，武帝兄弟中山靖王闻乐而泣，武帝问其故，其以至亲诸侯难以安堵的实情答之，故称之为《闻乐对》，据此可知当时的实际情况。而至武帝之世，对诸侯逐渐宽大，而且喜好华美与好学为一般风尚。如武帝叔父淮南王刘安（文帝之弟淮南厉王之子），多聚文人学士，著《淮南子》一书，为武帝所尊敬。武帝答淮南王书时，常常令司马相如阅其草稿。《淮南子》并不是代表武帝时期学术的著作，而是代表了以前的学风。此书在以后被分类为杂家之中。即此书学习吕不韦的《吕氏春秋》之体裁，《吕氏春秋》主要采用儒家、墨家之言，而《淮南子》复多加道家之言。其文体近于辞赋，代表了受淮南王喜好而聚其门下的文士之风。武帝初期亦喜好如司马相如这样的文士，但以后专门倾向儒学。其学术划时代转变的契机是董仲舒的贤良对策。贤良对策因对武帝举贤良之策而产生，但和淮南子学风，即综合百家之学而成杂家有所不同，其学风是以百家之中的儒学为主，排斥他学。汉代采用儒家是从汉初开始的，而不是突然始于武帝时代。高祖时以叔孙通定仪礼，为采用儒者之始，当时只是尚未采用儒家的学术主张。秦时受学术压迫者，以儒学为甚，因此儒者也怨秦最甚。陈胜初起时，孔子八代孙孔鲋从之，为博士。陈胜为王只不过半年，就有儒者归附，可见人们对秦的心态。至汉初，虽然还未到奖励学术的地步，但在除挟书律、减缓高压的同时，行于鲁国的大射礼、乡饮酒礼等讲习礼乐之风已经复兴。只是因为高祖讨厌甚至詈骂儒者，所以才不在朝廷里使用儒者。然而在民间，各种学术已经兴起，书籍也多所产生。今天被称为先秦古籍的书籍，多作于此时。任何一个国家在脱离黑暗走向新时代之际，总是盛产著作，其中也有托古贤之名而作伪书者。这和日本的德川时代的初期恰好相似。《淮南子》产生最晚，因而不是伪托之作，可以说汇集了秦以前的学术。秦时已有博士之官，但只是专司天子顾问，并非为教育所用，不过其遗留者在汉初已向民间传授学术，民间的经学也摆脱了秦的压迫，呈复兴之势。窦太后在世时，民间对儒学的传习已然兴盛。太后死后，儒学便被公开用于朝廷。其中董仲舒之学以《公羊传》为主，其理想为自战国以来中国的结局应当一统，最接近孟子的思想，其主义也适合汉的一统时代。董仲舒的对策也根据他的一统主义，不仅将其运用于政治，更运用于学术，却百家而以儒家大一统。此时与董仲舒同学《公羊春秋》的公孙弘，任博士数年后任宰相。学究成为宰相，是汉初以来的特殊现象。汉初宰相萧何出身属吏，其后任亦多有战功或其他功劳，为有威望者，但多为不学无术之徒，像张苍那样由秦御史而为汉宰相，可视为例外。而至武帝时，此风为之一变。据《史记·儒林列传》载，人们通过考试登用学者，就学术是否具有实际功效展开讨论。对此制定法令即功令者，是公孙弘。此人在未登用时，努力迎合天子的欢心，为此被当时的老儒、齐人辕固生诫以"曲学阿世"，然而正是此人劝武帝建立采用学者的制度。《儒林列传》云，战国以来的学者在不被重用、受压迫之时，皆以死守道，即使穷困也不曲道，学术因此而尊。而根据采用学者的制度，仕途以学识之优而开，令人叹息守道之学的衰微。但是就儒学的性质而言，它已经具有文化政治的色彩，因此这个新制度是最适合时势的，无论学者还是君主宰相，无疑都是欢迎的。董仲舒是君子，公孙弘是曲学之徒，二人虽有所不同，但他们的学说之所以能够在当时实行，是因为《公羊春秋》的大一统主义适合汉代的政策，根据儒家学说可以弥补当时法律的缺陷，其实用价值由此可窥一斑。因此董仲舒有《春秋决狱》一书，经常根据春秋之理裁断法律疑问，由此形成任何事情都以儒学为依据，以此弥补政治缺陷的风气。《史记》有《循吏列传》和《酷吏列传》，颇具讽刺意义的是，司马迁在《循吏列传》中，只列秦以前的人物而不列汉代人，而在《酷吏列传》中只记汉代人，其中最有名的就是张汤。张汤利用儒学自我辩护，可见在当时儒学已经相当普遍，以至可用于弊政。儒学盛行不仅仅因为是实用，它所具有的文化色彩，乃是当时社会上上下下的要求。像武帝生性喜好文饰，最初多用文士，以后又逐步任用经学者，其奖励的学术犹不免浮华之风。

当时还出现了倾心儒学的诸侯，如河间献王即为此类人物。献王为武帝之兄，其学风如其传所云，以实事求是为主，即喜好像经学这样的学术，不看重像淮南王这样的浮华文士。据说他搜集的经书要多于汉朝廷，对后世儒者来说是有功之人。只是此时的经学已不仅是如名、法之家这样的实用政治，而且还加上了以礼乐为主的文饰成分，因此献王所集礼乐之书多有面世。当时的趋势，很自然地朝着有利于学术复古的方向发展。又，武帝之兄鲁恭王，喜好土木建筑，为扩建宫殿而拆毁孔子旧宅，自其壁中多得古书。虽然当时因闻壁中有音乐之声，而停止破坏，鲁壁藏书的发现是偶然的结果，也是一种必然。时云，古书多自山岩墙壁中出现，完全是事实。

司马迁称当时的状态为"物盛而衰，固其变也"。这就是说，自文景时代变黄老为名法以来，太平持久，国力充裕，武帝利用其国力，进一步出台积极的政策，其结果甚至导致了榨取民间的财富。

征服匈奴

在武帝的积极政策中，最著名的就是征服匈奴，尤其是这一征服政策，并不是首先从匈奴开始着手实施的。最初的闽越王、东瓯王等地，在战国前还被承认是中国以外的土地，到秦时并入其版图，但秦亡时又独立出来，直至汉初。后此二王因领土相接而发生冲突，汉予以干涉，开始着手扩张疆土。广东的南越王赵佗已殁于武帝初年，于是汉对南越的政策，一改文帝以来的做法，开始实施征服。

匈奴继冒顿单于、稽鬻单于后，武帝初期为军臣单于。文景之世，对匈奴专事防御，以至匈奴有时攻到长安附近，防御之策失去了它一定的战略作用。当时虽有名将如周亚夫者，也不过仅凭个人的才力防御匈奴。但至武帝初年，防御逐步发挥战略作用，主要是阻止了匈奴对边境的侵入。当时堪称代表的，是名将李广与程不识。程不识采用最消极的防御法，昼夜加紧守备，深夜击打刁斗，士卒不得安睡，劳苦不堪，以此不给敌人以可乘之机，忠实地履行职责。李广是位天才的将军，擅长弓马之术，策略以直接迎击入侵匈奴，以令敌生惧为主。由于冒险迎敌，曾被匈奴捕获。李广经常向远方派出斥候，在敌人尚未靠近时即知其入侵意图，所以士卒安心，乐意跟从。但以后因过分相信自己的能力，失败自杀。

武帝征服匈奴的策略不仅仅是防御，主要是采用深入匈奴内地，诱敌恼怒的积极主动的策略。这种战略变化是谁发明的，《史记》及其他史书没有记载。此时从战略上看，汉军的武器已优良于匈奴，所以尽量采用匈奴的战术，用大量的战马与其交战。这一战术本来会造成很多士兵伤亡，但由于汉军数倍于匈奴，因此从伤亡结果上看，作战还是有利于数量占优的汉军，这是一种在数量上推论出来的战术。此时具有代表性的将军，就是卫青与霍去病。二人并非出身于武将之家，而是皆出身于皇后的亲戚。前汉时代的皇后出身，本来就非常杂乱，更不问家族背景。卫青之姊卫皇后，原是武帝之姊平阳公主家的歌者，但自武帝行幸公主宅喜欢上她以后，遂成为皇后。卫青以皇后之弟而被任用，后成为平阳公主的丈夫。公主因卫青原是从仆而加以拒绝，但卫青此时已是功名在身的大将军，故强以之为妻。霍去病也是出自卫皇后的亲族，容貌俊美，为武帝所爱，教以骑射之术，遂从军而成为名将。卫青为大将军，霍去病为骠骑将军。卫青为人谨直，极为顺从天子，更不会谏天子之过，加之虽然位贵，但并不向朝廷举荐与之相交的当时名士，故司马迁对此甚为不满，其战功也被归于天运。霍去病被作为贵公子养育，缺乏同情心，在军中时即使有多余的天子赐物，也不分给士卒；士卒身陷苦痛，他却去玩蹴鞠，司马迁也对此表示不满。然而霍去病在大规模的战争中表现优秀，且有将帅气度。武帝曾为他修建宅邸，他答道"匈奴未灭，何以家为"。霍去病年仅二十六岁即亡，武帝甚为痛惜（武帝爱之，其死后，据方士进言，以李夫人之兄李广利颇具霍去病之姿而任以贰师将军，出征大宛，与匈奴交战，结果战败被杀）。此时由于战术战略的变化，像无弓马之术素养的卫青，摆贵公子做派的霍去病均立下战功，而像李广这样的将军则遭败绩，对此《史记》表达了甚为不满的情绪。司马迁最喜欢如日本乃木将军式的李广，仰慕其将军世家孕育出的武士风采。对李广之孙李陵也颇为偏爱，以至当李陵征讨匈奴失败降敌时，在武帝面前为之辩护，因此遭受刑罚。由此，他对人物的评论有所偏颇，即使像卫青、霍去病这样立有大功的人，也不加以褒奖。但是武帝的用人、赏罚方针也有相当开明之处，用人不问出身如何而得以奏功，这不仅仅是靠运气。所以尽管战争的结局损耗为甚，出征时十四万匹军马，归来时仅剩三万匹，但最终能在数量上压倒匈奴，屡屡将其追压到外蒙古一带，令其愈加疲惫，以至出现了军臣单于死去，其弟伊稚斜与其子於单互相争位，子降汉的局面。这时是武帝最为得意的时期，国防守备严密，取河南即今鄂尔多斯之地设朔方郡，从长安到此郡亭障烽燧相连，一有匈奴入侵的信号，即可应声迎敌。武帝曾亲率十八万骑至河南，遣使单于称"南越王头已悬于汉北阙，今单于即能前与汉战，天子自将兵待边"。这时的汉版图，南至南越即今安南，北至沙漠，尽收之于内。

武帝时期的对外关系

武帝时最大的对外关系，就是开辟了与西域的交通。与西域交通，从根本上是出于牵制匈奴的考虑。武帝初，自匈奴降汉者告诉汉廷："因匈奴破月氏王，月氏逃往远方，常怨恨匈奴。"又说月氏原居住在敦煌、祁连之间。其地位于今甘肃省西部的通往沙漠之途。月氏是何等种族，尚有问题存在。不过若是原来就居住于此，则应当是汉时的羌（以后的唐古特）族。但他们或许是土著，或许是移民，以前情况不详。总之，是自甘肃西部被匈奴驱逐，逃到中亚的妫水一带。汉朝出于若与之联盟讨伐匈奴，便可削弱匈奴的考虑，打算向月氏派遣使者。但去月氏必须要经过匈奴之地，这是非常艰难的任务，于是朝廷便募集使者。汉中人张骞应募出使，带领百余人前往月氏，但途中被匈奴扣留。由于匈奴不允许使节经本国去往他国，因此张骞在匈奴忍耐了十余年，后来逃到大宛国（今俄属中亚。关于其都贵山城，乃是白鸟、桑原二氏争论的焦点）。大宛国人闻听汉朝富足，便礼遇张骞。张骞向大宛人讲明情况，请求将自己带往月氏。于是大宛派向导带张骞经康居（大概是吉尔吉斯族）到达月氏。月氏为大月氏（残留在甘肃边界的称小月氏）。这时的大月氏居处在妫水一带，周边有大种族大夏（巴克特里亚族）受其统治，土地比较肥沃，国中安宁，加上远离汉朝一万数千里，所以无意与汉朝联手向匈奴复仇。张骞得不到月氏的响应，便启程返汉。归途选择沿南山而行，打算经羌人之地归汉，结果又被匈奴扣留一年多。此时适逢匈奴发生内乱，军臣单于死后，其弟与其子互相征战，张骞便乘其内乱逃回汉朝。他此次出使历时十三年，同行者百余人，而生还者仅有二人。此十三年之旅，使汉朝获知了诸多有关西域的知识，如大宛出产葡萄酒、良马；此处非游牧民族，有城郭与房屋；大宛之北有康居，也是游牧民族；大宛之西为大月氏，同样是游牧民族；其他西南有大夏，东北有乌孙，东方在相当于今葱岭一带，有扜罙和于阗等，这些大体上得以了解。又大月氏、大夏以西为安息，安息以西有条支；帕米尔高地以西，河水都向西流，东流之河是当时未写河名的塔里木河，流入盐泽即今罗布泊。按当时的说法，盐泽经地下向南流动，成为黄河之源。这一说法成为黄河双源说的依据。因塔里木河出产和田玉和宝石，武帝便以此地为昆仑，定于阗南山为昆仑山。

张骞所到之处，似乎是在尽量宣传汉朝，受此影响，发生了两件事情。

中国上古史

一是乌孙与汉朝的联合。张骞归汉后，跟随卫青征讨匈奴，被封为博望侯。以后因失去封侯无聊苦闷，便向武帝谈起乌孙之事。他说乌孙因受匈奴攻打，其父被杀，很痛恨匈奴；原先月氏所居的祁连、敦煌一带，因汉破匈奴而无人居住，因此若与乌孙交通，便可让他们进入此地，切断羌人与匈奴的交通之途，这就等于是切断了匈奴的右臂。如果乌孙从汉，以后西部诸国都可以仿效乌孙，归附汉朝。于是武帝让张骞率三百人，携带马、家禽、金帛等大量财物出使，并许诺乌孙：若能按汉朝调动，居住在原浑邪故地，汉便遣公主为夫人。当时乌孙因内讧而分为三家，所以不能直接回答张骞。张骞遂以乌孙人为向导，向大宛、月氏、大夏、身毒等国派出副使，赠送众多宝物，令乌孙为汉朝的富足而惊讶。张骞归汉后不久即殁，但他的事业获得了成功，促使诸国在以后均和汉朝开辟了交通之途。由于乌孙最终未来浑邪，所以汉在此设置了酒泉、张掖、武威（后加敦煌）等郡。这里是黄河上游最肥沃的地方，在此设置行政官员，便与内地同制。其后汉将公主嫁给乌孙，又征伐了位于南北两道入口的楼兰、姑师，控制了西域三十六国，在新郡筑长城，置驿站，直通玉门关。始皇时的长城到临洮为止，而新长城则到了玉门关。

另一件就是张骞在大夏时就已考虑到的开辟西南夷。这一计划始于武帝初年。当前述的闽越（福建）和东瓯（浙江温州一带）发生战争时，汉支持东瓯而将其百姓移至内地；而当闽越和南越（广东、广西、安南北部）发生战争时，汉又援助南越，以后共灭闽越与南越。汉因南越而注意到了西南夷，在张骞时代因物产的分布而发现了交通路途。赴南越的汉使者唐蒙见到蜀地特产枸酱，发现它没有别的通路，而是取道长江的上游牂牁江运入夜郎（云

213

南的一部分），进而又发现了通往广东珠江的道路。利用此路开辟通往西南夷之路，是一条相当艰险的道路。尽管如此，开辟西南蜀地，并在最后出征南越时，一路汉军就是自此路踏上征程的。然而由于交通极为困难，三十石军粮仅能送到一石，汉最终还是放弃了此路。张骞在大夏时见到邛竹杖（邛即今日雅州）、蜀布，经询问由来，始知大夏东南有身毒，自身毒可通中国西南，路途并不遥远。张骞认为利用此路可不受匈奴妨害而与中亚交通。武帝根据张骞的意见，派人开辟与西南夷的交通，虽然没有成功，但汉因此将通路开辟到了滇国（云南府）。这样，闽越、南越的领土全部成为汉郡县，在南越设置了九郡（秦时为三郡。跨越广东、广西、安南）。这就是开辟南方，扩大汉领土的大概情况。

另一方面，朝鲜也纳入了汉版图。战国时，朝鲜已有一部分纳入燕版图，其语言也和燕国相同，使用范围到达列阳（列水即大同江）一带。秦汉之际，卢绾为燕王，后因反高祖而逃往匈奴。燕人卫满率一千人出塞（始皇时代的边塞，位于何处不明。京畿道与黄海道之间有慈悲岭，是京城、开城与平壤的分水岭，边塞似已延至其周边），渡过浿水（白鸟、箭田二氏认为是鸭绿江，今西氏认为是清川江），逃往当时的朝鲜与秦塞（双重塞）之间。当时的朝鲜，以被称为箕子末孙的箕准为王。但所谓箕子末孙，是后世的编造，其源于乐浪郡韩氏所作的伪系图。以后国王被卫满驱逐，逃往木浦附近的岛屿，卫满统治朝鲜。其孙卫右渠代为王，是在武帝时期。武帝时除朝鲜外，还有真番（忠清、全罗？）、辰国（庆尚道，以后的新罗），真番、辰国想和汉朝交往，但遭到卫氏的阻止，为此汉警告卫氏不要阻止，最终因卫氏拒诏而发兵征讨。其时朝鲜以王险（也有说法指今平壤，存疑）为都。汉军一路走陆路，自辽东渡过鸭绿江；一路走海路，自山东进军，攻击王险，但因二军未取得联络，一度失败。后包围了都城，王因内乱被杀，朝鲜灭亡。于是汉置四郡，即真番、临屯、乐浪、玄菟（真番大约是今忠清、全罗，临屯位于东南，乐浪位于大同江两岸，玄菟为鸭绿江以北）。后废真番、临屯二郡。

由于当时统治朝鲜的方法，堪称汉统治新领土的标本，所以《汉书·地理志》对此作了记载。即主要官吏由汉廷派出，百姓则是土著，并且让商人在当地活动。当然，中国商人的活动并非始于此时，大概从燕就开始了。近来在朝鲜的西南部康津发掘出了燕赵所用的明刀。这里最初是原始村落，本不具备国家形态，因此中国人的进入使其受到刺激，各种知识的传入也使风俗变恶，因此人们产生了团结的力量，以至着眼于土地的开发。在新统治的地方中，南越直至安南边地均为汉县，这是任何人也不会怀疑的。但是到了不久后的后汉及三国，朝鲜土著中的韩族抬头，建立了众多小国。也有人认为，自武帝征伐时，就没有把南方小国纳入汉的统治范围内。但若据汉朝记录，当是取得朝鲜的全部土地并实施统治的。其间，在朝鲜的南部有倭人，倭人与日本人同一种族。在日本往往有这样一种看法，即认为在崇神天皇时代三己汶派盐乘津彦为宰之时，日本人开始渡来朝鲜半岛，但实际上倭人原来就居住在朝鲜半岛，在有史时代以前逐渐渡来日本，其残留之人至汉时仍在半岛，而且武帝时并不承认半岛上这一种族国家的存在。到前汉末王莽时期，汉朝的统治力量减弱，加上中国人的刺激，朝鲜土著开始组织小国家，自此逐渐显露出国家形态。王莽时代，在其他地区也发生了同样的情况。玄菟郡中有汉置三县，其中的高句丽县，在汉廷被视为县，但到前汉末期统治力量减弱后，在王莽时期便出现了由土著人建立的高句丽国。王莽时有高句丽侯骑（在国内称王。骑为驹之误），他相当于高句丽的第一代王邹牟王（又称朱蒙王、东明王、都慕王）。这是朝鲜族中最早开国的例子，因此三韩的抬头恐怕也始于此时。应当认为在武帝时，高句丽、三韩均在汉的版图之内。

如此，武帝时的版图是前所未有的。匈奴亦势力衰退，所谓漠南无王庭，到了居无所处的地步。

武帝时期的经济状况

武帝一代历时五十余年，对外发展显著。与此相应，内部的财政状况自然也发生了很大的变化。同时代的司马迁在《史记·平准书》中对此作了记述，《汉书·食货志》也记载了这方面的情况。由于《平准书》对此记录忠实，因此如果细读即可了解这一时期的财政经济。《平准书》的写法并不是简单地罗列事实，作者司马迁的感情也掺杂其中，同时也自然反映了当时人的感情。但是他所记载的事实，并没有因感情而被强行扭曲，因此他的目的，在于让人们同时了解历史事实和当时人们对此所怀有的感情。此时的财政，发生了自古以来突飞猛进的变化，尤其这是一个与时代相适应的财政天才迭见的时代，因此有些事物难以被后世为《史记》作注的一般学者所接受，其注也有不可信之处。不过，如果大致认真地阅读本文，再结合今天的情况考虑，就可以基本了解《平准书》的写法。

大体上，汉承战国之后。虽说秦始皇统一了天下，但他的内政方略只是沿袭战国而已。即置郡守以代大诸侯，郡以下的民政基本没有大的变化。汉亦承之。到文景之世，继续沿袭战国时代的民政。战国以来，下层人物抬头，世族逐渐衰亡，但这并不等于世族制度的彻底改变。即使在战国结束时，仍然允许卿大夫的权利存在，维持其世袭。但到秦汉时，这种情况被改变，自宰相以下由天子任命。不过卿相多被封为侯（有土地之侯与无土地的关内侯），因此卿相以下的官吏，自然多世袭者，《平准书》所云，以官为姓即为其例。又，商人阶层即富者的发达，也十分显著，高祖时虽一度压抑，但并未成功。至文景时任其自然，官吏、商人各得其安。但兼并与富者的增加并行，导致了贫民的困穷与奴婢的增加。在官吏世袭的另一面，是不能为官者的增加。由于听任此种状态的自然发展，因而即使财富繁殖，政府的岁出岁入也无特别增加，从诸侯到官吏，都依靠统治区内的收入生活，帝室生计再大，也与政府财政无关。但政府在七十年间也自然增收，以至一般社会奢侈之风大炽。值此之时，武帝登上舞台，以其雄才大略对外发展，促进了财政的增长。其做法是，首先必须寻求能够适应新政策的新人才，以取代世袭官职的无能官吏；同时为补充军费，献纳财物亦可得官，并可赎罪。司马迁称，官吏的素质因此而低下。不过，这恐怕是出于当时一般的心理，即习惯顺其自然，不喜欢官吏的品位暴升，并且讨厌冒险的投机者，取而代之成为官吏。卫青、霍去病外征，不仅需要军费，还需要巨额赏赐费用；太平之后，也需要财物奖励有特殊才能之士，因此在最初的数年间，原本充裕的府库之财大抵用尽，卖官政策等也犹如隔靴搔痒，财政政策为此而大为变更。当此之时，以天子为首，宰相亦俭约而为天下先，公孙弘就是典型之例。然而据《平准书》记载，这种节俭并不能抵御社会生活的困窘。政府财政如此贫乏，而大富豪则在当地拥有巨资,买卖物品贪利。当时的诸侯(《史记》中的封君)都屈服于商人,以图财源(这与日本德川初期的情况相同:江户旗本于太平后数十年穷乏,只好以俸禄米为抵押贷金,以代替旗本领取禄米为业的札差因此得势)。另一方面,因允许民间自由从事产业,故经营矿山、盐业者得以富足。然而对当时困乏的财政状况,人们皆持旁观态度,无人出手相助。

当时政府采取的第一个财政政策,就是铸造货币。即铸造劣币,使其与历来使用的良币同等价值通用,以此摧折兼并富豪。此时,除铸造通用货币和用于朝觐聘享的货币外,还改秦以来的半两钱——四铢钱,铸三铢钱(一两为二十四铢。战国时有十二铢钱,其后逐渐减低),然而与此相伴的是物价暴涨。其次是实行盐铁管理。当时东郭出自大盐商,孔仅出自大冶铁商,皆任大农之官。桑弘羊以数学天才,且精于税法计算,而得以拔擢。由于当时罢传统的世袭官吏而任用商人,因此司马迁等人表示不满。然而铸币政策以失败告终,于是又改铸五铢钱,力求降低物价。又因为当时有磨取钱币之风,所以在钱周边突出轮廓,以防此风。盐铁管理即盐铁专卖,禁止私人制造。东郭咸阳等人前往全国各地,失去旧业的盐铁之家,均被任用为官吏,商人官吏越来越多。再次应当考虑的财政政策,就是课以营业税和财产税。当时人口繁殖,游民多,商人多,但大多数无产者需要政府的救济,故拟从商人中取其费用。营业税、财产税实际就是充作救济之用。此策即为算缗,其税率为每千文征收二十文。商人们在固定之所,以所有物品计算,每千文征收二十文,手工业者每四千文征收二十文。此外,除三老、北边骑士外,一般有车者征二十文,商人之车加倍;五丈以上的船征二十文。若隐匿财产,遣往戍边，没收财产。这时出现了名为卜式的这一奇特人物，他以畜牧积蓄财产，但上书请求将财产的一半献给政府，以充作征战军费。天子问卜式意欲何为，他说既不为做官，也不为伸冤，而是天子为征伐匈奴而苦劳，有才者应当为之献身，有财者应当为之献财。天子就此事问公孙弘，公孙弘以此事不合人情而阻止。以后在大徙贫民于地方之际，卜式又出资帮助地方官，天子对他进行奖赏，并以他为榜样，教育引导社会上的富人，以令其出资，但是这一诱导捐献政策以失败告终。卜式任县令后兴漕运，于是拜为齐王太傅，其行政均取得成功。接下来是均输法，这是桑弘羊策划的措施。其做法是：远地应当纳官的物品，按当地的平均时价交纳特产，官府从整体收入考虑，易地买卖这些特产以获利。

从这些政策的结果来看，算缗并没有获得充分的收入，因此又开始了告缗。所谓告缗，就是告发隐匿财产者，没收其财产，并分一半给告发者。这一做法的结果，就是中产以上基本被告缗。汉初对商人较为宽容，任其发展，以后以商人为吏开始专卖，对资本家课税，其手段当出于商人本位的考虑。而至此向不劳而获者征税，对商人横征暴敛。当时一方面强化私铸禁令，另一方面也因五铢钱精致而盗铸利少，所以小规模的盗铸绝迹。财产税的彻底实施，多使富者之家破产，百姓也以一时贪快为目的，无贮蓄之心。如此一来，当初的目的总算实现了，政府收入丰厚，以至原为管理盐铁而设置的水衡官，专门管理没收的财产。朝廷也不必如武帝与公孙弘那样，为军备计而考虑节俭，而是奢侈日盛，用没入官府的奴婢饲养狗马禽兽，令其附属各官署。无偿劳动者的增加，使得漕运甚为便利。此后，压迫富人的政策进一步升级，斗鸡、博弈、狩猎等娱乐均被视为犯罪，又让犯罪者互相告发，名曰"株送徒"，意即因一罪而牵引出其他的关联者。又，贵族子弟输钱入官即可为郎，也引起了司马迁对于郎素质低下的感叹。由于只为收入考虑，因此百姓与地方多有不便，乃至天子巡幸时，由富豪出资欢迎。武帝巡幸河东时，郡太守未能做欢迎准备而自杀；陇西太守也因不能给天子从官设食而自杀。当时新得河套以为领土，天子在此地狩猎时，见既无宿舍，也无巡逻之备，怒而杀北地太守以下。于是在与匈奴接壤的地区，允许百姓畜牧，由官府贷母马使出利息，并在此地废除告缗。封禅时由地方官为其做好准备。又为讨伐南越、西羌而修缮道路，输送粮食，费用均由大农支出。于是马又难得，因此令封君至官吏出马，并让亭驿贷马畜牧，以令繁殖。此时卜式居官上书，主张由于缴不上钱财改行令官吏捐助，以率先示范的方式，然而仍未见效。由于官吏与封君既不出钱，也不从军征战，所以实行了摧折诸侯的政策。其时多有因酎金而亡国的诸侯。所谓酎金，是根据诸侯封国内人口的多少，向天子提供祭祀费用，并于祭日获取祭酒。如果所出黄金成色不纯，数量不足，则削县免国。另一方面，盐铁专卖也陷入困境：官制铁器质恶价高，卖不出去，于是强令百姓买卖；加之运输铁器需要征税，致使百姓不愿运输，因此卜式与孔仅准备上书请求废除其税，招致武帝的不满。不过只有均输法获得了成功，而司马迁认为此乃商贾之举而加以反对。若让远地边郡交纳租税，其费用浩大，但若取其本地土特产，按兑换政策折抵，便可无所遗憾地得到利用。均输法实现了平准物价，这也是《平准书》以之为名的原因所在。官府以天下为中心，尽集天下之物，视物价的高低而买卖，商人之利为官所夺，但物价无急剧之变。与此成功的同时，告缗苛法好像实行得并不那么严厉。对桑弘羊的成功之举，卜式表示反对，认为这是以官为商。时值天旱，天子下诏求雨，卜式上言道"烹弘羊，天乃雨"。这意味着他的温情政策，与桑弘羊的劳农政策发生了冲突。总之，自战国以来自然发展中的中国，其社会、财政状况到汉武帝时发生了一大变革。

武帝政治对后世的影响

武帝内政对后世的影响之一，就是封禅。司马迁作《封禅书》，《汉书》收入《郊祀志》，《郊祀志》的记载大体只是依《封禅书》撰写而已。有关祭祀礼仪的详细内容，《封禅书》并未书写。在司马迁看来，既然有司存有礼仪细微末节的记录，因此写自古以来人君如何为宗教蛊惑即可。不过，尽管司马迁认为这些细节性的礼仪因封禅关系而作，不属于以前的礼仪而不足为取，但从另一方面看，载有详细仪式书籍的存在，对《封禅书》产生了作用。所谓封禅，如司马迁所认为的那样，为自古以来一统帝王祭泰山之谓，其原本就有术士附会；一统天子封禅，无疑始于秦始皇而成于汉武帝。其仪式细目若能存留，或许可以认识古代祭祀的发展状况，现今只能据《后汉书》所引的马第伯的《封禅仪记》了解其部分状况。司马迁对此不予详说，作为史家的见识是卓越的，但在今天看来，还是把这些微不足道的仪式记录保存下来为好。自武帝行封禅后，此成为一统天下的天子必行之事。因此，这也成为当时的官吏诱发天子的好大之心，并使之满足的途径之一，为此耗费巨资，令沿途百姓苦不堪言。从政治上看，这当然是弊害所在，但通过它也足可窥见中国人宗教性的一统思想。

修正历法，也是与当时宗教思想相关的事件。武帝太初年间产生的《太初历》，使传统历法面目一新，为后世的历法奠定了一定的基础。在此之前，关于历法有种种称谓，有称为夏、殷、周历者，也有称为颛顼历者，这些自然多出自当时历算家的理论。颛顼历当是夏、殷、周历法，但与其说实行于那个时代，不如说多含有战国至汉初历算家的见解。武帝时，因各种原因而以十月为岁首。《太初历》产生后历法确定，据此可推算出前代的历日，为后世的历日确立一定的基础。尽管此后也有改历的议论，但当时确定的根据夏历而定的阴历正月制，不可动摇，沿用至今。当然，这不仅仅就是历算，多少还含有宗教的意味。就以五德顺序配汉天子之德而言，《太初历》以汉为土德，在此意义上一切都以此为准则。

武帝所行之事，成为后世典范的，就是第一次使用了年号。武帝建元元年是一般年号的开始。但实际上在稍早时候，元年这一称谓已经具有了一定含义，这就是文帝于在位期间改元年为后元年，这是由于当时有某种祥瑞出现之故。景帝时也有中元、后元（当然，此时并不称中元元年，而只称元年，但在以后出现元年后，则称以前的元年为中元）。像这样一代帝王于在位期间多作元年者，行于文景时期。武帝时，每隔六年便改元。当时在第五个元年的第三年，确定了以天瑞立元年为宜。而在此之前，第一个元年称一元，其次称二元。至此则废一元、二元、三元、四元，以一元为建元元年，二元为元光元年，三元为元朔元年，四元为元狩元年。至五元四年，宝鼎出土，故以此年为元鼎元年。其后每四年改元，从开始即定元号。这就是传至清朝的元号之始。武帝时，有以后追加年号的情况存在，但由于史家在有意无意之间将其用于历史之中，因而令人产生误解。《汉书》记武帝册封其子为王的策书为元狩六年，似此时已称元狩，但《史记》作"维六年"，是为当时尚无年号的证据。后世屡改年号，已到了烦琐的程度。其既有利也有弊，后世行之不绝。

武帝最重大的作为就是统一思想，将学问与思想结合起来。《汉书·武帝纪·赞》，专就这点加以赞赏，而对征讨匈奴，完成统一之业却未加赞赏，毋宁说是作为穷兵黩武的实例而加以排斥。近来史家开始对此加以赞赏，而对思想统一从过去就一直得到褒奖。武帝统一思想主要根据董仲舒的贤良对策而为之。贤良对策分为三部分，其中之一就是统一思想策，主张排斥百家而统一于儒教。如前所述，董仲舒是一位公羊学者，公羊学的主张就是一统主义。它与当时人们甚至视《春秋》为孔子预先为汉而作的情势相合。当然，实际上它也有后人根据当时思想撰写的内容，而且传承之间为了符合汉代的情况，大概也有所变更，但提倡一统的公羊学派的学说为当时所用，这可视为中国统一思想的起因（近来在思想家中，也有人对此进行攻击，认为此思想统一成为中国长期以来的弊端）。当时身居宰相之位的公孙弘也是公羊学者，他推崇公羊学并应用于政治。他的政治就是一统主义无所不在，理想是一切都由政府法令规范，不允许一点自由，尤其不可在民间做拉拢人心，树立威望的行为。卜式向政府申请捐献财产，被他斥为反人情，就是出于这一思想。当时有名为郭解的著名游侠，是破落户的首领，以施仁义而得名望。但他也有阴险之处，对仇敌实施残酷的复仇。不过在武帝初年治安力量薄弱时，他具有弥补治安不备的力量，在民间拥有势力。然而他由此也成为公孙弘一统主义的反对者，结果并未犯何重罪而被杀。公孙弘并不只是将一统主义用于政治，他还将政治与学问结合起来。思想统一尽管源于董仲舒的建议，但武帝原本就喜好儒教。在太平富裕的武帝时代，儒教是修饰政治的便利工具，而且也相当符合武帝的好大喜功的性格。公孙弘因势利导，将儒教与政治结合起来。他的做法就是置五经博士，其下置博士弟子员，弟子员中学问优异者，可录用为官吏。武帝时期，像公孙弘这样从学者到大官的人不在少数。治学为官，可以得到衣食无忧的保障，这对以后的政治产生了长远的影响。到后世虽形式有异，但在中国，这一主义是一以贯之的，这就是董仲舒、公孙弘一统主义的结果。司马迁在《儒林传》序中，对此作了全面观察。他认为，治学者为官是值得高兴的，但在没有制度上的保障的时代，学者需要忍受非同寻常的困难恪守其道。然而在这种制度产生后，守道之势又衰微，出现了为利禄而做学问的人。他这种说法是否是对新制度的赞成，不够明确，但总之是充分表现了这一制度的利弊两端。这一制度也得到了后世儒者的赞赏。但也必须承认，把政治纳入一个统一的模式，其结果就是妨碍学问通过竞争得到发展。看来近来学者对此进行批评，并非没有道理。

总之如史家所言，武帝是位具有雄才大略的人物。他打破所有以前的惯例，建立起新的制度，这是他伟大之所在。大致如前所述，在选官方法上，排斥无能者也可成为官居高位者的传统的世袭方法，代之以拔擢卑贱者中的有才能者。与此同时，也用学问粉饰政治，这成为中国绵延不断的政治特色。据《汉书·公孙弘传·赞》，其时人才辈出。武帝求贤若渴，身为已历经五代的天子，却一点也不摆尊严的架子，而是完全如布衣之交那样，优待出自民间的人才。据《公孙弘传·赞》，当时各方人才荟萃，儒雅有公孙弘、董仲舒、兒宽，笃行有石建、石庆，质朴有汲黯、卜式，推贤有韩安国、郑当时，定令有赵禹、张汤，文章有司马迁、司马相如，诙谐有东方朔、枚皋，应对有严助、朱买臣，历数有唐都、洛下闳，协律有李延年，运筹有桑弘羊，奉使有张骞、苏武，将帅有卫青、霍去病，受遗有霍光、金日磾。以上这些人不是士人出身：卜式自牧羊而拔擢，桑弘羊自贾人被拔擢，卫青、霍去病是原来姐姐家的奴仆，金日磾是自匈奴来降的浑邪王之子。武帝事必躬亲，无论是自己的精力还是国家的精力，都全部用于整个时代，政治也是一统的政治，而且其模式与韩非子等人的做法相同，即选择了自战国以来流传下来的最发达的方式：盐铁专卖效法齐，统治臣下效法魏、韩。但又由于这是不宽容的严厉政治，乃至其温顺的爱子戾太子也发动了叛乱，其原因是武帝任用的苛酷之吏与太子发生了冲突。以后武帝对此心生悔意，但并未因此改变集权政治。在确定继位者之际，武帝选定了最年少的昭帝为后嗣，并出于天子年幼而其母年轻，恐其篡权的担心，令其母自杀。武帝实行如此苛刻的政治，并一生都将权力掌握在自己手中。以后史家经常提及的有轮台之诏。武帝晚年时，桑弘羊请求派屯田卒，前往名为轮台的中亚地区屯田，并作了周密的计划。但武帝为历年征战，减损人口，耗资国库而后悔，下令停止轮台屯田，是为轮台之诏。厌恶穷兵黩武的学者因此诏而评论武帝晚年：这是武帝年老气衰所致，并不意味着他又成为仁义之君。不过他拔擢霍光、金日磾，委托二人辅佐昭帝，确实是最后的明智之举。霍光是霍去病的弟弟，生性谨慎，在殿中走路都有一定规则；金日磾自匈奴来降，但似比一般汉人正直，这证明武帝虽然年事已高，但并不糊涂。他堪称是中国为数不多的英主之一。近代史家逐渐从诋毁成就大事业人物的旧习中脱离出来，如赵翼的

《廿二史劄记》等对其功业进行赞誉：武帝恢复了秦始皇的原有领土，又开拓了新领地，使汉人的领土成倍增加，贻利于千万年之后。武帝对有功者大行封赏，但又直接摧折：因功而为诸侯者有七十五人，但到武帝末年有六十八人失侯；一百七十五人王子侯中，有一百一十三人失侯；外戚因恩泽而为侯者九人，有六人失侯。苛酷之举，成为后世一统君主的一贯作风。

第十章 前汉时代（下）

昭宣二帝之世

武帝之后是昭帝。由于昭帝即位时年轻，因而由霍光和金日磾辅佐他。霍光是由于做事极为谨慎，因而受到提拔重用；金日磾是由匈奴归降过来的，为人正直，所以一起受到武帝的委托。金日磾在第二年就去世了，霍光在其后的十三年间，在昭帝的左右，作为大将军辅佐政务。从此大将军就成为辅相之职，其权力可与丞相相比拟。这一时代是在武帝内外着力扩张之后，正需要紧缩调整的时代。当时的国内外形势，对这一任务也具有便利条件。当时匈奴的势力也逐渐衰微，没有必要进行外征，可以专门致力于内政。于是当时减掉了武帝时制定的许多种税法，与民休息，又停止榷酤之官。当时出现《盐铁论》一书。这是一本辩论武帝新实行的税法可否再实行的书。书中记述了当时由地方上出身的贤良文学之士与实行新税法的桑弘羊之间的讨论。贤良文学之士力言新法之不便，主张应予废止。桑弘羊则举出其益处，加以辩护。实际双方各有其道理。此书是了解汉代有关税法的议论的极其重要的资料。结果后来桑弘羊为另一件事而被杀。因新税法没有了力主维持的人，终于使武帝时的新税法宣告中止。这里所谓另外一件事，是指一件对霍光及新皇帝的阴谋活动。这一阴谋完全属于统治者家庭内部之争。在武帝的儿子当中，有较为年长的燕王，是昭帝之兄。最初，在武帝废太子之后，燕王以为将立自己。结果，武帝嫌其人过于失德，未立为太子，而立了昭帝。燕王有一个最年长的同胞姐妹，即长公主其人，她与霍光不和。再加上昭帝皇后的祖父上官桀等也加入这一伙，策划阴谋。他们上奏皇帝，说霍光擅权，有可能发生大变故。由于霍光是谨慎的人，故未采取任何对策，幸而昭帝虽为十四岁的少年，但却非常聪明看破这一阴谋而未予置理。这一伙又实行暗杀霍光之计，由此暴露了其内情，燕王、长公主自杀，上官桀被杀，桑弘羊连坐被诛。由于昭帝在位十三年，刚过二十岁就夭折，霍光迎武帝之孙昌邑王刘贺即位。由于其行为不检，霍光与当时的主要大臣一同上奏皇太后，废之。当时随昌邑王来的二百多臣下都被杀。历史虽未明书，但由此可见，可能是对霍光搞了阴谋之故。

其后即位的是宣帝。他是武帝时企图谋反而被杀的戾太子之孙。戾太子被杀时，其妻子皆被诛。只有其孙，即后来的宣帝，因极为年幼而未被杀。此人自幼在民间长大，颇通下情，因当时昭帝无子，他已十八岁，遂被迎立为天子。霍光辅佐幼主，包括昭帝及初即位时的宣帝，以及废无德之君的事迹，后世无论作为德政还是失政，都是一种典型。特别是他废立天子一事，后世人往往把它与殷代太尹废太甲之事相比拟，因而伊霍并称，被后世筹划废立之事时，引以为例。霍光在职二十年间，无论如何确是民情安定、四海无事。他死后，霍光之子谋叛，皆被宣帝所诛。霍光固是处事谨慎之人，但处理大事时则稍欠决断。《汉书》评他为不学无术。正如历史的实例所示，尽管他功劳很大，但于国于家都没有管理好，以致其后人受到如此残酷的处分。其失策之一，在昭帝时已有一定程度的表现。那就是，昭帝既已年长，且为明君，而霍光却仍不肯还政。当时上奏章者，先将副本呈送霍光，霍光看过之后，再将正本上呈天子。宣帝时，对霍光的阴谋活动逐渐增多，周围环境险恶，而霍光极为戒备。宣帝甚为聪明，十八岁左右即帝位。但霍光仍未归政。宣帝由于是在不得志的情况下成长的，具有顽强的一面，有游侠的气质。也是由于他熟习民间情况的缘故，他认为天子不仅是个行仪端庄的人而已。然而霍光是个极为谨慎正直的人，据说，宣帝即位时，霍光去谒见宣帝，当宣帝与霍光共同乘车去参拜祖庙时，宣帝有忐忑不安的负荆之感。据说，由此事为开端，招致霍光的后人终于被杀。因而从霍光方面来讲，也有注意不够之处。当宣帝在民间时，已与许氏订婚，即位后按约迎娶。霍光之妻想让自己的女儿被纳为皇后，而由于宣帝已有婚约，使她颇为失望。她当许氏分娩之际，支使女医将她毒死，遂册立自己的女儿为皇后。宣帝自从在民间时起，与其说了解霍光其人，莫如说从外面观察霍氏一族非常强大并过着奢华生活的样子，从而感到不快。对霍光感到不好接近，也是由于一开始就对霍氏一家有反感的原故。又加上这回发生了许皇后的事件。霍光最初不知毒死许氏的事情，后来知道了，又不忍揭发妻子的所作所为，在踌躇之间，霍光死了。宣帝本来最初是想诛杀霍氏，由于他是很小心的人，先把霍氏一族掌握兵权的人都调离原职，代之以自己的心腹之臣，遂与霍氏正面冲突，造成霍光之子及其兄之子等愤而叛乱，遂将其全部捕杀。

　　从此后宣帝亲政。由于他既有一定的学问，又知道如何施政于民间，而他不喜欢武帝时代那种以装点升平为主的儒家政治。他大体上采取法家的学说，专门实施以能充分发挥君权实效的政治为主。这一时代，并非仅仅是继承武帝政治之后的休养生息的时代，而是相当紧缩的时代。用人时也主要是量才录用，因而官吏大都适材适所。他最为致力于民政，他曾说："朕与良吏二千石共治天下"的话。这里所谓"良吏二千石"，即指地方官。当时地方官的任务，主要是很好处理诉讼事务，并抑制豪强。其中，也有些在地方上有钱有势、为害人民的人，对他们加以压制，是民政的主要任务。对此二者善自处理是当时的所谓循吏。循吏若举治绩，则加以提拔，甚至任命为宰相。宣帝初期，魏相、丙吉等任宰相。他们都是宣帝尚未即位时的好友，也有为抑压霍氏的势力而擢用的人，但皆称职。魏相任宰相之后，废除了大臣上奏章时，将副本呈递丞相的制度，而实行汉初的做法，即由丞相从中选出适当的奏章上奏天子的办法。丙吉当宣帝在民间时对他颇有恩谊，而宣帝即位之后，他绝口不提以前对宣帝的恩谊。宣帝虽通民情，但有过于苛酷的地方，据说丙吉较为宽宏大量，可以补救宣帝的缺点。其次，任宰相的人中，有以循吏著称的黄霸。黄霸正如日本的大冈越前守 [1] 那样，对审判诉讼有特殊的才能，善断隐微。但他任宰相之后，其名声较地方官时稍为逊色一些。盖宰相与地方官的秘诀有不同之点。做天子宰相的人，不一定需要详察民间隐微、断案精明过人的人物；而是需要以其宰相的重要

---

[1]　此处指大冈忠相（1677—1751），日本江户中期被任命为町奉行，通称越前守。以裁判公正，善断诉讼而闻名。——译者注

地位来纠正天子容易任性毛病的人物。然而，黄霸却不擅长这一方面，却有被天子宠爱的倾向，而缺乏节义与深沉。可是，他绝不是无能的人。他运用自己做地方官的经验，建立常平仓，以调节粮食价格，这成为中国民政后来长期执行的重要制度（当然，武帝时起就有常平仓，但当时主要为增加政府的收入。然而，黄霸的办法，则是为了安定人民的生活）。

宣帝中期以后，用这些人做宰相，举民政的实效，但是对宫中约束的力量渐衰，终至造成汉代后来的祸根。最初，用魏相、丙吉为宰相，这并不是宣帝真正的方针。宣帝真正的方针仍是用有成绩的地方官为宰相，即取产生明显效果的人为相，而不用在不为人觉察中可以纠正君王过错的人。天子自恃聪明，往往只用自己信任者。由于不信任像宰相这样处于显要地位的大官，就渐渐产生信任外戚宦官的倾向。宣帝在世时，由于皇帝贤明，因而宦官等唯皇帝之命是从，如果没有这样贤明君主的话，则被宠信者很可能把事情弄糟。这一点，秦始皇的例子中表现得很清楚。宣帝时，是执行法家的法，比较看重实际效果，而更嫌弃民间舆论好的人。对于那些自以为是、不肯听命于天子或外戚的人，总是不由自主采取嫌弃态度。赵广汉是个非常能干的官吏，后来被宣帝所杀。当时官吏和百姓为他说情的人很多。像宣帝这种人，总是讨厌那些民间舆论好、人民不惜冒犯天子、力图加以祖护的人。这就是中国政治屡屡发生矛盾之所在。在民间有人望的人，必然不为中央掌权者所重用，想把这两面调和起来是非常麻烦的。中国政治的这一现象在此时已出现了苗头。因而中国的明君大多只在其人在位时善于治世，其人不在时则这种局面难以为继。相反，过去被压制下去的弊病突然爆发，常带来衰败和暴乱。此时，宣帝所用的人物与武帝时不同。武帝时，对那些虽有缺点但有一技之长者，常破格任用，有过失则毫不容情地加以处罚。宣帝时所用的人，多为谨慎正直、坚决遵奉天子之命，对工作极为忠实，但不越常规的人。这种风格不仅在政治上，也在一般社会上通行。当时任何事情都是紧缩而安定的时代。

这时对外国，幸而也是这一方针可以行得通的时代。中国的历史学家往往苛责武帝，而肯定宣帝的对外消极政策，这是错误的。一般认为，昭宣时代是中国对外从古到今最有威力的时代。但这是由于武帝时，尽国力对外征伐，用财力与人力将敌人全部压服的结果。中国固然不免疲惫，而外敌则早已趋于疲惫，以致造成这样结果。昭宣时期的安定，完全得益于武帝时的政策。昭帝时，在与外国关系上，只有诛楼兰王一件事，此外则边疆无事，宣帝时，匈奴疲惫的结果，造成内部的分裂，五单于互相争斗，最后只剩下呼韩邪、郅支这二单于。二人不和，呼韩邪败而降汉，郅支最初在其国内势力猖獗，由于这种内部争斗，也自然势力变弱，最后招致灭亡。呼韩邪之降汉，是匈奴自从汉初以来非常大的一次挫折，因而汉代上下均喜不自胜，并以诸侯王以上的礼遇优遇之（当时此事已宣扬四方，距今十余年前，在归化城[1]曾发掘出刻有"单于和亲"、"千秋万岁"、"安乐未央"等字样的砖）。这次匈奴降汉就发生在宣帝时期。当然，其原因即在于当年武帝的征伐。此时，又有居住在甘肃地方的羌族发生骚乱。对此，有赵充国其人不采取大规模远征的方式，而采取实行屯田以逸待劳

---

[1] 今内蒙古呼和浩特市西南。——译者注

的政策。其后，这一政策成为中国用经济方法实行抵御外敌政策的一个样板。蛮人的侵掠虽有时一时猖獗，但不能长期持续，这样就可以独力驱逐外敌。这些都是对外敌侵掠采取紧缩方针的例子。

在前汉，从武帝到宣帝是其中的全盛时代，人才辈出。然而，这个时代的人物是各有特点的。这一点，在荀悦所著《汉纪·宣帝纪·赞》中，已有论及。关于武帝时代的人物情况，前面已原文引用了《汉书·公孙弘传·赞》中的论述。武帝时的人物，大多既有缺点，从才能方面说，也有很多是有天才的人。宣帝时的人物，概而言之，则与此不同，大多是有修养的人，在做人态度上是端庄严肃的，是在当时世间所允许的道德范围内发挥其才能的人物。所以形成这一情况，一个是由于宣帝的为人所造成的。武帝本是贵族出身而具有好奇心的人，但对下情则不太熟习。而宣帝虽说是皇族，但从小时起就在辛劳环境中长大，较通达下情。录用人才时，他不采取像武帝那时的方针，即只从好奇心出发，以其才能而任用，而又轻易舍弃。而他用人时的倾向是，如果只有名而无实效者，则不予录用。当时环境已逐步稳定下来了，民间良民与不逞之徒的区别已日益清楚，只要压制那些不逞之徒，政令自然可行，因而专门侧重于选取适于治世的人物。故而，在宣帝时的人物中，能吏多于学者。正如张燧在《千百年眼》中所说，当时的人物大多不是学者出身，而多出自吏胥。根据他的考察，进入汉代以后，成为宰相者，大体无功业显赫者，而功业显著者则多为吏胥出身。例如，赵广汉（河间郡吏）、尹翁归（河东狱吏）、张敞（太守卒吏）、王尊（涿郡书佐）等，多为宣帝时之人。这些人，其功绩几可与大将、宰相并列而无愧。这些人，从小时即深通法律，习于诉讼，对民间恶棍的情况了如指掌。因而，如果一旦提拔成为大官，对人民受吏胥之害尽皆知情，可以巧为抑制。本来吏胥这一阶层的人物，如果留在下级，则其才无由显现，往往只做坏事；如果一旦提拔至高位，其人也可以力求向上，起公卿大夫同样的作用，自然可以摆脱当年小里小气的毛病。张燧这番言论，固然是为讥讽明朝末年的情况而发的，到底切合汉代情况到如何程度，当然有一定疑问，但总有一定的切合之处。固然，宣帝时是汉代学问盛行的时期，但像宣帝那样，之所以把施政重点放在实际的民政上，当然是由于他与精通此道的吏胥阶层出身的人十分熟习之故。这也是当时学者出身的人不大起作用的证明。

中国历代民生安定的大治时期，莫过于宣帝治世之时。这是为政讲究实效的好处。宣帝曾说：汉的政治是与霸术相互交织。总之，大体上是采取申商的主张，即实行综核名实的政治。而为了实行这种政治，皇帝必须像宣帝那样通达下情，并自己掌握实权。但这是很困难的，因而汉代也只是持续宣帝一代。宣帝时，皇太子为后来的元帝。他曾向宣帝谏言，不要刑罚过于苛酷。宣帝当时曾说：汉代的政治非专行王道，而是与霸术并用（"霸王道杂之"），因而招致"乱我者太子也"的话。

元帝、成帝的为人与外戚、宦官的跋扈

元帝以后的皇帝大都从贵族生活中长大，远不及宣帝那样对生活有深刻体会。而且，给汉代政治带来重大弊害的是外戚参与政治。古来三代之时，不见有外戚参与政治的迹象。之所以如

此，一个原因是，当时即使有，也许由于记载不完备所致，因而后人无从知晓。另一个原因是，当时就整体情况来说，是实行贵族政治，不能出现由天子一人的意志左右政治的局面。秦始皇一人独裁虽无弊害，但当实行独裁政治时，天子若不英明，则难免演变为大臣或外戚专制。进入汉代之后，惠帝时已有吕后之祸，文、景、武帝时，由于天子英明，未发生大臣、外戚专擅的现象。只是当时，由于外戚偶尔参与政治而流于骄奢，曾出现过皇帝对其处以刑罚或杀掉的事情。武帝时，深知其弊害，曾为昭帝杀其母，[1]因而无外戚之祸害。但到霍光时，就发生了大臣的专制。但由于霍光是正派人，因而未产生大臣专制的害处。但他死后，则情况就不妙了。宣帝时，由于天子英明，因而未起祸端，而在其时提拔的外戚，到了元帝、成帝时，渐趋于跋扈。汉朝自从景帝以后，削宗室之力，以致失去压制中央的大臣、外戚的力量。

在外戚、大臣之外，还有为害中国政治的宦官。宦官之为害，从宣帝时已渐萌芽，至元帝时开始出现。作为中国政治，可以说是一种自然的归趋。武帝时，对有一技之长的人，无论何人均加以任用，朝廷似乎成了有才能的人的竞技场。至宣帝时，用权力加以控制，随着这一权力产生的附随而来的东西，那就是宦官或外戚的擅政，大臣擅政的为害也逐渐产生。

到元帝时，首先表现出来的是宦官与大臣的冲突。宣帝考虑到自己死后需要大臣来辅佐元帝，当时指定既有学问又通达事务的萧望之作为辅佐人。在另一方，宦官方面则有宣帝时得到天子

---

[1] 据《汉书》卷九十七上，《外戚传》中的赵婕妤（昭帝母）传说："钩弋婕妤从幸甘泉，有过见谴，以忧死。"——译者注

宠信的弘恭、石显。至元帝时，这两派发生冲突。如王夫之等人所论，认为中国政治上之有朋党，乃是起于元帝时（《读通鉴论》）。实际参与政治的人分为两派，各自拉帮结伙，则实始于元帝。这是因为，元帝其人缺乏英明果断的作风，不能有效制御朋党间互相进行阋墙之争的原故。这场斗争的结局，大臣一方的萧望之败北，宦官派弘恭、石显得胜。这是中国政治上宦官跋扈的开始。王夫之曾说，元帝自身对此没有责任。但后来皇后王氏一族成为辅政之官，最后到王莽时夺取了汉室天下。这是外戚为害最为惨重的一幕，这是天子不成器的结果——由于元帝其人有柔仁妇孺之风，不能实行刑罚等惨酷之事所造成。正如《汉书·元帝纪·赞》中所说的那样，从这时起，皇帝的生活已经非常贵族化。据说元帝多才多艺，会写字，喜读书，通音乐，善弹琴吹箫，自谱声曲，区分节度，穷极其妙。此时被用为宰相者，也多为学者型之人。政治上发生问题时，无论皇帝、大臣都时兴引用经书之语，以判断是否契合，而不能根据事情本身下切合时宜的英明论断。幸而当时世上还算比较平稳，因而元帝一代得以无为而治。在《汉书》的"赞"中，虽然说当时诏勅等文章写得漂亮、主意稳妥，有古天子之风；但另一方面看，则反映了政治上没有任何实行的能力。

到其后的成帝时期，正当学者的温文儒雅之风盛行时，贵族式的自由放任的风格又侵入进来。成帝相当有学问，喜欢书籍，甚至让汉宗室刘向开始整理书籍的工作。又《汉书》的"赞"中说他讲究修饰仪表，在车上笔直挺立，不向内顾盼，不疾言，不任性，临朝渊默，尊严如神，可谓穆穆天子之容。当时大臣公卿等上书，引经书以论天子之失德时，则以其为直言，郑重其事予以接受，表面上颇为安详，而实际上内心中则不以为然。成帝还在对妇女的态度上很不检点，美人并被册封为皇后的赵飞燕以及被封为昭仪的其妹赵合德，都是出身于卑贱的舞妓。此二女行为不检，成帝本身亦极淫乱以致早死，因而没有子嗣。此人尽管在外表上注重贵族风格，讲究体面，而内在方面充分表现出与此不相称的缺点。由于没有太子，外戚王氏逐渐得势，终于造成王莽篡位的结局。然在当时民政方面还是继续宣帝以来的情况，并未因为朝政的紊乱而受到直接影响。正如日本在王朝时代的藤原氏专权时期，地方官仍然大多正直为官，呈现出治世的局面。汉代自从宣帝时起，地方官中的能干官吏与治世的宰相人才，二者情况完全不同。从此时起，朝廷内部虽比较紊乱，也无适于充当宰相的人才，但地方官仍然不坏，自宣帝以后直到元帝、成帝时期，民政仍然正常进行，人民安居乐业。

王莽篡位

因为成帝无子，由哀帝入嗣，后又立平帝。从此时起，王莽逐步得势。此时，学术遍及各个领域，朝廷的政治、礼仪等均以经学为准绳。王莽的篡位阴谋也以当时盛行的学问为基础。本来王莽在王氏一族中，处于最无势力的地位。当王氏一族在成帝时代骄奢已极时，王莽却以学者面目出现，俭约自持，笃于人情，多施善行。这也未必都是伪善，本来王莽当时或许以此面目而了却一生，也未可知。然而，王氏一族其他人绝后，使王莽首当其位。元帝的皇后，即王太后，成为当时几代朝廷的中心，而当时深得太后宠爱的，就是其侄王莽。由此，他的野心也逐步越来越大。其中原因之一，也是由于当时经学对于王莽得势颇为有利。

当时都以为经学是孔子的思想，以周公的政治为模范，凡典章制度附会到周公头上的，均深得好评，而王莽正利用了这一点。自从哀帝、平帝以来，天子年幼即位，均需要辅佐的人。由于王莽是外戚，且为大臣，可以像周公一样辅佐天子，特别是因为在哀、平帝之后，立幼弱的孺子婴为帝，由王莽任摄政。这以当时流行的经学而论，是当然的事。根据经书中的说法，周公当年辅佐成王，因而称王，王莽遂自称"假皇帝"，后来遂进一步成为真皇帝。此时，从学术上使王莽行动附予合理化根据的是刘歆。刘歆以当时的学问，巧妙地加以附会，致使王莽实现其野心。而当王莽真正即皇帝位时，怂恿各方上书，在"俯从舆论"的美名下，夺了汉室天下。此时，王太后仍然健在，到王莽篡位时方意识到事态之严重性。她怒责王莽："我自己以汉家的寡妇的身份执掌汉家天下，汝受汉家之恩，反夺汉室天下，实令人难以置信。"[1] 但为时已晚，王莽威逼王太后，夺取了皇帝印绶。这样，汉在前汉末年，由于外戚干政，造成一时丧失天下。可谓说明外戚政治弊害的极好样板。然而事实上，此时的政治，由于权力集中在帝室，既不像三代时那样，有贵族势力对其进行牵制，也不像汉代初年，由于天子一族有势力，凡遇有事则举兵平定之。现在由于全部权力集中于天子身上的结果，天子英明则还可以维持，否则即使天子周围的人，恣意专横，也没有任何可以牵制的力量。权力集中在一处的弊害，在前汉末年已经表现得相当清楚。

---

[1] 据《汉书》卷九十八《元后传》，王莽遣人向元后（即王太后）索国玺时，元后怒骂之曰："而属父子宗族蒙汉家力，富贵累世，既无以报，受人孤寄，乘便利时，夺取其国，不复顾恩义，人如此者，狗猪不食其余。……我汉家老寡妇，旦暮且死，欲与此玺俱葬，终不可得！"——译者注

王莽与经术

　　王莽之所以能篡夺汉室天下，正如古来一些历史学家所说，是汉室制度造成的结果，内部纵有阋墙之乱，外部也无由抑制之所致。但此时最为直接而切近的原因是由于王太后长生、外戚专权造成的。王太后在《汉书》上称为元后。《汉书》上称，汉之所以造成一时丧失天下，是由于元后长命、外戚专横所造成的结果。故而特别写《元后传》，以结束前汉。这表现了班固作为史家见识之所在。

　　此外，王莽之所以得人望，是由于利用当时新近兴起的学问。学术可以由于其利用方法之不同，而被用于善恶不同的目的。王莽之前的时代，以学者方面来说，是刘向的时代；从学术发展的历史来说，是中国学术空前发展的时代。而刘向正充分利用了这一点。他的看法当时虽未必充分见诸实行，但他的著述都作为当时君王的参考，刘向本人的意见也在引导政治向好的方向发展。然而，当时学问已经得到了独立的地位，发展到可以把学问用于或善或恶的方面。到其子刘歆时，则完全用于坏的方面。王莽篡汉在学问上所玩弄的手法，大部分都是出自刘歆之手。当然，王莽其人，正如古来史学家所说，在实际政治方面，并非是有作为的人。王莽后来成为篡夺汉室天下的奸雄，是他从一开始就是这种人呢？还是后来的境遇使然？这一点我们还不太清楚。中国人总是习惯于从事物的结果来推溯他原来的动机。但王莽究竟是否从一开始就是大奸臣？恐怕也未必如此。若是境遇使然，则刘歆等人的学问可能是其中占很大比重的原因所在。

王莽的做法是一切都以学问为根据。其夺取汉室天下固不必论，其政治行为也都如是。当时学者之间，有所谓古文、今文之争。当时固然有像刘歆这样，以古文之学帮助王莽篡位，然而大体上当时如果不是根据一般公认的学问的话，王莽不可能得逞，因为还是以今文之学为基础。正因如此，王莽发布的命令，都是以今文说为根据。当时在学问上，是以古代周公所行的政治为模范。王莽最为致力于学周公，以至于打下篡夺帝位的基础，都是模做周公。当然，在今文之学之外，也有时根据古文之学。王莽在政治上的失败，很多渊源于此。譬如，自己任汉摄政，固然是根据今文之学，在实际民政上，则是根据当时新出现的《周礼》而行的，所以才招致民政上的失败。

自古以来中国的历史家，都认为实行《周礼》毫无任何价值。而最近读了一些社会主义书籍的人，则对它实施的一些社会政策的做法表示欣赏。但这两者都不符合事实。《周礼》中的政治，是根据当时的理想而制定的，即根据汉初学者的理想而制定。但它不是在长期的中国历史上毫无影响。应用《周礼》第一个失败者是王莽，第二个失败者是王安石。王安石不能说是全部失败，到后来是在某种程度上贯彻执行了。它与后世，自从明代开始所实行的，根据《周礼》的理想所制定的东西，例如官制等，殊无二致。那么，《周礼》的理想是在各个朝代都可以实行的，只是在王莽的时代实行它还嫌过早而已。在经过一千五百年之后，把其中的一部分，如官制，付诸实施了，但在一千五百年前若准备实施的话，那就是错误的了。其中所写的内容，是根据中国政治的发展，得以逐步付诸实施的。王莽以人民之田皆为王田，拟实行昔日类似井田之制、令奴婢属官禁止买卖、以一切商业为官业、制定划一的货币法，这些作为理想都是好事。但是，像中国这样，土地广大，国内开化程度各地参差不齐，而拟实行具有统一理想的政治，就是它失败的根源。这些事情，当时固然都以失败告终，王莽所实行的事情中，在当时有些强制实行的极其原始而幼稚的事，其后也有人照着做。例如，重视符瑞和谶纬等事，就是属于这一类。王莽一方面宣布实行如《周礼》中所说的理想的政治；与此同时，又使用当时民间流传的符瑞和谶纬等等。汉光武帝等人也信符瑞和谶纬，以为得天下人心之本。把这两者一对照，就会充分了解中国的社会。很明显，谁如果实行理想的好的政治，就会归于失败。这是因为，如果善断民间诉讼、取缔豪强的横暴，固然有利于实际政治，但如果实行超过这一限度的政治，则不会行得通。因此，历史家们认为，汉代政治的长处是整饬吏治，而王莽的政治，虽然建立了制度，但忽视了吏治，故而失败。也就是说，由于王莽的失败，可以了解当时社会发展的程度。

对于王莽篡位这样坏事，中国的道德却没有牵制的力量，这是很奇怪的。王莽表示，他由摄政到真正即帝位，任何一件事都非自己所愿。据说，他到做天子的阶段为止，上书颂其德的人数，官吏与人民共达四十八万人，他成了后来袁世凯制造"民意"的模范。这一现象，毫无疑问，恐怕是集中当时知识分子的舆论所造成的。若从当时学术发展的程度来说，可以说，当时的弊病是学问过分集中于官学。当时的经学，经师各有家法，各自发展到家学，这是前汉时学问的特点。对于这一点，虽然近年来清朝学者等人认为是好事，但由于学问被专业人员所占有，他们所培养的博士、弟子等，都学的是如何做官的学问。因而，正像今天学法律的人，只学充当官吏的学问，而不培养其道德心，通过学博士之学，不能培养其个人道德。只要当了官吏，究竟是汉室天下，还是王莽的天下，他们是无从选择的。而这对于王莽来说，正是方便的所在。反之，到了后汉末，学问移到民间，产生了与此相反的结果。到这时，学问流行于民间，发展了真正的道德，这固然成为争乱之源，但对于培养个人的人格而言，是有好处的。而前汉末年还未发展到如此程度。

王莽统御蛮夷的失败与蛮夷的觉悟

王莽的失败固然是由于不注意民政所致，但最早出现破绽的是对待与蛮夷的关系。在前汉武帝时，倾国力以征伐夷狄，国家固然疲惫，但使汉的威力达于四方。因此，昭帝、宣帝之后，夷狄虽然经常有事，但汉人有自信，不难制驭夷狄。出使外国的人也有时采取果断措施，有时对天子的命令作随机应变处置，压制夷狄的暴动，显示汉室的威力。以匈奴而言，虽然经过一些纠葛，但大致使匈奴一分为二，降汉者荣，敌对者亡，使大敌归于消灭。这样，到汉末，在对国外关系上是安全的，夷狄的酋长都归服了汉室。而王莽不考虑所以造成这一安全形势是如何来的，也不考虑这是武帝以来倾国力、派人才所以至此，而只是想肆意伸张中国的威力。本来汉时，匈奴的待遇在汉的王侯以上；王莽则降各蛮夷王之位，以为侯。由此，招来以匈奴为首的各外夷的叛乱。由于匈奴的叛乱而进行征伐，他又不能像汉武帝那样在提拔将帅人才时，具有特别的鉴别能力，而是像秦始皇和二世那样，以罪人为兵加以征伐。而秦始皇时期也与其亡同时，征伐归于失败。而王莽也由于如此做而明显成为突然发生暴乱的起因。由此，从与蛮夷的关系，结果招致内部的叛乱。这是与秦亡时同样的命运。王莽自信以学问治国，他到死时也不明白自己灭亡的原因。

然而，王莽在统驭蛮夷上的错误政策，对东亚整个形势产生了明显的影响。可以说，中国的历史之所以形成为东洋史，就是由王莽失败造成的。到此时为止，亦即文明起源以来至汉末为止，是中国文化向四方扩展的历史。其他各种族受中国的影响而趋于中国化。过去与中国的言语、风俗不同的蛮夷也中国化，有很多地方通行中国的言语与风俗。然而，王莽的失败，使得由于接受中国文化而逐步觉悟的各蛮夷认识到，抵抗中国并不困难。从历史上看，前汉的历史中，固然可以列举许多各蛮夷归服汉势力的事实，但却看不到各蛮夷考虑到自己的由来、觉悟到自己是一个独立的种族。当王莽时代过去以后，王充的《论衡》中才提出扶余国（在今中国东北农安县）的起源说。它与周朝的起源说颇为近似。这表示在蛮夷国中，也有类似周代圣天子那样的传说，这只不过举一例而已。恐怕当时在四方的蛮夷中，不论或迟或早，都会有这样一种觉悟。当然，这是在未开化的种族中，由于接受中国文化自然产生的现象。而王莽虐待各蛮夷的做法，却是刺激它，促使它自觉的起因，到《后汉书》中，都记载了各蛮夷种族起源的说法。从《后汉书》开始，形成一种现象，即东洋的历史不仅是由中国汉族构成的，而是由种种不同种族构成的。汉时，高句丽国的兴起，也正是由此之故。高句丽本在汉玄菟郡的高句丽县，在高句丽语中为"大城"之意，因而说明当时在该处确有种族集团，他们接受汉的待遇，封王（例如，濊王等），比较知足。王莽则封为高句丽侯，又为"下句丽侯骝"，使高句丽大怒。使它在整个后汉时期内，虽在汉中而不听汉之命，以至于造成开高句丽大国之基。《汉书》中，有"下句丽侯骚"，据说，这恐怕与高句丽祖先邹牟是同一个人。

从这时开始，东亚的历史成为各种族共同的历史，不只是中国文化向四方扩展、统一其他各种族的历史，而是产生了由于各种族的反作用，使得中国本部趋于动摇的巨大变化。而对于王莽来说，这则是个失败，对于中国来说也是个失败，这是历史上一个有趣的现象。也就是说，中国文化的发展，使得汉武帝以后，或则其后一部分时间内，造成学问超过实际生活需要的进步。由于它的中毒的作用，搅乱了社会，出了其代表者王莽。在中国文化的发展上，这时是个有趣的时代。当然，无论王莽，无论刘歆，并未觉悟到这一点。他们认为，自己越努力推动学问的进步，越会有好结果。这就是在历史上致力于学问，往往不会产生预期效果的证据。

前汉的风俗

中国的历史家们也注意到这一时代的实际社会的状况。赵翼的《廿二史劄记》中也注意到这一方面，他写到，前汉社会的风俗，并没有像后来中国人认为的那样，由于学问而弄得很讲究。在该书中还指出，汉代的皇后多出身微贱。例如汉文帝那样杰出的皇帝，其母薄太后是从敌人宫中强掠来的人中的一员。她的容貌可能也并不美，她与其他被掠的女子相约定，谁先被高祖召唤因而位尊者，应该再推举其他人。其他二人均被召见，而薄氏未被召。直到高祖听说他们耻笑薄氏，才召而幸之，生了文帝。又例如武帝的卫皇后，是武帝姐姐身边的歌妓。成帝的赵飞燕亦如是。从而当时他们之间的夫妇关系，并不像后世由贵族出身的皇后那样郑重其事举行仪式，而是像平民中一样，作为女人专靠一套笼络男人的技巧。武帝的陈皇后是幼时熟习的，据说，武帝将她弄到手就贮金屋而藏之。陈皇后也是很讲究笼络男子之术。这与寒微人之间的男女关系几乎是一样的。还有，汉代皇室的婚姻是不论辈分的，经常胡乱来。例如惠帝立他姐姐鲁元公主的女儿为皇后，哀帝立相当于他母亲的婶婶的人为皇后。生孩子即以其母之姓为姓。就是说，卫皇后之子称卫太子，宣帝曾起名史皇孙，这就是随母方的姓。在日本，大家名门的女子，往往回娘家生孩子，在娘家抚养子女，连孩子穿的衣服也要回娘家去找。这种习惯，自从藤原时代以后一直延续到今天。这从后来中国的眼光看来，颇为感到奇怪。还有，一般都说汉代的公主不忌讳有情夫，汉代诸王的行为不检点，这在后代也是同样的。只有到了明、清，惩治这些现象，严格对皇族的教育，这些弊端才逐渐绝迹。盖因汉室皇家像暴发户一样，是从微贱之身突然兴起，其子弟并无受教育的工夫。像刘向之家那样，从祖先开始就喜好学问，这已经成为他的家风，这是一种特殊情况。大多数人，作为皇帝的亲属，生活上自由放任，也没有特别的教养，因而致此。这种现象不止于汉代而已，主要是因为皇室家族没有严格教养之所致。在汉时，丧葬制度也无定制。文帝诏：以日代月，也就是用二十七日办完二十七个月应办完之丧礼。实际上做不到，国中一般都不照此遵行。当时很少执行所谓三年之丧，皇族做到的，往往有时受到皇帝的夸奖。这一制度，作为礼节，往往行之于学者之间，但并未形成为制度。后世中国有丧服之制，违者要受到制裁。但在汉代，三年之丧并未形成为制度。作为风俗，也未普遍遵行，而只是学者的理想。本来，像礼这种比较严格刻板的东西，只不过是儒家等人的一种规则。汉武帝在以儒家统一思想的同时，也希望把儒家的理想变为普遍的风俗，当时正处于这种过渡期中。而它变为实际的制度乃是后来的事。其中有些服丧的人，被称道为修养高尚的人。但实际生活中往往并非如此。即使到后汉时期，据说有人服丧二十年，其间生了五个孩子的事情。在这种风气之下，只是民间的文化从总体上看，在慢慢向儒家化的方向演变。王莽企图一下子做到这一点，结果归于失败。如果慢慢顺势引导，说不定会取得成功。光武帝所做的，实际上与王莽一样，只是因为他是汉室的后裔，所以取得了成功。

前汉的官制

汉代的官制在前汉与后汉还有若干不同。在前汉，大体上是根据秦时的官制。自从王莽时开始采用《周礼》的制度；到后汉时，则大部采用了王莽的制度。也就是说，在后汉时，混合采用了前汉与王莽时的制度。在前汉，中央政府中最主要的官是丞相、太尉、御史大夫。丞相是文官中的最高等级，太尉是武官中的最高官，御史大夫则是丞相的副手，御史中丞是监察文武官员的官。还有，后来出现了大司马、大将军这一官职。这一职务是霍光辅政以来的重要官职，以后当外戚执政时，不担任丞相，而往往担任是职，以为惯例。王莽时，改丞相为大司徒，改御史大夫为大司空。在秦汉以后的专制时代当中，实际上天子为政时必须的官是作为监察官的御史。在以后的地方官中，逐步把地方官与监察官分开了。

汉代的官制中逐步增加一些自然必须的官，但并未考虑到像《周礼》那样划分六部，以之统率各种官吏的设想。只是依照需要逐步增设，而其统属机关甚不明确。这种所谓统属机关，是王莽改制时所建立的理想制度的长处。从那以后，逐步根据官的大小产生相互统属的制度。再者，在前汉中，起主要作用的官吏时有不同。武帝时，当重视财政时，该方面的官吏大受重视。当宣帝以后重视地方民政时，又大为重视地方长官。再者，武帝以前，任丞相者一般多是功臣或其后裔、皇帝的外戚等。武帝时重视学问，有从贫书生提拔而为丞相者。由于武帝是根据自己的特别赏识而提拔，因而采用人物的标准也殊不一致。宣帝以后又不同，很多地方官以有功绩而提拔为丞相，以后逐步形成为制度上的秩序。

在汉代制度中，一个突出的优点是重视地方官。宣帝曾说："朕与良吏二千石共治天下"。一般认为，由于如此，所以地方制度颇为完善。由于当时是处在制度的发展阶段，所以地方的制度颇有自然与时势契合之处。其中，后世认为最好的制度就是乡官制度。在地方官方面都有太守。诸侯国有相（前汉中期以后，诸侯实际上不参与政治，实际执掌政务的是丞相）。其下有县，县大者有"令"，小者有"长"，其下各郡国有丞、都尉；县有丞、尉，天子所命之官止于此，如果与后世相比，郡之太守的属官即掾属，就不由朝廷任命，自己可以自由任命。当时虽称之为郡县制，但封建制的残余仍很多。长官与属官的关系，据说仍君臣相称（《廿二史劄记》）。此外，有乡官，为自治团体的官吏。县之下有乡、亭、里（大体十里为一亭、十亭为一乡）。乡有乡官，以三老、啬夫、游徼为其主要者。三老司教化，啬夫司诉讼与收税，游徼管理盗贼之事。乡官当然是由上面任命的，但因看重此职务，因而皆由该地有人望者当中采用之。县的令、长权力是一样的，名义上称之为"相教"，实际可以相互命令。以上为地方官之职务，他们可以直接上书皇帝。其事例是，当卫太子骚乱时，壶关三老曾上书为卫太子辩护，此为有名之故事。加之，在地方官的属吏方面，在汉时就任用该地的人为当地之地方官，以便适宜于办理民政。此制度经六朝至隋时被废除，这是对中国民政的一个破坏。其后，本省的人就不能在本省为官，即实行回避制度。这是因为世事人情已经演变到不能不在本省回避的地步了。中国不适于实行地方自治制度已经有很长的历史了。在汉时，还算是比较好，后世想立刻复兴是不可能的。这件事在中国政治史上是一个议论纷纷的事情。虽然后来有人发议论，认为应该把地方上的事完全委托给地方官，应该恢复封建制等等。但事实上复古是不可能的。它所以适用于汉代，因为从政治演变的阶段来说，它是处于最为适合的阶段。

汉时中央与地方的关系也还搞得不错。这就是它实行的部刺史制度。汉时，把全土分为十三部，大体相当昔日的九州。所谓九州，并未见之于实际制度，不过是学术上的理想而已。也有所谓九州即是十二州的说法，再加上一州就变成十三部。是把战国以来地理上的理想区划加以现实化，就成为十三部。在十三部中，分别派刺史，也是中央派遣的监察官，根据六条监察科目，对地方进行流动监察。这一制度是一件饶有兴味的事。郡的太守为禄二千石（相当于米一百二十斛）的官，部刺史为六百石的官。六百石相当于县的令或长的中等位置（令、长的禄为由千石至三百石）。刺史位低，禄也低，而由他来监督二千石的地方官，而这是因为他是由中央派出的官吏之故。这一制度为武帝时所开创，据说已被充分实行。地方监察官若成绩好可提升为太守。这一刺史，是在专制政治时代对地方官非常必须的监察者。但到成帝时，产生了对这一制度的不同意见，认为本来卑官监督尊官是不合适的。于是改变为在十二州置十二个州牧，给予二千石俸禄。但是，这一做法背离了原来的主要目的。原来是中央政府派出的官吏，当他成为州牧后，就成为郡太守以上的统辖官，同时又是地方官。安置这样大的地方官，不是原来设想的。其结果，招来了地方官的专横，产生了对这一改制的批评。大体上，汉的制度在大小官相统属的问题上，是自然发展而来的，并无定制。乡官、刺史等地方制度之日益成型，也是自然发展的结果。从成帝以后，到王莽时趋于紊乱。王莽时代曾拟把理想制度实际加以试行，这有其好处，但当时失败了，以后才见诸实行。

中国的制度，从汉代才开始实行实际的制度。其后经历种种沿革。像地方制度，人们都认为，以汉代的制度为最好。从汉代以后，经过种种变迁，后来发现一个原则，即"古来小官多则其世荣，大官多则其世衰"（《日知录》）。此原则也可以适用于中国以外的其他地方。按汉末王莽时的制度，郡国合起来共有103个，县与邑共1314个。还有若干不大主要的诸侯小邦。这是整个地方行政区划。县以户数一万为基准，分为一万以上的县与一万以下的县。其幅员，按中国里数来说，以方百里为大体标准，相当于日本的一个大郡左右。当然，凡是人口多的地方则幅员小，人口少的地方则幅员大。中国的地方制度，并非把自古以来诸侯小领地直接变为行政区划。秦汉之际是以上述标准人为地划分为主。此时有户数1200余万，人口6900余万。无论户数及人口，此时的计算大致不差。前汉时这一计算数字一经确定，就成为后世的标准。后世国势强盛时，总是大致保持这一人口数字，并无太大增殖。这如果与其他国家相比，似乎有些不可思议，但，这是中国的经济状况决定的。也就是说，在东至朝鲜、北西至流沙、南至安南、东至海边这一范围中，使用自古以来的固定的耕作方法，决定了它的发展程度。此外的地方，由于天然地势的关系，并且由于不能实行中国内地的政治的原故，在最盛时顶多达到前汉的程度，再超过这个界限就走向退步，这样，在人口和户数上就得到了自然的调节。在前汉末年，中国的政治上、经济上的自然发展几乎达到了极限，可以说，什么事情都大致确定下来了，其后的政治，只是有何处不够周到，何处有毛病等类的事情而已。这就是汉初与汉末社会状况不同的根本所在。司马迁所见的社会是急剧发展的文帝、景帝时代，这一时代，主要是武帝如何榨取自然积累起来的财富的时代。而班固时代的社会状况则大不相同。所以，这两人对中国社会的看法是不同的。譬如，对货殖、游侠的看法，货殖、游侠的表现情况也是各不相同的。货殖、游侠在汉初很多，武帝加以取缔，以后不再出现。汉末，富者入货殖传者极少。大富者一旦超越法律，则招致失败，故大富不再出现。汉中叶以后订立制度，整顿秩序，不能再超越法律，富者与游侠都难以出现。王莽时虽有若干游侠，但与汉初不能同日而语。不出现游侠，代之在王莽时多出现流贼。虽说是流贼，但与后世的流贼到处骚扰不同，而是在各地割据。游侠虽与流贼相似，但二者不同。游侠或能代替某一地方警察的职能，而流贼则不考虑其他人的安全。法律一经走上正轨的结果，使得男人不可能再四处闯荡，而秩序紊乱的时候，则容易出现只图自己利益的盗贼。

前汉的学术

关于学问，如前所述，汉家博士之学，各以一家之家法的形式世代相传，通过这一家法来研究经书。武帝以后，虽一直实行家法之学，但到前汉末年为止，其内容有一些变化。这是由于这一时期书籍在世上出现者日益增多之故。当时书籍每一出现，皆将之献与政府。到成帝时，集中在皇帝手头的书籍已非常之多，为此，开始了刘向的校书事业。今天，《汉书·艺文志》中所见的书籍，大体就是这些书籍。这时，除了在博士家的书籍之外，保存在中秘[1]的书籍也日益增加。由此，学问开始分为两源，即今文之学与古文之学。今文之学是刘向校书以前由博士家传之学。它把一切书籍的文字都改写为当时通用的文字。而在中秘中集中的大部分是古文的书，即用当时不通行的古文写成的。古文的书籍一经出现，就成为学问从实用走向纯粹学术的阶梯。在今天中国认为，今文之学是古来一贯如此，因之对它十分尊崇。实在来讲，这是从最早汉代人如何看待经书的，从这一角度来尊崇今文的。而当时学问之所以成为像样的学术，是因为出了古文。以刘向、刘歆为主，调查了这些书。当时，由于兵书、方术等属于特别的学问，故皆以对该方面精通之人任之。这些就是中国的学问之所以成为像样的学问的开端。在此之前，一般不过考虑学问究竟在政治上、社会上如何起作用的问题。可是，那些深层次的学

---

[1]　中秘：宫内。《汉书·成帝纪》河平三年八月："光禄大夫刘向校中秘书"。
　　——译者注

问只有少数人研究，一般人需要其他的知识。为了满足这种需要，于是兴起了谶纬。从武帝时起，开始举行封禅，用宗教的办法执行古来祭祀的礼仪。在此以前的礼，是祭祀天和祖先的原始的东西，具有宗教萌芽的性质。武帝的所作所为一经普及到民间，就导致产生谶纬。谶是预言，纬是把经书以外当时的科学知识和宗教一起考虑所形成的，作者不详。至刘向校书之时为止，在朝廷的书库中并不存在这类书。当时不能说全无此类书籍，只是皇室并没有把它看成像古代传下来的书那样重要，因而朝廷书库并没有收藏。王莽时，大体在学问上是处于演变的过程中，他巧妙地利用了今文，在实际制度上，则取古文的知识。至于到做皇帝为止的一切策略，则是利用谶纬。刘歆等很博学，可能是他们力劝王莽利用谶纬。王莽虽然迂腐，但在学问上还是有知识的。他自己不信谶纬，只不过对它加以利用而已，这影响了后世。到光武帝时，多少有点学问，对王莽所利用的谶纬则深信不疑。这些东西，到整个后汉时代都十分盛行，很多人信它。前汉末年，从刘向到王莽时，在学问上是转折时期。有许多东西，当时人并不是信仰它，而是利用它，后来信仰它的人逐渐多起来了。谶纬之书、古文经书，都是他们主要信仰的对象。总之，王莽时是把经学应用于实际政治的特殊时期。以前武帝虽然兴起儒学，只是喜爱文章，多从文学角度考虑，而没有把经书应用于政治。把它应用于政治，则是从汉末至王莽的这一段时期。到后汉，又发生种种变化。从这一意义上说，前汉末王莽时，从国势上看是重要的时期；与此同时，从内部的文化上看，也可以说是一个重要的时期。

第十一章　后汉时代

光武帝其人及其政治

王莽仅在十五年时间内就因动乱而垮台。这时，各地盗贼四起，但汉之德泽似尤存于人民之中，因而盗贼中取汉姓名者颇多。其中既有假冒者，当然也有真正的汉的后裔。结果，统一全国的是汉的后裔，即后汉光武帝。在此之前，已有被立为汉天子的更始帝（刘玄），赤眉军也立过刘盆子。这二人虽被称为"盗贼"，但也是被一种势力所拥立的，因没有驾驭他们的力量因而失败了。在拥立这两人之前，王莽已被乱民推翻，由于这二人未能平定天下，作为更始的部下的光武兄弟，即刘縯、刘秀已崛起。其中，作为兄长的刘縯，投入骚乱一伙时颇有人望，似汉高祖那样有侠义之气。其兄弟刘秀则是正直谨慎之人，縯常自比为汉高祖兄弟，耻笑其弟；而哥哥则因富于棱角而失败，光武则获得成功。然而光武帝与汉高祖不同。他是治学之人，读过《尚书》等书。但也不是有特别大志的人，如遇太平盛世，也只是作普通之事，会以一个廉洁的官吏而终其位。尝自曰："仕宦当作执金吾，娶妻当得阴丽华。"他是想当一个像皇宫警卫那样，手执棍棒的威风凛凛的官吏。总之，他比汉高祖更有修养一些。但他没有作为英雄的修养。他起初不过作为一个良民，然后在某种境遇中经过磨炼，最

253

后环境把它培养成为一个英雄。

在起兵时，由于其兄有豪杰好汉的气质，不知其将有何等动作，因而人人有不安之感。光武也同时起兵，据说人皆安心。这一点，很自然形成一个造就英雄的环境。当初起兵时，由于是汉室后裔，为人望之所归。当与王莽的兵作战时，由于自方是乌合之众，一旦战败有可能四处逃散，因而努力奋战，遂战胜了王莽的大军，因此又大得人心。汉高祖在打仗上，自己作战则常败，只是会用人而已。光武帝也会使用人，自己也能打漂亮仗。这是因为有年轻时的修养之故。高祖在用人时，即使其人性格无赖也可以用其技能。光武帝则所用之人一般多为读书的人，是与自己同样有修养的人。高祖自起兵入关中时起，即想到要统一天下。光武帝则是一点一点地扩张领土，由于一不做二不休，也就不得不最后走上统一天下之路。高祖是有名的粗鲁人，骂儒生，不懂礼貌，只是命叔孙通定礼法之后，始知自己帝位之尊。光武帝则从一开始就有修养，这一点，和在他之前的更始帝、刘盆子等从农家出身的人，大不一样。当他的车驾开进洛阳时，由于随他进城的下属官吏都仪容整齐，父老们几乎喜极而泣，云："不图今日复见汉官威仪"。高祖当然是纯粹的创业型君主，而光武帝则是既有几分创业，又兼有守成的君主。二人最大的不同点在于平定动乱后订立制度的方法上。高祖是大杀功臣而后平定天下。固然，这与功臣本身的为人有关。高祖时，功臣们大多是自从六国时期以来，业已充分施展了他们的才力，有几分无赖作风的人。而光武帝的功臣们，则是既有学问，又颇为正派谨慎的人。对功臣采取不交给他政权，而是设法保全他们的方针，这也是经过深思熟虑的结果。在这些功臣中，有中兴二十八将。对这二十八的数目，根据当时有迷信思想的人看来，正与天上的二十八星宿相符合。光武帝把这些人封于各地，给予很高的俸禄，但不令参与实际政务，把政治完全交给执行实际事务者。虽然也设置了"三公"，但在前汉时，丞相、太尉、御史大夫等是不过问政事的。光武帝则令"三公"也过问政事，而实权则操在天子自己之手，囊括了三公的权力。开国英雄等则多感到不堪忍受，仅有一部分人封诸侯，做了三公，大部分人自己避开。既然不参与政治，则危险少，也不企图谋反，也不会惹上嫌疑。完全把功臣与政治分开，这在当时来说，可以说是一个较好的制度。在《后汉书》中，有关于二十八将的著名的评论，对后代有相当大的影响。连日本也应用了这一评论。当《神皇正统记》中论及建武中兴的失败时，也提到了这一例子，肯定了光武帝的做法。

后来五胡十六国时，石勒曾把汉高祖与光武帝作一比较。他说：如遇汉高祖则以臣事之，若遇光武则与之较量，这也是由于石勒这一人物本身的情况所决定的。石勒确有无赖性质的游侠作风，故而对光武帝这样谨慎正派的人持轻蔑态度。可是，高祖与光武帝之间的差别也有其时代的原因。高祖致汉天下二百余年的太平世界，学问逐步趋于昌盛，光武帝是在一定程度上进入文化时代以后所出现的英雄。他没有像王莽那样过度利用文化，他恰恰是在与当时具有普通知识的人同等程度当中产生出来的人物，因而他与高祖的行事有异。在利用当时文化这一点上，王莽比较具有深刻一点的知识，又有向他提供知识的学者，他把当时流行的谶语拿过来，恰如其分地为己所用，但却看不出他本人相信它的迹象。而光武帝经常可以看到，他虽然并不完全相信这些谶纬，但大体上是相信的。也就是说，王莽具有当时最高的学问，他用伪造的谶语暂时取得了天下。但由于存在一些过分执迷相信这些谶纬的人们，反而由于这些专门伪造的谶的结果，与天下一齐被人夺走。根据汉代的五行学说，汉以火德为天子，这在王莽时即已明确为天下所知。王莽由于自己是土德，故而定汉为火德。光武帝完全把它接受下来，以刘为火德，从那以后又把汉延续了一百多年。如此，当时具有最高知识水平的人企图欺骗天下人，结果，反而被那些被欺骗的正直人夺取了天下。这在中国是经常出现的。

外戚、宦官的祸害

由光武帝至明帝的两代中，是个政治上大治的局面。明帝是个明察一切的君主。无论光武帝还是明帝，鉴于前汉的衰亡，都注意提防外戚攫取政权。无论对于光武帝的阴皇后家，还是明帝的马皇后家，都不给任何权力。他们的皇后们，也不给自己的同族以任何权力。王船山等人说，马皇后实际上想给自己一族以权力，而表面上故作抑制之状，这一说法是过于苛刻了。进入后汉以后，困难的是天子短命。光武帝享年六十二岁、明帝四十八岁，这已经是长命的君主。以后，就是三十岁、二十岁而亡，太平时节也常有此事。日本的藤原时代也是这样。这是造成权力下移的根源。形成这一现象的原因不是很清楚，可能是由于把养育下一代的责任交给妇人之手，天子稍大一些以后也会被妇女所包围的缘故。

为此，第三代的章帝以后，汉的政治又归于外戚之手。其中较大者为窦氏、梁氏。外戚跋扈，挟持年幼天子与母后以掌握政权。天子长大以后，就嫌其专横，欲从外戚手中夺权。为达此目的，只能从那些被外戚包围的人中，寻找可供商量的对手，而这就是皇帝最亲近的宦官。最初要从窦氏手中夺取政权时，以宦官中品质较好的郑众为合作对象，后来并未留下后患。因此，由是时起，宦官也开始接受高官爵，并封侯。梁氏时，皇帝年轻，由于是正统绝嗣，由旁系入承大统，以致拥立者得以擅权。梁氏甚为跋扈，与皇帝合谋夺权的是宦官，即五名中常侍。这就是后来灭梁氏，得以封侯的五侯。从此，中常侍的人数增加了，从桓帝到灵帝，产生了十常侍时代。这是政权全归宦官的时代。当然，也不像《廿二史劄记》中所说，当时宦官都是坏人。从郑众开始，其中也有一些好人，其中甚至有对中国文化有显著功绩的蔡伦。蔡伦是今天制纸的鼻祖，原来所谓"纸"是指帛，由蔡伦造纸起，遂指今天的纸。妙在宦官之中也有对中国文化作出贡献的人。秦始皇时，赵高编字典，也是其中一个例子。

宦官势盛时，有极大的弊害。那是因为宦官封侯，官至显要，是为其主要原因。他若封侯，只能一代而亡，甚为可惜，若欲立后嗣，则讨他人之子，以为后继人。其中更怪者为蓄女。既是宦官，何以如此，颇使人费解。其伪造子嗣、寻求致富的手段颇为恶劣。著名的坏宦官侯览等人，强夺他人宅地三百八十余处，自建邸宅十六处，活着就为自己造墓，高度、宽度各百尺，其后的宦官也是如此。当后汉末年发生骚乱、皇帝宫殿被烧时，则以宦官邸宅为皇帝行在之所。以宦官们预先建好的墓，作为那些曾做天子但被废之人的墓，由此可见其僭越的程度。其兄弟等皆为高官，并担任地方官鱼肉乡里，强夺人民之财产，视同常事，这些就是后汉末年发生骚乱的根本原因。外戚也是非常横暴的，外戚是以一人一家为单位，例如梁冀等人在被抄家时，据说积攒几亿黄金，但这只不过是一个家族而已。而宦官人数多，因为他们的子弟亲属到处干坏事。搞掉了外戚一家，却使一处的毒有散及全国之势。后汉的政治，大体上只有初期还可以，从中期开始腐败，由于宦官跋扈，腐败迅速扩散。当时的政治就是由外戚、宦官轮流搞。即使是中央，也没有抑制专横的机关。光武中兴以后，即使宰相也不给他权力。由于皇帝总揽大权，由光武帝到章帝，当明君相继时，当然一切都好，若遇皇帝幼小而愚蠢时，自然政权落入君侧之人手中，从外部无由加以抑制。

名节与"党锢"事件

汉时官吏出身大致不出两途，即荐举与征辟，而这都须依靠人望。前者是由民间特别推举有学问德行的人与官吏中有名望者；后者则是由皇帝或地方官征召，予以录用。当时在宦官跋扈的形势下，大多录用一些与宦官关系密切的人，开始人为地制造人望。前汉宣帝时所谓良吏二千石，在此时，也只是与中央政府极为横暴的人串通一气。当时社会上存在着足以对这些加速后汉灭亡的人进行抵抗的社会力量，这就是当时的名士。于是后来发生了党狱和党禁事件。本来桓帝最初即位时，急于启用其师周福。但在周福的乡里，有其他更有人望者，两家交恶，门下互相攻击，党论遂起。这也是由于在后汉时，教育大体上较为普及，民间文化较为进步的结果。另一个原因是民间逐渐富裕的结果，受教育者渐多，入大学学习者渐多之故。

后汉一代号称重名节。前汉末年有学问者多取媚于王莽，入其一伙者较多。后汉时，则多不愿曲节屈就之士。这也是由于自光武帝开始，就奖励尊重名节之故。光武帝想用卑贱时的友人严子陵，严不肯从命，皇帝以友人待之，一床就寝，他甚至以足抵皇帝之腹。光武帝尝问臣下：自己比过去如何？答曰：比以前有好转。皇帝如此宽容，以奖励士人之名节，恐怕这也是其中原因之一。明帝以后再无人如此作为。关于这一点，《廿二史劄记》中指出，后汉的名节是刺客游侠风气之残余所致。造成重名节的原因，固不止此一端，但此亦为其中原因之一。汉初有游侠，对男子汉是一种磨炼。前汉末不再有游侠，盗贼遂起。然而，游侠的风气并未全盘消灭。最近有人说，这是从墨子的思想中产生的。其实，战国以后一般人的风气中多有这种成分。武帝以后，统一学术，谈学问就是儒学。游侠的风气并未完全消灭，而是渗入到儒学之中。因此，产生一些非常极端的事。后汉的人为求名誉，为人之所难为，以此成风。《廿二史劄记》中列举许多这类事例。当时上司与下属之间犹如君臣关系，下属为上司竭尽全力，有人舍身以救其祸，有人为上司主持丧事犹如对父母之丧礼。当时盛行这类从礼的理论来说是不合理的事情。当时还流行一种风气，把自己应受之爵传让给兄弟。这也许是受《论语》中伯夷叔齐的事的影响所致。当然也有人当无人可让时再自己承受的事例。总之，这种讲求名誉的风气颇为盛行。还有，流行为别人报仇，这与游侠刺客的作为完全一样。关于这些事，《廿二史劄记》的议论中说：为朋友私情而舍弃受之父母的身体，是错误的。总之，是不合情理地追求名誉。这也是由于学问普及，模仿古人的结果。这是随着学问在推广的同时，也把那些学问与游侠作风相一致的东西，同时推广开来，这不单纯是由于光武帝的政策所使然，而是这些风气被普遍地推广的结果。学问普及的结果，使得民间注重礼仪。儒学之礼也不单纯止于学问上，而在实际生活中也推行开来。作为富人之外的一般人，也有了搞学问的余地，也出现了砥节励行的富翁。王莽的政策并不彻底，未能防止自前汉以来即已发生的产生豪族的趋势。到后汉时，这趋势更加猛烈，这些人既具有家族的荣耀，又讲究礼仪。这时宦官开始跋扈，骚扰地方，虽有附和者，但反抗气氛亦颇炽烈。当时有名节者皆起而反抗之，议论哗然。任何时代都没有后汉那样宦官为害之大；也没有像后汉那样一般士人尽全力对抗宦官的时代。这也是由于学问普及，一般人砥砺名节的风气，有以致之。

其结果发生了党狱、党禁事件。这是宦官为对抗名节之士所采取的政策。最初，冠以党派之名而加以禁锢，后来又加以杀戮。汉末的名士，以能入党禁之中而扬其名。其中，最有名者为李膺、范滂。李膺遭党禁时，有人令其子投入李膺门下，有人以未能入其党而不平，以致罢官归里者。许多人均希望入其党以扬名。张俭为逃避禁锢而逃亡。据说，受托者不顾自己家破人亡也要加以隐藏。也就是说，民间有学问的阶层，为反抗那些围绕皇帝而专擅政权者，由此引起汉末的动乱。一旦动乱既起，最后宦官为名士所杀。正如为了要捉出蚀木之虫也会使树木枯萎一样，由于这些人是围绕皇帝周围的，因而也使汉室同时灭亡。在这些名士当中，也有一些明哲保身之人，不作激烈之事，平稳处世，力求免祸。但这样的人仅是一小部分，大部分人都以陷入争乱漩涡之中、舍身而为荣誉。《廿二史劄记》中说，昔人以为重名节，往往系世衰时之事。如果气节亦随时代而俱失，则时衰更甚。前汉时，可以说还具有抵抗坏人的力量。这是武帝以来奖励儒学的结果。当然，最初并不是这个目的，最初是考虑到学问者优游于民间是很危险的，因而采取令其皆当官吏的方针。因此，司马迁等人说：

奖励学问的结果，反而无人以节义自守。这是因为在当时为学问之人很少，仅限于某些杰出人物之故，因而也不能信守节义，其结果，学问是为当官而做学问，力图向中央掌权者献媚。至后汉时，做学问的人数增加，原来所具有的各学问的系统和气氛，一经归入儒学，则游侠的风气亦皆归入儒学之门，于是兴起尊重名誉之风，其结果招致士人与宦官的冲突，这是造成骚乱的原因。但这绝不是坏的骚乱，中央有坏人，但无抑制之力，以至于用舆论加以抑制。这是自从上古以来所培养起来的中国文化的力量普及到一般人中的时代。

其后，发生了许多变化，使周末以来文化的结果普及于全体人民。当然也并不是没有反动的思想，近人以为，东汉仲长统的诗中有"寄愁天上，埋忧地下，叛散五经，灭裂风雅"等句，因而认为，后汉末时，已有打破魏晋六朝流行的清谈等名教的思想。但这只是多数人中的稀有者，而并非一般的风气。明哲保身也不是一般的风气。行难为之事，喜好名节，则为当时一般的风气。这与原来奖励儒学的目的有异，而在这里充分体现出儒学所教育出来的真正结果。这从文化上看，可以说，中国自从上古以来所继续下来的文化。到这里告一段落，中国上古史到此时可以宣告终结。

后汉时代的对外关系

此外，后汉的主要事情即是对外关系。后汉时，没有像汉武帝那样深谋远略的君王。但是，前汉以来的威力仍然在持续。王莽时，由于其浮夸、妄想，因而失败，但其国家威力仍在继续。光武帝时，执行不与外国发生关系的方针，但由于南北匈奴之争，不能不与汉发生关系。于是发生著名的窦宪征伐匈奴的事件。他在燕然山刻石记功，由班固作铭文，出塞三千余里，在历史上留下著名的一笔。为此，匈奴衰微，北方无事。至后汉中叶，关于西域仍有许多史事可表。班超为西域之长史，仰慕前汉末年傅介子率少数从人，出使西域诸国，使其臣服于汉的故事，他也率少数从人，进入西域地方，平定诸国。此事仍是以武帝以来的国家威力为其根本。班超派甘英西行，越安息，至条支国，达于海滨。这海滨，或以为是地中海，或以为是波斯湾，而至于黎轩（白鸟库吉博士以为系亚历山大港）。汉武帝时，其势力只达到中央亚细亚，而后汉甘英则更向西发展，达于海滨，这是确实的。由此，中国开辟了与西方进行文化交流的通道。从此以后，有很多西域的艺术成分渗入到中国艺术之中。即使今天存在的器物之中，也有许多模仿西域风格的东西，而不是只限于三代以来的中国传统风格。由于班超年迈，其子班勇进驻西域。直到后汉中叶时，与西域的关系，据吾人所知者概如上述，而其后则不太清楚。近年来曾发现龟兹将军刘平国的摩崖碑。它是班勇以后之物。由此可知，班勇以后西域仍有解汉文者。至于与汉的从属关系则不甚了解。

这一时代中，最为著名的是后汉明帝时佛教传入中国的事件。或有人认为在此之前已经传入，但此说不确。由光武帝末年至明帝初年，重新打开了与周围国家一度断绝的关系。光武帝末年，日本岛上的倭奴曾与汉交通。在博多志贺岛出土的倭奴国王印应为当时之物。由王莽时期曾一度与外国断绝了的关系，这时又重新恢复了联系，因而佛教之传入恐怕也正是此时。当时，明帝的兄弟楚王英立即成为佛教的信徒。其后，也有一些人信从，但当时还认为它是夷狄的咒文，而并不知佛教的真义。在后汉张衡的《二京赋》中，曾有"桑门"之语，恐指当时在京城存在一些根据外国传来的法术，过着特殊生活方式的僧人，这是后汉中叶时的事。但，如果认为从此时开始即从事翻译，则是不确实的。有人认为，《四十二章经》是当时翻译的，但现存的《四十二章经》并非当时翻译的。翻译佛经是后汉末以后的事，这也是由社会情况决定的。即使在印度，佛教之所以盛行，也是因为当时诸侯贵族甚多，对它进行保护之故。耶稣教新教也是因为当时诸侯的力量才兴盛起来的，虽然它带有平民性质，但也是借用大名的力量才得以流行起来的。这一现象是对过去统一教权的一种反弹，是由新兴阶级实现的。而中国至后汉中叶时，仍未进入贵族时代，在民间是经学普及的时代，而像佛教这样面向贵族的宗教，由于与这一时代不合拍，因而不能迅速推开。只有从汉末到魏晋六朝时代，随着名门望族在各地崛起，佛教才逐步兴盛起来。像到五胡十六国时期，小国越分越细，佛教越容易传播。

这是当时对外关系的情况。后汉时对外国，不像前汉那样，主要考虑汉朝如何从政治上统御外国，而是文化自然向周边扩散的时代。文化的扩散促进了各种族的觉悟，使各个种族逐渐考虑自己的发展。后汉在普及汉字、扩散文化方面，远较前汉为显著。在后汉时代，马援远征安南之后，中国文化大为光被安南，到汉末时，安南甚至出现了用汉文著述的学者。可以说，前汉是把政治上的权力扩展及于周围各国的时期，而后汉则是在文化上普及于各国的时代。文化普及的结果，同时促进了各种族的觉悟。这是中国自上古以来，把文化从中央扩展到四方，可以告一段落的时代。

编者附言

　　《中国上古史》一文，系根据 1969 年日本筑摩书房出版的《内藤湖南全集》第十卷所载原文译出的。据原文之后，《全集》编者之一、内藤先生的公子内藤乾吉于 1944 年所写的追忆文章中谈到：此文为著者于 1921 年以后，于当时的京都帝国大学讲述《东洋史概说》的一部分，大体上是其最后的讲课。原来无讲稿，目前发表的本文是由听讲者数人的笔记加以补订，又经该校的听讲者小岛祐马博士校订，并经内藤乾吉进行编辑加工后，始成今貌。

［日］

内藤湖南

著

中国史通论

九州出版社

中国史通论

[日]

内藤湖南

著

夏应元

编选并监译

夏应元 钱婉约

等译

九 州 出 版 社
JIUZHOUPRESS

⊙ 内藤湖南晚年时留影（采自《内藤湖南全集》）

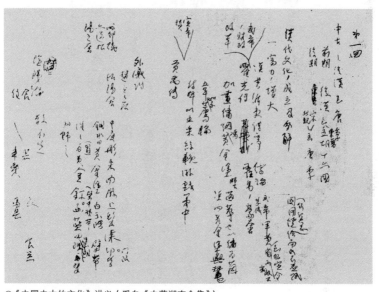

⊙《中国中古的文化》讲义（采自《内藤湖南全集》）

近世史ノ意義

貴族政治ノ廃頽　　君主ノ獨裁政治ノ代興

君主ノ位置　　貴族階級ノ無キ者ハ難シ

屏民金臍ノ君臨ス

人民ノ位置

⊙《中国近世史》讲义（采自《内藤湖南全集》）

目　录

中国中古的文化

中国近世史

中国中古的文化

第一章　汉武帝财政政策的影响

时代划分

所谓中古，大体可视为从后汉末期至唐末。在这一时期，从古代发展而来的中国文化在达到成熟后，由于自身文化的毒害，产生出一种分解作用而逐渐瓦解，其彻底瓦解大体是在东晋时期。此后在中国，又根据在本国萌生出的文化以及从外国传入的文化，生成一种新的文化。当这一文化逐渐成熟后又再次发生分解和崩溃。此次过程发生在南北朝时期至唐代末年。这样看来，中国的中古时期大致可分为上述两个时期。本课目是从第一时期讲起，为了阐明自上古因袭而来的文化是怎样形成的，有必要先对前汉和后汉的整体状况作一说明。

武帝的国政改革

前汉时期的社会状况发生显著变化，是在武帝以后。在武帝以前，所有的社会状况仅仅是自然发生、发展起来的，几乎不存在为政者有目的地加以人为改变的迹象。在战国等时代，在各自分立的国家中，虽然设想过对社会进行人为的变革，但是就整个中国来说，这种变革现象几乎是不存在的。即便是秦始皇统一中国，也仅仅是考虑了天子如何统治这一庞大的国家，而几乎没有想过改造整个中国社会。想到这一点是在武帝时代。这既是由于武帝的雄才大略，也由于当时人才辈出，各类天才人物在政治上和经济上发明出新的方法。这样，由于武帝治世时期很长，其政策得以持续，直至结出丰硕的成果。

武帝的财政政策

武帝一代特别是在对外敌的政策方面做了许多考虑，千方百计地为每年的军费寻找财源。《汉书·食货志》中称"国用饶给，民不益赋"。当然，这里的所谓"国用"是指政府的岁出岁入，不同于人民的财富。《汉书》中有关武帝多次用兵，穷奢极欲，致使国中空虚的记述随处可见。其例证之一就是户数人口急剧减少了。但不论如何，国家并没有向人民增税。事实上国家是通过调整国中物产和租税的融通方式使政府的岁入增加的。均输、平准的政策加快了货物的流通，使租税在中国这样广阔的国土上不会被运费抵消。在幅员辽阔的中国，运送货物的费用自然会很大，武帝征云南时，向云南运送大米，运三十担最终只有一担能够运到。通过均输、平准的方法能够用最低的运费把要送的货物送到任何地方。这就是《食货志》中所谓"国用饶给，民不益赋"的原因。

武帝殁后的紧缩政策与多余财富的产生

但是无论如何，武帝一代把上述流通中的收益都用于国家的消费。武帝死后，霍光摄政。他致力于节约军费和其他费用，即罢兵、少兴土木，于是人民也开始富裕起来。当然，这时候武帝的部分财政政策，如酒的专卖等被废除，但是，武帝的主要政策并未被废除。盐铁的专卖此后依然延续，元帝时一度中止了三年左右，后来又恢复依旧了。收入的来源依旧，但由于支出被节约了，所以汉代国家，无论政府还是人民生活都产生很大的富裕。在连年战乱之后，一旦进入和平时期，往往会出现多余的财富。在日本，从丰臣秀吉到德川家的三代前后也出现了多余财富。这是因为战乱时期总是在为战乱作特殊的准备，所有不急用的费用被节约下来，一旦进入和平时期，原来的节约照旧，只有支出减少了。

奢侈现象的增加

由于上述原因，从霍光执政的年代开始就已产生了很大的富裕，这自然导致了奢侈的倾向。霍光本人为人谨慎，无论何事都奉行节约。但是他的家庭已不再遵守这样的信条了。据《汉书·霍光传》记载，霍光之子霍禹的生活十分奢华，霍光之妻的生活也非常铺张，她的车座的褥垫是刺绣的；乘舆上镀着黄金；车轮用皮革和柳絮包裹，以防颠簸。不仅像霍光那样的上流人家生活奢侈，就连一般百姓生活也很铺张。至于天子一族的奢侈生活，《汉书·外戚传》记述了汉成帝时得宠的著名美人赵飞燕、赵合德姐妹的穷奢极欲的生活情景。据说赵合德的居所昭阳舍的建筑，中庭涂着彤朱，殿上涂着髹漆，门槛上都是包铜鎏金。门前的台阶是白玉（大理石）的，墙壁的围边镶嵌着黄金的图饰，并用玉石、珍珠和孔雀翎装饰。在收入《文选》的班固的《西都赋》中，也对昭阳舍的美丽大加称颂。

19

宣帝时期工艺的进步

这时候，所有的工艺技术也都有了进步。关于这点，《汉书·宣帝纪·赞》中有所记载。其中说，在武帝进行大规模的国政改革以后，宣帝时代开始紧缩所有的民政开支，各个方面都被压缩。这恐怕是中国有史以来最关注民政的时期。另一方面，精通政事、文学、法理的人才辈出，技术、工艺、器械也取得极大的进步。后来的元帝时代虽然也盛行奢侈之风，但技术、工艺和器械方面的进步却不及宣帝时期。最近在平壤出土的各种遗物中，年代最早的器物始于霍光、宣帝时期，宣帝时期的器物很多，这是中国的工艺登峰造极的时期。当然，在此之后，也有数次达到这样的水平，但宣帝时代的进步更深入民间，这是应当注意的。

昭帝时期的奢侈现象

《盐铁论》中详细记述了当时的奢侈之风。其《散不足篇》中大量列举了武帝以前和以后在各个方面的差异。文中，将武帝以前和以后在衣食住、器物，特别是食器、马具、车舆等方面的差异做了比较。文中谈到过去的食物，如谷物、蔬菜和水果等食物，不到成熟季节是不食用的，鸟兽鱼鳖也都各有捕获季节。而今天的饮食变得奢侈起来，开始食用各种异样的东西。比如，吃鹿肉要吃子鹿肉；禽蛋要吃将要孵化成雏的蛋，还吃仔羊和未出生的猪崽。总之，一切的东西都要食其幼小和味美，就连蔬菜也要吃未到采摘季节的。住居方面也与过去不同，富人们想尽办法装潢宅院。过去的器物是有一定规制的，若不遵规制则不准许出售。而今天的器物不是以实用而是以装饰为首要，各色器物徒劳地装饰其表。服装也是要刺绣成五颜六色。游戏娱乐中也出现了奇怪的花样。例如教野兽学艺，斗虎、驯马等借以炫耀取乐。服饰穿着方面，富人不用说要有刺绣，要穿薄的衣料；中人要穿纯白的绢，薄衣料和锦。普通百姓毫不在乎地穿戴成后妃的模样。此外，文中还谈到乘舆、马具等各种物品。有趣的是，文中还出现了与平壤出土物相同的器物。例如，像银口、金耳那样的器皿，这本来是富人使用的东西，可是今天连中等生活水平的人也使用起玉器、纻器（将麻布包裹在木胎表面然后涂漆制成的漆器）、金错蜀杯（金错，即金镶嵌的器物。多出于蜀，平壤曾有出土）。在当时，这些装饰精美的器物是普通铜制器物价格的十倍。总之，当时的人偏爱昂贵的东西。因此，《盐铁论》的作者说："箕子之讥，始在天子，今在匹夫。"通过《散不足篇》，可清楚了解到汉代中期庶民生活的奢侈。文中还提到，祭祀山川原来是天子的事，现在富人和中等生活水平的人，在祭祀之日也要召集艺人游乐，奢侈之风就这样十分普遍地传播起来。

宣帝时期的奢侈现象

奢侈之风在霍光执政时期，即昭帝时期就已存在。后来至宣帝时代由于工艺技术的进步，用于奢侈的费用也变得十分巨大，这一点反映在元帝时期贡禹的上书中。贡禹也提到在武帝之前、文帝前后，生活是十分朴素的，近年则过于奢华铺张。当时，衣服的制作有齐即山东的三服官。此三服官中各有工人数千人。蜀的广汉地方是金银器皿的制作地，那里一年要耗资五百万，这五百万是以当时的五铢钱计算的。此外，还有三工官。关于此工官，《汉书》的注中有不同说法，或云是地方上的工官；或云是附属于中央政府的工官。总之，三工官各官要耗资五千万。从当时的物价来看，这些支出是相当惊人的。东、西织室也是如此。贡禹还说他本人曾去过东宫，在那里见到过天子下赐的杯案，那上面布满用金银镶嵌的花纹装饰，这些器物都是不该赐予臣下的。如果再加上东宫的费用，想必支出是十分巨大的。与之形成对照的是非常贫困的百姓，两者的贫富之差是显而易见的。在诸侯中，有些人妻妾多达数百人。有的官吏与民间富豪豢养歌人可达数十人。另外，这时期已流行厚葬，人死要加盖金制品，可见奢侈的传布已十分广泛。就是说，作为武帝财政政策的后果，奢侈之风经历数十年后，已从天子一直渗透到一般民众中。这一切都归因于经济上取得的许多成就，就如同王安石的财政政策实施数十年后，导致了宋徽宗时期财富的增长。

两汉奢侈的差异

这种状况一直延续到后汉时期。其间一度有王莽的骚乱，大约过了十五年便平息了，其真正的骚乱期大约有十年。在此之后，汉代天子的政策与前汉有了不同，已十分注意紧缩开支。但是一般人民在因富裕而趋于奢侈这一点上，并无多少变化，只是不再像前汉那样搞过分的奢侈了。这一切充分反映在班固的《两都赋》、张衡的《二京赋》中。无论如何，前汉时期的奢侈之风十分严重，而后汉时期的奢侈与前汉不同，开始用学问道德来装饰，不大搞无缘由的奢侈了。在建都方面，两汉有所不同。在建造长安城时，力图建筑得十分繁华，使其在财富上凌驾于中国各地，以重本轻末的方式巩固其对中国的统治。因此，当时将战国诸侯以来的各地豪族都集中到长安附近。建造陵墓时，同时也在周围规划建造城市，并把迁来的豪族安置在那里。长安的市街不仅很繁华，连住在附近的豪族也十分富裕，因而增加了城市的繁华。这是都城长安成为奢侈之盛的原因之一。长安建造在平原上，附近有豪族的居住地，交通也十分便利。与之相比，洛阳城位于狭窄的山间，都城的风气也不相同。但是，在后汉时期，它也是工艺技术最发达的地区。据《后汉书·皇后纪上·和熹邓皇后》记载，当时那里制作从前代延续下来的蜀汉地方的"扣器"；御府尚方，即官营的工艺制造厂的制造活动十分活跃。在后汉，皇后等开始代代都读书习文，崇尚道德名誉，邓皇后是禁止民间献上那种奢侈的器物的。

后汉奢侈的状况

后汉的人是怎样奢侈的？如前汉有《盐铁论》一样，后汉有王符的《潜夫论·浮侈》篇，其中对奢侈有详细的记载。王符是后汉中期以后的人。他说：现在洛阳的浮末者（当时以农业为本，故称工商业者为"浮末"）十倍于农夫，而游手好闲之人又十倍于浮末。这个数字即使打些折扣，也可窥见几分真相。王符还提到，这些人或图谋做坏事，或热衷赌博。当时流行射弹丸（一种用弓射弹丸的游戏），有许多人腰间挂着弓到处闲逛。此外还流行做竹簧（一种竹笛）等。游戏过程中往往还要撕掉许多上等的丝绸。

特别是当时社会上盛行巫祝，为此要撕毁各色各样的丝绸。不仅贵族生活奢侈，就连奴婢、小妾的服装也相当骄奢。王符还引用箕子的话称"其所讥，今在仆妾"，富人为豪华奢侈竞相攀比，穷人则以不及人为耻。人们常为一次饭食而破一生之财。当时还流行豪华的葬俗。以往棺椁的用材是使用当地出产的木料，而现在要使用南方出产的檬、樟、梗、楠等木材。这些木材产于长江流域，要经淮海、黄河，进入洛水，运送起来十分费力。用这些木材做成巨大沉重的棺椁，然后在上面雕刻花纹，镶嵌金箔。棺椁做成后，向东可运送到乐浪，向西可运送到敦煌。都城中的贵族、郡县的豪门是生则极养，死则崇丧。随葬品有珍宝、陶偶、车马等。人死后要造大冢，植松柏，建祠堂。每有宠臣、贵戚、州郡世家举葬，都要由下级官吏奔走办理，馈赠礼物，作好接待准备，葬礼极尽奢华。这些事给别人添了很多麻烦，有些人还由于贫富悬殊的原故而被人任意驱使。由此看来，后汉时代民间的奢侈之风与前汉相比无大差异。

贫富的差距与知识阶层的烦恼

这样的结果带来了贫富的极大的不平等。在汉仲长统的《昌言》（载于《后汉书·仲长统传》）的《理乱篇》和《损益篇》中，论述了这种不平等的弊端。仲长统是后汉末期人，魏曹操盛时，曾入其帐下。他在文章中论述了当时社会的弊端。关于富人的奢侈，他的见解与王符所说大体相同。但其中他痛切感到的弊端是，知识阶层的人多少要做一些积德行善、保全体面的事是非常困难的。也就是说，为官治民需要很高的生活费用。然而，如果不节俭，又会被称为"不德"。为此，做官的人要被迫过着非常节俭的生活，因而感到十分苦恼。担任公职的人，被强制要遵守道德和过节俭的生活。而不担任官职的人，无论攒钱或者花钱，都没有任何限制，也不受责难。这种状况并不是因贫富悬殊造成的，而是由后汉时代的其他因素造成的。这一点后来成为汉代因道德败坏导致文化瓦解的原因之一。《昌言》以上的一些观点，在阅读时是需要留意的。

第二章　汉武帝教育政策的影响

武帝的教育政策

在汉武帝的政策中，给后代造成重要影响的，除财政政策外还有教育政策。司马迁等人曾不无讽刺意味地指出，武帝为做学问的人开辟了利禄之路，却使学者失去了节操。总之，以前做学问的人是无法以学问为生的，而武帝却开了雇用文官的先河。这件事在《汉书·儒林传》的序（内容大抵取自《史记·儒林传》）中有所记载。据此序记载，精通任何一种经书的人都可以据此成为官吏。与此同时，也就开辟了他做学问的道路。当时的太学中有五经博士。五经中不同的经书，又分为数家不同的学派，从其中立博士。博士下又设博士弟子。太学在汉代称太常之官。除在太常选拔博士弟子之外，各地郡、国、县也要挑出合适人选，持公费随同每年交租纳税的官吏上京，到京都太常研修学问。当时所谓的学问就是背诵经书，对解释经书的内容也要加以背诵。以其背诵数量的多少，来决定其被任命的官吏等级。这种博士弟子成员在武帝以后逐年增多。在武帝之后的昭帝时期大约有百人；宣帝末年增加了一倍；元帝时有千人。成帝末年，天子认为孔子当年仅为一介平民，便有弟子三千，如今博士弟子不可少于此数，于是增加至三千人。但不久又恢复到原来的数量。在博士弟子中每年都有甲、乙、丙课之差，并依据学习成绩遴选官吏。当然，这些弟子在学习期间是免交租税的。这样一来，在前汉末期，出身太学的人数大量增加了。

后汉的教育制度

据《后汉书·儒林传》的记载，上述制度一直延续到后汉。在后汉时期，就像今天日本的学习院一样，特别为国家功臣的子孙后代以及四姓人（指后汉的樊、郭、阴、马四大外戚。樊姓为光武帝母亲的本家；郭、阴两姓是皇后的本家；马姓为明帝皇后的本家）建立了学校。这样就使尚武之人，也开始研修学问。当时匈奴也派来了留学生。后汉中期以后，游学之风日盛，常在京城的游学者达三万余人。但这也成为太学生骚动的根源。到了后汉，不仅有太学，还出现了学者个人办的私塾。有的人不远万里，携带食物，到太学博士所在的地方学习。其门人记录在账簿上的人数，不下一万人。由此产生出学派之争，也产生出各种学问上的弊端。但是从总体上说，汉武帝的教育政策，导致了学问的普及。除此之外，如果仅仅要成为地位不高的低级官吏，则另有其他途径。即使不学像经书那样高深的学问，仅凭简单的学问也可以做官。这种情形记载在《说文》的叙中。律令是靠执掌法律的官吏廷尉来操作执行的。要成为这类官吏，只有十七岁以上的年轻人才能接受考试，如果他能够阅读九千字的文章，就能成为"史"，即书记官；其中成绩最优秀者可成为尚书史。这些都是与法律有关的官职，所以，主要是要求能够准确无误地书写文字。为了能够准确无误地书写文字，在中国总是片面地要求人，要能够写一手好字。

学问的普及，天子和皇后的学问

由于在制度上，大体是流行这样的风气，从而最终使学问得到普及。如果将前汉和后汉进行比较，可看出在各个方面都有了很大的差异。前汉的高祖基本上是个文盲，他特别讨厌儒生。而后汉的光武帝，却是中国历代天子中最有学问的人之一。他年轻时研习过《尚书》，如果世道太平，他曾打算靠学问立身。王夫之（船山）的《读通鉴论》卷六中称：在研究学问的人当中，先是学习经学，后来成为天子的有三人，即后汉光武帝、蜀汉昭烈帝和梁武帝。这三人成为天子以后实施的政策，与那些出身草莽的英雄不同。其中的光武帝，即便作为经学学者，也是很优秀的。继他之后，后汉的明帝也很有学问。赵翼的《廿二史劄记》卷四中说，在汉代，天子往往亲自撰写诏书。汉代的诏书大抵上是由尚书郎等人撰写的，随着天子逐渐有了学问，便开始亲自撰写了。开此事之先例的正是武帝。武帝擅长文章，像他那样有雄才大略的人，也有可爱的虚荣心。当时有淮南王刘安擅长文学，因此武帝每次赐书信给刘安时，都要先写出草稿，让司马相如等人修改。哀帝时的一些诏书，也是天子亲自撰写的。这样的例子在前汉是少有的。到了后汉，光武帝、明帝，尤其是明帝的马皇后等人，都亲自写过敕语。并不是说前汉的天子中没有人研习过学问，但是后汉的天子大都是做学问的人。另外，与前汉的另一个很大的不同是，在后汉，女子做学问十分盛行。后汉的许多皇后既做学问，又擅长书法。特别是马皇后，又称明德马皇后，她年轻时就很好学，读《春秋》、《楚辞》，还读过《周官》和董仲舒的书，俨然已是一位像样的学者。她有很好的文才，能够为明帝写起居注，并将其编纂到自己的著述中。在此之后的历代皇后，如章帝的章德窦皇后、和帝的阴皇后以及和熹邓皇后、顺帝的顺烈梁皇后等，也都有相当的学问，并且擅长书法。当时还出了一位曹大家，是宫中皇后和宫女的老师。她是班固的妹妹[1]。据说她为班固补写过《汉书》，还将研究《汉书》的方法，传授给后来成为著名经学家的马融。这位妇女繁荣了宫中的学问。这些都是经学繁荣的结果。

大臣的学问

说到大臣的学问，在太平盛世，出身于做学问的人，自然要靠学问来立业。在后汉，从一开始，汉光武帝的大臣当中就有不少有学问的人。这也与前汉初期，有很大的不同。赵翼的《廿二史劄记》卷二及卷四中注意到了这一点。他指出，前汉的将相出身布衣者较多，特别是其中有樊哙那样的屠狗户，有为丧事吹笛的周勃；而奠都长安的娄敬原是拉车人。此外，还有彭越、黥布等出身盗贼的大臣。然而，后汉的功臣中，有许多人却近似于儒士。可以列举出的有邓禹、寇恂、冯异、贾复、耿弇、祭遵、李忠、朱佑、郭凉、窦融等人。这些人年轻时都做过学问，即便当上大将军后，也没有中止做学问。因此，不少人是谨慎正直的君子。这种状况首先是由于光武帝本人是学者，不过由此可知，当时学问已广泛普及，就连乘战乱立功的人，也是有学问的。令人不可思议的是，只有后汉王朝是靠书生们夺取天下的。

---

[1] 即班昭。——译者注

学问的后果与弊端

由此可知，在这一时代，学问已经普及，但学问带来的另一半后果，是产生出大量的弊端。关于学问的后果，《后汉书·儒林传》的论中说，后汉时期由于学问的兴盛，国势却日渐衰微，有权势的大臣，也惧怕学问中所教授的名分，而不敢做大坏事。以豪杰身份起兵的人，也因敬佩某些书生的毫无价值的话，而不敢做太残暴之事。国势衰微后，天子能长时间维持其地位，未使帝室立刻灭亡，也是由于推广学问的结果。但是，由于学问的商品化发展，学者为学问而做学问，并且开始尽可能地小题大作，把学问作为自己的一种职业，尽力搞好。《前汉书·儒林传·赞》中说，有人为讲一经而至百万余言，大师众至千余人，盖利禄之途使然也，即开通了只要做学问即可为官的道路。《汉书·艺文志》中也列举了学问的商品化现象，即在记述六艺的结尾部分提到，过去做学问的人只是背诵经书的正文，玩味其中的含义。后来的人们在经后附传，经和传分离，学者各自做随意的解释，使人虽多闻多见，也无助于释疑解惑，只是竭力穿凿枝节末梢的含义，只要能够牵强附会地回答出疑难问题就行。据说有人竟为了说明《尚书·尧典》开始部分的"曰若稽古"四字就耗费了三万字；为说明《尧典》这个标题的含义，就耗费了洋洋十万言。上述事情有可能是事实。就这样，前汉时代的学问被搞得十分烦琐，这是学问的毒害造成的一种弊端。

学问范围的扩展，谶纬之学和方术

以上所说的是有关经书方面的学问。在经书以外，还产生了各种各样的学问。在武帝时代，仅靠诸子百家的学问是做不了官的。因此，这方面的学问在汉代便衰落了。但经书方面则允许一些穿凿附会。所以在这方面，便出现了各种各样的学问，其中最著名的是谶纬的学问。所谓谶就是预言，在汉代这种预言之学十分盛行。纬是针对经而言的。除了经书的传、注之外，还逐渐形成了纬。纬大抵是在前汉末期产生的。成帝时期刘向曾调查过天子的书籍。当时似乎还没有谶纬之书，因为书目中没有这方面的记载。据后汉末年荀悦撰写的《申鉴》中提到，悦的叔父荀爽曾论述说，纬书大约形成于前汉末年、后汉中兴之前，而所谓孔子作纬书之说是伪说。又根据后汉张衡的说法，纬书产生于哀帝、平帝之际。这种见解确实是有根据的。后汉初期的学者张纯，于建武三十年给天子的上奏中，引用了关于乐纬的文章。另外，王应麟的《困学纪闻》卷五在论及夏小正时，列举了纬书在刘歆以后出现的证据。纬书中往往有一些不像中国思想的内容。今天的纬书都是残缺不全的，仅有易纬的一部分是完整的。因此要查明纬书的思想与经书有多大差异是困难的，但其中确有经书中所没有的思想。这或许是由于武帝时期已开始与西域的交往，西域的知识分子进入中原，其思想也反映到经书的解释中来了。

充分利用这种谶纬学说的是王莽。他通过伪造谶而夺取了汉室。让人不可思议的是，光武帝也以谶纬为武器，推翻了王莽，使汉室中兴，这真是因果报应。光武帝是谶纬的虔诚的信奉者，他无论做什么事都要靠谶纬来决定。学问固然是很重要的，但同时他又把谶纬视为圣人创造的东西，认为它与经书有同样的价值。不管是怎样的学者，只要他不喜欢谶纬，便不能得到光武帝的信任。当时也有反对谶纬的人，桓谭便是其中之一，其所著的《新论》没有流传下来。这个人是坚决反对谶纬的，因此没有得到光武帝的任用。郑兴也不相信谶纬，当光武帝问到他时，他委婉地说自己没有学过谶。后汉时期，谶纬之学相当盛行。王符的《潜夫论》中有《卜列》、《巫列》、《相列》、《梦列》等篇，他抨击了当时盛行的这些事物。总之，就连后汉末年的大学者郑玄，也为纬书作过注释。从某种意义上讲，由于以往学问的普及，当人们把学问变成一种已经玩熟的玩具时，便不再满足于对经书的某一种解释，而开始依据不同的知识，来加以穿凿附会。这样一来，学者思考的范围更开阔了，并开始把知识运用到其他各种事物中去。

佛教的传入

恰恰在这个时候，佛教传入了中国。关于佛教传入一事，载于《后汉书》的光武帝之子《楚王英传》和《西域传》中。至于在很晚的刘宋时期才编纂出来的《后汉书》是依据什么撰写的，还不清楚。在现存书籍中，早于《后汉书》记述了佛教传入的，是晋时成书的袁宏的《后汉纪》。而且，恐怕在汉代时就记述了此事的是《牟子》。上述记载都是从同一件事开始的，即汉明帝梦见金人，于是请大臣说梦。佛教传入后，最先信奉的是楚王英，英在明帝时期因过失而自杀。明帝知道英信奉佛教，他在下赐给英的诏敕中，提到楚王崇尚浮屠之仁祠，所以他还归还了楚王英献上的缣帛，让其用于主办伊蒲塞（优婆塞）桑门的盛馔。这时佛教似乎已在王族中间广泛传播。根据《牟子》记载，明帝生前为自己建造了山陵，并且在其上画了佛像。《牟子》中往往有误传，因此，究竟有多少内容是可信的，已无从查考。但有一点是清楚的，即当时佛教已相当流行。张衡的《西京赋》中也出现了"桑门"一词，并将其与"展季"（柳下惠）相列，记作"桑门展季"。由此看来，早期的佛教僧人是严守戒律、举止严谨的。总之，从某一方面来说，针对经学，出现了纬书，从而满足了当时的求知欲望；到了后汉，在此基础上，又出现了外国的学问传入的机遇，从而导致了佛教的传入。到后汉末期还逐渐出现了翻译的经文。这一切从某一方面说，可以看作是武帝繁荣学术、开辟与西域的交通，从而打通了引进新知识之路的结果。

学术兴盛的功罪

如果将上述繁荣学术的成果，向坏的方向加以利用，就出现了王莽那样的夺天下的人；如果向善的方向加以利用，也能够像光武帝那样，用同样的利器平定天下。当然，王莽之乱是天下学术繁盛，而产生的一种毒害现象，但是它也有好的作用的一面。因此，很难说清楚，究竟怎样的学问与社会的治乱有关。皇后当中学问盛行，也导致了过分用学问修饰其行状，《读通鉴论》卷七提到这种掩饰的虚伪。明德马皇后靠学问掩饰自己的行为。尽管她想对外戚施以各种恩惠，却又装扮成很厌恶施恩的样子。实际上，后继的天子都开始对外戚施恩。但是王夫之认为，后汉的外戚不能像前汉那样随便，是因为后汉皇后的学问的作用，这一观点似乎有些言过其实了。

帝王行为的变化

说到前汉后汉的差异，帝王的行为也有显著的不同。不仅天子，连一般士大夫的行为也有所不同，只是其状况表现得没有天子那样清楚。关于天子的行为，其差异是很明显的。大抵说来，前汉的天子，只要是搞学问的，多少都有些随便。就连武帝那样的人，对待大臣也相当简慢，据说他在会见大臣时，是伸长腿肆意而坐。有人说他只是对汲黯一人这样，是一个例外。但从中可以看出武帝在礼仪上的简慢。后来的宣帝虽然是个很聪明的人，但他年轻时喜欢游侠，会斗鸡、赛马。他十分清楚有歹徒藏于民间，也深谙官吏的得失。日本的水户藩主义公就大抵属于这类人。宣帝的皇太子（元帝）爱好儒教，然而宣帝认为，仅靠这一点是无法搞好政治的。从元帝时期开始，天子愈加注重天子的规范。他们擅长艺能，精通音乐和书法，甚至能够自己谱曲。他们爱好儒者之教，处事稳重。有人认为，正因为如此，才开始出现外戚的专权。不过这时的天子的确更像天子了。接下来的是成帝，其行状有许多矛盾之处。据《汉书·成帝纪·赞》中说，班固由于其父班彪的姑姑班婕妤充为后宫，伺候天子，所以十分了解宫中的事情。他说成帝善修仪容，即举止坐卧都有天子气派，天子乘车时坐得笔直，不左顾右盼；说话很慢，不用手指物，临朝时不说多余的话，尊严若神。还说天子读书很多，做事十分认真。然而另一方面，他又喜欢做一些不太安分的事。这方面的记载见于《汉书·谷永传》中。谷永经常奏文劝谏成帝，其中提到天子不顾万乘至尊的身份，喜欢民间的俗事。他讨厌天子的尊号，喜欢匹夫的卑字。《谷永传》中还说，当时天子喜欢微服出游，而且喜欢让人以张公子、富平侯家人等假名相称。他常常召集一些行为不轨的少年在一起饮酒作乐，使宫中的守卫看守空宫。谷永屡次进谏说，如此下去或许会发生不测。成帝十分聪明，他清楚谷永进谏的目的。就是说，他知道外戚王氏家族被封侯者众多，享尽荣华富贵，然而为了争夺权力，他们需要罗列天子的缺点加以针砭，使之不能不依赖于外戚。谷永正是为了讨好外戚而上奏天子的。这样一来，即便他上奏的是好话，也很难被接受。由此可见，在前汉时期，一方面学问很兴盛，表面上天子和宰相没有理由不举止端正。但是实际上并没有做到这一点。这就是前汉贵族的风习。到了后汉，情况截然不同。光武帝没有宣帝、成帝那样的不良倾向。明帝由于皇后的贤明，所以几乎没做过有失礼仪的事情。另外，这时的天子大多短命，还未等到厌倦繁文缛节而胡作非为时就已死去。他们当中活到三十岁的是少数。因此没有时间做那样的事。后汉的宫廷自然就十分平静，没有明显的动荡。王室的家族是谨慎节制的，而一般士大夫的家族也肯定谨慎节制起来。

第三章　礼制的完备与礼学的进步

皇后出身的变化

如前所述，前汉和后汉的天子的生活方式是不同的。同时，这两个时代的立后的情形也有所不同。《廿二史劄记》卷三中指出，前汉许多皇后出身微贱。例如文帝的母亲薄太后曾是高祖的俘虏。武帝的母亲王太后最初也是嫁给一个不值一提的人，其母听算卦的人说，王氏日后有富贵命，就把她要了回来，送入景帝的宫中。后来因生了武帝而成为皇后。武帝时期的卫皇后，曾是武帝姐姐平阳公主家的歌女。一次，武帝去公主家时，见她在唱歌，就将其带回宫中，后因生了戾太子而成为皇后。后来的成帝时期的赵飞燕姐妹也是歌女。当时把这样的人立为皇后，并没有遇到任何阻力。然而，后汉的皇后多是名家之女。例如，明帝的马皇后是马援之女；章帝的窦皇后是功臣窦融的曾孙女；和帝最初的皇后阴皇后，是光武帝的阴皇后的哥哥的曾孙女，即出身于所谓的四大姓之家。和帝的另一位皇后邓皇后，是光武的功臣邓禹之孙女。安帝的阎皇后也是名门之女。其祖上曾在后宫中担任被称作贵人的女官，正因为如此，皇帝出于避讳，才没有把高官封给其祖上，但是其家族的地位是很高的。顺帝的梁皇后是大将军梁商之女；桓帝的梁皇后是顺帝的梁皇后的妹妹。此外，桓帝的窦皇后是章帝的窦皇后的从祖弟之孙女；灵帝的宋皇后是章帝的女官宋贵人的从曾孙女；献帝的伏皇后（后被曹操所杀）是当过大司徒的伏湛的第八代孙女；另外，献帝的曹皇后是曹操之女。唯有灵帝的何皇后出身微贱，她出身屠户家庭，但非常有钱，她是靠贿赂进入后宫，后来成为皇后的。

纳后的礼仪

如上所述，后汉的皇后皆出身名门，她们的订婚礼仪也是非常讲究的。在记载汉代礼仪的《汉旧仪》和汉《杂事秘辛》等书中，记述了天子订婚的情形。据这些书籍记载，彩礼一般要用黄金两万斤、马十二匹。桓帝立梁皇后时也用了黄金两万斤，除此之外的彩礼还有雁、璧、乘马、束帛。《后汉书》中曾载有此事。而这是依据前汉惠帝纳后的故事，称上述订婚礼仪是"一如旧典"，所以说并不是后汉的礼仪。关于桓帝立梁皇后之事，《杂事秘辛》中还提到了选皇后的仪式和检查身体之事。该书被认为是伪书，不足为信。但彩礼的记载当是确有其事的。一般说来，前汉时期关于礼仪的规定比较简慢，没有严格的规制。据《廿二史劄记》卷三记载，惠帝的张皇后是惠帝姐姐之女，相当于惠帝的外甥女。另外，哀帝的皇后中有一位相当于哀帝的姑姑。天子的女儿即公主，可以随便地拥有情夫而不以为耻，有的甚至还让情夫去谒见天子。出现这种状况是因为，高祖本人出身平民，所以前汉天子的家庭和平民家庭一样，礼仪并不繁琐，缺乏贵族的风格。到了后汉，公主大都下嫁到相应的地方，前汉之风已不复存在。《后汉书·皇后纪》的末尾曾列举了皇女们婚嫁的去向。

礼制的完备与实施

除天子的礼仪外，在汉代，一般的礼仪也逐渐完备起来，并开始实施。中国人一般认为，记载于《仪礼》、《礼记》中的礼是周公制定的，在周代被严格地实行，秦汉时期产生了一时的混乱，到了后汉又再次改为实行周礼。我对此抱有怀疑。就是说，自前汉起学问兴盛，结果关于礼的议论也多了起来，像《礼记》那样，是专门研究礼的学问家的笔记。此后，在前汉后汉的四百年间，礼的制度逐渐固定下来，经书中的内容开始普遍实施。然而在此之前，周代的士大夫是否照经书那样做过，是值得怀疑的。各种各样的学者都注意到了礼在逐渐进步。赵翼的《陔余丛考》卷十六中有"汉时大臣不服父母丧"条，其中列举了大臣三年不服丧的例子，并称这样做的原因是文帝在遗诏中规定了以日易月，因而不必服三年之丧的制度。然而，也许是有关礼的学问日渐兴盛的缘故，尽管有上述制度，在官吏中也有人提出了服三年之丧的要求。当时，这样的要求常常得到准许。后汉安帝元初年间邓太后执政时，由于礼学的逐渐兴盛，颁布了不为双亲服丧的人不能当地方官的诏书。当时有人进言说州、郡地方官也应当那样做，于是降旨让公卿们讨论。结果，不少人认为如果服丧会带来不便，只有刘恺上奏说，刺史是一个地方为人的榜样，应当以身作则。如果认为人民可以服三年丧，而刺史服丧就是不便的话，等于是浊源清流。太后采纳了他的意见。但是实际上这个意见后来很难实行。例如，赵岐曾建议说，要让刺史辞官，使之能够为双亲服丧；荀爽也上奏说，公卿大臣是政教之本，若不能服父母之丧则无法教人。由此可知，在邓太后定制之后，高官也未服丧。后来，这一服丧之制或行或废，直到汉代结束也没有定制。不过一般来说，为官之人服三年丧并不是坏事，对他来讲是一种名誉。的确，作为社会的一般倾向，人民已崇尚遵从礼制。

杜佑关于礼制进步的见解

此外，关于一般的礼制在汉代有了进步这一点，在唐代杜佑的《通典》和《理道要诀》中也有记述。杜佑的《理道要诀》今已亡佚而不得见，但王应麟的《困学纪闻》卷五、卷六中载有其佚文。其文中论述了礼制是随着社会的进步而进步的观点。他指出，周代人吃食物时是"以手抟食"，也就是用手抓食。所以，《礼记》中有"共饭不泽手"的说法，即与他人同餐时不能用手拍打饭食，也就是说以往的陋习尚未完全改掉。今天夷狄和南海诸国以及五岭以南的人们都是用手抓食，但还是用匙和筷子更为进步。另外，三代时期，祭祀时要立尸。这是由于在空无一物的地方进行祭祀时，想供奉物品而毫无凭据，所以立尸以为鬼神的替身。例如，祭祀自己的双亲时要将自己的子辈中的人立为尸。子女不能充当父母的立尸，孙子女能够充当祖父的立尸。这种立尸的风俗秦汉以后被废绝，但在夷狄地方却残存到后来。北魏时有关于这一风俗的议论。文成帝时，北魏还在代北，有个叫高允的人上书说，当时代北地方的风俗中，父母去世后要将相貌相似的人立为尸来祭祀，这样的习俗至今还残存着。然而，这于教化、于礼都很有害。本来祭尸之礼今天已经废绝，所以请求废除这样的风俗。另外，在南北朝时期的四川等地，也存在着以尸祭祀的风俗；在杜佑生活的时代，在湖南、广西边境地方，还有请同姓的人模仿过去的尸与神明共同享受祭祀的习俗。这些都是三代的遗制。本来是夷狄的风俗，只是在周代也还没有消除，此外，三代还有殉死、殉葬的风俗，在周代终于得到改正。但是并没有完全灭绝，在今天的戎狄中还残存，而在中原则已绝迹。《通典》卷四十八的"立尸义"中也记述了相同的内容，并指出这些都是野蛮的风俗，将会随着社会的进步而灭绝。但是，中国尚古的学者对这样的议论是不以为然的。比如关于《理道要诀》很久以来就有议论，朱子曾隐讳地攻击此书是"非古是今"之书。清朝的学者也有各种各样的议论。阎若璩解释说，立尸而祭是古法，夷狄有此风俗是此古法之残存。大体看来，对于《通典》的议论，即便是博学多闻的儒者，也多持反对态度。但从今天的观点来看，杜佑的见解是正确的。三代之礼中包含着迷信。

礼学的进步

礼的学问自前汉开始兴盛，戴德（大戴）、戴圣（小戴）相继整理了《礼记》。到了后汉，礼学更加兴盛。随着学问的进步，有关礼学形成了各种学派。不仅"两戴"，有关五经的所有学说都与礼不无关系。各学派都各有家学，被立为学官，代代相续。但学说各不相同，因而有必要将各家的异说概括统一，使之融会贯通，这样就促进了学问的进步。后汉时班固编纂的《白虎通》，就是为了统一有关经书的各家学说，先让各家学者在章帝面前讨论，然后把讨论的结论收集整理而成的。今天要了解两汉学者的议论，依据此书是最方便的。书中的大部分内容是有关礼的议论。后来，

到了后汉的中期，许慎（死于安帝末年）撰写了《五经异义》。该
书内容是记述了有关五经的各家学说的不同之处。据此可以了解
到各家关于礼的见解的差异。后来，后汉末期的学者郑玄批驳了
《五经异义》，著有《驳五经异义》一书。郑玄曾为《三礼》作注，
十分精通礼学，因此批驳了许慎论述的不足。今天看来，他的这
些著述比《白虎通》更方便之处在于，《白虎通》中没有写明哪家
学派是如何主张的，而郑玄的著作以左氏云、公羊云的形式明确
记述了各家的议论，使后人能够清楚地了解各家所持的见解。当
时礼学之兴盛由此也可见一斑。郑玄一派在这方面下了很大的功
夫，郑玄的学问在其死后被归纳成集，即《郑志》（今已佚失，存
有辑本）。该书对各经书分别列志，如《易志》、《礼记志》等，集
中记述了对各经书的议论。其中许多内容是郑玄对门人提问的解
答。此外还有《郑记》一书，主要记述了门人相互的问答。《郑记》
在《通典》中多有引用，《通典》二百卷中有一半是有关礼的内容，
由此可知直到唐代礼学所受到的重视。其中记述了关于历代的实
际制度及礼仪的议论。在这些议论中，汉代部分根据《郑记》记
载了郑玄的门人有关礼的议论，从中可以了解到郑玄的门下对礼
的研究方法和观点。从内容上看，当时有关礼的议论已逐渐平息，
书中记述的多是实施过程中应当解决的各种问题。据此可以知道，
当时的问题不仅是对书本的解释，还产生了解决实施中的疑问的
要求，所以书中的主要内容是有关如何实施的想法。特别是《通
典》中所引部分大多是与实施吉凶之礼有关的内容。《郑志》、《郑
记》中出现的人物有冷刚、赵商、张逸、孙皓、刘琰、田琼等。
以上事实充分表明，汉代特别是后汉末期，礼学日渐兴盛，产生
了要具体实施的倾向。这样看来，礼学在汉代已发展到了在实施

中出现疑问的程度。由此可知，礼学是在汉代以后才开始在实际生活中付诸实施，这与汉代的风俗有很大的关系。如果说后汉的风俗在中国古今历史上是最美好的话，也是由来于礼学的实施，作为这种发展的后果，产生了各种各样的问题。

第四章　学问的后果与毒害

程、顾二人关于学问兴盛后果的议论

关于两汉学问的兴盛所产生的后果，很久以来就有各种议论。除上述《后汉书》的《儒林传》之外，《后汉书》之《逸民传·序》和同书《左雄传·论》中也有论述。另外，后世的宋代程颐（伊川）的《程子遗书》卷十八以及近代的顾炎武的《日知录》卷十三《两汉风俗》中也有论述。大致上讲，后两者充分论述了学问兴盛的后果。程颐的主要观点是，秦始皇之时暴虐无度，焚烧诗书，从而亡国。汉兴，鉴其弊，崇经术之士。故学者多以经学为宗，识义理者甚多。即便在王莽作乱时，也多有守节之人。后汉光武继之而起，自然不能不崇尚名节，故此后汉多名节之士。然而，人虽知名节，却不知要节其名节，需以礼为之，故变成苦节。苦节终将至极端。因此，魏晋之士变为旷荡，尚虚无，无礼法。若无礼法则无异于夷狄，于是有了五胡乱华。顾炎武的论述也有同样内容。顾氏认为，汉代自武帝表彰六经之后，师儒日盛，但对其大义并未明了。因此王莽摄政时，普天下有许多人为其歌功颂德，认为莽有当天子的符瑞。光武鉴于此，尊节义，励名实，而采用他的主张的都是明经修行的人，所以风气随之一变。后汉末年朝政紊乱，国事日恶，但是党锢之人和独行操守之人仍然遵守仁义，即便舍命也不变节操。顾氏还引《后汉书》的《儒林传》和《左雄传》的论点，称三代以来风俗之美无过于后汉者。顾氏所说的话中，关于后汉的内容与程氏大体相同。但是，关于前汉王莽的部分与程氏不同。就是说，顾氏认为王莽时，因不明大义所以附莽者甚多。与之相反，程氏认为守节者多。旧来的学说大体与程氏相近，如《后汉书·逸民传·序》中也说：王莽篡位时有许多人"弃冠去朝"。但是，顾氏的观点也是事实。就是说，虽然当时讲释之学盛行，但是以礼正身的原则尚未深入人心。于是王莽利用当时的学问夺取了天下。然而在后汉，礼学的真意已在社会上普及，即便中央有人想利用学问做坏事，世人也不会受其蒙骗。

尊重名节

后汉时期崇尚名节，关于这一点，《廿二史劄记》卷五中分类进行了论述。据该书记载，两汉的士风因袭了自战国以来的传统。战国之士尚义气，尊重那些做事一干到底、敢为他人不敢为之事的人。《史记·刺客列传》中所记的那些事迹受到尊重。这种风气盛行至汉初，在汉初演变为游侠之风，也就是为了他人能够忍耐任何困苦的风尚。这种风尚在后汉日益流行。当时举荐、起用官吏时，都要选用有名望的人，因此一般士人都为了得到名而竭尽全力，努力想要做出别人不能做的事情。这样，该书认为，后汉的尚名节之风，源于战国时代以来的刺客游侠。但是不能将此视为当时风俗的全部。还是像程、顾两人所说的那样，由于尊重学问的结果，把刺客游侠之风引导到好的方向。这一点通过以下事实也可明白，即游侠在汉初十分兴盛，而到了前汉末期便不再有势力了。这是因为，当时政治的秩序业已建立，而破坏秩序的人受到了压制。武帝时，侠客的鼻祖郭解就被当作破坏秩序的人处决。其后，刺客游侠不再流行。荀悦的《申鉴》中，记载了对复仇的议论，复仇也似乎不像战国时代那样，毫无限制了。在中国，经学，特别是公羊学以复仇为美德，赞扬齐襄公灭九世之前的仇人纪国，并且认为，即使是百世之仇也应当报复。不过，到了汉代，天下统一，秩序稍安定时，复仇被当作有害的行为，而受到了限制。不仅是在法律上，在道德上也受到了限制。说战国汉初的风气一直残存到后汉，这是《劄记》言过其实了。当时风靡社会的还是一种顺从当时秩序的、从学问礼仪中产生的风气。

总之，《劄记》中分类列举了尚名节的事例。其中有一条是尽力而仕，彰著忠义。本来秦汉建立一统天下以后，与封建时代不同，天子之外不再有君主，但是由于一些封建的遗风残存至汉代，郡吏对太守还是采取了对君主一样的态度。这种现象在宋代以后是没有的。在汉代，上自三公，可以自设下级官吏。地方官也可以随意使用官制上所设的下级官吏，即可以自己任命掾史等。在这样的风气下，被任命的人受到家臣一样的待遇。这样的下级官吏往往舍命而仕，再困难的事也尽力去做，并且把这样的行为视为忠义、名节，他们要为自己的长官服丧三年。不仅如此，当时的事务官中还有一种，要向把自己举荐给朝廷的人尽人情的风气，有时还会为这样的人服丧三年，也就是为感谢其知遇之恩而服丧三年。可是当时有的人连自己的父母死了，也不会服丧三年。因此《劄记》也认为这种行为是过了头。下面讲一下让爵。让爵现象在前汉就已存在，后汉则十分流行。一般是把爵位让给兄弟，但却效仿伯夷、叔齐，以此为高尚。有的是主动请让而得到允许，但也有未被允许的。这似乎多少是为了追求某种名誉。《劄记》中也说，即便得不到允许，在提高名誉这一点上也是有所收获的。下面再来谈谈复仇。有时人们需要为父兄报仇，这在当时也是触犯政府秩序的行为，但在某种程度内是被认可的。也有些人是替他人复仇，这是游侠的遗风，既不符合秩序，也不符合道德。《劄记》中也谈到，单纯为了回报朋友，而轻视从父母那里得来的身体，这是极大的错误。但是，这样的行为，等于是在培养国家危机时能够支撑国家倾危的气力。有人将这种气节的兴盛看作是政治有缺陷，是个人心怀不满的结果，因而是世运衰微的征兆。但必须看到，有这种气节总比没有强。

服侍名士的风气

此外，《困学纪闻》卷十三的《考史》中还谈到，当时社会上流行服侍受尊敬的有德之人的风气，即《曲礼》、《少仪》之礼被废除后，年幼者侍于年长者，缺少德行的人侍于贤人的事不复存在。可是到了后汉之际，这一美俗又复兴了。文中列举了一些实例。有一位名叫魏昭的少年，找到后汉的名儒郭泰（林宗），请求当他的仆人。郭泰问他：小小年纪应当读书，为什么要到我身边来呢？魏昭回答说：我听说"经师易遇，人师难求"，像我这样洁白如丝的人，希望能够染上美丽的颜色。于是他被允许留下来作仆人。有一天，郭泰在半夜里三次让魏昭为自己煮粥，魏昭始终脸不变色。此外的例子还有，荀爽甘心为名士李膺作侍者；党锢名士范滂获准回家期间，同样获准回家的同乡人殷陶和黄穆为其当侍卫。《考史》中列举了这些对名士尊崇备至的实例，并说，孔子的门人侍奉孔子的情形也不过如此。这些事例，都是后汉末期作为学问的后果而出现的。

独行与逸民

在《后汉书》中，记载了以前的《史记》和《汉书》中没有记载的人的传记，即《独行传》和《逸民传》。《独行传》中列举了孔子所说的"狂狷之人"，即不为中庸之人，但这种人却能够把自己的事干到底。就是说，《独行传》替代了前代的《游侠传》。《逸民传》中记述的，是以不做官为荣的人们。这些人中有的并非没有想借此出名的倾向。但是，他们确是像普通百姓一样，自己从事体力劳动，以崇尚道德为乐，而不去当官。这些可以说，都是后汉的学问营造出的一种特别的风气。最初，在前汉武帝时期，学问的兴盛是因为它开辟了做官的仕途。为此，司马迁等人还对武帝的政策表示了不满，称官吏中没学问的人虽然减少了，可是像从前那样崇尚道德、遵守道德的学者风范却丧失了。然而，由这种风气，不久又相反地产生出了因作了学问而不能做官的风气。这与当初的意图是截然不同的，但却是学问普及化的后果。

学问的两种极端后果的冲突

不论如何，到后汉末期，学问的普及大体上带来了好的后果。但是，它也给当时的社会状况带来了冲突。光武帝鉴于前汉的政治，试图铲除其弊端。而后汉的政治，大致上说，又逐渐陷入了同样的弊端。前汉时期出现的显著的弊端，是外戚的专权和宦官的专横跋扈。宦官的跋扈是在元帝时出现的。为此，光武帝决定宦官只用受过宫刑的人。但即便这样，后来还是产生了弊端。前汉几乎是亡于外戚。光武帝和明帝当时都注意到了外戚问题。明帝的马皇后，就曾不许外戚干预政事。可是，这样的限制，后来逐渐松懈了。后汉天子大多夭折，没有后嗣。每逢这时候，就要由天子的亲属立年幼的天子。和帝的邓皇后曾数次立年幼的天子，自己常年执政。这样一来，宦官和外戚又开始得势。后来，出现了外戚梁氏的专权跋扈。桓帝要打倒梁氏，可前后左右都是梁氏的天下，无人能与桓帝谋事。最后，桓帝与宦官相谋，剪灭了梁氏。那时，宦官一度被封为五人侯（即所谓的五侯），他们都做了中常侍。这样，宦官得势，其自身的弊端日趋严重。《廿二史劄记》卷五中详细记述了这种弊端。就这样，一边是宦官为害人民，一边有重视名节的士，两者的冲突不可避免。《劄记》卷五中，详述了汉末朝廷内外的大臣们竭尽全力追究宦官的恶行，并加以压制。这种情形可以说是由同一原因导致的两种极端的后果，并且相互冲突起来。也就是说，在后汉，由于学问的兴盛，天子也从名门望族中挑选皇后，结果导致了外戚的权力兴起。为了摧毁这种权力又起用宦官，为此招致了宦官之害。另一方面，由于学问在民间普及，产生了重名节的士，他们又起而要打倒宦官。

学问的毒害

这样，宦官和名士的冲突最终发展成为党锢。这种现象不仅是由宦官造成的。学问兴盛，学者开始设立门户，其结果就表现为党锢。学者设立门户的现象，在前汉时期就已存在，但那是经师的流派，是家法之争。在后汉，为了融会那些流派，产生了《白虎通》等著作。于是通学兴盛，家法之争减少了。可是，由于后汉的士崇尚名节，所以又发生了其弟子为老师的名誉而争论的事。周福是桓帝为诸侯时的老师，桓帝即位后，周被提拔做了官。当时，与周福同郡出身的房植十分有名。当地的人因周福被提拔，所以褒房植、讥周福，两人的门生互相争执不下。这件事成为当时名士的党派之争的根源。那时候，在太学里学习的学生有三万多人，他们各自尊崇老师，砥砺名节。他们当中，李膺是有很高声望的名士。当时，河内有一个叫张成的行巫术人，他的儿子杀了人。他是事先知道要公布大赦令，才让儿子杀人的。当时，李膺任河南尹，将其抓获，不顾赦令而斩之。然而，张成与宦官有关系，得到他们的后援，到处扬言说，李膺等人结成朋党，讥讽朝廷，搅乱风俗。当时宦官和天子很亲密，于是开始驱逐李膺的党人。这些党人后来虽得到赦免，但被禁锢终身。这件事并未使党人有所收敛，反倒成了对他们的一种奖励。党人中甚至有人以未遭此祸为耻。据说，此后蒙受迫害的党人张俭，被人藏匿于家中，而藏匿他的人却丝毫不顾自己一家会遭受灭顶之灾。这些不如说是学问的后果起了异乎寻常的作用，变成了一种毒害。就是说，如前所述，按程颐的说法，当时这些现象是虽知崇尚名节，却不知以礼去节制名节，勉强去做他人难为之事，这就成为苦节。当时的名士中，也有人感到了这种过激的现象。据说，党人岑晊被人追赶逃到贾彪处，贾彪闭门不见，因而受到责难。可贾彪却说，为了树立自己的名节而麻烦别人，是不好的。要言之，这是学问的毒害，特别是伦理学的毒害。学问的毒害在前汉的大学者中就已存在。博学的刘歆为王莽篡权出谋划策，就是一例。之所以发生这样的事，是因为当时的学问只限于中央的少部分人，只有特定的人是博学的。与之相反，后汉末期学问的毒害，是后汉学问普及的后果。

对学问毒害的反动

这种学问的毒害必然招致对它的反动。程颐说，极尽苦节的后果，导致士人不思节义，崇尚随心所欲。这种倾向在汉末就已见端倪。《困学纪闻》卷十三中，记载了晋傅玄的上疏文，其中提到"魏武（曹操）好法术，天下贵刑名；魏文慕通达，天下贱守节"。据此，《困学纪闻》的作者认为，随心所欲之风是从魏文帝时期开始的。但这种倾向在曹操时期就已存在了。《日知录》卷十三《两汉风俗》中指出了这一点。书中提到，在汉末曹操掌握实权后发布的诏令中，有一种求贤令，这种诏令前后发布过三次。在建安十五年的诏令中，曹操说，像太公望那样有大才德而隐于世的人也好，或是由于品行不好，即便有才也没有得到任用的人也好，只要有才，无论他隐于世，或品行不好，我都想采用，请举荐这样的人。建安十九年十二月，他又发布了同样的诏令。在诏令中，他举出盗兄嫂的陈平和战国苏秦那样品行不好的人的例子，认为品行好的人未必是进取之人。人若有长处，那么他有缺点也无妨，用人时就可以考虑他。在建安二十二年八月，又发布了同样内容的诏令。就是这样，曹操将品行的好坏完全置之度外，采取了与后汉相反的政策。另外，仲长统是曹操选用的人才，在他的《述志诗》中，就有与当时的尚礼节的风气相背的内容，诗中说：

"寄愁天上，埋忧地下。叛散五经，灭弃风雅。百家杂碎，请用从火。抗志山西，游心海左。元气为舟，微风为柁。翱翔太清，纵意容冶。"

这些话与魏晋以后的清谈之徒的言论是相同的。张燧的《千百年眼》中指出，清谈始于汉末。曹操排除了道德的约束，但学者中也出现了仲长统那样的人。汉武帝元封五年，曾发布过求"茂材"、"异等"的诏书。其中说，要想有非常之功，必须等待非常之人。有的马虽踢人却能行千里，有的士虽有"负俗之累"却可立功名，这些全在于如何驾驭。其大意与魏武的求贤诏相同。汉代社会，秩序建立，两汉三百年恪守了礼节。可是，魏武的言论成为打破汉代秩序的命令。世间的治乱，如果天数来临，无论身踞高位者怎样有能力，也很难有所作为了。

第五章　后汉社会的停滞

保全功臣

后汉时代是社会秩序逐渐建立的时代。但是，当它长时间延续时，就会导致社会的停滞，并且，这种倾向日益明显。其直接原因是后汉初的光武帝想要保全功臣。他的这种想法，实际上不仅是为了保全功臣，而是出于现实政治的需要。关于这一点，《后汉书》卷五十二[1]《列传第十二》的"论"中，写了有关"中兴二十八将"（因明帝时期在云台南宫悬挂了他们的肖像，故又称"云台二十八将"）的议论。据其中的记载，前汉初期的功臣大多来自军人和出身微贱的人。太平盛世到来以后，他们都得到巨额的俸禄，被任命为王侯，甚至还担任了宰相之职。这种状况构成了一种祸害。因此，主要的功臣大部分被杀，还有的被投入牢狱。另一方面，特别是在汉初的武帝以前，这些功臣有许多人作过宰相，因而堵塞了有实际政治才能人的晋升道路。而大多数因功勋被封为王侯的人，在一两代之间便绝了后嗣。武帝巧于用人，常常亲自加封，并且一旦有了罪过，就毫不宽恕地除职。因此，这些人中有后继者的，七八十人中不过十分之一。光武帝把这些事

---

[1]　此处原文有误，应为卷二十二。——译者注

综合考虑，所以，在加封大功臣寇恂、邓禹、耿弇、贾复等人时，大县不过四，或两县；也有的人得到过六县。并且，不让这些功臣干预政治，只给他们爵位和封禄。同时，不设宰相职，中央政府中只设能够处理日常行政事务的事务官，让其负起责任。这作为政治的方法，有其进步性，是最好的方法，这是后世的定论。总之，让政治上的职务和爵位相分离，不让功臣影响日常行政事务，所以，功臣的后代较少陷入犯罪和过失，因而得以保全。

取缔外戚，家业的长久延续

另外一项由光武帝想到、后来还传授给历代天子和皇后的政策，是经常性地取缔外戚。也就是不让外戚影响政治，禁止其为所欲为。由于外戚多少容易为所欲为，所以就想到让他们研修学问，为外戚樊、郭、阴、马四姓特意建立学校。邓太后也特意让邓氏族人钻研学问，这些做法最终未必达到了目的。可是无论如何，外戚通过学问，自己谨言慎行，其家族有的也得以长久延续。另外，后汉中期的本初元年，梁太后曾下诏令高官的子弟都要到太学读书（《后汉书·儒林传·序》）。由于这样指导了良家，使良家没有因骄奢而败落，家业得以延续。《廿二史劄记》卷五中有"四世三公"项，据其记载，有名的杨震家族延续了四代，做了三公（太尉、司徒、司空），袁安的家族也代代成为三公。这种事到后汉才开始出现，而前汉时期，两代人连续做宰相的仅有一家。《劄记》卷五中还有"累世经学"一项。据载，世代继承家业的倾向，在前汉时期就开始出现。不仅是学问，商业、工业的家族代代相续的情况也增加了。这种情形在班固《西都赋》的文末有所记载。尤其是经学，汉代时有家学，从其继承的情况来看，其家业自然是由同一家族的人继承的。其中继承得最好的，是孔子的末代子孙的家业。传授《尚书》的伏生家是从前汉继承下来的。自前汉末延续至后汉的家族中，有桓荣等人的家族。学者家业的继承已见端倪。无论如何，这些都是社会秩序建立后，不再出现剧烈变化的缘故。

尊重氏族

此外，到了太平盛世，以氏族为贵的风气日盛。关于这一点，还可以向前追溯。例如，把汉高祖奉为尧的子孙，是前汉末期的事，初期则没有。在《史记》中还没有这方面的记载，到《汉书》时有了详细的记述。可是《史记》中也说，中国的传统思想认为，要成为天子，并不是仅靠其人一代的力量，而是靠前代百姓中有功绩的人的力量。这样的思想在《史记》中也是屡见不鲜的。《史记》中说，项羽之所以统治天下五年左右，或许是因为他是舜的子孙。把这样的事煞有介事地作为事实看待，是从后汉开始的。无论如何，这种重视氏族的倾向，也反映在汉代有关氏族著作的大量产生上。后汉应劭的《风俗通》中有《姓氏篇》（无今本，但有清朝学者的辑录），其序文中说，姓氏正逐渐盛行起来。除此之外，在汉代，还有《潜夫论》中的《志氏姓篇》。此外，还有两三种有关姓氏的书。但记述详尽的是前述两种。这些著述都探讨了汉代已存在的姓氏的起源，并且都认为姓氏是从三代延续下来的。随着门第观念的兴起，各氏族都有一种把本氏族的起源向前追溯的倾向。《姓氏篇》和《志氏姓篇》的内容，就是来源于把当时汉代的名门氏族的起源尽力加以古老化，而产生的一些作品汇集而成的。《风俗通》的《姓氏篇》仅有片断残存，而《潜夫论》的《志氏姓篇》却原样流传下来。其中的内容都是按"今天的某某是古代某某之后"的形式记述的。这反映了当时人的想法。实际上看，自后汉至六朝、唐代延续下来的大姓氏，的确都大致发源于汉代。在唐代仍残存的大姓中最著名的有，西晋至东晋时期由北向南渡过长江的王、谢、袁、萧等氏。他们也被称作"侨姓"。原居江南的大姓，即吴姓中有朱、张、顾、陆等姓。山东的郡姓中有王、崔、卢、李、郑等姓。关中的郡姓中有韦、裴、柳、薛、杨、杜等姓。这些姓氏的大部分都是从汉代继承而来的。这一点只要看看《新唐书》的宰相世系表，便可知道。另外，唐代盛行的姓氏中，有些是源于夷狄的，这类姓不是汉代传来的。唐代似乎有不少关于姓氏的书，但很少有传至今日的。现存的有林宝的《元和姓纂》的辑本。从这部书来看，大体上从六朝至唐代的大姓是从后汉继承下来的。其中虽然有像张姓那样，是从出身于战国时代的韩国宰相家的张良传承下来的，但大部分是从后汉传下来的。崔、杨、袁氏等姓就是如此。崔氏等姓在六朝至唐代时期，其势力比天子还大。唐的帝室是陇西的李氏，而博陵的崔氏，在唐太宗时期比太宗家族还受人仰慕。

豪族的发展与奴婢的增加

总之，在后汉时期，名门望族就已逐渐发展起来了。每逢遇有事变时，其势力就格外强盛。即便不是这样，由于贫富差别日益加剧，自己卖身为奴婢的人增多。王莽时期奴婢的人数非常多，因此，光武帝时期实行解放奴婢。这类事例见于《廿二史劄记》卷四。解放奴婢在政治上是必要的。因为一旦形成了大的家族，家族的总数就会减少，租税也会随之减少。于是，有作为的天子就会考虑到执行这种解放奴婢的政策。但是，当和平时期持续，社会发展处于停滞时，奴婢就会增多，富豪也会增多。

录用门阀之日趋严重

另外，选举也有关联，也就是官吏的录用。最初，作为开明天子的方针，公平地录用人才是目的。后汉时期，从光武帝时期开始，也制定了选举的法令，并且认为选举人才必须十分谨慎。前汉时期，武帝对于杰出的人才，哪怕是社会上名声很差的人，也要录用。而后汉则采取了谨慎选举的方针。光武帝规定，地方官赴任不到一年，不得参加举荐，因为，他还不了解被选举人在当地的名声如何。武帝时期，社会还十分质朴，所以，希望通过美化自己，邀请以求登龙者还很少，但是后汉时期，逐渐出现了虚伪的人。到章帝时期为止，选举人才的方针还是很好的，但实际选举中已产生了某些弊端。例如，章帝建初元年的诏令中称："夫乡举里选，必累功劳。今刺史、守相不明真伪，茂才、孝廉岁以百数，既非能显，而当授之政事，甚无谓也。每寻前世举人贡士，或起圳亩，不系阀阅，敷奏以言，则文章可采，明试以功，则政有异迹。"[1] 从这一记载可以想象，当时的选举中考虑到了阀阅的因素。关于这一点，也见于其他史籍，即后汉中期的《潜夫

---

[1]　根据《后汉书》卷三，《肃宗孝章帝纪》第三原文。——译者注

论》中的《交际篇》。其中提到，"论古则知称夷齐原颜，言今则必官爵职位，虚谈则知以德义为贤，贡荐则必阀阅为前。"另外，后汉末期人仲长统的《昌言》也称："天下士有三俗，选士而论族姓阀阅一俗，交游趋富贵之门二俗，畏服不接于贵尊三俗。"（这段话不见于《后汉书·仲长统传》所引《昌言》，而是遗存于《意林》一书中。）由此可知，举荐人才要考虑阀阅，在当时是事实。后汉末年，选举中存在弊端，所以连朝廷也要相应地加以提防。据《通典·选举典》所载，桓帝时由于存在"凡所选用，无非情故"的状况，于是制定了"三互法"。法中规定，有婚姻关系的家族不得互相举荐；两州不得事先商定，互相举荐。这一规定虽为纠正选举之弊病而定，但是这个法会使选举变得缺乏灵活性。所以，蔡邕向朝廷上奏，指出这一禁制的不便之处。总之，是由于选举中出现了弊端，以致需要制定上述的禁制。由此可以看出，举荐有出于私情，并且注重门第的现象。尽管当时有了禁止这些弊端的法，可是这样的倾向比禁止的能力还要强。到了后来，逐渐发展成了选官只能录用门第，而这种状况的起源萌发于后汉时期。和平时期，社会太平进步是一方面，但另一方面，上述现象又是社会停滞所造成的后果。

学问的变化，校勘学的发展

在上述倾向发展的同时，学问的发展也发生了变化，文学的兴趣也必定会逐渐发生变化。这从某个方面来说，也是一种进步，它对学问来说，并不都是坏事。首先，从学问上来看，由于各种各样的书籍大量出现，论说之争也随之产生，于是，今天所说的校勘之学也开始流行。校勘之学在前汉末期就已出现。成帝时，刘向校勘天子的秘籍，是其开端。当时他校对了许多书籍，开始制作定本。刘向的著述中，提到校勘的次序，特别是经书，他核对了各种各样的书籍，并记录了书籍的遗漏脱简的情况。就这样，朝廷方面的校勘之风盛行。另一方面，从事学问的人，也都认为校勘是必要的。后汉初期人王充的《论衡》（卷二十八、二十九）的《正说》、《书解》、《案书》等篇中，列举了当时书籍的传承与异同，就是说，在民间的学问中也出现了这种比较研究方法，这表明，这时的学问和过去有所不同。过去是单纯地把学问作为思想的产物，书籍和学派都是随着新思想的产生而产生的。而现在则是进入了一个对已有的学问做出各种思考，并通过复杂的程序进行研究的时期。如果学问没有相当的进步，这种状况是不会出现的。自刘向之时起，人们就开始校勘各种不同的书籍。到了后汉，校勘时开始利用被发掘出来的、年代久远的书籍和湮没于世的书籍。例如，就《尚书》来说，由于出现了漆书的版本，杜林便据此进行了校勘。《说文》的序文中也提到，由于在郡国的山川各地，经常发现鼎彝等铜器。因此，利用铜器上书写的前代的古文，以研究文字。就是说，学问开始带有校勘学、考古学的性质。它已不单纯是思想的产物，而变成了附有历史内容的学问，这是后汉学问的一个显著的倾向。

古今文之学的融合，石经的建立

太学的学问，自前汉以来就有博士的家学。到了后汉，引进了前汉所没有的古文之学，设立了《左传》、《周礼》、《毛诗》之学。在民间，传授学问的人，原来分为今文之学和古文之学，其家学是分立的，现在形成了把两家合二而一的学问。后汉末年，发生了有关经书的重大的校勘活动。这不仅是因学问的发展所至，而且也是因选举制度的弊端造成的。从学问上来说，当时的学问去圣人的时代已远，所以经书中的文字出现了不少的错误。而当时的平庸学者又对这些错误极力穿凿附会，致使后来的学习者产生疑误。于是熹平四年，以蔡邕为首的学者上奏天子，计划订正五经的文字。灵帝准奏，让他们用标准文字修订经书。蔡邕亲自将经书书于石碑上，并请人镌刻，制成后立于太学门外。这就是汉代的石经。（此碑石后来遗失，以前只有宋代的一部分拓本流传于世。但三十年前该碑石的残片被发现，数年前又发现了更多的残片。）这件事对当时的学问产生了很大的影响。据说，立碑时，为观赏此碑云集而来的人乘坐的车辆，每天多达千乘。

经书文字错误的产生，不仅是由于书籍经过久远的年代，而且也与选举制度的弊端有关。当时的考试，必须要背诵经书的正文，然而，由于学派分立，经书的异本很多。为了抬举对自己有利的人，或自己学派的人，就不能不把这些人传授的经书视为正宗。这样一来，就出现了把他人的正确的正文，毫无道理地加以修改，使其符合自己想法的现象。因此，就有了经书文字被修改的弊端。为了扫除这一弊端，有必要确定和统一经书的文字。为此，在正文的大校勘完成后，就将其制成了石经。就像这样，当学问一旦进入了对正文的比较研究的阶段时，它就变得复杂起来。从一个方面来说，这是一种进步。但是，它又会形成抑制新思想的倾向，因而，学问的停滞不前也就不可避免了。这就是后汉时期学问的大致倾向。

第六章　文学的变迁

辞赋的兴盛

顾炎武在《日知录》卷十三《两汉风俗》中说："东京之末，节义衰而文章盛，自蔡邕始。"如前所述，蔡邕曾建立了汉代石经，在与校勘经书有关的学问上是有功之人。另一方面，他又是一位文章家。他的文章十分优美，善用对句，开创了魏晋以后文章的先河。顾氏还说，自此人以后，以往汉代学者的质朴的、把经书尊为教诲人的工具的风尚，已不复存在，转变为把经书当作文学一类玩赏对象。蔡邕本人也是从不思虑节义的人，他受聘于灭亡汉室的董卓，最后很不光彩地结束了一生。不过，当时的过于崇尚文学的弊端，蔡邕本人也是知道的。他曾向天子上奏过七件事，其中第五条中谈到当时的文章。他说，书画、辞赋都是小才，当时的文人的辞赋，有的乱用白话的对句，类似唱戏；有的是从过去已有的成文中原封不动地抄袭。这样看来，像顾氏所言，认为弊端始于蔡邕的看法，存在时间上限定过死之嫌。我想这种弊端的形成有其原因，有一个发展的过程。分析其发生的原因，可以看到，这种弊端在前汉末期就已见端倪了。大致说来，辞赋在汉代十分兴盛。在文章的体裁上，使用许多美辞、对句来修饰文章，在叙述事件时，则喜好尽可能地加以夸张。汉初，已有枚乘、司马相如等人喜欢这种文体。这种文体是模仿屈原、宋玉的《楚辞》。到了汉末，扬雄等人就愈加喜欢这种文体了。不过在这种体裁的文章中，出现可以称作雄篇大作的、使用极力铺叙夸张手法的文章，还是始于后汉班固的《两都赋》和张衡的《二京赋》。这类文章已不是单纯的叙述，而是铺叙夸张的。这样的倾向在前汉就已存在，但非常明显地表现出来是始于《两都赋》和《二京赋》。当时的《潜夫论·务本》篇中就已经指出了辞赋的有害影响，并对它进行了抨击。其文中说："诗赋者，所以颂善丑之德，泄哀乐之情也。故温雅以广文，兴喻以尽意。今赋颂之徒，苟为饶辩屈塞之辞，竞陈诬罔无然之事，以索见怪于世，愚夫憨士从而奇之。此悖孩童之思，而长不诚之言者也。"

模仿文学时期

另外，特别是从前汉末期开始，文章的创作进入了一个模仿时期。这一点在扬雄的文章中表现得尤为显著，可以说成了当时普遍的风尚。模仿不同于在文章中单纯地谈论自己的想法，而是在模仿他人的同时，添加了一种玩赏的情绪。当时的文章，即使不是扬雄的文章，而是有关王莽的政治性文章，就已表现出模仿文章进入了全盛时期。这类文章模仿的是《尚书》。王莽的《大诰》，就是《周书》的翻版。王莽自己对此十分得意，而知识阶层的人们，对这类模仿的产物也十分敬佩，大概模仿与文学鉴赏的情趣是一致的吧。王莽的政治文章中，真正的政治内容是一些无关紧要的东西，而模仿是主要的。因为"模仿政治"是让人感兴趣的。这种模仿本来并不是出于当时的现实需要，而模仿的是当时并不存在的其他事物。之所以这样做，因为要搞政治，就必须要有多余的兴趣爱好。要模仿不必要的东西，就必须要有多余的财力，所以政治鉴赏力和财力是不可缺少的。中国政治的文化性质就在这里，这是令人感兴趣的。这种"模仿政治"在后来的时代也存在，但那与其说是出于爱好，不如说是出于需要。所以说，即便在中国，能够从欣赏趣味的角度，从事政治的人也是少见的。但是，这种"模仿政治"不该是忽视现实政治的需要、耽溺于其他事物的玩世不恭的搞法；也不能是极力复兴古代政治、为改革现实政治全力以赴的十分认真的搞法。这种政治，必须要由生活上多少有几分余裕的人来搞。搞政治的最有趣之处，就在于要半开玩笑地去搞。唐太宗在这点上多少有几分相近。他曾打算搞三代的政治。如果像玄宗那样把政治置之度外，是不能搞成中国式的文化政治的。宋神宗和王安石搞模仿周礼的政治。但是像那样不顾一切地模仿是不行的。但像徽宗皇帝那样，耽溺于自己的爱好，也是不行的，乾隆帝和新井白石就是如此。王莽是这种"模仿政治"的始祖。他在中国政治上是非常重要的人物。不过，王莽制作的诏敕和告谕模仿得过分了，几乎没有了文学鉴赏的余地。有这种余地的是扬雄的作品。但是在他的著述中，如模仿《论语》的《法言》；模仿《易》的《太玄》等，也都过多地偏重于要写成哲学式的著作。扬雄的文章，另外还有一篇《解嘲》，它模仿的是前汉东方朔的《答客难》。这篇文章是有文学性鉴赏的余地的。该文是辞赋，因而与模仿有关。这是因为，伴随着模仿产生的欣赏能力，基本上是辞赋的特点。这些辞赋都继承了《楚辞》的传统，辞赋是楚辞派文学的延续，写辞赋的人都是搞模仿的。今天的《楚辞》是王逸注释的。从屈原、宋玉到王逸，其间的作者都是模仿型的作者。从辞赋中逐渐地培养出文学鉴赏力，到了后汉，这种鉴赏力已经逐渐普及。在《解嘲》以后，有班固的《答宾戏》。这些全都是一种模仿文学。此外，还有扬雄的《剧秦美新》，这是模仿司马相如的《封禅文》，为此，班固还写了《典引篇》，说明其文的出典。前汉的枚乘所作《七发》八首，辞藻华丽，前汉 [1] 末年建安年间的曹植模仿它创作了《七启》八首。

文学性实用文的创立

就这样，本来由于《楚辞》的影响就存在着的铺叙夸张的风气，到了扬雄时期，变得愈来愈盛，并且是把这样的夸张，从文学爱好的角度来加以欣赏。从这样的模仿中，产生出了文学鉴赏的思想，而这种思想在蔡邕以后又产生出一种变化。蔡邕的文章中，有些是极为夸张的。但另一方面，由于他是学者，所以也曾收敛起夸张的手法，思索在文章中体现一种新的文学情趣。蔡邕在写碑文上是很有名气的。原来，汉代的碑文，大多是剽窃经书的词句，蔡邕的碑文，也是以撰写对主人公的颂德文章为目的，而不是为了记录事实。蔡邕自己曾说过，在他写过的碑文中，无愧于碑文的只有郭泰（林宗）一人。由此可知，他写的其他碑文，都是夸张之作。总之，蔡邕或多或少地收敛起了辞赋式的写作手法，把文学与实用相结合，开始把实用文学写得有文学情趣。这种形式的文章恐怕是始于蔡邕。

---

[1] 按应为"后汉"。——译者注

文章评论时期

如上所述，就在蔡邕本人承认了辞赋的弊病，并且后来在承认这一点的基础上，力图在实用文学中添加进某种情趣的时候，文章评论的时期便到来了。本来，自战国和汉代初期就已出现了大作家，如司马迁等人，但文章的评论，先前是没有的。《史记》中虽然也评论过前代诸家的学术，然而，那仅限于对内容的评论，并未涉及其文章。刘向、刘歆在为当时所有的书籍作内容简介时，曾设立了诗赋之部，在这里已产生了鉴赏的意思。但是，大体上来说，他们各自都是按照自己的新想法来从事著述，并没有对那些书籍进行比较和评论。生活在前汉至后汉时期的班彪（班固之父）评论了《史记》，提到了"文质相称"，但那也是关于内容的评论。经过后汉时期，普通的实用文学中，也开始加进了辞赋的情趣，在蔡邕以后的建安时期，文章的评论才兴盛起来。在蔡邕以前有马融，他是经学家，并且也是大作家，但他的著作却与此无关。将实用文章和辞赋合二而一的是蔡邕。这样做的结果，导致了建安文学评论时期的到来。在这时期的评论家中，迄今为止，可以毫无疑问地应该指出的两个人，这就是魏文帝曹丕和他的弟弟曹植。文帝的《典论》没有流传下来，但其中的《论文》残存于《文选》卷五十二中。这篇文章的内容，是评论当时的文人。在评论中，他列举了一些前代人，其中有张衡、蔡邕、扬雄、班固，他以这几位文人为例，评论了当时的文人。他认为这四个人，可以作为当时撰写文学性文章作家的标准。文帝评论过的人有王粲、孔融、陈琳、徐干、阮瑀、应场、刘桢，他们被合称为建安七子。文帝说，王粲和徐干擅长辞赋，而张衡和蔡邕也难于超过他们。陈琳和阮瑀擅长章表和书记，应场是"和而不壮"，刘桢是"壮而不密"，孔融则是体气高妙过人，但不善于论辩，辞句美而内容差，但他的优点与扬雄、班固相同。文帝兄弟似乎喜欢评论，文帝的《与吴质书》和曹植的《与杨德祖（修）书》（《文选》卷四十二）等文，也是对建安七子的评论。由此可知，这时期的人，各自都想在评论中使自己的文章成为名篇。另外还可以了解到，当时，虽然有人继承过去的传统，巧于作辞赋；但已有人能够巧妙地制作章表、书记那样的实用文，并在实用文学中融入鉴赏的意味。

曹操的文学爱好

建安时期可谓中国自古以来文章最盛的时代。一般认为，后汉以后文章衰退了。尽管有的时代推崇不使用对句的古文（如唐宋八大家的文章），但在清代，古文作家推崇的是建安时期的文章。总之，评论精神旺盛，实用与文学性相一致，实用文变成文学性的这样一种倾向兴盛起来。这是汉末至魏初的风气。究其原因，一是有蔡邕那样的大家，造就了那样的形势；另一个方面恐怕是与文帝、曹植的父亲曹操有关。在政治上，曹操与其说搞的是文化性政治，不如说是以实用性政治为主。另一方面，他爱好文学，与蔡邕是好友。蔡邕死后，他的女儿、一位非常有才的文学家蔡琰（文姬），在战乱中被匈奴掠走，成为南匈奴左贤王的妾。曹操为蔡邕失去了接代人感到惋惜，于是用重金将她赎回。后来，文姬成为董祀的妻子。董祀犯法被定为死罪时，文姬向曹操求情。

曹操问她说："你的家中原来有许多书籍，你现在还能记得吗？"
文姬回答说："亡父有天子赏赐的书籍四千余卷，战乱时全都散佚，
今天我能背诵的仅有四百余卷。"曹操说："那么我可以给你派十
名书吏，请你口授并把它们抄写下来。"文姬回答说："我听说根
据礼，男女是授受不亲的。如果给我纸笔，我将遵命用楷书或是
草书把它们写下来。"于是，曹操让她去写，结果竟没有文字错误。
这是一段有名的故事，它说明曹操是爱好文学的。由于曹操的儿
子文帝和曹植大量地写文章，所以，出现了汉末魏初的文学兴盛
时期，而且出现了最为进步的文学评论时期。

社会的风气与文人学者的爱好

顾炎武认为，后汉尚名节，但由于党锢的出现，守节义之风
衰落，出现了蔡邕那样的无节义之人，于是，写精美文章之风开
始盛行。这大部分是事实。尽管节义衰落，不过，就像蔡文姬的
例子中可以看到的那样，也存在着在家中遵守经书中的礼仪的事
实。也就是说，社会一般风气和文人学者崇尚的变迁，未必是一
致的。

文学的家传

在这一时期特别引人注目的是，文人形成为一个阶层。王应
麟的《困学纪闻》卷三十中说"《文苑传》始于东汉，而文始卑。"
《文苑传》始于东汉，是说写文章的人开始把文章当作一种赚钱的
行当。所谓文卑，是说王应麟的想法同唐宋八大家一样，把对句

视为文章的弊端，所以称之为文卑。但是，从文学欣赏的角度来说，文章相反是取得了很大的进步。因此，在这些人当中产生了家传之学。这不仅是指文苑之人，在儒生当中也有代代从事家学的倾向。例如在后汉，马融的孙子马日磾就和蔡邕一起参与了对石经的校正。在文苑中，这种家学相传的倾向是很兴盛的。高祖的兄弟楚元王是楚辞家学的始祖，其后裔中出了刘向一族。另外还有司马谈和司马迁父子、班彪和班固父子以及班固的妹妹曹大家。为《楚辞》作注的王逸的儿子中有一个叫王延寿，他以撰写了《文选》中所收录的《鲁灵光殿赋》而闻名。蔡邕和他的女儿蔡琰前面已经提到。建安七子之一的刘桢也是随刘梁学习文学的。这些也从一个方面说明，文学的工作落入其门第的手中。总之，后汉末期党锢以后，尚名节的风气发生了变化，变为崇尚文章的风气，并且出现了文艺评论。

第七章　风气的变化

伪君子的出现

大体上说，从汉末到魏初，是中国风气变化的时代。正如前面提到的程颐所说的那样，如果把尚名节推行到极致，就会成为苦节。无论怎样的名节，当它走到极端时，就出现了弊端。另一方面，与这种尚名节的时代相对应，出现了伪君子。顾炎武在《日知录》卷十三《分居》中，引用了《抱朴子·外篇》卷十五《审举》，其中谈到后汉桓帝时期胡乱举荐人时，用了一句谚语，即"举秀才不知书，察孝廉父别居"。本来，中国人是把兄弟父子分居视为无德，把同居视为体面。顾炎武说，即便在这时候，也是把分居视为不体面的事。本来，品行端正的人才能被举荐为孝廉，然而这样的人恰恰是分居的，由此可以了解到当时的虚伪现象是十分严重的。《潜夫论》的《务本篇》中也说：

"尽孝悌于父母，正操行于闺门，所以为列士也。今多务交游以结党助，偷世窃名以取济度，夸末之徒从而尚之。此逼贞士之节而眩世俗之心者也。养生顺志所以为孝也。今多违志俭养约生以待终，终没之后乃崇饬丧纪以言孝。盛飨宾旅以求名，诬善之徒从而称之。此乱孝悌之真行，而误后生之痛者也。"

68

优柔寡断人物的出现

另一方面，尚名节的教育自然地有一种使人变得优柔寡断的倾向。后汉末年，党人为自己取了"三君"、"八俊"、"八及"等称呼，并以此互相夸赞。这当中有一位主要的人物，就是一直生活到曹操时期的、被誉为"八俊"之一的刘表。刘表做过荆州牧，他就是这样一个优柔寡断的人物。在当时他是很有学问的人，可是后人评价他是"外貌儒雅，而心多疑忌"，每当发生大事件时，便疑虑重重，不能决断。刘表是当时优秀的文人，以致后人还为他编辑了文集。《三国志》卷六的注释中，载有他的《遗袁谭书》和《遗袁尚书》。据说刘表的文章不逊于蔡邕，他的书法也很出色。作为当时的一位优秀的绅士，刘表具备了所有的修养。但是，当曹操和袁绍争天下时，尽管他没有依附于任何一方，但最终还是在曹操的征伐中死去，他的儿子投降了曹操。在太平盛世有作为绅士的修养，可是一旦发生大事却不能决断，这是一种流于虚名的弊端。当时，在蜀国方面，有汉代宗室刘焉和刘璋父子，他们都是出类拔萃的绅士，父子二人相继作过益州牧。但是，他们也是在发生大事时，不采取任何措施，无法平息自己领地内发生的张鲁的反叛，而是去依靠刘备，结果反被刘备夺取了国土（近代的徐世昌与刘表颇为相似）。

曹操的纠正办法

　　这样的风气自然被视为一种弊端，因此就有人想要纠正它。在这方面做得最为显著的是曹操和诸葛孔明。他们的方针基本上是相同的。关于曹操，《三国志·曹操本纪》的《评》中称他是"揽申、商之法术"，其意思是，史家总结了曹操的政治方略，评论他采用了战国时期刑名家申不害和商鞅的政治观点。另外，在建安十九年曹操颁布的诏令中，也记载了他打算让懂得刑罚法理的人在军中执法的想法。所以，晋代的傅玄在谈到曹操时说："魏武好法术，而天下贵刑名"（《晋书》卷四十七，本传）。由于采用了这样的方针，因此也涌现出了不少与之相应的人物。在汉末建安年间，曹操掌握实权的时期，他正是用这样的政策治理天下的。王夫之的《读通鉴论》卷十中也说，提拔崔琰、毛玠、陈群、钟繇之类的人，"任法课能"，即根据法律管理政治，把工作交给有实际能力的人去做。曹操通过这样的政策一度整肃了汉末松懈的纲纪，使建安时代得以延续。如果像后汉时期那样，彼此只重视名誉，仅靠名誉来录用人才，那么一个人有无业绩就变成次要的了。曹操的政治是效率主义的，是从能否有实效的角度来考虑问题的。这种方针与名誉无关，一个人即便是品行较差，只要能在政治上取得成效，就可以录用。这样的政治，完全是依仗法律。当时，还有过是否要恢复汉初以来业已废除的肉刑。汉代的刑罚大多使用外表不露伤口的刑，即笞刑和刺墨刑。由于这类温和的法律不起作用，所以才有了肉刑的主张。在魏的时期，这种肉刑论由于曹操的死而逐渐消失，但法律变得严厉起来。魏中期的刘劭作《新律十八篇》，还撰写了与之有关的评论。另外，他还撰写了《都官考课七十二条》（即"官吏管理法"）。汉律在汉代逐渐取得了进步。到了魏时，过去未写入正文的内容成为法律明文。魏律在很大程度上修改了汉律。魏律是在曹操的孙子明帝时期产生的，曹操的政治方针一直延续到那个时期。

诸葛亮的纠正办法

另一方面，关于诸葛亮，《三国志》中有一段有名的记事。不过，它是否是事实，还不清楚。其内容是，刘备从刘璋手中夺取益州后，诸葛亮采取的政策是"刑法峻急，刻剥百姓"，致使君子小人都心怀怨恨。为此，一个名叫法正的人向诸葛亮进谏说："过去高祖入关时，约法三章，秦民都以此为恩德。今天你夺取益州，未能惠抚人民。你是作为外来人来治理当地，所以希望你减缓刑罚。"对此，诸葛亮回答说："你讲得不对。秦朝时实施苛政，高祖在这样的情形下入关，所以采取了宽大的方针以安抚人民。可是今天的益州，由于以前的刘璋是一个愚蠢的人，法度松弛，所以，百姓既不知恩的可贵，也不知刑的可怕，散漫不严。故此，我今天要威之以法，法行则知恩。"当时的历史学家曾对这段记事表示怀疑，并列举出反证，说法正的进谏的年代与事实不符。但我认为，诸葛亮在益州实施了他的严格整治的政治方针，这一点大体上讲是没有错的。《三国志·诸葛亮传》的评中也称诸葛亮"抚百姓，示仪轨，约官职，从权制……尽忠益时者虽仇必赏，犯法怠慢者虽亲必罚"。同时，还说他"循名责实，虚伪不齿"。其政策大体上与刑名家相同。该评中还说他"刑政虽峻而无怨者"，这是因为诸葛亮的政治是诚实、公平的。

意外的后果，谋略家辈出

大体上来看，在整治汉末的散漫不严的时世这点上，曹操与诸葛亮的政治是一致的。这让人感到，优秀的政治家所见相同。不过，这样的政治只有在益州那样的一处地方，在命令可以下达到社会的各个角落的地方实施，才会取得成效。如果在整个中国实行这样的政治，是否能达到同样的目的，是令人怀疑的。当时，蜀国统治着一个州，吴国统治着三个州，魏国统治着九个州（魏号称有十州、十二州，实际上是九个州），曹操可以说基本上统治了整个中原。因此，要按照自己的设想取得政治上的成效，是很困难的。这样一来，曹操的政治产生了意想不到的后果。《日知录》卷十三《两汉风俗》中问到，曹操不拘品行、唯才是举的做法，给当时的社会带来了怎样的影响呢？书中认为是"权诈迭进，奸逆萌生"。其证据在曹操死去十余年后，魏明帝太和六年的董昭的上疏（《魏志》卷十四《董昭传》）时就已出现上述现象。董昭在上疏中，陈末流之弊时说："凡有天下者，莫不贵尚敦朴忠信之士，深疾虚伪不真之人者，以其毁教乱治，败俗伤化也。"曹操政治的本来目的是想排斥伪善之人，但当今的年轻人不以学问为本，而专以交游为业；国士不以孝悌清修为首，而以趋势游利为先。而且，他们还结成党派，互相吹捧或互相攻击。这些行为，与曹操要清查当时的士大夫的做法是相背离的。《三国志》卷二十八的

《诸葛诞传》中，记载了明帝时期，诸葛诞、夏侯玄、邓飏等人互相搞浮华虚誉，结成党派的事。也就是说，依据法律整治社会的目的，是要恢复后汉的、也就是伪君子出现之前的质朴风气，然而，乘此机会，却形成了与后汉时期，虚伪地相互吹捧的现象相类似的倾向。三国时期是谋略家辈出的时期。《三国志》卷十中，列举的荀攸、贾诩等人物还是不错的，但卷十四中所列程昱、郭嘉、董昭以下诸人，都是"明智计之士"，他们见利忘义，是不可信赖的人（《十七史商榷》卷四十）。这正是一种弊端。

尚流荡之风

除此之外，还有一种弊端，就是流荡，也就是不崇尚品行的风气。王鸣盛的《十七史商榷》卷十四中认为，建安七子始开后世文人的浮华轻薄之风习，在谈到他们无视中国传统礼仪时，列举了如下的事例：曹丕与建安七子等文人是同伙。他在做太子时，曾设宴招请同伙的文人。酒筵正酣，曹丕让自己的夫人、当时著名的美人甄氏出来向众人问候。当时在座的人都俯下身，没有人敢抬头看，只有刘桢毫不在乎地看着她（《魏志》卷二十一《王粲传》注）。另外，魏文帝在招请吴质、曹休饮酒时，让郭太后出面行礼问候，并让吴质等人观看她的面容（同上）。天子如此破坏礼法是很少见的。还有，那时的陈留太守夏侯惇，曾录用一个叫卫臻的人当会计官。当时，他让自己的妻子招待卫臻。卫臻称这种礼法是奇怪的末世之俗，于是当场被夏侯惇绑了起来（《魏志》卷二十二《卫臻传》）。这些例子显示了当时的风气是打破常规的。在这样的风气背后，存在着打破以往礼法的一伙人。前文中曾提到晋傅玄评论曹操的话，在那段话后面，有一句是评论文帝的，即"魏文慕通达，而天下贱守节"。就是说，汉末的尚苦节的风气逐渐被打破，变成抑制图虚名之人，不再崇尚名节。这种打破并不是要返回从前的质朴，而是变成了崇尚流荡。

清谈之风

下一个到来的是正始时期。在魏国，是明帝的后任齐王曹芳的时期。这一时期仅有九年。这一时期开创了一种对后世也产生影响的风气，即所谓的魏晋清谈之风。顾炎武的《日知录》卷十三《正始》中，援引了《晋书·儒林传》的序文："摈阙里之典经，习正始之余论，指礼法为流俗，目纵诞以清高。"还说："讲明六艺，郑（玄）、王（肃）为集汉之终，演说老庄，王（弼）、何（晏）为开晋之始。"这意思是说，在认真研究经书方面，郑玄和王肃（王肃是反对郑玄的，他采用的是以前贾逵和马融的学说。但在全力研究经书这一点上，郑王二人是相同的）是最后集汉代思想的人，而王弼和何晏研究老庄，是开启晋代学术的人。就是说，正始时期是产生出王弼和何晏的时代。

第八章　老庄的影响

王弼、何晏的老庄学

　　王弼和何晏是最早使老子、庄子学问趋于兴盛的人。何晏的《道德论》今天已失传，他的《无名论》不是完整的，只有其中一部分流传下来。这些人特别是其中的何晏，喜好世俗的功名，不过，他在表面上是做老庄的学问，有淡泊名利的作风。在魏中期宫廷内部的权力斗争，即曹爽垮台、司马懿掌握大权的权力斗争中，何晏被杀害。何晏不仅研究老庄，他还辑录过《论语》的注释。虽然他并没有只从老庄角度加以研究，但他喜欢《论语》中与道家相近的内容。他把《论语》中称赞尧舜的功绩，是"荡荡无能名"的词句，与老庄思想相联系，并强调了这样的思想。王弼比何晏年轻，他去世时才二十四岁。王弼为《易》和《老子》作过注释。他的注释与何晏对《论语》的注释，在今天也是很有名的。王弼的著述，大体上是用老子的思想解释《易》，这同以往的《易》的研究是截然不同的。这些人的议论，作为一种超脱尘世的思想，在当时受到世人的敬佩。从这时起直到后来，正始年间的清谈，长期受到人们的尊敬和仰慕，并且经常被人模仿。

竹林七贤的行为

但是，这些人仅仅是谈吐高尚，并没有把自己的言论如实地落实到行动中。然而到了曹魏的末期，涌现出许多想要将正始年间 [1] 人的思想，如实地付诸实践的人，竹林七贤就是这样一伙人。这些人当中最有名的是阮籍和嵇康，他们两人是中心人物。这些人，不同于后汉时期努力做伪善事的人，他们做的事，几乎可以称作伪恶。阮籍、嵇康的文章有不少流传至今。例如阮籍的《大人先生传》；嵇康的《与山巨源绝交书》、《养生论》等。这些文章的思想完全背离了以往的孔子之教，并且还要在实际生活中加以实施。阮籍把自己的本性伪装起来，装成恶人的样子。他目空一切，故作豁达，强行地去做一般人都认为是罪恶的事，比如在自己母亲的丧葬期间饮酒。其实，他在这样做的时候，并非心情舒畅，最终还是因过度悲伤而吐血。嵇康的《绝交书》，也主张完全摆脱世间的规则，过一种为所欲为的生活。但是，有这样行为的这两人，结局有所不同。阮籍保全了自己，嵇康却因遭到有势力人的忌恨而被杀害。阮籍尽管行为豁达，但他深知不遭有势力的司马师、司马昭忌恨的办法。阮籍虽然遭到当时信守礼法的人的反对，可是始终受到司马昭的保护。然而嵇康过分地强调了自己的豁达，他在文章中写到："非汤武而薄周孔"。这种言论触怒了司马昭。当时，司马昭正准备在魏国夺权，自己做天子。也就是说，他正打算做汤武做过的事。所以，司马昭憎恨嵇康的言论，最终将其杀

---

[1]　曹魏齐王曹芳年号，公元 240—249 年。——译者注

掉了。其他竹林七贤的同伙中，多数人是像阮籍那样，他们说着、做着旷达的事，可实际上心里却想着不触犯当时有势力者的处事方法。这些人都出身望族，是有财产的人。阮籍据说很穷，但他原来有财产，是个游手好闲、坐吃山空的人。这些人就是这样，把反对当时遵守礼法的人，作为一种癖好。即便是那些没有加入七贤，被当时的现实社会起用的人们，也都被当时有势力的人成功地使用着，不打算与社会对抗。嵇康与之绝交的山涛，反对阮、嵇二人无端地破坏礼法，他认为在名教中，只要有自己享乐的余地，就没有必要反其道而行之。因此，他没有加入到从事清谈的人当中去。这些人的名教观念包含了孝道的内容，但几乎没有考虑君臣的大义。嵇康明明被司马昭所杀，可山涛却劝嵇康的儿子嵇绍奉侍于司马昭之子晋武帝。这件事常被人提到。嵇绍为官后，变得十分正统，晋朝因动乱而灭亡时，他为天子而殉死。

后汉名节的破坏

在这种专事清谈、贬低道德的人当中，也可以分为两类：一类是像阮籍一样暗自圆滑处世的人；另一类是像嵇康那样正面反对社会的人。另外，在被社会实际使用的人当中，也有山涛那样的暗自圆滑处世的人。大体上讲，他们在形式上都有反对尊崇后汉的儒教礼法的倾向。但是，无论是在反对礼法的人，还是像山涛那样不反对礼法的人当中，后汉的名节在这个时代都已败落。所以造成这一情况，是因为从汉到魏、从魏到晋的四五十年中，社会的变化十分剧烈。而读书人如果认真地照书本上说的去做，就成了祸害的根源。他们在读书的同时，企图使自己的行为，在某种程度上摆脱名教的影响，所以造成这样结果。到了晋初，这种风气便盛行起来。干宝的《晋纪总论》(《文选》卷四十九)中充分列举了当时社会风气中的弊端：

"风俗淫僻，耻尚失所。学者以老庄为宗而黜六经，谈者以虚薄为辩而贱名检，行身者以放浊为通而狭节信，进仕者以苟得为贵而鄙居正，当官者以望空为高而笑勤恪。"

这是当时普遍的风尚。干宝是晋代人写晋代的事，因此，他所记述的恐怕是事实。另外，在这篇文章中，他把论政治、正礼法的人称作俗吏，把所有主张政治和道德的人，都称作俗吏或俗生。他把一丝不苟、循规蹈矩视为俗，而崇尚俗的反面。这些都是崇尚旷达的人，当然是与崇尚后汉时期名节的人相对立的。即便不是这样，恐怕当时也不再有人鼓励名节。王夫之的《读通鉴论》卷十中，谈到这一点。他列举了傅嘏、王昶、王祥、郑小同等人的例子。傅嘏反对刘邵强调法律的观点，他认为政治不能仅靠法律，应当任其自然去发展。王昶曾撰写了《治论》和《治略》，从他的议论来看，他崇道笃学，欲绝浮华，与何晏、王弼等人全然不同，是想法很实在的人。王祥是二十四孝的人物之一，据说他为奉侍继母，破冰求鲤。他生活在魏晋两个朝代，为人朴实。郑小同是郑玄的孙子。在当时，何晏和王弼当然都不是故意生是非的人，他们主要是要保全身家，不逆时势而行是他们的长处。他们并不想始终如一地保全名节，并不考虑君臣的大义。极为现实的人，恰恰就是这样。

鲍生的无政府论

因为有了这样的风气，所以，把这种风气推向极端，就产生了与今天的无政府论相同的观点。晋葛洪的《抱朴子·外篇》卷四十八中有《诘鲍篇》。据其中记载，鲍生敬言喜欢老庄的著作，尤其倾心于辩论。他提出"古者无君，盛于今世"的观点。这是研究老庄的人中最极端的见解。《抱朴子》大致上讲属于道家，可以说，他是后世神仙家和道家合二而一的开端。一方面，他为了求神仙而开始研究炼丹术。另一方面，又主张道家的学说。他们所主张的道家，与何晏、王弼以后的人无大差异。他们并不完全反对孔子，而是用道家的方式解释孔子的学说，所以，并未想要完全放弃五伦之道。由于是这样，他们极力批驳鲍生的极端的道家学说。鲍生认为，由于有了君主，才会产生奢侈，致使百姓受苦难，其根源就在君主身上，因此，最好取消君主。针对这样的观点，《抱朴子》主张，虽然也是君主，但如果像尧舜那样，百姓就不会受苦，所以，百姓的苦难，与君主的有无毫无关系。即便没有君主，人们也会有争讼，没有裁断争讼的人，反而不行。有了君主，就可以进行管理。总之，在老庄派的争议中，观点最极端的是鲍生的主张。并不是说，这种观点在当时已很普遍，但由此可知，当时也形成了如此极端的主张。

在文学中引进老庄和佛教

思想上的这种变化，与其说是有关君臣关系看法的变化，不如说是社会现实发生了变化，这种情况对文学也产生了影响。在文学中，老庄及神仙的见解开始时兴，特别是其中还开始融入了佛教的思想。《困学纪闻》卷十三中引《文心雕龙》和《续晋阳秋》，谈到文学的变化。《文心雕龙》卷二《明诗第六》中谈到东晋时期文章沉溺于玄风。《续晋阳秋》中说，王弼、何晏好老庄的学说，此后，社会上也以此为贵。到东晋以后，佛教的思想开始兴盛。把老庄思想吸收到文学中的是郭璞，他第一次在诗中引用了道家的词句。——郭璞曾作《游仙诗》（《文选》卷二十一），其中吸收了摆脱世间的一切束缚，淡泊官位名誉，吞云霞，服仙药，力图彻底摆脱浮世的观念。——后来的许询和孙绰也崇尚这样的风气，阐述过类似的思想。因此，诗骚体裁，即《诗经》、《楚辞》风格的诗歌完全消失了。所谓《诗经》、《楚辞》的诗风，是说《诗经》是温柔敦厚之教，其内容以人情味浓厚为主，《楚辞》的风格也是思君忧世，重人情的。《楚辞》中还提到美女，总之是与人伦有关。但是，自郭璞以后，诗歌中有了老庄的内容，它脱离了人界，想置身于自由的境界，以往重视人伦的体裁的诗歌完全消失了。许询、孙绰的诗，今天几乎都没有流传下来，其内容是怎样的风格，已不得而知。总之，当时既然存在这样的评论，实际情况大概就是如此。本来，在魏晋时期，人们有崇尚建安七子的风尚，在诗歌文章中，仔细推敲语言和思想，变成了文学的目的。可是到了晋初，这种风尚出现了一些变化，在语言上照旧是推敲文字，但在情绪上有些崇尚浮华。据说这种风尚一直持续到西晋末年的永嘉年间。然而，郭璞在东晋初期出现，他使永嘉年间的风尚为之一变。东晋百年间，诗文大致是郭璞的风格，尊崇上德。所谓上德，就是脱离尘世的意思。许询、孙绰甚至还把佛教的三世观念引进诗歌中。今天如果要看包含有佛教内容的诗，有王羲之、孙绰等四十余位诗人会聚兰亭时所作的诗。其中的许多诗带有佛教的意味（王羲之的《兰亭序》中也有与佛教内容相近之处）。孙绰还写过有关佛教的文章，他的《喻道论》载于《弘明集》中。孙绰说，儒教和老庄都未到达真正的"道"，他还指出，有人认为"至德穷于尧舜，微言尽乎老易"，这是不太了解"方外之妙趣"、"冥中之玄照"。他认为真正的道存在于佛教之中，所以写了《喻道论》。由此可知，孙绰是真心相信佛教的，可以想象他的诗中也包含了这样的内容。

佛教的老庄化

老庄之学大致是从魏晋时代开始盛行的。其内容也被引进诗文中。最初，佛教在汉代末年，还没有像老庄学说那样，从超凡脱俗的角度反对儒教。当时的佛教徒在中国人眼中，或许只是以守戒律、修苦行为宗旨的人。因此佛教被认为与儒教的尚名教的目标不同，但在努力这一点上是一致的。同时，没有人认为佛教的做法是像老庄学说那样，崇尚旷达，要摆脱世俗的束缚。因此，当时的佛教徒中如果有人违反戒律、做坏事会遭到攻击，可是没有以旷达为由而受过攻击。前述《牟子》（《弘明集》卷一）曾有这样的记载：东晋时，佛教也是以旷达为主，孙绰把它视为与老子、易经的思想相同，并且有甚之。佛教传入中国后，其内容发生了变化。这时的佛教已经是用老庄的学说来解释，所以才出现了前述的情况。由于当时的佛教，因在中国兴起的老庄学说而发生了一定的变化，而中国当时的状况是崇尚旷达，所以，佛教也开始与之相调和。大致上讲，到东晋为止，老庄学说对思想和文学的影响就是以上述的形式表现出来的。

第九章　从尊重礼仪到尊重门阀

普通家庭中尊重礼仪的风气

魏晋时期的清谈，以及某些人的放纵的生活方式，把中国推到了相当极端的状态。后来顾炎武对此发出了亡国、亡天下的议论（《日知录》卷十三《正始》）。他说，"易姓改号谓之亡国，仁义充塞，而至于率兽食人，人将相食，谓之亡天下。"就是说，对该国天子的革命，导致其家族所建立的国家的灭亡，若不仅如此，进而还要消灭其国的人伦时，就是亡天下了。就亡国而言，所谓的保国，应是由国家的君主和大臣，也就是在国中食俸禄的人共同商议的，所以亡国只是当权者的责任。而就亡天下而言，所谓的保天下，是甚至如匹夫之贱的人也有责任的事。他的议论是很极端的，这样看来，魏晋时期的状况被说得很混乱，这些议论多少有些过分。顾炎武是明朝灭亡时期的人，在明灭亡之前，有些人以行动反对孔子的教导，主张消灭人伦。顾炎武有感于此，所以他对魏晋时期的想法也多少有些极端。实际上，当时的真实情况是，搞清谈、生活放纵的，只是一部分人，从总体上说，并非都是如此。关于当时的行为，有一个好的样板，就是王昶的《家诚》。它载于《三国志》卷七十二王昶本传[1]。其中说，"夫人为子之道，莫大于宝身全行，以显父母"（上述"宝身"应为"保身"）。这篇《家诫》是一篇长文，其中还举例说明了应当仿效什么人和不能仿效什么人。另外，文中还说，即便在自己尊重爱戴的人中，也有可学和不可学之分。总之，人在社会上出了名，其行为多少会有妨碍他人之处，王昶不希望自己的儿子效仿这些，而希望儿子学会在社会上如何避祸全身的方法。他还认为，如果像后汉时期的人那样，重名节，强调自己是正确的，就容易与社会冲突，招致灾祸。因此应该尽量放弃这种做法，首先要争取做到不与人争，不与人发生冲突。于是，他认为，在社会上，不要主动去做自认为正义的事，在家庭中，要崇尚礼仪，亲族之间要互相帮助，这是最好的。为此，一家之中的礼仪受到格外的重视。这种风尚从后汉到六朝是一贯的。尽管魏晋期间有清谈之人，但这只是一时的小波澜。所以，宋朝的朱子等人也说，六朝之人，多精于礼。

六朝时期礼论的发展

在这个时代，有许多关于礼论的著述。在六朝的刘宋，何承天曾撰《礼论》三百卷。据说这是将已有的《礼论》八百卷削减、缩编而成的。书中论述的内容是有关冠婚葬祭的详细规定。今天这部书已失传，但一般认为它的内容大致如上所述。后来，王俭抽出《礼论》的条目，将其编成三十卷，梁朝时，孔子祛作《礼论续编》，共一百五十卷。此后，隋朝潘徽等人作《江都集礼》

一百二十卷。据其序文称：自《仪礼》、《礼记》成书以来，撰写有关礼的著作的人非常多，例如有《郑王徐贺之答》、《崔谯何庾之论》。其中的"郑"是指郑玄，"王"是指王俭，他曾著有《礼答问》一书。此事载于《隋书·经籍志》。"徐"当是指徐广，他是六朝刘宋时人，曾著有《礼答问》和《礼论答问》。"贺"是指贺场，据《隋书·经籍志》记载，他写过有关礼的著作。郑玄还写过《郑志》，内容是对弟子提问的解答。因此，上述这些都统称为"答"。另外，"崔"当是指崔灵恩，他曾撰有《五经论》和《五经然否论》。"何"是指何承天，著有前述的《礼论》三百卷。"庾"是指庾蔚之，他曾撰有《礼论钞》。这些统称为"论"。将这些著述汇集起来的是潘徽的《江都集礼》。其内容是对《仪礼》、《礼记》以来的有关礼的考证，并集中了应当实行的大部分细目。这当中可以了解到当时人的新想法。当人们以实际问题对礼提出疑问时，就需要对这样的疑问做出新的考辨。隋朝人王绩（为王通，即文中子之弟）解答杜之松有关礼的问题的信，载于《唐文粹》卷八十一。其中在谈到王俭的《礼论》时说"观其制作，动多自我，周孔规模十不存一"。这种议论表明，当时人认为改变圣人的作品是不合适的。但另一方面，也表明礼在不断发展，以至被规定得如此之详细。

九品中正法的宗旨

可见，在六朝时期，尽管有仰慕魏晋以来的提倡清谈风气的人，但是从总体上说，有关礼的研究非常发达。并且，有教养的人，必须要用礼来制约家族的秩序，这是当时普遍的风尚。因此，其结果在日常政治生活中也有所反映，这就是在政治上出现了称为九品中正法的选举方法。九品中正法实施的确凿事实，据说始于魏文帝延康元年的上奏。此法的内容是在州郡中设中正一职。中正是由该州郡中有才识、有鉴定人才眼光的人担任，并由他来推荐可以出任官吏的人。同时，让其将举荐出来的人分为九等。中正中又分为大中正和小中正，推举原则上是依据郡的人口，十万人以上的地方每年推举一人。如果有特别优秀的人则不拘泥于人口比例。当时，除魏国以外，在吴国也实施了这种办法。在吴国，中正被称为"大公平"。后来，在六朝时期，南北朝都是让中正之官推举人才，直至隋代所有的地方官制被改变之前，一直是实行这一制度。然而，中正推举的制度不见于其他历代史册，现在只是通过《通典》了解到这一制度的概貌。推举人才时是依据怎样的标准，还不甚明了。《晋书·武帝纪》咸熙二年条中，记载了武帝时是以六条标准推举人才。这六条是：（1）忠恪匡躬；（2）孝敬尽礼；（3）友于兄弟；（4）洁身劳谦；（5）信义可复；（6）学以为己。这些内容都很抽象，但一般推荐的都是被认为符合这些条件的人才。恐怕自这一制度产生之日起，就是以同样的标准来推荐人才的。不过，据《廿二史劄记》卷八《九品中正》中说，早在陈群之前就有人提出这种举荐办法。在曹操掌权时期，何夔上疏说，今草创之际，用人时不详其本，也就是不了解人才的来历，举荐人才时，各自提拔的都是自己的朋友。因此，最好先在自己的家乡把被举荐的人了解清楚。如果他在家乡的品行是好的话，那么人才的好与坏就清楚了。就是说，这样的上疏中反映出，在陈群之前就已存在这一制度。提出这种办法的原因是，如前所述，汉末由于过分崇尚名节，士人一旦与当时掌握权力的人发生冲突，就会招致灾难。所以，后来出名的人中有不少虚伪的人。倘若不顾及这些而只顾推举有用的人，就会变得像曹操那样不问品行，结果会是每个人都分别提拔自己的朋友，而真正的人才就不会出现，因此，有必要了解其根本的品行。要了解人的品行最好的办法，就是听听故乡人的评价，故此，陈群的九品中正法也是在地方上任命能够判断他人品行的人为中正，并让他来推选人才。魏晋期间，尽管道德上的观念已发生变化，但是最安全的办法只能是听取故乡的人们对被选人的评价。这样做之后，就变成了参照尊重礼仪的风俗，确定标准，选用人才。可见，在政治上，与清谈者之流相比，还是后汉以来的尊重礼仪的风尚占了上风。

清议的势力

如果说九品中正法给社会带来了怎样的后果，那就是导致了清议势力的形成。所谓清议就是在故乡进行的对品行的评价。在六朝时期，由于这种清议，尽管是人才，却没有获得成功的人是很多的。由于清议的品行评价很细碎繁琐，因而存在着埋没人优点的缺陷。不过，在选用人才时，如果以安全第一为目标的话，这种清议是最方便的。陈寿在其父亲的丧葬期间，因生病而让婢女进入自己的房间制作丸药。由于这是违背礼的行为，所以乡里对他的评价很差，他因此而长期未被推举为孝廉，后来有人为他作了辩解，才被推举为孝廉。这样的例子在当时是很多的。《廿二史劄记》卷八《九品中正》项中列举这方面的例子；《日知录》卷十三中也有这方面的例子。如果从使用人才的角度来看，这样的例子令人感到可惜。但是，对于维持社会风尚，建立严谨的习俗，却是十分重要的。尽管有清谈的人，有破坏道德的人，但是作为一般的风俗，清议还是流行一时。这是因为，为了改善社会风气，必须把清议当作一件好事。也有人认为，九品中正法实施以后，影响了当时的社会风气，从而也有力地影响了中国人的国民性。

对九品中正法的反对意见

然而，当时也有人认为，九品中正法存在着不符合社会风俗，同时也不利于政治的内容。在魏明帝以后、夏侯玄和何晏等人活跃时期，就已经有了反对意见。夏侯玄认为，大凡官吏的任用应由朝廷来定，评判人品行的事，则应该是由乡里人为维护乡里的秩序来搞的。朝廷自上而下任用人才，和乡里确定人才的优劣，两者都不能超越限度。不言而喻，有的人有孝行，品行好，可以通过当官发挥作用。不过，掌握乡里评判权的人连官吏的任用也要干预，等于可以随意变更天子应当任用的人才，这在政治上是不恰当的。将要做官的人才是否有才干，应当在各自的官位上，由掌管他们的长官来进行考核，并上报宰相，然后根据报告做出安排。这样一来，那些介绍人才才能的人，对自己推举的人就负有责任，而乡里的仅仅掌管评判品行的人，去干涉录用之事，是不合适的。这番议论是相当有道理的。就是说，在政治上，当时有关人才的任用问题上，是否把人才只当作人才来使用？是否还需要将其与乡里的评价和品行相联系？这里形成了两种不同的意见。但是，大体上说，只有像曹操那样的人在朝中，朝廷对人才的任用才得以妥善地实施。如果只是挑选天子偏爱的人，有时会造成很大的失误。与其这样，还不如听从社会上的评价。这样，即便他干不出什么丰功伟绩，也不会犯明显的差错。最终，尽管有夏侯玄等人的反对意见，九品中正法在整个魏晋六朝时期仍得到了实施。

向举荐门阀过渡

如果推举在乡里评价较好的人这一点能够切实地实行，那么，九品中正法就很少会出现弊端。然而它却转向了错误的方向。也就是说，这种选举变成了只从代代延续的门第中推举人才，而门第之外的穷人不再被推举。担任中正一职的人，都是当地有权势的家族，所以，自然是提拔自己门第中的人。从这时起，士族和百姓便分离了。产生官吏的家族，此后便可以长久地做士族。作为当士族的证据，自然会想到家系，于是谱籍变得重要起来。《文选》卷四十中，记载了曾做过中正的梁朝人沈约，弹劾一位名叫王源的人的文章。弹劾的内容是，沈约发现王源的女婿自称的士族是假冒的，他实际上是庶人。当时的人认为，士族应当与士族通婚，士族与庶人通婚有辱祖先。所以，沈约请求免去王源的职务，罚以终身禁锢。这样，九品中正法本来是为了评判人的品行，可是，后来却变成了专门谈论门阀的制度了。这有悖于陈群提出的创设九品中正法的本意，但事实上就是变成了这样。沈约在主张门阀的人当中也是很极端的。从历史上看，一般认为陈群的九品中正法，是从后汉时期重门第的风尚中自然产生出来的。可是在沈约看来，在采用此法的魏国政治中，由乡里的舆论来确定品行的做法仍是不够的。沈约在其所著《宋书》的臧焘、徐广等人传的论中认为，汉代是从民间录用品行好的人，所以好人被选了出来。可是到了魏的时期，这种风尚不再流行，人才的任用权归属了朝廷，录用人才的效果日益衰颓了。无论如何，这些都是最极端的门阀观点。就是说，魏晋时期有"人才论"和"品行论"两种观点。后来，后者取得胜利，而"品行论"又向"门阀论"的方向转变。

反对录用门阀意见的失败

可是，有关如何录用人才的议论还在经常出现。晋初时，傅玄等人的考虑最为深刻。他们认为，国家中有士农工商的区别，农工商都是经常性的职业。士当中被任命为官吏，担任政治上的职务的人，就不能再同时从事别的工作。但换个角度讲，不实际为官的士，再不去从事某种职业的话，就会形成吃白饭的人，成为国家贫穷的原因。因此，士当中没有担任职务的人，最好让其去务农，这是十分有趣的议论。但是，无论在任何时代，它作为社会的自然状态，都是难以实行的。晋代初期，九品中正法已带来了弊端，根据当时刘毅的见解，九品中正这一事物是汉末丧乱的结果。它在任用人才上没有标准，是作为临时的办法实施的，不是恒久之制。他还认为，九品中正制中有"八损"，并一一列举了这些弊端。他主张罢中正，除九品，建立新制度。除此之外，在晋初还有一些人有过同样的议论，并且是相当有力的。但当时的社会现实是，忌讳推行新制度，安于守旧，这样就使这个制度延续了数百年。

门阀的自尊心

只从门阀中挑选人才，这在道理上是讲不通的。因此，无论如何都必须加以改正。不过，如果从唐代中期以后，也就是门阀全部垮台，转变为没有贵族的时代，回顾九品中正法实施的时期，那么令人感到这种不合理的门阀制度也有其长处。晋的国家在建立不久，因发生五胡十六国的大乱，从北方迁向南方，国势也似乎一度衰落。但是，还没有一个朝代像晋代那样，经常不断地从南方向北方发动进攻。五胡十六国是由于晋的衰微而产生的。但是，晋后来击破其一国，灭其三国，并且一次也没有同敌人讲和过（只是后来的刘宋时期有过讲和）。这种强硬态度的根源是什么呢？顾炎武在《日知录》卷十三《流品》条中谈到这一点。他指出，在晋代，由于重视流品即门第，因而甚至把与门第低下的人坐在一起都视为耻辱。顾炎武引了《世说》卷七《方正》中的故事为例。那是发生在齐国的故事，纪僧真被齐世祖看中，起用为官。僧真向世祖请求说，自己出身于地位微贱的武官，今天既然官升至此，乞请成为士大夫。世祖回答说，做士族的事，即便是天子也不能决定，必须自己去找士族商量。于是，僧真去找一位名叫江斆的士族。僧真刚坐定，江斆就命令手下人说，把我的座位搬到远离客人的地方。僧真丧气而归，把此事告诉了齐世祖。世祖说，士大夫本来就不是由天子任命的。总之，晋代非常重视门第，在门第上有很强的自负心理，对待夷狄丝毫也不考虑让步，这形成了晋代人国家的自尊心。王夫之对百姓的生活怀有深切的同情（同时他也是对中国与夷狄的区别持有强烈情绪的人）。他也认为，六朝人重视门阀的风尚，从道理上讲是很不恰当的。但是，在思考了门阀长期实施的原因后，他认为那是长时期的习惯势力造成的。士的儿子是士，农民的儿子是农民，这种习惯已长期浸入人心，所以才使门阀的风气那样根深蒂固（《读通鉴论》卷十）。《日知录》卷十三《正始》条的注释中记录了杨绳武的议论。其中说，六朝时期，有人搞清谈，以轻浮破坏礼仪道德，故而当时的风尚中也含有这样的内容。尽管如此，在实际生活中，它很难成为社会上的普遍的风气。为了尊重家系，就要严守家讳，矜尚门第，慎重婚姻，区分门第，正清议，行主张。正因为有了这些，每个人都有自尊心，正是这种自尊心，成为国民的气节得以维持的原因。这种气节表现为六朝人的强硬。在自尊心上，六朝人似乎有着相当坚决的主张（有些方面表现得比日本的公家还要强硬）。就是说，后汉以来的尊重礼的风尚后来转变为尊崇门阀的风尚。而有义务尊崇礼的仅仅是门阀家族，而庶民百姓与之无关。在这里，士族和庶民是有区别的，并致使门阀家族持有强硬的主张。主张清谈的人只有一小部分，而且也是一时的现象，大体上说，后汉以来的崇尚门第的风气，到六朝以后被固定下来。

第十章　以贵族为中心的时期

贵族的理想生活

　　九品中正法实施以后，晋初的社会如刘毅所说，是"上品无寒门，下品无势族"。这种状况逐渐促成了贵族的产生。衣冠之族皆为豪门望族，此外皆为庶人。这种贵族当时称作士人，士人究竟有多少，还不清楚。不过，沈约的《上疏》（《通典》卷十六）中称："当今士人繁多略以万计"。这也许不是正确的数字，但可以想象数量是相当多的，这是南朝梁代的情况。在沈约的《上疏》中还说"周、汉之道，以智役愚，台隶参差，用成等级。魏晋以来，以贵役贱，士庶之科，较然有辨"。[1]九品中正法在很大程度上助成了这种倾向。自汉末开始，由于生活贵族化和门第传承的结果，延续下来的家族，其生活已带有向贵族转变的倾向。仲长统写过一篇《乐志论》，其中提到汉末受教育人的理想生活。这篇文字是《昌言》中的一篇，也有人怀疑是《昌言》的自序（由于这篇文章独立成章，因此，中国的书法家常常抄写这篇文章）。该文中提到，他以为的理想之所是：家居有良田广宅，依山傍水。房屋周围有沟池环绕，并且种满竹林树木。房前有果园，有舟车，

---

[1]　据《通典》卷十六，选举四，原文校改。——译者注

无需枉费徒步跋涉的辛劳。有使役，可以替代自己的劳动。供养双亲时有美味膳食。妻子儿女都不用劳动。朋友来聚会，有酒肴招待。逢良辰吉日祭先祖，就奉上猪羊牺牲。在属于自己的田园树林中悠闲地漫步游玩，戏清水，追凉风，钓游鲤，猎飞鸟，在自己的宅第中过着安闲的生活，生活在与得道的仙人一样的境遇中。与得道的贤哲达者们论道讲书，观察天地，评论古往今来的人物。悠闲风雅地弹着琴，逍遥自在地畅想人间的事。不受当时之责（即不出去担任工作），并且健康长寿。如果过上这样的生活，其心境可以凌霄汉，出宇宙之外，又何必羡慕出入帝王之门的人呢！恰好在这时候，魏文帝颁布诏书（《太平御览》卷六八九，《服章部六衣》），其中提到："三世长者知被服，五世长者知饮食"。这大概是当时流行的谚语吧。以上就是普通有识阶层的标准的贵族生活，普通百姓是不可能达到的，然而当时的贵族却实现了这样的理想生活。

尊重氏族

六朝时期对氏族的重视，在赵翼的《陔余丛考》卷十七《六朝重氏族》中有详细的记述。其大致内容是，九品中正法实施以后，做官的人多从贵族中选出，即所谓的"下品无高门，上品无寒门"。贵族从一开始，其出世的方式就与众不同。在晋代，许多贵族在年轻时就成为散骑侍郎，还有的当上了秘书郎和著作郎，这已是常例。后两种官职是由会写作的人担任的。贵族最初就被任命为这种官职，证明他们是受过教育的。士人被任命的官职大致有九品，除此之外，小人担任的、可以称之为等外的官职，有七等。像上述那样的望族当然是与望族通婚，而不与卑贱者通婚。但是，即便是在当时，贵族的傲慢自负也未被认为是件好事。其中有些人虽身为贵族，但不依仗门阀，他们善待那些身份低的官吏，并亲身担任小官吏，以此为盛德。不过，大部分人因品位不同而官职也不同，特别是下品的家族，不敢争门第，即便有好的官职，也坚决辞而不受。刘宋时期，王俭出身名门，有学问，是当时的名人。王敬则的出身门第不高。两人同时就开府仪同之职时，有个人祝贺王俭说，今日可谓连璧。可是王俭却说，此意非也。老子始终不想与韩非同传（老子尚道，韩非只言法。此话的意思是以两人被编入《史记》同一列传中，来讥讽王俭与王敬则同官）。王敬则听说此事后说，我过去是一名小官吏，现在侥幸与王俭一起被拜为三公，复有何憾乎。该书中还提到，有一个不是贵族的人，娶了一位由于犯了罪或是触犯了天子而家族败落的贵族的女儿，并把这门婚事视为很大的荣誉。要成为士人，并不取决于天子的命令或朝廷的制度，而是在无所限制的状态下，贵族各自尊崇自己的门第并决定哪个家族是贵族。所以，并不是什么人想加入就可以加入的。要成为贵族，必须得到贵族的许可。前面已提到过纪僧真到江教家求情的例子。据说更为过分的是，有人去了贵族家，但主人既不搭话，也不招待，待来访者离去后，把他坐过的坐榻也拿去烧掉了。梁武帝时，侯景从北齐降梁，他是个很粗暴的人，却想当贵族。当他提出要同南朝的名门贵族王、谢两家联姻时，梁武帝回答说，王、谢家的门第太高了，你还是同再低一些的人家结亲吧。贵族家都编造了谱牒，以此来确定门第等级的高下。唐太宗做天子之时，曾对谱牒做过调查。博陵的崔氏是第一流的（崔氏有很多，但博陵的崔氏地位最高），太宗的门第是第三流的，这时候，所有门阀被分为九等，凡 293 姓，1654 家。这些门第一直延续到了唐代。到了唐代，官吏的等级也有从平民中选拔的，但婚姻是按门阀的等级施行。太宗那样的一代英王，也曾设想过在一定程度上削弱门阀势力，不过实行起来并非那么容易。

谱学的发展

在这样的门阀社会，有一门学问随之发展起来。记事的历史就是把社会上发生的事记录下来，并观察其变化。在这当中产生出了被称作"谱学"的事物。赵翼的《陔余丛考》卷十七中设有《谱学》一项，对此作了论述。本来，家谱这种记事是为了说明自家的出身来源，它从周代起就很流行。这在《周礼》中也有记载。但是，《周礼》中有宗法，宗分为大宗和小宗；大致上讲，作为自己现有的家族，只要考虑五代以内的事就可以了。五代之内，血缘上的亲近性将发展到尽头，这时，氏将发生变化。氏是因地名、官名、祖先的谥号和名字、职业而设，氏的变化已成为一种惯例。可是，从汉末到六朝，由于名门的兴起，在新出现的谱学中，是以尽可能长久地延续家族为光荣，家族维系五代人的做法已经消失。在六朝时期，产生了贾执的《百家谱》和王俭、王僧孺的《百家谱》，这些谱牒记录的是当时被称作士族家族的家系，列举了长期延续的家族的实例。这样一来，就与以往的家谱有了截然的不同。这种谱牒被收藏在官衙里，在任命官吏时要查其家谱。于是，谱学受到格外的重视。贾、王二氏的谱学是南朝时编纂的，而谱学在北朝也有，并一直延续到唐代。这种谱学的书籍几乎都已散佚，今天能看到的仅有唐代林宝的《元和姓纂》的辑本。此外，还有《唐书》的《宰相系表》。在谱学流行的时期，出现了一些十分精通世系家谱之学的学者。唐代有一位叫李守素的人，人称"肉谱"，即活家谱，也就是家谱方面的活字典的意思。随着人们对家谱的重视，还出现了窜改家谱的等级高下，用以蒙骗他人的人。在唐代，出身微贱，后因军功而晋升的人得以加入贵族的行列，这种贵族被称之为"勋格"，是一种带有讽刺意味的称呼（这同在日本，京城的华族把明治维新的功臣中成为华族的人称作"新家"，是一样的）。伪造家谱，将门第抬高或降低的人受到社会的鄙视（就像日本的买家谱的人一样）。

贵族政治的弊端，国家统一力量的衰弱

在这样的贵族时代，由于贵族制度的充分实施，从中也产生出一种弊端。这也见于《陔余丛考》卷十七。其中指出，六朝的忠臣中没有殉节的人。在王朝更替时期，尽管有人对前朝表示同情，想要尽忠，可是几乎没有人恪守节义，而不仕于后来朝廷的。这是因为，每个人都把自家的门第看得最为重要。当时不是门第高的人当天子，而是有实力的人做天子。贵族没有兵力，因此，不能说天子的门第就是豪门。豪门总是豪门，他与天子和官位没有关系，因此，到任何时候也不会考虑为天子尽忠节。当官是根据天子的命令，但某些官职是豪门的专职，其他门第是无法得到的。所以，高官是根据门第理所当然地得到的，因而不必对天子充满感激之情（这与日本的藤原时代也有相同之处。但对天子的想法有所不同。在印度，像中国人一样，低等级的人中也能产生

天子)。这些现象是国家组织中的一大缺陷，它成为削弱国家统一力量的原因。这一点是贵族社会即便充分地实现了其目标，也无法摆脱的弊端。

寒人掌握机要的弊端

另一个显著的弊端是，贵族门第很高，做的都是大官，他们自然不适合承担实际政治中的细小琐碎的事务工作。同时，他们胸无大志，根本不想要全力展示自己的才华，通过辛勤劳动，取信于天子，从而得到更高的官职。总之，他们能够达到的官位，就肯定会得到。正因为如此，天子不得不把实际政治中的政务委任给出身门第较低的人。出身门第低下的人，总是想取信于天子，培植个人势力，企图再往上爬，因此，他会努力发挥个人的才能，并且勤劳肯干。这一点在《廿二史劄记》的《南朝多以寒人掌机要》项中有记述。大体上在这个时期，贵族是中心，贵族式的文化生活是全国的中心。学问在社会上受到奖励，所以自然就会涌现出许多学者文人。南齐的武帝，梁的武帝这两代都是学者当上了天子。创业的天子出身学者，这在中国也是很少见的。像齐、梁两代那样是属于例外。梁武帝在南齐做官时就是博士。他尽管不是贵族，但通过做学问当上了天子。这些天子深知，贵族做学问只懂得读书，这在政治上毫无用处，齐武帝曾明确提到这一点。大致上讲，贵族在现实政治中发挥作用的人是很少的，因此很自然地，操作现实政治的是出身微贱的人。当这些人取得成功后，周围的势力就会向他们靠拢。在六朝时期，这样的人有凌驾于贵族之上的权力。由于他们不是贵族，所以反而有贪权的倾向。另外，贵族没有诸如收受贿赂那样的欲望。可是，身份低下的人一旦有了势力，就会贪图贿赂，干出许多坏事。天子不是贵族出身，无法把贵族作为心腹，而从身份较低的人中选出的人却很能干，并且可以信赖，可是，这些人最终还是去干坏事。这是由贵族政治的反面出现的弊端。上述情形多发生在南朝，北朝也有同样的情形。特别是地方官，都是由身份低下的人构成。《廿二史劄记》卷十五中列有《北齐以厮役为县令》一项。

财婚等等

财婚不论如何是由于贵族的兴盛而发生的一种弊端。但是，即便是贵族也不会长盛不衰。有时，贵族也会出现门第衰败。于是，就去搞今天所说的钱权婚姻。也就是贵族为追求财产，与地位低下的门第通婚。《廿二史劄记》卷十五的《财婚》项中列举了这方面的实例。财婚在北魏和北齐时期似乎十分显著，北魏的文成帝曾下诏禁戒。《廿二史劄记》卷十五的《北齐百官无妾》项中还指出，北齐时，天子不得不把女儿下嫁给大臣，所以百官几乎都是一妻，而没有妾（在中国，纳妾是理所当然的，所以《劄记》以此为怪事）。另外书中还说，当时养育女儿的家训是嫉妒，其目的就是要妻子控制丈夫，不让丈夫纳妾，害怕一旦被男人看不起，会遭到其他女人的耻笑（这样的事在日本平安时代的贵族中也存在）。

受礼仪束缚的生活

总之，贵族的家族是社会的核心，所以礼仪是十分严格的。家礼从这时起被认为是重要的，并且出现了有关家仪、书仪的书籍。有关书仪的实例，有正仓院光明皇后亲笔抄写的《杜家立成》。这部书的主要内容是来往书信的文范。但是也有关于家族礼仪的内容。这表明，家族使用的文范是十分重要的。除了朝廷中的礼仪之外，在六朝时期，家庭中的家仪和书仪变得重要起来。《隋书·经籍志》的《仪注》之部中收录了这方面的书籍。生活的一切都受到礼仪的束缚，贵族的家族是依据这些法则行事的。

中国文化的根本

要言之，在六朝时期，贵族成为中心，这是中国中世纪一切事物的根本。在它未发生变化和解体之前，就是中国的中世纪社会。这一贵族社会在唐代末期至五代之间，完全解体了。以上大致记述了到中国中世纪形成为止的历史，在这一贵族时代发生的各种文化现象，如经学、文学、艺术等等，都具备了这一时代的特征。这时期的文化成为中国文化的根本，今天的中国文化也是在这一基础之上建筑起来的。

编者附言

    《中国中古的文化》一文刊于《内藤湖南全集》第十卷。据内藤乾吉所写的跋中谈：本文为著者于1926年4月至6月，十次的讲课，由听讲者森鹿三、贝塚茂树等人的笔记整理而成。大体上，课堂讲授一次即为本文的一章。文中大小标题系由内藤乾吉所加。

中国近世史

第一章　近世史的意义

　　首先需要弄清的问题是，中国的近世始于何时？过去都是以朝代更替来划分时代，这种方法倒是简单易行，但从史学的角度来讲，却未必正确。史学上所说的近世，并不只是以年代来划分的，必须看它是否具备近世的内涵。其内涵为何，容后再议。在中国，具有那样内涵的近世，当起于宋代以后，而至宋代为止，是从中世走向近世的过渡期。要想搞清中国的近世史，必须从这个过渡期上予以探讨。

贵族政治的衰落和君主独裁政治的兴起

　　所谓近世的内涵，与中世相比，大体上有哪些不同呢？首先，从政治上讲，是贵族政治的衰落，君主独裁政治的兴起。

　　在中国，贵族政治是从六朝开始，止于唐朝中期，为其全盛时期。当然，这种贵族政治，与远古的宗教式的氏族政治不同，也与以武人为中心的封建政治迥异。这一时代的中国贵族，不是在制度上，由天子授予领土与人民，而是由于其门第，作为地方名门望族延续相承的传统关系而形成的。当然这是基于历来世代为官所致。当时社会上的实权，是掌握在这些贵族的手中。这些贵族都重世袭家谱，因此当时谱学颇为盛行。在现存的诸多典籍

103

中，如唐书中的宰相世系表，即可反映当时的情况。再如李延寿的《南史》、《北史》中，不拘是哪个朝代，当写传时，都把该家族的人，从祖先直到子孙，都写到一起，因而形成为该人作家传的体裁。为此，曾遭非议。这是南北朝时的实际情况，无意中反映到历史学中来的。

像这样的名门望族，其当时的政治地位，几乎是超越一切的。也可以说，当时的政治是贵族全体所专有。因此形成了非贵族出身，就不能任高官的局面。但君臣之间的地位关系，与门第未必一致。第一流的贵族，未必成为天子、宰相。特别是天子的位置，尤为特殊。当然，它必然归于有实力者之手。但，纵然成为天子，其门第，也未必成为第一流的贵族。当唐太宗即位为天子时，曾命调查贵族的谱系。结果是，第一流的家族，在北方有博陵的崔氏、范阳的卢氏。太宗的家族是陕西的李氏，仅为三流的地位。这种家世系谱的顺序，即使位居天子，也难以改变。在南朝，王氏、谢氏等家族的地位，远比宋、齐、梁、陈等国的天子的家族，还为世人所重。这些望族，都是同一阶层内部的贵族之间联姻，因而这些人的集体，主宰着社会。不管是谁当了天子，高官显宦都要被这种势力中的人所占有，政治是被这些贵族所把持。

这种贵族政治，自唐末到五代，从中古向近世过渡中衰落下来。代之而起的是君主独裁政治。贵族衰落的结果，使君主与人民之间的距离，越来越接近了。当被任命为高官时，并不是由于其门第而产生的特权，而是由天子的权力所任命的。这种制度，从宋以后，逐步发达起来，直到明清时代，独裁政治完全形成，也就是说，国家的权力，归天子一人所拥有。在官吏中，如宰相之类执掌全局的官员，或管理某一部门的人，都不能拥有其全部权力。君主决不把其职务的全权委任给任何官吏，也就是说，官吏任职后，不能掌握该职能的全部权力，所有的职权，都由君主一人所掌握。这种独裁政治，当然不是在宋代这一个时期所形成的，而是逐渐发展起来的。中国的独裁政治，是典型、彻底的独裁政治。像这样，从贵族政治走向独裁政治的情况，是在任何国家都可以看到的一种自然发展的顺序。

君主地位的变迁

如果把这两种制度作一比较，在贵族时代的君主地位，有时由实权人物超越阶级之上，将其据为己有。即便当了君主，也不能免于作为贵族阶级中的一个机构的地位。这说明君主只是贵族阶级的共有物而已。君主施政，必须在承认贵族特权的前提下，才得以实施。君主个人并不拥有绝对的权力。孟子曾说过，卿中，有异姓之卿及贵戚之卿之分。贵戚之卿，当君主有不当之处，可以谏诤。君主如果不听从谏诤，可以撤换之。这种情况，不仅仅是古代，在中世的贵族政治时期，也屡有发生（在日本藤原时代，也曾实行过）。君主是一族的，也就是在同姓亲族之外，也包括外戚、从仆等的一个家族的共有物。因而，如不称这一家族之意，即废立之，或弑杀之。自六朝到唐为止，弑君废立之多，即由于此。这一家族的事务，几乎与大多数庶民无关。庶民虽作为构成国家的要素，却无任何重要性，被拒于高层政治之外。

像这种，君主单单具有贵族代表的地位，这是中古时代的情况。进入近世，贵族没落后，君主便直接面对全体臣民，成为全体臣民集体的公有物，而已经不再是贵族社会的私有物了。当此，国民全体参与政治时，君主理应成为全体国民的代表者。但任何一个国家，都不是那么理想。即使实行普选后，实际上参政者也只是参政的阶级，全体国民只不过是形式上参与而已。尤其是中国，由于参政阶级处于特殊的状态，君主并非是全体国民的代表者，其自身成为绝对权力的主体。

然而不管怎么说，君主的地位较比贵族时代，大为安定了。从而废立也就较为不易行，弑君现象也几乎不复见了，宋以后的历史可以作为证明。但元朝时有所例外，也有废立弑君之举，这与蒙古文化及政治上的进步程度有关。蒙古的文化与同时代的中国相比，落后相当远，大致与中国上古时代等同。但由于征服了中国，突然君临于近世国家机构之上，而其帝室仍残留着上古时代的贵族政治的形骸，仅民政一方面具有现代色彩，表现出一种矛盾的状态。

君主权力的确立

在贵族政治时代，贵族们有掌握权力的习惯，如隋之文帝，唐之太宗等一代英主出现后，虽然在制度上否决了贵族的权力，实际上在从政中，仍有那种形式的残迹，政治成为与贵族的协议体。当然这种协议体，并非是代议政治。在唐代政权机关，主要有三个，即尚书省、中书省、门下省等三省。其中的中书省为天子的秘书官，司掌起草诏书敕令、批答臣下的奏章。这些诏书的颁发或敕令的下行，要取得门下省的同意。门下省有反驳的权力。若中书省起草的文稿有不当之处，门下省可以批驳，甚至将其封还。因此，中书省和门下省须在政事堂上达成协议才成。尚书省是接受上述决议的执行机关。中书省可以代表天子，门下省可以代表官吏的舆论，即以代表贵族舆论的形式出现。当然，中书、门下、尚书三省中的要员，皆系贵族出身，而贵族并不完全服从皇帝的命令。因而天子对臣下的奏章批示时，所用的文件，都很友好温和，决不用命令的口吻。然而到了明清时代的批文，就完全使用对从仆一样的粗鲁的词语，成了命令。自宋以后，封驳权日益衰落，至明清时，几乎不复存在了。

如此变化的结果，宰相的地位，已不复是辅佐天子的地位，几乎成了秘书了。但宋代仍然保有唐代的遗风，宰相仍握有重权。明以后，几乎不再设宰相了。明清时代，宰相的工作，实际上已被内阁大学士所取代。这种官职，从性质上看，只不过是秘书、代笔人。那种辅佐天子、分担责任，甚至担负全部责任的古代宰相，已不复存在，只有君权无限制地增长。唐代以前的宰相，皆系贵族出身，握有实权，一旦拜相，虽贵为天子也不能擅动，这是当时的惯例。明代以后，即便是权盛一时的宰相，如果触怒天子之所忌，会立即罢官，有的还会被打入大牢。宋代恰恰处于唐朝与明清之间。当宰相拥戴天子发挥权威时，与贵族出身的宰相相同；而失去天子这座靠山时，则将完全丧失权力。试看北宋时的寇准、丁谓，南宋的贾似道等境遇的变化，就可知全斑了。地方官以前犹如小邦的邦主，而到近世，依君主的一纸行文，即可轻易地予以更迭，竟达到了如此软弱的地步。

宦官是天子的仆从。唐代的宦官成为皇帝眷属中的得势部分。其势力之大，甚至可以随便更换天子，拥有与宰相抗衡的力量。当时有谚云："定策国老，门生天子"，这便是当时的实际情况。明时的宦官，更为跋扈嚣张，但得皇帝恩宠时有此势力，失宠后其势力就消失了。唐代有人与宰相商讨除掉宦官的事也告失败过。明时曾诛杀过有势力的宦官。唐和明的宦官势力如此相差甚远，也正是贵族政治与君主独裁政治不同所造成的结果。

人民地位的变化

与此同时，人民的地位也有了显著的变化。

本来，固然与法治国家不同，不能明确地承认人民的权利。但人民的地位和拥有私有财产的权利，则和贵族政治时代迥然不同。至于明确地承认财产的私有权，则是进入近世以后的事了。贵族政治时代，人民被认为是贵族全体的奴隶，自然谈不上承认私有权了。到了隋唐，人民从贵族手中解放出来，由国家直接统治，特别是制定了把农民作为国家佃户的制度。但事实上，政治权力掌握在贵族手中，农民便成为拥戴君主的贵族集团的佃户。农民以外的人民，则与奴隶并没有什么两样。征收土地，变更分配制度等，反映了国家与佃农的关系，尤以租税的性质，更反映了这种情况。唐代实行租、庸、调制度。租，与今天人民从私有地上缴纳的税不同，是佃农向政府缴纳的地租。人民借用政府的地面（被分配的地面），对这一土地所付的地租，即是租。庸，是向政府提供的劳役。人民在一年里，有向政府服劳役若干天的义务。这样劳役，政府是不付钱的，是课予的，即非自由劳动。调，是把土地上的产物献纳给政府，即所谓的贡纳制度。这样的制度，是人民在一定的土地上定居时所推行的制度，人民移动离去时即被破坏了。到唐朝中期，这种制度自然而然地瓦解了，代之以两税制，即每年夏秋两季进行纳税。这种纳税，不以人民是否定居而论，在现住地址收缴，这恐怕已不是人民依附于土地时所兴起的。从此，人民在居住上，才从制度上获得自由。再者，从这时开始，地租开始发生变化，由缴纳谷物变为交钱，由此，谷物收获可以自由处理了。

这样一来，人民便自然打开了从被束缚在土地上的奴隶，即佃农的地位上解放出来的端绪。到了宋代，根据王安石的变法，人民获得土地的味道渐次明确了起来。如新法的青苗钱，用现代的语言来说，就是对农民以低息贷款（并非低息）。一旦谷物收获，就要加上一定的利息，予以偿还。这种方法，同样可以理解为人民可以自由地处理自己的收获物了。关于劳役，虽然直到宋代还在实行，但已从过去的差役改为雇役。差役必须亲自服力役，而雇役则可以出钱雇佣力役者去服役，可称之为自由劳动。这样一来，富裕的人为免除力役，可出钱雇佣别人去代劳。这样做，既有利于政府，也有利于人民，所以自然推广起来。过去的差役，即便是富有者也要强迫服役，贫者无偿地去服役，这是很不便的。这种雇佣制度，虽然也曾受到反对者的攻击，但这却适合当时的实际。后来司马光改变王安石的新法，当以苏东坡为首的一些人恢复原来的差役法时，就连反对新法的人当中，也有一些人不同意。总之，这样一来，等于认同了人民可以劳动自由了，自然使人民地位发生了变化。在中国，自然完全不承认人民有参政权。但当贵族阶级被消灭，君主直接面对人民，由此，就可以认为进入了近世政治状态。

官吏录用法的变化

君主与人民之间的阶层——官吏，其录用法也改革成为科举制了。亦即选用官吏的方法，由从贵族阶级中推举一变为通过考试录用了。六朝时，用九品中正制进行官吏的选拔。就是在官吏中设置九个等级，所谓中正这种官，是掌管这种事务的官员（考虑地方望族的家系而任命官吏，即或有学识而非望族家系，也不得录用）。这使得选用官吏，完全左右于贵族的权势之下。当时曾有谚语云："上品无寒门，下品无势族"。上品之官不出于平民，下品之官亦不见于望族，这是自然形成的约束。隋唐以来，为了破除这一弊端，而改革为科举，但唐代的科举，其方法依然有利于贵族。这一方面，直到宋的王安石时代，才得以改变，多少也变为有利于庶民。自唐至宋初时的科举，是以帖括和诗赋为主。所谓帖括，就是凭死背经书的方法去应试。测试文学上创作能力是靠诗赋，因此那种考试，与其说是考试学问，莫如说是人格的考试和撰写文章能力的考试。但到王安石时的考试制度，则是以经义代替了帖括，以策论代替了诗赋。所谓经义，是命其写出经书中关于义理方面的意见；策论则是写出政治上的见解。当然于此之后，经义就成为单一的，凭一时心血来潮，以惊人之笔去震惊考官的文字游戏了。策论也演变为单纯的概述历史上事迹而已，与实际政务没有任何关系了。总之，仅仅此种演变，也达到了把过去的人格主义改变为务实主义的目的。总之，最初是九品中正制的门阀主义，至隋唐以科举取士，就其原则而言，已不是擢用门阀，而演变成为因人论事，录用近似贵族式的人物。到了宋朝中期以后，它就成为实用主义了。在唐代，应试人员在一年中不足五十人能及第，多数的官员还是出自门阀，仍未脱离掉贵族政治的框架。明以后科举的及第人数猛增，尽管三年举行一度科考，及第者人数竟超过数百人之多。应试考生，不管何时都超过了万人以上。在君主独裁的时代中，采取机会均等的办法，把为官的机会，分配给一般庶民。

朋党性质的变化

政治上的实际状况变化了，特别是像党派之类的性质，也随之而为一变。无论唐时，也无论宋时，朋党曾喧嚣一时。但唐的朋党，不过是以贵族为中心，专以权力之争为事。到宋代，则以政治上的主张，或由学问上出身的不同而结为朋党。这说明，政权自从离开贵族之手以后，由婚姻或亲戚关系而结成的朋党渐衰，而由政治上的见解，或由共同利害的原因，结为党派。也就是说，这反映一种体现包含庶民在内的各参政阶级的意志而产生的现象。当然，这些即使是由于政治上的见解而结成的党派，也逐渐产生了与贵族时代的朋党相类似的弊端。到明代，由于师徒关系、出身地区关系所结成的党派，占主要地位。所谓由君子结成的党派，其产生的弊端，与小人结成的党派并无二致，以至于有明亡于东林党之说。至清朝，甚为忌讳臣下结党，为此，使君主权力日益绝对化。

经济上的变化

在经济上，这一时期也发生了显著变化。唐代，铸造了著名的开元通宝。虽然继续铸造货币，但其流通额则相对较少。货币流通转盛乃是到宋代以后的事。唐代，虽不能说是实行实物经济的时期，但从经济上说，却仍然是以实物作为财富标志的时代，大多以绢、绵等表示物的价值。到宋代，使用铜钱以取代原来的绸缎、棉布，同时，纸币也发达起来。从唐代，已开始使用如"飞钱"之类的票据；到宋代，则非常盛行，称之为"交子"、"会子"等，逐步发行了可兑换纸币。在南宋时代，纸币的发行额达到非常巨大的数额，为此，甚至使物价大为波动。总之，当时已充分使用纸币。到其后的元代，几乎不铸造铜钱，只使用纸币。明以后，由于实行不兑换纸币的政策达于极端，遂趋于败灭。总之，可以说，进入宋代之后，货币经济非常盛行。从这时起，银逐步成为占有重要位置的货币，以至于租税等也用银缴纳。银在北宋时代，仅不过流通而已；至南宋，则颇为盛行。到元代，伯颜灭南宋返回北京时，为了把从南宋国库中搜括的银两运到北京，从而按一定形式加以铸造，据说，这就是今天银元宝的开始。由此可见，宋末已大为流通。至明清，这一趋势更见明显，终至银完全取代了纸币的位置。总之，唐宋之交是实物经济的完结期与货币经济开始的转折时期。过去用粮食交纳的地租，也一部分用钱缴纳。其间，货币的名称也自然发生变化。过去，钱称为"两"或"铢"，当然这是由于重量产生的名称。过去一两折合二十四铢。宋以后，一两算为十钱，即一钱相当于二铢四，十文为一两，因而从宋代开始，废止原来重量的名称，改用钱的枚数来表示。由此，即可知当时用钱的规模是如何可观了。在日本使用一两（一文）作为重量的名称，这一做法是反过来使用中国钱的名称。

文化性质上的变化

这一时期在学术文艺的性质上，也发生了显著的变化。譬如，以经学而论，在唐代，经学的性质已发生了变化的征兆。唐初，重视汉代以来的笺注义疏，可以继续沿用过去传袭下来的说法，加以诠释，但一般地说，不允许改变师说，另立新说。当然，其间曾不断有人想另辟蹊径，改变旧说，但难以把此种尝试公之于众。其结果，造成当时的著述，均以义疏为主。所谓义疏，不过是对经书的注，加以更细致的解说，在原则上所谓疏不破注。然而，到唐中期，在对古来的注疏表示疑义的同时，也发表一些自己的意见。其中，最早的是关于对《春秋》的新说法。其后，到宋代，这一倾向极为发展，学者们往往自称从遗经中发现了千古不传的遗义，用自己的见解，对过去的著述进行新的解释，已成为普遍的风气。

在文学上，自六朝至唐流行使用对句的骈体文（四六文体）；从唐中期开始，韩、柳诸家起，复兴了所谓古文体，凡文均超于散文体。即由重形式的文体改变为自由表达的文体。在诗方面，由六朝至唐，盛行五言诗，即流行对句较多的"选体"，即《文选》风格的体。至盛唐时，其风一变，李、杜以下，大家辈出，越发打破过去的形式，称为七言歌的自由的长诗，日见增多。无论诗与文，自唐迄宋，由重形式日益走向重内容。采取比较自由的体裁。即使作四六文，其风格亦与唐以前不同。在形式的词句当中，日益喜好某种意味含蕴在其中的形式。从唐末起，在诗之外，又发展起"诗余"，即词。打破了原来五言、七言的形式，变成颇为自由的形式，在音调韵律上特别得到充分的发展。从这时起，已逐步兴起今天的白话，即口语体的小说。从宋代至元代，曲逐步发展，从过去短的抒情的体裁，变为具有复杂形式的剧。其中的词句，不以富典故的古语为主，而改变为用俗语，以自由表现为主。由此，过去曾是贵族的文学，一变而为庶民的东西。总之，在文学上，也由具有贵族形式的东西，变为平民的自由的东西。

在艺术方面。在绘画领域，到唐代为止，一直盛行壁画，自然多以彩色为主。从盛唐时起，新派的白描水墨画盛行起来。但通过整个唐代，新派却未能完全压倒旧派。然而，从五代到宋，壁画渐次变为屏风画，金碧辉煌的山水画逐步衰落，而水墨画渐次发展。以五代为中心，五代之前的画，大体上注重传统的风格，画不过在说明事件的原委上有意义。但新的水墨画，则采取表现自己意志的自由手法。过去是作为贵族的工具，作为宏伟建筑物的装饰品。而现在则手卷开始盛行，虽然不能说是属于庶民的东西，但它可以使得那些从平民出身的官吏，在流寓生活中，便于携带，在途中欣赏。

在音乐方面。唐代以舞乐为主，即以音为主，其舞蹈动作不过是从属的东西。它需要非常多的乐人，使用极其复杂的乐器。其音乐旋律是形式主义的，动作很少模拟真实事物，重在与贵族的仪式相适应。这些情况，在唐代以后也逐步变化，先是从外国的音乐中，吸收一些简单富有趣味的东西，渐渐舞蹈变为简单化，产生一些写实倾向。宋以后，变为如今天的杂剧那样的戏剧，随之音乐也趋于单纯化，从而适应多数人的欣赏。从品位上，虽然比古代音乐低一些，但它变为适合于低层平民的欣赏口味。这种倾向，到南宋时代，发展得更为显著。

从以上所述，在唐宋之间，在政治、经济、文化等方面，都发生了变化。这就是中古与近世的差别。从这一点而言，中国的近世时期可以说自宋代开始。而为了要阐明近世的历史，必须先自了解在它之前的过渡时期开始。

第二章 贵族政治的崩溃

从六朝到唐代的贵族政治为什么会走向崩溃？

温和的改革措施未能奏效

贵族政治的弊端，早在贵族政治实施的时代，就被一些明君贤士注意到了。有人曾提出过改革贵族政治的议案。中国的改革论中，向来复古的主张都占有重要的分量。所以，在对贵族政治进行改革的改革论中也不例外。不用说三代时期，即使在两汉时代，官吏的录用中采取的也是人才本位的方针，不问门第是老制度。但是，后来由于实行像九品中正这样的门第本位的官吏录用办法以后，造成了极其严重的弊端。晋时，刘毅上奏，痛斥九品中正之弊说："职名中正，实为奸府，事名九品，而有八损"。其中，指出了八条门第录用主义造成的弊端。另有梁武帝，早在他当齐国丞相时，就察觉到了选举中的不正之风；贵族之间利用联姻关系，授予没有任何经验的年轻人官职。深知其弊端的梁武帝，在他当皇帝时期废除了中正制，拆掉了选举中的贵贱隔篱。但是，当时尚未形成改革的大气候，虽然从隋代开始有了科举制度，即实行一种考试制度。当然，仅此不能消除门第主义的弊端。到了唐代，依然注重门第，如不出自名门望族，就当不了大官。唐太宗非常清楚门阀主义制度的弊端。太宗本人也是名门出身，从政策上说，他并没有制定彻底清除门第弊端的制度，不过，他仍有意以科举的办法矫正只重门第的弊端。

赋税方面也是同样。南北朝时期，中国北部屡屡发生战乱，百姓迁徙非常频繁，因此，早在唐朝以前就实行了均田制，以此防止贵族的兼并。但是，延续多年的门阀制度并不会一下得到遏制，唐代时，贵族政治依然存续下来。贵族政治虽然后来崩溃了，但唐王朝也与其一起灭亡了。即门阀的没落，不是由唐太宗采取的政策造成的，而是在其他原因的作用下，自然而然形成的。这时也就到了唐王朝灭亡的时候。

此外，唐太宗还发现了门阀望族在军队中掌权的弊端。这些门阀望族如果掌握军队，士兵就会变成他的奴隶。所以，太宗制定的军队制度近似征兵制，志在建立一种亦兵亦农的体制，建立使平时务农的百姓随时都可能应征入伍的制度。一旦有事时，马上就能应召入伍。这种制度，也是为抵制门阀制度想出来的。然而，门阀弊端并没有由此而绝迹；反而是由于自然而然产生的其他原因使其消亡了。

如上所述，像隋文帝、唐太宗这样的知时弊的明君，虽然已经看到了贵族政治的问题，并且也采取了如上种种政治改革措施，但这些改革都没有多大成效。在这些君主没有想到的地方，作为意外的结果，却出现了改革。这，即是中古与近世之交的历史。从这个意义上说，唐代是很有研究价值的。

贵族政治自行崩溃的原因

唐朝的灭亡即是贵族政治的崩溃。这样的结果，原因在于军队制度。不过，这不是出自太宗制定的府兵制度，而是另有其他原因。府兵制度衰败了，节度使即藩镇，在其领地建立自己的势力，不如数向朝廷纳税。造成武人的跋扈，是贵族政治崩溃的原因。起初，太宗采取府兵制，实行兵农一体的政策，有战事时招民为军。但是，要让这样的府兵有效地战斗，不是非凡的军事天才很难做到。

太宗本人是军事天才，还有很多其他人也是军事天才，所以，每有战事，就从百姓中征兵，甚至曾对高句丽进行了征伐。一旦战乱较为复杂，并由于防御夷狄入侵的需要，不能没有一支习惯军队生活的常备军。为此，从盛唐时期开始就建立了节度使制度。

这最初是由于防御夷狄入侵，后来为了平定内乱，使其拥有地方兵马的全权。从安禄山叛乱时开始，节度使制度渐渐固定下来。安禄山本来也是夷狄[1]出身，由于在平定夷狄中有功当上节度使。安禄山叛乱，也非节度使不能平定。这次战乱持续很长时间，节度使率领的士兵长期处于战斗状态，变成了职业士兵，府兵制度被废除了。假如完成平叛任务后，立即罢免节度使，可能不会出现大问题，可事实并没有如此，这就使节度使在其领地统揽了兵权和财权。节度使一掌握财权，地方向朝廷纳税减少了。并且，在注重军事上的随机应变的机制下，任免所属部下文武官员的权力全都一任节度使处理，致使地方官吏和士兵几乎都成了节度使的家臣。所以，如节度使死亡，其部下不愿听从新来的官吏的指挥。如前任节度使的儿子有能力，就上奏朝廷允许其子继任；如无子，或有子却无能，常常上奏朝廷准许从其部下中挑选。

---

[1] 指中国边疆的少数民族。——译者注

在任命尚未下来这段时间里，暂时代理者叫作"留后"，朝廷有时在不得已的情况下，认可这个"留后"。这样一来，朝廷姑息政策越来越多，严重时，出现了地方官吏占有大片领地拒绝向朝廷纳税，以至于叛离朝廷，自封为帝的情况。

以上就是最后导致地方官僚独揽兵权以至财权的过程。频繁的战乱使权力渐渐下移，即下移到实际干事的人手里。军队跋扈至极，成为节度使后继人者，不是由于其实际能力强于他人，而是由于他能维护军队的利益，受到军队的拥戴，所以，用威力压服军队是做不到的。后任节度使如果与军队发生矛盾，轻者被赶走，重者遭杀害。唐朝末年，军队十分傲慢，甚至可以把文官出身的节度使视同玩物。曾有节度使与士兵同席喝酒，喝醉时拍着士兵的背给他唱歌的事。如果掌管军队的人没有全权，难以保障对军队的控制；即使有全权，如果能力不强，下属的势力也会不断膨胀。士兵不是来自贵族之家，贵族子弟不当兵，当兵的都是平民百姓家的人，造成平民得势。也就是说，节度使制度使唐代贵族政治从内部开始瓦解，实权最终转到士兵即平民出身的军人手里。以上现象说明，不论制度如何，这反映贵族政治已走向崩溃的一种现象。

这样，节度使中也有从低阶层升上来的人了。这些节度使，不仅平民出身的人，即使朝廷任命的人，也在地方逐渐失去了以往的统治力。唐朝末期，节度使的人数增加了，而非常有势力的却变少了，加剧了地方上的分裂。有统一能力的人，自然就能统治广阔地域。由于这种统一力已经衰落，自然使地方分裂更为盛行。地方分裂的局势增强，割据的地方越来越多。地方上的费用比统一时需要量更大，士兵的饷额支出也大了，因而向朝廷纳的税渐渐减少，由三分之一变成四分之一。藩镇几乎成了独立的地方割据势力。士兵变得傲慢，而傲慢的士兵在实战中就成了没有战斗力的弱兵。这种涣散的状态即是造成唐末动乱的原因。

崩溃的第一幕——庞勋之乱

在云南地方有个南诏国，曾是唐朝的附属国。南诏国与安南比邻，安南也是唐朝的统辖区。南诏攻占了安南，唐朝在徐泗调兵二千，用作讨伐南诏。徐泗地区人口过剩，其中很多是流浪者。汉高祖发迹就在这里。此时，所调二千士兵中的八百人原来驻守桂州，规定三年换防，如今已到三年却不能如期而归。不止三年，已经六年没有回去了。这部分士兵中有从徐州的盗寇团伙中招来的，他们杀死都将，推举掌管粮料的判官庞勋为首领，一边掠夺，一边奔回原驻地。从广西开始，一路掠夺来到淮南。这里的节度使令狐绹不但不围剿，反而还派人去慰劳。原因是，令狐绹的部下有人进言说，对这些乱兵不能不放行。令狐绹觉得在理，只要不在淮南闹事就行，于是放他们通过。庞勋的队伍就这样，没费劲通过了令狐绹的辖区。不久，这股乱兵回到原驻地，很快得到朝廷下令讨伐他们的消息。这些人是由于想见家人而回来的，回到故乡，已经达到目的。现在朝廷派兵来讨伐，索性破罐破摔，造反了，最终酿成大乱。加上地方上的土匪入伙，这场动乱持续两年之久。在这之中，朝廷调遣了多方的节度使，因兵力太弱，没能组织起像样的讨伐。一般的节度使根本压不住乱兵，结果，还是借助夷狄的雇佣兵才平息下去这次动乱。在这之中，新疆蛮族沙陀部的朱邪赤心起了很大作用。朱邪赤心由于此功，被朝廷赐予李姓，改名为李国昌。在注重门第的社会里，特别重视血统。因为赐予其李姓，也要在唐朝天子的宗谱中作为某人之子写进来。可见，这种做法，等于赐予他以国姓。

总起来说，这次兵变造成的骚动，证实了统一力的松懈程度。唐末的节度使类似日本幕府末期的大名（与放走武田耕云斋的诸侯相似），本来是无势力的。但日本的大名上下关系处得很好，而唐末的节度使却驾驭不了军队。节度使为什么面对兵乱如此软弱呢？节度使参与其领地以外的讨伐时，给养全由朝廷提供，避开战斗，没有损失，又白得给养，可以说是一种好买卖。相对来说，叛乱的士兵没有发给养的地方，逼到最后，只有拼死战斗，所以战斗力特别强。这样一来，在他们通过的大片地区，如入无人之境，一边掠夺一边奔走。一旦出现骚乱的机会，有些人就揭竿而起，一起发难，认为掠夺的好时机来了。这，即是唐懿宗时期的情况。

崩溃的第二幕——黄巢之乱

庞勋之乱是逼出来的。然而，那之后才过了十六年，又发生了黄巢之乱。黄巢是中国最早的"大流寇"。在这次动乱中，本来黄巢不是发起人，在他前面有王仙芝，黄巢是王仙芝的部下。前文已述，唐朝末期，由于藩镇的弊端造成统治无力，朝廷和藩镇都财政困难。在这种情况下，一部分人吃喝玩乐，挥霍税款；老百姓日益贫困，食不果腹。在那种没有像今天通过世界组织救济，缓和饥馑的时代，饥馑的困难非同一般。饥馑是发生骚乱的原因，流寇也由此而来。这时，在多伙起义军中，王仙芝这伙最大。在懿宗之后的僖宗时代，骚乱发生在与徐泗地方接壤的曹州。曹州在山东境内，是江苏、河南、安徽、直隶、山西、山东六省交界的一块宝地，也是出"强盗"的地方。就连满洲的"马贼"也出自曹州。著名的梁山泊也在曹州府内。黄巢出生在曹州，家里原来是盐商。盐商，这一身份既有成为大财主的资格，也有成为"大盗贼"的资格。因为除了专卖之外，还可以做私盐生意。黄巢自幼喜好舞剑骑射，广交侠义之士。曾应试进士，没有合格。于是，拜师后跟着王仙芝投奔"土匪"，开始在本地，后来也到其他州县"抢掠"。在灾荒年景，这种白拿别人东西的营生，很快就有不少人来入伙。王仙芝缺少计谋韬略，不久就失败后被杀死，其部下随了黄巢。他们离开家乡，不建根据地，到各地"流窜"。出没不定，很难对其进行追剿，但"流寇"常经之路基本固定。黄巢是最高首领，他去哪里、走哪条路，事先谁都不知道，于是，成了大的骚乱团伙。开始在曹州入伙者有三千人，就像滚雪球似的越来人越多。起初，去南方，从福建又攻陷广东。由于患瘴疠死了很多人，在部下的劝说下回到北方。他们北上的路线是：通过湖南，由洞庭湖进长江，抵长安，与近代的太平天国的行军路线是一样的。尽量选择不会遇到阻截的地方走。虽说太平天国的军队曾逼到天津附近，但清朝的制度比唐朝好，蒙古士兵勇猛，又有内蒙古的僧格林沁王爷指挥。而唐末统治力松懈，黄巢的队伍刚一接近京城，就趁势攻陷了长安。天子蒙尘四川，各地方节度使奉天子之命派兵围剿，但最后取胜，是靠李国昌之子李克用的英勇奋战。是李克用收复了长安。当时李克用虽然只有二十八岁，但黄巢的部下都惧怕他。见黄巢大势已去，其部下朱温反目投降朝廷，并率部讨伐旧主黄巢。朱温又名朱全忠，后来发迹，势力很大。

平息流寇中的有功者得势与贵族政治走向末路

这时期，朝廷的权力落到李克用和朱全忠两人手里。在朝廷里，宰相府与宦官府发生倾轧，前者为南司，后者为北司。外部力量也加入到二者的倾轧中来。李克用落脚太原，后来成了晋王；朱全忠当上了汴京的节度使。朝廷内，南司北司相争；朝廷外，晋汴相睨。李克用曾一时势力很大，由于太年轻，后来受到冷落，变成弱势，但当时还很强大。其他各节度使或从汴或从晋。宦官得势后，先与外面的节度使联手，尔后又与宰相结合。僖宗之后的昭宗是个很有抱负的天子，他想重振朝廷的权威，但时势已使他无力回天。当时，天子被节度使们抢来抢去，就像日本"应仁之乱"时的将军。哪个节度使抢到天子，就表明这个节度使的势力大。最后，宰相的南司派与朱全忠一派联合，灭掉了宦官的北司。昭宗被朱全忠杀害。朱全忠为掩饰自己的罪行，制造了一个别人杀害昭宗的假象。朱全忠最后杀天子时，很多宦官早在天子之前被杀害。他把这些住在望族之都的人全都投入黄河，说，这些人是清流，所以把他们都投入浊流。这样，唐朝天子全家，曾掌握着实际权力的宦官以及作为掌权阶级的贵族们，一同在唐末的大乱中灭亡。贵族政治寿终正寝了。指望用和平的手段进行政治改革的方针，和为此实施的官吏录用制度、军队制度、赋税制度等，一点没有奏效。这即是说，当时的知识阶层杜撰的和平改革政策，一个也没有成功。相反，由没有知识的"强盗"形成的军队，把贵族政治送进了坟墓。

【补充说明】

从六朝中期到唐太宗时期实施的均田制,都不承认土地的私有权,只允许永业田为私有。可这部分永业田只占一般农家土地的二成。这样的土地分配制度,基本是按朝廷的社会政策实施的。可是在府兵即征兵制度不能实行,农民不能在其固有土地上劳作的情况下,以均田法为基础纳税的租庸调制度,从唐朝中期开始已不能实行。于是代之,开始实行两税法。两税法即夏秋两次纳税制度。以前的财政方针是量入而出,两税制度正好相反,是量出而入的制度,与今天的税收制度一样。自唐朝德宗时期开始,这种两税制一直是中国财政政策的基础。即以田地的现在所有者和现在的居住者为基础进行收税,意味着两税法承认财产所有的自由和居住地的自由。过去曾用于防备贵族兼并的均田制废止。承认农民私有权的两税制,却成了打破贵族制的催化剂。过去贵族们,很得意以称自己是某地的某氏或郡望为自豪,比如琅邪的王氏就是一种荣耀的称谓。一提到博陵的崔氏,虽然不一定确认他住在博陵,但认为其具有大家的资格。而现在实行两税制,重视民户现在所有地和现在居住地时,已不在乎原籍或郡望了。由此来说,两税制起因于朝廷的收入问题,并没有其他别的目的。结果却破坏了贵族政治。也就是说,事情发生在聪明的政治家们所没有预料到的地方,而其结果也没有与预计的设想吻合。可很多政治家偏偏乐于重复这种错误的历史。

第三章　五代的奇局

群雄割据的形势

朱全忠杀死唐昭宗，从继任的昭宣帝手中篡夺了帝位，自此开始了五代时期。所谓五代，是由朱全忠改国号为梁，建都大梁（汴京，即现在的河南省开封市）以后的五十余年。在这动荡不定的时代，先后有梁、唐、晋、汉、周五国交替占据中国的中心位置，故有五代之名。在这不长的五十余年里，一个朝代的执政时间，长者十余年，短者不过四年。名虽曰五代，但这五个王朝都没有统一全中国，一直存在着割据一方，自成一统的几个"中央"。虽说有时使用该"中央"政权的年号，但总体上，与其说是群雄割据，不如说是群盗割据。五代时期大体有十个国家，在这十国中，既有一直从五代初期持续到最后的，也有中途变更了的。但是，地方上没有类似中央五代更迭的情况。

这十国的开创者多为"盗贼"出身。前面已讲过，梁朝的太祖朱全忠原来是黄巢帐下的"盗贼"。在其他各国中，有起初叫作"淮南"后来改为吴国的创始人杨行密。他是在江淮地区"群盗"之一。吴国中期，杨行密的部下徐温得势，其养子徐知诰篡夺杨氏政权，建立南唐。徐温原来也是偷卖私盐的"盗贼"。徐知诰后来改名为李昇，并由于姓李而改国名为唐。在蜀地，最先建国的是王建。王建原来卖过私盐，做过宰牛的屠夫，还抢家畜，当地人称他贼王八。王建的蜀国被后唐消灭后，孟知祥又建了后蜀。后蜀由后唐派遣的军人掌权，所以不是"盗贼"。刘龑在今天的广东建了南汉国，他是一个一半经营海外贸易的半个地痞。这个国家一直维持到五代结束。楚位于湖南，是马殷建的。马殷不是"盗贼"出身。钱镠在浙江建了吴越国，钱镠也是卖私盐的"盗贼"。闽（福建）国的王审知也曾是"盗贼"的部下。南平即荆南国占据湖北的一部分地区，其建国人高季兴不是"盗贼"，是汴州的财主李让的家童（从小签订卖身契的仆人）。刘旻在山西的一部分地区建立了北汉国。刘旻是五代的汉国的高祖的弟弟，是沙陀部人。以上，是中部的五代和除此之外的其他九国，加在一起为十国。其国君的大部分是"盗贼"出身。

地方割据各国的民政状况

也许有人会想在这些小国中经常出现骚乱吧。其实却不然，"盗贼"出身的割据国君中有的人相当爱民善政。其中，闽国的王审知非常有人缘，最善民政。福建成立的闽国，只占据中国的一隅之地。可就在这样一个小地方，人才荟萃，王审知把有学问的人都召集起来，注重发展福建地区的少年教育。据说钱镠在吴越征税很严，引起百姓的不满，这是由于吴越虽国小，但城市很多，税收问题与奢华的城市生活有关系。那时的奢侈遗物至今还能看到，西湖畔的雷峰塔即是当时的遗物（石刻版《陀罗尼经》就是从雷峰塔中发现的），这一家是信仰佛教的。钱镠的后裔钱弘俶铸了八万四千个铜塔分到各地，至今不仅在中国常能看到，而且在日本的博物馆里也有收藏。说其奢华确实不假，但从另一面来说，也发展了中国文化。虽税收过多，但能有支持这些文化事业的财力，能平稳生活，没出现什么战乱。可以说，税收重一些也比出现战乱好。吴国的杨行密虽说也是"盗贼"出身，但对民政十分投入。其后的徐温也是"盗贼"出身，但他深知战乱给百姓带来的痛苦，与梁国划界守国而没有诉诸武力，并且当他推翻钱氏在吴越的统治后，也没有向纵深侵入。这些都是从保护百姓的利益着想的。所以，江南江北都没有出现战乱。直到南唐时代，几十年内都比其他地方安宁。南唐的李氏后主在文化上很有造诣，能绘画作诗，对百姓没有恶行。后来降宋，但死后旧部众人为其服丧，哀悼这位先君。由此来说，各国割据，整体上是乱世，但在各地方还有为百姓着想的君主，普通百姓没怎么受到战乱之苦。

战乱迭起的中原地区

最苦的是五代更迭的中原地区。因为地域重要，所以争夺激烈，战争不绝。最初，朱全忠夺取了唐朝政权，但其领地很小，只有从黄河两岸到山东，即今天的河南、山东和陕西的一小部分。再往南和北都是敌占区。虽说夺得唐朝政权，但有的国家不承认他的梁国为正统朝廷。特别是与晋王李克用打得很激烈。"盗贼"出身的朱全忠自觉自己不是贵族出身，生活并不奢侈。由于频繁战斗，军队一直很艰苦，但赋税不太重，生活不算太苦。朱全忠是地道的"盗贼"出身，不知唐朝正统天子的生活方式，完全根据自己的实力建设国家。晚年"盗贼"本性重现，由于其所宠爱妃的关系发生家庭矛盾，自己成了内乱的牺牲品。继其之后掌权者被李克用之子后唐的庄宗消灭。

后唐时代庄宗统一中国北部及其弊政

取代梁的是后唐。前文说过，李克用是沙陀部落出身，因有战功进了李氏唐朝的宗谱。李克用这一代虽有光复唐朝的决心，但到死也没能实现。晚年国势衰败，郁闷而死。其子李存勖（庄宗）是个战术天才，不长时间恢复了国力，连敌人朱全忠都为之感慨。朱全忠死后，李存勖打败了梁，统一了中原，灭梁后，又打败了自上代就有仇的燕国的刘守光，再灭了王建的前蜀，基本统一了中国整个北部地区。在领土上是五代各国中面积最大的。然而，庄宗的天才之处反而成了他身死的原因。此时，中国盛行演剧，庄宗天性擅长音乐，喜欢自己演剧，也常与乐师一起演剧。当时戏剧近似日本的"能"中的狂言，有些滑稽内容，和一般的演剧不一样，在茶室里即兴表演。庄宗的皇后刘氏是卖卜家的女儿，她常为自己卑贱的出身而害羞，可庄宗就故意恶作剧地扮装成卖卜人拉着儿子到皇后处，说，你爹来了，刺激皇后生气。乐师中也有好恶作剧者，敬新磨是最突出者。庄宗的艺名叫李天下，有时与乐师们开玩笑，自呼"李天下在哪儿"，还做出寻找的样子。这时，敬新磨走上前去，打了庄宗一耳光，大家都惊讶起来，庄宗也变了脸色，敬新磨马上跟着说："李天下除了您还会是谁呢"，反而使庄宗欢喜起来。敬新磨有时也像东方朔那样用滑稽的语言劝说庄宗。庄宗喜欢打猎，有时出猎踏坏了农民的庄稼，县令劝阻庄宗，庄宗不听，命令杀死县令，敬新磨与其他乐师把县令带到庄宗马前，责问说："你身为县令难道不知天子好猎吗？你为什么让农民种地交租？你为什么不让县民饿着，把这块土地空下来给天子作跑马的地方？你该当死罪，赶快把他处刑。"其他乐师也都跟着唱和，反而逗得庄宗大笑起来，县令被免了罪。由于庄宗和乐师们的亲和关系，使得有些乐师无所顾忌，收受贿赂，做坏事，以至引起军队的不满，产生内乱，结果庄宗被杀害。本来庄宗很有天赋，是个优秀的军人、杰出的艺人，但由于缺少君主应有的修养，不能治国。由喜欢艺术导致奢侈，为增加财政收入，把朱全忠减下来的税收又提高了上来。

当时，由于天子是"盗贼"或"夷狄"出身，没有修养，不顾政治，那之后数百年直至清朝，胥吏（书胥）这一中国政治中的大害长期作恶。从唐朝开始，相对于正式官吏即贵族出身的流内官，还有未入流的掌管事务的下层官吏，即胥吏。官署事务烦杂，需要熟悉文书手续的胥吏。正式的官吏不直接与百姓接触，与百姓接触的是胥吏。正式官吏的收入也由胥吏制定，但胥吏忙碌一生终究不能升入流内官。由于这种限制，胥吏们没有提升的指望，就在自己的权限内用极力多捞油水。这就酿成中国政治的大弊。特别是后唐的庄宗，对此漫不经心，放任自流，结果造成胥吏政治的局面。并且，五代之后始终没能杜绝胥吏政治的弊端。这时期，最大且最苛刻的是盐税。生产一斗盐要向官署交一斗五升米，从五代时就这样规定下来，后来用货币取代了米。据说，后唐时仅山东一个地区就上交了一千万贯文。对走私盐的查禁非常严厉，私制盐者无论数量大小，一律死罪。私自贩卖者十斤以上即为死罪。其间尽管有些变化，总起来说，盐税是官府的重要财源。另外，对制酒的管制也非常严格，与私制盐者一样，凡私制酒者，一律死罪。后来改成制酒五斤以上者死罪。把盐和酒作为官府专卖品严格管理的做法，始于后唐。庄宗是个纯粹的军人，眼里没有百姓，所以，尽管以其军人的天才统一了中国北半部，但没有为百姓做过什么好事，反倒制造了政治上的弊端。话说回来，作为军人，庄宗有很多畅快的逸事。

后唐的明宗和军士拥立的作用

庄宗在内乱中被杀后，继之明宗上台。明宗是李克用的养子。在欧阳修的《五代史记》中有《义儿传》、《伶官传》两篇文章描述了五代的特色，是当时社会状况的真实写照。注重宗谱的贵族政治崩溃后，家族法变得无序，结果出现了义子现象。把有本领的人作为后辈收为养子，这是出于政略上的原因。明宗即是李克用众多养子中的一个，是从一个夷狄出身的正直的士兵升上来的，在军队的拥立下当了天子。这种由于军队的拥立而成为天子的事始于明宗，五代时期多次出现。明宗比庄宗年长，是一个很有夷狄气质的厚道人。据说他为自己成为天子而惶恐，一点都不夸张。但是，由于其是在军队的拥立下而即位的天子，所以军队主要的集体——藩镇不听天子的命令，从这时开始越发明显。明宗是个优秀的军人，虽没有像庄宗那样掌握高超的战术知识，却是一个非常正直的战士，在与梁和契丹打仗时都立了大功。由于在他的念头中，总认为自己是不该当天子的人当上了天子，自己不懂政治，于是把政治方面的事全都托付给宰相。此时，几朝宰相冯道有了出头之日。可以说，明宗是一个在乱世之中，与人协商处理国事的特殊人才。

武夫的跋扈和百姓的不幸

中原地区的百姓长时期处于非常不幸的状态。唐朝时期，地方武官全都由士兵中产生，地方的文官由士人即读书人中产生。然而到五代时，连文官职务即州刺史，也从士兵中产生了。他们在位期间只想满足私欲，不懂得爱护百姓。把与百姓的生活关系密切的、有利可图的经营都纳入专卖，全都收到地方官吏管辖的范围。政治以前由贵族出身的官吏负责，在五代时也都变成由军人提拔的官吏负责了。直到宋朝开始，这五十余年，中原百姓苦不堪言。武官变成的节度使借战争之机大肆掠夺，比强盗更有甚之。他们之中甚至有人掘开唐朝的陵墓，盗走墓中的大量随葬品。掠夺成为军人的正事，没有刑罚和法律观念，造成只要有本事可以随便杀人的无政府状态。日本镰仓时代以前的关东地区曾是这样。节度使虽向朝廷纳贡，可不是纳税，贡品全是鞍马兵器。甚至拿到宴会上的东西也用到马身上，用很多金玉装饰这些东西，已经相袭成风。贡品的好坏决定着是否能获得天子的赏识。武夫跋扈的情况与日本镰仓时代以后的情况极为近似。

契丹南下和再分裂的形势

明宗之后，其子与部下的大将石敬瑭（夷狄出身）发生了内争，结果石敬瑭灭亡了后唐，建立了晋国。在这次战争中石敬瑭之所以获胜，是因为他借助了契丹的力量。以给契丹从北京到山西的燕云十六州地盘为代价，才换得了契丹的出兵援助，这是中国内乱中借助"夷狄"之力的明显例子。这以后，中国为此非常懊恼。石敬瑭以后的晋国君主冷遇了契丹，契丹反过来灭掉了晋国。契丹占领中原后大肆抢掠，冯道巧妙地取悦契丹天子，取得契丹天子的信任，一定程度减轻了百姓蒙受的掠夺之害。契丹经过一段时期的大肆抢掠，财宝几乎洗劫一空。中国北部的天气渐渐热起来，契丹人不适应，很快就回到北边去了。这是契丹太宗时的事。

石姓的晋国灭亡后，刘知远建立了汉国。契丹撤走后才建国，是个只有四年寿命的朝廷。在晋、汉时期，除失去了北部的燕云十六州，西南的孟蜀也独立出去，中原的中国已变得很小了。再往后，刘知远的大将郭威在军队的拥立下建立了周国。此时刘知远的同族刘旻割据山西省，继续使用汉的国号，谓之北汉。这就是说，周国初期的领地比刘知远的汉国还要小。后唐的庄宗时期，从北方到蜀地是统一的，其后分裂成几个势力范围。如今，又出现了能够统一中国的伟人——郭威的养子柴荣，即周世宗。

周世宗打开新局面

周世宗是天赋的救世英才。虽然在位只有短暂的六年，但他扩大了领土，并为后来宋朝统一中国奠定了各方面的基础。他年轻时，养父郭威看他是一副愚相，郭威死后他成为天子时，旧部不听这个新主的指挥，敌对国也羞辱他。再加上当时五代的国势欠缺凝聚力，军队没有战斗力，实在难以想象他能有所作为。可就是这样一个未曾有过任何显赫业绩的年轻人——世宗接管了国家，并使形势转危为安，迅速变好。世宗一开始就主张进取，即位后立即与北汉交战，但由于军队没有凝聚力，失败的危险极大，有的大将部下的士兵向敌人投降，还有的持旁观态度。几乎败局已定时，世宗亲自率领手下亲兵冲上阵去。看到世宗身先士卒，有一大将不忍心再懈怠，振作精神奋勇杀敌。这个大将就是后来成为宋太祖的赵匡胤。由于天子和大将的带头，扭转了战局，经过苦战终于赢得了胜利。借此得胜之威，世宗把临阵不战和欲逃者处死，严明了军纪。几十年来我行我素的军队，从此开始服服帖帖地听从世宗的命令。以此为转机，刹住了五代时期一直存在的军人的傲慢作风，打开了新局面。

五代时期的天子共有八姓。其中后唐有三姓：庄宗虽是沙陀族但取李姓，明宗原来也是沙陀族出身（从士兵而至皇帝），自有原姓，加上其后的王氏，共三姓。周有二姓：即郭和柴。另有三人各一姓，总共八姓。五代中前三代都是"夷狄"出身。除后唐出自沙陀族外，晋的石氏是附属于沙陀族的小夷狄种族，汉的刘知远也出自沙陀族，都是从天山附近过来的种族。由于五代的年数不长，出现了一个很有意思的现象，即从后唐庄宗与梁开战时的旧部中产生了五位天子。并且由于在很短的岁月里局面急剧变化，五代的天子都没有后裔。只有周世宗的曾孙在新诞生的宋朝受到优遇，与宋朝一起延续其家系长达三百年。

由于短者四年，长者十余年就出现改朝换代，连天子的家庭都朝不保夕，百姓的生命财产更没有安全可言。战乱不断的中原地区陷入极端的凋敝状态。物极必反，极度的凋敝之后便会为后来的发展孕育出新的根苗。因为，百姓和官吏的生活都经受过了极端困难的境地。这个国家一旦凝成统一的势力，就会在周边享受安乐生活的各国面前，展现出如同巨大的潜力突然迸发的结果。正是在这样的时代里出现了世宗这样的天才。

读书人的灾祸和无教养者的显达

此间的变化是中国历代中最无常的。自汉朝以来一直有宗谱的贵族，全都在唐到宋朝这段时期灭亡了。士人即读书人的境遇最悲惨。由于是武夫跋扈的社会，读书人最多能有个秘书工作，并且武夫不讲理，出现问题就性命难保。在给天子的奏表中有很多名文，可武夫跋扈的时代根本不注重这些。在这个是非不分的时代，得势的是冯道、张全义这些不知耻不要脸的人。张全义受到朱全忠的重用，其妻被朱全忠调戏都不吭一声。冯道是四朝宰相，他既有善理事务的本领，又滑稽机灵，巧妙地在不好侍候的武将之间周旋，甚至契丹的天子都能为其所左右。契丹的太宗入侵时，他做出愿为其效力的样子，当太宗问他："天下百姓如何救得？"他回答说："此时佛出救不得，惟皇帝救得。"用这种吹捧的方式或许某种程度救济了百姓。面对军人或夷狄的粗暴，从长计议，可谓是一种缓和矛盾的天才。他最后一任宰相时是周朝世宗时代，他视世宗为顽童，根本不放在眼里。世宗讨伐北汉时，他劝世宗罢兵被拒绝了。世宗说："吾见唐太宗平定天下，敌无大小皆亲征。"冯道以嘲笑的口吻回答说："陛下未可比唐太宗。"后来世宗打赢了，冯道被世宗辞掉。此时冯道已七十多岁。世宗驾驭天下仅仅六年就短命地死去，但管理天下的基础已奠定。他本人并未意识自己的天才，但在扎扎实实理政过程中渐渐显示出天才，这才是真正的天才。

第四章　契丹族的崛起

契丹族崛起的历史意义

五代时期一个显著的变化即是契丹的兴盛，并形成为国家。一般来说，中国北方的"夷狄"民族都是在中国出现动乱时乘机发展的。唐末兴盛起来的是中国西北的李克用等人，他们原来是沙陀部落（也叫涿邪山、朱邪，唐初也叫处月，都是音译）人，进入唐朝内部展开了活动。李克用虽是沙陀人可已中国化了，自年轻时就接受了唐朝的李姓，列入唐天子的宗谱。或许讲的也是中国话，过中国式的贵族生活，这是进入中国内地活跃起来的"夷狄"。而契丹与匈奴一样，在中国的外面建立了依然保留着"夷狄"风习的国家。这一点是与沙陀人情况不同的，与后来的金（女真）等相比也是不同的。以前契丹就一直与中国人有些接触，不能说一点没有受到中国习惯的影响，但后来到底还是在中国附近建立了依然保留着"夷狄"风习的国家。继契丹之后，女真和蒙古强盛起来，征服了中国大部甚至全部，因而证明契丹的兴盛在东方的历史中是非常重要的事件。

契丹的来历

契丹的名称在历史中出现，是从很久以前的北魏开始的，其发祥地在东蒙古的中部。这个地方不仅有契丹族而已，在兴安岭东西地域生活繁衍的人，从南边开始，有奚、契丹、室韦三个民族。奚之称谓是略语，原来叫厍莫奚（常被写成库莫奚，宋版《魏书》中是厍莫奚）。契丹居住在他们的中间，其所在地，位于今天的西辽河的源头西喇木伦与老哈两条大河交汇的地方。有关契丹出世的传说即由此地开始。其河北有个叫木叶山的地方就是契丹出世传说的中心。在它的南边是奚族，北边是室韦族。室韦在很远的北边——黑龙江和兴安岭交叉地域，后来的蒙古族就是从这个室韦族中产生的。这三个民族是同一种族中稍有不同的三个部分。

契丹这个名字从北魏时期已经出现了，其兴起的地方与今天的满洲地区接壤，是一片广阔的平原，没有可作屏障的高山，所以很久以前，在分界线上契丹族与满洲的靺鞨混居。在《魏书》有关满洲地方的内容中见有"勿吉"（唐代的靺鞨）的字样，勿吉是纯粹的女真族，后来又变成渤海国和金国。看一下《魏书》的《勿吉传》和《契丹传》就会知道，分界线周围是几个民族、混杂居住在几块没有明确界线的地方。当然，当时有记载着什么部落居住在什么地方的史料，但仅此而已，并没有系统全面的史料，因而无法详细得知。

唐朝初期高句丽灭亡，渤海国兴起，并基本上统一了靺鞨民族。当时契丹民族尚未发展到建国的程度，但其民族已向南扩展，则是事实，并逐渐与奚族合到一起。唐朝武则天时代以后渤海国初建时，从今天的辽西地区向南到直隶东部的朝阳地区的渤海国与唐朝来往的道路被切断，渤海国与唐朝交往时，只得顺鸭绿江向下在辽东沿岸先到旅顺，再经山东，最后到唐朝都城长安。玄宗开元年间派往渤海国的使臣崔忻在旅顺黄金山上掘井时的石刻题名，现在收藏在日本皇宫的振天府中。这是记述渤海与唐朝交往的金石文，也能证明在渤海与唐朝之间的契丹的兴盛状况。

契丹族内部逐渐集中成八个部落。八个部落的酋长轮流当可汗，统一管理契丹。旗和大鼓是可汗的标志，三年一次在各部落流动。起初契丹是很平静的，奚和契丹都与唐朝往来。契丹的酋长等官职由唐朝授予，甚至有的人还被赐予李姓。例如，一个契丹的酋长在唐朝的名字叫李怀秀，在契丹的名字叫阻牛可汗。在契丹的太祖之前最后一个可汗叫钦德可汗（有的书中写成痕德堇可汗或匀德。显然是继续沿用了土耳古族的名字）。

太祖阿保机统一契丹部落

这个部族中诞生了契丹的太祖耶律阿保机。他原是八个部落酋长之一，在他最后一次接受旗和大鼓担任轮流可汗期满时，打破了轮流制度，当上契丹的世袭君主。显然，他采纳了中国人的计谋。对此有种种传闻，有的说李克用为他出谋划策。恰巧那时李克用在与契丹接壤的内蒙古地区派遣有节度使，与阿保机关系密切。据说，曾在酒宴后分别时，阿保机说："以可汗身份与君相会是最后一次，我不是可汗时还能如此善待我吗？"李克用说："尔等即使作为节度使也还是官吏，天子让你们轮换，如果不受轮换之命也就算了。"阿保机似乎悟到了其话的含意，所以开始产生打破轮换制度的念头。此后，到了轮换期他也不交旗鼓，后来在其他七部落的谴责下不得已交了出去。但他在任期内接纳了很多中国人，建立了中国人居住街。这都与契丹无关，是他任期中的事，就作为自己的事情让后任可汗认可了。阿保机以这个中国街为根据地从中国贩运武器，最后突然袭击七部落的酋长，成功地征服了那七个部落。阿保机的领内有盐池，一直向其他部落提供盐，他要求其他部落酋长到自己这里见礼，酋长们全都来齐，宴会一开始，他预先设下的伏兵冲出来杀了那些酋长，随后统一了八个部落，还兼并了奚族五个部落，一下变成大国。

契丹兴起的根据地是有中国人居住街的那个部落，所以太祖接受中国文化时并没有出现什么冲突。虽说不是完全按契丹的风习建国的，但毕竟与彻底中国化以后建的国家情况不同。由于《辽史》是以辽时的材料为依据写成的，辽又是吸收中国文化以后诞生的，所以《太祖本纪》等记述中说，钦德已殁群臣奉遗命欲立太祖，太祖三次推让后从之。这种记述方式很像直接来自中国，可是从中国的文献中看到阿保机统一契丹后钦德还在世。在记述五代的梁国初期契丹向梁献礼的材料中，有关于阿保机和前国王钦德都送了礼的记述。这是统一后两年的事，说明钦德还活着。关于契丹的事，只以《辽史》为据当然不可靠。此外还有《契丹国志》，但单凭它也弄不懂，必须参阅《辽史拾遗》、《辽史拾遗补》。

后唐的庄宗、明宗与阿保机

太祖一开始与李克用结拜为兄弟。李克用与梁太祖朱全忠关系恶化，想借阿保机的力量与朱全忠对抗，但阿保机与李克用结拜后，一回去就接受了朱全忠的官爵。由于李克用入了唐的宗谱、用唐朝年号，把朱全忠视为敌人，所以认为阿保机背叛了他。据说李克用死时申明有三个遗恨，给儿子李存勖留下三支箭，并留下遗言："梁是我的仇敌。燕王刘守光是我立的，可他随了朱全忠。契丹与我结为兄弟，可他又接受我的仇敌梁的官爵，附属于梁。这三点是我的遗恨，给你这三支箭，一定不要忘记父亲的遗志。"这段话收在《五代史》的《伶官传》的序中。是不是事实连欧阳修都持怀疑态度。据说庄宗把这三支箭供奉在家庙里，出征时装入锦囊挂在胸前，庄宗雪除了亡父的遗恨，最终打败了父亲的敌人。先灭了燕王刘守光，后灭了梁。至于契丹，灭完燕王后边界延伸到契丹境前，经常主动出击。庄宗亲自立马阵前，契丹十分惧怕，常吃败仗。契丹的太祖也是开国的君主，但从作为军人的天赋上看，他不及庄宗。契丹都是骑兵，后唐是步兵。庄宗之后的明宗与契丹打仗时，研究了用步兵抵挡东部蒙古骑兵的战术：让士兵们都手持鹿角（带着茂密枝条的树冠）对付奔袭过来的战马，把草点燃利用烟尘影响骑兵的视线，然后与其近战。契丹武装差，甲胄粗糙，兵器不良，后唐经常取胜。契丹虽正值创业初期士气高昂，可在后唐的庄宗、明宗时期，与中国开仗从未占过上风。

渤海的灭亡和东丹国述律皇后的势力

　　中国这边没有什么新的发展，其间满洲地区出现了很大变化：契丹灭了渤海国，建立了东丹国。阿保机自封为天皇王，又封其妻述律为地皇后，其长子突欲为人皇王。天皇王即东丹国王。整个满洲都在其管辖之下，领土扩及俄国沿海。东丹国王建国不久曾派使臣来到日本。以前，渤海国历代都派使臣来日本，契丹灭了渤海，知道原先渤海与日本的关系，于是派遣到过日本的裴璆来到日本。日本当时是延喜年间，日本方面对过去曾作为渤海国的使臣来过日本的东丹国使臣裴璆不感兴趣。日本已听到渤海亡国的事情，与现在的东丹国没有任何关系，特别是眼前这位使者先前是以渤海国使者的身份来的，现在易主为新君服务，斥责裴璆不知羞耻，把他撵回去了。

　　这期间辽太祖死了。太祖殁后权力全都落到地皇后述律氏手里。地皇后是女中丈夫，据说她对不好对付的大臣说："既然你们喜欢先帝，就与他一起去吧。"于是一个一个地把旧臣杀掉。后来有的大臣说："如果说与先帝关系密切莫过于地后您，地后您若随先帝去，臣也乐于同去。"地皇后听罢无以答复，于是便收刀作罢。地皇后比起长子人皇王来，更喜欢次子德光，让次子继承了王位。她让两位王子乘马并立，对大臣们说："我不偏爱哪一个王子，你们为适合作天子的王子抽签。"知道地皇后用意的大臣们争着抽了次子的签，于是次子即位，这就是太宗。人皇王擅长中国文化艺术，他用诗文宣泄自己的郁闷，并且后来逃到后唐，得到后唐赐给的李赞华姓名，一直客居他乡。

制订契丹文字，四楼制

关于契丹领土扩张的情况已如前述。此外，其内部也进行了某些调整。太祖最先制订了契丹文字。今天明确作为契丹文字传下来的仅有五个字。《燕北录》（收于《说郛》）中有三个碑，其中的文字即是契丹字，这是已明确的部分。此外，朝鲜的李王职保存的一面镜子上有四个字的铭文，好像也是契丹文字。契丹文字采纳了汉字的形，但不像日本人以汉字为基础创造假名那么应手，手法特别拙。字义与汉字相同，但朗读时发音是契丹语，对汉字原形做了某些修改。在完全没有文字的国家最初创立文字，可以说是太祖的一项大业绩。只是这个业绩是完全靠契丹人的头脑创立的呢？还是在此之前有过样板？从渤海国遗址挖掘出来的文物中，发现了不是汉字但也不知道是什么的文字。在宁古塔附近及间岛[1]的西古城子都见到了这种文字。没有关于渤海国创立过文字的记载，可这种文字确实存在过。契丹消灭渤海国后不长时间，太祖就制订了文字。想到这些，很容易使人产生这样的想法：或许是吸收了这些读不懂的文字？或许是受其启发重新创立了文字？契丹语与蒙右语属同一语系，与索伦语相同，是东蒙古的方言。渤海语无疑曾是满洲语，不同于单音节的中国语，而是与使用"つにをは"的日本语属同一语系的语言。契丹文字变成后来金国的文字，一直到明朝，长时期在满洲地区使用，长达七百年，到明朝末期才不再使用。渤海的事不清楚，但蒙古、满洲文化存

---

[1]　即今中国东北之延边。——译者注

续了很长时间，而奠定其基础的是契丹的太祖。

契丹发迹的根据地是临潢。因为位于潢水（西喇木伦河）沿岸便称临潢。这里是首府，后来辽国势力大了也仍然以此地为首府。但由于游牧生活的需要经常搬家，一般四季搬四次家，所以把帐篷叫作"四楼"。契丹语叫"捺钵"，是地方或都城的意思。临潢是四楼中的西楼，位于今天的东蒙古巴林的游牧区。桑原博士到那里进行了实地考察。

唐晋的内讧和太宗的南犯

契丹势力伸向中国是第二代即太宗时期。由于中国内部出现战乱，契丹才乘机而入。直到后唐的明宗时期，契丹始终没能入侵中国。明宗殁后发生了内乱，明宗的养子废除了明宗的继承人掌握了政权，而其养子与石敬瑭不和，石敬瑭勾结契丹打败了明宗的养子。想出这一计策的是石敬瑭部下的中国人桑维翰。此事在中国的卖国贼史上留下永远抹不掉的一笔。桑维翰替石敬瑭上书契丹，认契丹作父，恳求契丹收其为臣，派援兵协助消灭后唐，并为此签约把燕云十六州割给契丹。对此，当时石敬瑭的部下就有人反对，"夷狄"出身成为后汉高祖的刘知远也反对说，如果说称臣是不得已所为，认其为父太过分；如果说行贿，多送金帛足矣，而割让土地定会造成后患。这样，石敬瑭在契丹的援助下打败了后唐，成功地当上天子。但其后契丹又提出很多过分的要求。据说石敬瑭为此损害了健康，衰弱而死。

当时石敬瑭的后继人年龄尚幼，但作为天子已不满契丹的粗暴无礼，并得到一些大臣的支持。尽管受到契丹的帮助，也不愿处处讨好契丹，这种独立派已形成势力，最后终止了对契丹的臣属状态。这时，后唐明宗的女婿赵延寿想向石晋报仇，鼓动契丹讨晋，遂即又燃战火。打了三年，结果晋天子向契丹投降，即使与晋这样的弱国打仗也花费了三年时间。在部下的鼓动下太宗本想一举占领晋，但晋兵不像想象的那么无能，很难速战速决。因为中国爱国的情绪高涨起来，士兵奋勇抵抗，再加上弩、剑等兵器锐利，契丹的骑兵屡屡受挫。并且晋国的大将中也有拼死卫国者，这时桑维翰又以和睦论者的面目出来劝说尽快议和。然而独立派的势力很大，连天子也控制不了，天子被夹在桑维翰和独立派之间，既不能休战也无决心亲征。长时期的战争开支巨大，百姓的财产被征用一空，再加上有的官吏不干好事，这些都构成了失败的原因，石晋终于灭亡。

石晋一败，契丹人侵入中国，残暴至极，百姓的生命财产遭到洗劫。在冯道的进言下，契丹很快就撤走了。契丹在中国的抢掠十分残酷，能拿走的东西都已拿到手，再没有值得贪恋的了。中国的汴京十分炎热，北方的契丹人忍受不了，士兵中病号不断增加，太宗本人有意搬兵回府。当时还在世的太宗之母述律也不赞成契丹国王成为中国的君主，认为中国是中国，契丹是契丹，没有统治中国的想法。太宗在撤往故山的途中，病死在直隶的北部。正值暑季，尸体掏空内藏经过盐渍处理后运了回去。这种尸体叫"帝羓"。

太宗之后，人皇王之子世宗继位。这是经过内部争斗的结果。为报父仇，世宗把祖母述律监禁起来。世宗无意入侵中国，因此中国这段时期康泰平安。这期间汉国刘知远当政，既无功又无德却能当皇帝，纯属机遇。汉国父子两代仅维持了四年。

周世宗的出现和契丹的衰落

契丹扫荡中国无恶不作，但他们知道不具备当中国君主的资格，在中国只顾抢掠，不想政治，抢完东西后觉得待在这里没意思，于是迅速撤兵回去了。契丹的太宗在作为"夷狄"的君主侵入中国的人中，是最无能的一个人。他在入侵后只知道祸害中国，好事一件不做，因为他身边没有好的中国谋士。契丹走后，中国的周代兴盛起来。周代兴盛时，山西地区建立了北汉，是在契丹的帮助下建立的。这期间周代出现了天才君主——周世宗。北汉趁周太祖驾崩之机欲对世宗进行讨伐，结果反而被世宗打败。自此，周与辽在国境线上干戈相交。此时，在契丹是世宗、穆宗两代君主时期。先前，契丹从中国掠夺大量财宝而归，变得富裕起来。然而这反倒成为祸根，两代国君成天饮酒作乐，国力急剧衰落。周世宗凭借新兴之势，夺回先前割让给契丹十六州中的六州。当初，契丹仗一时之势进行抢掠时，如燎原之火，中国抵挡不住，而眼下契丹国家基础变弱。民族没有发展，所以，中国一旦出现明君就能成功地挡住契丹。契丹先前在中国能得手，原因在中国自身的内乱，内部出现了帮助契丹的人。中国一经出现像后唐的庄宗、周世宗这样的明君，契丹对中国一点没有办法。周世宗之后，宋太祖在军队的拥立下成为天子。这是军队拥立的最后一任天子，并且也宣告五代战乱的结束。

第五章　统一的趋势

周世宗治理天下的方略

周世宗已基本奠定治理天下的方略。一般历史书中都认为这是得益于王朴的献策。王朴献策中认为，先从容易做到的事着手，然后再处理比较困难的事。平定多方割据的各国先从哪里着手呢？世宗认为：从南唐开始为宜。南唐与周接壤的国境线长，从任何地方出击都行，从敌方没有防备的地方攻击最容易得手。先派小股兵力刺探敌方的兵力部署，敌人紧张起来会全力反击，经常这样骚扰敌方造成其民惫财尽，长江以北地区定会归我所有，进而取南唐都城。进攻岭南（南汉）和蜀时，凭借已拿下南唐的声势，不用兵，只向对方发檄文就能成功。由于南方已平定，北方的幽燕地区一定会自动归顺，假如不肯归顺也容易征服。北汉可能会拼死抵抗，以恩泽感化也不会奏效，最终必须出强兵征服。北汉虽需征服，但由于曾被世宗击破，士气低落，眼前不会主动攻我，所以待天下平定后再取之不迟。有人说世宗就是按这个方略行事的。但后世的史学家却认为，世宗之所以是世宗，在于他没有听从王朴的献策。王夫之（《读通鉴论》）和全祖望（《周世宗论》）都是这个观点。从南唐着手是听了王朴的，但与南唐开战占领江北地区后，马上从对南唐的征伐中抽出手，与一直认作强敌的辽国开了战。此时辽的世宗被部下杀死，太宗之子穆宗继位。辽国天子成天饮酒不理朝政，正是国势萎靡的时候。周世宗以破竹之势发兵，只用两个月就夺回石晋时割给辽十六州中的三个州。辽穆宗不愿打仗，认为这些地区原来就是中国的土地，中国人收复它是当然的，所以没有派援兵。天不作美，周世宗在前线得了病，回来不久就病故了。在收复三州的战役中，世宗设计好对辽的战略，巧妙利用地形是其用兵的长处。在远古渤海湾曾伸入到北京和保定之间，而后来水渐渐减少变成很窄的河流。现在，过去水深的地方变成了湖。世宗认为以此水域作为与辽国的分界最理想，于是在此目的下开始用兵，辽军不便涉水南下，所以世宗很快把直到易州附近瓦桥关的失地收复。世宗的方略说明，要把多灾多难的国家复兴起来，首先与强敌开战，试试运气，如有实力，消灭弱敌自然没有问题，这是与王朴献策正好相反的英明决断。可见，世宗必将能担起平定长期陷于割据的中国的大业，只可惜，由于他的早逝，天下被宋夺去。

在军队的拥立下赵匡胤成为宋太祖

周世宗驾崩时其子尚幼，重臣赵匡胤被军队拥立当上天子。有个很有名的故事，讲的就是硬给一再推辞的赵匡胤穿上黄袍的事。赵匡胤是一个正直的军人，在军队里很有名望。他长期跟随周世宗征战，军功卓著，具有战胜困难的素质，性格豪爽，适合作开国的君主。五代时期一改朝换代，常有将前朝皇帝全家杀死的例子，而赵匡胤与军人严格约定，决不允许对幼帝动一手指，决不虐待他们。由于赵匡胤这件事做得得人心，人说宋朝是以德建国，赵氏王朝延续很长时间，据说即使被元打败时，也没有受到元朝的虐待，宋朝灭亡后家族还有香火延续。当然，赵匡胤的当权其中，还有其他原因。总起来说，这种大度的人一当上天子就使当时的状态发生巨大变化。无论怎么说，在改朝换代的大事中，赵匡胤多少也搞了些阴谋。当时就有反对党。姑且不说表面怎样，太祖内心里明白，自己并不是不想当天子而硬被推上天子宝座的人。从反对党方面来说，自然对赵匡胤的野心有提防。韩通就是这样。韩通侍奉周世宗，是与赵匡胤平起平坐的人。世宗一死他就对赵匡胤有所提防，料到他会夺取周朝社稷，正在想法对其进行防备，但周朝灭亡的同时就被宋太祖的人杀掉了。

太祖经营天下的方略

太祖在五代的大将中是很优秀的，但他还不是周世宗那样杰出的天才。太祖取代周朝着手统一天下，其方法基本与前述王朴的献策相同。世宗的战略恰巧与王朴的献策相反，而太祖却是从弱者着手。这就是太祖不能与世宗相比的证明。宋朝四百年的历史从一开始就软弱，第一个原因就是想稳稳当当地建国。当时即五代末期，割据成十国，其中称帝的有四国，即南唐、蜀、南汉、北汉；其他国家虽割据一方，但中央出现天子时就通过派使臣，请求授予官爵。湖南的周氏、湖北的高氏、吴越的钱氏统治的各国都属这类。宋太祖即位初期，湖南周氏处出现内讧，其年轻的继承人请求宋朝援助，而宋朝如果派兵必须经过湖北高氏的领地。因此，宋朝出兵的顺序是：先取湖北，继之取湖南，再伐蜀降孟氏，进而战南汉刘氏，最后讨伐南唐逼李氏投

降。到此，太祖这一代就结束了，还剩下北汉和吴越。据说太祖
就平定天下问题与谋臣赵普商量过，大体上是按世宗时定下的意
见做的。

太宗即位和统一天下

太祖驾崩后其弟即位。太宗的即位是其母杜太后（昭宪太后）
的遗言起了作用。太祖即位时，杜太后并没有表示出多大的喜悦，
她想到五代历朝天子驾崩时都出现动乱以至家族灭亡的惨状，忧
虑赵家的将来。所以，杜太后病重时给太祖留下遗言说："汝为何
能得天下，可知其中的道理？原因在于周世宗死时其嗣子尚幼弱。
若世宗有成年嗣子汝大概当不上天子，汝死后先把皇位让给汝弟，
再往后是汝子，再往后又是其弟。这样，把皇位让给年长的人，
国家才会安全。"就这样，把太祖叫到跟前，让赵普作证人，留下
关于皇位继承的遗言。为此，太祖死后其弟太宗即位。可其遗言
后来成了赵家内讧的祸根。

太宗时期，吴越王钱氏没等征伐就归顺了。剩下的只有北汉
一国。当开始对其征伐时，北汉向辽国请求救援，可恰巧这时宋
军拦截了辽国的援军，然后切断粮草供给，消灭了北汉。唐末以
来分裂的天下总算实现统一。只是石晋时期作为贿赂割给契丹的
燕云地区还没有收复。宋朝与辽国领土接壤，开始有了外交往来。
此时辽国是世宗之子景宗当政。

宋朝顺利实现统一天下的原因

宋朝用十几年时间就平定了天下，没太费力就获得成功，原因在于当时的形势，这比唐太宗统一天下容易得多。隋末中国也是四分五裂状态，可那时各国都相当强大，都是由民间闯荡出来的人新建的。例如，窦建德、王世充、李密等人，都是建国的第一代首领，是相当优秀的人才。据说窦建德的人品在李世民以上。唐太宗也很优秀，但要打败其他国家非常不容易，是势均力敌的较量。而宋初各国割据的情况与唐初大不相同，割据的各国早在两三代前，即唐末或五代中期就形成了，到此时已度过相当长的和平时期，都趋于文弱，没有什么真正的实力。像南唐、蜀这样的国家多少代没有战争，俨然是个艺术保护国。只有位于中央的五代更迭的汴京地区始终战乱不止，时常有契丹入侵，生命财产受到威胁，受尽折磨，同时也受到战争的锻炼。宋太祖出自受到战争锻炼并且兵力最强的国度是非常幸运的。长期以来军人非常傲慢，再加上自周世宗以来大将和天子身先士卒，首先受到战争的锻炼，所以由这样的国家和天子完成天下统一事业比较容易，不需要进行什么大战就成功了。

太祖收回权力的策略

宋太祖出自这样的地区，非常清楚五代持续战乱的原因。虽说不是周世宗那样的天才，但他比较豁达，是战后稳定人心，抑制猜忌非常有方的人。大致完成统一大业后，他开始用极其温和的办法收回被下面掌握的权力。首先收回亲兵将领的兵权，然后又逐渐削掉唐末以来一直很有势力的藩镇的权力。在这方面，是谋士赵普最先建议太祖收回大将兵权的。起初太祖没把这当回事，可赵普进言说，即使他们本人无意叛离，但有可能受其部下的蛊惑，很难保证一定不出现叛离。太祖觉得言之有理，于是采取温和的手段收回了兵权。拥戴太祖当天子的人中有个叫石守信的人，太祖即位后他曾掌管亲兵。有一天晚上，太祖与他共饮时说："在你们的帮助下我由节度使当上天子，你可不知道当节度使多么快活。现在我夜里常不成寐。"听后石守信不解，问其原因。太祖回答说："因为有很多人想当天子。"石守信说："现在天命既定，谁还能有异心吗？"太祖说："虽说你不想当天子，但像你们硬让我穿上黄袍那样，军队还可能拥立你当天子嘛。"石守信有些惊慌，问道："这么说如何是好呢？"太祖回答说："人生短暂。富贵了，没有比守着满堂儿孙度过快乐一生更美的事。没有必要操心军队的事了。"就这样，在和平的气氛中收回了兵权，把这些将领放到大地方当节度使去了。

为了削弱藩镇的权力，每当更换节度使时，就逐渐插进文官。从唐末到五代，地方官吏由节度使任命，而自此时开始，不经节度使之手而由上面直接任命，直接隶属朝廷，不受节度使节制。另外，在节度使之下设通判官职，节度使只是名誉，地方税收等财政事务实际上由通判负责。通判是个临时性的官职，宋朝的政治是让临时的官吏执掌实际的政务。总起来说，节度使是高职高薪却有职无权的官吏，徒有虚名。太宗时期，授予这些节度使亲王、将相、大臣等名誉称号。五代时期，节度使在地方是最高权力者，有判处罪人死刑的权力；宋太祖要求判处罪犯死刑时必须上报朝廷，在朝廷核查后才能执行。如上所述，兵权、司法权、财权都收回到朝廷。

太祖的温和政策及其长处

宋太祖当天子与唐太宗十八岁率兵打天下不同，有人说他是从孤儿寡母手中骗取的天下。作为军人他是剽悍的猛将，但当天子却用的是极其温和的手段，一切政治都是如此。在改革唐朝以来的弊政中，同样采取的是温和的方法。节度使等官吏名称依然照旧，而实权掌握在其下的临时性官吏手中。保留原来官吏的虚壳，掏空其实权，让暧昧模糊的临时官吏掌握实权。没有因为建立了新政权，就马上采取改变旧制度，实施中央集权的做法。这就是宋朝初期制度和政治的根本原则。因此，可以说宋朝的制度极其不明了。举个例子，汉代以来最下一级的行政区——县的县官叫作县令，这是名实俱全的官职，而自宋朝开始，县令变成了知县（知县事）。如加以详细解释，意为"权知县事"，假装掌管县里的事。类似的情况表现在各个方面，都是正式官吏之外的冠以临时官名的人处理实际事务。宋朝时出现的这类官名今天仍在沿用。在日本很早以前县的长官也叫县令，后来改称县知事。还是县令的叫法好。宋朝的这种温和可以说是其长处，太祖觉得在五代的战乱中轻视百姓的生命是不好的，所以尽量不杀人。攻打南唐时，派曹彬作领兵大将，太祖告诫曹彬决不能乱杀无辜。因此，攻下南唐时确实贯彻了不乱杀人的圣旨。宋朝优待前朝的遗族，更宽待功臣的后代，曹彬的后裔一直延续到南宋。宋朝没有像以前的汉朝和后来的明朝那样做。太祖的温和政策，对于安抚唐末以来受到摧残的民心十分有效，宋朝第一代处处显示出仁厚之风。其后的宋太宗是个阴险多疑的人，但大体上还过得去，其中有太祖的感化作用。为此，据中国人说，到宋朝灭亡时，其子孙也受到蒙古人的优待。

征伐契丹的失败

如上所述，中国内部总算稳定，领土已与契丹接壤。太祖想收复以前割让给契丹的燕云地区，决心积蓄军事力量，准备对契丹开战，只是战略方针与周世宗完全不同。世宗主张先与契丹决一雌雄，然后以余力平定天下。这只能像世宗那样的天才才能做到，太祖没有把握。太祖顾虑：如先与契丹开战，若不能迅速取胜，兵力财力坚持不住；并且如果失败，好不容易建成的统一事业就会完全毁掉。准备从契丹收复的土地只有十几个州，从中国整体来看只是一点土地。太祖考虑了比这更为灵活的办法。曾为太祖、太宗两代做谋士的赵普的意见更让人泄气，他认为与契丹开战，即使夺回那十几个州，挑选驻守的人才也很费事。因此，从最容易做到的着手，最后对付契丹。然而，平定内部用了好多年，已不是原来由名将统领的军队，好不容易统一了中国，不愿意为了一点土地与契丹开战，消耗军力财力。在这种时候，天子即使有收复失地的想法，将校兵士也不想打仗了。太宗时率兵亲征了一次，结果大败，死了一万多人，被契丹追赶得连亲兵都跑散，太宗利用民间的驴车才免遭被俘。不仅如此，原先与契丹的关系不坏，这下断了关系，结下了不解的纠葛。这就是"高梁河之战"。

这次失败后，太宗仍然待机再战。此时，辽国方面景宗之子圣宗即位，圣宗尚年幼，其母萧太后摄政。有情报说太后还招了男妾，国政紊乱，太宗信以为真，又派兵征战。这次宋军主将是以前征服江南时立下显赫战功的名将——曹彬。结果出乎意外，在萧太后的摄政下，契丹内部得到统一，宋军再次败北。萧太后是英明的女杰。中国有的历史学家认为，说萧太后有男妾是诈传，其实是有。这人原本是汉人，名叫韩德让，被赐名为耶律隆运。太后与隆运联手，帮助先帝的遗子圣宗。圣宗又是太后的亲生儿子，对太后孝顺，隆运也很珍惜两人的关系。总起来说，太后的私生活或许不够检点，但改变了前几代的萧条，增强了国力。宋朝此时的征伐不仅遭受失败，反而被契丹打进来，又被占去很多领土。以曹彬为首的太祖时代的名将也不起作用了，只有原是文官的张齐贤打了点像样的仗，阻止了契丹的深入。祸没有闯大，暂且安静下来，但自此，力图以统一中国天下之势击破契丹的锐气没有了，宋朝与契丹的外交陷入被动。

杜太后在继嗣上的遗言被废弃

太宗不顾母亲的遗言，没有把皇位让给太祖之子德昭，后世非常不满。在太宗与赵普商量时，赵普出主意说："当初把国家交给兄弟是强加的错误，现在还有重复这种错误的必要吗？"这话正合太宗心意。太祖之子在太宗这一代基本失去了做皇族的资格。最初的"遗言"都给大臣们看过，太宗一直猜疑有人会做点什么事。太宗与契丹作战吃了败仗，传闻他一时去向不明，此时有人想拥立太祖之子德昭即位；太宗后来听说此事极为不快。德昭曾对太宗进言，指出在征伐北汉的战争中没有论功行赏，太宗恶狠狠地说，待你当天子后再做不好吗！结果德昭气愤之极自杀了。

德昭下面的兄弟德芳也病死，再往下，其弟廷美所生子女都被废除，不在皇子皇女之列。这样，北宋时期太宗的子孙承袭了天子的位置。然而，后来与金作战时，太宗的子孙全都被金俘虏，带到满洲去了。南宋的高宗是徽宗的儿子、太宗的六世孙，而这位高宗身后无子，至此太宗血统的香烟断绝，所以，在太祖血统的子孙中产生了孝宗，皇位又回到太祖的后裔手里。太宗为人阴险，所以后世留下了烛影斧声的话柄，其实，未必是这样。

第六章　北宋的承平时代

太宗之后是其子真宗，再后是仁宗，仁宗没有儿子，旁系的英宗继位。这三代是北宋最和平的时代。并不是说这期间没有外患，有契丹，还有强大起来的西夏。但基本是太平时期。

太宗末年以后防御辽寇的对策

这期间最重要的是与契丹的关系。真宗时代与契丹之间出现了一件大事，太宗与辽作战失败后，晚年开始研究防御对策，甚至出现了一些防御方面的名将。其中最突出者是何承矩，在屯田政策的实施中取得成功。即利用地形修筑防御工事，屯田生产粮食，军队主要靠自己生产的东西解决生活问题，不靠后方补给。前面讲过，在北京和保定之间有一块过去渤海湾延伸进来造成的痕迹，即到处存留的长长的一片水域，在防御契丹中它既是军事防御的屏障，又是生产军粮的水田。契丹军队都是骑兵，不善于在这样的地域作战。这里除了自然的水域，宋军还修筑了很多防堤，灌满水可用作联络、防御工事，还可以用这片水域进行屯田的灌溉。从这片水域到西边的太行山脉的平原都有宋朝精兵把守。这种做法不仅有效地进行了防御，而且在不产稻子的北方开始种出了水稻。还培育出蒲等水生植物和贝类，给百姓也带来利益。

军队参加农业生产，不仅改善了自然环境，而且在北方地区养育了很多健壮的士兵，这种政策实在英明。这期间尽管契丹偶有侵入，但轻而易举就挡了回去。

澶渊之战和寇准的相业

真宗景德元年契丹再次进犯（这以前的辽国国号现在改成大契丹，此地当时的碑文中写着"大契丹"）。萧太后与耶律隆运率大军杀来，经直隶南下突破了一些防御工事，到了澶州。在这里宋与契丹澶州结盟修好。这次和约对宋来说是个成功。当时，宋朝的宰相是寇准，他兼任同平章事（事实上的宰相职）和枢密使（军事长官）。寇准得到契丹入侵的报告没有丝毫的惊慌，劝真宗亲征。对此，其他宰相有赞成的，也有反对的。反对的主要是参知正事（同平章事下一级官职）王钦若、任同金（枢密使之下的官吏）的陈尧叟。王钦若建议逃往金陵，陈尧叟建议逃往蜀地（成都）。王钦若很会取悦天子，所以寇准先叫王钦若去做地方官，随后督促真宗离开都城汴京。此外，持"蒙尘论"之见者也是一股势力，但当时的大将赞成寇准的意见，所以真宗亲征来到澶州。这里以黄河为中心分为南北两城，契丹军队已经到达北城边，从三个方向包围了北城。幸亏这时宋军用箭射死契丹的名将，提高了宋军的士气。恰在此时天子来到南城，寇准力劝天子进军北城。黄龙旗在城头飘动，宋军将士望到异常兴奋，勇气大增；而契丹见此状况，泄了气，愿意和解。宋朝方面派曹利用为使去了契丹，此时寇准为了稳定人心，大胆布阵，面临大战反而与部下饮酒谈笑。契丹进犯的目的，是让宋朝返还周世宗时夺回的土地。宋朝的立场是，如果契丹要土地，战争必不可免；但如果每年要些金帛，就答应它的要求。寇准斗志昂扬，要求契丹对宋称臣，以雪五代时之耻。他的想法是让契丹称臣，还回石晋时拿走的土地，可保百年之和平，不然几十年后还会再兴是非。真宗腰杆子软，说几十年后还不知对方是谁呢，希望暂顾眼前。真宗左右还有人进谗言说，如果继续打仗，寇准总当宰相，所以他持主战论立场。寇准无奈，采取了岁币的妥协办法，于是再次派曹利用去议和。真宗的意见是，银和绢合在一起可以给契丹一百万两匹的岁币；而寇准威胁曹利用说，如果超出三十万两匹以上我杀你头。经过商定后，曹利用带着十万两白银、二十万匹绢从宋朝送到契丹。并且，以宋朝皇帝为兄，契丹皇帝为弟，缔结了对等条约。两国恢复和平，重开贸易，百姓生活平静下来，但是这种和平是用高价买来的。

寇准在中国是个罕见的人物，是适合应付这种困难局面的特殊人才，平素做事果断。寇准在当时的和平时代，是那些官气十足的官吏们见了头疼的人，使契丹退兵是他最得意的事。在人员录用方面，他特别喜欢选择踏实的穷官吏。当时虽说贵族政治已经结束，但遗风犹在，因为穷而不被录用是常见的事。寇准破除了这种观念，他认为墨守成规是普通官吏的事，而作为宰相则不能这样。

真宗的封禅及其影响

是王钦若用非常巧妙的手段搞掉寇准。真宗当时还是把寇准视为功臣而敬重之。王钦若则对他总是视如眼中钉。有一次，钦若向真宗说："陛下之所以尊敬寇准，是由于他是社稷文勋之故否？"真宗曰："然也"。钦若曰："陛下难道不以澶渊之盟为莫大耻辱乎？"真宗惊问其故。钦若曰："春秋时，以城下之盟为耻，澶渊之役即为城下之盟也。陛下岂不知博弈乎？下棋若负，则打出手中最后一张牌，是为孤注。寇准即是将陛下作为最后的赌注，进行孤注一掷。"真宗颇以为是，从此对寇准感到不快，不久罢寇准。真宗和王钦若商议如何雪城下之盟的耻辱。钦若抓住真宗的弱点，先说："最好以战争收回契丹所占之地。"真宗说："好容易盼到和平，若再起战祸，则人民难以忍受困苦。"钦若则说："不然则建立某些大功业也可，例如去泰山封禅。"

所谓封禅，不是举行一个祭祀活动就完的事，与真宗以后的财政及其他事关系很大。要封禅，需要有以此为职业的方士。本来真宗不是喜欢封禅的坏君主，开始有些踌躇，由于自慰的需要，结果同意做封禅活动。王钦若对真宗说："封禅需要天降祥瑞，可天瑞不是任何时候都有，自古就是靠人力做成天瑞的。圣人欺骗百姓，陛下您相信得到河图洛书这话是真事吗？那不过是所谓圣人用神道设教，即用怪异之道愚弄百姓。"天子也认为这事很不像话，本质上不坏的真宗就跟当时的宰相王旦讲了，王旦也是个正派人，不赞成做这件事。王钦若找到王旦，说天子本人想做，王旦听后既没说好也没说坏。天子考虑了一段时间，亲自出马收买了王旦：有一天天子叫王旦一起喝酒，临别时天子送给王旦一坛酒，说这是好酒拿回去和家人一起喝吧。王旦回去一看，天子送的是珍珠。自此以后王旦不再坚持反对，封禅的事便一步一步做起来。忽有一日，夜里真宗做了几个梦，梦到降下一封天书，让他最好去做祭祀。这是王钦若搞的鬼。不久都城的城门上降了"天书"，揭下来一看，上面写着有利于宋朝的话。自此，真宗开始在泰山做封禅活动。对此极力反对的人是作《孟子正义疏》的孙奭，他认为自古就有"天何言哉"的话，根本就不会有天写的书降下来之事。这时，契丹方面听说宋朝天子做封禅，提出除岁币外再加些钱帛。这事被王旦巧妙地对付过去，即借给契丹银、绢各三万两匹，从明年的岁币份额中扣除。然而，翌年并没有扣除这部分，仍然如数给契丹岁币。契丹是见宋朝开销大，勒索一下，让宋为难，可结果没有难住宋朝。一经决定做封禅，城中就出现了"天书"，百姓见到各种各样的"天瑞"，各地纷纷献上灵芝、嘉禾、瑞木。献上的灵芝竟有八千棵，供上这些东西做祭祀。因为要建"堂宫"，所以土木工程一时红火起来，大肆建造道士祈神的"宫观"。中央建造一座大宫观，把天书收藏在这里。王钦若十分得意，丁谓等人也很得天子的赏识，跟着一起煽呼。宫观建造得太多了，天子的近臣中有人上谏，但丁谓告诉天子，建造宫观是因为天子没有儿子需要祈福，挡回了上谏。

在这一动机下，这段时期做了很多劳民伤财的事，并且使宋朝自真宗开始官吏人数增多，俸禄负担加重，开支膨胀。王钦若之流使原本正直的天子认为与契丹的盟约是蒙受了耻辱，感到不快，又作为摆脱这种不快的手段教天子自己欺骗自己。因为天子原来是个好人，晚年对王钦若等人与道士来往过密产生反感，罢了王钦若的官，重新让寇准出山做宰相。王旦虽不是寇准那样的性格刚直的人，但也是个好人，他也力劝寇准复职。寇准虽恢复了宰相职务，但他这时已不是过去的状态，最后没有什么像样的业绩。寇准再次做宰相时，已是参加政事的丁谓为取悦于寇准，又是给寇准喂羹又是给寇准理须，寇准嘲笑丁谓说："堂堂参政还需为宰相溜须吗？"丁谓很生气，自此结下大仇。

宰相权力缩小，君主掌握全权

虽说同是宰相官职，但到宋朝已与唐朝不一样了。在唐朝，宰相自己觉得和天子一样，都是贵族出身，宰相就是代替天子掌管天下的人。天子也不把宰相当从仆对待，而看作朋友。所以宰相没有必要特别用心取悦天子，可以根据自己的判断办事。这种贵族政治废于五代时期。宋朝认为人臣擅权是乱国之本，所以从制度上人臣不可能专权了。在唐朝的制度中，最早宰相就是尚书令，但实际上从唐朝开始已不任命这一官职。宋朝也是同样，中书令原来是天子的秘书官，但做的是宰相的工作。另外，门下省的侍中是审议中书所作方案的官职，应该说中书令和侍中都是相当于宰相的官职，但实际上由比其更低的官吏做宰相工作的情况多见，这一官职叫同平章事，这种情况从唐朝一直延续到宋朝。同平章事，原来是见习宰相，由于其实际处于宰相的地位，所以宋朝时为防其专权，在其下设了参知政事。太祖虽让赵普当宰相，用他很多，但因为赵普是阴谋家，没有放松对其警惕，为牵制赵普才设了参知政事一职。这个职务叫参政或执政，但不叫宰相，当把它与宰相平等称呼时，称其为宰执。这是贯通中国近世的理想的独裁政治之始。宋朝的宰相与唐朝的宰相一样，不是抛开天子行使权力，宰相和参政没有全权，宋朝没有掌握全权的官吏，兵权由枢密院掌管。据说以前兵权掌握在最贴近天子的人手里，很方便，所以在唐朝掌握在宦官手里，甚至天子的废立都由宦官决定。废除这个制度的是朱全忠，他杀掉了很多宦官后，把枢密使换成士人。枢密使掌握兵马全权。到了宋朝又给枢密使配了副使，并且枢密使没有了权，宰相更与兵权无关。政事、军事全权唯君主一人独揽。其他人臣不能代替天子行使全权，是宋朝初期制度的基调。

宰相风格的变化

实际上有各种各样的宰相，渐渐由唐代风格的宰相转变成宋代风格的宰相。寇准像唐代宰相那样，是以自己负有全部责任的态度履行宰相之职的。太宗时的吕蒙正、真宗时的李沆都是唐代宰相的风格，宋代风格的宰相始于王旦。应该说，王旦是与宋代的制度相吻合的初任宰相。王旦人品很好，但非常谨慎，从不参与自己权限外的事务，是从不出过错的兢兢业业风格的宰相。真宗罢免寇准时的理由是，寇准不分君臣界限，随意行使职权，侵犯了天子的大权。取代寇准，王旦被任命为宰相时，真宗特别警告他在这一点上要谨慎。王旦原来就处事谨慎，只管自己权限之内的事，在自己权限之内办事公正、认真。议事时他先不说自己的意见。听完别人的意见后，最后表示赞成可行的一方。只是在封禅的事上被天子收买了，但他也并不是经常随便迎合天子的人。天子也尊重王旦的意见。有一次天子想让宦官做节度使，王旦以没有先例为由反对天子的意见。天子说这个宦官得病快死了，给他个节度使只是让他高兴一下再死，就破个先例吧；而王旦没有迁就天子，说您今天允许他做节度使，他日又有要求做枢密使的。由于要破例，所以王旦坚持自己的主张，否定了天子的说情。这种谨慎正直的人，以先例为坚持正确主张的盾牌。有无先例是他为政的原则，即宰相的责任是遵循先例行使权力。王旦是标准的宋代宰相。王旦之后，王钦若、丁谓之流不只是投天子所好，甚至不管天子是否喜好，欺骗天子，把天子拉向邪路的宰相。真宗得了中风病，皇后听政时，丁谓之流使用种种手段唆使皇后把寇准流放远方，并且在途中说天子有令让寇准自杀。寇准没有听从这种暧昧的命令，不见诏书决不自杀，保住了性命。真宗的皇后在女流中是个有胆有识的人，起初受到丁谓等人的挑唆，后来丁谓激怒了皇后，被她判罪罚配外地。从太宗到真宗这段时期里，宋朝的制度已定型，显示出了宋代风格。可以说，这时以往唐代式的宰相风格不见了，新时代官吏的风格已初步成型。其后是仁宗时代，这个时代又出现了宋朝一种特殊的士人风格，并且由此开辟了宋朝影响久远的新篇。总起来说，在中国历代中，这是天子与宰相的关系上发生重大变化的过渡时期。

刘太后垂帘听政，新士风的代表——范仲淹

仁宗登基初期，真宗的皇后刘太后执政。刘氏是仁宗的嫡母而不是生母。宋朝经历多次垂帘听政，但刘太后是首次。仁宗虽不是刘太后所出，但从小受太后精心养育，以至仁宗起初不知自己的生母。刘太后非常聪明，据说她罢免了丁谓后想再召寇准入朝，可此时寇准已殁。

自从仁宗时代初期，范仲淹就开始在士人中显露头角。可以说，范仲淹是开创宋代士人新风的人。"先天下之忧而忧，后天下之乐而乐"这一名句出自范仲淹。他是当时最具人格影响的人，也是人格论者。官吏不是谋生之职，如上述名句所示，要以"先

天下之忧而忧，后天下之乐而乐"的风尚自律。范仲淹周围的人多数都是如此，这是宋代士人的风尚。宋代政治家中多君子的现象，也在于这些士人的影响力。唐代的宰相念念不忘自己出生在政治世家，而范仲淹的理念中没有这些。他认为士人在世，自己与天下整体联在一起而存在，所以不是从门第出发，而是从作为个人的人格出发，与天下整体相处。这是宋代士人和唐代人在理念上的不同。后来，宋代士人还提出了"为万世开太平"的口号。他们是以一人所为联系天下国家，及子孙万世的大气概立世的。当然，为此范仲淹一生中也就没有一天在其位安然为政。他的态度是，如果什么时候没有了意见我就辞职，所以一生曲折坎坷。仁宗初年，当范仲淹与当时的宰相发生冲突被革职时，甚至出现了以与范仲淹一起被革职为荣和上书为其鸣不平的人。之后，所谓范仲淹搞朋党的说法也是由此而来的。

仁宗朝的财政状况

到仁宗即位初期，宋朝夺取天下以后已过了四十余年太平无事的日子，政治和其他方面形成了一种既定的一贯性。任何朝代都经历了这样的过程：国家创业的开销大，因而从天子到官吏都比较节俭；完成治愈战争创伤后进入开销小的时期，同时财政出现盈余。真宗时代正是财政出现盈余的时期，没有连年的战争，国泰民安。在太祖、太宗时代，蜀、南唐、湖南、湖北、广东这些富庶的地区都纳入宋朝版图，中央财政收入激增；另一方面，军队数量不大，官吏中冗员很少，佛教、道教没那么活跃，百姓生活也不奢侈，各地区的生活都比较安宁。这是真宗即位初期的状态。真宗利用现成的经济财富收买了契丹，还为显示富有举行封禅活动，结果，先前的财富造就出来像真宗这样搞花钱政治的人。官吏和军队人数增加，天子给亲王、大臣的奖赏也多起来，还有僧侣的寺院、道士的宫观的开销，以及年年送给契丹的岁币，多年的积蓄已消费殆尽。到仁宗初期，表面上仍然太平，但内里已经空虚，财政难以维持。原来宋朝的军队制度是，军队全部由中央统管，地方上没有军队。当兵的终生持有军籍，所以无用的兵逐渐增多，最早时有六十万士兵，到仁宗初期已达百万。另外，自真宗封禅以来，祭祀的事项增加。不只是宗教祭祀，天子、皇太后的吉日庆贺什么的都来了。仁宗初期这方面的事多如牛毛。仁宗初期开始注意节俭，把每年最大的道士集体祭祀活动由四十九次减少到二十次，二流的祭祀由二千四百次减少到五百次，节省出来一部分费用。但是，这时防御西夏的边防军的费用成了问题。二十年里一直拨给同样数额的军费，没有战事时用不了这么多，而出现战事时又不够。百姓富裕后征税的方法也变得严格了，开始实行一种叫做"和粜"的收税方法。这是在谷物尚未收获的时候官府和农民协商定价，提前收购谷物的方法。这之中的"和"只是名义，实质是从农民手里预借谷物。绢丝方面也开始实行"和买"，即在蚕丝尚未出来之前，官府和蚕农双方商定价格，将来由官府收购蚕丝。名义上是官府收购，实际上是官府强购。这样一来，物价上涨，百姓生活越来越困难。如此来说，仁宗虽即位于太平之时，但尚未显露出来的穷困已相当严重。正是在这时候发生了西夏事件，对宋朝造成很大打击。契丹方面每年从宋朝拿到固定的岁币，暂时满足了，没再来找宋朝的麻烦。而西夏这边，新兴的西夏国给宋朝的外交关系带来棘手的问题。

西夏的崛起

西夏人属党项羌人种，从其语言来说，可归为西藏血统的种族。居住在新疆的突厥族和中国的汉族之间的甘肃西北部。开始兴起的部分叫作"拓跋"，与北魏的拓跋氏是否属同一种族尚未得到证实。唐末"黄巢之乱"时有一个叫拓跋思恭的人，以平定自己所在地骚乱之功，受唐朝赐姓李氏。五代时期，中国中原地区四分五裂，未见与中国有何交往。宋太祖时期一个叫李继捧的拓跋人，率部归顺宋朝，把其所辖土地也献给宋朝，并提出在宋朝都城落居。然而，李继捧之堂弟李继迁反对把土地献给宋朝，抱着先祖的肖像逃回到自己的部落，宣布独立，这些即是西夏与宋朝发生关系的开始。由于太宗对李继迁进行讨伐，李继迁投奔契丹，获得官职，并与契丹联姻。虽然远离宋朝，但其本地区安定下来后，有意重新开始与宋朝交往。因为蕃人酋长势力一强大就向往过更奢侈的生活，想从宋朝得到绢和其他特产。李继迁也有意向宋朝纳贡。宋朝方面，在其对宋称臣的条件下同意重开交往，于是便约定对宋称臣，并得到赵保吉之赐名。赵姓自然是国姓。这时期，西夏的蕃人一直在宋朝的边塞流窜掠夺，即酋长已经归顺宋朝，民间继续进行掠夺。这种状态原封不动地带进仁宗的时代。

这时，在西夏出现了承先启后的大人物，这就是赵保吉的孙子赵元昊。他还在少年时就继承了父亲的王位。自其父在世时，他就对向宋朝施臣礼怀有不满，劝父谋反，但其父说三十年来能不费劲就穿上绢衣，是宋朝的恩赐，没有同意儿子的劝说。赵元昊却说，毛皮裹身放牧牛羊是适合我们蕃人的生活方式，有什么必要非穿绢衣呢？英雄应操霸王之业，不为绢衣而屈。他当政之后整顿军备，制定官职制度，还创办了翻译学校。狩猎时常顺便进行军事演习，和蕃人部下一起饮酒食肉，非常有人缘。慢慢赵元昊开始侵犯宋朝边界，同时向西边进军，占领了回鹘，使自己的领地得到扩大。据说这时期他建立了国都，确定了年号，养兵五十万。还创造了本国的国书，即文字。这种西夏文字保留至今，形态很像中国的隶书，可以说一个国家的框架已具备了。其领域在黄河上游，土地是黄河水冲积成的沃土良田。由于黄河经山西、陕西而下的地方是个陡坡，下游多有泛滥，但到包头这段区域水流非常平缓，根本没有水患。上游冲刷下来的土砂停留在这里。早在以前就有黄河为西夏造福，为宋朝添灾的说法。宋朝都城汴京位于黄河泛滥的中心。上游这片沃土至今仍然沟渠纵横交织，治水得当，虽是北方却盛产大米。因此，在这样的土地上建国绝对不成问题。西夏建国时，宋朝的形势还算和平，但社会停滞不前。读书的人数增加，同时也带来考试落第的人数增多的问题。一些不满的人投奔外国，屡屡有人做出有损于中国的事。赵元昊趁机接受了这类人，他们教赵元昊制定制度，还把中国的内部情况报告给赵元昊，使西夏知道了进攻中国的便利方法。由于有了这类知情人的参谋，赵元昊终于与宋朝翻脸。

宋朝讨伐西夏及与其媾和

此时，宋朝与契丹和平相处，全力防御西夏的入侵。宋朝在防御西夏的战斗中出现了不少名人。开始有范雍、夏竦，后来有范仲淹、韩琦。其中前两人没有人缘，被视作小人。被认作君子的后两人，在对付西夏的方法上意见分歧，韩琦态度积极，是主战论者，主张通过打几个胜仗来争取和平；范仲淹认为宋朝四十年持续太平，军队几乎不会打仗，主张以防御为主，训练军队，以保平安无事。这几位本来不是武将的文官，面对现实开始谈论起军事。当时的状态如范仲淹所说，武官都是按资历直线升上来的，或出自士兵，或出自外戚世族，这些人都是文盲，没有资格当文官。将校不懂战争知识，士兵疏于训练，只是以军队的名义领薪吃饭而已。韩琦和范仲淹意见不一致，仁宗起初倾向主战论一方，同意韩琦一战取胜的方案，结果遭到大败。这次战争持续三年，从宋朝方面来说，是一场没有胜利希望的战争；而从西夏方面来说，也打得并不顺利。之所以这么说，是因为宋朝是大国，人口众多，经济水平也高，几乎相当于西夏的数百倍；而西夏虽然打胜了一仗，但没有给宋朝造成致命伤。并且由于与宋朝断了交往，衣服的价格贵起来。赵元昊也想停战改善关系，宋朝更是如此。在这种情况下，宋朝有人提出在南郊大礼时给西夏发停战诏书是较好的办法。由此开始了停战谈判。此时，又从把西夏作为臣属的契丹那里传来了要帮助宋朝讨伐西夏的消息，多方面因素促成改善关系的局面。双方谈判结果：西夏不用宋朝年号，不对宋称臣，给宋朝写信时不用上奏的形式，而以亲子关系的形式，即以"男，上书父大宋皇帝"的形式给宋朝写信。宋朝方面，作为和谈的条件打算送给西夏绢十万匹、茶三万斤。由于后来西夏对宋称臣，又让一步，银绮绢茶合在一起送给西夏二十五万五千两匹斤，实现了和睦。

契丹渝盟和富弼出使

送给西夏这么多财物，契丹也耐不住寂寞了。在与西夏作战中宋朝暴露出讨伐没能取胜的弱点，契丹产生了再向宋朝找茬儿的想法。此时到契丹去的宋朝使臣是富弼，这个人在中国被誉为自古到今中国派往外国使臣的模范，非常聪明，对契丹的弱点了如指掌。在此，我把其中的原委简单地归纳一下：契丹要求归还周世宗时从契丹拿走的土地；宋朝也知道由于给了西夏岁币，也得给契丹增加。如何巧妙地处理好这件事的任务落到富弼肩上。契丹天子以宋朝在边界地区加强防御有悖和平之约为理由，威胁说如果宋朝不给土地就诉诸武力。富弼非常巧妙地对契丹君主说，两国和平相处对契丹有利，如果打起仗来，对契丹的臣下是好事，而给君主带来灾难，因为君主必须承担责任。继续和平相处，年年都能得到宋朝的岁币，过奢侈安逸的生活，只把岁币的一部分分给臣下就行了。如果发动战争，士兵可以侵入宋朝领土抢掠财物，而君主会失去很多人马，耗费很大财力，并且再也拿不到宋朝的岁币。承担这个后果的是君主还是百姓呢？当然是君主。所谓周朝时的土地，那是石晋时给契丹的，周朝把它收回去是过去的事，宋朝没有责任。我们两国停止这种争吵，继续和睦相处不好吗？谈到契丹要求增加岁币问题时，契丹要求修改名分，使用宋朝年年献上的字样；富弼说宋为兄国，契丹为弟国，没有兄给弟献上的说法。结果，没有用献而采用了"纳"字。富弼不情愿给契丹增加岁币，所以拒绝了一般使者应受到的奖赏。

宋朝与西夏关系破裂

与契丹的关系刚稳定下来，西夏这边的入侵又开始了。西夏这边，赵元昊才四十左右年纪就死了，其年轻的儿子谅祚继位。谅祚虽年轻，是蕃族中的英雄，不满足现状。因此，到仁宗之后的英宗时代，宋朝与西夏的关系破裂。北宋这一代的难题不是来自契丹而是来自西夏。

新时代将帅的代表——狄青

仁宗、英宗时期，由于长期持续和平，军队没有战斗力，对外战争没打过胜仗，但唯一成功的是平息了广西地区的骚乱。这之中主要是大将狄青发挥了作用。狄青是北宋时期公认的难得的名将，他完全是从一名普通士兵成长起来的大将。当时的士兵都被在脸上刺了墨字，以防止士兵逃跑，狄青是从士兵升上来的，所以脸上有墨字。据说他成为优秀的大将后，天子要把他的墨字消去，但他为了证明自己不是因门第而当上大将、是从士兵升上来的，并且也从有利于激励士兵的方面考虑，没有消去墨字。

从这时开始，很明显在宋朝的大将中，外戚贵族出身的人不如从士兵中提拔上来的人能干，这种状况直到后来都能看到。宋朝与金开仗时的岳飞、韩世忠等人都是从士兵中升上来的。

朋党的出现，纲纪的废弛

在宋朝内政方面，自范仲淹倡导重节操、兴宋朝一代士大夫之风以来，有气质和节操的人不断涌现，由此出现了所谓的朋党。朋党一伙人视对立面为小人，自己一方是君子。造成党派政治的根本原因，在于最早以范仲淹为中心聚集了一些志同道合的朋友。这时期财政拮据，纲纪恶化。朋党这伙人在自己的言行中重节操，洁身自好，没人愿做官府的事。当时的政治论中，要求整顿纲纪、改善萎靡政治，进行彻底改革的议论很多。后来，英宗之后继位的神宗任用王安石进行了大改革，结果以失败告终。这说明，像仁宗时的政治那样，谁都无所事事更合大家的口味。仁宗时代，尽管不少人有怨言，但总算和平地过来了。后来有人（刘琦）为这一时代作诗说：

> 桑麻不扰岁频登，
> 边将无功吏不能。
> 四十二年如梦觉，
> 春风吹泪过昭陵。

昭陵即仁宗的陵墓。这首诗作于王安石改革之后，但它非常真实地刻画出了仁宗时代。

英宗以旁系入嗣——濮议

仁宗无子，收其兄之子为养子，其后嗣位，而为英宗。在君主专制的国度里，直系无后旁系插入继位是国家衰落的预兆。天子的生活过于舒适就不会长寿，即使长寿也有可能无子，宋朝英宗的出现就是衰落的预兆。仁宗一直无子，又不知道最终会不会有子，一直没有指定太子，晚年在司马光等人的催促下，不得已定英宗为太子。谨慎正直的英宗被仁宗定为后嗣，但如果什么时候仁宗生出儿子，就取消英宗的太子资格。所以为等待仁宗生出儿子来，皇太子的宫殿一直闲置，只放点书。英宗即位初期，仁宗的皇后垂帘执政。有一次英宗因发高烧心情不好，顶撞了皇太后，母子间出现不快，在韩琦、欧阳修的说和下重归于好，皇太后把政权交给了英宗。

由于英宗是旁系入承皇位的，引起很多麻烦，所以出现了所谓濮议这桩事。英宗是仁宗的哥哥濮王之子，英宗如何称呼仁宗成了问题。若按血统，就不能称仁宗为父而应为叔，而如果称仁宗为叔，就会在修建历代宗庙时把仁宗拿出去；反过来，如果以仁宗为父，其生父就会被舍掉，违背孝道。因为从中国的家族制度来说，不能修建两座同代庙。仁宗之兄濮王应该处于什么地位？这类中国人的继承问题产生很多麻烦。

总起来说，真宗、仁宗、英宗三代是持续太平时期，其中心是仁宗时期。这时期怨声载道，虽说太平，但国政运行不畅，已到了不改革不行的时候，所以神宗时期进行了改革。

第七章　文化的变迁

唐末文化的民众化倾向

先回顾一下从唐末到宋初的文化情况。

从唐末武宗、宣宗时期开始，文化的性质发生了变化。以往的文化都是与贵族制度相联系的，而这时期的文化显示出平民化倾向。从诗坛来说，绝句等从唐初开始就某种程度上表现出了民众性，其中已经使用了当时的俗语。从唐末开始，在诗之外又出现了词，即诗余（馀）。这种词没有句法限制，长短句都有，形式也不像以前规定的那么严格，可以自由地使用俗语。另一方面，音乐的规律比绝句严格了，但表现意思的方法比以前自由多了，所以，可以把这些称作艺术的民众化。当然词形成为一种形式出现以后，其可以填进许多各式各样的内容，但其形式并不是一定的，可以采取多种形式。文章中也出现了口语体。好像从唐朝中期开始近似白话的小说、传奇故事就盛行起来。敦煌的出土文物中有很多这类东西，好像这种文体也被用来记述事实。唐代小说中的古文与过去没有多大差别，只是有些在华丽方面超过以往。此外，也新产生一些通俗的叙述性的东西。这时期诞生了一种不同于古文的口语文，好像连禅宗的语录自唐末开始也出现了口语体的内容。

印刷术也是这时出现的，最初出现在蜀地。唐朝咸通六年，日本赴唐僧人圆载的《将来目录》中，收录了西川印子本的《唐韵》、《玉篇》。印刷的东西不仅见于蜀地，近年从敦煌发现的《金刚经》中也见到了印有"咸通九年"年号的文物（最近我看到从英国传来的照片，背面的文字是敦煌地区的，证明那里也使用了印刷技术）。印刷技术的发展对弘扬文化是个巨大推动，随之出现了学问的民众化倾向。以上是表现在唐末文化性质上，比较显著的方面，其他艺术领域也产生了变化。

五代割据的形势与文化

由唐末的乱世变成五代。然而五代的割据形势与文化发展的关系是怎样的呢？五代是九国或者说十国割据的时代，但并不是像唐末那样长期处于动乱状态。唐末，由于激烈的动乱，贵族走向衰亡，自然其文化也衰落了，但也并没有落到连根都灭绝的地步，在其夹缝中还残存着文化的潺流。像唐末"黄巢之乱"那样的举世混乱，对文化来说是最不幸的时期。进入五代，虽说没有形成统一，但割据的各国在其地区维持了小康生活，并且积蓄了恢复（唐末的动乱造成的萧条）文化的力量。割据地方的君主与各朝天子一样，过着奢侈的生活；百姓的纳税负担很重，但比起唐末时还是减轻了。唐末时有三十多个节度使，他们统治各自管辖的地区，都过着贵族的奢侈生活。五代时，减少到九或十个国家，仅从数量的减少来说，有理由认为百姓的负担减轻了。古代任何时期的文化都是由贵族们的奢侈派生的，而不是出自贫苦民众。如今这些割据的小国各自都实现了小康，君主照样过奢侈生活，百姓负担虽重，但由于没有出现动乱，能够维持平静的状态。这种局面对文化的发展不会造成多大的妨碍，相反，甚至在割据地区助长了文化的普及。在日本的封建时代，也有过各地文化蓬勃发展、各显其能的景象，结果带来了地方的繁荣和进步。在当时的中国，有些地方自开始文化就很发达。比如蜀地，早在五代以前就已经保存或沉积了唐朝文化。南汉即现在的广东省，其岭南地区距唐朝都城很远，在中国没有出现割据时，到这里赴任的官吏多为降级调任的人，这些官吏没有搞文化建设的心思，只把这看成是特殊的乡村而已。但是，这里成为割据的南汉国时就有了积极性，要建设一个能与其他国家并驾齐驱的南汉。特别是开创南汉的刘氏，利用和阿拉伯的关系在与印度的贸易中获利，经济上富裕起来，同时带动了岭南地区的文化发展。看一下从南汉地区出土的近代以前的文物，就会知道，虽说有更早的汉代南越的文物，但却看不到以后至唐代的文物，多数文物是南汉时期的产品，石碑、钟上的金石文都是南汉以后的内容。说明南汉的割据状态使广东获得了发展。浙江地区在五代时期文化的发展也很明显。统治这一地区的吴越王钱氏生活极其奢侈，对百姓的榨取也相当残酷，但从百姓的立场来说，认为还是好于战乱时期生命财产得不到保护的状态。由于钱氏保护了地区的安全，百姓生活比较平静。尽管钱氏竭尽财力营造贵族文化，百姓的境况也还算过得去。直到唐代文化一直不发达的地区，由于群雄割据反而逐渐发展起来，使得中国各地区文化水平越来越接近。那时的影响波及到近世。

在这当中，以前就有文化传统的地区和经济上比较富裕的地区，又有了新的发展。在清朝这样空间统一的时代里，朝廷可以做到把富裕地区的财物调到贫穷的地区；但在割据的时代里，没有这种情况，富裕地区的财物就用于发展本地区的文化。所以有些地区文化有了显著发展。可见，即使在五代时期，也能举出几个文化取得发展的国家。此外，虽说长年遭受战乱之苦，但在有传统文化的地区，由于还维持着正名分所必须的体裁，并没有完全断送传统文化。五代时期中原地区战乱频繁，然而维护正统之国的体面所必须的制度没有崩溃。艺术方面的书籍没有出版，做艺术工作的人很多逃到山林，但艺术以隐居活动的方式顽强地存续下来。在比较富裕的南唐，最早的建国者一开始就关心本地区百姓的生活。本来就是沃土之地，只要百姓能够平安度日，统治者的收入自然会增多，文化也随之有了新发展。五代之中，南唐是文化发展最显著的地区。相对来说，蜀是经济上富裕程度最高的地区，过去就比较富裕，五代时期达到鼎盛，并且在文化方面也成了中心。继之，还有前面讲过的浙江和南汉地区。

五代文化的焦点

这种地方文化是怎样发展，又是处于怎样的状态呢？在中原地区，五代初期当务之急是使唐末的战乱平息下来，加上其统治者又是盗贼出身，没有闲心顾及文化。但到后唐时期，由于庄宗是音乐天才，非常敬重伶人，甚至庄宗本人还作了乐曲。庄宗原本是夷狄种族，理解不了中国古典文化的深奥内容，但可以说在音乐方面他成了内行。即使近代的蒙古人、满洲人，比起其他思想文化来，对音乐的理解也是比较快的，他们注重这方面的发展，促进了戏剧的进步。此时中原也有过某种程度的平静。战胜了蜀国，扩大了版图，为文化的复兴准备了便利条件。前文说过冯道其人，从不知廉耻来说，他是个没有一点价值的人，但从在乱世中保护中国文化这方面来说，还有些功劳。由于冯道的努力，后唐时期，"经书"木刻版问世。所谓"经书"指《易》、《尚书》、《春秋三传》和《三礼》、《论语》等九经。根据开成石经，即唐朝文宗开成年间在都城长安做成的石刻"经书"，重新做成木刻版付诸印刷。由于是在国子监（大学）印刷的便叫作"监本"，这也是最早的监本。虽说这是中原地区印刷术的一个进步，但可以认为它起源于蜀国的印刷技术。好像可以说是后唐灭亡之前诞生在蜀地的成果。在艺术方面，后唐时期诞生了大书法家杨凝式，人称他为集唐以后书法之大成者。绘画方面，到唐末的荆浩、关同时期水墨画出现长足进步。说水墨画此时出现长足进步，并不是说出现了全新的形式，从六朝时期开始已经有了不用彩色的白描，唐代吴道子等人给这种白描的线上增加了笔意，而到荆浩、关同时期想出了笔墨并用的方法，通过调整墨色的浓淡创造出来一种有别于以前的画法。特别是关同，在画的内容方面也有创新，不仅是对实景写生，还开创了将心中之丘壑展现于画中的新风。这种绘画艺术取代了唐代用色彩绘出非常鲜艳的效果的画风，达到与前人迥然不同的境界。以上是中原地区的情况。

蜀是在印刷术的发展上引人关注的地方。已于前述，自唐末开始该地区就出现了印刷技术，传到中原是在前蜀被后唐消灭时的事。后蜀时期印刷术仍然取得很大发展，整个从五代到宋初时期印刷业都很兴旺。在后蜀，除印刷术之外，还出现了模仿唐代石经的艺术。蜀地绘画也很兴盛，出现了很多种绘画作品。其中一直影响到后世的是贯休（禅月大师）的罗汉画，画出了各具特色形态各异的人物，一直到后世都被视作罗汉画的样板。还出现了很多水墨画作品，但几乎没有山水画。其中，五代末期到宋朝初期的画家石恪的水墨人物画独具特色，他的作品传到日本，被日本视为国宝。蜀地绘画艺术兴盛时出现了不少绘画世家，黄筌、黄居寀父子即是其中的代表。其中黄筌在花鸟绘画方面造诣很深，对一般画风影响很大。他的花鸟绘画穷尽写生之妙，而其目的却在表现写生之上的境界。由于宋朝实现了统一，父子俩进入中原，并曾一时垄断了宋朝的鉴画权。

　　南唐地区在很多方面对后来的文化产生影响。经济上富裕、君主中出现了爱好艺术的人，都是其中的原因。南唐的后主李煜既能书又善画，特别是其书法自成一家，并有《书法论》专著流传后世。他还把唐代很盛行的王羲之父子的书法汇集起来做成《升元帖》、《澄清堂帖》。今天仍在流传的《澄清堂帖》，大概就是后来把那时的《澄清堂帖》多次翻版的产物。据说集帖的起源就在这时期。书法的盛行带动了制墨业的发展，在距北京很近的易州出现了远近闻名的墨工奚超和其子奚庭珪。奚氏父子曾受雇为南唐的李氏制墨，由于技术高超被赐李姓。李庭珪的墨成名是从这时开始的，据说他做的墨在水中浸泡三年都不变质。在绘画方面，徐熙的花鸟画独领风骚。同是花鸟画但与蜀地的黄筌父子的画风相异，黄筌主要是为蜀地君主画其豢养的珍禽奇兽，色彩极其丰富；而徐熙是用疏笔画野生的普通鸟兽。宋朝初期黄筌派势力很大，徐熙的画没被黄氏看中，而后来徐熙的孙子徐崇嗣发明了"没骨法"，是与黄氏的画法相调和的一种画法。由于徐熙的画风重在表现自然的状态，最终以宋代独特的画法而得到公认。在山水画方面，从南唐末到宋初，一个叫董源的人使水墨画获得新意。董源的画给后世的绘画界带来深远的影响。当时并没有多大影响，并且董源也不专门画水墨画，但后来米芾父子成名，董源的画得到米氏父子的推崇。特别是董源的水墨画甚至成为后世的楷模。元朝以后的绘画界都模仿董源的画风，以至于达到凡山水画非董源莫属的程度。董源成了后世南方画派的鼻祖。与此同时，中原的画家中出了个李成。从五代末到宋初，李成画技和画意并重，当时堪称画界第一人，远比董源等人更受画界尊重，直至北宋中期都是最有代表性的画家。自米芾推崇董源开始，米芾的后辈已形成北宋的画风，所以，尽管有些人不太认可米芾北画鼻祖的地位，但事实上毕竟与李唐马夏不是一种画风。

学问方面也是同样，中原地区和南唐地区的学问共同构成了宋朝学问的基础。中原有郭忠恕，南唐有徐铉、徐锴兄弟，都是做文字学问的人。郭忠恕的《汗简》把五代时期尚存的唐代以后的学问传给宋代，但相比较而言，徐氏的学问对后世的影响更大。二徐都是做文字学问的，《说文》学问流传至今，可以说是二徐的功劳。实际上，二徐在中古和近代的学问之间发挥了中继作用。宋朝文化是由来自蜀地的文化和中原及南唐的两部分文化发展而成。

浙江地区佛教文化非常发达。吴越后主钱弘俶制造了八万四千个镀金铜塔，吴越王以此而闻名，现在中国还有收藏，在日本的京都博物馆里也能见到。这时期吴越王还向日本派使臣，搜集在本国已残缺的天台宗佛经。好像印刷技术也得到应用，最近西湖的雷峰塔倒塌，从中发现了钱氏时期用细字体印刷的佛经。

以上是贯通五代时期的文化梗概，宋代初期的文化是在对其继承的基础上产生的。

宋朝初期的文化——继承五代文化与复兴贵族文化的企图

　　如前所述，宋朝初期的文化基本延续了五代末年的文化。主要继承了中原地区、南唐以及蜀地的文化。学者、艺术家，五代以后都来自南北各国。宋朝的太宗、真宗都有复兴唐代贵族文化的愿望，但仁宗以后的状况却背离了太宗、真宗的企图。总起来说，作为朝廷的工作，显现了继承和保留唐代文化的倾向。

　　就经学而言，唐代出现了《五经正义》，"正义"也称"疏"，是解释"注"的意义的。到了宋代，邢昺和孙奭补充了剩余的部分，即五经以外的部分。邢昺完成了《论语》和《尔雅》的注疏，孙奭完成了《孟子》的注疏。在诗歌方面，唐末李商隐（义山）的诗很流行，宋初仍然延续了其风格，称其为"西昆体"。这些都是承袭唐代文化的例子。

　　此外，作为宋初学问上的大事业，编纂了一些大部头的丛书。其中主要有类似百科全书的《太平御览》一千卷、《文苑英华》一千卷、《太平广记》五百卷、《册府元龟》一千卷等。《太平御览》汇集了从六朝到唐代的各种类书，是纯粹的百科全书；《太平广记》把以前所有的类似小说的资料集中起来，分别辑成各种专类；《文苑英华》是汇集六朝以后主要是唐代的诗文而成的，其中既有实用性的内容，也有美文，种类齐全；《册府元龟》是历史方面的类书，它把天子在历史上的经历分类编册，便于查阅。这些编纂工作大体都是从唐代开始的，唐代已有很多类书，而宋初企图把它进一步扩大完善。

　　在艺术方面也做了很多整理工作。太宗时期《淳化阁帖》问世。它是对前述南唐李氏后主的法帖做了进一步增补，以王羲之父子的作品为主，并汇集其前后时代的作品印制的。这部字帖经久不衰，长期支配书法界。这时期还创建了画院，集中了很多画家，人称这些画家为"画院待诏"。画院主要由中原地区和蜀地的画家构成，后来画院中出了些名人。那时期画院的画家留下很多业绩，其中有燕文贵的山水画，王齐翰的人物画，赵昌的花鸟画等。有实力的大腕画家几乎都是画院的成员。

这时期印刷术也有很大发展，佛教的《大藏经》就是这时期印刷的。《大藏经》先是在印刷技术使用比较早的蜀地制版，然后运到宋朝首都汴京印刷的。从太祖开宝年间开始到太宗时代完成印刷。原以为这个版本的《大藏经》已不复存在，数年前在日本南禅寺意外地发现了一册，是开宝七年的版本。最近又有一册从中国传到日本。后来国子监也印刷了很多书，其中有《五经正义》等。现在尚存的《五经正义》都不是那时的版本，只有南宋时的重刻版了。历史书的印刷继其之后也盛行起来，这类书英宗时代印得最多，多数出自蜀地，所谓"眉山版"即是在蜀地眉山制版印刷的。这时还重新校刻了当时不太多见的南北朝时期的"七史"，与其后直至五代的十七史凑齐配套。

社会太平，天子有了闲暇，开始讲究学问和思想，于是从宋初就开始引进佛教。太宗以后从印度请来了三藏，设立了译经院，让印度来的法天、法贤、施护三位高僧，像唐代玄奘三藏那样从事佛经的翻译。梵文学重要的工具书《景祐天竺字源》就是这时问世的。这部书中国已经没有了，日本的博物馆还收藏着它的手写本。中国本地僧侣的著述，这时也非常活跃。在五代时期佛教在吴越国所在的浙江就很盛行，僧侣势力很大。有一个叫赞宁的和尚从浙江来到宋朝首都，人称他为博学，他先编了《续高僧传》，其后又出了很多其他僧侣的传记和有关历史的书籍。这些书今天还保存着，成了研究佛教史的重要资料。五代的周国有个叫义楚的和尚编辑了《六帖》。这是模仿唐代白居易的《白氏六帖》做成的《释氏六帖》，也是佛教方面的一部类书。义楚的这部六帖中国现在也没有了，日本东福寺中还收藏有宋版《释氏六帖》。总之，宋朝初期编纂了很多佛教方面的书籍。据说这时期佛教如此盛行的原因是，五代周世宗排斥佛教，拆了很多寺庙，毁了不少佛像，结果导致非常健壮的世宗早逝。宋太宗等人迷信这些，所以特别注意安抚佛教。周世宗的排佛政策有其原因，当时财政拮据，百姓贫困，不得已才破坏了奢侈的宗教设施。相比较而言，宋太宗时期国家得到统一，经济变得富裕，所以出现佛教兴隆的局面。

仁宗、英宗时代的文化——新文化的成熟期

太祖、太宗、真宗时代，为复兴唐朝时期的贵族文化付出了极大的努力，但已经衰落的贵族复兴到原来的程度是不可能的。虽说宰相高官的家族中也有延续两三代的，但像唐代宰相世系表中见到的那种持续几十年过着官吏生活的家族几乎没有。太宗、真宗时代之后，仁宗、英宗执政的五十年是宋朝文化成熟期，同时唐代的贵族文化也到此终止。但唐朝中期开始萌芽的新文化业已成熟，并且从各个方面都能看到其征候。

经学方面即是如此。像《五经正义》那样，给前世学者的"注"再加上注释，这种重视学说传统的做法渐渐失去意义。自唐代中期以后出现的倾向是，对所有旧说持审视态度，根据新的学

说提出质疑，据此加以注释。当时著名的学者欧阳修就是经常提出质疑的人，他不相信前人对《易》、《春秋》的解释，开始根据原文加注自己的见解。王安石也对《易》、《周礼》等提出了自己的新认识。与学问的研究平行，他还从政治上重新对经书作了注释。连政治上属守旧派的司马光也对《孟子》存有疑心，写出了《疑孟》。

对当时的思想、学问影响最大的是欧阳修大力倡导的古文。欧阳修门下有个叫曾巩的人，积极支持老师，王安石、三苏（洵、轼、辙）也都为欧阳修倡导的古文提供了帮助。当然，这是在唐代的韩愈、柳宗元之后出现的事。在写作文章方面，他们反对当时的四六文，也不重视文章中的对句表现，主张用散文体写作。仁宗庆历年间正是欧阳修积极倡导其古文的时候。这种古文派的兴起改变了以往长期用惯了的文体。诗文的风格也发生了变化，欧阳修、梅圣俞、王安石、苏轼及其弟子黄庭坚赞成李白、杜甫的诗风；西昆体受到冷落。比起语言来，更重视文章的思想性。

书法艺术也变化了。从这时开始，逐渐形成书法四大家，即蔡襄、苏轼、黄庭坚、米芾。这几个人改变了以往的书法风格，开创了宋代的一种新式书法风格。换个角度说，这种书法风格，实际上脱离唐代柳公权、五代杨凝式以来的风格，复兴王羲之的风格。苏、黄、米都在致力于这一风格的转变。画坛也发生了变化。宋初风靡的画院派风格一般都重写生，画风细腻雅致，这是御用画家通常的状态。而米芾改变了作画为鉴赏的观念，推崇董源的画风，认为绘画不是写生，而是表现自己的精神。

佛教方面，这时期出现了可称为中国式的佛教——儒教化了的佛教。这个时代的僧侣中出现了很多擅长作诗文的人。禅宗方面的契嵩（明教大师）、慧洪觉范（洪觉范），律宗方面的圆照等人都留有文集，诗文作得很好。特别是契嵩，使当时文坛第一人欧阳修受到感动。从议论的观点上，契嵩一直攻击韩愈，但文章的风格却与韩愈的完全一样。其教义的内容已成儒教化，与中国传统的风俗一致。对天子自称臣僧（直到唐朝为止僧人一直自称为沙门。沙门不拜君主，也不对其称臣）。契嵩重视儒教中的孝，并著有《孝论》。佛教与中国的国民性合流是在这时开始的，一直延续到近代。再往后，佛教也曾道教化，但那是在更晚的后世。

这样，在真宗、仁宗、英宗时期，宋代的特色文化已经大体形成，出现了与以前唐代贵族文化不同的内容。

辽及西夏的文化

此间，宋朝的敌对国方面也是太平时代，契丹也渐渐被中国式的文化所同化。契丹每年都从宋朝得到银、帛等补贴，所以契丹的生活也好了，天子狩猎、钓鱼，一年到头总是玩。此外，自五代以来中国化了的夷狄人所喜欢的音乐、戏剧有了发展。辽的天子中有的能自己演戏。据说兴宗甚至让自己的皇后学扮剧中的角色，皇后的父亲进言说，最好不要与臣下一同学演戏。兴宗大怒，把岳父的脸都打伤了。虽说兴宗是比较粗暴的君主，但具有艺术才能、善作鸟绘，曾把自己的鸟绘赠送给宋仁宗，仁宗也向他回赠以自己的书法作品。作为这时期辽国的文化遗产，在中国北部、满洲、蒙古地区建有很多辽式的塔。其中有的塔的碑文上记载了建塔的费用，耗资相当大。但这些费用都是宋朝给的。佛教在辽国也很兴盛，其中特别突出的是完成了房山的石经。房山位于北京的西南方向,距北京城约有二十日本里[1]。在这里作石经始于隋末唐初,是从静琬开始作起的。唐玄宗时由于安禄山之乱停止了,辽时制定继续作的计划并最终完成这项工程。把经文刻在石板上然后放到七个山洞里,大约近一万块石板。似乎此时契丹的《大藏经》已编纂完毕,但是否刻到石板上了还是个疑问。兴宗的前代——圣宗,即宋朝真宗时,契丹与宋朝曾发生了澶渊之役,自那以后两国再没开战。圣宗在位时间很长,作为夷狄的君主是少有的文武全才。他会作诗,写中国式的文章,武艺也很高超。自这样的太平时代开始,经常举行宴会,与臣下同饮、同歌、同舞,让皇后弹琵琶伴奏。宋辽两国长期和睦相处,中国文化获得长足发展,这是中国各代不多的机会。此时西夏兴起,给宋朝带来一些麻烦。但即使新兴的夷狄——西夏也受到宋、辽两国文化的影响,也着手确定国字,把佛经翻译成国语。现在甘肃的武威有西夏文字的石碑,其经文传到德、法各国,辞书传到俄国。

---

[1] 1 日里约合 3.9 公里。——译者注

第八章　神宗朝的政治改革

启用王安石

英宗之子是神宗。神宗时代是宋朝进行大改革的时代。神宗即位时，宋朝建国后已有百余年长期太平，反而造成做任何事都没有严格的章法，君臣都是履行自然而然的政务。神宗二十岁即位，自年轻时就胸怀大志，对宋朝能持续百年太平却制御不了西夏这样的小"夷狄"十分恼火。即位之前就听说有王安石这样一位学者，所以即位不久就启用王安石，并把他放到执政的岗位上。神宗与王安石讨论政治，王安石认为宋朝的政治只是任其自然，还算太平，但钱缺兵弱，国势不振。神宗听后同意王安石的看法，非常着急。此时王安石已有改变这种状况的成案，因为王安石曾在仁宗时期上过万言书。其内容主要是陈述改革论，首先指出人才不足，原因在于教育体制不完备，并且详细论述了如何培养人才、选拔人才和如何使用人才。作为当时的改革论，有理有据，可以说王安石在当时的改革家中是最有经纶的人。这些，神宗即位前就知道，王安石认真地向神宗讲述了自己的主张后，得到神宗的大力支持，并被任命为宰相。

王安石的新法和反对新法的论调

王安石振兴国势政策的中心是强兵，而强兵必须有钱。由于长年的太平，当时民间贫富差距很大，社会状态非常不平等。作为一种社会政策方案，王安石想改变不平等的社会状态。为此，他主要做的是：（1）农田水利；（2）青苗；（3）均输；（4）保甲；（5）免役；（6）市易；（7）保马；（8）方田；（9）免行钱等。这些全都是针对过去那种消极的无章法的状态提出的积极的改革政策。（1）中所说的农田水利，是开垦荒地、灌溉旱田，增加土地收入的方法。（2）中所说的青苗，是修建常平仓，官府蓄存一定的谷物，民间谷价升高时卖出、降低时买进，以平抑谷价。是一种保护农民利益的政策，但购进常平仓谷物时需要本金，这叫籴。这是对朝廷和百姓都有利的方法。青苗法实施之中所用资金叫青苗钱，即春天农民耕作需要资金时官府借给农民，秋天收获时农民在本金之上再加二分利返还官府。这二分利积攒下来就成了常平仓的本金。从道理上说，这是个很好的政策。王安石当地方官时自己亲自试验过，效果非常好。这种政策的成败在于实施它的人，如果是王安石这样的有经纶且又廉洁的人、想着农民利益的人，肯定会有好的效果，但推行到全国时就出了问题。因为不是所有官吏都像王安石那样廉洁、那样想着农民的利益。一方面从有利于增加国库的收入来说，这是所有官吏都考虑的问题，官吏中会出现只想提高利息显示自己政绩的现象，回收困难时就从农民那里巧取豪夺。再从农民这方面来说，春天借秋天还，对于通过艰苦劳动增加土地收获的人是件好事，但对于那些长期过惯任其自然生活的人，强行其借钱又要其必须还钱，会出现借到钱时乱花，还钱时拿不出来的情况。所以，一个出发点很好的政策也会造成不好的结果。这就是王安石的政策后来出了问题的原因。(3) 中的均输，本来精神很好。考虑到农民以实物交租纳税时从很远的地方送到收税地又费钱又受累，想让农民不送实物就能完税。即把所要交纳的实物在其产地行情好时卖出，再在就近的大集市上便宜时购进，可以节约购价和运费，按市价买卖还能获利，是一种非常巧妙的方法。但官吏首先想到的是官府的收入，卖时强行以高价卖给百姓，买时强行低价买进，造成卖方和买方都叫苦不迭。中国的官吏都有雇佣的劣根性，多数官吏不把百姓的利益放在心上，所以再好的政策也发挥不出来效力。(4) 中的保甲，是改革兵制的方法。它与免役法互相结合，涉及军制、财政两个方面。对成年人的半数实行军事训练，需要时应征入伍。以前，宋朝的兵制是终生性的职业兵制，军队是靠百姓养活的，而这种保甲法是让百姓担负兵役义务。(5) 免役，是与 (4) 配合的方法。虽不能说这是兵役制度，但与 (4) 有密切关系。以前法律规定了徭役义务，一年里百姓有若干天为公家服徭役。唐代的所谓"租庸调"中的"庸"就是指服徭役而言的。其弊病是，大家都怕服徭役，成年人都隐藏起来。中国的人口调查没有信用也在于此。连年战乱时人口锐减，是因为很多人都隐藏起来。为解决这个问题，免役法规定根据家产的多少付免役钱。过去实行的是"差役制度"，即不给报酬地服一定时间的徭役，现在把它改成了"雇役制"，给服徭役者付工钱。反过来说，交纳免役钱的人可以免除徭役。这样，穷人服徭役可以拿到工钱；有钱人可以用钱充当徭役。这种办法从官府方面来说，是增加收入的根本政策，是个好窍门。只有一个儿子不愿服徭役的家庭、都是妇女的家庭，向官府付免役钱。这个款项叫"助役钱"。完全是从扩大官府的财政储备考虑的政策，适应了当时的社会状态。所以在王安石的各项政策中，被公认得到真正利益的就是这个方法。(6) 市易，即百姓向官府借钱的方法。具体内容是，百姓用土地或其他财产作抵押向官府借钱，到期偿还者付二分利息；到期没能偿还者除利息之外，每月罚款百分之二。(7) 保马是从军备考虑的方法，只限于某些地区。征伐西夏时招募了义勇兵，但马匹不足，为解决马匹问题官府向每户借一匹马，或付钱买下这匹马。对借的马每年进行一次检查，如病或死了，养马户可以索赔。保马法即是应付战时急用的借马规则。(8) 方田即均一收入法。任何人的土地都以千步为方进行面积测量，再检查土地的肥瘠程度，分成不同的等级，不管年景如何，按固定标准纳税。这样，官府有了固定收入；百姓以丰补歉，生活基本没有问题。方田法确定了赋税的缴纳原则。(9) 免行钱即商贩行会的执照钱。对各种商贩行会，量其效益规定纳税数量。免行钱是确定行会交纳营业税数量的方法。

以上即是王安石的提案。用心非常好，无可挑剔。如果百姓都非常勤劳，积极利用政府的政策努力增加收入，自然能从中获益，官府的收入也会随之增加。虽然政策很好，但贯彻落实要求官吏必须无私，百姓必须积极努力。而现实情况是，多年来官吏不廉洁，百姓不思进取。不顾官吏、百姓的素质，一味实施先进的政策，招来许多非难。如果周围的人不拆台，大家都支持，即使起初百姓吃点苦，只要坚持下去一定会看到实效。由于没有马上见效，跟着遭到攻击，局面越来越坏。当时的资深官僚全都反对，韩琦最先出来反对。司马光虽与王安石是同辈人却不赞成王安石的方案，他的反对论的主要论点是：这种新政策无疑会造成天子与百姓争利益，只考虑天子的收入、官府的积累，为百姓谋利益就成为空话。这种政策不是王道。反对派不赞成王安石的提案，但也提不出积极的方案。王安石的提案在理，神宗果断地采纳了，并且把反对派的官吏免了职。王安石在当时的文化界非常有名，原来连先辈们都尊敬他。一实行改革，过去尊敬他的先辈和后辈都反对他。苏轼、苏辙以前也是改革论者，仁宗时代曾感叹纲纪不振，呼吁振兴纲纪，但面对眼前的改革却站到反对论者一方了。王安石遭到学者和政治家的反对，必须寻找帮助自己的朋友，此时有些年轻官吏为图自己的发迹，投王安石所好，聚集到他的麾下。这些年轻官吏有才干，但没有政治上的良心。由于政策上的分歧，出现了两大党派，与现在的政党性质一样。反对党以司马光为首，有的是彻头彻尾的反对论者，但他们之中有的人认为王安石的说法有些道理。

学校贡举的改革

王安石的改革不只限于眼前的兵制、财政，更根本的是涉及了人才的录用。自上万言书时，他就对以往学校的贡举制度提出了不同看法。从唐朝开始，虽说有了学校，但能进学校的只有贵族子弟，实际上没有真正的教育。人才的录用都是通过贡举，即文官考试决定，这是唐代前后的贵族的特权。应试者分成诗赋和明经两种类型，考诗赋的人完全以作诗文的才能应试，和实际政治不发生关系；明经的应试者，以能背诵多少经书定出优劣。王安石认为这种做法不能选择出有用的人才，建议建学校培养人才。

考试的方法上，他主张以经义、策论代替诗赋、明经。所谓经义，
不像以往的明经那样只是背诵，要检验考生是否懂得经书的意思，
让其写解释经书的论文。策论是让其写政治的论文。王安石是个
大学者，他自己作好经义的范文颁发天下。他的儿子王雱是个俊
才，也写出了"新经义"，给应试的学子树立了榜样。王安石非常
疼爱子女，过分褒奖子女也是他受到攻击的原因之一。虽说王安
石的改革有道理，但苏轼坚决反对，却没有一个有效的成案。苏
轼说，要得人才需知人才，而知人才只有通过实绩判断，没有经
过正规教育的人也能做出实绩，府史胥徒中也有在政事上有实绩
者。如果不调查实绩，单凭学校贡举仍不能选出有用的人才。比
起举行学校贡举，不如制定一个调查实绩的方法更好。从文章上
来看，可以说策论有用、诗赋无用；但从政事上来看，诗赋、策
论全都无用。自古以来，尽管出现了很多以诗赋而成功并最终成
为优秀的政治家的人，但比起考试来，更需要一种鉴定实绩的方
法，所以考试的方法是否改变并不重要。神宗也仔细听过苏轼的
意见，但后来中国的考试方法执行了王安石的方法——即经义、
策论。这种考试实际上对政治一点用都没有。宋代时，由于某些
调和论的作用，在考试科目中并没有取消诗赋，变成经义、诗赋、
策论三科。虽然学校办起来了，但只是个名目没有实效。近年来
中国有人说，如果按王安石的意见做，学校制度从一千年前就开
始了，也会像现在这样发挥作用。但是，学校制度对于今天的实
际究竟起到了什么作用还是个疑问。中国人可能会认为，比起在
学校学习过的人，自己自由学习的人中出现的伟人更多。

王安石被罢官，吕惠卿的"手实法"

以上叙述了王安石的改革。皇族中也出现了对其持反对论的人。神宗之母（英宗的皇后）就反对改革，当她听说由于新法给百姓生活带来困苦的事后，对神宗说改变祖宗之法不好，劝神宗中止新法。神宗的弟弟岐王颢也帮着太后说服神宗。神宗不愿听这些反对改革的意见，曾对他们发火，但终于抵挡不住朝廷内外的反对，让王安石从宰相位置退下来。

王安石之后吕惠卿当了宰相。从贯彻王安石的新法，使其彻底服务于朝廷的目的来说，吕惠卿是很合适的人物；但从人格上说，他没有一心为国家的诚意。王安石是君子改革家，而吕惠卿是小人改革家。吕惠卿的工作是把王安石的新法向更符合朝廷的利益方面扩大，其法叫作"手实法"。这种方法使百姓的生活更加困难。由官府制定物价标准，让百姓把自己包括田地、宅地、动产、家畜在内的所有财产作价，其中五分之一作为财产税上交。使得百姓把除职业经营所必需的器具和食品之外的东西都隐藏起来。而官府又规定，检举隐藏财产的人可以得到被检举人的三分之一的财产。这样一来，无疑朝廷的收入增加了，但人际关系变得非常紧张，其消极作用远比王安石的新法更明显。吕惠卿本来是王安石提拔上来的，但他当上宰相后反而为难王安石，给王安石设障碍。神宗是个聪明人，了解吕惠卿这些小人行径后又重新召回王安石当宰相。这时的神宗已是中年人，积累了很多理政经验，不像以前那样把所有事都委任给王安石了。

兵制的改革

神宗时期还进行了兵制和官制改革。以前，按宋朝的兵制，设有禁军和厢军。禁军，即天子的近卫军，也到外面出征，负责镇守疆土。厢军驻在地方，像做勤杂的一样，到处巡视。这部分兵，与其说是军队，不如说是听差的。朝鲜国直到近年还把这些勤杂人员视作军人，就是受到宋朝的影响。此外，还有乡军、蕃军。乡军既可以说是各地村落中的义勇兵，也可以说是听差的。蕃军驻守边疆，是有军籍的军队。宋朝初期军队约有五十余万，其中包括这些勤杂人员在内。由于军队数量不大，军饷也比较富裕。但后来增加到八十万人，和西夏开仗时达到一百三十万人，造成军饷减少，战斗力下降。所以想到对军队进行改革的问题。把禁军放在边疆，经常换防，士兵与将校互不习惯，难以发挥出战斗力。兵制改革是把各地方的兵和将校平时当禁军使用，使士兵与将校的关系更亲密，实现军队本土化，类似今天军队的师级单位的行动方式。然而，地方军队的军官和士兵都享受与禁军同样的待遇，收入丰厚，却养成了骄奢的毛病，以饮食玩乐为正事，有的将校经常与地方官吏发生冲突。对此，改革派又想到以前兵农不分的好办法，停止了征兵、建军籍的做法，建民兵，按照"保甲法"推行军事教育。所谓保甲法即五人为一组的制度。这种方法本来是对付地方盗贼的警戒形式，不是用于军事训练的，现在把它用在对乡民进行军事训练上。乡民不愿接受这种方式的军事训练，很多人逃亡到外地，造成游民增多，盗贼肆虐。

进攻西夏失败，与辽的关系

神宗本来为了讨伐辽国和西夏，提高军队的战斗力，实施兵制改革的。但要想一下改变民众长期养成的惰性实属困难。虽主义很好，到底没能实行。在神宗这代，军事上有过小小的成功，即在讨伐西夏中只有王韶获得成功。王韶的成功不是受益于制度，而是王韶特别有才能。王韶自少年时期就胸怀大志，考中了进士却无意做官，来到宋朝与西夏的国境边，研究敌方的情况。神宗一即位他就向神宗献策讨伐西夏，神宗启用王韶获得成功。很可惜王韶早逝，那以后讨伐西夏屡屡受挫。各路宋军一度突进西夏境内，西夏采取坚壁清野方针，把主力撤到首都灵夏等待宋军来攻，结果宋军没能成功。特别是永乐之战宋军大败。讨伐西夏失败，使神宗靠财政政策积累的钱财消耗殆尽。永乐之战一仗就损兵一万二千，使得在讨伐西夏的战斗中前后死亡人数总共达到六十万。其中，除官军、义勇军外，还有熟羌（归化的羌人）。神宗讨伐西夏的立意不错，只是没有统兵的帅才。这一点，神宗直到晚年才醒悟过来。与西夏打了数年，西夏方面消耗也很大，没有能力主动反攻宋朝，宋朝也解除了对西夏来犯的担忧。

在宋朝讨伐西夏严重受挫时，辽国方面趁机向宋朝提出割让土地的要求。此时，宋朝有一个叫沈括的人对辽国的情况很有研究。神宗采纳沈括的建议，使宋与辽的关系没有恶化。沈括是宋儒中的经世家，在研究契丹方面著有《契丹图抄》。据说通过他这本书中国人了解了北边的事情。契丹也由于历代奢侈，国势衰落，使宋朝免去了昔日的忧患。

开放西南边疆，与交阯的关系

此时，宋朝边疆政策成功的是云南地区。云南、贵州，唐朝以后基本成了独立王国。唐朝时出现了南诏国，其后又出现了大理国。到了宋代，当地的野蛮人割据沟壑各自称国。神宗时代对其进行了讨伐，扩大了疆界，自然是神宗的荣耀。宋朝在离其最近的湖南西南山谷地区设置沅、靖等州，编入宋朝的行政区。蜀南（云南地区）各山寨中都有了寨主即酋长，他们得到中国的封爵，成为中国的官吏。此外，与交阯地区有了往来关系。交阯直到唐代都作为安南都护府，受中央官府的统辖。但唐末、五代以后，中央官府顾不过来，交阯独立，安南成为一个国家。宋太祖平定南汉后，交阯曾来进贡，于是维持原样，作为领土之外的部分保持关系。神宗时代与交阯关系恶化，对其进行了讨伐，但没有成功。结果交阯酋长上书谢罪也就无事了。后来交阯成了独立国。这样，中国的领土基本划定，边界也明确下来，这都与兵制改革有关。

官制改革

官制改革也是非常好的举措。前文已讲过，宋初以后的官制，决定所有官吏都是假掌权，即权知理实务，正官不理实务。这是因为唐代时官吏都利用自己的职权闹独立，所以宋代一开始出于防止官吏专权的考虑，制定出这样的组织形式。与此同时官位上也就没人负责了。神宗时代发生了这些弊端，所以神宗想重新恢复盛唐时的制度。神宗之前，宰相都称为同平章事，它并不是原来正式的宰相官职，神宗把它改成左右仆射。这是唐代尚书省的官职即宰相。另外，神宗还把当时宰相的辅佐官吏——参知政事，按唐代的方式变成了门下、中书等官。这样，就使各级官吏能够按正当的职务负责理政了，这一制度改革后来发生效力。虽说南宋出现过专权宰相，但没有以前那种不负责任的政治了。

对神宗的批评

上述改革持续了十八年。由于神宗只活了三十八岁，没能使改革政策贯彻下去。神宗这一代作为其个人来说没有什么失误，为国为民竭力务政。由于目的和方法出现偏离，没能如愿改革长期乏力的政治。尽管如此，他仍不失为古今罕见的勤政皇帝。明末的李贽（卓吾）称神宗为求治真主。如果他的后继人好，再有好人做宰相定会成功。虽然执政十八年里没有如愿以偿，其与时势相适应的举措理所当然为后世所采用。有人说他的失误造成亡国，但总起来说，他确实给中国政治带来了变化。

第九章　党派之争的激化和新法的弊端

宣仁太后临朝和司马光废除新法

神宗之后其子哲宗继位。哲宗年仅十岁，于是神宗之母英宗的皇后高氏摄政，人称高氏宣仁太后。此人神宗在世时就是改革论的反对派，一开始摄政就恢复旧制度。她用的人是王安石的反对派中最有影响的司马光。在反对王安石改革的人中，有的只是反对王安石的部分政策，而司马光是彻底地反对。可能由此司马光才变得有名、有了人缘，所以司马光一上台就受到百姓的欢迎。他主张把新法全部废掉，仅用一年时间就把神宗时代的新政策全都抹掉了，但他也只当了一年多宰相就死了。司马光之后，吕公著、吕大防、范纯仁等，九年中，即整个元祐年间，继承了司马光的政策。后来根据这时期的年号，称这伙人为"元祐党"。由于司马光采取全部废除新法的方针，神宗时代曾得到承认、并取得实效的政策也付之东流。比如说，"免役钱"制度被废除后，代之又恢复了以前的"差役"制度。其实免役钱制度适合当时的国情，没出现什么问题，但仍没有幸免被废除的厄运。当时苏轼等人认为可以保留这一条。确实，免役制度存在着钱都被官府征去之嫌，但是以前的差役制度到神宗执政时已经维持不下去了。在差役制度下，只要得到地方官的认可任何人都能充当徭役，所以地方官

手下的胥吏借此以权谋私。尽管苏轼等人认为免役制度比起差役
制度来，是一种好的自由制度，可是作为宰相的司马光无论如何
也不接受。只有录用官吏的考试制度采用了王安石的方法，其余
的改革政策全都取消了。司马光的做法是从一个极端走向另一个
极端。由于做得太过分，司马光的后任必须做某些调整，因此，
司马光派中也出现了不同意见。如果司马光稍微再多生存些时候，
苏轼等人必定会被从中央官府中撵出去。

守旧派的内讧，吕大防调和新旧两派的政策

只有司马光有能力把新法的反对派统一起来，他一死再没有
谁能把这么多人才统一起来。所以司马光派分裂成几个小党派：
其中较大的有以苏轼为领袖的蜀党，以著名道学者程颐（伊川）
为中心的洛党，还有以刘挚为首领的朔党等。这些党派成员都是
所谓的君子，是有高尚品德的人。程颐是个学者，受命负责哲宗
的教育，但他好抠死理，哲宗一有过错就被他挖苦一顿，惹得哲
宗不喜欢这位老师。苏轼讨厌他这种认真，觉得无聊，于是经常
嘲笑程颐，结果两人关系失和。苏轼对王安石派的人处置非常严
酷，有些复仇的意味。因为在王安石掌权时，苏轼等恶语攻击新
法，受到苛刻制裁，被以诗罪投入监狱。不过，以前王安石与苏
轼个人之交不错。司马光留下的党派压制了敌对党派，可其内部
一起共事才五年即元祐初期，就产生了矛盾。在这种情况下，吕
大防为协调关系，录用了几名王安石党派的人。

哲宗亲政和绍述之议

王安石差不多与司马光同一时期死的，两人的年龄也一样，各为改革派和守旧派的首领。十分巧合，两人同年生同年死。两人虽死可其各自的党派元祐年间继续斗争。元祐九年宣仁太后病逝。这个人虽不懂神宗改革方案的新主义，但不失为有德有才的聪明人，被喻为女中尧舜。其在位时靠守旧党维持住了政权。她的过失，在于哲宗直到二十岁年纪始终一点没有让他参与政治。哲宗被置在一旁，自然对宣仁太后不满意。守旧派的高官们既没有察觉这个问题，更没有劝太后让哲宗参与政治。太后一死，反面意见突起，形成所谓"绍述之议"。哲宗以推行父皇神宗之法作为表现孝道的方式，并且改年号为绍圣。太后在世时就想到会出现这种情况。哲宗把旧法党的吕大防、范纯仁斥退，任命王安石派的章惇为宰相，改变了元祐年间的政治趋势，恢复了新法。中国的政治斗争非常残酷，司马光以下已经死了的守旧党中得到谥号的人都被追回，还活着的被贬谪远方。哲宗废黜了原来的皇后，立他喜欢的刘婕好为皇后。新法党帮助新立的皇后，使政治斗争波及皇帝的家庭。新法党甚至过激地提出废除已死去的宣仁皇太后，把她贬为庶民。由于现任皇太后出面阻止，这一企图没能成功。哲宗在位十五年就驾崩了，后五年里新法党的势力得到恢复，章惇掌握生杀大权。哲宗之后其弟徽宗即位。

徽宗宠用蔡京及其弊政

徽宗初期熙宁党（新法党）被斥退，又启用了元祐党，但没持续多久熙宁党又被召回来，并且其中的蔡京直到最后都受到徽宗的宠用。蔡京在取悦上司方面非常有道，他最初是熙宁党，可在司马光废除新法时任开封知府的他五天之内就停止了新法，改辙贯彻司马光的方针，得到司马光的赏识。蔡京是个见风使舵的人，或许从某种角度说也算是才能，但这样的人是没有节操的危险人物。徽宗崇拜熙宁并取崇宁为年号，重新把新法恢复起来，但这时期的新法造成很大危害。王安石的新法目的是富国强兵，尽管手段中有不妥当的地方，其目的是良好的。到后来吕惠卿、章惇时代的新法，一味地只考虑增加官府的收入，为此不择手段，根本不是按王安石美好的目的贯彻新法了。中国有这样一句谚语："其父报仇杀人，其子杀人行劫"，即如果父辈为报仇杀人，子辈也仿照父辈杀人，可目的在于抢劫。王安石与吕惠卿、章惇的关系正是如此。到了蔡京时代，官府的收入已相当可观，蔡京积极鼓动天子消费这些收入。这种人物为取悦天子，常常特别注意与宦官搞好关系，与宦官童贯狼狈为奸专投天子所好。蔡京的弟弟蔡卞不仅是小人，据说还是个奸臣。哥哥蔡京比其弟更有过之。蔡京提倡"丰、亨、豫、大"之说，劝天子享乐。这句话出于《易》，意思是，要想有福，就要行豁达政治，过富裕生活，决不能小气吝啬。熙宁以来的政策给朝廷带来五千万贯以上的剩余金，可以充分享受奢侈的生活。但是这还不够，为了长期过这种奢侈的生活，又想出了进一步增加朝廷收入的办法，其中有一条是关于盐的新政策。盐是百姓生活的必需品，在中国自古以来盐的生意就是赚大钱的行当。卖给盐商钞（一种商品券），让盐商预付与其钞相当的现钱，盐商用钞去盐产地购盐。这之中，蔡京的把戏是经常废旧钞改新钞。盐商预付了钱买到钞后去产地买盐，然而由于经常换新钞，当盐商拿着钞到产地时原来的钞已失效不能用。有时盐商到把盐买到手其间要买三次钞，并且，买钞时如果不能一次付全额，先前交的定金就被没收。为此，甚至有些大盐商都破产成为穷人。当然朝廷的收入增加了，可这实在是弊病太多的政策。与此同时，又想出了新的货币政策，新铸造了当十大钱的硬币。中国自以前开始，新铸大钱时，总是有财政拮据或其他什么原因，从财政政策上说总会带来不良的结果。这种硬币比普通的钱大一些，说是十文钱，实际没有十文钱的分量，差的分量就变成官府的剩余了。徽宗时在财政并不拮据的情况下还如此盘剥，这之中编造了一些理由，当然除说得出的理由之外还有不可明言的诡计。自宋朝建国开始，一直给辽和西夏送岁币，辽和西夏拿宋朝送的硬币去造兵器，反过来威胁宋朝。宋朝为防止它们这样做，故意做成不合标准的钱，增加铅和锡的比重，使其不能做兵器。铸了很多表面是铜里面是铅和锡的钱。由于钱的质量不够，造成物价上涨，货币法紊乱。另外，还发行一种叫"交子"的纸币（与存款收据相似），积极地奖励在各地使用交子。纸币容易仿造，很快出现很多赝造纸币。在中国这样经济不发达的国度里进行这种改革，对于这里的民众来说，一方面诱导其赝造，一方面又让其面对严罚，无疑是使很多人陷入犯罪的境地。作为巧取豪夺的另一手段，还发行了叫"钱引"的兑换券。但是丧尽天良的蔡京还有一点怜悯之心，没在闽（福建）推行钱引，因为那是他

的故乡。可见，这种钱引带来的危害是难以想象的。以前宋朝有
"常平仓"制度，即先准备购进谷物的资金，便宜时买进，贵时卖
出。王安石时期考虑了给这笔资金加利息的方法，使资金产生利
益。到蔡京时期，这笔资本的余额全部成了朝廷的收入。地方官
吏中有的尽量多挤出余额用来讨好朝廷，结果把原来的常平仓制
度搞垮了。巧立各种名目只管增加朝廷的收入，不惜破坏以前行
之有效的好制度。

花石纲

　　一般来说，宋朝官吏收入丰厚时，官吏的数量也变得比其
他时期多起来。这时期是民间经济发展时期，随之财政状况也好
起来，朝廷里出现挥霍浪费的现象。真宗时代天下太平，国库充
裕，封禅活动弥漫天下。仁宗时代虽民间比较富裕，但朝廷的收
入没有增加。朝廷财政困难，民间贫富不均。由于王安石的改革
政策，朝廷的收入也多起来，官吏的数量在新政策实行中大量增
加。由于利益关系，司马光恢复旧法的企图终未能实现。司马光
恢复旧法，意味着把熙宁以来的状态变回到真宗时代的状态，即
减少官吏数量，减少官吏和朝廷的收入。然而，一旦膨胀的财政
难以削减下去。改革中新增加的官吏大都是当时中流以上的有知
识的人，王安石的政策给他们带来了收入，受到知识阶层的欢
迎。所以，要废除这些政策返回到原来混乱无序的政治状态特别
困难。王安石的新法时兴时废，但渐渐被广泛采用，并被作为理
所当然的事实接受。一旦形成了只要压榨就能从民间挤出钱的念
头，就会想方设法无休止地压榨下去。这，就是王安石的新法带

来的负面后果。蔡京之辈教天子把榨取来的钱用于显示天子的阔绰。蔡京的劝告正好适合徽宗的艺术兴趣，他喜欢各种奢侈的艺术品，处心积虑想法实现自己的文化享受。徽宗想把世界上所有珍奇物品都收到自己的囊中，所谓"花石纲"就是由此开始的。花石纲的"纲"即是朝廷一项征收的政策。用这项政策，把任何地方的珍品，即使是一木一石也都收到朝廷中来。派人到处搜寻，见到稀奇东西就入户贴上带封印的黄纸。一旦被贴上这样的封条，这一家就要负起保护天子御用品的义务，若是怠慢或损坏了这种物品就犯了不敬罪。把大件东西搬走时不惜破坏房屋、庭院建筑。为此，当时的人把稀奇的东西视为不祥之兆，尽量在没被发现之前毁掉。这类东西被发现后，往朝廷搬运的费用也要由民家负担，有的穷家甚至被逼到卖儿卖女的地步。各种珍品都运进宫，自然宫殿的建筑也要增加，修建了十分壮观的建筑群落。不仅仅是木石类的东西，只要是稀奇的东西都是御用品，连珍禽奇兽也包括在内，结果又建造了动物园。宋代的绘画中以珍禽为题材的作品很多，在都城里每天能听到鸟啭兽吼。民户一听到宫殿中传出的吼叫，有的人就偷偷咒骂：要不了多久宫殿就会变成原野和山林了。这种不祥的咒骂后来成了谶语。在这样的生活气氛下，年轻的徽宗耐不住宫殿生活的寂寞，喜欢悄悄地跑到宫殿外面去。有一本描写当时事情的小说叫《大宋宣和遗事》，是南宋人写的，当然其中有想象的内容。据此书说，徽宗偷偷跑到妓院，与李师师发生了关系。总起来说，这时期皇帝极尽奢侈之能事，耗尽了搜刮来的民脂民膏。和平时期这类丑闻传不出来，一旦有事就都传出来了。

炽烈的党争

在政治方面，元祐党与熙宁党的权力之争愈演愈烈。徽宗时期，司马光以下一百二十人被称作元祐奸党，在很多郡县立了元祐党籍碑。那时的这种碑至今还有两个保存下来。据说碑文是蔡京的手笔。蔡京会搞奢侈，可其书法确实很好，在书法上其也堪称宋朝一代名人。今天残留下来的党籍碑，其中一个还是蔡京写时的样子，另一个曾修缮过两次。据考证，这些党派成员也常常彼此转化，熙宁党也渐渐分裂成几派，各党派之间关系微妙。章惇原来是熙宁党而不是元祐党，但由于与蔡京个人关系不好，被蔡京列入元祐党籍碑。对元祐党的迫害非常残酷，甚至阅读苏轼、苏辙兄弟和其门人黄庭坚（山谷）的诗文都被禁止。对元祐党施加种种迫害，然而这种压迫反而造成这些人备受尊敬的相反结果。比如，南宋的孝宗很喜欢苏东坡，为其诗文的出版作序。并且，南宋的士大夫常常把自己祖先的名字被写入元祐党籍碑看作是光荣的事。

宰相的堕落

蔡京三次当宰相，但这期间宰相实际的地位发生了变化。起初北宋的宰相不像唐朝宰相那样有权涉政，相当于天子的秘书官。王安石改变了制度，以宰相身份理政、全权负责，宰相成了有责有权的职务。到蔡京时，虽说他是熙宁党，但他不像王安石以来的优秀宰相那样履行职责，一心想的是取悦天子，保住自己的地位，所以后来甚至与自己的儿子争夺天子的宠爱。据说蔡京有三个儿子，长子攸与徽宗年龄相仿，是徽宗玩耍的好朋友，攸的弟弟是天子的女婿，所以比起父亲，儿子与天子的关系更密切。攸总在考虑与天子一起玩的事，每天玩在一起。蔡京第三次当宰相时已年高，天子允许他三天去一次政事堂，但他患得患失，感谢天子对他的照顾，可又怕去得少与天子的关系变得疏远，让儿子占了上风。蔡京是刻意取悦天子而得势的人，在取悦天子方面，即使是自己的儿子他也要争个高低。

宦官之害

徽宗时期还有一个弊政是重用宦官。自从头号宦官童贯受到天子的宠信后，宦官逐渐得势。宦官也想了很多捞钱的办法，其中突出的是，他们制作用于田地买卖的田契，在民间转卖。这样一来，使田地归谁所有、交多少税也变得模糊不清。不断增加的税收，多收进来的部分被宦官侵吞。从面上的官府到内部的宫廷、宦官都施恶政，这就是北宋走向灭亡的内部原因。

美术、考古学的发展

在玩乐过程中，徽宗周围的书画、古董艺术发展起来。现在还保存着那时的书画目录。《宣和书谱》、《宣和画谱》记载了到那时之前的一些书画作品，搜集的作品之多之全一看就明白。说明当时鉴赏能力、书画理论都有很大的进步。当时古董的搜集很兴盛，作为古铜物的目录现在保存有《宣和博古图》。当然，古铜物的搜集早在那之前就有行动。欧阳修著有《集古录》，其中写到金石的研究。中国金石学问的雏形见于《集古录》。徽宗时期，一方面有上述《宣和博古图》这样的朝廷搜集的铜器图录，同时还有在那之前问世的《考古图》，其中也有关于铜器的内容；另一方面，赵明诚夫妇搜集编纂的《金石录》自然有铜器的内容。这些考古学上的研究，在徽宗之前已经萌芽，在徽宗时期获得进一步发展。

徽宗不仅搜集古物，还把当时有名的画家召集到宣和画院中。这时期取得飞跃发展的是写生画。徽宗本人擅长画鸟，他画的鹰最多。在山水画方面也出了不少名人，如北宋的郭熙、南宋的米芾父子，这两派画风很长时间共同支配中国画坛，其后可以说没有出现新的画风。朝廷里不仅徽宗一人，皇族中也有画得好的人，女婿中有几个擅长绘画的。从皇族和高官中诞生了后来的文人画。虽说是古器物，但不全是以前的东西，也有仿造的东西，按照古物的制作方法制作了不少新东西。这时期仿造的铜器非常逼真，在以后的时代里常常被误认为"三代"的铜器，即使有名的学者也真假难辨。可以说，徽宗时期是中国美术的黄金时代。

佚乐的时代

神宗以来的政策给朝廷带来大量财源。虽然神宗讨伐西夏以失败而归，但西夏的国力也消耗很大，辽国也走向下坡路，无力挑起战争。所以，外患消除，呈现出安乐的气氛。宋朝朝廷有钱后穷奢极欲。这股风蔓延到辽国、西夏，它们也都讲起排场来，与宋朝一样，天下太平过着无忧无虑的生活。其实灭顶之灾已经临头。这时，在满洲的深山里"野蛮人"开始崛起，后来消灭了辽国，宋朝也险些被其铁蹄踏平。时局急转直下。宋朝尝到了厉害，连玩乐皇帝也被其掳去成了阶下囚。多年用重金搜罗的宝物失散殆尽。这，就是金国崛起造成的局面。

第十章　金国的崛起与宋朝南迁

契丹的兴衰，契丹的佛教文化

辽圣宗时代是契丹的鼎盛时期。圣宗在位四十九年，与宋朝真宗、仁宗两代皇帝执政时期平行。那时期高丽发生内乱，契丹派兵征伐，此时契丹国力已出现衰落势头。在征伐高丽的最后，中了高丽将军姜邯赞的计谋失败而归；西征回鹘也没有成功。契丹全盛时期建有五京，即中央都城之外另建有四楼（四个行宫，契丹语叫捺钵）。圣宗之后的兴宗时期内部出现矛盾，开始走下坡路，所以征伐西夏没能取胜。兴宗之后，道宗即位。道宗在位长达四十六年，完全太平无事，与宋朝和睦相处，互不干扰。这时期，契丹也非常崇尚文化研究，儒教、佛教都很活跃。但由于宫中沉靡于奢侈生活，出现家庭矛盾，消耗了元气。然而终于完成了佛教史上的大业——即刻完了房山石经。前文讲过，这项事业始于隋初，中途多次间断，到道宗时期才最终完成。这是中国佛教遗产中最有名的部分。在厚石板上刻佛经，总共刻了一万余块。这些石经都收藏在人工挖掘的山洞里。把一部佛教藏经送给高丽也是这个时代。高丽当时也是佛教盛行时期。著名的义天僧统大觉国师——高丽国王的儿子，为了研究天台、华严、净土宗旨来到中国。当时是宋朝的元祐年间，与苏东坡有过来往。此人从辽国得到藏经，从日本得到佛书，然后开始写《藏经续集》。但那时印刷的版本今天已很难见到了，日本保留有后来重刻的版本。大概这时也是朝鲜佛教的鼎盛时期。总起来说，这时期宋、辽和其他周边国家都处于太平时期。特别是辽国，由于长时期的和平，契丹人原来的野蛮性消磨殆尽，战斗力极弱，所以，到下一代天祚帝时被女真——新崛起的金国所灭。

金国的崛起

今天北满洲[1]的中心哈尔滨附近有个叫阿什哈的地方，金国就是从这里诞生并发展起来的。其种族为女真人，是满洲的土著民族。满洲的种族中自古还有高句丽和渤海，渤海被契丹的太祖所灭。契丹消灭渤海以后主流向中国的中原发展，太祖把以渤海的故国——今天的宁古塔地区为中心的北满洲全部交给了其子人皇王，名为东丹国。前文说过，这位人皇王由于与其母及弟关系恶化逃到中国五代的后唐，并归化中国。对土地辽阔且不易管理的满洲，契丹有它的统治办法，即把北满洲和其他远处的女真人逐渐迁到距契丹都城不远的地方。契丹让女真人从东蒙古迁到南满洲，让其建设新的城邑，而新建的城邑依然沿用女真人原居住地的地名。因此，满洲的地名这段时期完全是错乱的。《辽史·地理志》是关于这段最错乱时代的记录，但想根据《辽史·地理志》了解满洲古代地理实在很难，可以说是最愚蠢的方法。在这个错

---

[1] 在文中"满洲"指中国东北地区，"北满洲""南满洲"分指东北之北、南部，依原文未加改动。——译者注

乱的《地理志》中，记着某县原来由渤海的某县县民所建、某时迁到此地、契丹人与渤海人杂居……但没记录杂居的地方。通过它可以知道契丹统治满洲的情况。总而言之，随便让居民迁移、更改地名的事这时期最多。

在这种状态下，女真人原来的土地都放弃了，辽国也完全放弃了对其管辖。当然，女真人不可能做到完全不剩地迁过来，也有少数人留下来。在辽国二百年的历史中，女真人在满洲繁衍生息，辽国的统治覆盖不到的女真人到处建立部落。到辽国末期，女真人大致分为三股：熟女真、生女真和中间的非生非熟女真。由于辽国兴宗的名字叫宗真，忌用真字，女真改成女直。女直的叫法一直持续到明代。其中，熟女真居住在辽东的岫岩附近，即从辽阳到朝鲜这条线上。这部分是契丹人从满洲的深山里调出来的女真大部落。这个部落叫"曷苏馆"，女真语的意思是"垣"，也是防御的城墙的意思。大概把熟女真放在女真最大的人口处，是为了防御另外两支女真吧。并且辽国在这里派了五个节度使，加强对曷苏馆的统治。再往里面的鸭绿江沿岸一带是非生非熟女真；现在的吉林省即松花江沿岸的北满洲地区是生女真。

金国的祖先是生女真。据生女真人传说，其先祖来自高丽。最早的居住地是现在的间岛地区 [1]，几代之后迁移到哈尔滨附近的阿什哈（准确地用满语说，叫"阿勒楚喀"，《金史》中说此名源于按出虎水的河名）。据《金史》的《世纪》记载，从按出虎水到间岛以至北朝鲜地区这时期已经统一。可实际上并没形成一个统一的大国。有很多部落，时合时分。自这时起这个种族就非常勇

---

[1] 即今吉林省延边地区。——译者注

猛，有"女真不上万，上万全无敌"的说法。由此，也可以得知当时是没有统一起来的部落。契丹为了拢住他们，给其酋长封了徒有空名的官爵。对其采取既不放弃也不严格统治的方针。在这"野蛮人"的酋长中有像兄弟一样年龄差不多的两个人先后成为家族的中心，使这里的组织坚强有力。其兄弟中的盈歌（《金史》中叫盈歌、中国人的记载叫扬割、高丽人的记载叫延盖）是兄弟酋长中的弟弟，从契丹得到节度使的官位，本地称他为扬割太师。盈歌死后其兄的儿子继承官位。首先继承盈歌官位的是阿骨打的哥哥，其后才由几个兄弟中最强的金太祖完颜阿骨打继位。那时，从哈尔滨附近到间岛地区以至到今天朝鲜的咸镜道，事实上成了女真控制的领土，并且以此为本土与高丽打了七年仗。高丽称这次战争为尹瓘北征。高丽举国参战，出动了十七万多人的大军，是高丽这代王朝最有名的战争。结果没分出胜败，重修旧好。可见，这时女真人的势力已经相当强大了。这是金国太祖以前的事件，《金史》的《世纪》中有简单的记述，但《高丽史》中认为这是一次大战。金国在太祖之前基本实现了北满洲的统一。

辽金冲突

辽国天祚帝喜欢游猎，北方式的打猎好用一种叫海东青的鹰。海东青是一种体形不大却非常敏捷的鹰，产自女真地区。契丹以前都是让女真把这种鹰送来，已是每年必送的一种贡品。这种鹰数量很少，很难捕到。扬割太师为给辽帝捕鹰，必须征服临近的部落，于是从辽帝那里获得了征伐的自由。契丹为得到海东青派使者常驻女真，而这个使者为追求女真的美女激怒了女真人，辽国人在女真人中失去信任。太祖时期开始与契丹的关系越来越紧张。女真用二千五百名士兵在松花江附近的拉林河（以前叫来流水）击败了辽军。这个地方在哈尔滨稍南一点，距中国东部铁路双城堡东站向西南方向约一天的路程。那里今天还有"得胜陀碑"，是金世宗作为纪念，在太祖当年指挥作战的地方建的。碑文用汉语和女真文两种文字写成。由于打胜了这次战役，完颜阿骨打开始称帝。辽国天祚帝率大军来征伐，又吃了一次败仗。那以后辽与金时战时和，但其间女真人的势力继续壮大。

契丹的灭亡和西辽国诞生，宋金发生摩擦

这时期是宋朝徽宗时代。宦官童贯想为宋朝建点功业，献计消灭契丹。于是便与女真串通，制定了两面夹击契丹的方案。辽国位于女真和宋朝之间，把宋与金隔在两边，两国联系时必须走海路。宋朝使臣从山东出发渡过旅顺海峡入金，与金商定了联合灭辽的方案。宋朝的条件是收回五代时期辽国从中国割去的土地；金国的条件是占领契丹的固有土地。为了各自的目的两国夹击辽国。辽国的天祚帝被金打败后逃到遥远的西方，金国占领了辽国都城燕京，即今天的北京。尔后，宋与金之间又发生争执，原因在于宋朝急于求成。

五代时期契丹从中国占去的土地分为两种：一种是契丹帮助石敬瑭时石行贿的土地，即北京以西地区；另一种是从唐末到五代初期刘守光割据的土地，即从北京到山海关一带。宋朝开始只想收回石敬瑭贿赂出去的土地，但后来又想连刘守光割据的土地也收回来，与金国发生争执。在不太长的一段时期里确实宋朝得到了北京，但

几乎是一座空城，没有什么用，然而却为此要付给女真大量岁币。宋朝这期间使了很多小伎俩，甚至后来又想联合辽国的天祚帝一同对付女真。天祚帝被金国俘虏，又与其残党勾结，结果激怒了女真。辽国灭亡了，但大石林牙即耶律大石的一支残兵穿过今天的新疆地区逃到中亚的虎思斡耳朵，在那里建国，延续了一百多年。后来称其为西辽，西方人称作黑契丹的就是这一支。

辽国灭亡之后，宋与金直接相连。不久金国太祖死去，在位仅九年。据说原来过"野蛮人"的酋长生活，突然进入都市，沉于酒色损害了健康至死。其弟太宗即位。

金军南下

宋朝方面破坏了与金订立的契约，造成金伐宋。事态从辽国天祚帝被俘后逐渐发展，金军不断向南推进，直逼宋都汴京。徽宗已无招可使，发布悔悟之诏让位于钦宗。这时宋都一片骚乱，童贯、蔡京一伙人或被革职或被处死。面对城下的金军，朝廷里分成主和、主战两派。如果讲和，就要答应金方提出的大量岁币的要求。可宋朝已经无物可给。在汴京，自徽宗以来民间的财富耗尽，短时期再征缴不到这么多东西，所以主和也没有现成的条件。因此，主战、主和交替占上风，难以决断。谁都拿不出使金退去的办法，钦宗亲自走到金军阵前投降，钦宗之下，徽宗、皇太后、皇族、宫人等三千余人当了俘虏。女真人把他们像串珠似地连在一起，带着从汴京掠夺的大量财宝回满洲去了。

其后，出于在宋朝旧地上不再让宋朝血统的人执政的考虑，金人把宋朝宰相张邦昌立为楚帝。张邦昌在两军作战中和钦宗的

弟弟康王（后来南宋的高宗）一同在金国作过人质。徽宗、钦宗
受尽折磨，被押着差不多徒步走到满洲。被带到现在叫三姓的地
方，当时叫五国城。徽宗当了二十五年的皇帝，钦帝才一年有余。

宋朝南迁

金人退走后，张邦昌对自己当天子感到不安，打算让康王继承
宋朝政权。康王以前在金国作过人质，知道金军的勇猛，非常害怕，
得了癔病，不愿进汴京当天子。后来，在当时的南京，即河南归德
府[1]即位，汴京交给名叫宗泽的将军看守。宗泽和李纲同属主战派，
坚守宋都，希望高宗重新回到汴京，但高宗魂飞魄散，无意保卫汴
京，宗泽郁闷患病而死。这时期南宋出了一些忠臣，岳飞就是其中
之一。宗泽死后，汴京失守，金军夺取汴京后继续南下。高宗只管
逃命，能逃到的地方都去了，当逃到杭州时，其亲兵中发生了骚乱，
使他在无奈的情况下让位给皇子。内乱不长时间就平定下来，高宗
重新复位。但金军又追赶上来，他又逃到宁波，还没有稳住脚又乘
船逃到温州。金军到处掠夺、杀人，极尽残暴，但到南方后已进暑
期，金军忍受不了南方的酷热，收兵回去了。

就宋朝方面来说，宗泽最初制定了防卫金军的计划，其部下
出现了很多将军。著名的人物有韩世忠、张俊，还有岳飞、刘锜。
文官出身的张浚、赵鼎都是主战派，倚仗这些人的力量南宋总算
实现重新建国。这时追赶宋军的金军将领是兀术，由于他深入南
方，撤军时遇到很多困难。兀术已渡过长江进入南方腹地，回撤

---

[1] 今河南商丘。——译者注

时受到阻击，韩世忠在镇江和扬州之间截击兀术。著名的黄天荡之战就是韩世忠破坏兀术渡江回撤通路的战斗。兀术从中国人那里得到指教，烧毁韩世忠的战船，终于夺路撤退。这时期的宋军格外英勇，从此金人不敢再像以前那样欺负宋人了。

高宗初期的宋、金形势和宋朝的将帅情况

中国本土一分为二，北部被金占领，宋朝在南部。金国在宋朝故地扶植刘豫，让其打出齐的国号，于是，齐成了宋、金之间的缓冲地带。南宋高宗初期，一般来说在四个地区金、宋互有接触。在陕西地区有宋朝的大将张浚，其部下吴玠、吴璘兄弟二人率兵与金军作战。河南、湖北地区有岳飞。起初岳飞是在湖北、湖南"剿匪"。中国历来都是如此，一有战争"土匪"便趁机兴风作浪。岳飞平定"匪乱"，打开了由湖北向河南的通道。今天的安徽地区有刘锜把守。东西两淮地区有韩世忠坐镇。这个时期是宋朝军队特别善战的时期。首先，军队中的大将不像过去一样了，没有军事经验的人不能当大将，多数将军都是在战争中从士兵逐步提升上来的。韩世忠即是由士兵成长起来的将军。岳飞的身世很卑贱，不过是前宰相韩琦家的佃客。只有刘锜一人出生在昔日的大将之家。建立军功者都是在战争中打出来的，不怕敌人，这样的人与"野蛮"的金人战斗正好成为对手。张浚虽原来是文官，但属主战派，实际指挥打仗的是他手下的吴氏兄弟。由于急于求成，张浚在富平与金军作战失利，从汉中退守四川。其他三支部队都打了胜仗，特别是岳飞的部队一直打到河南，已进军到离宋朝故都汴京不远的地方。

宋金媾和

一开始宋朝内部就有主和派。据说主和的原因有二：其一，高宗本人有癔病，惧怕金人，不想与金国开仗；其二，高宗的父亲徽宗、哥哥钦宗都被金国俘去，高宗代替其兄当了天子，如果钦宗被释放回来自己就得让位，因此不想让其兄回来，也不想与金国开仗。当然第二个原因有过于穿凿之嫌，不过确实高宗厌恶打仗，希望在人称南宋一代行宫的临安（杭州）建都，过安居生活，没有光复国土的雄心。恰在这时秦桧从金国回来。秦桧最初的主张不谬，反对金人立张邦昌为天子，认为在宋朝应该由有宋朝皇族血统的人作天子。然而在金国当俘虏时，与金国掌权人妥协获得生还，开始大唱讲和论。其基调是，停止战争、各自回家。河北人回河北，南方人回南方，刘豫的人回到刘豫那里去。高宗本人虽是北方人，可他不知去哪好，因为他怕北方的战争，所以就放权给秦桧，按主和派的意志做了。

在这种形势下岳飞被召回来。在太行山脉中有很多"土匪"乘战乱之机势力壮大起来，岳飞把他们收编，让其在背面袭击金军，为图光复宋都。但岳飞率领的士兵实际也已厌战，想回自己的故乡。中国的历史中说岳飞接到十二道金牌诏书，无可奈何只得回府；可事实上，听说回去士兵们争先恐后打点行装。岳飞在当时是一位出类拔萃的伟人，他说："文官不爱钱，武官不怕死，天下方太平。"但是，在战争中武官也发了财，韩世忠虽为猛将，其财富够他吃一辈子。金国方面，兀术与秦桧勾结，终于在宋朝南迁十四五年时实现了与宋朝的媾和。岳飞成了金、宋讲和的牺牲品。岳飞犯了众所周知的疑狱，被加上"莫须有"的罪名。后来以其有谋反之心的罪名，在狱中被处死。韩世忠等人虽也被剥夺了兵权，但余生过着安逸的生活。韩世忠和岳飞都是宋朝有名的大将，但韩世忠淡泊人情，没有学问，完全是一介武夫，无忧无愁，兵权被收回后尽量不涉足军事，过着平安无事的生活。岳飞虽然也是从士兵成长起来的大将，但他有学问、会作词，虽是军事将领却爱论天下大事，这点天子和秦桧都不喜欢。再有，岳飞的部队都是子弟兵，在这支部队里大将的命令比天子的命令还有效。连朱子都谈到过岳飞非常固执的事。再加上通晓文字成了祸根，结果岳飞被杀害在狱中。

岳飞以后，秦桧登峰造极，他当宰相十九年，高宗一切都交给秦桧处理，自己逃避责任。但高宗毕竟是天子，很清楚秦桧的放肆，秦桧一死就把其子撵出了朝廷。总起来说，与金和睦二十年中没有战乱，虽说完全失去了国家的形象，百姓却避免了战争之苦。先前，自徽宗、钦宗末年开始到高宗初年，临近战场的居民死伤很多，非常悲惨。今天尚存的宋版《一切经》的卷端记录了当时百姓痛苦不堪的事实，两淮居民很多家庭被掠被杀，为了求佛保佑捐钱出版佛经。从国家的尊严来说，岳飞的主张是正确的，但不符合一般百姓的心意。这时期，当然高宗对金称臣，致书金国天子时用上表的形式。

第十一章　宋金的小康时代

　　自南宋高宗末年开始，孝宗、光宗、宁宗几代时间里，金国这方面也在太宗之后，经历了熙宗、海陵王、世宗、章宗等几代皇帝。这期间，两国之间虽有时出现小摩擦，但总起来算是天下太平。从北宋末期到南宋初期的战乱使百姓厌倦战争，盼望和平，谁发动战争就注定要失败。

金人的汉化，女真文字

　　金国的熙宗是太祖的孙子。到熙宗这代女真人的文化不断取得发展，熙宗周围的人几乎都中国化了。这都是汉人学者施教的结果。皇族已失去了女真人质朴的气质，没有了过去那种虽为君臣但彼此不分上下的亲密关系，君主也开始像中国一样讲究尊严，听到的都是臣下对自己的奉承。宫里的装饰、服装等都很讲究，宫女很多，外出时也像中国的天子那样，清道逐人后才肯下轿步行。金国最早的都城是上京会宁府，在今天阿什哈附近的白城地区还有遗迹，今天尚留存有宋朝使者来过此地的纪行，其中谈到，当时称呼天子居住过的地方为"皇帝寨"。从这些材料中可以窥见"野蛮人"半中国化时的状态。皇帝上朝的乾元殿是一座很大的建筑物，只是一座孤立的宫殿，周围连城墙也没有，以柳树为墙。

无论是天子的家里，还是百姓的家里都有火炕，有火炕的屋里没有上座、下座之别。皇帝平时不出门，有时外出狩猎。入门落座时，天子和臣下都坐在一起，皇后和宫女们一样，像普通家庭的女人们那样侍候男人们的饮食。臣下去天子家，天子去臣下家都一样。这种风俗使君臣关系非常亲密和谐。但自熙宗接受汉人学者的熏陶后，这种旧风习不见了。这种变化使亲族中出现叛离的现象，有时为了防止叛离先下手杀掉对方，从内部出现了难以形成统一力量的问题。海陵王与熙宗都是太祖的孙子，结果海陵王杀了熙宗，而海陵王自己又被宰相所杀。

海陵王杀了熙宗，可他在崇拜中国文明方面与熙宗一样。不过，这种崇拜中国文明是表面的，骨子里还留着野蛮人乱伦的野性。在中国，从古到今他都算是为数不多的残暴君主。在搞女人方面，可以说自北齐的文宣帝以来他是最肆无忌惮的人，把别人的女儿、妻子都抢到手后杀掉其父、其夫。生活的奢侈程度也不在隋炀帝之下，金国第三代出了海陵王这样一个坏出名的君主。

金自开国时就受到契丹文化的影响，很早就创造了文字。这种叫女真字的文字是完颜希尹（希尹是汉名，女真名是谷神）创造的。女真字是把契丹字的形套到女真语上而成的。两国语言原本大不相同，只是用契丹语的字母写出了女真语，其形似汉字。据说开始形成的是女真的大字，后来熙宗使用的是把其大字分解的字，即所谓女真小字。女真字在金国第一代时就通用，据说熙宗还能用它作诗。土著人都用女真字，可以说这也是某种意义的学问。一直到明朝末年，五百年里女真字始终在满洲地区通用。至今还有刻着这种文字的石碑和女真文字典。熙宗用女真语接受汉文化；而海陵王主张完全接受中国文化，自己基本能用汉语作诗。这个海陵王能读懂汉籍，在各方面都想模仿中国天子，甚至出现了灭亡宋朝统一天下的想法。

海陵王南侵的失败

这时期，每年宋、金之间都有使节往来，海陵王可以从使节那里听到宋朝都城的各种情况。当他听说临安西湖的景色很美时，就让人把西湖的状态画成画，他在上面题诗道："提兵百万西湖上，立马吴山第一峰"。所谓吴山的第一峰位于西湖和钱塘江之间，在那里可观赏西湖和钱塘江两处景色。海陵王在上京这样的僻静乡村待腻了，迁都到今天的北京即当时的燕京，建造了与宋朝的汴京同样的宫殿。他又觉得燕京的名称不够味，改名为中都。然而来到中都后还不满足，又在汴京大兴土木建造了很漂亮的国都。就这样，他把金国的国都一步一步向南移。南宋方面看出金国有侵占自己领地的意图，有人上奏提醒高宗加强警戒。然而，当时的宰相汤思退是秦桧的党羽，同是主和派，不愿听战争的传闻，派人去打探，探子回来报告说一点看不出金国想对南宋开战的迹象。可是，时隔不久海陵王为了制造犯宋的借口，要求分割两国边境土地。欺人太甚，一向厌恶战争的高宗也下了硬抗的决心。对于高宗的态度，有一种很滑稽的说法，认为高宗此时得到其兄钦宗在金国已死的报告，没有了让位的顾虑才转变成主战的。也是在这个时期，南宋的宰相换成了主战派的陈康伯。此时，在金国那边出现了亲宋的内应。尽管如此海陵王还是决定举重兵开始入侵南宋。南宋面对强敌，先前的宿将只剩下刘锜一人且已成老病状态，生活都靠人帮助，根本不能带兵御敌。海陵王亲自率兵进入长江沿岸。南宋此时还没有迎战的准备，为了调动军队的情绪，文官虞允文作为天子的代表到军队做官兵的动员工作，在极度愤慨的情况下，自己指挥士兵打败了海陵王军队的一部分，获得意外的胜利。本来金国也不愿意进攻南宋，是海陵王一意孤行举兵伐宋的，因而不得民意。这一次败仗引起内乱，一直住在辽阳的世宗在部下的拥立下宣布独立，自己当了天子。情报传到海陵王的军队里引起骚动，前线部下杀死了海陵王。世宗的妻子也是在眼看要遭到海陵王强暴时守节自杀的，所以世宗一族对海陵王怀有逼死妻子的仇恨。海陵王伐宋之举中途流产，宋军乘势反击到金国领地。南宋以胜仗促成了和平，并且一定程度上挽回了面子。

孝宗北伐的失败和宋金继续保持和平

南宋这边也换了天子，高宗把皇位让给了孝宗。高宗没有亲生儿子，所以其让位意味着血统的变更。前面讲过，北宋时一直延续太宗的血统，汴京被金国攻陷后皇族几乎全都成了金国的俘虏，被带到满洲去了，所以高宗之后没有了继承人。结果搜寻到太祖的七世孙孝宗，把皇位让给了他。此时金国是世宗时代，两国都换了天子，从而一改过去的君臣关系，变成叔侄式关系。因此，把过去对金国使用的上奏文体改成国书体，改岁贡为岁币，接近平等的关系了。

孝宗虽然年轻但是个很有抱负的君主，力图重振国威，定年号为隆兴，并且很快制定了讨伐金国的计划。此时，高宗时代的主战派张浚还在世，孝宗启用张浚与金国打了一仗，结果宋军失败。原因在于错估了形势，原以为海陵王被杀后世宗不会很快平息金国内部的动乱。其实世宗也是金国的一代明君，很快收拾了内乱，稳定了局势，所以孝宗的计划没能奏效。在两国都已厌战的情况下，发动战争的一方失败的可能性很大。从此以后，两国的明君都致力于治理本国内部的问题，平稳地维持着两国的交往关系。

光宁授受和韩侂胄的抬头

孝宗在位二十七年，养父高宗作为太上皇过着隐居生活。孝宗给养父起了谥号，极尽孝道直至寿终。孝宗把皇位让给了光宗。可光宗却是个不孝之子，非常神经质，对父亲孝宗也存疑心，甚至不把孝宗作父亲看待。孝宗非常苦恼得病而死。光宗歇斯底里，连父亲的丧事也不办。在这种情况下，众臣与太皇后（高宗的皇后）商量，强迫光宗让位给宁宗。这些都是当时的宰相赵汝愚操办的，也可以说是一次内乱。做这种废立皇帝的大事，非使用太皇后身边的人不成，其中就有韩琦的曾孙韩侂胄。用韩侂胄是因为他出入宫方便。韩侂胄虽说是名臣的后代，但是个心地不好的家伙，得势后反而把这次废立的策划人赵汝愚的权力剥夺了，甚至把赵汝愚流放乡下直到死去。

开禧之败

在当时的南宋，部分人中潜伏着对金国的复仇情绪。韩侂胄也想拿出点功绩显示一下，于是利用对金复仇的情绪，提出了讨伐金国的议案。然而已很长时间与金国和睦相处，没有进行战争，持主战观点的人们并不知道战争的艰难性。在缺乏理智分析的情况下，把先前主战派的意志接过来，追封岳飞为鄂王，还给秦桧送了"谬丑"的谥号。这时期岳飞的史料出了不少，其养子之曾孙岳珂编纂的《桯史》影响很大，但有些内容真伪混杂。金国方面，世宗之孙章宗即位。章宗也是个明君，本来不好战，但宋军既然打来只得被动应战，结果金军取胜，南宋军队败归。南宋本来就不具备开仗的条件，长期没有打仗，士兵缺乏训练，又没有名将，在主战派的空论下冒失出兵导致失败。这次失败名为"开禧之败"。战争中四川吴璘之曾孙吴曦叛宋投金，给宋朝又增添了一份耻辱，韩侂胄后来被追究责任，被砍下首级送到金国。这一战败，使南宋在两国关系上比以前更被动了，增加了岁币，"叔侄"关系变成了"伯侄"关系。复仇的主张从名分上说是无可非议的，但先发起战争者结果会失败是当时的趋势。

金国世宗、章宗的政治

世宗、章宗时代是社会最稳定的太平时代，但这期间已经出现了走下坡路的征兆。世宗是被誉为小尧舜的明君，也是金国国粹保护论者。虽说国都在中都（燕京），但出于再兴本国质朴风气的愿望，有时间就回上京会宁府即阿什哈的白城，把太子留在中都坐镇。在上京，世宗把本国的故老召集起来，按女真的旧风俗与众臣共饮、唱本国的歌曲，父老乡亲感到轻松愉快。这种作风在政治上产生影响，使国家政局稳定、人际关系和谐。世宗是个很讲究政治策略的君主，对土著的汉人一方面施仁政，同时控制也很严，所以国家内部太平无事。他对塞外的蒙古人控制得特别严格。

金国长期太平，经济活动也很活跃，广泛发行纸币，都城呈现出繁荣的景象。这期间，作为全国财政策略的特点，实行了一种叫作"推排物力"的政策。其实质是经常对百姓的全部财产进行清查，与北宋时期的吕惠卿的"手实法"一样。具体地说，就是估量百姓的财产，使各家的负担均等的方法。中国的政治有时虽说目的不错，但结果并不一定好。推行这个政策的结果造成强行课税，互相监视，告发别人隐藏的财产。在长期太平的时代，民间出现经济上不平均时，或许官府采取这种方法是必须的。世宗和章宗在位时每十年进行一次这种清查。

就女真本国人与汉人的关系来说，女真人到汉人居住区进行屯田，这种屯田政策的目的也是好的，鼓励在汉族人居住的地区屯田，一旦有事就会节省从国内派兵的费用和麻烦。在女真的制度中把千人之长称为"猛安"，百人之长称为"谋克"。猛安和谋克率领屯田兵在汉人部落里扎根，并以其为中心逐渐形成女真部落。即以军政的方式做民政的工作。从备战上说，这确实是个非常适用的方法，但让女真人落户在被征服的汉人中，女真人处于类似日本"旗本"[1]的位置，趾高气扬，对土著人常施暴行。因此，虽说在备战上是个好措施，但在汉人中失去了民意。两三代以后女真人越来越多，原来的耕地不够用，就把汉人的土地霸占过来自己耕种，可到女真人失败时，到处都能看到女真人遭到报复的惨状。

---

[1]　旗本：为日本江户时代直属将军的家臣。——译者注

女真人对蒙古人时常进行所谓"蒙古人狩"的虐杀，并且在"减丁"的政策下，冷不防突然出兵塞外，见蒙古人就杀。为此，一段时期蒙古人都逃到远离金国国境的地方去了，所以金国的国境安全问题有了保障。所谓仁义皇帝的世宗时期实行的这种残酷政策，到章宗时期稍微有些收敛。章宗是个饱受中国文化熏陶的人。虐杀蒙古人的政策一停，蒙古人迅速繁殖起来，从而诞生了成吉思汗。总体上说，世宗、章宗时代是金国的全盛时期。

南宋的学派之争和朱子学

宋朝从这时开始国内的内讧非常激烈。内讧中加进了学派之争。其实，学派之争自北宋末年就已开始，那时是苏东坡与二程之争。南宋的孝宗很有才气，认为这种争论有益于国势的恢复，赞成以学派的形式进行有益的学术争论；尤其喜欢苏东坡的文章，曾亲自为其文集作序。南宋的大儒朱熹活跃在这个时代，但朱熹没有得到孝宗的赏识。原因是，天子喜欢苏东坡的学派，与二程一伙关系不好，而朱子是二程学派的人，所以不愿接受朱子之学。孝宗时期，还有一个被认为是迎合时代需要的功利派——即陈亮（字同甫、号龙川）的学派。这一派名为永嘉学派，当时也颇活跃。陈亮提出重振宋朝国势的建议，是一个有进取心的人。他认为国都在临安这个小地方不利于发展，提议迁都南京（昔日的建业），直抵长江岸边，与上游的武昌相连，便于伺机光复中原。这个提议在当时过于激进，当然行不通。后来在韩侂胄当宰相的时代，朱子学被说成是伪学，遭到查禁，所以朱子学没有进入官府大堂。宁宗中期以后，朱子学慢慢恢复了影响。朱子也是复仇论者，崇尚春秋时代的大义名分。朱熹的理论非常严谨，但朱子学所论与宋朝当时的国势脱节。韩侂胄被杀，史弥远当宰相之后，朱子学走出了被查禁的困境。史弥远之后的宰相是贾似道。这两任宰相都认为：从政策上说，采用民间颇有影响的朱子学派的理论是应该的，但是采用民间舆论和恢复国力是两个互不相关的问题。所谓采用民间舆论，即朱子学，只能减轻读书人的牢骚，而只是优遇学者也可能同时会亡国。这时期，朱子学派的学术思想冠冕堂皇，但勾画的却是几千年后才可能实现的理想王国，与眼前的问题几乎没有关系。北宋的张横渠曾说过："为天地立心，为生民立命，为往圣继绝学，为万世开太平。"总之，在政治上逐步采用了不实用的学问。

临安的繁荣和南宋的经济

长时期持续和平，百姓生活富裕，奢侈之风兴起。在一本名为《武林旧事》的书中写了当时都城临安的繁荣景象。据书中介绍，当时天子的生活、百姓的生活都非同寻常。中国只要四五十年没有战事，经济就会出现很大发展，当时奢侈之风蔓延至普通百姓。都城临安长期太平，带来了整个南宋后期的繁荣。那时临安城内建了很多游廊，其中使用的餐具都是银制的，非常讲究。都城的平民也得到了实惠（日本也是一样，江户的町民比地方百姓沾光要多）。这个时代，纳税的是农民，都城只坐享其成。从另一方面来说，都城里出现了一些不务正业的人，他们与官吏、内宅人拉上关系，狗仗人势，有的违法乱纪，有的以借用的名义占用官府的土地和房产，连租金也不付，并且被合法地免除。出现灾害时，朝廷就发放救济款，建立了施乐院、育儿院、养老院等福利设施，甚至还为无处葬身者提供坟地，做了不少好事。一些游手好闲的人也流入临安城，有的专事赌博，有的偷鸡摸狗。可以说，临安城富裕到连文明社会中所能见到的那些负面东西都滋生出来了的程度。朝廷奖励艺术，建了画院，画院的"待诏"是画家中相当高的荣誉，可以获得天子赐予的金带。还出现了御用的围棋高手。各种游艺无所不有，专业艺人各显其能，有讲谈师、说经师、小说师（单口相声），还有既会表演又会唱的杂剧（戏剧）师。临安城里热闹非凡，搞口技的、变魔术的、猜谜的、男相扑、女相扑各自身怀绝技，令人眼花缭乱。天子出现的宴会也充满艺术气氛，喝一杯奏一曲，生活全都艺术化了。

但是，从另一方面来看，这些排场都要花钱，给朝廷的财政造成沉重负担。大量发行纸币，结果终于成了不能兑换的纸币。自北宋时期就使用纸币，有期限地发行，一般规定三年一期到时回收。在使用期限截止时，停止回收，发行下一期纸币。过期的旧纸币成了不能兑换的纸币，价值就下降了。北宋时期一期发行二三百万贯，而南宋一期发行多达一亿贯。纸币一贬值物价就上涨。这样反倒促进了民间的繁荣和与海外的贸易。广东、福建地区与东南亚、阿拉伯地区之间的贸易非常活跃，造成大量硬币流出。虽曾经考虑在法律上禁止货币外流，但终没能杜绝。日本出土的硬币中，宋朝特别是南宋的硬币很多。

南宋虽然只有一百五十年，但却是一个奢侈之世。北宋的徽宗时代朝廷里奢侈，但民间远远比不上南宋的临安。此时金国年年向南宋要钱，也沉浸在繁荣、太平的生活中；可这期间蒙古却在悄悄崛起，突然诞生了金国做梦也没想到的成吉思汗。

第十二章　蒙古族的崛起和金国的灭亡

蒙古种族的来历

蒙古族从唐代开始才出现在历史中。《旧唐书》、《新唐书》中都有记述。《旧唐书》中称其为"蒙兀室韦",《新唐书》中称其为"蒙瓦"。"室韦"在唐代就被看成是一个大的种族,居住在契丹国的北边,其实那是室韦的一部分。室韦在近代即清朝以后的种族区分中好像是属于"索伦族"。蒙古,在《辽史》中叫"盟古",在《金史》中叫"盟骨",《契丹事迹》(逸书,宋朝的书)中叫"朦古",在宋朝的《松漠纪闻》中叫"盲骨子",在《契丹国志》中叫"蒙古里",都指同一个民族。至于其活动地区,《旧唐书》中说是在望建河,《新唐书》中说是在宝建河,无疑都在今天的黑龙江地区,基本指黑龙江南岸一带。

关于蒙古种族的起源说,与其他种族的起源说有相似的地方,所以很难判断其说是否是真正的蒙古族的起源。其中主要有三种起源说:第一是所谓"锻冶铺"传说,与突厥的传说基本相似,其他地区也有同样的传说,蒙古的传说大致继承了突厥的传说;第二是动物元祖的传说,在蒙古有狼和牝鹿相配,其子孙成了蒙古人的传说,这基本也是突厥种族起源的传说;第三是在中国流传的称为"感生帝"的传说,即一个女子在没有丈夫的情况下生了儿子，成了后人的祖先的传说。这是中国、满洲、朝鲜、日本等东亚各国共同的传说，蒙古种族的起源说也是由此而来的。蒙古的宗谱中，据说从成吉思汗开始至九代前的祖宗孛端察儿，都是这样出世的（参见《读史丛录》中的《蒙古开国之传说》）。

蒙古族曾先后出现几个大首领。得到邻近的金国承认的第一人是比成吉思汗早三代的合不勒罕。合不勒罕在金国熙宗时期来到金国朝廷，醉酒后揪了熙宗的胡子，引起麻烦。熙宗是金国第三代天子，受中国礼仪影响很深，所以对合不勒罕的非礼很气愤，不过熙宗本人还是准备原谅合不勒罕，但臣下不答应，非要杀掉合不勒罕。合不勒罕知道情况不妙逃走了。金国方面不肯罢休，派使者去叫合不勒罕回来，合不勒罕不但不回反而杀了使者。金国更加气愤，派兵讨伐，结果却被合不勒罕击败。继合不勒罕之后当上可汗的是俺巴孩，是合不勒罕的同族人。俺巴孩遭到金国人的暗算，与金国的关系比以前更紧张。俺巴孩之后，合不勒罕的儿子忽图剌继位。忽图剌与金国开战，金国方面的主将是有名的兀术。这是南宋高宗绍兴初年的事。据说蒙古的后人把忽图剌称为太祖明元皇帝。这里显然有后来的中国人虚构的成分，忽图剌本人是否知道都很难说。

成吉思汗统一各部落

成吉思汗是忽图剌的弟弟也速该的儿子。也速该称为把阿兔儿，既不是汗也不是可汗。把阿兔儿是勇士的意思，并不具备可汗的武力和统治力。成吉思汗本名叫铁木真。在铁木真十三岁的时候，父亲也速该就把翁吉剌特的姑娘许配给儿子，在父子同去翁吉剌特的归途路过塔塔儿（鞑靼）部落时，也速该被塔塔儿部落的人毒死。因为那时候蒙古人常抢婚，铁木真就是也速该从塔塔儿部落抢女为妻所生的，塔塔儿部落非常憎恨也速该。这时期蒙古种族特别弱，没有可称为可汗的统率本族的英雄，并且受到金国"三年一减丁"政策之苦，非常艰难。成吉思汗自小在苦水里泡大。即使是同族的部落也不团结，铁木真还受到他们的欺负。自己父亲原来的部下，除少数人外都被同族的首领夺去。铁木真的母亲是个很勇敢的女人，她自己出面想把离去的部下喊回来，但无论如何也挽回不了日趋衰败的形势。铁木真与翁吉剌特的姑娘结婚后常常遭到塔塔儿部落的侵掠，连妻子也被掠走，其妻曾被许配塔塔儿部落的别的男人。

遭掠之后，很幸运，铁木真有了援助者：一个叫札木合，是自己的朋友且有很多部下；另一个叫王罕——他因为受到金国的封官，所以称王，是父亲的朋友。借助这两个人的帮助，铁木真还击了同族内欺负自己的人和塔塔儿。不多久，铁木真与札木合之间出现分歧。铁木真对人很有同情心，也得到了别人的同情。为此，札木合的部下渐渐感情转向铁木真，这就成了与札木合关系恶化的根源。铁木真那时率领十三翼军队共三万士兵与札木合开战，但结果失败了。所谓三万士兵不过是蒙古人的套话的讲法，不可凭信。蒙古人表示数量大时，一开口就是三万。铁木真与幸存的十九个人一同饮河水发誓结盟。这十九个人后来作为成吉思汗的功臣而闻名。

这时期蒙古人是游牧民族，原据点是黑龙江沿岸，但用不了多长时间就可抵达外蒙古。带上几匹马，在马上一边睡一边走，一天能走四五十里路。连粮食也不用带，饿了渴了刺马放血喝。

就这样，几天中也不吃东西连续赶路。王罕主要住在外蒙古地区。铁木真与札木合分道扬镳以后与王罕的交往频繁，在其援助下赢得了自己部落的统一。这时期在外蒙古非常有势力的部落是乃蛮部（"乃蛮"是八之意，即八家聚合的部落）。成吉思汗不断攻击乃蛮，把它从外蒙古驱逐走了，由此王罕的势力变大了。王罕后来与札木合联合了，成吉思汗又与这两者的同盟军作战。对方的同盟军虽是强敌，还是被成吉思汗打败。从满洲西北部到外蒙古全境都被成吉思汗统一了。成吉思汗由铁木真的时代进入称汗的时代，五十岁时，各部献给他尊号——成吉思可汗。"可汗"是汗中之汗，即大汗之意。在蒙古语中单纯的汗和可汗区别得很清楚，而在满语中却没有区别。

成吉思汗向外国侵略

成吉思汗成为可汗时，南宋是宁宗开禧年间，韩侂胄掌权时期；金国是章宗时代。蒙古渐渐成了大国，金国承认蒙古国的存在，并把它作为附属国对待。也就是说，在章宗这代成吉思汗归顺了金国。章宗之后卫绍王即位。卫绍王是章宗的叔父，是个凡庸之辈，从他当王时成吉思汗就知道他，看不起他。章宗殁后卫绍王即位，为把这一消息通知成吉思汗，叫成吉思汗来到国境边，当告诉成吉思汗新天子是卫绍王时，成吉思汗向南吐了口唾沫，说："我本想中原的天子是天上的人来做的，没想到竟是这号凡庸之辈！"说完，连礼也没施就回去了。这时成吉思汗已下定叛离的决心。

从此，成吉思汗一方面与金国发生冲突，在西边又与西夏动干戈，在中亚与花剌子模兵刃相见。与金国冲突的结果，长期太平的金国兵弱不能战，蒙古兵所到之处金兵节节败退。由于金国主动与蒙古开战，所以金国的根据地首先出现内乱，出了叛徒。开始是契丹人耶律留哥在成吉思汗成为可汗八年后，在满洲地方割据为王，自封为辽王，并打出了自己的年号。金国为讨伐耶律留哥派蒲鲜万奴出征，然而蒲鲜万奴也宣布独立建国，定国号为大真，后又改成东夏。东夏割据了满洲与朝鲜接壤的地方。

这样一来，更加剧了金国的内乱，卫绍王被其部下杀害。继之，宣宗、哀宗先后上台，这两位都是相当不错的君主，人品也不坏。手下的大将完颜陈和尚是个杰出的将领，他对蒙古的防御战打得很好。成吉思汗任命一个叫木华黎的部下充任进军满洲的大将，并把其领土划给四大国王管辖，木华黎即是其中之一。成吉思汗本人坐镇居庸关，从山西、陕西方面向内地挺进。金国此时的国都设在中都，为了避开蒙古的逼进移都汴京，企图与蒙古讲和，但没能成功。金国灭亡并没有什么重大过失，也并不是因为君主横暴，只是因为女真族的锐气已经在长期的和平生活中消磨掉，自己变得没有战斗力了。

成吉思汗成为可汗的一段时间里主要是对金国作战，然后腾出手来对付西夏，一直到成吉思汗病死。与成吉思汗打仗的最后的西夏国君也是个英明之君，奋勇抵抗。这时成吉思汗的军队已经从中亚向欧洲进军了，中途遭遇的大国是花剌子模。花剌子模的国君阿剌哀丁在蒙古军队侵入不久就败退下去，但阿剌哀丁作为回教国家的苏丹并没有被蒙古军的气势吓倒，父子两代都与成吉思汗进行了顽强的战斗。在攻打西域地区中，主要的将领是成吉思汗帐下的哲别和速不台两人，还有成吉思汗的儿子等。这时是成吉思汗成为可汗以后十五年，差不多用征服乃蛮部落的余力就拿下了中亚北部，任可汗十五年后攻取不花剌，然后与花剌子模开战的。阿剌哀丁的儿子札剌勒哀丁非常英勇，几次击败蒙古军队，但最后还是被成吉思汗击败，逃往印度。札剌勒哀丁逃跑的场面非常壮烈，成吉思汗也为其英勇的气概所感动，想生擒札剌勒哀丁，下令不许放箭。当追至印度河时，札剌勒哀丁纵马从悬崖上飞下去，渡河逃跑。据说成吉思汗望之，感叹道："他是条好汉，年轻人就应该像他一样。"

征服中亚以后，哲别和速不台指挥军队继续前进，从撒马尔罕到巴格达，又击败钦察的部落（今天的俄罗斯地方），继续进攻马札尔族部落（匈牙利的土著民族），直至与日耳曼各诸侯兵刃相接。成吉思汗在中亚主要以撒马尔罕为中心，指挥了这次大远征。

西域地区的大远征出乎意料地胜利完成，这时成吉思汗又亲自指挥对金国作战。本计划从今天的甘肃、陕西地区进军汴京，但来到两省交界的陇山山脉的六盘山准备避过暑期再调兵时，成吉思汗突然患病，不久病死。这时是金国的哀宗时代、南宋的理宗初期。据说成吉思汗死时作为遗言讲了攻打金国的计划。金国这时在陕西与河南交界处的潼关集结了大军，准备抗击蒙古兵的侵犯。据说成吉思汗的遗言说："这地区一面是山，一面是河，是非常难攻的要地。其南面是南宋的地盘，如果向南宋借道迂回进军汴京，金国不得已或许会召回潼关之兵，那时乘乱攻打汴京必定获胜。"不知这个遗言是否真实，蒙古军队确实是这样做了。这是关系到蒙古、南宋和金国三国的事件。

分封诸王和忽里勒台

成吉思汗把他这辈子占领的辽阔领土进行了划分，成立了三个大国。第一是把钦察地区分给了长子术赤，建立了金帐汗国；第二是把撒马尔罕为中心的中亚地区分给了次子察合台，建立了察合台汗国；第三是把中国境内的中亚的伊犁、新疆地区分给了三子，建立了窝阔台国；末子拖雷掌管蒙古故土。这四个儿子都是翁吉剌特的姑娘——成吉思汗的第一夫人所生。蒙古原来的继承法规定，长子长大结婚后要到女家的蒙古包（ordo）去住，次子、三子也都同样到女家去住，末子与其母享有剩下的财产。蒙古包中的财产由女人管理，最后所有权归最小的儿子。以此继承方式，成吉思汗的大部分兵马和财产都落到拖雷手里。满洲地区分给成吉思汗的弟弟合撒儿和斡赤斤（斡赤斤是末子之意）。蒙古原来的根据地是外蒙古的和林，拖雷就在此建立了拖雷国，以此为中心，东边的满洲是其左手国，西边直到术赤领地的边缘是其右手国。

以上只讲了继承方法的问题，而统治全局的可汗的选举需要共同商量决定。这时，成吉思汗的遗嘱当然受到重视，但最终由忽里勒台决定。忽里勒台就是蒙古的国会。皇族、重臣在忽里勒台大会上选举三公子窝阔台为新可汗。在成吉思汗四个儿子中长子术赤与次子察合台有矛盾，因为术赤的出生问题不清楚。成吉思汗的妻子曾一度被塔塔儿部落抢走，婚配给别的男人，那时她已妊娠，返回来时生了术赤，但兄弟们还是怀疑术赤是否是成吉思汗的儿子。成吉思汗一直保护术赤，承认术赤是自己的儿子，尽量解除其他儿子的疑虑，但术赤在兄弟中还是没有威信。末子拖雷没建立什么战功，但他与窝阔台的关系很好，次子察合台也与窝阔台关系不错，所以温和厚道与世无争的窝阔台受到大家的信任，被选为可汗。

金国的灭亡

窝阔台即位六年后金国灭亡。基本是按所谓成吉思汗的遗嘱的方略，向南宋借道把金国打败的。在这过程中虽然南宋中途变卦，蒙古军队强行通过南宋辖区包围了汴京。与南宋商定联合灭金，南宋派出了名将孟珙。金国的哀宗虽从汴京逃出，但还是死于蒙古军的包围中。其弟继位几天后也毙命，这是南宋理宗端平元年的事。此后，蒙古、金国、南宋的三国关系就变成南宋与蒙古两国关系了。

第十三章　南宋与蒙古

南宋与蒙古的冲突，南宋的防备工作

金国一灭亡，一时间蒙古军队似乎要撤回去，南宋乘虚而入，想光复以前被金国强占的领土。这种意图叫作"恢复三京之议"。所谓"三京"即指东京（汴京）、西京（洛阳）、南京（归德）。南宋军队进入汴京，又进入洛阳。蒙古军队看到南宋军队连招呼也不打就把自己打下的地盘占了，不想让南宋白占便宜，于是卷土重来。实际上，南宋收复的洛阳已不是想象的那样，几乎是座空城，留下来的民户只有三百家。南宋军队尽管进了城，可连吃的粮食都没有，紧跟着又与返回来的蒙古军队交战。不仅仅是洛阳，其他地方也是同样，南宋军队恢复的地区全是一片荒凉，没有任何价值，并且都遭到蒙古军队的反扑。蒙古使者来到南宋，指责南宋破坏盟约，南宋反驳了蒙古的指责，于是两国开战。在历史上称其为"端平入洛之师"。这次宋、蒙之战，南宋不仅没有收回被金国占领的土地，反而连南宋现有的土地也失掉了一部分。

南宋与金国对峙时，襄阳和樊城是边陲重镇，位于今天的湖北境内，与河南接壤，北面是横跨河南、湖北交界的山脉。南宋自岳飞攻下襄阳后一直派重兵把守。南宋末期这里住有五万户居民，储存了大量军粮，军事设施也很坚固，成了防范北方侵略的牢固屏障。对于南宋来说，蜀地也是一个重要地区，这时期蜀地非常富庶，是南宋的经济命脉。据说蜀地向来都非常富庶，这里生产的纺织品不仅可以负担当地的费用支出，而且南宋每年给金国的岁币也用蜀地的纺织品支付。南宋与蒙古开战时，由于守卫襄阳和樊城的军队接收了金国投降来的士兵，造成襄阳和樊城失守。但和蒙古联合夹击金国时的南宋名将孟珙，经过奋战又把这两座重镇夺了回来。可以说，是由于孟珙重新夺回襄阳和樊城才使得南宋在金国灭亡之后又延续了四十余年。蜀地也受到蒙古军队的侵扰，成都等地都被蒙古军队占领。蒙古军队准备沿长江南下湖北、湖南的情报传来，孟珙借助湖北与四川交界的三峡天险修筑防御工事，阻挡了蒙古军队的进军。孟珙的有效防御避免了南宋的迅速灭亡。但是蜀地最富饶的平原完全沦陷，因此南宋的财力锐减，造成都城附近的浙江地区不得不担负沉重的税收，而这种重税又是南宋灭亡的一个重要原因。

蒙古的政治和耶律楚材

这时蒙古的太宗窝阔台汗已去世，其长子定宗贵由汗继位。从这时开始，蒙古的统一变得松弛下来。太宗窝阔台自成吉思汗时期经历了各种战争，军队和百姓很顺服。可到定宗时没有这种民意，尽管得到忽里勒台的推荐，但在他实现继位过程中有些不太光明磊落的地方。特别是蒙古本国还有成吉思汗的末子拖雷，在蒙古人的意识中拖雷应是正统的继承人。窝阔台为第二代可汗，对此原本就有不同意见，所以太宗死后到定宗继位，可汗的位置空了六年之久。定宗即位仅三年就死了，尔后可汗的位置又空了好几年。空位时期，太宗、定宗的皇后先后执政，造成政局紊乱。

在太祖、太宗时期，蒙古的地盘非常大，不能实行同样的政治。蒙古地区按蒙古原来的习惯施政；西域地区主要按回教徒的习惯施政；原金国地区按中国的习惯施政。分别在各地区设立了类似宰相的官职，用蒙古语叫作"必阇赤"，用中国的称法叫作"中书"。西域地区的必阇赤是镇海。蒙古是游牧民族，其财产是家畜。西域地区虽然也是游牧区，但在有商队的地方建立了以经商为主的国家。旧金国地区经营农业。在西域地区经营单位是"丁"（人的数量单位），旧金国地区是"产"。由此可见，不同的地区施政的方法各异。成吉思汗时，自侵略中国以后开始，蒙古人与中国人的不同习惯带来了很多麻烦。农民，对于蒙古人来说没有用途，大片耕地不能转变成很多钱财，所以成吉思汗征伐西域归来后，在汉人不能给蒙古带来利益的认识下，一部分人提出杀掉汉人，把耕地变成牧场的看法。从游牧民的经营立场来看，或许有其道理，但由于耶律楚材的反对，终未能实行。耶律楚材断言：如果发挥汉人的才智就没有做不成的事，想要获得税收，仅旧金国地区（今天的直隶、山西、陕西、甘肃地区）就能完成年交银五十万两、绢八万匹、谷物四十万石。于是，成吉思汗把收税的任务交给了耶律楚材。因此，蒙古人统治下的中国人的国家组织就这样形成了。耶律楚材把为躲避战争逃散的百姓召集起来，实施生产和征税。其间，改变了中国以往胥吏政治的弊端，采用士大夫管理财政。胥吏不是天子任命的正式官吏，在官吏和百姓之间做事务性工作，但却在中间中饱私囊，既损害官府利益又损害民众利益。耶律楚材就是要改变这种状况。总起来说，由于耶律楚材的一句话，救了整个中国北方人的性命。据说成吉思汗再次征伐归来时，见到耶律楚材呈上的税收账本非常高兴。

太宗时代，耶律楚材特别受到重用，任何事都交给他办。由于饮酒过度，太宗五十六岁就死了。像蒙古人这样的文化程度低的人不善饮酒，成吉思汗也戒了酒。蒙古的可汗后来因为饮酒而早逝的有好几个人。耶律楚材让太宗看被酒腐蚀的金勺，劝道：金制的勺都能被酒腐蚀，何况人的肉体之躯。太宗还是比较重视耶律楚材的劝说，但终没能彻底戒酒。耶律楚材本人酒量很大，虽然劝说太宗少喝酒，但自己又只得陪着喝，有时醉倒被人送回家。

太宗死后，皇后执政时耶律楚材的作用很难发挥。太宗在世时，常常命令西域的商人完成征税任务。这叫"承包法"，即君主揣着手坐享其成的方法。像西域商队那样，从骆驼背上不费劲地取下全部财产。然而这种方法在从事农业生产的中国人中不适用，承包者占去的利益太大。由于这种方法君主省事，所以经常采用。皇后掌权时，想把财权交给一个自太宗在世时就任用的西域商人——奥都剌合蛮，耶律楚材见此，对太后说：太宗有遗嘱，让把财权交给我管，无论是谁不预先跟我打招呼不能征税。结果，虽然制止了征缴土地税，但金银税陷于紊乱状态。据说耶律楚材为此很伤脑筋，过早地去世。

宪宗和忽必烈，蒙古利用中国文化

定宗死后拖雷的儿子宪宗蒙哥即位。宪宗是拖雷的儿子，所以在蒙古本国里受到拥戴。拖雷自来就重兄弟之情，对太宗忠贞不二，受到众人的称赞，自然为其子孙赢得了民心。在中国带宪字的天子多数比较残酷，蒙哥也是如此，猜忌心很强。这位宪宗

虐待太宗的曾孙，除个别的亲密兄弟，对其他成吉思汗的子孙都
存有疑心。从这时开始，大蒙古可汗国的分裂兆头已经显露出来，
但是，自己势力内部团结得不错，蒙古的朝纲得到恢复。蒙哥对
亲兄弟很好，非常信任弟弟忽必烈（世祖），征伐南宋时让忽必烈
统领大军，把漠南地区（多伦诺尔以南地区）分给忽必烈管辖，
让他在金莲川（开平，今天的多伦诺尔附近）建府。

　　忽必烈不像其兄蒙哥，是个心胸豁达的人，在统治中国人方
面早有成熟的考虑。在开平建府后招募了很多中国学者，并且建
府前就录用了姚枢、许衡、张德辉等中国学者。张德辉写过一本
外蒙古游记。忽必烈还没有即位之前就把张德辉招到身边，张德
辉得到忽必烈的尊敬和信任。他写的这本游记以及在这前后的其
他游记，在介绍蒙古、西域地区的情况方面发挥了重要作用。成
吉思汗时期，长春真人（丘处机）写一本《西游记》[1]。长春真
人原是山东的道士，曾应成吉思汗之召到过撒马尔罕。耶律楚材
的《西游录》留下的已经不全了，其中也记述了自己到撒马尔罕
的过程。耶律楚材在与长春真人的来往中曾以诗赠答。

　　这时期利用中国文化已经开始，成吉思汗召见长春真人，是
想知道长生之术。长春真人在道教徒中是讲话很严谨的人。以前
的道教教人为长生不老用药，但长春真人不这样，这派道教是从
金国王嚞（王重阳）那里传下来的。长春真人听到成吉思汗想知
道长生之术，回答说："吾乃卫生之道，故无长生之术。"耶律楚
材不仅对汉学有研究，同时也信奉禅宗，是金国曹洞宗名人万松

---

[1]　长春真人的《西游记》，实为其弟子李志常撰写的《长春真人西游记》。
　　　——译者注

老人的弟子，他非常讨厌道教，与长春真人的关系不太好。成吉思汗时期启用了耶律楚材，而忽必烈时期开始把儒教思想引入实际政务，注意采纳儒家学者的意见。他手下的许衡就是朱子学派的理学家。儒学家的意见对于治理战后萧条的金国故地起到很好的作用。这期间南宋政局却愈发混乱。

蜀地的防御，宪宗的南征

这时期，南宋与蒙古之间暂时没发生大的战事。两国的军事接触点在蜀地。孟珙之后余玠统管蜀地，开始时治理得比较有序。但地方长官长时期在一个地区，朝廷觉得不自在，怀疑余玠背着朝廷做了什么事，下令召回余玠。余玠意识到，若回去必被治罪，服毒自杀。不仅余玠的财产被官府没收，而且说余玠生前挥霍了公款，令其子孙赔偿。不过，在余玠驻守期间蜀地的防御工作井然有序。今天重庆附近的合州是蜀地两大河流岷江、嘉陵江汇合之处，余玠曾在这里修筑了防御工事，对防御蒙古军队进犯发挥了重要作用。然而，就是这样一个有功的余玠，被逼自杀。

南宋这时期的宰相是贾似道，执掌全部政务。贾似道年轻时生活在与蒙古毗邻的地方，对敌方的情况比较熟悉。后来他的姐姐成了理宗的贵妃，贾似道借此青云直上。起初虽然他只是淮东地区的地方官，但因其有机会经常与宫中联系，很有实权。后来慢慢进了朝廷，掌握了大权，他的施政促进了南宋的迅速灭亡。

恰在这时，蒙古派使臣来到南宋。据说是由于南宋长期扣留蒙古使臣激怒了蒙古，宪宗亲自率大军分三路向蜀地进犯。宪宗本人指挥的一路通过东川地区、嘉陵江沿岸攻打合州。此时，南宋把守合州的将领叫王坚。合州城池坚固，没能很快攻下；出乎意料的是，宪宗得急病身亡。宪宗讨伐南宋是一个宏大的计划，最初忽必烈参与了这一计划的实施。远征大军从甘肃的西宁出发，渡过了长江上游的金沙江，灭亡了云南的大理国，直抵安南。还没有到安南，忽必烈中途撤回去了。兀良合台继续按宪宗的计划进军，攻破安南，进入中国的广西，又由广西进入湖南。进军的路程，从长度上说算不上多么了不起，但道路非常难走，出发时的几万部队进入湖南时仅剩下三千人。蒙古军队的特长是骑马，而现在来到骑马的优势无法施展的地方。对于这次远征计划，清朝的历史学家魏源认为，是没有价值的计划，但完成这个计划的蒙古人是伟大的。

忽必烈即位，再次南征

忽必烈从远征军中撤回来之后，进入中国的中部，从淮西到湖北，攻到了鄂州（武昌）城下。起初准备在这里与兀良合台的远征军夹击南宋，由于远征军来到之前宪宗病死，中途撤兵。贾似道想在鄂州阻击蒙古军队，但看到没有成功的希望，提出与蒙古讲和，每年给蒙古交岁币。忽必烈接受了南宋的讲和条件，率兵向当时蒙古的都城和林撤退。在和林驻守的是忽必烈的弟弟阿里不哥，宪宗南征时把他留下来看家。可是现在宪宗死了，阿里不哥萌发争夺可汗位置的野心，所以忽必烈撤到北京时，在中国学者的鼓动下，没等召开忽里勒台大会，宣布即位。这样一来，蒙古内部的关系恶化，尤其是与太宗窝阔台后裔的关系到了不可调和的地步。

贾似道请求和解，但当他得知忽必烈撤退是因为其内部出了事后，认为蒙古军队不可能再来进攻，给南宋朝廷打了个假报告，谎报在鄂州击退了蒙古军队，并且为了宣扬自己的功绩还让人写了书。这时，忽必烈按双方的约定，派使臣郝经来到南宋。贾似道担心朝廷见到蒙古使臣使他的谎言败露，把郝经截到真州（今江苏仪征市）拘禁起来，直到南宋灭亡。蒙古的这位使臣被贾似道拘禁了整整十九年。忽必烈一直得不到回音，知道其中有诈，决心再次征伐南宋。此时，镇守蜀地的南宋大将刘整带领三十万户居民归顺蒙古。蒙古军队一步一步向南宋逼进，首当其冲的是襄阳和樊城。襄阳守将吕文焕顽强地阻击了蒙古军队，虽被包围，就是攻不进来，一直坚持了五年之久。襄阳城墙十分坚固，南宋士兵也非常顽强。为了打破蒙古军队对襄阳的围困，南宋守军组成敢死队，闯出包围圈与外部取得联系。然而，蒙古军队从西域地区运来火药，到底用炮火轰开了襄阳城。

南宋的危急和贾似道的恶政

贾似道完全不让天子知道国家面临灭亡的危急情况。当时正赶上理宗驾崩、其弟的儿子度宗即位的特殊时期。度宗是个昏君，相信贾似道击败了蒙古，国家已经安全。贾似道在西湖边上修建了豪华的楼阁，召来很多美女，穷奢极欲，与天子宫廷的生活相比也有过之而无不及。有一天，天子问贾似道："听说襄阳已被蒙古军队包围了三年之久，情况到底怎样？"贾似道回答说："没有这回事，谁跟您讲了这种毫无根据的事？"度宗说："是听一个宫女说的。"于是，贾似道就找茬给这个宫女定罪，处死了她。

　　此时，蜀地已落入蒙古手中，襄阳仍被围困，南宋的财政濒临崩溃。大量增发纸币，物价暴涨。以前都是纸币与铜钱兑换，贾似道发行了与白银兑换的纸币，一出新纸币旧纸币就贬值，助长了物价的上涨。另外，这时期实行了征购公田政策，即官吏以其田地换购相应的俸禄，其中官吏生活所需的部分扣除后，剩余部分的三分之一由官府征购。百姓财产的多余部分也是一样。这样一来，官府的收入增加，财政宽裕了。但这种所谓的征购其实并不付钱。反对征购公田政策的官吏多数受到贾似道指使的御史的攻击。这种制度起初在缩小贫富差距方面还是有效的，但是后来由于只考虑官府的收益，对田地很少的农户也都施以征购，使贫穷的农户更加难以维生。说是征购，可又没有资金，就以空头支票式的公债充当。这种公债包括"告身"、"度牒"等。"告身"即官吏的委任状，只是一种名目。"度牒"是当僧侣、道士的许可证。如果当了僧侣就可以免除壮丁的徭役。这种政策不过是一种权宜之计。造成徭役的来源减少，最终还是于国家不利。这种"告身"、"度牒"的市价有涨有落，造成很多人破产。官吏多购公田即是功绩，所以越购越多；老百姓的土地成为公田后，原来六七斗的税变成了一石。公田政策不但没有减轻百姓的负担，反而更加重了百姓的负担。向这些在公田里耕作的佃农征收的年贡也比以前多了，公田政策给江浙地区百姓造成极大的负担。贾似道倒台、南宋灭亡后，这种高税收的状态仍在持续。据说近代江浙地区的税收比其他地区都高的原因就在于此。贾似道恶政的余波殃及七百年后的今天。从另一方面来说，这一地区的百姓在高税收状态下，必须勤奋劳动，结果使江浙地区成了中国最繁荣的地区。

　　襄阳被围困了五年，最后终于陷落，守将吕文焕投降了元朝。

这时（至元八年，公元 1264 年）蒙古国号为大元国。诏书中说，取《易经》中元亨利贞之元，而定国号为"大元国"。襄阳陷落不久，武昌也跟着陷落，元兵已逼近南宋都城。这时，南宋朝廷才醒悟过来。度宗刚死，其幼子当了天子，后来向元朝投降，被封为瀛国公。太皇后即理宗的皇后摄政，把贾似道放逐，停止了征购公田政策，把田地还给了原主人，还企图把佃农征去当兵，但没能如愿。贾似道被处刑流放后还没有停止过奢侈生活，带着十几个妾上了流放的路程。监送人中有一个人的父亲被贾似道流放，借此向贾似道报复，在烈日下走路不让他遮阳，当来到河水清澈之处就劝贾似道说，死在这里不好吗？贾似道回答说，太皇后判我流放罪，是让我活而不是让我死。听罢，这个监送人动手结果了他的性命。

南宋的末路，文天祥和张世杰，元军名将伯颜

贾似道之后，其残党继任宰相，但都推卸责任。官吏们看到南宋气数已尽，纷纷弃官而逃。太皇后不理解，宋朝长达三百年，豢养了这么多士大夫，到危急时怎么会逃跑？下诏书企图阻止逃跑，可无济于事。在这大势已去之际，挺身为国捐躯的人是文官中的文天祥和武官中的张世杰二人。

文天祥自通过进士考试时开始就受到监考官——当时的第一学者王应麟的褒奖。当其他官吏四处逃散的时候，文天祥作为地方官召集本地的豪杰（土匪）并招募了一万多苗族蛮人，举勤王之兵抗击元军。当时，他的朋友看到南宋必亡，已无起死回生的希望，没有跟他一起干。可文天祥说，只要社稷存在一日就要为

其效劳。在众官纷纷逃离都城时反而赶到都城。南宋仅仅剩下长江以南的一部分领地，文天祥设计了保卫这片领土的战略，即：把当时南宋的地盘分成四个地区，广西和湖南为一个地区，在湖南的长沙设总管府；广东和江西为一个地区，在江西的隆兴设总管处；福建和江东（江苏、浙江地区）为一个地区，在鄱阳设总管处；淮东和淮西（长江以北）为一个地区，在扬州设总管处。虽说制定了周密的防御计划，可这计划根本不现实，肯定实行不了。文天祥从江西向临安进发，途经平江（苏州）时元兵已经攻进临近的常州。文天祥率领他的士兵与元军交战，这支拼凑的乌合之众军队一战即败。文天祥避开元军，总算到了临安。文天祥由临安府知事升任宰相。元军名将伯颜率大军逼近临安，文天祥亲自作为南宋朝廷的代表到元军中讲和，被伯颜趁机扣留在军中。

再说张世杰。张世杰是由金国归顺元国的大将张柔的堂兄弟。虽说是员武将，也还有思想，或许是出于南宋是正统天子的认识，从元军中逃出来，回到摇摇欲坠的南宋，并且为南宋战斗到最后。张氏一族分成两支，另一支为首的是张柔之子张弘范，他正好与张世杰相反，为灭亡南宋战斗到最后。

此时，元军越过淮东、淮西地区，直接向南宋都城临安奔来，并且很快攻破临安，天子和太皇后向元军投降。当时太皇后正在病中，伯颜等她病愈后连同天子一同带到北京。伯颜毕竟是个有心胸的名将，不但没有杀害南宋皇族一个人，而且还对他们很优待；南宋国库中的财产、文书等也都认真封好后运到北京。这些东西进入民国后才被拆散。伯颜本人一物不取，众人把他从江南只带回一枝梅花传为佳话。关于南宋皇族被带到北京的情况，汪元量（水云）有详细记述。汪元量由于琴弹得好，经常出入南宋宫中，也跟着皇族来到北京。从《水云集》中可以看到在来北京的途中皇族一行受到非常好的待遇。在元世祖和他的皇后亲自主持下，连续十天设大宴款待南宋太皇后，还把南宋小天子招为女婿。太皇后的财产原封不动地一直保存，后来给了长大成人的小天子。

文天祥这时被囚禁在伯颜军中，在伯颜率军北撤时逃跑，回到驻守在淮东、淮西地区的南宋军中。但，守将李庭芝怀疑文天祥是投降后回来劝降的，没收留他，于是他从海路向温州地区即在臣下的护拥下的天子的兄弟这里奔来。这时保护天子的哥哥和弟弟逃跑的武将是陆秀夫，他们从福建向广东逃去。陆地基本都被元军占领，只得住在船上，划着船东躲西藏。天子的哥哥（端宗）溺水得病后死亡，八岁的弟弟帝昺即位成为天子，与度宗的杨太妃逃到远远的叫作厓山的一个礁石岛上。此时追赶小天子的是张弘范。在厓山南宋残军被击败，陆秀夫抱着幼帝跳入海中；张世杰按照杨太妃的指示企图向安南逃跑，没有成功，杨太妃投海自杀，张世杰最后也自杀。文天祥一度摆脱追兵，再次举兵与元军战斗，寡不敌众，失败被俘，被带到北京关押。驻守淮东、淮西的李庭芝也随后向南宋天子逃跑的方向跟来，在向广东的路上被部下出卖而遭元军杀害。至此，南宋彻底灭亡。

金国和南宋同是为蒙古所灭，但金国的天子哀宗奋战后自杀，其子战死，虽说是战败，可直到亡国的最后一刻都非常壮烈。相比起来，南宋的小皇帝和皇太后投降元朝，后来一直受到优待。

第十四章　世祖时代的蒙古内讧和外征

世祖统一中国，文天祥遇害

元世祖忽必烈这一代战争不断，其中比较快地灭亡了南宋。至元十三年（即位第十五年）攻陷南宋都城临安，至元十六年厓山之战彻底消灭南宋残军，统一了整个中国。南宋灭亡三年后在北京杀了文天祥。世祖仁义大度，本来无意杀文天祥，但南方一有骚动就以南宋天子和文天祥为借口，结果天子留下来，杀了文天祥。上述这些是与中国有关的事件；作为蒙古可汗，还有另外一些大事情是需要面对的。

世祖与阿里不哥之间的倾轧

本来世祖完全没有经过忽里勒台就当上可汗，即位之后又打破了蒙古可汗住在和林的惯例，并且从最初开始世祖根本没有建立统一蒙古全部领土的机制。阿里不哥是世祖同母所生的最小的弟弟，按蒙古的习惯末子在和林都城守家，世祖即位时阿里不哥正在和林。阿里不哥在和林有很多朋友，自以为有力量对抗世祖，所以自世祖即位开始，阿里不哥就表现出对抗的态势。世祖以上都（开平—金莲川，即今天的多伦诺尔附近）为根据地与阿里不哥的和林对峙,互相厮杀了好多年,最终打败了阿里不哥。世祖没有杀掉阿里不哥,允许他自由行动。这是与自己血缘最近的亲弟弟之间的冲突。

与海都的冲突

与海都的冲突自世祖在世开始一直延续到下一代。海都是太宗窝阔台的后裔,本来他就对可汗的位置转给拖雷的后裔不服气,尤其不满世祖没有经过忽里勒台即位可汗。海都很有实力,具备英雄气质。成吉思汗的二子察合台与三子窝阔台亲和,长子术赤与四子拖雷要好。成吉思汗的四个儿子分成两派。窝阔台当上可汗靠的是察合台的支持。察合台支持三弟,主要排斥的是大哥术赤。世祖时期察合台汗是笃哇,他当上汗是由于得到了海都的援助。所以,笃哇在位时期一直与海都联手。术赤的儿子巴秃(拔都)也是个了不起的人物,早在太宗窝阔台时代就曾两次侵入欧洲,最远打到奥地利,宪宗当上可汗也借助了巴秃的力量。巴秃在世期间,术赤系统与拖雷系统保持着联系,巴秃死后与拖雷系统中断了联系,甚至巴秃的子孙有的与海都成为一伙。成吉思汗后代的争斗一直持续到忽必烈之后的成宗。灭亡南宋之后,伯颜为防御海都,防线延伸到中亚,世祖之子也到中亚督防。尽管还有海都存在,由于很快平定了阿里不哥,和林成了根据地,这是一个非常有利的因素,世祖家系的正统位置有了保障,也是由于这一因素的作用。从所管辖领土来说,中国和蒙古合在一起也不过是全蒙古可汗势力范围的一部分。

伊儿汗国

忽必烈时期，中亚已经出现了世祖家系的分支，即世祖之弟旭烈建立的王国。旭烈在宪宗时代就到过西域，主要是征伐回教国，以古波斯的巴格达为都城建立了伊儿汗国。被旭烈灭亡的是一个叫"木刺夷"的回教国家。其实木刺夷不是个国家。一般的回教国家都有苏丹负责管理国家，而木刺夷没有苏丹，像似一个共和国，其实是一个部落族。其部族的立意是暗杀，部族首领鼓动族民从事暗杀活动，要求血气方刚的年轻人自觉地为部族、为回教牺牲。散布说，有这种觉悟的人活着也能上天堂，甚至让年轻人喝一种麻醉药，使其感到快乐，体验到活着上天堂的滋味。对在暗杀中做出成绩者，经常使其体验这种快乐。为此，大家都努力去干暗杀活动，他们与敌国不正面作战，想方设法暗杀对方的大将。灭掉这个部落之后建立的伊儿汗国，是拖雷家系在西域地区仅有的王国。由于同是拖雷之后，所以与世祖系保持联系，两汗之间互相通婚。《马可·波罗游记》中有由海路送亲的记述。当时中亚是察合台汗国和窝阔台汗国，不能通行，所以要从海路把新娘送到伊儿汗国。

乃颜之乱

满洲地区是元朝左手国，属太祖成吉思汗几个弟弟的封地，其中幼弟斡赤斤的王国最大。忽必烈在位后期斡赤斤的后裔反目。此时左手国的国王是乃颜。乃颜的堂兄弟哈丹也加入了叛乱队伍。由于这里距元朝大本营上都很近，仅用几年时间就把它平息下去了。

征伐日本

以上叙述的是同族中各国之间的倾轧、争斗情况。除此之外，蒙古还对海外邻国进行了征伐。其主要的对象之一是日本。早在蒙古没有灭亡南宋之前就已经开始对日本侵略了。最大规模的侵日是至元十七年，即灭亡宋朝后的第二年。为这次征伐日本做向导的是成吉思汗时期归顺的高丽人。忽必烈仁义大度，起初没有征伐日本的计划，只要名义上作为附属国来朝贡就满足了。忽必烈给其他附属国的信函都是以诏书的形式发出，而最初发向日本的信函不是诏书而是国书。即以"大蒙古国皇帝奉书日本国王"或"大元皇帝致书日本国王"之国书的形式给日本发函的。并且，国书的最后都落有"不宣白"的字样。这些在元朝出版的《经世大典》中都有记载。可以认为，这种发函方式表明忽必烈并没有视日本为臣属国，信函中充满诚恳、谦和之意。然而，忽必烈没想到这样的信函却遭到日本的断然拒绝。更甚者，日本把元朝的使臣杀死了，因此，结果忽必烈决心伐日。这支讨伐日本的军队，主要由山东和江苏北部的驻军加上南宋投降过来的水军构成，经高丽向日本进发。但由于不熟悉气候和地理情况，在海上滞留长达二百一十天，造成大败。后来，忽必烈筹划再次伐日，终未成行。

征伐安南、缅甸、爪哇

早在宪宗与南宋开战时，为了实施大迂回征战，兀良合台从云南发兵征伐过安南。忽必烈时期对安南进行了第二次征伐，攻破安南的王都，安南被迫上书称臣，并派使者来到元朝都城，但安南国王始终不露面。元朝催促安南国王来上京，对方不予理睬，于是元朝第三次征伐安南，但没成功。

元朝还派远征军征伐了缅甸，从腾越方向入缅的道路山高谷深，发挥不出来蒙古军队的优势，最终没有达到征伐的目的。安南前面的占城也留下了蒙古军队的足迹。甚至连更远的爪哇，元朝军队也没有遗漏，元军战船千艘载着二万多人的军队和这支军队一年的粮食驶向爪哇。在爪哇登陆后，打败当地土著人，使其称臣纳贡。

对世祖的评论

中国江南出现点小骚动忽必烈都会派兵镇压。长年征战造成财政困难，为此又实施新税法，加重了老百姓的负担。中国的历史学家批评世祖穷兵黩武。远征军多半没有成功，但却大振了元朝的国威。世祖是历史上少有的仁义大度之君，因其是蒙古人，被中国人视为"夷狄"，可中国人中未出现过这样一位大度的君主。他对敌人也很宽大，优待孔子的子孙，比以前所有朝代都更崇尚儒教。虽是出自蒙古的君主，然而他特别能理解中国文化，对汉人施以仁政。

第十五章　大元国的制度

大元国的官制

　　大元国基本沿袭了宋朝的制度。其领土，自蒙古到满洲、中国本土 [1]、朝鲜，分成十一个地区。令人费解的是，统治如此辽阔的地域却不设类似地方官那样的官职。北京是大都，该地区叫腹地，是真正的中央官府所在地。作为中央官府的组织，有中书省，直属天子，掌管行政；有御史台，负责监察官吏；还有枢密院，掌握兵权。一段时期还有尚书省，掌管财政。财政也是天子直辖的范围。这些机构一般称为中央官府的"官制"。腹地以外的十个地区都设有行中书省、行御史台、行枢密院。例如，在浙江有负责处理浙江地方政治的行中书省。这以下的基层官职类别大致与宋朝时一样。中书省中设有平章政事，实为宰相。行中书省中设有行中书省平章政事，即可以说，各地区都有中央官府的办事处；没有地方上统揽大权的地方官。此外，还设有蒙古式的官职：有达鲁花赤一职，掌握兵权，负责防务；有札鲁克赤一职，是断事官，处理事务。总之，地方机构（官员）不是中央官府的下属组织（官员），中央、地方都是直属天子一人的组织。

---

[1]　按指山海关以内的中国领土。——译者注

种族歧视

在任用官吏中，种族的歧视非常明显。第一等是蒙古人；第二等是色目人，色目人不是纯粹的蒙古人，是汉族人所说的塞外人，大多是西域人；第三等是汉人，指以前居住在金国故地的中国北部地区的汉人，通常称这些人为"汉儿"；第四等是南人，即南宋亡国后归顺的汉人、中国南方的居民，通常称这些人为"蛮子"。录用官吏时以此顺序区别对待。南方的汉人很难升任高官。行中书省中最初没设宰相职，但其中录用了很多"汉人"（前述的第三等人）。总起来说，蒙古的政治是宽大的政治：对儒学家、医生、僧侣、道士、基督教徒等特殊职业的人，给予特殊优待，免除这些人的徭役，并且免除其相关的徭役税。

首　都

蒙古天子冬季住在北京——大都，夏季回上都，过着奢侈的生活。

贵族自由处理土地和百姓，承包制下的征税法

由于蒙古统一了中国，给中国社会带来了显著变化。在中国，自五代时期开始，贵族政治已经崩溃，大体上承认百姓的平等权利。但是从中国的观点来看，才刚征服中国的蒙古在文化方面还远远落后于汉文化。其政治形态属贵族政治，与日本镰仓时代很

相似，是主要靠武力发号施令的贵族政治。蒙古的这种政治应用到中国，实际上把在中国很久以前就消失了的封建形态重新复活。天子随便把土地和百姓分给其子、其婿、其女，任他们自由处理分得的土地。耶律楚材清楚蒙古人和中国人的不同习惯，领旨亲自负责汉人地区的政务，不允许蒙古人随便行事。但是，那以后再没有出现耶律楚材那样的受到君主信任的人，使得数百年以前的政治得以重新复活。受封的领主凭着感觉随心所欲施政，对于从未经历过如此政治的中国百姓来说，实在苦不堪言。掌有兵权的武将，攻克一个地区，就可以随便把那里的百姓变成奴婢。虽然官府有时也进行约束，但终不能禁止。汉人、南人出任的地方官大都官位很低，根本制止不住武将们的胡作非为。世祖忽必烈是仁义大度之君，对自己亲属、臣下都很宽容，然而他的头脑里没有装进多少所看不到的百姓的事。忽必烈奖赏臣下时慷慨大方，但是其财政来源——租、税却要靠极力搜刮百姓。

依中国原先的制度，租、税以土地、户口的情况来定。租、税是有比例的，能够防止私自超额征收，这是适合农业国实际情况的制度。而忽必烈时期掌握财权的官吏多数都不是汉人，很难实行有利于农业经营或汉人的制度。有个叫阿合马的财政官随便加税。由于他是西域的回教徒，又从百姓身上搜刮钱财有功，受到官府的信任。西域是游牧区，以商队的交易为征税的根据，大多实行包干一揽子征税制。这种税制适合西域地区，因为游牧民的商队可以把财产都驮在骆驼或马背上。阿合马把这种税制在以土地、户口为本的中国推行，不管土地多少、人口多少，归堆包干上交固定数量的税款。百姓根本无法知道自己上交的税款有多少给天子，有多少被中间的税务官搜刮去。这绝不是符合中国这种农业国的征税方法。一意孤行的阿合马在中国人中积怨甚深，成了众矢之的，最后，中国的侠义人物王著杀死了阿合马。由于这种征税方法便于征税方操作，所以阿合马的后任继续沿用。接任阿合马掌管财政的是卢世荣和桑哥二人，这两人是与阿合马同时被录用的财政官，并且阿合马死后继任其职，所以新人旧法，继续使用阿合马的征税法。这种与农业国不相符的承包制征税法一经推行，就像痼疾，习以为常。虽然中国也有税收底账，但没人在意，使得承包制征税方法一直延续到明、清时代。

纸币制度

纸币的使用方面也显示了元代财政的特点。在金国和南宋都使用纸币，但纸币最盛行的还是元朝，几乎所有货币都换成纸币。太宗灭亡金国后发行了"交钞"，世宗时代在中统年间发行了"中统钞"，至元年间发行了"至元钞"。发行纸币当然需要有可与之兑换的东西，这种兑换的东西最初不是银而是丝，以丝和银的行情为根据发行纸币。兑率是五十两银换丝钞一千两。至元钞时期纸币使用得最多，十文、二十文、三十文、百文、一贯文、二贯文的钞都有。这时期钞直接与银兑换，五贯文的钞兑换一两银。因此，元朝初期几乎没铸造硬币。为了纸币顺利流通，地方上都建立了官署金库——平准行用库。在这里一两银可兑换至元钞二贯；而用钞兑换银则以二贯五十文兑换一两银；一两金是一两银的十倍。还设立了只兑换纸币的"回易库"。在这里可以把旧纸币兑换成新纸币，兑换一贯纸币收取三十文的手续费。旧纸币回收后立刻焚烧掉。为了尽量流通纸币，规定用钞纳税（这种以钞纳税的方式到明、清时代也没绝迹，清朝虽不使用钞了，但"钞关"的叫法是元朝的遗迹。内地用钞纳关税是明朝的制度，可见"钞"的叫法还有）。

后来，这种纸币制度产生了很大弊端。以旧纸币兑换新纸币是在官署进行的，操作中出现了误认旧纸币是假币和确实误收了假币等问题。要严罚收了假旧币的官吏，随之又出现了不收脏损旧币的问题。由于出现了这类问题造成旧纸币贬值，物价上涨。民间中出现伪造纸币和由此发财的人。本来发行顺当、使用方便的纸币，到后来无法继续使用下去。不过，从中国历史来看，没有任何朝代像元朝那样有效地使用了纸币。原因之一是，元朝疆域非常辽阔、交通非常方便、交易额十分大且携带硬币很困难。再就是中国金、银的产量不大。日本后醍醐天皇时也使用了纸币，《太平纪》中有记载。大概日本的纸币是模仿元朝的。

驿站制度

元朝疆域辽阔，因此比较重视发展交通事业，其交通设施的完备程度是以前不能相比的。其中最突出的是驿站制度，蒙古语称驿站为"站赤"，中国称之为"急递铺"。中国里每十里设一个驿站，有专人负责和送信的快马，文书传递非常方便。驿站制度就是一种邮政制度。这种制度是太宗时期创立的。太宗自己说：我这一代皇帝做了四件善事和四件恶事。四件善事之一即是驿站制度。驿站网遍及全蒙古可汗国，从中国到欧洲都能联系上。从中国出发到钦察汗国需要三个月。在没有铁路和电信的时代，邮政制度如此发达实在难得。近代的清朝传递文书时说的五百里、六百里，即是说以一日五百里、六百里的速度把信送到。这是元朝的驿站制度的残余。日本的地势状况不便于骑马送信，所以这一制度没有传到日本。

海运的发展

此外，作为交通制度的一个方面，元朝还有发达的海运。都城北京附近不产大米，需要从江南运米进京。由于运米的关系，促进了海运的发展。元朝利用宋末的海寇，想出了海运制度。宋末有个叫朱清的海寇，其部下有个叫张瑄的人，伯颜借助张瑄认识了朱清这伙人。灭亡南宋时，伯颜发挥了他们熟悉水路的特长，把掠夺的财宝通过水路运回北京。在把掠夺的银运往北京的过程中又诞生了元朝的银制，即南宋时期银是通货，因而大多数是小分量的碎银，不便于运输，于是伯颜就把这些碎银在扬州铸成五百目——五十两一锭的银块运回北京。由此，在中国银五十两一锭即成了银制基本单位。直到不久的以前还有叫作"马蹄银"的银锭在流通。每年都往北京运大米，至元年间每年是四五百万石（中国的一石是日本的二分之一石），元末时期每年也得三百万石左右，所以由运米带动了海运的发展。最初选择的是沿海航线，在元一代期间就三次改变航线，越改越远离陆岸，航行日期越短，以至危险度也就越小。从平江（今江苏苏州）附近的刘家港出发，经山东湾到天津直沽，然后运往北京。

运河的发达

与海运同时，运河运输也取得很大发展。为了应急，把江河水路连接起来，先到天津，又延伸到北京。从海路运来的货物也先到天津后通过运河运抵北京。运河流经途中，由于地势高低不平，有的地方难以通航。从黄河以南向北面的卫河汇合的地方水流不畅，黄河冲积的泥沙使这一地段的地势变高，运河中途堵塞。为此，忽必烈时代挖掘了会通河，解决了堵塞问题。会通河长二百五十余华里，相当于三十余日里，其间有三十多个牐（水闸），可以把水位抬高或降低。直到今天这条水路的轮廓还存在。运河全长四百日里左右，一直延伸到北京市东部的通州。元朝时从通州到北京是畅通的，从明代开始不通了。当时是引北京西北的玉泉山的水蓄北京城内的三海（南海、中海、北海），再出三海与通州的运河连接。这条河名为"通惠河"，虽然如今已没有了航运，但它给当地民户带来很多方便。

通惠河工程的设计者是郭守敬。他是一位数学天才，通晓水利，精于天文历法，是天文台的奠基人。先前的耶律楚材就通晓天文历法，制定了历法，郭守敬在其基础上参考阿拉伯历法，编制了"授时历"。日本德川时代也实行这种历法。那时使用的两台观测仪现在还在，但其中一个在明治三十三年（公历1900年）"北清事变"[1]时被法国抢走，另一个被德国抢走。法国抢走的那个后来送了回来，德国抢走的那个按大战后的裁定也应归还（清

----

[1] 北清事变：即指义和团运动和八国联军镇压事件。以下同。——译者注

朝时期使用的观测仪不是这个）。在科学文化方面，这是蒙古统治时期的杰出的纪念品，也是为促进世界科学文化发展做出贡献的突出例证。或许有人赞扬蒙古人扩大了火药的使用范围。可我要强调的是，除此之外，不要忘记蒙古人对世界科学文化的贡献还有如上这些内容。与此同时，也应注意到元代把政治搞成中亚式的 Cararan 组织这点，至今仍然贻害无穷。

第十六章 蒙古人的统治和中国社会

帝系的混乱和宰相的权力

元朝，在蒙古人与中国人文化程度不同的情况下，统治中国百年之久，其间形成了一种变异的社会形态。由于蒙古人处于极初级的社会形态，其朝廷的继承方式不固定，屡屡发生继位之争。元朝帝室延续情况如下：

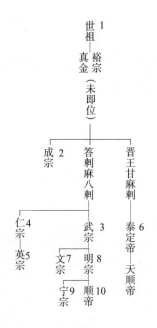

其中，天顺帝在泰定帝之后虽已即位，但很快被废，不能算入代数。这时期有一年三次更换年号。

上述混乱的继承状况与古代中国的贵族政治很相似，兄终弟及平辈继承皇位在中国的殷代就有过。滑稽的是，武宗和仁宗本来是兄弟，而弟弟仁宗被立为武宗的皇太子。在中国，特别注重大家族的朝代，有弟弟被立为皇太弟的；而蒙古人不考虑家族中辈分的顺序，皇位继承上没有一定的章法。中国人耻笑蒙古人不懂得人伦之道。宁宗和顺帝的情况更可笑，哥哥顺帝继承了弟弟宁宗的皇位。明宗和文宗兄弟之间还有个不解之谜，即文宗去迎接远在上都的明宗，在来北京的途中明宗莫名其妙地死了。有人怀疑明宗是被文宗杀死的。顺帝在处理宁宗的后事时表现得非常尖刻。皇族内部关系混乱无章，出现矛盾时，所谓佐命大臣的作用就大了。在中国，自宋朝时期开始君臣名分非常严格，削弱了宰相的权力，宰相只是天子的秘书官，没有了以前辅佐大臣那样大的威风。不过，在南宋的特殊情况下，宰相的作用与正常时期有所不同。南宋一开始继嗣问题就很棘手，使得宰相的权力有所复活，但从政治组织整体来说，宰相的权力还是受到约束。蒙古的情况与宋朝有所不同，也常发生与南宋同样的后嗣问题，可它没有宋朝那样健全的制度，出现了宰相权力过大的问题。根源在于蒙古的家族制度，其不同于建立在中国文化基础上的中国的政治制度。

蛮横的喇嘛

在宗教问题上，当时的中国人也与蒙古人态度不同。宋朝真宗时期在泰山封禅、祭祀，耗费了大量财力。其实那不是出于信仰，主要是为满足天子的炫耀欲，劳民伤财，愚弄百姓。这可以用"神道设教"这一古语进行解释。中国人中宗教信仰气氛比较淡，可蒙古人还没有走出迷信时代。所以喇嘛非常受宠，造成喇嘛蛮横无理，以至成为亡国的原因之一。对喇嘛的待遇非常优厚，不用说平民百姓，所有官吏都要给其行礼，连亲王、公主都必须给其让路。骂喇嘛的人被割舌，打喇嘛的被断手。如果喇嘛与皇族成员在路上相遇，皇族成员不给喇嘛施礼被喇嘛打了，喇嘛也不会受到任何处罚。作为喇嘛蛮横的一个极端例子，有个叫杨琏真加的喇嘛，在他任江南各寺院的总主持时，竟大胆妄为地掘开南宋陵墓，盗走墓中的财宝。由于他的掘墓盗宝，反倒使一桩怪事暴露出来。宋徽宗被金国掠走后死在东北，南宋高宗为请求金国允许运回棺木，忍辱对金称臣，缓和了敌对关系，徽宗夫妇棺木终于归还，并且原封不动地下了葬。棺木虽已下了葬，但自那时起众人就对棺木中的徽宗夫妇尸体的情况存有疑问。杨琏真加掘墓盗宝，打开棺木却不见徽宗夫妇尸骨，其中只有一些烛台，终于真相大白。

对属民的歧视政策

蒙古人与中国人的不同不仅仅表现在文化程度上。由于国情不同，蒙古人的政治也不适合中国。蒙古的政治与中国的传统政治大相径庭。在蒙古，将军攻占敌国的土地，就可以作为天子的封地纳入自己的领土。得到这部分土地的同时，该地区的居民就成了这个将军的奴隶，可以随便处置。假如某将军作为地方军事官员被派往某地方，在这块属天子直辖的土地上，即使有行政长官，该行政长官也在军事官员之下，根本不可能阻止军事官员对本地区居民的奴役，并且不认为军事官员的这种做法是破坏政纪的行为。对待属民实行差别待遇，特权阶层受到保护，无权无势的庶民被任意宰割。此时，出现了名目繁多的特权阶层，学者文人得不到尊重。僧侣不同于喇嘛，被称为和尚，称道士为先生，与医生一样，学者文人只被看作是具备识字技能的人。由于具备识字技能，是秀才，可以免除徭役，只有这点特权。据说儒学家的处境很凄惨，法令上没有明文，但在有关当时情况的传说中，元朝臣民分十个等级，排在最后的是九儒和十丐。儒学家只是比乞丐稍高一点的阶级。

无视科举制度，读书人阶层的诞生

在中国，很早以前就出现了保护和奖励读书人的科举制度。在元朝，偶尔也举行过科举选拔，但不举行的时候多，只是仁宗时代和顺帝末年举行过。科举对于中国的读书人来说，是升官之道，非常重要；而蒙古人则不管这些。顺帝时，有个叫许有壬的"南人"多次上书力争恢复科举，而当时的宰相拒不接受。蒙古人有他的道理，认为通过科举选出的官吏容易出现受贿问题。虽说科举与贿赂没有必然的联系，但在文化程度比较高的中国政治组织中，二者相伴而生确是事实。中国人自身想出了有效防止产生这种弊端的通融办法，可纯朴的蒙古人却把贿赂看成是与科举伴生的祸害。就像今天的日本人或其他外国人感觉的那样。在蒙古人看来，南人滑头，是下等人。依当时的中国人来看，认为中国人搞贿赂、撒谎，是文化发达社会的副产品；蒙古人不撒谎但野蛮。不举行科举对中国人来说是件痛苦的事，总得想法满足学术、文艺的荣誉心，于是诞生了私设的考试组织。即在文人伙伴中选出有名望的人作考官，大家把自己的诗文拿给他看，请他评价，从而获得心理的满足（很像日本连歌、俳谐组织中的点者——评判人）。如能获得好的评价就有一种满足感。在有文化的群体中，这种活动是不可缺少的事。自此，书画欣赏、庭园管理在南方流行起来。在这样的时代，研究学问的是有钱人，在他们之中盛行高雅之风，主要是在江苏、浙江一带。在南宋都城附近如今仍保留着这个传统，浙江是中国文艺最发达地区。中国的读书人阶层，靠这种方法依然延续了中国文化。元代不录用"南人"的不利政策，反而为民间文化奠定坚固基础发挥了促进作用。

可以说，这种民间文化活动的方式也是从南宋传下来的。南宋时，以浙江地区为中心，经常进行不同学派的争论，出现了"道学家"阶层。学者载入史册时，以前都载入"儒林传"，唯独《宋史》中的"儒林传"之外，又设了个"道学传"。后来的史学家中有人认为这不合常规，但从当时情况来说，元代末期编纂《宋史》时，道学家的后继者仍然很活跃，他们有在一般的"儒林传"之外设立"道学传"的势力。道学在南宋被视作伪学，受到排斥。那时朱子一派道学家全都受到排斥，不能当官，屏息于民间。然而这种不利的状况反倒逼出一种学风，即出现了以不刻求当官为荣的主张。学者不是只有人朝当官、参与理政这一条路，在民间讲学也是"为万世开太平"之义举。无论是否为官，讲学派几乎成了一个特定的阶层。从南宋到元代，南人基本没有当大官的，受到蒙古人的特别歧视，使得他们组成了与野蛮的蒙古人完全隔离开的自己的社会。在这个文化圈里大家互相交流，互相尊重。由宋到元的二百年里形成的这种读书人阶层，一直延续到明清时代，甚至影响到现代中国文化中心势力的形成。

从另一方面来说，这时代科举出身的人中也有非常执着的人。虽说同为科举出身，清朝一次考试能有三五百合格的人，而蒙古时期只不过十人或二十人。精选出来的人中确有正人君子，元朝灭亡时大义守节，为元朝以身殉国。由于那时科举出身的人极少，非常重名誉，严格恪守对当时天子尽忠的职责。

政治与民众乖离，地方官员的处世哲学

从蒙古人的观点来看，普通民众不过是其榨取赋税的对象。在蒙古国内，家畜是其榨取财富的对象；在中国，民众就是这种对象。所以在蒙古人看来，中国人与家畜没有什么不同。因此，中国人很清楚，所谓政治就是官治民的一种法术，政治不对官府只对黎民。有些志士仁人挺身而出想方设法保护百姓的利益。泰定年间，陕西地区连续五年遭到旱灾，饥荒严重，可官府不以为然，没有拿出任何有效的对策。只是文宗时期稍微有点补救。传说文宗杀死了其兄明宗，元朝皇族对文宗评价不好。但文宗理解中国文化，在把蒙古政治变成适用于中国人的中国式政治方面，文宗有他独到之处。文宗时期开始了《经世大典》的编纂，八百余卷的《经世大典》是蒙古人中罕见的文化业绩。文宗为救济陕西灾民，任命张养浩负责赈灾工作。张养浩本来对蒙古人的政治没有好感，在不得已的情况下走马上任。一经领命，张养浩立即奔赴灾区，先在华山祈雨成功，可到达陕西官署后就明白了，祈雨并不是拯救灾民的根本办法，于是重新制定了救济措施。其中，他改革了纸币的利用方法。以前蒙古的纸币利用方法是以旧纸币

换新纸币，然后官署把回收的旧纸币全部烧掉；张养浩的纸币利用法是，暂时保留旧纸币，发行与纸币同样的商品券，可持商品券购米。他的救济政策产生了效力，但张养浩也由于过度劳累而病死。虽说张养浩是奉天子之命到陕西的，可他并没有为朝廷效力的打算，而是想利用朝廷任命的官位，作为中国人来拯救中国人。可以说，他是为拯救中国人献身的模范。

张养浩写了《牧民忠告》等三种书，合称为"三事忠告"。其中讲了民政官员履行职责时应注意的一些问题，不算是法律性的著作，是做官从政的心得。直至近代，他的这些心得向来被视作中国地方官员为政的金科玉律。这类官吏的心得工作并不始于张养浩，自宋代时就有。即自那时开始地方官吏就需要有朝廷的制度以外的各种心得。从宋朝开始，王安石以后的政治成了官吏本位的政治。朝廷搞的是政治交易，所以地方官吏如果效忠朝廷就损害百姓利益；反过来，体恤百姓就不能效忠朝廷，百姓中，除庶民之外还有很多阶层，各阶层都顾及到实属不易。因此，地方官吏要想立于不败之地，需要有相当高超的技巧。于是地方官吏的心得越来越受到重视，尤其是元朝时期。张养浩的"三事心得"虽属同类心得，但由于他以身作则为百姓谋利益，比其他人的心得更有说服力、更容易为人接受。这本书在日本德川时代很受欢迎。当我们探讨人们何以有兴趣读这类书，需要探究官吏的心得的原因时，可以了解到中国近代的政治确是何等之不缜密。特别是我们再结合元代那极其不规范的文化、政治情况来考虑，由此，我们就可以了解到，在孕育中国近世社会的过程中，元朝是起到重要作用的时代。打破中古状态是从唐朝中期开始的，而中国近世的形成时期是从宋末到元。进入明朝以后没有太大的变化。

中国历史学家对蒙古政治的偏见

不能说在蒙古统治中国的元代，蒙古人给汉民族各方面留下的都是弊端。中国的历史学家多数是纯粹的汉族人，在写历史时采取的是对蒙古人没有从设身处地的角度考虑的写法。即使元世祖这样一位仁义大度的君主，也被罗列出诸如课重税、乱花钱、对外侵略等缺点。历史学家只从消极的一面看蒙古的政治。因为历史学家都出自读书阶层。即使在元代，除读书人阶层以外的多数人，并不认为蒙古式的政治全都不好。作为元代的弊政，总会提到纸币问题，很少讲到产生纸币问题的根本原因。元代的版图那么大，交易区域那么广，经营的货物那么多，往来的账目那么大，用硬币计算确实困难，无疑纸币带来很大方便。当时就有人指出过纸币方便的优点。纸币的弊端只在于没有妥善解决兑换问题，但也不是纸币本身的问题，是官吏腐败造成的结果。再有，蒙古人把占领地区的百姓变成奴隶，百姓的权利受到侵害；但也有另一面，成为皇族、贵族的奴隶的人被免除公派的徭役，得到很多实惠，对百姓来说，这种贵族政治也不是全都不好。就像日本曾把百姓归入庄园一样，比起普通百姓，奴婢的状况反而更好。从以中国文化为中心的读书人阶层的立场来说，元代的政治造成了诸多不便；但从地位比较低的普通百姓来说，或许觉得还不错。

元朝的灭亡

蒙古统治了近百年后被中国赶出来。其原因何在呢？第一是天灾。天灾年里如果有张养浩那样的官吏就不成问题，然而常常没有张养浩式的好官吏。防止由天灾之因导致动乱之果非常困难。天灾造成大量流亡灾民，随之出现了盗贼造反，最终使元朝灭亡。所谓天灾，这时主要指洪灾，即黄河泛滥。当时黄河与淮水一同在江苏北部入海。黄河河道常有改变，元末时黄河改道向北流去。这一年黄河洪水泛滥，在如何治理黄河问题上出现不同意见。朝廷任用了主张让黄河复归古道的贾鲁，没有任用持反对意见的成遵。贾鲁领命当了治理黄河工程的指挥。从顺帝至正十一年四月开工，于当年七月疏浚河床，九月实现通航，十一月建成防洪堤。这时有谣言说，出现一只眼的石人就会出现天下大乱，在黄河水利施工中发现了一只眼的石人。从这时开始，盗贼猖獗起来。黄河工地聚集了很多民工，民工发生骚动。尽管贾鲁治理黄河获得成功，但最后黄河工程和元朝的统治一同结束了。

暴动最先出现在河南地区，逐渐蔓延到各地。在中原地区发动骚乱的是刘福通、韩山童和其子韩林儿。他们秘密组织了白莲教，暴动的依据来自一种佛教信仰——天下大乱，弥勒佛下生。在湖北和湖南地区徐寿辉及其追随者陈友谅、在江苏和浙江地区张士诚和方国珍、在四川地区明玉珍等纷纷起义。

朝廷派兵围剿起义的人。顺帝信奉喇嘛教，被认为是淫靡天子，但他并不是个很坏的天子，只是太懦弱，缺乏统御力。明显的例子，就是他派去围剿的士兵分别划归几个大将指挥，而他不能有效地统一领导各路大将。皇太子很有气魄，对父亲顺帝的懦弱很恼火，企图靠自己的声望代父指挥，可是派到山西的大将扩廓帖木儿（王保保）与陕西的大将李思齐、张良弼合不来，也不听皇太子的指挥。由于官军不配合，江南的义军迅速扩大。当时的地方官也多是些无能之辈，和清朝末期一样，对起义军实行了招抚政策。招降起义军首领，朝廷给他们授爵，让其成为地方上合法的统治者。但结果事与愿违，接受官爵的起义军首领只是表面上归顺朝廷，利用朝廷授予的权力进一步扩大自己的势力。使元朝大伤元气的是，张士诚、方国珍的势力壮大后，断绝了运往北京的大米。急剧衰落的元朝不用攻打，自身已处于摇摇欲坠的状态。陈友谅的起义军也日益壮大，成了武昌地区势力最大的一支起义军。介于官军和陈友谅起义军之间的是明太祖朱元璋。朱元璋从北方到南方，与邻近的陈友谅发生冲突。明太祖曾是一个乞食和尚，家人都死于饥荒，连自己的名字都不知道。朱元璋是郭子兴起义军的部下，与陈友谅交战时一度打到南京附近，后来击败了陈友谅，势力大增，又在江西鄱阳湖之战中再次大胜，追至武昌杀死了陈友谅。张士诚在苏州自立为王。原来张士诚是运盐的船主，由一个帮会的首领被拥立为起义军的大将，成为国王后以其宽宏大度赢得人心，并且他对学者也很优待，但最终还是被明太祖击败。由于张士诚很有人缘，苏州百姓都同情张士诚，憎恨朱元璋。后来朱元璋恨这里的百姓，课以重税。这种重税一直持续到清朝。南宋时期，贾似道在浙江地区为了收买公田，对当地百姓征收重税，朱元璋加给苏州地区的重税更有过之。直到清朝末期，仅苏州府、松江府、太仓州、常州府地区负担的赋税比除这几个地区之外的江苏全省的总量还大。据说江苏省的赋税又与整个全国的相差不多，苏州、常州曾是中国税收最多的地区。

太祖统一江南后，开始派大将徐达、李善长等人征伐元朝都城。北方的王保保虽为俊杰，但由于北方的元军没有统一的指挥，元大都很快落入明朝手里。那之后虽然王保保长期坚持抗击明军，但太祖朱元璋非常喜欢王保保，赞扬王保保是天下奇男子，比自己手下的所有大将都善战。顺帝逃出北京后死在去上都的路上。皇太子改国号为宣光，可没多久也死了。在明太祖这一代里元朝换了三四个皇帝，或早逝或出现意外变故，元朝终没能卷土重来。

民间发生骚乱是元朝灭亡的直接原因，但其后在如何对待起义头目的方法上又出现失误，招降起义军头目和内部不统一、天子与皇太子不和、各大将之间不合作等内部问题处理不当，使人乘机而入，最后导致被赶出中国的命运。

编者附言

　　《中国近世史》一文载于《内藤湖南全集》第十卷。据本文之后，内藤乾吉所写的"跋"中谈：本文主要根据1925年在京都帝国大学的讲课时听讲者贝塚茂树的笔记加以补订，又由内藤乾吉划分段落，由鸳渊一进行校正而成是文。

［日］

内藤湖南

著

中国史通论

下

九州出版社

中国史通论

下

[日]

内藤湖南

著

夏应元

编选并监译

夏应元 钱婉约

等译

九州出版社
JIUZHOUPRESS

⊙ 内藤湖南在恭仁山庄的书斋（采自《内藤湖南全集》）

⊙ 内藤湖南晚年隐居处，京都府木津川市瓶原村恭仁山庄（钱婉约摄）

⊙ 京都法然院内藤湖南长眠之地（李黎明摄）

空盦簿宦半生謀仍慕前
賢四品休三世書香研乙部一
時縹緗遍西洲浣班翰荒嘆
才短築室山中愛境幽獨剔
寒缸聽夜雨卅年塵事到
心頭　頌壽記念　論叢第二輯成
錄丙寅歲除舊製　志喜　虎

⊙ 内藤湖南诗作墨迹（采自《内藤湖南汉诗酬唱墨迹辑释》）

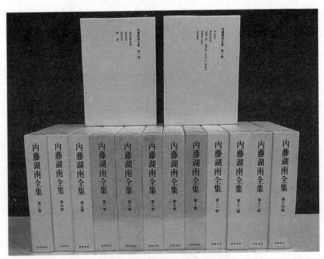

⊙《内藤湖南全集》十四卷，筑摩书房出版（采自网络）

目　录

清朝史通论

清朝衰亡论

清朝史通论

第一章　帝王及内治

　　此次京都大学的夏期讲演会，我准备以《清朝史通论》为题来讲。但给我的时间总共只有十二小时，因此，只能是极其简单地讲讲十分概括的内容。而即使是极其概括的内容，如果对历代的史事都一一讲述，十二个小时也仍然是不够的。因此，我准备尽量避开那些世间流行较广的有关清朝史著作中的内容，而对我自己近年出版的有关拙著也尽量少涉及，即对于《清朝衰亡论》与《支那论》二书中的内容尽量避免重复。例如《支那论》所论虽不只是关于清朝，但涉及中国历史中近代史的大部分仍是清朝的历史。此外，友人稻叶岩吉近年写有《清朝全史》，其中对于清朝的政治、战争以及其他国家大事都有涉及，因此，对于此书的内容，我也不准备再多讲述。在如此极短的时间内，作极为概括的讲演，我担心大家听完讲演之后，很快头脑中就什么也没留下了，因此，我尽量把有关材料发给你们，好让大家看过后有所印象。另一方面，最近几年来有关清朝史的材料可以说是突然增加了。距今十五年前，即使想研究清朝史，也苦于材料贫乏，因此，几乎不可能真正地着手研究，后来，由于种种原因，材料极大地丰富起来，特别是自中国革命动乱以来，各种材料不断出现。因此，今天我首先要讲讲目前我们能收集到的有关材料到底有多少。

这里，我所要给大家看的材料，得力于本大学讲师富冈谦藏君的协助——我七月二十日刚从东京回来——在此极短的时间里匆匆着手搜集材料。材料总算是搞齐了，但另一方面，要对以往研究中所存在的疑问，进行进一步的调查分析，再来在这里演讲，时间上则几乎不可能了，这十天我几乎把时间都用在材料的整理上了。因此这是极为概括的、粗略的讲演，我希望在讲过之后还能有一些东西留给大家，所以，把每天所讲的主要内容印刷出来，发给大家。今天是讲演的第一天，这是发给大家的材料，从明天开始，我会把第二天要讲的东西提前一天发给大家，因此，大家可以利用暑天午休的时间把材料先过目一下，这对第二天的听讲是有好处的。这些事预先在此作一交代。

一 关于清朝史的著述

首先，要讲的是关于清朝史的著作。如大家所知，清朝的退位只有三四年时间，是极其新近的事，因此，关于它的史料非常之多。但是，这些史料又大多没有被整理过。当然，在中国有分类精确的记录制度，每天的记载不断积累起来，史料就可以被整理出来。每换一个天子就要作"实录"，这里的"纲目"中有"丰富的史料"[1]一栏，举出了各种书籍的名称，此外还有各种"实录"。对于这些材料，一方面是政府作为工作来整理，而历史学家可以从中选择材料，从新的角度来写作有生命的历史。但由于清

---

[1] 这里的"纲目"为本书后所附之"清朝史通论纲目"，"纲目"中有"丰富的史料"小标题。——译者注

16

朝刚刚灭亡不久，还没有充足的时间来进行这项工作。中国历代记载一代历史的"正史"一旦完成，作为正史的素材的材料就大多亡佚了。我们对于清朝史，还处在材料尚未亡佚的今天，可以利用它来进行研究，这是十分幸运的。但另一方面，材料之多，多得令人为难，也是实情。如实录，明代的实录非常简略，我在前几年曾全部抄录过明代实录，卷数虽非常之多，用日本的册数来说，十代天子也只不过七百余册。但清代的实录，即到今天为止的实录，是明代的十倍还不止，实在是十分庞大。它们是否能全部被我们所看到呢？这种机会也不是没有，但今天却不可能轻易看到。前几年我们在奉天调查书籍史料时，把我自己想看的部分都看了。当时，我们想把这些材料全部带回日本，但由于当局或许认为把这些看来像纸屑一样的东西带回日本并没有多大意义，只是徒增运输的负担，所以，没有听取我们的意见。因此，尽管见过以上所说的各种材料，但都让它们在眼前溜过了。总之，这些材料是存在的，只是我们今天不容易见到，因此，对于它们的研究尚还困难。这些材料的种类，我在这"丰富的史料"条目中分为"满文老档、三朝实录、方略、圣训、国史列传、谕折汇存"等名目，一会儿到那边的陈列室去参观时，可看到有各类文献标本在展出。那时，我再对它们进行一些说明。

其次，是《清三朝实录采要》及《清三朝事略》，这是日本人依据确凿的史料所做的清朝历史的最初研究，所以，我特地把它记在这里。这是距今一百二十年前，与我同一旧藩的叫永根铉的人（后改为北条铉，也可能是先叫北条）的著作，这虽然只不过是实录的摘要而已，但能够读懂清朝的地名、人名这样难读的东西，并深得要领，也实属不易。纲目中有摘抄清朝实录的中国书

《东华录》一书，而有些地方《清三朝实录采要》较之《东华录》更得《实录》中的三昧。这是日本人有意识的清朝史研究的开始，为了特别地彰显此人的工作，因此，我在此特别提出此书。

再稍稍往前看，此纲目的开头列有《圣武记》三种、《湘军志》、《湘军记》，这只是举出了三种有关的历史著作。《圣武记》是著名的魏源的著作，在日本也有部分的翻刻，而且，原书也有流传到日本的，所以，是比较容易看到的书。此书出过三版，每版都有所不同，这是中国人以自己的头脑所作的新型清朝史力作。《湘军志》、《湘军记》是写近年长发贼之事的书，《湘军志》的作者是王闿运，他在书中记述了许多自己亲见的事实，在纯粹的历史事实之外还记载了一些内幕，是近年历史著作中有名的一种。《湘军记》是记载同样事件的，作者王定安，在某些事情上，不算是好书。

再次《东华录》二种，这是清朝实录的摘要，不是著作，但对于今天不易看到实录的中国人和日本人来说，还是很重要的研究材料。这样的材料此外还有许多，现在我们把能看到的材料尽量搜集来看一下，就已经是十分的费事了，因此，对之进行研究就更不是容易的事。

清朝曾编纂过明朝历史，对于明代二百数十年间的历史用了六十年的时间来写。清朝的史料是明朝的十倍，如此算来，编纂清朝历史就需要六百年时间了，这比清朝本身的历史还要长。真要用这么长时间是不可想象的，因此，袁世凯的政府今天已经开设了清史馆，进行历史的编撰，但也至少要十年、十五年的时间吧。明初曾编纂元代历史，对于元代一百数十年间的历史，只用了不到一年的时间，用了急就章的办法。如以这样的速度，清朝二百数十年的历史，也许二年、三年就能编成。但将怎样编成，我不知道，至少，今天中国人已把所有材料收集在手边，着手开始研究了，因此，我们想得到这些材料的希望就几乎没有了。我们只能作一切尽可能的努力。其中在有些问题上，还没有开出一个研究的端绪来。今天，我只来讲讲这些刚刚开始的仅有的一些研究的概略情况。

这里有一个标题是"帝王及内治"，实际上只是"帝王"也就行了。如今世界的大势是政治建立在全体国民的意志之上，中国现在也建立了共和政治，但我现在要讲的是清朝历史，为什么要特地标出"帝王"这个标题呢？因为在清朝政治中，帝王占有十分重要的地位。此事到后面我们将渐渐明白，所谓清朝的政治，几乎可以说除了帝王之外就没有其他内容了。在其他时代，除了帝王之外还有宰相，宰相也是在政治中占有非常重要地位的人。明太祖考虑到宰相带来的弊端，就废除了宰相制。因此，在明代以后，就没有可以称为宰相的这一官职了，但经历数代后，如遇年轻帝王即位，就感到有必要有宰相辅助，即使这样，也不用宰相的名称，改成叫内阁大学士，执行宰相的任务。清朝也有内阁大学士，但只是一个虚名而已，几乎不能发挥宰相的作用。清朝在帝王幼弱时，有摄政王、皇太后执政的制度，宰相不能执政。只在一个时期内有过辅政大臣，在君主幼小时帮助执政。这有点像是宰相，但大多数情况是君主一旦成人，就把他们全部辞退，政治权力完全集中在帝王一人手中。这是清朝政治的特别状态。所以，在清朝，有必要把帝王作为政治上的重要要素以标题特别标出。

二 历代帝王及摄政王、训政太后

现在讲第二个标题，我已把历代天子的名字写在这里了，在最后的地方是德宗景皇帝，他就是光绪帝，在他之后的宣统帝退位了，就是现在。这些天子的遗墨在那边的陈列室中也有所展出。

其次写着"入关前的二帝"，即太祖高皇帝和太宗文皇帝，这两代称为入关前的皇帝。所谓入关，即清朝从满洲的根据地进入中国本部的北京，要通过山海关这一关口，所以叫入关。此入关前的二帝，起于满洲山中距今天的奉天东三十里的黑图阿喇的地方，在两代共四十至五十年的时间内，迅速扩展其势力，一直攻打到今山海关东十数里的地方。但山海关东十数里之内，仍是明朝的势力范围。当时明朝正值李自成的起义，一时间势力非常之大，从西边的居庸关向北京进攻，在明代最后一位天子即年号崇祯的天子时，李自成攻陷了北京，崇祯帝在北京城中的景山自缢身亡。因为这内乱，明朝撤掉了山海关的防卫，清朝趁机从满洲进入中国。但此时，最初的两代天子已经去世，第三代年号顺治的天子，七岁就即位做了皇帝。这时摄政的睿亲王率领大军进入北京，然后迎接世祖顺治帝进入北京。有意思的是：清朝当初攻入北京时是摄政王，而今天在北京退位时也是摄政王，可谓以摄政王始，以摄政王终。清朝的制度，一般而言，王爷摄政是理所当然的，但皇太后摄政则不是理所当然的，更没有人臣摄政之理。人臣摄政时叫辅政，圣祖仁皇帝八岁即位，实行辅政的大臣叫辅政大臣。清朝的制度就是这样的。但最后发展到西太后时，实际由她摄政。这是因为文宗显皇帝，即咸丰帝死后，其弟恭亲王虽接受了政权，但据咸丰帝的遗言，他死后掌握政治的人不应是恭亲王。当时最有势力的大臣之一是肃顺——他也是清朝的一族，此外，亲王中也还有一个叫端华的人，但唯有肃顺颇受文宗显皇帝的青睐，接受了他的遗言。当时，西太后还不是真正的太后，真正的太后是东太后，这两位太后相商结果，杀了肃顺而自己执政。于是，最初是东太后执政，后来，权力渐渐移到西太后手上。这个西太后，人们对有关她的评论至今都记忆犹新，是个很有政治能力的人。东太后是咸丰的本妻，西太后只是妾而已，但是，东太后没有阅读臣下奉上的奏文并作判断的学问，而西太后则主动地阅读奏文及其他文件，自作判断，并命令内阁大学士或军机处大臣，是一个富有判断力的人。这样，就渐渐得势，又因为她是继其位的同治帝的生母，最终得到了太后之位。西太后的时代依靠了她在政治上的出色才能，形成了一时的国势中兴。

这里来讲讲最早的摄政睿亲王的事。今天的听讲者中有一位福井人上田君，我去年曾到过福井，就睿亲王及其他史事作过种种调查。有意思的是，正当清朝从满洲进入北京的那一年，在日本越前的三国对面的叫新保的村子里，船夫们出船去松前，但不知怎的，却漂到了满洲。满洲人把他们大多都杀害了，只把其中的十三人送往奉天，当时，正好奉天的满洲八旗要移入北京，就把这十三个人也带到北京去了。送到北京后，当时的摄政睿亲王称为九王子，即排行第九的王子，睿亲王在北京，顺治帝也从奉天迁到了北京。摄政王看到这些从日本漂流来的人很可怜，就召见了他们，其他的亲王们也觉得从日本漂来的人很稀奇，就让他们唱歌，让他们喝酒。这些从越前新保出去的人看到了清朝初入北京时的情景，其中有一个叫竹内藤右卫门的，回到日本后，写

21

了《鞑靼物语》一书。我准备把去年以来关于这件事的调研成果
写出来，但还没有写成。虽然大体上作了研究，但还未写成东西、
整理成稿。总之，这些人经历了一次有趣的旅行，又回到了日本。
如果是今天，在北京看到清朝的退位，也不能算有什么稀奇的，
但当时在北京亲历清朝初入中国之事，还是非常稀罕的。这些漂
流民回到日本后，还被专门叫到江户，到幕府去讲述他们的经历。
看当时的笔记，还记得少量的满洲语，以及一些中国语。还记载
了与摄政睿亲王见面的情景，说睿亲王看起来是一个瘦瘦的、慈
祥的人。这与真实的摄政王睿亲王的形象很相近，摄政睿亲王多
少像个病人，三十九岁就去世了。但此人对政治、军事上的一切
事务，作为出身于蛮荒落后的满洲人来说，是有非常优秀的才能
的。在当时的中国固然有许多人才，但他运用自如地使用这些人，
并且接受中国人的建议，在进入北京后，很快就实行中国式的政
治，而不是以满洲式的政治来使中国人为难。采用中国式的政治，
任用中国人做大官，恢复了正常的秩序。睿亲王在北京摄政仅仅
六年，这期间，使中国整体上基本平定了下来。因此，睿亲王是
政治上非常有能力的人。清朝最后的摄政醇亲王就不像睿亲王这
样有能力了，这大概也是清朝不得不退位的原因之一。另外，最
后的摄政王与睿亲王所采取的政治方针也正好是相反的，这在后
面将讲到。

三　清朝帝王的特点及其形成原因

　　第三，写着"清朝帝王的特点及其形成原因"，前面已讲到的
清朝帝王的独裁权力，可以说就是它的特点，此外，帝王作为个

人也有一个很大的特点。这一点希望大家首先有所认识，然后再来讲讲形成这样的特点的原因。

这特点就是清朝的帝王都接受十分完好的教育，这几乎成为一种习惯。当然，这也不是从清初一开始就是这样的，但清初时多少已有这样的倾向。原因何在呢？一个重要的原因就是天子的继承者或者说天子的王位并不是早就确定的。

最早的天子即太祖高皇帝死后，继承他即位的是太宗文皇帝。太宗文皇帝初即位时，按理说，此人成为天子，其他人虽为兄弟，也应居于人臣之位。但实际并非如此。太祖死后，比较有权力的人有四个，太宗文皇帝当然是一个，当时清朝相当于亲王地位的人叫贝勒，当时的贝勒共有大贝勒、二贝勒、三贝勒等，太宗文皇帝是四贝勒。大贝勒代善是四贝勒的真正的哥哥，太祖高皇帝的次子，后来成为礼亲王。二贝勒是太祖的侄儿，与太宗是堂兄弟，叫做阿敏，后来失了位。三贝勒叫莽古尔泰，是太宗的哥哥，他在后来也失了位。这样，留下的就只有四贝勒太宗文皇帝了。太祖刚死时，这四人暂时都具有同样的作为君主的权力，臣下新年去向君主叩拜时，此四人同时南面受礼。其中四贝勒在军队中最有人望，在军队中有威望的人自然是最有势力的，因此，四贝勒渐渐得势，形成非他成为天子不可的势头。这时，二贝勒既已在朝鲜征伐中失败，后来又在征伐中国即从山海关背面进攻长城回师时遭大败，所以，渐渐失势。莽古尔泰自己也想做天子，进行了种种谋略，与四贝勒太宗的关系不好。为此在军队中有威望的太宗，在莽古尔泰死后，寻找种种证据，击溃了莽古尔泰的后人。大贝勒与四贝勒一样，在军队中也颇有威望，其子萨哈廉是一个非常聪明的人，他总认为国家的大势会归于四贝勒，因此，规劝父亲大贝勒把权力让给四贝勒。这样，大贝勒虽然是兄长，也不得不让四贝勒做太宗。五年后，四贝勒正式即位做天子，接受人臣的谒见，大贝勒也不得不作为人臣谒见太宗。但在太祖去世时的考虑并不是这样的。因为按蒙古人、满洲人的继承习惯，一般是以小儿子继承较普遍，与日本的长子相续正相反。因此，太祖最初准备让位给九王子，即前面说过的此后的摄政睿亲王，此人当时是太祖最新的一个妻子的儿子，他非常明智，主动让了位。而大势所趋也是四贝勒做了天子。总之，王位的继承是不确定的。后来太宗死时，其长子是肃亲王（即今逃亡旅顺的肃亲王的祖先），虽然有此长子，但后来也是第八还是第九的王子继承了王位。虽然其时肃亲王因战争已功勋卓著，但还是太宗的六岁的小儿子继承了太宗之位。又可能还由于母系的出身等关系，后来成为顺治帝的世祖章皇帝的母亲，即太宗文皇帝的皇后与摄政睿亲王结了婚。身为皇后、皇太后的人竟能与别人结婚，是十分不可思议的事，这说明满洲距离极其淳朴的时代尚不遥远，所以，才会有这样的事。因而，在《实录》中记载，睿亲王最初位居皇叔父，后来晋升为皇父。当时的考试答卷现在还可见到，其中也有皇父的记载。因此，摄政睿亲王与其母亲有一定的关系，才使这小孩子成为天子。这种事总不是什么好事，所以，王位继承的不确定也未必是什么好事。

到了圣祖仁皇帝时，清朝进入中原，做了中国之主，曾一度想立太子，但所立太子未能成功即位。当时有再立太子的种种呼声，因为中国的天子之位必须是皇太子继承无疑，因此，有人竟冒着触怒天子的危险，直言进谏，而天子果然没有宽恕他。因此，在清朝的家法中，不立皇太子就成了惯例。因此，如天子有许多皇子，就让他们一起接受教育。这在纲目上有"上书房的读书"一栏，就让这些皇子们在"上书房"的地方读书，不立谁是继承者，共同接受教育。但这在后来能真正实行的并不多。据说清朝天子在觉得有必要考虑继承人的时候，如果他有满意的对象，认为在自己死后可以立此人为继承人的，就在一张纸上写下谁是自己的皇太子，然后把它秘密放在宫中正大光明殿的正大光明匾额的背面。如果天子未留遗言而死，就打开匾额后面的遗嘱看谁是继承人；而如果天子是慢慢老死的，当然就会有立谁、谁为继承人的遗言。总之，皇太子不是预先立好的。为此，皇子们纷纷努力学习，从年轻时起就为了能作天子的候补者，遵守规矩，接受良好的教育。

其次，在纲目上写着"各帝的文化活动"一条，列举了一些事例。清朝虽是从夷狄入主中国的，但历代天子都长于文事。其证据在那边的陈列室中都有所反映，大家看后会有所了解。

在这一条的开头处有"世祖的中国文化爱好 遗诏"字样。这个世祖在二十四岁时就去世了。此人喜爱中国文化，不受满洲人的欢迎。因为他从满洲来到中原，看到中国文化的先进，所以就喜爱中国文化。明亡之时明代遗臣曾作有《万古愁曲》，悲叹明之灭亡。世祖十分喜欢这样的作品，不断地歌咏它。作为取代明朝的天子，竟还这样地同情亡去的明朝。他太偏爱中国，不受满洲人欢迎。他二十四岁上死时，大概是猝死的，但当时留有遗诏，此遗诏有二十几条，其中重要的一条是：我太偏爱中国，对满洲有些疏离。遗诏一般是写自己死后谁可立为太子之事，但也写到了因自己改变过去的政策而受到的议论。世祖的遗诏中写上了偏爱中国等事，含有表示后悔之意，但这么写着，也足见世祖是非常地偏爱中国的。

再次是圣祖，因为八岁就即位了，有辅政大臣，此人年轻时就富有谋略。对辅政大臣的得势感到不安，对辅政大臣非常恼火，这是他孩子时的思考。到十三岁时，他找来一些力气大的孩子，经常和他们一起玩摔跤的游戏。有时，在自己不满意的辅政大臣参朝时，他就命令孩子们突然把那大臣捆绑起来，予以殴打。他就是这样一个少年时就富有谋略的人。特别是在清朝入关平定中国以后出现第一次叛乱时，更显示了他的谋略。明朝大臣、降清后被封王的吴三桂及其他二王，在清朝受重用，拥有广大的领土。吴三桂在云南，尚可喜在广东，耿精忠在福建，这几人都是明末以来身经百战的将领，也曾与清军作战过。当时，清朝方面的老将多已去世，能够对付这几位宿将的大将几乎没有。因此，开始时，清兵屡在三藩之役中被击败。当时圣祖只是十九二十的青年，虽然年少，却能亲自指挥若定。一天中能通览几百通上奏文件，并一一作出指示，安排给相应方面的大学士去执行。因此，虽然兵力不强，但因谋略良好，用七年时间平定了三藩之乱。这位天子是气概宏大的人，而且并不只是为了进入中国而感佩中国文化。当时，西洋传教士已经来到中国，他还从传教士那里学习西洋知识，怀抱着掌握世界知识以建立大帝国的雄图大略。但由于这毕竟是发生在中国，因而即使是雄图大略，其中也有一定的消极成分。但蒙古地区的准噶尔族谋反，他亲自出征，率兵征伐，陈列室中有一本《亲征平定朔漠方略》的书，根据此书可以知道圣祖亲自出兵征伐的情况。他的知识不仅限于中国的学问，还研究外国语，还懂数学、天文，当然，这只是宫殿里的学术，到底有多大的精密度很难说，但总之，在这些方面他都有兴趣，具有世界性的知识，怀抱建立世界性的大帝国的雄图，这是此人的显著出众之处，因为他，清初的政治基础得到了巩固。

纲目中，下面是"世宗的禅机、文字狱、朱批谕旨、猜疑之主"，世宗即雍正帝。此人继起于已进行了各方面工作的圣祖之后，是个非常长于细致而严肃工作的人。他继承天子之位并非预先定下的，他的儿子乾隆从幼时起就敏锐过人，气质和手腕都很强，圣祖是曾想立这个孙子为天子的，然而结果却是立了世宗。世宗在作亲王的长时间内，考虑的与圣祖不同，他主要密切注意地方官的动静。所以，做天子后，非常长于侦探政治，对臣下的事什么都能知道，是极其危险的人物。他与兄弟的关系，也是要么特别的好，要么特别的坏，对关系坏的兄弟，施加恶名迫害之；对关系好的兄弟，就优待他。他在学问上爱好佛教，研究喇嘛教，也爱好禅宗，雍和宫就是他住的地方。从康熙年间以来，汉人在清朝的压迫性统治下，渐渐孕育了不满的情绪，在言论和学者的著作中越来越有所反映。有暗中讥骂清朝为夷狄的诗作，还有类似的文章。因此，就屡屡有文字狱发生。其中最有名的是吕留良案。雍正帝是侦探政治家，但比日本的侦探政治家度量要大一些，他把侦探的结果不是秘而不宣，而是全部暴露出来，这是他的了不起之处。他不仅不是秘而不宣，还亲自执笔写辩驳书。如你是这样说的，但这实际上并无道理，一一批驳之。这辩驳书之一就是有名的《大义觉迷录》，这在陈列室中也摆放着，这《大义觉迷录》就是雍正帝所写的对吕留良之事的辩驳书。天子亲自写对臣下的辩驳书，多少有点奇怪，但也可见他在位期间具有开放性。一方面他有阴险之处，一方面他又有开明之处。他还有朱批谕旨，这是对上奏所作的全部是汉语的批注。一般的谕注只有一行或二行，而雍正却写非常长的批注。这就是朱批。后来，因为它成了清朝政治的标本，所以，被特别印刷了出来。雍正帝是猜疑极深的人，所以，特别致力于政治上的管束。在他之前，按照明代以来的习惯，地方官对中央政府规定的租税之外还要追加征收的，即把追加增收的部分入自己的腰包，这已成了惯例。但雍正说：从人民那里收来的租税必须悉数上交天子。这样就没收了地方官的腰包，但相应地，新发给地方官一种叫养廉银的津贴。即在每月工资之外，为了使你们不要做不法之事，再发给你们这些特殊津贴，以此为交换，你们从人民那里收来的租税则一定要悉数上交。由此可见，当时中国的官吏是有很多不廉洁的。因此，从那时起，天子的收入增加了很多。但实际上，那以后，地方官从人民那里收来的租税虽然是上交了，但在此之外，他们仍然再从人民那里敲诈，因此，政府的收入增加是确实增加了，而减轻人民负担之事实际上并未奏效。在他之前的圣祖时代虽然也是这样具有雄图的天子，但却过了贫乏的一生，从雍正帝时起，才算是富裕起来。但在雍正帝时代还不是十分明显，到了他以后的一代就非常富裕了。

雍正帝之后是高宗乾隆帝，居位六十年后，让位于次子，又活了四年，在八十多岁时去世。他二十五岁即位，年轻时长于文事，以文事自傲。认为凡是汉人学者所能的事，自己没有不能的，所以，什么都想试着去做。又作诗、又作文，什么都做。他的诗文中用了许多艰深、难懂的典故，并以此去考问汉人学者们，你们知道这些典故吗？如果对方回答不知道，他就十分高兴，以此炫耀自己学问的广博。在任何太平盛世，都会有这样的天子出现，总之，他是一个非常多才多艺的人。此外，对自己本族语言——

满洲语大力推奖，致力于复兴当时已很衰弱的满洲语，编撰字典，还奖励其他各种振兴满洲语的工作。他规定：不管是满洲人还是汉族人，只要是入翰林院的人，都必须懂满洲语，这样，就使得不管你多么有才，如果不懂满洲语就进不了翰林院。后来，又平定了蒙古。他与雍正帝不同，像汉人一样是儒教的信徒，一贯不信仰佛教。他为了怀柔蒙古，提倡蒙古语的必要性。后来，又因为与西藏喇嘛教的关系，学习西藏语。后来因为平定了说维吾尔语的种族，又研究起维吾尔语来。总之，他几乎对自己所平定的异民族的所有语言都有过研究，这在明天将详细讲到。他认为任何地方的语言其理论都是相同的，并且为自己的这一发明颇为得意。这样，对自己统一的国家的事务都很熟悉，亲自处理各种事务，为此，在政策上，也不免有各种矛盾。另一方面，为了振兴满洲，给满洲八旗以特别的奖赏，政治上、军事上的重大工作，也都交与满洲人去办，自己却只是喜欢汉文化的学问，埋首于这样的学问研究。[1]

他是造成中国极盛时代、也可以说是黄金时代的天子。在这六十年中极尽全盛，后来就渐渐呈现出衰弱来。由于乾隆帝的榜样，清朝各代天子都有御制的诗集、文集。其中，不是自己所作的也有，但康熙帝、乾隆帝、嘉庆、道光、咸丰都有自己写作的诗集、文集。不仅是做天子以后的诗文，在做天子以前的诗文也要编辑起来。在纲目中写着的"潜邸的全集"就是在做天子之前的作品。此外，还有"钦定书之多"一项，钦定书到底有多少，

---

[1] 本节文字中，日文原文多出现"支那风"、"支那人"、"支那の学者"的字样，所指为与满族文化、满人相对的汉族文化、汉人，翻译时，不能笼统将"支那"译为"中国"，而以"汉"对译之。

我没有作过——调查，但礼亲王昭梿对清朝之事非常熟悉。他著有一本《啸亭杂录》，其中列举一些目录，反映钦定书确是非常之多。虽然这统计得还不太充分。

因此，清朝的各代帝王都非常长于文事。把它与明代比较的话，明太祖是比不过的，他是从乞丐到盗贼，从盗贼到天子的，他也作文章，作好后让学者修改，改多了就发怒什么的。明代的高皇帝御制文集今天还留存着，虽有非常差的恶文掺杂其中，但总之是写文章的。其后的明宣宗是个真正做学问的学者。明代尽管是起于有文化素养的国家，但与清朝相比的话，还是清朝的天子们文才略胜一筹。在臣下的奏折上所写的朱批，能自己写的天子大多数自己写，而明代天子所写的朱批，里面还有俗语和口语中的俚语等，清朝则决不用这些词语，全部都是典雅的、优美的汉文。

这样的事，既是好事，也是坏事。奖励文章的结果是：康熙帝时，钦定书中有一种如《古今图书集成》这样的一万几千卷的大书，乾隆帝时有《四库全书》这一冠绝古今的大丛书。从这一点看，是在文化事业上留下了显著的功绩。在纲目中我写着"违禁书目及其实例"，清朝在修《四库全书》时，对明代或清朝初年写清朝坏话的书以及在书中用夷狄字样的书，曾经或删改之，或全部毁坏之。这是在修《四库全书》时，产生的一个不好的副产品。所谓《违碍书目》就是开出一个有妨碍的书的目录，谁看到这样的书就要送到朝廷，销毁它。但是总难以真正彻底实行。因此，朝廷曾屡下命令，但仍然是难以实行。这里有一个明显的实例。我手中有一本书，书的目录之处，附印着天子的命令书，因为这本书中有一部分是违禁的，写明这一部分已经删除了，但我翻到书中的这一部分，这一部分却仍然保存着。即在目录处写着删除，就可以逃过调查。因而，虽然清朝对于违禁书的取缔还不算彻底，但确实使许多书化为乌有。一些较早传到日本的书籍，因为后来成了违禁书，因此，在清朝看不到了，在日本还能看到。其次，还有"武英殿聚珍版书"，这也是做《四库全书》时的产物，活字印刷在乾隆以前就有，但在乾隆时得到更广泛的应用，所以，就有了"武英殿聚珍版书"。这些事都反映了清朝帝王的特色，尽管他们的先祖起于夷狄，但其奖励文化活动，而且自己也致力于此。

其次，是"节俭 康熙帝的上谕"一项。明代宫中所使用的宦官人数有十万，到康熙帝时减少到仅仅四百人。十万与四百相比，可见是十分地节俭的。因此，康熙帝时宫中的费用减少到明代的十分之一、二十分之一乃至四十分之一。在康熙帝时宫中最为厉行节俭，后来，随着清朝财富的积聚，变得奢侈起来，但总还没有达到明代的奢侈。明万历时皇太子结婚，一次就从地方上征收了一千两百万两。相比来说，清朝的特点就在于它的节俭。

再次，是"寡鲜失德 处置内宠、宦官的严肃"一项。清朝的天子在各朝天子中是较少失德的。明代的天子武宗为了自己宠爱的女人，四处巡幸，清朝没有这样的事。清朝对宦官的管束也是十分严肃的，它废除了宦官的衙门。西太后时宦官多少有点跋扈，即使这样，管束也还是严厉的。西太后有一个非常宠爱的宦官安德海，此人带着西太后的密令去湖南。但清朝有鉴于明朝之弊，是不许宦官出都的，如果私自出都，捕获后是要杀头的。这个安德海在路过山东时，当时山东的巡抚丁宝桢下了非常大的决心，即使是西太后的宠臣，也将之捕获归案。但士兵也好、巡

31

查也好，都很惧怕，不敢靠近。结果，还是士兵将之捕获了。丁宝桢将其正法斩杀了。然后，向朝廷上奏：安德海称受了朝廷命令出都来此地，被我依法斩了。因此，对宦官的管理制度即使是针对西太后所宠爱的宦官，也还是能够有效执行的。因此，清朝天子失德的较少，与明代相比是非常明显的。此外，所谓西太后是受了宠爱才变得跋扈，其实不是这样；西太后虽然是生了咸丰帝的儿子同治帝，但所谓受到咸丰帝的非常的宠爱，并不是事实。西太后是生了同治、做了天子的母亲后才得势的。即她并不是因为咸丰的宠爱女色而得势的。乾隆帝稍有此嫌，但大致也没有过分宠爱女色，过分宠爱宦官。即天子失德可谓寡鲜，这是清朝天子的特色。这是清朝尽管是从外部入主中国，而还能稳定地、长期执政的重要原因。

四 清朝政治的特色

说到清朝政治有什么样的特色，那就是清朝政治的满汉双重政治体制。在安排官吏方面，要安排满汉同样的官吏。如置吏部尚书，有满吏部尚书和汉吏部尚书，在置左侍郎、右侍郎时，也是有满左侍郎、汉左侍郎、满右侍郎、汉右侍郎。即重要的官吏都是满汉配套设置。其次，关于重要的典礼，也都是用满汉二种语文书写。记录也都是用满汉二种语文书写，某些奏折也是用满汉二种语文书写。虽然很费事，但总之在政治上实行着满汉双轨制。此外，还有其他一些奇异的事。在中国，历代天子都要祭天，这是中国之礼。但是，满洲另有一个叫堂子的地方，在这里举行祭礼，这是满洲的祭天之礼。虽然同样是祭天，满洲人是在堂子里祭天，与汉人的祭天不同。如此，在经济上可以说是不够节俭，但清朝盛时在其他方面节俭了，所以，在这方面多些花销并无妨碍。但是这种双轨制的政治方式，既是清朝的特色，又是给清朝带来弊端的根源。因为统治中国、统治汉人毕竟是重要的事情，而管理满洲人的事只是附加而已。这种情形发展到后来，居于统治地位的满洲人的势力就渐渐衰弱了，汉人的势力自然就发达起来，这对满洲人来说是痛苦的矛盾。这也是清朝政治走向衰弱的原因之一。

此外，政治衰弱的另一原因，就是我在下面写的"注重名声（不顾实惠）实行免税"之事。像清朝这样从外部入主的国家，就有这样的缺点。在为政时，把有好名声的政治看得最重。朝廷对官员的品评，也以在地方上的名声是否好为第一位。如果这只是对官员的做法也还可以，但皇帝自己在为政时也是这样的。清朝免除地租，有时是半免，有时是全免。这在前代是闻所未闻的，因而受到好评，但这是不讲实惠的。其实从中国百姓那里交出的租税，入中央政府的只是极少的一部分，很多则入了官员们的腰包。雍正帝取缔了这种状况，但不久又恢复了老样子。实际上，由于雍正帝的政策，使得百姓的负担反而更加重了。因为在中央政府是免税了，准备好本年的财政一文不入，而以国库的剩余金来开支。但是，那些以租税的附加税过活的官员们，不能忍受这种情况。当然，官员中也有诚实的好官，况且还有养廉银，但官员以下还有吏胥，他们并不能从政府那里获取俸给，而只能是在百姓和政府之间靠盘剥中间费生活。他们由于没有确实的收入，就必须向百姓盘剥借以过活。但是，政府免税了，他们不能一直没有收入而等到明年，于是，就想出种种名目去收税。因此，应向政府交纳的税免掉了，而入官吏私囊的则不能免。尽管这样，总之，中央政府是实行了好几次免税的。这样就得到了好评，被官吏们说成是古来没有的好皇帝，皇帝在下诏书时也是考虑到要得这样的好名声的。向来每当中国历史上的弊政不断高涨时，就会出现这样的情况：即政治不做任何实事，只为得到好的评价。

其次是"理想的独裁制度，军机处的创设（参照《枢垣记略》)"。正像前面说过的，独裁制度到清朝发展到了极点。清朝废除了明代的宰相制，用内阁大学士作天子的秘书官，从事相当于宰相的工作，这样也仍不顶用，所以，从雍正帝开始设置了军机处。把从朝廷的大官——也不算太大的官，只是中层官吏中——选出的自己中意的人，叫至军机处，听从使唤，而让原来机构中的官员赋闲。这些人聚集在军机处里，做着相当于皇帝的秘书官的工作。皇帝实行独裁，让军机处处理政务。因此，即使是大臣也没有自己的责任心。在今天的日本内阁，也有各种责任问题，如内务省在自己所管辖的事务上失态，致使有大浦子爵的引咎辞职。但在中国，官吏是没有自己真正的责任的，如果触犯法律，当然要被撤职。如果触怒天子，也会随时被撤职，但唯独从不把自己的工作看作是对国家应负的责任。因为是皇帝独裁，所以，自己只是附于天子之下执行任务而已。这样，这些人就既有可能做种种善事，也会做种种恶事。这是清朝政治的一个特色，或可说是一个坏的特色。

再次是"对学者的优待、徐乾学编纂《一统志》、博学宏词科（参照《鹤征录》、《词科掌录》)"一项。优待学者是大善事。像中国这样的文化古国，除了被采用做了官吏的学者外，还有其他许多在野的学者。在今天的日本，从学校毕业出来的人也面临难以找到工作的情况，因而成为人们议论的话题。在中国几百年前就是这样。出钱可以成为候补官吏，做了候补官吏后，只要有钱就可以变成正式的官吏。因此，即使是通过正式的考试，也有可能不能成为正式的官吏。另外，在考试中落第的人，也有的是地方上有名的学者。在中国，考试是一种命运，有一种很深的迷信观念，认为考糟了是因为不走运。而不是只要有学问就可以顺利成功的事。因此，有学问的人，很多都遗留在民间了，这些人总需要有个处置。康熙皇帝曾给他喜欢的大臣徐乾学一笔钱，徐乾学借此隐居在太湖边的洞庭山上，在那里吸引了许多学者。但是只用这个手段总不是个办法，后来，就开设了"博学宏词科"，这是在一般的文官考试之外，再以考试来采用地方学者中有学问的人。如知道某某是某地方上有名的学者，就由地方官推举出来，参加考试。这其中也有不参加考试的。也有准备出来考试，却在途中游玩而不赴考场的人。但总之，这样，大致把有名的学者都网罗来了。通过这一考试及第的，要比普通的文官考试名誉得多。总之，学者得到了优待，对那些即使考试漏掉的，或没有成为官吏的学者，也考虑了优待他们的方法，以致使天下太平，没有不平之声。这样的好办法在国家富裕时是可以做到的，到贫乏时就难以做到了。

由于这种种情由，就有了"其弊端（参见江楚会奏变法折、对策等）"这一项。所谓政治上的积弊一般是非常难以去除的。由于各种原因清朝渐渐走上了末路，各种弊病相继出现，虽然有些弊病也是从前代继承下来的。而且到了清朝末年，由于有了与各国的交往，这些弊病已不是治理好一国就能解决的事。实行独裁、注重名声的时候，可以治理好一国就行，与外国有了交往，就表现出许多弊病来。当时，张之洞、刘坤一上了《江楚会奏变法折》，此"江"是因为刘坤一在南京当总督，"楚"是因为张之洞在武昌当总督，所以叫"江楚"。这二人想共同合作改变清朝的弊政。当然，在他们之前，也有改革弊政的言论，但具体的体现是这份上奏文。关于考试的"对策"的样本有展出的，可以作为认识考试在清朝末年只是形式而毫无作用的参考。总之，政治上的弊病渐渐积聚起来，到后来不得不有张之洞和刘坤一的上奏变革。关于这些弊病，我在《支那论》及《清朝衰亡论》中都有所论及，从今天所说的经过，大致也可推想所以渐渐出现弊病的原因。

五　晚清的政治

这次要讲的是"晚清的政治"。"纲目"里写着"汉人的自奋"。由于地方官的无责任心，对政治上的事务从不尽心尽力，结果导致乾隆末年到嘉庆初年的白莲教起义。这是一种宗教迷信的民间暴乱，前后持续了九年不能平定。虽然这只是一个农民起义，没有什么了不起的，但由于地方官的无责任心，他们不是派兵去征讨起义军，而只想纠集、驱使地方上的人民去与起义军作战。从乾隆末年到嘉庆初年，骚乱持续了很长时间。地方上的人民期盼朝廷的军队，却迟迟不见平定叛乱，就自己起来保卫自己的土地，最后以自己的力量平定了这场大骚乱。由此，汉人产生了靠自己的力量维持地方秩序的想法。其次，有咸丰到同治的长发贼之乱，这时朝廷派来的军队也几乎不起作用，而平定他们的是这里写着的曾、胡、左、李、彭等人，即曾国藩、胡林翼、左宗棠、李鸿章、彭玉麟等人。因为这些人率领了民间的义勇兵作战，所以平定了长期的骚乱。地方上的人民组织义勇兵，一开始只是为了保卫自己的家乡，曾国藩用它平定了太平天国之乱，证明了地方义勇兵作为民间力量，不仅可维护地方，还有平定其他地方骚乱的余力。

这成为促使晚清政治上汉人复兴的原因。这时正好是与外国关系非常紧急的时候。道光末年的鸦片战争是与外国关系的开始，咸丰末年英法联军侵入，开始在北京设置各国公使馆，于是，有了所谓的外交。让毫无经验的北京政府内的满洲人来进行外交，简直是不可能，所以，就有了"委任的外交"。即在南京设置"南洋大臣"，在天津设置"北洋大臣"，李鸿章常年担任"北洋大臣"，外交事务就委任给此"北洋大臣"。所以，中国的外交是全部由李鸿章管理的，外国人有什么举动，就几乎到了不用到北京与北京政府商谈的地步。只有与日本的几次交往是例外，日本比较了解中国的情况，如大久保利通因为台湾事件需与中国政府谈判，虽知中国这一惯例，却没到天津直接进了北京，在当时处理外交事务的官署举行了谈判。又如，外国的使者和公使谁都没有谒见过中国皇帝，副岛种臣伯爵则特意拿了日本天皇的委任书，一定要谒见中国皇帝，而真的见到了。而一般的外国人就都认为与李鸿章打交道就可以了。不仅外国人这样认为，中国人也是这样认为的。

当时中国的政治情况是，义勇兵不仅守卫自己的家乡，湖南的义勇兵、安徽的义勇兵，被分配在全国各要地。本来最初是义勇兵，后来任命了特别的官吏专门管理，于是派往全国，守卫各个要地，而外交则由李鸿章承担，这样，清朝政府就把国家大事中的军事和外交权全部交给了汉人掌管，自己不加过问。当然也不能说完全不问，如西太后就是相当英明的人，保持着充分的约束力，但李鸿章的意见对中央政府非常具有影响力，当然李鸿章也有不能按自己的想法左右中央政府的时候。但总之，在影响中央政府方面，满洲朝廷下的汉人是呈现出自己的实力来了。

这就是清朝晚年的政治情况。到后来，先是对法国战败，接着败给日本，又有北清事变的大骚乱，终于显出土崩瓦解的态势。这时，清朝也先后出现改革的论调，日清战争以后更盛。李鸿章在与外国人打交道中发现，外国人是不可信任的，就设法防御他们，但实际效果是失败了。因此，就不得不进行根本上的改革，康有为成为这种改革的先锋，随着改革的渐渐推进，发现改革是需要强大的经济后盾的。特别是像清朝这样一开始就有满汉二重机构的，现在又加上与外国的事务，这就必须在原来的政治机构之外又加上处理外国事务的机构，原来的政治机构并不废弃，又不得不多一个新的机构，这样就有了双重、三重的政治机构，这是非常需要钱的。据光绪十九年、二十年间的统计，中央政府的财政支出约在七八千万两，而到光绪末年、宣统时，没有三亿两无论如何不能进行正常的政治运作。这样庞大的财政开支，即使是在日本这样工业发达，又与外国有很多贸易往来的国家也会承受不了。不仅如此，还无节制地增长行政费，其他的事务就更无法进展，负担不了。

其次是"宗室政治与退位"，这期间，西太后死了，光绪帝死了，到了最近的醇亲王时代，那些重要的大臣，即使是重用他们，也不能取得自己所期盼的成绩。大家都在时机好时就做点事，在有危难时就逃避，这样怎么行呢？所以，晚清的政治就渐渐成了一家一族的东西。这样，又促使它走向灭亡。清朝政治也可说是亲族政治，到处都是亲族担任。这样就只有一家一族承担责任。一旦出现大骚乱，这家族就像"平家"的没落一样，延续了二百数十年的清朝就不得不退位了。这就是清朝晚年的政治。

六 附论 清代的宗室

接着说说宗室之事。先讲"宗室与觉罗"。所谓宗室，是指清太祖的父亲的兄弟们的后裔，所谓觉罗，则是指其上一辈即太祖的祖父的兄弟们的分支。这些人都是具有特殊资格的人，宗室身上系黄色绶带，觉罗身上系红色绶带，以示区别，分别享有各种特权。清朝的宗室可谓既有好处也有坏处。清朝宗室人数非常之多，清朝开始从山海关入北京时，宗室、觉罗共三千人，到道光末年达二万人，而到今天则是五六万或七八万人。这些宗室，到如今其中也有给日本人教中国语的皇族先生。日本人认为中国的皇族都是殿下，中国当然有这样的皇族，而大多的皇族没有殿下的待遇，日本人不明事理地以殿下待之，吃了苦头。皇族的生计很不容易，给予这些皇族俸禄成为清朝财政的一大困难。正因为这样，清朝皇族有以自身力量工作谋生，为学当官的，即与普通人一样经过考试做官，做官的人还很多。这在另一方面也产生了弊端：因为这些人具有特殊身份，北京的五城衙门在巡逻时，这些宗室之家都是不可以进入的。而这里有什么不可见人的弊病呢？原来这里都是赌博的场所。清朝开始后不久就有了这个弊病。许多宗室之家都成了赌博场。纵然进行赌博，警察官也不得入内。在这些我行我素的人中，也有有所作为的人。有一位叫盛昱的人，我虽然没有见过他，但此人很有学问，当过大学校长。他收揽汉人中的各种有用人才，在清朝末年的危机时刻，让他们发挥作用，他那里就成了人才的集中地。他在私人生活规范方面很不检点，他收集有很多珍贵的书籍和器物，那都是他到书店或文物店去，只要是看中的，不给钱就拿走了。这就是我们近年来所接触到的好处和坏处都有的清朝宗室，与明代的宗室相比，清朝宗室能够参加考试，做各种工作，是其一大优点。坏处当然也有，就是十分任性放肆。明代宗室是既无大好处，也无大坏处。说到坏处，明朝的一个坏处就是妇人弄坏了事，与此相比，清朝宗室既有一定的肯定之处，也有一定的弊端。

以上大致讲了帝王及内治。

第二章　异族统一与外交、贸易

一　入关以前满、蒙、汉的三族统一（附朝鲜）

今天讲"异族统一与外交、贸易"。

大家知道，清代是中国仅次于元代的拥有最大版图的时代。为了达到这大版图，必须统一各个异民族。清朝在满洲未进入中国本部之前，就已支配着几个异民族。清朝当时还未在奉天建都，只是以辽阳为中心，而在取得辽阳之前，清太祖起于山中，势力尚微弱之时，就与蒙古发生了冲突。在今天南满铁路的终点长春是蒙古族居住的地方，南满铁路沿线的昌图以及其他地方，也是蒙古族的土地。特别是在南满内地，即使土地上的人民是满洲人，其土地的酋长也仍是蒙古族人。今南满沿线从开原到东北的路上有一叫叶赫的地方，其酋长就是蒙古人。由于满洲的内地有蒙古族，所以，满洲的势力稍稍扩展，就与蒙古族发生冲突。这时就已不是臣属关系，而几乎是有相互约束的同盟关系。其后，清朝（时称后金）侵略辽东地方，取得辽阳、奉天等地，而那时辽阳、奉天以及开原一带，居住的都是汉人。于是，合并了汉人与满人，统一了这些地方。当时，统一起来的还不仅是这些地方上的人民，山东地方有一支明朝军队因故来降清朝，因此，把这些军队也整编统一了。这是满洲有汉军的开始。这时清太祖让自己的满洲军队去远方征战，使今天俄国领地的沿海州附近都臣服了清朝。当时的臣服，与土地相比主要是人民的臣服。所谓派出远征军，一支远征军也就是一千人到二千人，到了那个地方，不是把那里的人民分批掳回，而是全部掳回，让他们移居在自己居住的都会的附近。当时的都会是兴京。与现在的兴京稍有不同，只是现在兴京的老城区部分。把远征俘虏来的男女悉数驱赶到这里，为什么呢？为了增加军队，增加壮丁。增加壮丁就使增加军队有了可能。所以，他们实行的是不在于占领土地而在于占领人民的政策。这样，就要着手处理与蒙古的关系。现在的东蒙古也仍还有达尔汉亲王，当时就是与达尔汉亲王一家订立了条约。当时与他还是同盟关系，但随着清朝势力的渐渐壮大，到第二代太宗时，即从崇德元年开始，就停止了称满洲汗，而改称皇帝。清朝初年称统治者的汗为汗王爷。现在在满洲内部也仍把清太祖称为汗王爷，但到了第二代的太宗中期，就起了要做皇帝的野心。当时"皇帝"只是中国本部使用的，是最高贵的，其他国家都从皇帝那里接受爵位，现在要与这"皇帝"同样称帝，显然是十分大的野心。清朝将此事与朝鲜商量，遭到了朝鲜的拒绝，认为满洲称帝是不合适的，因此，清朝就出兵征伐朝鲜。而蒙古等族则都赞成，满洲、蒙古的四十几个贝勒联名上书，劝太宗称帝。这样，居住在满洲之时，就产生了大清皇帝。征服了朝鲜，朝鲜投降时建了一块三田渡碑，那上面就写着"大清宽温仁圣皇帝"。这时，清朝版图上可以说就已有了汉人、蒙人、满人的三族统一。关于这段历史，有许多记载，这里写着的"崇谟阁记录"就是一种。这也是我明治三十八年调查奉天宝库时发现的文献，我就对当时的将军——现在是北京清史馆总裁的赵尔巽说：那里有这样的记录，想借出来看看。赵尔巽非常吃惊，说我自己以前也从不知道有此种记载。这些古老的记录藏在奉天的库中，据此可以知道，清朝在称帝前后的一段时间内，与朝鲜之间曾有过这样的往来文书，这是非常有意思的。开始的书信中，朝鲜的来信及满洲给朝鲜的信，都把满洲的天子称为金国汗。还有其他一些证据，如奉天宝库中的文物，也可以证明满洲天子在做大清皇帝之前，自称为金国汗。后来在编《实录》时，对自称是金国汗多少有点忌讳，就把这金国汗的称呼从《实录》中删除了。现在一个也看不到了。而在朝鲜的文书即明代的文书中，清太祖被称为金国汗。当然也可以说这是敌国的记录，并不能完全证明，但依据崇谟阁文书，可以证明清朝在称大清皇帝之前，确实是自称为金国汗的。那里还保存着与朝鲜往来文书的底稿或誊写稿。今天，袁世凯把这些文书从奉天搬到了北京，不知藏在北京的什么地方了。我当时把它们做了照相复制，因为是生手做这样的事，非常困难，是与东京帝国大学的市村教授一起做的。

其次是《同文汇考》，这是朝鲜外交文书的全部记录。朝鲜的外交只限于与中国和日本两国。有人攻击朝鲜对中国采取"事大主义"，但朝鲜人自己把与中国的往来文书，就叫作"事大"。而把与日本的往来文书，谓之"交邻"。所有这些文书汇总在一起叫《同文汇考》。其中的《别篇》，是清朝尚居满洲时与朝鲜的文书往来，将它们与崇谟阁记录对照着看，是非常有参考价值的。但在《同文汇考》中，只记载了朝鲜被满洲征服而投降之后的文书，即朝鲜投降并建了一块"三田渡碑"，表示感谢满洲帮助的厚恩，是记载了这件事以后的往来文书，而此前的文书即在满洲尚称金国汗时的文书则没有记载。这就必须看《朝鲜国来书簿》。总之，这是清朝统一满、蒙、汉时，也想着手收拾朝鲜的现存的有力证据。

其次是"通文馆书籍版木"，这也十分有意思。所谓"通文馆"，虽不能说就是朝鲜外交部这样重要的机构，但是，它是掌管外务翻译的地方。朝鲜的等级制度很复杂，译官中有"中人"，不能成为贵族，掌管翻译工作是世代相传的，如这一家是掌管翻译工作的，所以他们就会有许多关于翻译的教科书。这些教科书的种类也很多，用作这些教科书的书籍的版木都留在了通文馆。京都大学的新村教授为此专门去了朝鲜，知道这些东西还存在着，并获赠了一部分，现在京都大学保存着几张。由此知道，朝鲜现存的版木都是散乱的，而教科书就更是不容易得到的。当时朝鲜翻译所使用的语言，有汉语、满语、蒙古语、日本语，这些语言的翻译教科书一应俱全。即通文馆中既有蒙古语的教科书，也有满语的教科书，也有汉语的教科书，也有日本语的教科书。日本语的书是德川时代的侍者所使用的敬语的教科书。朝鲜方面认为，满语、蒙古语、汉语是必要的，所以做了这些教科书，这样的教科书，也说明了满洲的势力及于朝鲜是有事实依据的。这些教科书的样本——幸存的书籍版木——现正在展出，可以一看。这是入关以前的满洲，统一了蒙古人、汉人，而且把朝鲜作为自己的属国的大致情况。

二 绥抚西藏

西藏在很早就已与满洲有了关系。大家知道西藏是在中国的西部，是亚洲的第一高地，处于亚洲的最正中的高原，它与满洲的关系非常不可思议。那是因了佛教的因素。大家知道，西藏是法王统治的政权，佛教极盛。当时蒙古人也是信仰西藏的佛教即喇嘛教的，是喇嘛教的势力范围。但西藏人对世界上君主有势力的国家或地方抱有非常的敏感。如现在也与俄国有很强的联系，它在拉萨的山中，与俄国交通，又因为英国在印度有势力，也与它们交通，总之，对世界的权力非常敏感。那时的蒙古，在东蒙古居住着有名的林丹汗，即察哈尔林丹汗，一时势力很大。这个林丹汗曾与清太宗作战而大败，东蒙古几乎全部成为清太宗的领地。当时住在蒙古的西藏喇嘛目睹了这事，所以，这事无疑很早就传到了西藏。因此，从遥远的西藏派来了使者，还从喇嘛那里奉获颂文。颂文中说：东方有叫曼殊师利皇帝的将兴盛。曼殊师利相当于文殊菩萨，把满洲皇帝附会成文殊菩萨，说东方的曼殊师利皇帝即将兴起，来统一这世界。这就是远方西藏的喇嘛派使者送来的传言。把曼殊师利这样的佛的名称用于人名，在蒙古的酋长中已有这种情况，此前有许多这样的例子，现在是利用这种成例，与新兴的有势力的国家开始交通。那时，从蒙古也来了喇嘛，那就是著名的摩珂迦罗佛喇嘛，是元世祖忽必烈时的佛派来的，日语翻译过来叫大黑天，他不像在日本是福神，而是恐怖神，此佛像经过之处，就是统一的国度。从蒙古来了这样的喇嘛，现在又从更远的西藏来了喇嘛，说你们的国家将统一世界，这无疑是很好的煽动。清朝还在奉天的四周修建一座座塔，说当这些塔建成之时，满洲人就将统一世界。现在的奉天城四周，还有东塔、西塔、南塔、北塔四个塔。日俄战争时这些塔曾遭到损坏，但现在仍还存在着。由于尽听到这些好话，清太宗等人也信仰了喇嘛教，不仅造塔——这些塔造成时，清太宗已经去世了——还在不少寺庙立了碑。当时的碑文有四种文字，一种当然是满文，一种是蒙古文，一种是藏文，还有一种是汉文，用这样的四体文作成碑文。当时的满洲虽不能说已实际统治西藏了，但他们要统一这四种语言的种族的考虑肯定是有的。这时的清朝已经是信仰喇嘛教的了，明末年轻的名将袁崇焕在与清朝又战又和的过程中，就有一个喇嘛教的和尚从中起过使者的作用。在日本战国时代，也曾用和尚做过使者。袁崇焕也是利用喇嘛来缔结国际关系的。因此，清朝初期就已是信仰喇嘛教了。特别是雍正帝，既信禅学，又信喇嘛教，做了天子以后，还常到自己做亲王时居住的喇嘛教寺庙去。乾隆帝以后渐渐地接受儒教思想的影响，不再有特别信仰喇嘛教的风气，只是为了安抚、统治蒙古种族，仍还信仰喇嘛教。乾隆帝时关于喇嘛教的思想，有"《喇嘛说》碑"在别室展出，它表示了清代关于喇嘛教思想的一个转变。为了说明这种关系，展出了这两种材料。

如上所述，开始是出于对喇嘛教真实的信仰，后来是因为政策上的利用，但总之是通过喇嘛教，与西藏有了非常密切的关系。后来，在政策上的利用之外，像乾隆帝，也有夸耀自己统一了异民族的原因在内。明代时，蒙古人就信仰喇嘛教，蒙古人以蒙古语翻译了西藏的藏经——把西藏的所有经书都翻译了过来。这些蒙文藏经的大部分现在仍放在奉天，它们原来是在蒙古的，在前面说到的摩珂迦罗佛运佛像来时，同时运来了这些经书。我想，它们大概是在太阳汗时被翻译出来的，在那时翻译过来后，被运到奉天。这也是我前些年调查的内容之一，被日本宫内省取走的部分现在保管在东京大学，我自己只留下了当时的一片。此外，西藏文的经藏等也在别室展出。

到康熙帝时，中国的所有佛经都已有蒙古文和藏文的两种文本，都是非常好的版本。做成这些版本的版木在今天还有若干留存着。我抄下这些目录，它也在别室陈列着。

到了乾隆时代，考虑要把大藏经翻译成满文。这与其说是为了信教，不如说是为了谋求当时满语的复兴，要把大部头的佛经翻译成满文，于是，找来北京城东北称为嵩祝寺的喇嘛教寺庙里的章嘉胡图克图喇嘛来共商大计。此人很有学问，德行高超，又有权力，帮助乾隆帝，在翻译满文上出了大力。这样，就又有了满文的藏经。据我所知，只存在于奉天四塔中的北塔即法轮寺中，那里有读满文藏经的喇嘛。这个北塔寺，在日俄战争时，日本军从北方攻入奉天城时，俄国人曾在此作兵营住宿过，因此，藏经遭到严重损坏。在被损坏以后，我发现了它，把其中大部分拿到了军政署，因此，得以把它们拿回了日本，现在也放在东京大学内。当时如果有京都大学的话，当然要拿到京都大学来，可是，那时京都大学尚无文科，就交给了东京大学。这样，清朝的蒙文、藏文、满文藏经，虽有所残缺，在日本就都有了。清朝就这样与西藏有了很大的关系。另外，藏语与印度语有关系，文字也是从印度来的，所以，乾隆帝认为音韵学非常重要，在乾隆初年下令编了《同文韵统》一书。此书认为各国的音韵都有相同的根源，它的编纂也与章嘉胡图克图有关。

综上所述，与西藏的关系，不仅是政治上的，语言学上的关系也变得重要起来。实际上，中国真正地征服西藏，将之收为自己的领土，向西藏派遣驻藏大臣，是在康熙年间。当时，西藏发生内乱，被居住在蒙古地方——现在属于新疆——的汗侵略，喇嘛即活佛被迫一时外逃，在这种情况下，清朝派兵帮助他们平定了内乱，从那时起，就有了领土关系。在此之前，只是宗教上的联系，有了领土关系之后，才又有了语言学上的关系。与西藏之间的关系大致如上所述。

三 征服准噶尔、回部

第三部分写着"征服准噶尔、回部"，清朝最初征服的蒙古，是蒙古的漠南部分，即沙漠以南的蒙古，西边的青海地方几乎都未包含在内。最近因为"日支条约"，人们耳中经常听到东部蒙古或内蒙古，最初统一的就只是这些地方，外蒙古并未统一。当时，从外蒙古到新疆一带，准噶尔族非常跋扈。准噶尔是厄鲁特蒙古中的一个种族，在康熙时十分强盛，由酋长噶尔丹率领，已经统一了从蒙古到新疆一带的地方，渐渐地噶尔丹就不免与康熙帝发生冲突。战争持续了好几年，最终，噶尔丹失败，吞毒药自尽，康熙帝胜利了。对于清朝来说，噶尔丹是敌国的人，因此，清朝的有关记载都把他写成是一个不好的人。最近，我得到一本《秦边纪略》，是一个手抄本，在此手抄本中有其他书中没有的内容，对于噶尔丹是有不少赞扬之语的。他是蒙古人所崇拜的英雄，因为未得"时利"而败给了康熙帝，当时是有很大的势力的。当时，为了与噶尔丹这样的英雄作战，康熙帝曾亲征朔漠地方，因而有了《亲征平定朔漠方略》之书。这是康熙帝第一次把手伸向蒙古，接着，准噶尔的残党在新疆屡屡暴乱，在后来的雍正、乾隆年间也还有暴乱，清朝为此颇费了心机，但皇帝亲自出征的，只有康熙一人。当时，从内蒙古到新疆的东部一带已属于清朝的版图，到乾隆时，回部也进入清朝的版图。回部即是信奉回教的人居住的地方，是伊斯兰教的地方，大致上是维吾尔民族的地方。乾隆帝时维吾尔族的土地归顺了清朝，书上写着今新疆地方的二万余土地入了清朝的版图。这多少有些夸张，但今天所拥有的新疆地方是乾隆时开始为清版图的。这样，在原来的四种民族之外，又统一了维吾尔族。此后，骚乱渐渐少了，道光帝时有张格尔在新疆企图谋反，近年又有阿古柏在新疆发动暴乱，最后为左宗棠平定，虽然屡有暴乱发生，但维吾尔人也被满人统一了，这是从乾隆帝时开始的。乾隆帝对此事感到很自豪，不久，作了《伊犁剿讨志略》一书，又有关于西域的《皇舆西域图志》一书。他对征服维吾尔族，非常自豪。在平定维吾尔族时非常残酷，把地方上的男子几乎全部杀死，只把妇女和儿童释放，而选择其中漂亮的美女，乾隆帝把她收为自己的妾，在北京的宫中建起了维吾尔风格的建筑，使这个漂亮的妾生活在其间。有一种说法，这个妾有复仇之心，想刺杀乾隆帝，反而被皇太后所杀了。

这样，随着版图的扩大，以及语言学的关系，乾隆帝的自豪越来越显现出来。康熙帝时就已从保存国语的考虑作了《清文鉴》，到乾隆帝时，又作了蒙文、满文的《清文鉴》，不久，又作了满文、蒙文、汉文的《三合切音清文鉴》。后来，又有《四体清文鉴》，最后又有《五体清文鉴》，但它没有制成版。我前几年与富冈讲师以及羽田君一起在奉天库中发现了它，誊抄了下来。此《五体清文鉴》是满文、蒙文、汉文、藏文、维吾尔文这五种文字对译的辞书，是乾隆帝非常自豪的东西。同时又作了《钦定蒙古回部王公表传》，为成为自己部下的王公作表或传。另外，为了统治蒙古，蒙古原来有律令，成立了理藩院后，理藩院的规则书也都用满、蒙、汉三种文字书写。这些年来有了各种字典，民间也有了维吾尔语与汉语的对译词典。昨天展示在别室的有金光的挂轴，是乾隆帝准备西藏的喇嘛来北京时要送给他的礼物，后来因为喇嘛死了，就没有送出，留了下来，但这个实物不知怎么到了这里。它是用满、蒙、汉、藏四体文字分别书写的。

四　满语的效果

上、与欧译的关系

重视语言学果然收到了各种效果。这里稍稍谈一谈重视满语所收到的明显效果。

这时有西方的传教士初来中国，他们开始研究汉语时很困难，非常难以弄懂。但是，满语的语法与日语相似，虽没有西方语言那样精密，但比汉语的语法容易懂，所以，西方人为了读中国书，就先读满文，如四书五经等书，都是先读满文的，历史书也都是读满文的，《通鉴纲目》当时已有全部的满文翻译的，西方人就通过满文开始了对中国书的学习。这里有《汉满书籍文书目录》，这是当时一个叫翟理斯的人来中国，在中国买书，为了便于研究，收集了各种相应的书籍而编成的。这里也有至今我们不能轻易看到的书，总之，满语写成的书，西方人比较容易懂，为了了解中国的情况，他们首先就开始研究满语。所以，从康熙帝到乾隆帝奖励满语的结果，使得中国的情况传向世界变得十分方便。这对于中国是否是好事，是个疑问，但在中国走向世界的阶段上，满语是起了作用的。

下、日本的满语研究

满语影响及日本的国际关系，大家应先有一个认识。关于此事，新村教授曾在《艺文》杂志上写过文章，我自己也对此有所关注，这里就来讲讲"日本的满语研究"。

日本最早注意满语的是大学者物徂徕。徂徕所注意的是当时传到日本的《正字通》，这是《康熙字典》之前流行的最早的用满文写成的辞书。在满文的边上用汉文注音，徂徕看到了这书，将子音用黑字写，母音用红字写，对满语的文字作了研究，但徂徕时代所做的也就只有这些。徂徕读解满语的程度就像弘法大师读梵文的程度。后来传来了《千字文》的注释本，把《千字文》的读音用满文来书写，这在日本有出版，据此可以把满语文字与千字文的读音一一对照，我藏有的这本书，是用红笔一一对照着写的。就这样日本人开始注意起满语文字来。后来，俄国的北方发生库页岛问题，最上德内到库页岛去时，看到库页岛上的土著人拿着满语文书。土著人年年从满洲官吏那里得到一些物品，因为满洲人给他们无足轻重的官爵和土特产，从库页岛拿走皮类物品，而库页岛人则从满洲得到绢。满洲人拿来绢的同时，还拿来文书。此文书用满文写成，最上德内去库页岛时就发现了这样的文书。有一个库页岛的土著人到满洲去，得到了一个"杨忠贞"的姓名，然后，拿回了满语的文书和绢。这种绢到了宗谷附近的阿伊奴手中，日本人称之为虾夷锦。并不知道此物是从何处来的，最上德内去了，看到了织物端头的满洲文字，才知道了由来。原来，在中国有织造衙门，如南方的杭州和苏州，织造衙门在把自己的织物送往北京时，要在织物上写下文字。最上德内发现那上面同时写着满文和汉文两种文字，因此，认为虾夷锦是中国南方的织物。

这些实物后来被运用于度量衡研究，在《度量衡说统》一书中，记载了此事。人们无法弄清楚清朝的尺量制度，就到库页岛去依照织物的尺寸来作研究。因此，在《度量衡说统》中这些用满洲文字书写的东西开始被记载了下来。杨忠贞的文书，据小川教授说，现由最上德内的孙子保存着。前些年作了照相制版，也在陈列室里放着。杨忠贞的文书，在近藤重藏的《边要分界图考》中有所引用。这东西以前不为人所知，就一直无人研究它，今天，研究者也仍然难以解读，但据原本看，可知是乾隆末年写下的。也有在其后的嘉庆年间写的。

由此可见，因为日本北方的开拓，满语已不是徂徕这样的学者的研究对象，而成为事实上的问题。但当时，还没有真正开始研究满语。这里，有一个有趣的历史事件：文化年间俄国船只来到长崎，要求与日本进行贸易，并带来了写给日本的书信，那是用满文书写的。即用自己国家的语言和满文两种文字同时书写。俄国人大概是这样想的：满文是日本的邻国所用的语言，所以，日本人大概也能懂吧。当时俄国对满洲之事已有所研究，所以，写了这样两种文字的书信。把它们带到日本后，当时的日本，既没有能读懂俄文的，也没有能读懂满文的。但是，当时在幕府中管天文台的高桥作左卫门，因觉得不能读满文很遗憾，当时满语字典《清文鉴》已被人带到日本，存在德川家的库中。于是，高桥因此得以钻研满文达十多年。三年过后，他就多少能读懂一些满文了。这书信今天仍然保存在宫内省的图书寮中，新村教授拍了照片，现陈列在别室中。高桥作左卫门后来曾动念编撰满语字典，又想作满语荷兰语字典。满语和荷兰语相去甚远，而满语和日语则相对接近，他用荷兰语的知识来读解满语，用了十几年的时间，编成了满语字典和词典。字典可说是《满文辑韵》，词典可说是《满文散语解》。而高桥作左卫门因为大家熟知的西博尔德事件[1]，是他给了外国人地图，故被送入牢中，并死在牢中。直到他入牢房的两天前，他还在从事于《满文辑韵》的著述。《满文辑韵》有草稿本和净书本两种，净书本不到全书的三分之二，在其最后部分小字写着日期，那就是他入牢房的前两天。这样地尽心尽力，因遭到了上述的灾祸，所以，编书之事就终止了。

　　这之后，满语研究没有后继之人，直到嘉永年间与外国的交流渐渐扩大，长崎的通事们有了要研究满语的想法。那时也有满洲人的下层普通人来到长崎，就跟他们探讨满语。这事的开端就是现在在北京公使馆任职的有名的郑永邦的祖父郑某，郑某带领当时的十七八个中国通事开始作满语研究。当时也想编字典，想翻译中国的《清文鉴》，开始着手了，但没有完成。此稿本前些年被卖出了，现在，在东京大学的某教授手中。此前我看到此书，但并不明白他们因何开始研究满语，前几年我又去了北京，在北京的归途中，顺道到长崎去，在一寺庙中看到了郑某的碑。碑文上写着郑某研究满语的经过，后来，我托了长崎县的属官，抄下了此碑文，也在别室陈列着。

　　由此可见，在日本最早是从长崎开始钻研满语的，由于日本与俄国的国际关系，使得满语研究变得重要起来。这事说起来就

---

[1] 西博尔德（1796—1866），德国医师、博物学家，1832年作为荷兰商馆医生来日，并收徒传授医学，同时也指导对日本历史、地理、风俗等的研究，对日本西学的发展有重大的贡献。1838年归国之际，因被查出带有日本"国禁"的日本本地图，被问罪驱逐，其学生大多数也受到惩处。而高桥作左卫门就是给他地图的人，故受牵连入狱。——译者注

像是远逝的梦一样，早已被人忘掉，中国推行满语的结果，竟与西方了解中国有很大的关系，对日本与俄国的国际关系也有影响，乾隆帝的这一举动，具有世界性意义。

五　苗族、台湾、琉球及东南亚华侨

这个题目表示了清朝的势力越来越扩大。首先是苗族，在一部分一部分地中国化，到明代时已有土官统治着苗族。土官是这个土地上的名族，接受了中国的官爵来统治这块土地。其中湖南、贵州的土官因出现弊端，改为流官。流官即是由不同地方人轮换上任的官吏，到雍正年间，苗族的大部分地方都将土官换成了流官，这是标志中国内部统一的一个进步。当时，出现了不少关于苗族的书籍，还有画着画的书，京都大学有藏，别室中也有所陈列。

台湾在明末是郑成功的据地，三十年后，到了康熙年间，由于郑成功不奉清朝的正朔，仍奉明朝的正朔，清朝就渐渐着手要收拾他，把台湾全部收归到了清朝的版图。这事在蓝鼎元、姚莹的著作中有详细的记载。但平定台湾以后，又有蛮族起来，或者是其他流浪者来到这里，屡有叛乱起，又平定了这些叛乱，这也在蓝鼎元的书中有详细记载。其后，参考了中国人的各种著作，又有了更为详细的有关台湾的著作。直到近年来，台湾不断被开垦，中国人近年来对台湾特别地注意，原因是出于与日本的关系。西乡从道做了大将后，征伐台湾的土著，引起了中国朝廷对台湾的注意。因此，突然着手对台湾的开发，注意起蛮地的开垦来。当时，为了到蛮地去探险，绘制了《台湾山内地图》，现在还留存着。它或许在台湾总督府中会有，而我自己也有幸藏有一份。对于台湾土著的管理，是日本台湾征伐的结果。这也是中国对异民族进行统一的一个事绩。

琉球自古向中国朝贡，到清朝也维持着这种朝贡关系，有《琉球国志略》一书。琉球人也认为自己是中国的属国。琉球人被允许到中国的福建福州去游学。所以，琉球的文化多从福州传去。琉球现在还保存着许多中国来的使者的书法遗迹，其中有王文治的书法，因为此人是书法名家，所以，当时琉球的许多人都请他写字。今天，福建仍然与琉球有文化性的联系。

清朝的势力就是这样渐渐地扩大，近年来，"东南亚华侨"成了中国的一大问题。因为中国人年年向南洋地方移居，其移民达到几百人，所到之处贸易上颇有势力。不仅在贸易上，在土地的开垦、农业上也获得势力，这是中国人近年来向海外的发展。作为这方面证据的材料有《华夷通语》、《新建郑和碑》。《华夷通语》是汉语与马来语的对译辞书，这不是像乾隆那样为了夸耀而修撰的，而是中国人在商业上觉得有了解马来语知识的必要而修撰的。但是马来语并没有用马来文字书写。至于郑和碑，郑和在明代永乐到宣德年间曾十几次远征南洋，某一时期还到了非洲东部的海岸。为了贸易，也为了显示自己的威力，中国曾十几次向那些地方派出使者，数百只船十几次经过南洋地方。这在当时的南洋不知是否一定知道，但在中国则是十分有名的事件，郑和叫三保太监，所以，有《三保太监下西洋》的剧目，可见其有名的程度。近年来，中国移民回忆起此事，就想在三保太监的遗迹处建碑，于是，在爪哇修建了郑和碑。古代中国的贸易关系曾远及南洋，今天中国的移民也在南洋拥有势力，回顾历史来看今天的现状，饶有趣味，将来，这也许将成为民族上的问题。

在这些地方，中国人虽然没有进行实际的领土开拓，但却发展了贸易上的关系。中国明代时就设立了四夷馆或四译馆，掌管当时与外国交流的翻译，明代的四译馆能具备十三个国家语言的翻译，并配有各国语的辞书。这些辞书虽然很粗略，但大体上总是能明白的。这种情况到清朝仍然延续着，辞书中的有一部分现存于京都大学，现在也在展出。此外，出版了《八纮译史》，实际上是《四译馆译语》的翻版。总之，这些东西反映了中国人自古向海外发展的情况，四译馆时代主要是外国来朝贡，中国人接见他们。从外国人的角度是来贸易，在中国人看来是来朝贡，从外国来的使者都恭恭敬敬地奉上表，而中国的翻译官只是大致地写个东西，交还他们。这种情况在今天也仍是这样，这不仅影响到与外国的交流，如今，也将影响到中国在民族方面的发展，甚至会产生重大的问题。写在这里，以为提醒。

六　外交，与俄国的关系

其次是外交，在清朝，与贸易无关的外交和国际关系，当与俄国的关系为最主要。与俄国的关系，很早的时候就有了，清朝还在满洲时，就有俄国人来访，便有了接触。到清朝进入中国本部的第一个皇帝顺治年间，俄国人的足迹到了满洲的边境，清朝为了防御他们，在那里布置了兵力。但是，俄国人的武器与中国人的不同，他们拿的都是枪，所以，中国也必须有拿枪的军队。步枪在当时的东洋数日本发达，日本的步枪在征伐朝鲜时，使中国人、朝鲜人大受其苦。中国当时主要还是使用弓箭。被日本人的步枪打中，则是必死无疑的，所以，对之十分恐惧。而朝鲜人此时也使用日本的这种步枪了，所以，在朝鲜也有这种步枪。因此俄国在顺治年间来到满洲北部边境时，清朝就从朝鲜征集步枪射手，把他们派遣到满洲去。总之，北方的这个情况，是中国外交关系的开始，在顺治年间到康熙年间，对之十分关注，《罗刹方略》反映了这方面的情况。罗刹即俄罗斯。后来，与俄国的关系复杂起来，康熙二十七八年间，中俄之间产生了大冲突。在今天的涅尔琴斯克（尼布楚）、伯力（今俄罗斯哈巴罗夫斯克）发生冲突，在此签订了《中俄尼布楚条约》，开始划定中国与俄国的国境线。这事使中国人感到不了解西洋是不行的，所以，就渐渐开始参考、采纳西洋来的传教士的知识、意见。那时，中国还是很合算的，一直到黑龙江都是中国的领土。当时为了让俄国人感到满意，就签订了条约，此后，俄国人一再来犯，因此不得不注意北方领土，有名的史学家何秋涛写了《朔方备乘》。此书写于咸丰年间，把与俄国自古以来的关系，从中国人的角度作了详细调查和记录。其后，中国作过重大的让步，咸丰十年英法同盟军入侵中国时，俄国作仲裁，把当时的沿海州全部让给了俄国。与俄国的关系就是这样，最初是中国方面占优势，后来则渐渐转为弱势。

其次，有"曹廷杰《西伯利东偏纪要》手写本"一栏。曹廷杰是对满洲十分了解的人。咸丰年间把领土割让给了俄国，到光绪年间西太后中兴，曹廷杰就来到俄国进行勘探，对俄领沿海州作了详细勘探，因而写成这书。他不仅作了政治上的调查，还作了历史的、户籍制度等方面的调查，是一本很有名的书。我们从这本书中也受益不少。当时，中国想再次恢复在东北地方的势力，但此后又失去了势力。可见此时也仍然很注意与俄国的关系。因为中国没有好的地图，在外交谈判时很不方便，那时，派往俄国的公使许景澄——此人在团匪之时因向皇帝进谏而被杀——就作了《中俄界图》这样一份中国与俄国的地图。

因此，当时的外交以与领土有关的外交为主，后来，又因伊犁和其他事情发生了外交关系。在中国统一异族、扩大领土之后，这下是轮到中国为难，中国被压制的时候了，压制中国的就是俄罗斯。以上大体就是政治方面的外交。

七　贸　易

下面讲贸易的情况。贸易对中国的国势有很大的影响，所以，必须谈谈。

1. 与本邦的关系

日本与中国的贸易关系早在明代就开始了，堺等地的发展就是与中国贸易的结果，那时，中日之间有大量的贸易。从中国来的主要是药、绢丝，从日本去的有各种东西，主要是铜。日本是产铜的国家，当时有许多铜的贸易。到了中国的清朝，也就是日本的德川时代，两国在长崎进行贸易，每年有叫"唐船"的中国船只来进行贸易。关于铜的贸易，新井白石在《宝货事略》中作了最初的研究。日本虽然有许多贸易，但多是单方贸易，日本只是输入。这样的单方贸易维持了几十年，结果使得日本的金银非常匮乏，不得不造劣质的金银货币，金银的价值就下降，引起经济上的不稳定。就在这时，出现了新井白石，他调查当时与外国贸易的关系，当时从日本输出的金银数量很大。给中国的是银和铜，德川初期到新井白石之时，仅八九十年间，就出口了二亿几万斤铜，当然，足利时代也出口铜，但出口多少，现在不能确知。在制造那个有名的宣德铜器时，其原料就是从日本去的，这在《宣德鼎彝谱》一书的文字材料部分有所记载。足利时代虽对中国出口大量的铜，但其量则无法计算。足利时代从日本送铜到中国，给中国造钱用，作这样愚蠢的事。总之，日本是产铜国，作为中国铜的供给地，从足利时代就开始了。其后，有《天寿随笔》一书，这是记载新井白石以后，即从新井白石时代到宝历年间的事的。据此，可以知道，日本输出给中国多少铜，那时的铜是非常贵的。总之，日本与中国的关系，从中国方面看，日本是铜的供给地，这是非常重要的。这对中国的经济很有影响，因为中国真正的通货是铜钱，虽然有各种银代替通货流通，但银是以一钱来计算的，以其重量通用，不能作为货币的本位通用。只有铜是真正的通货，中国的通货的供给者是日本。这是一种非常有意思的关系，为此，中国与日本的贸易关系长时期地维持着，当然，为此日本也输入了中国的文物，有着各种贸易关系。两国之间相互关系的材料，在《清俗纪闻》、《南山俗语考》中有所反映。日本与中国的关系大致就是这样。

2. 与海外诸国的关系

与西洋的关系怎样呢？由于贸易的原因，引起了鸦片战争；近年来中国国势不断衰弱，也是出于贸易的原因，这不像与俄国的关系是政治上的关系。与荷兰、英国、葡萄牙等国都是由贸易关系开始国际外交的。

这些贸易关系发展到近年，出现一个重大的问题，就是茶的贸易。关于此事，现在在座的我的同事矢野副教授有详细的研究，他研究了中国的茶贸易在世界上有什么样的影响这个大问题。总之，中国的茶贸易是十分重要的。此外，以前还向西洋出口药品，向外国出口中药中的大黄。西洋人专门有茶贸易方面的工会组织，为了中国大量出口茶叶，屡有英国等国的使者来中国。乾隆帝末年使者来中国要求贸易，主要也是为了要求进行茶贸易。当时使者带回的中国土产都是茶叶，这在《粤道贡国说》中有记载。总之，茶贸易在清朝中叶有很重要的地位，而且，给中国的经济很大的影响。

中国古代是铜本位，清朝时代真正的货币是铜。而事实上在铜以外，还用着别的货币——银。因为贸易发达了，商业也就发达，随之就要求货币变轻。中国在金、元时代使用过纸币，纸币与支票有同样的性质，今天也是以这样的性质使用着纸币。元代以官业发行纸币。元代几乎不铸铜钱，只用纸币。本来，虽然也多少铸一些钱，但此时设立了堂皇的纸币通用机构，由政府在各地方设立相关的办事处，但像中国这样在政治上弊端很多的国家，是不容易实行的，纸币的价值就下降了。今天通用纸币，人们一般喜欢又旧又脏的纸币，因为那样用了几年的纸币，不可能是假的。可是，过去的中国也像今天日本的情况一样，喜欢新的纸币。如果用很旧的纸币到政府银行去，银行是不给兑换的，因此不免就有损失，所以，就不喜欢纸币。到了明代，为了使纸币通用，收取一种特别的只允许交纸币的税种，今天也仍然残存着，即在中国内地各处有所谓的钞关，必须以纸币交纳通行税。特别是在船通过的地方，设立交纸币的税关。内地税关变成了通用纸币的机构，所以，纸币就多少比较通用了，于是，设立通用纸币的机构——钞关。今天，虽不用纸币，但钞关的名称还保留着。今天的海关即相当于外国的海关就叫钞关。必须专门设立一个机构来使纸币流通，可见，中国这样的国家是非常难以通用纸币的。为了代替纸币，也是出于对实物不好的担心，只有那些纯粹的、什么时候都可以通用的东西，才能渐渐流行开来，这就是银。银在古代是天子向臣下赐物时，赐给宝玉等东西时一同赐下的东西，开始时并不用于通货，到明代，渐渐用于通货。银成了通货，政府既然要制造一定数量的货币，就不得不考虑银的纯度，所以，从明代起，对金、银纯度的研究花费了不少心思。如以手触摸、吹、看、听音等等。看明代关于古董的书，银也有各种种类，渐渐有了等级，最上等的银叫金花银。但是，在明代，中国的银很少，明末万历年间租税的总额是有记录的，中国全国的租税有多少是有记录的。当时的租税在出米的地方就交纳米，出草的地方就交纳草，不统一，万历年间所交银不过四百万两。可见银是很贵的。丰臣秀吉征伐朝鲜时，中国七年中只用了五百万两。为此中国朝廷出现了紊乱，这也是明代衰亡的原因之一。仅仅是五百万两就引起了朝廷的紊乱，所以，万历年间皇太子结婚，用了一千二百万两，当然要引起更大的不稳定。到万历末年万历征伐满洲，向全中国征收了约一千六百万两左右的租税，于是，引起内乱，导致了明朝的灭亡。但到了清朝，银就大量增多了，道光末年鸦片战争前后，中国的财政在银的收入上约四千五百万两。少的时候，也有三千七八百万两，四千五百万两是一个定额。虽然我们还不太明白具体的计算方法，明末只有四百万两，现在是十倍，可见银是多么的丰富起来了。说到银，在中国到底有多少出产，其实是很少的。清朝以后，矿山最富的地方是云南，康熙、乾隆年间，云南的开矿事业，既有政府行为，也允许民间开发，向其收税。这方面有一本书，即《滇南矿厂图略》，写云南的矿藏情况。据这本书，云南的铜有大量出产，而银的出产量是极有限的。万历年间云南曾挖掘银矿，是作为政府行为开采的，共开采了七年，这可以算是万历年间可数的最大的事件之一，到底产出了多少银呢？七年间，只采了三百万两。而就是这七年的开采，万历的政治因此出现了很大的弊病。据《滇南矿厂图略》记载，这期间一直再没有出产银，但到道光年间，不知不觉中，中国的银却增加了，那全是从海外流入的。今天，中国非常流通墨西哥银，在墨西哥银之前，还有许多外国银流入中国。

3. 贸易的效果

下面必须说说贸易的效果。《古今钱略》中记载有外国钱的种类，据此可知各种外国钱。其中最主要的是西班牙钱。总之，通过这本书可以知道，外国的钱是如何在中国大量被流通的。而这些外国钱都是通过贸易流入中国的。贸易的大部分是药品和茶叶，后来以茶叶为主，因此，到乾隆以前，中国靠贸易得到了非常大的利益。乾隆帝时代可谓太平盛世，他自己过着极其奢侈、幸福的生活，国内也没有战乱，财政也丰富起来，货币的丰富增加了中国的富裕，这是与外国贸易的结果。尽管这样，乾隆末年有英国使者马嘎尔尼来中国要求贸易时，中国还是拒绝了他。实际上，中国从与外国的贸易中是得到了利益的。因此，中国是在没有引起注意中从外国获得了利益，因别人的钱而富裕了起来。而现在反过来的事来了，这就是鸦片。鸦片从明代开始就有输入，其中也有从暹罗朝贡所进呈的鸦片。康熙、乾隆以来，南方就有鸦片进来，最初是把鸦片作为药品，后来就像抽烟那样不断地喜欢上了。在台湾，那时鸦片已经引起弊端，吸鸦片非常伤害身体。但尽管这样，还是大量输入鸦片。为此，到道光末年，由每年的茶出口而积聚起来的银却不得不因为鸦片的贸易而流出，引起了财政方面的动荡。这样，到目前为止低价的银变得贵起来。银价高涨就带来政府财政的困难。以往中国政府收税的方法是在民间先交铜钱，在中途换成银，在中途兑换时，如果汇兑行情大变，政府就要受损。中国的中央政府由于兑换银的行情的变化，往往受到很大的损失。这是道光以来中国国势渐弱的原因之一，由于这些事情，就渐渐地感到了鸦片的危害，想杜绝这种危害，就有林则徐广东焚烧鸦片之举，引起动荡，而有了鸦片战争。其事在《中西纪事》、《粤氛纪事》、《夷匪犯境闻见录》及《海外新话》、《溃痈流毒》等书中有记载。这些书在中国有些已经没有了，而对日本来说则是有很大影响的书。《夷匪犯境闻见录》传到日本时，是传来的写本，很快就被翻译成《海外新话》。《海外新话》是岭田枫江翻译的，此人是丹后的田边人，后来住在上总。是嘉永年间翻译的。此人到过北海道，到过东北地方，在我家住过，与我父亲会过面。我父亲十三岁时，他二十八岁左右。此人年轻时对北方与俄罗斯的疆界很是注意，那时就是个志士，等见到《夷匪犯境闻见录》时，觉得是十分有价值的东西，就翻译成了《海外新话》。但在德川时代，这样的书与幕府的精神意志是不统一的，被下令不得再版，把本人驱逐出江户，赶到上总。他一直活到明治二十几年。在此《海外新话》中，他提出必须十分注意贸易关系和外交关系，因此，有很大的作用。但在中国，知道《夷匪犯境闻见录》书名的人几乎没有，近年来好像有人说要让它付梓，但也只是说说而已，并未真正付梓出版。此书在中国就是这样地不能引起注意，而在日本却被注意了，并在日本人加强对西洋人的警戒上起了很大的作用。日本人总是对别人的事爱操心，什么事情都十分地注意，所以，才有今天的强盛，所以，神经质或许也是日本人的好处。不仅是《海外新话》，当时还出现了其他相关的书。鸦片战争时，宁波乍浦地方的人作了《乍浦集咏》。这不全是关于鸦片战争的书，而是乍浦地方的诗集，其中包含关于鸦片战争的诗。但是，这诗集传到日本，引起日本对鸦片战争的注意，很快就在日本许多地方同时出版。有名的伊藤圭介先生、小林湖山先生，还有其他人，都同时出版了此书。也就是说，鸦片战争给了日本人深切的感受。为此，许多学者都感到，当此之际，日本也不得不考虑这些问题。这带来了日本维新的形势，这也是带来日本今天的隆兴的原因之一。要之，中国在贸易关系上的转折，给了日本很大的影响，甚至成为带来日本隆兴的原因之一。渐渐地产生各种关系，这些就都是与日本自身的直接的关系。用前面的话说，满洲统一成为满语兴盛的原因，而满语又给日本的国际关系以影响。从贸易方面讲，中国的贸易影响也关系到日本的国势。

　　刚才还说了各种钱的事，这些钱的样本也在别室陈列着。咸丰年间因为长发贼之事，中国的财政很困难，使得清朝也发行了纸币。这纸币的样本也陈列着。财政困难时，为了节省就造大钱。日本在财政困难的天保年间，也造过天保通宝，叫"当百"，就是一个相当于百文钱。中国咸丰年间也造大钱，造相当于五十文、一百文的大钱。这样的事情只能限于财政困难之时。在内乱兴起的同时，财政也愈发困乏，就出现了这样的事情。清朝的钱有各种各样的，这里有一本《制钱通考》，和这些各种各样的钱一起，一并展出。今天的讲演到此为止。

第三章　外国文化的输入

一　明代天主教传教士远来中国

今天要讲清朝输入外国文化的情况。

中国本是一个拥有自己的文明，对外国的文化有影响的国家，这一点从与日本的关系最能看出。但中国又是一个大国，国民性不很坚固，在采用外国文化方面比较宽容，不像日本那样经常有国家主义的言论，所以，能很自由地采用外国文化。这种情况自古已然，如元代，是非汉族人种的人当君主统治中国的时代，在这方面就表现得更为明显。在元代，蒙古在统一中国之前先是征服了西域地方，西域地方有中央亚细亚的各种文明，因此，蒙古人是在了解了这些文明之后才来到中国，看到中国文明的，所以，也未必把中国的文明看得特别的了不起。可以说，元代是同等对待中央亚细亚文明和中国文明的。而在对人的待遇方面，汉族人还低于中央亚细亚的人一等。到清朝，也不是纯粹汉族人种统一了中国，与元代稍不同的是：满洲人在满洲时就已受到了中国文明非常大的影响。在征服中国之前，满洲人所征服的只是蒙古等地方。因此，满洲人对中国文明的佩服远比元代时高得多。但满洲人也仍是外族人，所以，在某一时期，对寻求中国文明以外的文明也有非常高的热心。正好从明末起，欧洲文明不断进入中国，明万历年间著名的利玛窦传教士来华。当然基督教人士来中国并不以此时起，元朝在蒙古时，就有旧教的传教士进入蒙古。此外，与传教无关，为了贸易，明代中叶的正德年间，广东地方也有外国人来，但那都是间断性的。持续不断地来华，给中国文明以很大影响的，则要算这次利玛窦的来华，因此这是特别值得纪念的。

利玛窦来华后，就不断有传教士来华，此时的传教士都很能学习中国语言、中国学问，致力于把中国的学问与天主教统一起来。利玛窦们如此做的收获，就是在中国学者中间得到了有力的信徒。最有名的一个就是这里写着的徐光启。徐光启是今中国上海人，在中国是相当有学问的人，此人作了利玛窦的翻译，后来就皈依了天主教，研究各种学问，并取了个基督教的教名保禄。当时，对天主教传教士的传教最有利的，是他们在欧洲旧教的学校里学习了各种学问，掌握了中国人最缺乏的天文、算术等知识。当时，明代的历法比较紊乱。明历是沿袭元历而来的，元代著名的历算学家郭守敬，他为了观测天文而制造的仪器至今仍被保存在北京，原有两个，前几年北清事变时，一个被法国拿走了，一个被德国拿走了。法国拿走的后来归还中国了，而德国拿走的则一直没还。所以，今天就只有一个了，是非常优异的观测仪器。郭守敬是十分了不起的天才，他参考当时西域地方使用的历法，确立了元代的历法。这历法直到很晚才影响到日本等国。日本在德川时代贞享年间才开始受到此历法的影响。日本是非常晚才有历法的国家，贞享以前一直用唐历。日蚀、月蚀等都已经非常不准确了，但还是用着。直到四百年后的德川贞享年间才开始用元历。中国在此后又经历了种种改革，明初，明太祖也非常重视天文、历算，请来了中央亚细亚通蒙语的人，来从事天文工作。因此，明代首先是以此为基础来制定历法的，明太祖时制定的历法一直使用到万历年间，但到这时，明历也有不准的地方了。如历上写着今天有日蚀，但那天并没有发生日蚀。季节也会有误差，总要误差二天、三天。最明显的是日蚀的观测，在预定的时间里没有出现日蚀，这是外行也可以知道的，因此，此时就越来越感到改正历法的必要，而新近从西洋来的传教士们正好都是懂得历法的。当然，那虽然只是在普通的欧洲宗教学校里学到的知识，但总之是懂得历法计算的。因此，把这些知识传给中国人，成了他们获得中国人信任的主要手段之一。前面说到的徐光启，还有李之藻，是西洋历法传入中国最重要的人物。

从那时以后，地理学的知识也大大地进步了。在此之前，元代地理学的知识，关于西洋是茫然无知的。利玛窦时欧洲正处在到世界各地发现新土地的时代，来到中国的传教士正是经历了这些新发现，又掌握了新知识的人。所以，是有比较精密的地理学知识的。利玛窦来后，中国第一次有了《坤舆万国全图》。这对东洋的学术起了重大的影响。日本也传入了几部，现在中国已没有这图了，而京都大学有幸保存着一份完整的，这是余话。这万国地图对日本人德川时代三百年间的学术发展起了相当大的作用。大家知道的新井白石是德川中期十分博识的人，他对当时的世界形势十分关注，是复兴学术的著名人物，他很早就知道了利玛窦的万国全图。新井白石接待当时来日本的朝鲜使者的事，相当有名。在一次笔谈中，新井白石说到利玛窦的《坤舆万国全图》，而朝鲜人对此却毫无所知，所以，就只得含糊其辞地作了应答，这在新井白石与朝鲜人的笔谈中都有记录。有趣的是前几年我竟在朝鲜发现了写有这些笔谈的书。这是通过日本人的手传到朝鲜去的，现在大概是在朝鲜总督府的手中，那个与新井白石笔谈的朝鲜人叫赵泰亿。这个人收藏的东西都卖掉了，其中包括新井白石及其他日本学者所赠的诗文。与新井白石的笔谈也没有了，但唯独新井白石所写关于《坤舆万国全图》的这一张纸还保存着。大概是朝鲜人也十分佩服新井白石的知识，所以特意留下这一张纸而收藏着的吧。新井白石不仅在日本，在当时东洋诸国也是立于时代先端的学者，他关注世界的原因，就是源于利玛窦《坤舆万国全图》这样的东西。今天，朝鲜成了日本的版图 [1]，使我们得以看到这份笔谈。

其次是《天学初函》，这当然是关于天主教的书。当时天主教的传教士们考虑的问题是：在中国也应该建立一个欧洲那样的大学。其中有《西学凡》，介绍欧洲大学的结构，如理科大学教些什么课程，宗教大学教些什么课程，或者医科大学教些什么课程，并希望能够建立起这样的大学。此事当然因明代的灭亡而未能实现。而中国人也开始对这一问题加以考虑，把天主教的拜天与中国的祭天解释为同一件事，把天主教视为西洋的儒教。因此，对利玛窦也当作西洋的儒者来对待。当时出版了不少著作，利玛窦在中国很长时间，给了中国人很大的教化，最后死在中国。他以后，仍然来了许多传教士，那时，有了关于天文学方面的著作。天文学的发展导致了对朝廷天文台错误的批评。这样，西洋传教士与中国学者就不免发生冲突，传统的儒教学者当然没有什么，而那些在天文台任职的中国天文学家的利益就受到了特别的损害。

---

[1] 1910 年日本侵吞朝鲜，朝鲜人民展开抗日游击战争。1945 年 8 月北部获得解放。1948 年 9 月 9 日成立朝鲜民主主义人民共和国。——译者注

因为被西洋历法家所批评，是自己职业上的直接失误，因此，出现不少相反论调与之争论。

二 明清之际历算家汤若望及其他传教士

明末来华的汤若望（Adam Schall）是长于历算的专家，他与中国天文学家之间屡有争论。那时汤若望已被相信西洋天文学的一派聘为掌管天文的官员，此事也曾遭到反对。但总之，这是专家之间的争论，外行本不能轻易判断是非，但不可思议的是，天文学上的专家争论，外行人是可以判断是非的。因为可以依据测量日影来判断是非。如某年某月正午，在地上立一若干尺的杆，测量其影子有几尺，就可以知道对还是不对。这样，非常复杂的问题就变得非常简单，这不愧是一项外行人都能懂得的好办法，就以此来判定是非。汤若望为此做了相当的准备。今天在别室陈列的物件中，就有一个汤若望自制的日晷，这是现在正在京都的罗振玉带来的。它就是立起一件东西，依据它与日影的角度来判断时间，依据这一原理而制造的。用它，可以作精密的判断，但如没有这仪器，外行人就立一根杆子来测量日影。当时传教士很得人信任，这方法就渐渐传开了。但如前所说，直到明末，争论一直没有停止。汤若望曾一度失败，入过监牢。

当时的西洋传教士，谁都对历算十分热衷，甚至忘记了自己传教的本分。另一方面，当时对于传教士管理比较宽松，各地方都有许多传教士布教，后来遭到中国学者的攻击，而被命令全部撤离。关于此事的各种文章后来被收集起来集成《破邪集》。当时在南京的传教士们虽然被命令全部驱逐，但还是以种种口实，尽量没有回国，留在了南京。此《破邪集》现在日本所藏的是水户版，中国人现在也不大知道此书了，或许也已是不传之物了。

一方面是因传教而受迫害，另一方面，传教士带来的历算在明清之间的战争中被运用着。传教士是为了扩大教义而来的，但因为他们懂得天文、机械等知识，而中国不正需要制造枪支吗？所以，传教士们就受明代政府的委托，帮助制造枪支，后来，并且成了负责制造大炮的人。这在与清朝的战争中发挥了很大的作用。清太祖起于满洲与明战争之时，用的还是弓箭，而明当然也是弓箭，由于清兵的强大，明兵不是对手。这样，清就取得了辽河以东，继续向辽西进发，侵略到辽西的大部分地方，直到宁远附近。当时明曾考虑要用传教士，其最奏效的是清太祖攻打宁远城之时。当时守城的是有名的袁崇焕，最近的《大阪每日新闻》上说，袁崇焕是袁世凯的先祖，是个非常坏的人，为北京人所憎恶，恨不得要烹吃了他。十分恨他是事实，而他却未必有那么坏。而且，当时在战争方面几乎没有像他那么有名的人。到袁崇焕才开始首先向明末的天子建议：如果进行战争，则必须有战争的准备；如果和平，则必须有和平的准备。当时，像他这样有备而战的将领几乎是独一无二的。此人是广东出身，十分年轻，宁远守城时才只有二十七八岁。清太祖攻打而来时，认为面对的还是像以往一样的中国军队，一路逼近。袁崇焕开始时静默不予还击，等到清兵已到了城下，突然一齐放出西洋人制造的火器，大破清太祖的军队。宁远失败给了清太祖很大的打击，甚至有传说说他自己当时也受了伤。当时，有一个亲见战争的朝鲜人，把这件事写在了他的书中。清太祖感到中国的军队突然强大了，十分沮丧，终于患病而死。总之，袁崇焕给了清朝一个重大的打击。这样出色的战争，自然有袁崇焕的战略在内，但功劳应首先归于西洋的火器。而与之对抗的满洲军队后来击败明朝军队时，用的也是西洋火器。昨天我曾经讲到过，一支山东地方上的部队投降清朝的事，即在今朝鲜西海中的离岛上，有一支毛文龙所率的部队，他们投降了清朝。这个毛文龙说是大将，但有点像是流氓地痞，所率部下也多此类人。因为是属于明朝的军队，自然是有火器的。因此，任何时候都是清朝背后的威胁。但他以二三万的兵力，守在那岛上，却总是要求十万人的军费。他还算义气，并没有把这些军费私入自己的腰包，与部下一起过着十分奢侈的生活。但它能够不时从背后给清军以威胁。当时袁崇焕考虑到战争十分需要军费，所以要加强管理，于是就把毛文龙叫到今天旅顺西面的双岛湾，斩杀了他。毛文龙被杀，使得他的部下全部倒戈，拿着火器投降了清朝。此外，清朝还用各种办法奖励火器的制造，给制造火器的中国人以莫大的奖励。这样，清朝终于也能用上西洋的火器了。当时火器有一个奇特的名称，叫大将军。如大炮叫红衣大将军。此"衣"字原是"夷"字，清朝不喜欢这"夷"字因而改为"衣"字。总之，制造火器使清朝有了对抗明朝的力量，并最终打败了明朝。因此，可以说，明末的传教士从中是卖了很大力气的。卫匡国著《鞑靼战纪》对了解当时这些情况十分有用，本大学所藏的这书是当时出版的很珍贵的版本。

　　以上是传教士与中国实际政治方面的关系，下面谈谈学术及其他方面。西洋人到中国来后，要学习中国语；中国人也要学习、了解西洋的事情，这就有了对于新的音韵学的需求。这方面早就有人注意，明末时，有一本《西儒耳目资》的书，这是一位中国名字叫金尼阁的人作的，这也在别室陈列着，这是用罗马字研究中国语发音的书，这种书随着翻译事业的推进是十分需要的，而它同时又带来翻译的进步。

就这样，渐渐地有了西洋学术的进步，清朝入关后，政治上的首脑全部变了，因为天文学家的原因而受到迫害的汤若望也迎来了他一生中的全盛期。此时，汤若望在历算方面受到非常大的信任，因此，清代的历法是以西洋的历法为依据而建立的。利玛窦、徐光启、汤若望的肖像，在基歇尔所写的关于中国的书中有载，现在也在别室展出着。

三　历算的成功者南怀仁

西洋的历算不断受到重视，到康熙时的南怀仁（Verbiest）终于取得了最大的成功。前面说过，康熙帝是个对西洋学术非常感兴趣的人，又有统一各民族的雄心。因此，绝对不是只尊重中国学术的人，在尊重中国学术的同时，对西洋的学术也很尊重，大量地使用西洋人。因此，南怀仁受到康熙帝的重用，在此之前，一直是按照元代的观测仪观测天文的，他受康熙的命令，制造新的观测仪。这就是现存北京天文台的观测仪，直到北清事变前一直这样保存着，北清事变时被法国和德国拿走，其中德国拿走的始终没有归还，就造了一个小的观测仪补上，但现在的大部分仍是南怀仁当年制造的。从那时起，设了钦天监管天文，由一中国人任钦天监正外，一定同时也让一外国人当钦天监正，这成了制度。这制度直到道光年间一直持续着，即直到鸦片战争前一直是这样。清朝的天文制度是一定要以一个外国人为主要负责的，这给中国的学术以很大的影响。天文、数学当然是直接受到最大影响的领域，这样，中国学者中不仅有研究自己国家的数学的，也有开始研究西洋的算术的人。梅文鼎作了《历算全书》，这是中国人研究西洋数学的大著作。

四　康熙乾隆年间的地理探险及外交（使用传教士）

从那时起，康熙帝就开始意识到西洋人比中国人更具有精密的、实用的知识，就想在其他的学问领域以及政治等实际工作中利用这些知识。最有成效者就是地理探险并绘制地图，这也是利用天文学的结果。中国的地图在此之前是十分奇怪的、不像样的东西。以十里方圆为单位作为一基本方格，在里面填入地名，合起来就算是地图。由于中国的天文学不发达，所以一向不注意测量土地的经纬度。从康熙帝时开始懂得以经纬度来确定主要城市的位置，定下土地的位置就确立了地理的基准，然后才能制图。这当然是西洋人的做法，中国人依据此办法，终于绘制出了新的地图。但在实际制图之前还有十分不容易的工作，要事先派遣许多人，包括西洋人中懂得这方面专业的人，到中国内地，包括到蒙古、满洲等地去，从康熙到乾隆年间，甚至还派人往中央亚细亚地方，这工作一直没有停止过。如此这番，才绘制出了新的地图。在西洋人不能去的地方，如西藏，就把西洋人的极其简单的知识先教授给有点能力的蒙古人，让他们去西藏，使西藏人做他们的向导，从而制出西藏的地图。因此，中国真正有比较正确的地图是从这时候开始的。这不仅是最早的正确的地图，而且此后再也没有当时那样的地图。当时的地图非常精密，后来渐渐退步了。因为康熙年间是用西洋人制出了这样精密的地图，而道光以后历代所制的地图，则又向原来中国风格的差的地图退步。现在，我们要了解中国大体的地形，仍然要依据康熙当时的地图。虽然，此后出了许多各种各样的书籍，但要看中国的大体地形，西洋人仍然都是依据当时所制的地图。这些地图，是由到各地去探险的人首先分别绘制了各地方的地图，最后再合并起来，在法国出版的，叫《唐维尔的中国新图集》。京都大学也有收藏，现在在别室陈列着。此外，还有杜赫德的《中华帝国全志》也展出着。这些地图最早的底本是用满文写的，今天还能见到，我在奉天拍了照片，小川教授在北京也拍了照片，现在也在别室陈列着，这是最早的底本，西洋人以此再制出填上罗马字的，送往本国。在中国又做了汉字本的。此外，在康熙年间制成的地图，有分图和全图两种，我们手中所有的，只有分图。从这分图上看，没有经纬度，但却是十分精密的，一眼看去，最醒目的是所描绘的山脉。中国的地图以前是不画山脉的，只是在其中标出"山"的字而已，康熙时的地图是有山脉的。但只有康熙时的地图是这样，到乾隆以后复制这些地图时，山又变成一个一个分散的符号，而不画山脉了。因此，康熙时的地图是最好的地图，这就是使用西洋人的成效。在此之前所用的地图是非常幼稚的，特别是关于满洲、蒙古的地图，十分幼稚。其幼稚的程度大致也可以想象得出来，有幸的是，前几年我在北京发现了这种地图，并全部抄写了下来，为了填上那些地名，我一连三四天夜里几乎都没有睡觉。看到这地图，就可以知道当时的地图是多么幼稚，十分地不像样。后来，突然有了西洋人的知识，地图的制作方式得到了大大的进步。直到今天，西洋人也仍然以那时的地图为依据，到中国的某地方去探险，绘制出更加好的地图。而中国方面则渐渐退步，到清朝末年不得不重新研究西洋的方法。总之，康熙时的地图是非常发达的，与此相关的东西都在别室陈列着。

其次是在外交上使用西洋人。如昨天说到的，在与俄国打交道时，不得不需要西洋知识。当时派了内大臣索额图去黑龙江对抗俄罗斯，同时，又派遣了传教士中国名叫徐日昇、张诚的人作为参谋官同往。在俄罗斯与中国的国界处所立的碑的碑文上，除俄罗斯语和中国语之外，还有拉丁语。在中俄的界碑上刻上拉丁语，说明与西洋传教士有关。

总之，康熙帝在大事上大量使用西洋人，到乾隆帝也仍然继续使用西洋人，让他们帮助制作地图。但像前面所说，乾隆时代是十分富裕的时代，除了实用以外，与享乐有关的方面也有了大进步。

五　采用西洋艺术

1. 绘画

当时使用西洋人在艺术方面成为一个特别的现象。当然在康熙帝时也已有用于艺术方面的，康熙帝时有名的《耕织图》就是一例。在中国古代，天子必须体察百姓民情，所以，天子让画《耕织图》，表示了解百姓的辛苦。到京都的寺庙中去，总能看到元信的画，画着百姓耕种的图景，这就是与《耕织图》类似的东西。康熙帝命作此画促使中国人开始学习西洋画的技法，当时学习西洋画法的是中国人焦秉贞，这图就是他画的。它有什么特点呢？就是用透视法，透视法就是可以把远近清楚地分辨出来的画法。以前的中国画是不讲究透视画法的。而焦秉贞的《耕织图》应用了西洋画法，在图画上画出了远近不同。焦秉贞是康熙非常喜欢的人，画了许多画，他的真迹现在不容易见到，所幸近年来——对中国人来说是不幸——因为革命动乱，这些东西变得有可能见到。此外，还有《南巡图》，描写的是康熙帝到江南地方去巡幸的情况，非常精致，用的也是远近法。这一点在画上可以说是学习了西洋的特殊画法。此《南巡图》为罗振玉所藏。此外，关于西洋画透视法研究的书也有翻译出版的。当时，有关西洋的各种东西都有出现，其中就有关于西洋透视法的书翻译出版。这与中国人当时正学习西洋画法是有关系的，因此，在康熙帝时就已在绘画方面有所进步。当然，西洋画对中国画的影响在此之前也不是绝对没有。

　　这里，顺序稍稍有点颠倒了，"A"的地方写着"自然的感化"，正如前面所说，明末就已经有大量西洋人来华，拿来了许多画。而且，因为是天主教，他们建起天主教堂，接着就画壁画。这些壁画必定是西洋风格的壁画，画得很出色，这也一定会给中国以影响。其中最受西洋画法影响的是吴历这个画家。清初有六大画家，吴历就是其中一个。此人所画的画，就有确是运用了西洋画法的，当然也有没运用西洋画法的，但很多运用了西洋画法。有一位名叫大原的人藏有一幅吴历的《枯木图》，就是运用了西洋画法画的。我借了来，今天，也陈列在别室中。据传记及其他资料可知，吴历与天主教是有关系的，他因为信仰西洋宗教而到了当时西洋人集中的地方——广东的澳门去旅行了一趟。留下了相当于"见闻记"一样的东西。他的书信真迹也在别室展出着。这封书信是写给当时有名的画家王石谷的，王是清朝几乎无可匹敌的名画家，在这封书信上，可以看到吴历是信天主教的。信的大体内容是："与苏堂认识以来，已有二十年了。人生短暂，这二十年来，我们竟没有再见过。这期间，不断风闻王石谷的大名及其技艺如何超脱众人之上，但不知你是否领悟到百年之后的事。那就是，即使在此世上获得再多的名声，如果到了天上又将失去的话，就不能算是聪明之举。因此，为君之计，应每日三省吾身，自年轻以至于年老，丝毫不要隐匿恶事才好。如果去忏悔就更好。希望通过忏悔来赎罪。这样，才能拜领耶稣的圣体，领受耶稣的恩惠，然后增加神力，庶几有望升入天国。"吴历给王石谷写了这样一封信，王石谷不是天主教信徒，而他则完全把别人当作天主教信徒来对待了，可见吴历是个虔诚的天主教徒。因此，他的画受到天主教的影响是无疑的。我们今天有幸能够看到他的画，也是很有意思的。此外，还有一位在日本也有影响的画家，就是黄檗宗画观音的陈贤。看黄檗宗陈贤的画，感到多少也是受到过西洋画影响的。可见，当时不限于吴历，与西洋人有直接接触的人多少都会受到影响。

　　到康熙时代，如前所说，天子奖励西洋画，因此，西洋画渐渐在中国人中受到关注，后来，还出现了有趣的事，即西洋画家又反过来学习中国风格的画法。其中最有名的是意大利人郎世宁。他是康熙中叶到乾隆中叶的人，死在中国，是在中国的西洋画家中最有名的人。他的画现在还留存有许多，京都大学也有收藏。他最初作为西洋画家来中国，在中国住了六十年，学习中国画，画中国画。根据中国的记录，他画中国的山水画。西洋人画中国画，中国人一般说他们画得缺乏书卷气，而郎世宁所画的画，则有所谓的书卷气，受到中国人的赞赏。从今天看来，他的特色在写生，而山水画则并不是那么的好。总之，西洋人学习中国画是非常不同一般的。当然，郎世宁画西洋画也是画得很好的，据《竹叶亭杂记》记载，康熙、

乾隆年间有四大天主教堂，即东堂、西堂、南堂、北堂，其中南堂
的壁画就是郎世宁画的。这壁画完全是用西洋画风格画的，深浅远
近十分清晰，画上的人物简直就像要浮动起来。可见这个郎世宁，
西洋画是画得很好的，那么，他为什么要对中国画感兴趣呢？这是
因为受到乾隆的信任，画了许多乾隆帝御用的画。此外，也还有画
中国画的，但郎世宁是最重要的一人。

中国朝廷以往历代都有画院，在康熙到乾隆年间也仍然有这
样的画院。画院的名称在清朝叫如意馆。天子把自己喜欢的画家
召来，在如意馆供养着，郎世宁就是其中一个。此外，画中国山
水画和写生画的人，也有许多被供养在如意馆内。到乾隆时最为
壮观。画院最初是在宋徽宗时设置的，相应地有了一种画院风格
的画。明代宣德时也设画院，那里有许多画家，出现画院风格的
画。主要是以帝王喜好玩赏的东西为画的对象，而不讲究气韵、
个性等，只注重有趣和漂亮，画院画就是这种倾向的。清朝画院
的画也是这种倾向。其中即使有民间的山水画名家，能画出气韵
很高的画，但到了宫廷，依天子之命画画，也画成了画院风格的
画。把画院画家的画与其他画家的画对照，这种特点是非常明显
的。此事在讲清代书画时，还将讲到。总之，在画院中，西洋人
占有重要的位置。这些画院画家的画中，也有几种陈列在别室，
以供参考。那是陈枚、郎世宁、吴历等人的画，它们是中国画院
画的代表作。这样的画风也是受到西洋画的很大影响。

2. 铜版画

外国文化的影响还涉及美术工艺上。其中最显著的是铜版画。
日本的铜版画也是从西洋传来的，由司马江汉将之移植到日本，

从而成为日本画法的一种起源，后来被兴致勃勃地传下去。中国传入铜版画要比日本早。这不只是由西洋人所作，或者说，开始时由西洋人所作，后来，就由中国人自己亲手所作，这么说是有依据的。这也是在乾隆时代比较盛行。乾隆帝是一个在任何方面都好夸耀的人，在什么地方征伐获得了胜利——中国的所谓战争胜利是不十分准确的，大抵取得和解就叫胜利——因为战争胜利就要作诗纪念。如果是更大一些的胜利，就在大学里勒石竖碑。有趣的是，不仅是清朝，中国自古以来，战争胜利后，都在大学里庆祝凯旋。如在日本，大概到今天仍会感到不可思议，而中国就有这样的习惯。他们在一个叫"辟雍"的、相当于大学的地方，进行战争的凯旋报告。到了清朝，乾隆帝又想出来一个新事，即征伐某地取得了胜利，如征伐伊犁获胜，就把凯旋的报告文刻在石碑上，立于大学内。因此，每次一有战争，对于喜好夸耀的人来说，就不仅要在大学里勒石竖碑，还要将它描画出来。因为传教士会作铜版画，就让他们作画，这就是铜版画的开始。今天在别室展出的，是铜版画中最早的和比较新近的。这最早的大概是西洋人画的，上面把中国人的衣服画成像西洋人的衣服。另外，落款的年号也是西洋字写的。先是由西洋人教铜版画，后来中国人自己也画。因此，道光年间所作的铜版画，其脸就像是中国人的脸了，山水也呈现了中国的风格。但此时，铜版画也渐渐走向衰弱，其样本在别室也有陈列。铜版画可以说只是天子的享乐，不像日本那样是比较普及的。但由于是为天子做的，凡做出来的都十分出色。

3. 玻璃器

下面有一个疑问是"乾隆玻璃"。我问了中国学者罗振玉，他也不十分清楚。但近年来西洋人却十分地推崇它，因而，不断向西洋出口。我有一朋友中川忠顺，是研究美术的，他为了美术品的鉴赏专门到了波士顿，从去年到今年都在那里，那里就有乾隆玻璃，但他也说不大明白这东西是什么。但波士顿的东西确实不是西洋人造的，而是中国人在中国造的，这是无疑的。它叫"乾隆玻璃"，但实际上是不同时代所做的，从康熙到乾隆年间的都有。我到中国的日本旧货店去打听，回答说，传说这是山东博山地方所造的。总之，我至今对之仍将信将疑。如果不发现有关这方面的文献记载就不能完全确信它。但西洋人相信那是当时中国风格的玻璃，是比今天的玻璃更好的玻璃。总之，这在今天仍然是一个疑问，好在有实物在，大家可以看到。

4. 音乐

在音乐方面也受到影响。如果我们今天到中国去听音乐的话，会遇到一种叫"洋琴"的东西，因为它叫"洋琴"，所以大概是受到西洋音乐影响的产物吧，虽然我并不喜欢这乐器的声音。另外，在中国的有关文献中，也有明确记载，中国人是曾经研究过西洋音乐的。康熙帝是个对音乐非常有兴趣的人，他命令作了《御制律吕正义》一书。其本来的目的是：中国音乐有十二律吕，以第一个音为基准有十二个音调，这个基准叫黄钟之宫，那么，这到底是什么样的东西，历代音乐家之间也有不同争议，将它在学术上作个定论，这就是作《御制律吕正义》的原由。这时西洋人已经来到中国，就共同进行研究，因此，就有了《律吕正义》续编，在此《律吕正义》的续编中，就有了西洋音乐的内容。在与俄罗斯外交时，任用过葡萄牙人徐日昇，他是个精通于音乐的人，他向中国输入了西洋音乐。他用丝的音调的高低与声的高低相和，叫和声，以此为基准论述音乐的原理。后来，又有意大利人德礼格来华，也是精通音律的人。这两人的理论，大体是相同的，并无二致。根据他们的理论来记录西洋音乐，引了横线书写乐谱，写上西洋音乐中的符号，并且，还记载了一些具体做法，关于西洋音乐的这些研究都收在这一卷中。总之，可以知道，在康熙帝时就已经懂得研究西洋音乐，来作为中国音乐的参考了。这是皇帝在研究上的作为。此外，还有对西洋音乐有兴趣的人。如有名的历史学家魏源，即《圣武记》的作者，他为了研究西洋来到澳门——这就像日本人到长崎去了解西学一样，中国人一般是去澳门。魏源到了澳门，有一次，应邀到一个西洋人家去作客，他家里有一个美丽的西方姑娘，为来客弹奏了钢琴。他听了这美丽的音乐十分动心，作了一首长诗。这在魏源那个时代是非常时髦的。研究西洋得出了怎样的结果，我们并不知道，但至少是对于西洋十分的佩服。由于皇帝和这些人的研究，渐渐地使西洋音乐来到实际的中国人当中。但是，今天中国的音乐仍然纯然是中国音乐，这也许是因为古老的国家对于外国的东西即使研究，也只是把它们化为自己国家的东西，即使研究西洋的东西，对它也只止于兴趣而已。

5. 数学的发展

我对数学是外行，不能说得十分明白，前面说到，中国人受到西洋数学的影响，出了不少有关数学的书籍。这不仅对中国数学家有影响，对历史学家、经学家也有很大的影响。西洋数学的发展，使得需要研究天文历算的经学家、历史学家都注意到这一方面上来。因此，在中国学者中，有不少对数学十分精通的人。例如用它来推测日蚀。据历史学家说，在成吉思汗统治中央亚细亚时，有长春真人不远千里应邀去成吉思汗处，他途中看到了日蚀。据此，就可以计算出当地的经纬度，并可推算出此日蚀是世界上自古以来的日蚀中的哪一次日蚀，以及其地方的位置，中国的历史学家已经尝试作这样的工作了。这样的事情，在很大程度上是受到了西洋数学的影响，但从另一方面来说，中国人一向很矜持，认为不仅西洋有数学，我们中国也很早就有数学了，于是，就注重起对中国古代数学的研究来。中国古代数学并不能算发达，但因为中国人自己认为是发达的，因此，对于中国数学的研究也就真的发展起来了。总之，中国一般的学者都受到西洋数学的影响，后来，中国还出现了有名的西洋数学的大家，这就是李善兰。他是道光以后的西洋数学大家，直到现在人们研究的西洋数学书籍，多数还是此人翻译的，即大部分是经此人之手写成的。

在出现数学大家的同时，中国由于外交上的关系，特别是鸦片战争的关系，由于林则徐等人的注意，出现了《瀛环志略》之类的书。这在日本也有翻刻，在维新以前，因其对于了解西洋知识有用而被广泛阅读。还有《海国图志》对日本人了解西洋知识也十分地关系重大。另外，今天根据小川教授的提供，别室中还展出了地质学方面的书籍，这些书都是鸦片战争时，中国人关注西洋情况，所翻译出来的各种书籍，这又对日本了解西洋起了很大作用。因此，日本西学的发达，可以说很大程度上与上述情况有关。

6. 兵器

其次，简单讲一点关于兵器的事。以前讲到一些清朝初期的兵器，清朝末期对西洋兵器的利用，是从太平军骚乱开始的，是李鸿章委任英国戈登将军指挥作战的结果。那时用了西洋兵器，因此，西洋兵器传到了各地军队中。但也因为这兵器使得清朝走向了灭亡。在明代也是这样，明朝方面利用西洋兵器是为了抵御清兵，但到头来也招致了自己的灭亡，清朝方面利用西洋兵器的结果，使得湖北出现骚乱，最终走向了灭亡。

7. 中国与日本采用西洋文明的异同

中国自古以来就热心采用西洋文化，但并没有把它们与自己国家的学术很好地融合以形成中国人自己的思想。其原因：一方面是由于中国有优秀的文明，妨碍吸收外国的思想，此外，对于外国文化的采用方法也有不同。在日本，庆长、宽永年间之前的事暂且不说，西洋文化的输入一般是从八代将军时开始的。当时，也与中国一样，从历算开始采用，此后，日本民间西洋学术盛行开来时，中国则在形而上的数学方面发达起来。而日本则在医学、实验科学方面发展。杉田玄白等人的事业，造就了日本今天发达的西学的基础。他们当时都是医生，后来，他们又向别的方面发展自己的"业余"事业，从事地理学、兵学等。德川时代末年的医生有的是兵学者，还有做别的各种事情的，但其根本是医学，这与中国不同。中国因为君主的爱好，而从事历算和艺术，是从与人民生活所必需的东西很远的方面开始入手的，日本开始也是从历算入手的，但很快就有民间学者开始从事与人的实际生活接近的工作，从医学开始。即从实际人生必需的事情开始，从这一点看，日本人的思想比中国人的思想更易于进入西洋人的思考方式。当然，采用的方法有所不同。在中国，文明是君主或者贵族等上层人士的专有品，这些人对实验科学这样的人生必需的东西不大注重。贵族将百姓的生活视为下等生活，因此，不大注意。这些人所做的是数学等多少有些近于空想的东西。在日本，所谓学者都是没有钱的贫穷的人，只是努力地做学问。虽然兰学的发达在日本大多也是靠了大名的保护才发展起来的，可以说是贵族的东西。但在中国，民间几乎不做与学问有关的事，相反，视学术为多余的麻烦事。因此，只有天文、数学十分发达，出现大量这方面的天才，也给经学、史学带来影响，但这对于人民的生活，社会的文明，在根本上并没有很大的影响。到今天也仍然是这样，所谓西洋的学术，从文明这方面讲，与下层人民的生活无甚关系。而日本则与此相反，从医学方面入手，对西洋文明的采用，大都影响及于国民的根本生活，以西洋优秀的文明，来改造日本国家的文明。这是日本与中国的不同之处。今天就讲这些，明天讲经学方面。

第四章　经　学

宋　学

今天讲经学。从今天起，主要讲关于中国本国的文化、国内的文化。这次的讲演，总体来说，正像前面说过的，要尽量避开政治上的事，而主要只讲文化方面。此前已经首先讲了作为文化中心的帝王之事，其次讲了清朝特别的文化现象，即与外国语有关的种种情况，再其次是讲了贸易关系对财政经济的影响，可以说，所讲过的这些都是文化的基础。再下来，又讲了帝王对外国文化的输入工作。从今天起，则要讲讲中国国内的事情。

像中国这样具有古老文化的国家，无论什么朝代，只要太平盛世，国家强大起来，就自然致力于本国文化的发展。在清朝也是这样，随着持续太平，国势强盛，国内文化也空前发展起来。中国自唐代以来，即使有战乱，也几乎没有持续很长的战乱所造成的黑暗时代。因此，可以说，文化也始终持续发展着。所以，清朝文化的兴盛，并非指结束以前的黑暗时代，打开新的局面，因为此前的文化已经很繁盛，只是在文化的发展方向上，随着时代的变迁，渐渐出现新的动向而已。

清朝文化中最繁盛的部分，首先是学术，而学术中又以经学为中心。清朝经学的繁盛是两汉以来所未有过的，经学研究扩展到一般的学者中，而且，这种研究具有真正的学术性，这一点又是两汉时所没有的。清朝的经学，在中国学术的发展史上可以说是空前的。当然，经学也不是到了清朝就突然兴盛起来的。清朝之前的明代，由于承袭宋、元以来的学术传统，盛行宋学。宋学被朱子学派和王阳明即陆王学派垄断着，明代就有了朱子学派即程朱学派与陆王学派的两派之争，到了明末，学者间出现了一种新的风气，即讲学。所谓讲学，并非意味着只讲述学问，而是像今天我到此演讲一样，或多或少，只是以学问为讲演的材料而已，然后，则进行禅宗式的问答，在口头上空泛地讨论学问。他们不是就事实来研究学问，而是作空泛的讨论，这就是讲学派。这参考书的开头所写的顾炎武、黄宗羲两人，就起来反对这种讲学派。与此相对，也仍然有讲学派的学者出现。这里所写的孙奇逢、李中孚就属于讲学派，他们延续着明末的做法。在明末讲学派中，程朱学派和陆王学派哪派强大呢？是陆王学派强，即王阳明学派盛行。其极端人物，就是在日本把他看作小说批评家的、万历时的学者李贽（李卓吾）之流，他们几乎像僧人那样，身着僧服，执杖而行，而且以中国人所鄙视的男女混杂的方式进行讲演，或作禅宗式的问答。为此，引来了以顾炎武为首的反对派。顾炎武本来可以说是朱子学者，他起来反对讲学派的学风，使自己倾向于主张学问要作事实性的研究，而与朱子学脱离，成为有清一代反对朱子学派的汉学派的始祖。从顾炎武的学术精神来说，他又可以说是秉承宋学精神的，但他又是清朝汉学振兴的始祖。与他并列的黄宗羲，在明末时，为了恢复明朝，参与过战争，此人还曾计划过派遣使者去日本请求援兵，但终于看到大势已去，而抛却政治，过起了完全的学者生活。他是王阳明的同乡，学问虽出自王阳明，但因为是前朝残党，不敢张扬，因此对讲学是完全排斥的，倾向于学问应做事实性的研究。他们的学问盛行以后，被中国学者分为两派，顾炎武之学为浙西学派的始祖，黄宗羲之学为浙东学派的始祖。如浙东、浙西的地图所示，所谓钱塘江即浙江，浙江以东所出的学派叫浙东学派。这里是宁波，这里是余姚。黄宗羲起自余姚，即王阳明的故里。因此，他们分别成了浙东、浙西学派的始祖。参考书上分别写出了两派学者的姓名，由于太费时间，就不一一在此细讲了。顾炎武之下写着徐乾学，表示他是继承顾炎武学派的。黄宗羲下写着万斯大、万斯同，表示他们是继承黄宗羲学派的。此徐乾学后来得到康熙帝的大力信任。前几天讲过，他就是入洞庭山召集了许多学者，编撰《一统志》的人。他编书却不打出自己的姓名。我在参考书的"徐乾学"下写着"纳兰成德"，他是年轻的满洲旗人学者，是个天才，出于对满洲人策略上的考虑，徐乾学拉拢他，让他成名，得到荣誉。他编撰了一种重要的书籍，即今天仍可见到的《通志堂经解》，是宋、元、明三代经学著作的集成。清朝当时在宋学以外没有别的学问，所以，就尽量收集宋学家的著作，出版了《通志堂经解》。这其实是徐乾学事前搜集资料、编好的，而以纳兰成德的名义出版。徐乾学是顾炎武的外甥，多少继承了他的学统，但两人的性格却完全不一样，顾炎武反对清朝，一生未入仕途，而徐乾学是很善于处世的人，与顾炎武完全不一样。但总之他是继承顾炎武学统的人，与宋学有关的部分在他身上多少还传下了一点。因此，可以说，清初还是除宋学以外别无其他学问。

　　其他如孙奇逢等人，他们有的兼属陆王程朱，有的属程朱一派，有的属陆王一派，但这三个学派的人谁都与顾炎武、黄宗羲不一样，都是讲学出身的。到了清朝，孙奇逢、李中孚等人仍讲学不辍而名声大作。这样不断地讲学，就扩大了影响，招揽了名声，为此，清朝曾诏李中孚等人出仕，使他们十分为难。总之，这些人都是讲学派出身的人。

清朝的宋学就是由这些人造成的。但这个时代——康熙之前——清朝还没有形成真正的宋学，只是刚刚出现略具清朝风格的宋学。什么是清朝风格的宋学呢？就是一边讲学钻研宋学，即便不做事实性的研究，也还算接近书籍，多少进行一些踏实的研究，这些人中有程朱学派的李光地，他曾阅读顾炎武最早的学术著作（而那时顾炎武已不承认自己是宋学家），在一定程度上倾向于他。而到了康熙时代，清朝的宋学与明代的宋学就有了明显的区别，停止了浮华而不实的讲学，而进行接近书籍的学术研究。

其次，在纲目中写到姚鼐、方东树等人，并接着提到宋学的情况，这是较后的事了，这里先不说了。姚鼐以下的宋学表现了清朝的宋学是受到所谓汉学影响之后的宋学，这在以后将讲到。

汉　学

其次讲讲清朝经学中具有特色的部分——汉学，在日本，只要是做中国学问的，就叫汉学，而清朝所谓的汉学则是汉代的学问。宋学渐渐受到世人的反感，于是，人们就上溯到汉代的经学。那么，汉学用一句话来说，是什么呢？就是不讲学，这是从学问的方式来讲的。那么，与讲学派相对立，汉学派最注重的是什么呢？注重朴学。所谓朴学，简单地说，就是关在自己的屋子里，与书为伍，埋头读书。中国的学问中，也有各种华而不实的学问，如前面说到的以演说为主的讲学，还有作文、作诗获取世间名声的学问。但朴学是摈弃所有这些获取世间名声的学问以及世俗流行的学问，而只是在家中闭门读书的学问。清朝学者看重的就是这种朴学。即学问不是装饰性的，而完全是学术性的、实用性的东西。那么，统观汉学全体，它崇尚的是什么主义呢？是实事求是。这句话是《汉书·河间献王传》中的句子，即学问应做事实性的研究，而不能做空论，这是清朝汉学家的一致主张。

初　期

清代汉学有个发展、变迁的过程，这里写着的阎若璩、朱彝尊、胡渭等人是"清初之学尚属草创"阶段的代表人物。但这些人实际上也还不是纯粹的汉学家，阎若璩等人也还是宋学出身，只是不盲从朱子的学问，而是自己一本一本地读书，以自己所读之书作为做学问的基础，他的名著是《尚书古文疏证》。《尚书》一般以古文尚书为通行本，经东晋时期整理后，一直沿用着，到宋代，就已有朱熹等人怀疑古文尚书，认为其中混入了伪作，阎若璩在这之上又作了进一步的研究，他具体指出了《尚书》中的伪古文部分。当然他的基础还是朱熹的怀疑古文尚书。阎若璩还有《四书释地》，研究四书是属于宋学的范围，后来演变为纯粹的汉学后就不再研究四书了。《论语》、《孟子》还是研究的，四书中的《大学》、《中庸》就不研究了。从阎若璩研究四书来看，他还没有脱离宋学。毛奇龄是萧山县人，他多少受到王阳明学术的影响，从王阳明学派出发对朱子学进行全面的攻击，因为反对朱子学，因而对阎若璩的《尚书古文疏证》也是持反对态度的。总之，阎若璩是倾向于汉学派的，毛奇龄从阳明学派出发也是倾向于汉学派的，这些有实力的学者出现在康熙年间，对向来讲述空泛之论的宋学学风进行了强烈的批驳，这是汉学兴盛的预兆。此外，张尔岐研究礼学，朱彝尊关于经书解题写出了著名的《经义考》。还有胡渭对《尚书》中地理部分的研究，以及对《周易》某一部分的深入研究。这些人虽还都不是纯粹的汉学派，但开启了汉学的基础——朴学的、实事求是的学风。

中期极盛期

这时汉学已经壮大成形。同时，又根据地域、师承形成了不同学派及门户。这就是纲目中写着的吴派、皖派——这其中有我私自添加的，也有前人的陈说——吴派、皖派、北学、扬州之学、闽学、浙东之学、常州之学，其中写道"以上为中世极盛之期"。从吴派到常州学派是汉学的全盛时期，汉学全盛时期可分为以上各种学派。汉学全盛从乾隆时代开始，康熙之时多少仍然是宋学的天下，从开始的顾炎武到结束的阎若璩、毛奇龄等，都是宋学的天下。而康熙也是个十分尊崇宋学的人，前面说到的李光地虽然不能说是康熙的宋学老师，但也可说是康熙的宋学切磋者。李光地时出版了《朱子全书》，收齐了当时所有朱子的著作以及关于朱子的书籍，天子尊崇朱子，民间也是朱子的天下。从那时起，皇帝想厘定历来关于经书的学说，就出版了各种著作，其中最有名的是《三礼义疏》。对于礼学的研究，使学问多少远离空疏，而向注重事实的方面发展，这是康熙时代的宋学所表现出来的特征之一，这方面的学者是方苞。宋学还是宋学，但已不是只局限于研究四书，也研究礼学等学问，这可以说是清代初期的学术特征。

但总之，到这时为止，仍然是宋学。可是，到了乾隆时，从当时的各种书籍中可以看出，民间的学术有了变化，人们喜欢博览，喜欢读书。其中吴派的创始人惠周惕还没有脱尽宋学的风气，到了他的第三代惠栋，可谓形成了真正的汉学学派。他家三代相续，作为苏州的名家给当地的学术以很大的影响。他的学术影响及余萧客、江声等人，还影响到兼治历史学的经学家王鸣盛、钱大昕等人。余萧客、江声受惠栋的直接影响，王鸣盛、钱大昕受惠栋的间接影响。

皖派中的皖是安徽。安徽夹长江两岸，特别是长江南岸的安徽地区，是深山地区。因此，人的性格、气质是坚强得近于顽固，在这里形成了一派学风。此学派的中心人物是戴震。戴震的学问出于江永。江永的学问处于汉学与宋学之间，他继承了顾炎武等人的学问，又把顾炎武等人的学问再一部分一部分地加以细致的研究。到了戴震就有了更大的进步。这更大的进步是什么呢？顾炎武时的学问方法还只是实事求是，没有一定的师法和家法。所谓师法和家法是一个学派的有组织性的学术方法。这在汉代时就已有各种专门之学，如做《易》的学问的就专门研究《易》学，做《尚书》学问的就专门研究《尚书》，即各有各的家法。受家法的约束，有时不得不做某项研究，清朝学者延续这种学风，主张研究学问必须有家法和师法。但这与汉代的家法与师法又有一些不同。汉代研究《易经》的就尽传其先生的家学，研究《尚书》的也尽传其先生的家学。这样，研究《尚书》的有二家、三家的话，其研究方法也就各自不同。这样分别传下来，到清朝就更为学术性和有组织性。而在清朝出色地建立这种系统的，就是戴震。在顾炎武时对其中的一部分，如中国所说的小学即语言音韵学，就已建立了一种家法，但从总体上来说，建立家法，按照其规则执行，用现在的话说即建立有规范的学术，是从戴震开始的。因此，如果说清朝的汉学以谁为代表的话，那就是戴震。因此，此人是十分重要的人物。虽然戴震寿命不长，五十多岁就去世了，但仍然占据着清代学术的重要地位。他的学问从顾炎武渐渐发展而来，以语言音韵为主。为什么语言音韵那么重要呢？因为在研究距今二千年、三千年之前的事情时，如果不涉及当时的语言，而以今天的语言去读它，解释就不充分、不准确。如在读日本《万叶集》的歌时，把歌中的语言随意解释为今天的语言，这是宋学家的做法，是不够的，不准确的。汉学派的学者认为，古代的语言必须以古代语言的意思来解释，因此，语言的学问就变得十分重要。所谓语言的学问西洋叫做语言学，在中国则叫小学，包括文字的形式、文字的声韵、文字的意思，即小学包括文字、声韵、训诂三方面的学问。其法则自顾炎武以来，经江永、戴震而最终确立。江永对礼学也十分注意，到戴震对礼学的研究就更加部分地置于准确的基础上。《礼》中最难的是《考工记》，它记录了周朝时制造器物的方法。如车是怎样制造出来的，或铜器、木器是怎样制造出来的。如果不能弄明白这些，也就不能弄明白周朝的真实生活状况。戴震认为这很重要，就开始研究《考工记》。研究当时所使用的器物以及与当时总体生活状态有关的实物。当然，其时还不太有所谓遗物的挖掘，都只是就书籍进行研究。除了音韵、训诂学之外，戴震也还是注重学问的精神，即学问的思想方面，他写了《孟子字义疏证》一书，此书内容是研究宋人所说的思想，是古人本来的思想吗？

还是曲解了古人的思想？但总体来说，清朝的汉学在思想方面是不发达的，而只是在前面所说的礼学和小学方面有长足发展，戴震则是以这三个方面为基础来研究学问的，这可以说是戴震学术的特色。

皖派与吴派的不同之处是，吴派的学问、惠栋一家的学问是与苏州这样的繁华地域、文明中心的风土有关的，在这块土地上，学问上的诱惑比较多，如对诗文方面的爱好等。惠栋的学术一方面是汉学的始祖，对《易》和《尚书》深有研究，另一方面，自然离不开诗文方面的爱好。这样的学术就像后面要说到的王渔洋，写了一本注释名家诗的书以为乐趣。因此，吴派的学术多少有点不离乐趣，是悠闲地为学，而不是一开始就树立一个严格的法则。皖派则是要订立一个规范性的法则，然后依照自己订立的法规进行学术活动。这就是清朝汉学的两大派别，也可以说是清朝汉学的特点，但特点中的特点仍是戴震。他之后有段玉裁、王念孙，都是精研小学的人。另有金榜、程瑶田、凌廷堪、三胡等则致力于礼学方面的研究。这些人的学术为清朝汉学奠定了坚实的基础。即这两大学派是清朝汉学的基础。

其次是"北派"，这是我自己添加的名称，用别的名称也可以的。因为这些人大体都是北方人，所以取了这个名字。其中张之洞是较后的人，不是这个时代的人，但因为张之洞的思想属于这个学派，就把他也加进去了。这一学派主要有朱筠、纪昀等人。朱筠没有什么特别的著作，他给许多学者以关照，是促使清朝汉学发达的保护者。他向天子建议应该采取发展汉学的方针，还建议修撰《四库全书》。总之，他是汉学发展的有功之人。朱筠是北京人，后来，在北京附近的河间又出了一个大学者纪昀。朱筠所建议修撰的《四库全书》，就是由纪昀完成的。《四库全书》对中国所有的书籍进行了解题。这件事动用了大量学者，纪昀任总纂，对别人写出来的东西进行修改。因此，可以说他是朱筠计划的实际执行者。他所写的《四库全书》的提要体现了他的汉学精神。书中所写，对宋学多少含有反对的态度。总之，做这些书的提要是以汉学为根基的。此事的发起者是朱筠，执行者是纪昀，是一件非常重要的大事。这些人都是北方直隶出身的，张之洞对经学虽然没有什么特别的著作，而其行事的方针与此二人相似，所以，虽然时代偏后了，但也归之为这一学派。总之，这一学派在建立汉学基础方面虽没有什么特别的建树，但在使汉学在全中国传播方面却是有大功劳的，这一点必须认识清楚。

下面讲讲"扬州学派"，这一学派的代表人物是汪中、刘台拱、阮元、焦循、刘宝楠、刘文淇、江藩等人。扬州是清代非常繁盛的地方，由于它是盐商的中心地。在中国，盐是十分重要的，其主要产地在淮南、淮北即两淮地域，这是中国最大的产盐基地。在中国，盐是官营的，而由商人承办。中国的大富豪必是盐商。而这些盐商一般都在扬州筑屋而居，过着奢侈的生活。扬州的学问就是从这奢侈的风气中起来的。此派学者，一方面也做孜孜不倦的经学研读，另一方面也很注重诗文上的发展。汪中在经学上是第一流的，在文章方面也是第一流的，此人的文章在后面还将讲到。总之，一方面是很优秀的经学家，一方面又是很出色的文学家，这种情况只有扬州学派的学者可以做到。如焦循既是经学家，又是词曲研究家，词曲在文学中虽不能算是俗的东西、也是"粹"的学问[1]，焦循就做这方面的学问。还有江藩，也是又做经学研究，又做文学研究。他们所做的文学研究还形成了清代文学的特点，即唐宋八大家文从宋到明一直是盛行的，到清朝以后，反对唐宋八大家的文学渐渐兴起，江藩尤其积极地主张。江藩是主张者，而将之大力推广的是阮元。阮元像北方的朱筠一样，是学术的保护者。此人与后来的毕沅，都是有益于当时学者的人，他们在自己的门下网罗学者进行编书活动，一些怀才不遇的经学家来到这里，也变得活跃起来。阮元是其中很有代表性的人物。在汉学中，也是热闹的、夸张的研究倾向。阮元富裕而又有运气，很早就科举及第，受到天子的青睐，早年成名，诸事顺利，且活到了八十岁以上的高寿，可谓一生幸运。这一方面是靠了扬州的地方风气，一方面是靠了他个人的境遇，还有一方面是因为他对汉学的大肆鼓吹和研究。扬州的汉学有阮元这样的人的大力推进，在经学之外，又以铺张的方式进行着文学活动，因而，形成自己的独有特色。这也是后来受到宋学反对的原因。

再其次是"闽学"，是福建学者的学派。只有二三个重要人物，如陈寿祺、陈乔枞等人，其影响也不能说很大。

还有是"浙东之学"，此派开始是作小学研究，后来渐渐转到历史学上来。章学诚十分注重对经学的论述，他的见解与一般人不同，是从经学之外来评判经学。一般人认为经学就是经学，但

---

[1] "粹"，日语中原意为形容人或事物的漂亮、俊俏、风流、潇洒等，也指精通花柳界男女之间打情骂俏之事。到日本江户时代末期，"粹"发展成为一种日本所特有的美意识。有优美、俊俏、精通世态人情，包括风流韵事等含义。这里说词曲是"粹"的学问，大概是因为词曲原是一种产生于民间，尤其是流行于花街妓馆的艺术。——译者注

他从史学的角度来看经学，是从学术组织的基础上，即从全体学术的根本上来研究经学。他著有著名的《文史通义》，我对他的著作十分推崇，也将他的著作推荐给别人看。章学诚的学问十分有特色，在清朝他是独一无二的，而且，难以出现继承他学问的人，可以说是学问上的天才。要说他的学术渊源是很长的，大体来说就是以史学家的见解来看待经学。

接着是"常州学派"，这在后来是比较有影响的学派。前面说过汉学有吴派和皖派，即以惠栋为中心和以戴震为中心的两派学问，在它们之后可以取而代之的就是常州学派。此学派的创始人是庄存与，后来又有许多学者涌现，使公羊学盛行起来。公羊学比戴震更加将学问推入穷理的境地。戴震的学问大致是汉学的方法，戴震之前的学术方法是将汉一分为二，即前汉和后汉，或西汉和东汉，其中东汉的学术是以许慎的《说文解字》为中心的小学。后来又有郑玄的学术，因此，这之前的汉学就是围绕许慎、郑玄的学问，称为许郑之学，这在吴派、皖派都是一样的。但到了常州学派，就不一样了，他们不做东汉的学问而是追溯到西汉的学问。在西汉中期汉武帝时，是学问的全盛期，盛行公羊学。《春秋》有三传，即左氏传、公羊传、穀梁传，公羊学派认为左氏传和穀梁传都是伪书，真正的学问只在春秋公羊传。孔子作《春秋》，是把自己放在与君王、天子同等的位置上，以与君王、天子同等的权力来写作《春秋》的。在春秋时代，孔子虽没有王位，但他是把自己当作君王来写《春秋》的，孔子在《春秋》中寄托了统一天下、治理国家的思想。这种思想、学问在西汉时十分盛行，因此，公羊学派主张必须研究西汉的学问。当然，这其中也有各种学问的成分，但总之是比许、郑的学问更上溯了一步，更接近孔子的真意，这就是常州学派之所以发达之故。此派始祖是庄存与，而使之发扬光大的是刘逢禄。刘逢禄是个头脑严密的人，对事物的判断有独特之处，不仅如此，还十分聪明。他依靠敏锐的判断力为学，而厌弃以往的朴学。全盛期中总会出现一些天才人物，他们对于具体细微的事物进行埋头研究而不嫌琐碎，这些人都走上了这方面来。其中龚自珍是一个大天才。前面所说的皖派的段玉裁是戴震学派的重要学者之一，他就是龚自珍的外祖父，但龚自珍与外祖父的学问不同，是很有名气的天才。他没有自己的著作，而极力鼓吹公羊学，使得公羊学大为盛行，以至于今天的中国年轻学者几乎没有不受到公羊学影响的。但今天的学者所受公羊学的影响是因为康有为，康有为的学问来自于现在仍健在湖南的八十多岁的老人王闿运，王闿运有一门人叫廖平，现在仍活着，在四川，此人是个非同一般的人，他的学问很奇异，总用一种不可思议的解释方法进行学问研究，但这样做出来的学问又很有实力。总之，他是一个有学问实力而又以不同一般的头脑来解释学问的人。康有为不是廖平的门人，但很佩服廖平不同一般的判断力，在他自己的著作中，几乎可以说是窃用了廖平的学说，而廖平在四川的山中也无能为力。康有为有许多学生，所以，他的学问在近年来十分盛行，实际上，这是廖平的学问。

总之，由于这样的原因，今天的中国年轻学者几乎没有不受公羊学影响的。但在这公羊学中，也有比较谨慎地从事朴学性研究的，这就是下面写着的皮锡瑞。此外，这里写着的戴望，是通过注《论语》而阐释公羊学的，这是特别之处。总之，公羊学者是一批奇异的天才学者的集团，而他们的影响在今天又是空前的大。在中国，直到距今六七十年前，汉学还是许郑的天下，即是吴派和皖派的天下，但六七十年来，公羊学渐渐盛行起来，可以说，目前中国的学术，是公羊学统治汉学的局面。大体形势就是这样。

此外，公羊学者还有一个特别之处，就是与扬州学派相似，许多学者在治经学的同时还有文学上的成就。庄存与写有《春秋正辞》，把它作为文学作品来看，也是毫不逊色的。这已经显示了公羊学派的这一性格倾向，到其次的龚自珍、魏源就更是中国著名的文学家了。到今天的康有为等人，也都是优秀的文学家，有诗作、有文章。这一点与扬州学派相似，而扬州学派的经学与吴派的经学相似。

晚清的大家
附说　清中叶以后的宋学

清朝末年学术大家的姓名都写在纲目里了。列在最前面的是俞樾，即著名的俞曲园。此人学术的体系兼及高邮王氏和公羊学。其次是孙诒让，他是两百年间几乎无人匹敌的《周礼》研究家。还有黄以周，他兼通各种礼，是从全体的角度来考察礼的学问的人，他也留下了出色的著作。其次是郑珍，他出生于中国偏僻之地的贵州，随着不断地学习中国文明，而终于从乡野之人成为学问大家。当时对礼的研究是比较盛行的。

其次是吴大澂，这里写着"小学的新派"，是什么意思呢？以往的小学只研究文字学和《说文》。从事音韵学的，像顾炎武那样追溯到唐韵以上。至于训诂方面，则主要是研究《尔雅》和《广韵》，但吴大澂的学问是从全新的金文研究起步。所谓金文即铜器的铭文，清朝大量发掘古代遗物，以发掘物上面的文字为基础，来纠正以往文字学的错误。吴大澂十分注意这一点，把在他之前的古人著作中对于小学的研究，用发掘物来进行进一步对照研究。今天在京都的罗振玉也是这方面的研究大家。当然，金文研究并非由吴大澂一人发端，只是吴大澂的研究是其中特别引人注目的、出色的研究，所以，这里就只举了他为代表。

再次有陈澧，这里不得不稍稍往前说一些，即关于宋学。由于汉学的不断发展，逐渐强大，就有人想要回归原来的宋学。宋学在汉学盛行时一度衰落了。但有一个叫姚鼐的，是文章高手，又是经学家，尽管他文章出名，但在编辑《四库全书》时则不太得志。他的经学研究不能算是宋学，但由于当时唐宋八大家中的曾南丰很受推崇，姚鼐就是从古文入手渐渐地走上研究朱子的路子。但在他那一代，尚没有关于汉学的著作，到其后的方东树，他既是出色的古文家，又积极倡导宋学，他对当时的汉学十分不满，因而作了《汉学商兑》，是有名的批判当时汉学家的书。既批评汉学家的经学，又批评他们的文学。汉学家与古文家一时论争十分激烈，先是阮元非难古文，江藩也非难古文，而方东树则继之反对汉学家所作的文章。由此，宋学稍有复兴的倾向，但终未盛行起来。当时在北方即北京一带，有一种宋学，一个是湖南人唐鉴，一个是蒙古的旗人倭仁，他们在道光年间复兴了宋学。湖南的曾国藩接受了此学，认为汉学家的学问是对着显微镜只研究琐细的对象，而不研究学问的大义。要研究学问的大义就只有靠宋学，即只有靠程朱的学术，持这种观点的有曾国藩和罗泽南等人，当时正是咸丰年间长发贼盛行之时，曾国藩、罗泽南把宋学应用于人格方面，在学问方面则没有更大的进步。但总之，这是清朝中期汉学全盛、宋学衰落之时，由于上述几人的努力，宋学出现了短暂的复兴。

起于广东僻地的陈澧，对汉学、宋学均无偏见，研究时兼采汉学和宋学，他写有著名的《东塾读书记》，此人虽然起于偏僻之地，但日后的学问却产生了很大的影响。如张之洞就十分佩服陈澧的学问。清末的学问已经过了汉学全盛期，唯有陈澧的学问和公羊学的学问还算有实力。当然不是采取宋学家式讲学、也不作空泛的空论，而是采用宋学家的学说。因而在清朝末年保留有汉宋兼顾的学问和极端的公羊学这两项。现在中国的学者大致也就是继承了这两派的学术，这形成了清朝学术的大纲目。这种学术不讲学也不作空论性的研究，而是做实事求是的研究。这仍是旧学派，是接近汉学的旧学。

宋学别派

此外，近几年被重新忆起的有颜元、李塨的学术。颜元在明末清人侵入长城时，他的父亲曾被清人俘虏，入清以后，他为了证实父亲是否还活着，一直寻父至辽东。他有鉴于明代的末路，认为中国人之所以抵抗不了满洲人，原因在于宋学不做事实性的研究，只做空论，因此，要把宋学转变到研究事实上来。颜元、李塨的学问至王源而绝，近年来，公羊学家戴望继承其传统，使其逐渐恢复生气，以致到最近此学问又渐渐复苏。颜、李曾激愤于中国对外族的软弱，因此，他们主张以兵农一致为本，即主张兵和农必须一致，并且兵须由农出。

与此相同，还有一位刘献廷，在上述主张之外，他还主张学问应该博通，对中国广大的学问都应有所了解，但此人的学问一代而终，且又没有什么著作留世，只有《广阳杂记》一书记载了他的学问大概。但他确实是主张学问博通的，与颜元、李塨的学术相同，是以实行为学问宗旨的，对当时的国势有过认真的思考。这就是颜元、李塨、刘献廷一派的学术。

还有一位胡承诺，他的学问出自宋学，但远离宋学的空论而进行事实性的研究，但他的著作被人遗忘了，距今七八十年前，一位工于古文的李兆洛，提倡并复兴他的学术，才使得今天还有人提及胡承诺的学问。

还有一个有趣的事实是：在清朝中叶即乾隆时期佛学大兴。罗有高、汪缙、彭绍升、杨文会是一派，其中从彭绍升到杨文会之间，由公羊学派的人从事研究佛学。前面说到的龚自珍、魏源、俞樾等人都研究佛学。彭绍升以前的佛学出自明代云栖和尚，属于净土宗，但方法上倾向于净土与华严的互相结合。近年来有夏曾佑的佛教研究法。到章太炎研究渐趋广泛，有做天台宗研究的，也有做华严宗研究的。总之，儒家中有不少人都从事佛学的研究，这不可不说是一项奇异的事实。当然，此前的中国，儒家研究佛教也不是没有，主要是禅学。但到此时，流行的是天台、华严，禅宗研究也不是没有，但与宋、明时代的禅宗有所不同，是根据书籍经典来具体研究禅学。所以，龚自珍等所研究的禅学与明代的禅学是不一样的，多少是宋学的别派，其中夹杂着公羊学派。这些是清朝的本位学术之外的学术。

校勘学

校勘学、金石学不仅是清代经学的基础，而且可以说是当时所有学问的基础，在清代，它得到了空前的发展，因此，在这里不得不说说。

校勘之学就是校对书籍。随着时代的推移，书籍的错字不断出现，就必须依靠古本来校对，纠正错字。这在诸君一看就可以大致明白的，这纲目上也写了简单的注解。校勘学在清代非常盛行，前面提到的朱筠在编《四库全书》时大力倡导，他自己并不从事实际的校勘，但可以说是校勘学的发起人。其后，纪昀写作《四库全书总目提要》，判别书籍版本的良莠高下，因此，纪昀也是校勘学的大家。

以往学术的盛行就是对经书本文研究的盛行。因此，从汉代开始有石经传世。因为经书有可能文字出错，为了避免经书的文字出错，就将经文刻于石上，立于太学之门。这是一件非常严肃慎重的事，今天仍有一部分石经留存下来了。因为古老的拓本没有了，今天所见到的都是残缺不全的。最近，赞岐的大西见山得到一份宋代的拓本，这是日本首次有如此精美的东西。而中国关于石经的学问一向发达。汉代开始有石经，魏、唐、五代的蜀以及南宋都有石经，清朝乾隆帝也要刻制石经，结果就刻制了乾隆十三经石经。由于乾隆十三经是新石经，因而，无论何处均无拓本，难以阅读，实为遗憾。如在北京，就可以在任何时候随时去看，可是由于没有拓本，所以，今天我们就无法看到它。刻制这石经，是奉了乾隆帝的命令，由彭元瑞负责校勘，但那时也有持反对意见的人。主要是反对彭元瑞所作的校勘，甚至把石经磨改了一部分。那是乾隆的宠臣和珅——在嘉庆时被杀了——指使人干的，有人受了和珅的旨意，反对彭元瑞的校勘。富冈君手中有一部关于这方面的书，这是非常珍贵的书。受命书写此石经的是书法家蒋衡，田中文求堂君手中有他的书法作品，这在别室中也有展出。石经的始祖汉代的熹平石经的拓本我们从大西君处借来，也陈列在别室中。

由于上述情况开启了清朝的校勘学，毕沅、阮元集合了大量学者，有空时就进行书籍校勘、出版。毕沅、阮元身处太平盛世，如果出外为官，也难以建立功勋，就罗致学者食客，做这些可以得名誉的事，所以，罗致了这么多学者让他们校勘群书。这是清朝校勘学发达的基础。当然，也有个别人努力的原因。例如卢文弨是奠立清代校勘学的重要人物。此外还有一些非常有学问但因贫困不能考试及第的人，他们以食客的身份，校勘整理古籍，做出可以出版的书稿，用以发行，在这方面，有些人是建立了功绩的。这其中就有一个叫顾千里的。其次，有黄丕烈、秦恩复、张敦仁等，都是校勘学的名家。作这些校勘工作的顾问是顾千里，他做过许多人的食客，主持出版之事。还有陈鳣出版了《论语》的很好的版本。还有严可均，像顾千里一样，也是一个食客。还有曾国藩的幕僚莫友芝，也是这方面有名的人。此人得到一部唐写本的《说文》，将它出版了。我早年在端方那里看到过实物，十分精美。最近，又有一位叫陆心源的，他的儿子就是后来把书籍卖给日本岩崎家的人，陆心源在校勘学方面也是有成就的。

有意思的是，日本的一些书籍与清朝校勘学有关。日本物徂徕的门人有一叫山井鼎的，他听说下野的足利学校藏有经书古本，就到那里去做了好几年的经书校勘，写成《七经孟子考文》。他的同学根本逊与他一起去了足利学校，复印、出版了皇侃的《论语义疏》。这两书传到中国，引起中国人很大的惊奇：竟有这样好的经书古本及《论语》的皇侃义疏传到了岛国日本，还有人做了这样的研究。这《七经孟子考文》和皇侃的《论语义疏》给予中国校勘学很大的震动。此外，通过这两本书，中国人还惊悉：《古文孝经》、《今文孝经》也在以前传到过日本，它甚至可以成为中国校勘学的基础。后来，又有林述斋作《佚存丛书》，收集在中国已经亡佚了、而在日本还留存着的书籍，以活字印刷使之复活。这在中国也得到很好的评价。总之，日本的校勘学对于中国书籍校勘是有功劳的。

在中国，藏书、刻书之风很盛，到清朝尤为突出，这里只举出了其中最主要和最有名的。这些人的藏书和这些人的刻书对清朝的校勘学是有极大贡献的。由于他们的贡献，人们得以依据正确的古代书籍研究学问。依据正确无误的书籍进行研究，对古书不作任何随意的更改和出版，而是必须去读毫无改动的原本，这样的学问在清朝很发达。

金石学

所谓金石学的金是对铜器铭文的研究，石是对碑文的研究。这就是前面所说的，吴大澂以金石学更新了小学的研究。金石学在清朝的始祖可以说是顾炎武，是他最早注意到金石研究，顾炎武作有《金石文字记》，提出金石研究对于历史学、经学的价值，金石学的渊源由来已久，这里只特别提出顾炎武。这就是运用金文和碑文来纠正古书文字错误的由来。奠定金石学基础的是翁方纲，他对于碑文进行一字一字地仔细研究，不放过一个错误。其次是王昶，从事于收集、编纂金石文字。还有黄易，他看过了清朝历代的石碑，并作拓本。还有阮元幕下的朱为弼、赵魏等人，从事金石的编纂。又有张廷济、刘喜海、张燕昌、翟云升等人相继出现，近年来又有陈介祺、徐同柏、吴式芬出现，金石学得到更进一步的发展。金文方面，在陈介祺、徐同柏、吴式芬之前，铜器的鉴定还不够发达。乾隆帝时有《西清古鉴》一书，但不免真伪混淆。要把它们正确无误地区分出来，并把铜器上的铭文正确无误地读懂，就是在陈介祺、徐同柏、吴式芬三人时才盛行的。后来，才有吴大澂等人以及现在的刘心源，我们的朋友罗振玉也是一人。还有端方，虽然对金石学没有做过研究，但对铜器有兴趣，对学者提供资料方面是有功劳的；他是个政治家，同时也有学问。总之，中国的金石学研究对经学、历史学都有相当大的影响。

金石学近年来生出一分支，例如研究古印的学问，研究玺印的学问，玺印之学进一步发展，又有了封泥的学问。封泥就如西洋人在封蜡上按印一样，古代的书信用丝卷起，在结口处用泥封住。再在泥上印上字。这些东西近年来大量被发现，因此，引起这方面学问的发达。开始时，中国人也不明白这是什么，后来才知道那是封泥。

还有近年来罗振玉所从事的殷墟甲骨学。这是在龟之甲和兽之骨上雕刻的文字。古代占卜时，使用龟甲和兽骨，它比金石文字还要古老，是距今三千年前的东西。我在明治三十五年到中国去时，甲骨文字刚刚被发现了一两年，那里因此有了通铁路的必要，进而被大量发掘。据罗君所说，近年来甲骨被特许专卖，因而有了关于这方面的专门著作。甲骨学可以说是金石学发展到新时代的新的分支，它在学问上作出了贡献。前面说到的吴大澂所开创的小学新流派，也因此更为繁盛。另外，由于在发现甲骨的同时还发现了古代器物，使得关于礼学的研究也活跃起来。总之，到今天为止，中国学术的发展还是很有余地的。

中国汉学的主体——清朝学术的主体也是以汉学为主——大体就是经过了以上所说的发展过程。此外，还有各种学派，大体是从汉学发展、变化而来的，今后仍有进一步发展的余地。但由于中国国势的关系，这些学问今后的发展会是什么样子，我们在此尚不能预测。也许会通过传到日本，而在日本得到大的发展。但这也不能断言。总之，目前中国学术的发展，是自古以来所没有过的。学问变成真正的学术，极尽全盛，这在中国也是自古以来所没有过的。这是清朝文化重要的一方面，因此，我在此特专用一天的时间来讲述。

第五章　史学及文学

史　学

今天讲清朝的史学和文学。

清朝的学术，经学以下比较发达的就是史学。中国在图书分类时，以经、史、子、集四部分类。经即经学，史即历史，子即荀子、墨子等诸子的学问，集即文学方面的著作，如文集、诗集之类。其中集因为是文学著作，与学术不同。其第三项子是关于诸子的研究，在清朝未有很大的发展。前面说到，小学在作为经学的基础学科而得到发展的同时，诸子作为经学的辅助学科也才开始得到研究。因此，诸子大体上是与经书同时代、或者说是比经书稍稍晚一些的时代所产生的。因此，诸子书中所使用的语言，对经书研究也是必要的。如某些语言在经书中不能明白，而在诸子中却可以弄明白，有些经书缺佚的部分也可能在诸子中得到补佚。正是因为这些关系，诸子学开始得到研究。其中关于用诸子之书补佚经书内容缺佚方面的研究——如尧舜时代在经书中记载不详，而诸子方面则有所记载——关于这方面的补佚的研究进展并不大；但如前面所说，小学的进步则是较大的，即为了正确理解经书的语言，而研究诸子的语言的小学，进步较大。这方面有高邮王氏之学，王氏有《读书杂志》一书，近年又有诸子学大家俞樾的著作《诸子平议》。这些主要都是研究诸子中所使用的文字，而把它们作为研究经书中语言的辅助。但近年来，开始有人着手进行真正的诸子研究。昨天说到的孙诒让，他专门研究墨子，作有著名的《墨子间诂》。还有现在仍健在的王先谦，作有《荀子集解》。总之，诸子学研究在清代是较晚才发展起来的。这与日本的汉学不同，日本的汉学中，诸子学则是较早发展的。徂徕时就比较注意诸子学的研究，他作有《读荀子》、《读韩非子》等书，徂徕之后也还有人继续研究诸子。而中国方面的诸子研究则较晚。但日本的诸子研究起步虽早，却没有出现像《墨子间诂》这样的名著。而在中国，诸子的研究目前主要是为了经书补佚。张之洞认为这是有希望达成的。汉代王充曾在《论衡》中提出可以用诸子来补佚经书，但他自己并没有做出具体的成就。总之，中国的诸子学研究是限于这样的狭小的范围内的。与此相比，史学即历史学方面则有充分的发展，但历史的研究也是由经学研究渐渐扩展而波及、发展起来的。

清朝史学之祖黄顾二氏

中国最早的历史学，如我们所谓的把历史学作为学问来研究的东西并不多。虽然，在唐代，在南宋，也有一些著名的学者把以往的历史作为如我们观念中的历史学来对待，但自从出现了著名的《通鉴纲目》后，中国历史中起于春秋时代的对于古人的褒贬黜陟思想更趋主流。由于受这种思想的统治，明代几乎是在这种思想的影响下发展历史学的。因此，历来对历史的事实作正确的研究并不多。

但到了明末，经学方面的始祖黄宗羲、顾炎武即浙东、浙西两学派的创始人，开始提倡历史学的学问。黄宗羲自己并没有关于历史的著作，他自己虽然经历了不少事件，但并没有将之写成历史学著作。但他的门人万斯同作有《历代史表》，这是一部很有名的著作。此书把历代历史年表中缺省的部分作了补充。这是受黄宗羲的学问影响而编成的。所谓浙东学派在历史学方面的特点，就是因为有了万斯同的成就才形成的。继此，有全祖望，留意明末的历史，写有大量这方面的文章，他也可以说是一位历史学家。此人后面我们还将说到，他在《水经》之学，即关于古代水道的学问方面颇有研究。总之，黄宗羲的浙东学派，渐渐有历史学家出现。

顾炎武方面，前面说到过，他的外甥徐乾学作有《资治通鉴后编》，这部书虽不是徐乾学一人独自完成，而是他招徕了许多学者共同编撰而成的，它的草稿近年来有出版的。顾炎武关于历史学方面，有著名的《日知录》。对史籍做仔细的调查、翻检，根据历史事实来确认史书上的种种记载是否正确，这种治学方式正是由顾炎武的这部《日知录》开启先河的。《日知录》中，含有作为史学著作的优秀的成分。总之，黄宗羲、顾炎武两人，可以说是清朝历史学的始祖。

正史

黄、顾之后，历史学渐渐分成若干流派，首先值得注意的是正史。所谓正史，就是一朝代灭亡后，相继而起的新朝代来编撰前代的历史，并作为朝廷的标准的史籍保存。这方面有所谓的二十二史，即自上古以来，正史有二十二部，所以称为二十二史。其最后一部就是清朝修成的《明史》。编撰《明史》时有一个不同以往的地方，以往的历史有《通鉴纲目》为根基，按照《通鉴纲目》的规则，对历史事件、历史人物作褒贬黜陟，评判其善恶正邪，使褒贬黜陟走到了极点。但到修《明史》时，这一点有了变化。有一位叫朱彝尊的学者，他在经学方面也是很有贡献的，在清朝开设编撰明史的史馆时，朱彝尊写了一封意见书上呈史馆总裁。意见书主张不要依据《通鉴纲目》，而要以新的历史见解来修史。其中最重要的一点是：宋学和朱子学的史家的史书，在为学者立传时，向来把学者分为两种，一是儒林传，儒林传是自《史记》以来就有的，学者的传一般都归于此部。但在编撰宋代历史时，在儒林传之外，又立了道学传，即把学者分成了两部分，把从事朱子学的玄理空论、具有哲学色彩的人归入道学传。而把自古以来读书研究学问的人归入儒林传。但朱彝尊认为没有这种区分的必要，这种区分成为后来朱子学派与汉学派之间争端的根源之一，在朱彝尊提出这一意见时，《明史》编撰还是实行着这两分法的，后来在《明史》的实际编撰中就取消了这两分法，而以儒林传统一之，不再设道学传。这是历史学理论对于朱子学的一个变化，这种变化在清初就已开始了。

在《明史》最后总其成时，有一位叫王鸿绪的人，这人最后整理草稿，编成如今天所能见到的《明史》。王鸿绪的《明史稿》今天还能看到，其中有"史例议"一部分，说明《明史》是本着怎样的原则而编撰的，即"史例议"是写作《明史》时所依据的基本条例。其中屡屡有批评朱子学的议论，表现出不依据《通鉴纲目》的规则来编史的编撰方针。这表现出不同于宋、元、明史学的思想征兆。

修补旧史

清朝史学在其他方面也颇具成就，如"纲目"中所列的"修补旧史"和"考证旧史"两项就是。修补旧史在明代以前也有，而考证旧史则是在清朝才有的。修补旧史在明代就有不少的著作留世，但清初吴任臣的《十国春秋》、邵远平的《续弘简录》，是对明代历史著作的不足作补佚、纠错，而以历史著作的形式重新编写出来。但使修补旧史的方法形成清代特殊风格的，还是其次出现的从厉鹗到彭元瑞等人的一系列著作，这些著作与明代的风格是不一样的。明代的风格是对自己所用史料的正确与否不作明确的判断，只就自己所信任的部分对古代历史作编订。新形成的清代的风格是：罗列各种自己所运用的材料，使任何人做研究都可以运用这些材料，并且是以极其公正的态度罗列出来的。例如《辽史拾遗》一书，把值得参考的古代关于辽史的书籍，尽量收集起来，在某一件辽史事件上，尽量罗列齐全，使得读者都可以得到参考。这就是清代的风格，虽然其中也有不尽如此的，也有加以判断，订正前人错误的，但清代修补正史的主要风格，还是公正地、客观地罗列材料，以供研究者参考的态度。即明代修改古代辽史，而清代不取这种态度。但其中有一个特例，就是周济作《晋略》，古代有《晋书》，周济将《晋书》中不合史法的地方，按照自己的意志做了改编，它不是以事实的考证为主，而只是以自己理解的所谓史法为依据。周济还是有名的文章家，是清朝屈指可数的文章高手，写作时对文章的锤炼非常尽心，意在恢复唐代以前历史书的写法。所以，可以说，周济是在清朝修补旧史中比较特殊的一个人。不订正史实，而修改史法，《晋略》的这种做法，在其他人和其他书上并不多。

考证旧史

考证旧史在清朝最为发达，其中关于历史全体的有王鸣盛、赵翼、钱大昕等人的著作。王鸣盛的《十七史商榷》之外，还有《蛾术篇》，其中论述了经学、历史学。赵翼的《廿二史劄记》、《陔余丛考》，大部分都是讲历史的，特别是钱大昕的《十驾斋养新录》，甚至可以说它是一部开启新史学的重要著作，该书的体例依史学始祖顾炎武的《日知录》，涉及经学、史学及其他所有学问，他的学术方法是在实事求是的方针下，更为绵密严谨，因此，不仅他的研究结论在今天大体上仍是正确的，而且他的研究方法也仍为今天的中国学者所模仿、学习。

王鸣盛、赵翼、钱大昕三人都非常有名，其中相对来说最差的，可以说是社会上颇为流行的、在日本也有翻刻的赵翼的《廿二史劄记》。最早为史学奠定基础的是钱大昕，由于此人，清朝的史学才成为真正意义上的史学。这就是根据可靠的事实进行研究，尽可能地收集所有的资料而发现信实的事实，这在顾炎武已有提倡，主张依据金石碑文研究历史。因此，渐渐注意到史料方面应该用最根本的史料。钱大昕在清朝史学上的地位就如戴震在经学上的地位一样，是不该被遗忘的人。依据他们所开创的流派，人们开始从事各种局部性的研究。

其次有王元启、梁玉绳、洪亮吉等人从事历史及地理学的研究。章宗源作历史书籍目录的研究，沈钦韩作两汉书的研究，吴卓信作《汉书·地理志》的研究，张敦仁作《通鉴》的研究，汪士铎作南北史的研究，不一而足，未能尽举，在此只陈列出他们的代表作。总之，由于这些人的出现，清朝史学有了进步。而且，改变了以往史学只注重褒贬黜陟的空论的观念，开始以事实的研究作为历史学的主体，而第一根本就是必须依据信实的史料。这是清朝史学的显著之处。

地理

有历史研究也就有了地理研究。虽然地理研究在此之前也有人做过，如顾祖禹的《读史方舆纪要》，这是关于中国全体的历史地理著作。历史地理之学在今天的历史学中，也还是幼稚的学问，顾祖禹的《读史方舆纪要》是政治上的历史地理学，是逐渐积累研究心得而成的。书中先作部分的、地方性的研究，对每一地方都广泛地引用相关的各种著作文献，考订此地古代叫什么，现在叫什么；然后，又山东省、河南省地，一省一省作全省性的通论，是关于政治上的通论。然后，在此基础上，从全局角度考察中国历代的地理沿革，具有中国历代地理沿革论的内容。即此书既有部分性的研究又有通论性的论述，它所采取的形式是中国式的，与西洋人的学问方式不同。但它不愧是一部全面总结中国历史地理、至今功不可没的、了不起的著作。我们从这本书中也得益匪浅。与他同时，还有阎若璩、胡渭，由经学来研究历史地理。这些人在顾炎武的外甥徐乾学编纂《一统志》时，都被招至幕中，参与编纂。但他们的研究并非是为了《一统志》的编纂而作的，当时，历史地理学的研究风气已颇有规模。如顾祖禹被招到徐乾学处编《一统志》时，业已完成了他的历史地理研究的大部分内容，因为编纂《一统志》得以看到更多的书籍，因而又得以进一步的研究。因此，徐乾学在学术发展上对康熙朝的学者是有所照拂的，这一点也请予以注意。

其次有齐召南的《水道提纲》，它所记不是古代的地理，而是当代的地理。它与我在先前一讲中讲到的西洋传教士的绘制中国地图有关，即西洋人所作的地图中的水道——即水路，河道的网络——与齐召南《水道提纲》的记录是完全一致的。由此可知，齐召南《水道提纲》的记载，是依据汉语记录的传教士实地调查的结果而撰成的，是新的地理研究。道光鸦片战争时，中国又开始了对于海外地理的研究。昨天讲到的魏源，就作有《海国图志》一书。目前，中国关于海外地理的研究仍然很盛，近来有一人叫邹代钧的，他到西洋去，想学习用西洋的方法来研究地理学。新地理学可谓方兴未艾，还有待进一步发展。

塞外史学、地理

前面说到钱大昕在清朝历史学上的重要性，钱大昕学术中后来成为清代史学的一个中心而得到相当发展的，就是塞外史学、西北地理，即关于蒙古这样的中国外部夷狄区域的地理研究。这在钱大昕以来得到了相当的发展。钱大昕认为，《元史》是二十二史中最为粗略的一部史书，因而有志于重新编撰元史，开始研究元史，当时，发现了用蒙古语写的、记载成吉思汗和窝阔台汗两代历史的《元朝秘史》，便根据此书来研究元史。他重新编撰元史，写出了元史草稿——一百卷的《元史稿》，不知现在是否还留存着。总之，这对中国历史学的发展带来了非常大的影响，元史研究即对蒙古的研究、蒙古地理的研究，使清朝史学出现全盛期。

另一方面，从当时政治上的实际需要出发，也有人开始注意起蒙古地方即西北地方的研究，这方面有祁韵士的《皇朝藩部要略》，记载入清以来蒙古藩之事，他只写了此书的草稿就去世了，后由他的同乡张穆完成，成为一部好书。张穆对蒙古历史也有兴趣，打算写一本蒙古历史地理，但也是未完稿就去世了。继承他的遗志的是何秋涛，他把这本书完成了。何秋涛的《朔方备乘》，是皇帝恩赐的书名。但今天的《朔方备乘》经他人修订过，与原本有所出入，原本的书名是《北徼汇编》，是研究中国与俄国的边境问题的。

总之，由于以上研究，关于蒙古的事情渐渐明了了，使中国西北地理之学有了推进，而无论是张穆还是何秋涛，都十分敬佩钱大昕的学问。蒙古史研究经张穆、何秋涛两代，发展到洪钧，洪钧在出使西洋做公使时，发现并利用了西方的元史材料《皇元圣武亲征录》一书，撰成《元史译文证补》，把钱大昕以来的元史研究更向前推进了一步。此外，在我年轻时尚健在的文廷式，还有现在也仍健在的沈曾植，他们虽然没有特别的著作行世，但都是对元史研究潜心注意过的人。沈曾植有一本未完成的元史研究草稿。现在也还健在的屠寄有《蒙兀儿史记》，近年出版了，柯劭忞撰有《新元史》。

另一方面，开始有人到西域即蒙古、新疆、西藏等地去做实地考察，同时也有人开始依据这些考察结果做进一步的研究。蒙古人松筠屡被任命为西域地方的大官，他是个有历史兴趣的人，写了不少著作。他的著作使徐松受到影响，这个徐松在当官时，因某事坐罪而被流放伊犁，流放期间对伊犁一带的地理作了实地的考察、研究。当时有魏源等人主张把国内的研究与海外的研究综合起来，因而有历史地理学的发展。这在清朝史学发展上，创造了显著的成就，不得不特别予以注意。

汉志水经之学

《水经注》是记载河道情况的著名古书。《水经》之学起，以全祖望为首，其后门人为维护自己先生的研究，对是赵一清盗用了戴震之学，还是戴震盗用了赵一清之学等问题，发生了激烈的争论，在这种争论中，学术也得到了进步。后来有董祐诚、陈澧，也做这方面的研究，最后由不久前去世的杨守敬集大成，虽然有关书籍尚未出版。

古地志

此外还有古地志的研究。关于古都的研究著作有毕沅的《关中胜迹图志》，关于一般性地理的，有李兆洛的《李氏五种合刊》，这里涉及古地名的，就尽量说明这些古地名相当于现在的何处何地。李兆洛的门人中有一个叫六严的人，而继承其学问，有志于集大成的是杨守敬。

古史

关于远古历史也有人特别加以研究，这就是康熙年间的马骕，他对于三代历史有详尽的研究，以至于被人称为马三代。继承其研究的是满洲人李锴，李锴是原为朝鲜人的、征伐日本的名将李如松家的后代。李锴作有《尚史》出版。此外，关于远古研究的学者还有林春溥、陈逢衡、崔述、程恩泽等人。

掌故

掌故在清朝史学中自成一派，不仅是在清朝，掌故是调查、研究官署故实的学问。明朝有根据民间传说作成的史书行世，由于有混淆真正的史书的倾向，因此，在清朝，野史之类的东西几乎没有，取代野史的是可以确信的掌故。所谓掌故是关于官府故实的学问，是依据确实的史料作成的，而不像野史那样仅凭传闻作成。这也可以说明，清代比明代在史学思想方面更为进步。这方面有名的人在纲目中已有列出，其中盛昱、文廷式等人，虽然没有著作问世，但都是对于掌故非常熟悉的人。

经济

有关经济的学问可以说是历史学的附属学科。在中国，它是从不同的方面渗入到历史学中的、可以称之为政策论的学问。这方面最早的著作是包世臣的《安吴四种》，是关于黄河水利的论述。另外，中国是靠运河运送大米的，书中也有关于这一方面的论述。他关于经济方面的经世政策的研究，复兴了顾炎武以来已断绝的精神。此外，由魏源、贺长龄编成的《皇朝经世文编》，分类编纂，对了解清朝经世政策非常有用，我们于此也获益匪浅。此外，单本著作中有相关内容的，如龚自珍、俞正燮的著作。蓝鼎元有研究台湾的著作。陶澍有研究对中国关系重大的盐的著作。严如熤研究苗防之事，因为苗族犹如台湾土著一样，此书是论述防御他们的策略的。冯桂芬有《校邠庐抗议》，此书对今天的中国经世政策仍有较大的影响，他为中国订立了出色的经世国策。冯桂芬可以说是论述中国改革的最先进的策论者，近年来康有为的改革论都是出自此人的议论。因此，他是一个十分值得注意的人物。此外，张之洞近年来也有种种关于经世的议论、著作。这些著作在中国都是归入史学的，作为政策论而被研究。

清朝史学大体就是这样，其中有自古以来就有的门类，也有新发展起来的部分。新发展的部分是：旧史的考证，西北历史地理，以及关于古地志学问中的种种新的因素。掌故的学问在过去也不是没有，但在清朝可谓特别地发达。

历史方法

其次，关于历史总体，应该注意的是历史方法的学问。早在唐代，就有刘知几的《史通》讨论历史编纂法，十分著名。其后有南宋郑樵的《通志》，书中有许多精彩的史论。因为有这样一些了不起的前辈学者，因此，到清朝，关于文章的写法，已有一定的成例。如韩退之曾著文说，记事文应该怎么写，写历史书也像写记事文一样，也有一定的写法，该写的地方应怎么写，不该写的地方应怎么省略，都是有一定的成例的。如果不按照此方法写，就不能算是古文，不能算是历史书。这方面的极力主张者是方苞。但章学诚著《文史通义》，把郑樵《通志》以来断绝了的史学通论传统又重新恢复起来。《文史通义》是史学通论方面非常有名的著作，中国人也非常尊敬这位学者。最近有张采田其人，模仿《文史通义》，写了《史微》一书。它与《文史通义》相比，虽不能算是名著，说明这样的著作虽不可能连续出现，但隔一段时间总会有人想到它，并立志复兴它。即使在今天，张采田的《史微》也是非常与众不同的书，所以，我特意采录于此。清朝历史学发展的大概，就是这样。

文　学

古文

要了解中国文章的变迁，必须了解古文与骈体文。在中国，古文一词，不同的时期有不同的使用方法。这里所说的古文，是文章方面的古文，经学方面的古文与文章方面的古文，意义是不同的。经学方面是古文与今文相对立，古文即古的文字——篆书以前的、写于铜器等器物上的文字，今文是隶书以后的文字。而古文学、今文学就是以古文写成的经书的学问和以今文写成的经书的学问。文章方面与古文相对立的是时文。在日本所说的中国今天的"时文"，是指诏敕、书信、上奏文。我不知道为什么会有这样的误解，这些在中国是不称之为"时文"的。中国所谓的"时文"，是指文官考试时所使用的八股文。所谓八股文，是从四书中出题作文，以许多对句组成八个段落，这种按固定规则作出的文章叫八股文。如果不会作这样的文章就不能通过文官考试，即不能通过科举考试。与此相对的是古文，古文承传唐宋八大家以来的文章传统，以这种写法作出的文章叫古文。但到了清朝，在与古文相对的时文之外，又有了骈体文的重新出现。这是清朝的特殊情况。这在后面的讲述中还将涉及，这里先举出古文。

草创期

清初继承明代的习惯，大家都学习、模仿唐宋八大家文，而唐宋八大家中，其实真正盛行的只是金、元以来一直流行的苏东坡一家。能够贯通自韩退之以至苏东坡这一谱系，真正模仿其文的，是所谓清初三大家，即此纲目中写着的，其中魏禧属于此派，侯方域也属于此派。汪琬虽与此派相去甚远，他是十分讲究作文章的规则的。总之，清初文坛大体是以模仿自韩退之到苏东坡一派为方针的。

但发展到后来，渐渐不再以古文的写法为依据，而是根据自己的学问爱好而写作。这就是黄宗羲、顾炎武等人，他们不太考虑文章的技巧之类，而是自然地写出好的文章。后来，清朝那些运用各种历史掌故写出好文章的人，都是模仿此二人的文风。因此，可以说，此二人奠定了清初文风的基础。其他如朱彝尊、姜宸英，他们那时文坛上清朝风格业已形成，他们走了一条介于黄宗羲、顾炎武的清朝文风与古文派风格之间的道路。即大不同于韩退之、苏东坡之流的文风，而是靠学问的实力来作文章。

后来又有袁枚，他是清朝中叶的一位文章天才，他既能写古文又能写骈体文。关于骈体文我在后面将讲到，总之，他是个能自由作文的天才，但他为人轻薄，遭到不少责难。这些人开启了清朝文坛的风格。但总体上来说，这时期是清朝文风的形成时期，尚没有什么不同派别的人出现。

极盛期

过了这个时期就出现了不同流派。古文方面有古文一派，骈体文方面有骈体文一派。所谓骈体文俗称四六文，即用四字、六字的对句写出华美的文章。因为排列对句而叫骈体，古文又叫单文体或单行，尽量不使用对句。当上述的古文盛行于清初时，已有人开始作骈体文，即纲目中"骈体文"栏目下的"旧派骈文家"已有出现。即古文盛行时，四六文家也在兴起。另一方面，由于经学的影响，出现了一个阶段性。因为经学学者都反对宋学、朱子学，朱子学是固守唐宋八大家古文的，尤其特别推崇八大家中的曾南丰。而经学家们反对朱子学，因而也反对唐宋八大家文，欲将之统统打倒。因而，当时有一种议论说，写古文的家伙，他们懂得什么是文章吗？前述的阮元曾经提出一种极端的论调，说：古代所谓的"文"只是指四六文即骈体文。古代"文"与"笔"是相对而言，文章写得华美叫"文"；不注重文采，只讲求实用的叫"笔"。唐宋八大家所写的就不是"文"而只是"笔"。因此，作文当然就必须是作骈体文。方东树起而反对袁枚的理论，维护唐宋八大家。当时就是这样，既有反对古文派的，又同时出现以古文家为标榜的流派——桐城派。

回溯桐城派的起源，要说到明代的归有光，归有光反对明代李王七子之文，而以唐宋八大家文特别是曾南丰的文章为模范。入清以来，方苞继承归有光的主张，传给刘大櫆，刘大櫆又传给姚鼐，姚鼐与汉学发生冲突，乃放弃汉学而高扬古文旗帜，埋头研究古文。因此，他的门下聚集起不少当地的同志，这地方就是桐城，所以叫桐城派古文。桐城派信守唐宋八大家，特别是以曾南丰的古文为写文章的模范，桐城派形成时，在一定程度上受到汉学家的反对，因而兴起另外一个派别。特别是阮元抨击古文，欲将其置之死地。方东树遭到汉学派中写骈体文的人的讥骂，于是从桐城派的古文中分裂出了阳湖派古文，以恽敬、张惠言、董士锡、李兆洛为代表，此派是古文派中比较接近骈体派的，虽说也是古文派，但与桐城派多少是不一样的。

在此之后还出现一个很有趣的现象，就是"崇佛家的古文"，这是我自己随意加上的名称。前面说到，佛教家中也有作古文的，这一纲目中提到的罗有高、汪缙、彭绍升等人，都曾研究过佛教文章。从他们写的文章看，他们对佛教并不十分有兴趣，而是佩服佛学的文章。他们读佛教书籍，因而能作文。总之，从佛教研究家中生出一个流派，虽不能算流传广泛，但他们对其后出现的龚自珍等人的文风，是有很大影响的。

"选体"是骈体四六文中的一种，但到后来，作古文的也混入了文选体的文风。包世臣就提出：单纯的古文也有点乏味，所谓文章总需有点玩味，有点色彩，所以，可用接近文选体的文风来写作。因此，清朝的文风，可以说最早是从古文出发，后来写古文的人又用接近文选体即骈体的风格来写作，这是清朝文章一种特殊的发展状况。这种情况在明代是很少见的。

以上是古文从乾隆到道光之间的发展状况，接着，出现了曾国藩。曾国藩不仅是出色的政治家，在其他各个方面也很有名，他的文章在清朝也可谓一代大家。他秉承姚鼐桐城派古文的文风开始习文，随着广泛的阅读，感到桐城派文章的写法太狭窄，只用曾南丰的写法太狭窄，必须有更为广阔的视野，参考各种古代的优秀文章。因此，一改桐城派文人在唐宋八大家以外几乎全不仿效的做法，广泛参考古代的经、子、史学著作等文章。从而成为清朝古文的一代大家，他原出于姚鼐，又参合了各种风格、流派，形成自己独特的派别，他的门下有张裕钊以及最近去世的吴汝纶。这两人都是有名的文章家。此外，薛福成以及做过日本公使的黎庶昌也都是有名的文章家。他们都是秉承了曾国藩的风格而为文，与桐城派不同，文章气象更大。曾国藩的友人左宗棠也是出色的文章家。还有郑珍也有文名。这些人形成了古文的极盛期。其源于桐城派，渐渐扩大、变化，而造成清朝古文的全盛期。

骈体文及骈散不分家

骈体文在清朝可分为前后二期。前期是"旧派骈文家",承袭明代以来的四六文,强求对句,以文章为游戏。他们认为文章以能写得有趣为宗旨,而不管是否有游戏的倾向,如果能写出很好的对句,即使游戏也无妨。到清朝后期,有了新的动向,出现了不同的兴趣。新起的骈体文家认为:即使不勉强地作对句,只要能写出好文章就行,即以自己的学问根底与实力,作出好的骈体文文章,而不是浅薄的骈体文,这些人多兼治经学。他们主张不要只写轻松有趣的东西,而要以高远的基调,作古代文选那样的骈体文,而且,他们也真的很好地实行了。因此,一方面是古文的发展,另一方面又带来骈体文的发展,而且,这两者渐渐互相靠拢。那是因为:古文正如前面所说,桐城派纯粹是模仿唐宋八大家,到了阳湖派古文,多少有点超脱此范围。而到了主张古文与骈体文是相近的那些人中,就更超脱了原来的范围,因此,写古文的人也就是写接近骈体文的人。曾国藩一派中的吴汝纶表现得尤为突出,开始他是主张写唐宋八大家文的,但实际上,写得更多的是《史记》、《汉书》这样的古文。但《史记》、《汉书》中的文章,其实既不是古文,也不是骈体文,吴汝纶模仿它们写出的文章,就渐渐地接近骈体。写骈体文一开始并没有什么明确的主张,只似乎是戏作而已,后来,渐渐地发展到认真地模仿《文选》,要求必须以学问的根底来写作骈体文,因此,骈体文与古文就互相接近起来。这就是"骈散不分家"。

骈散不分家是指清朝文选体文章极盛期而言,其中汪中,写骈体文但不强求细节上的勉强对句,他的文章写得高雅端庄,虽然其间也有如《文选》那样的艳体,他仍是有清一代的文章家,尽管方东树等人极力攻击他。他的流韵影响到汪士铎，以及现在已八十多岁的、湖南的王闿运。王闿运是个天才的文章家，能将骈体文和散文的技巧烂熟于心，而所创作的是既非骈体文又非散文的文章。还有谭献也工于文章，就是他提出了骈散不分家，即不必去麻烦地讨论骈体文与散文，只要能在此两者之间写出好的文章即行。他主张应写从后汉到魏期间的文章，这期间的文章虽也有艳体，但并非无味，而且，艳词用得较多也不是缺乏学问实力、没有学问根底的表现，这正好是文章形式与内容很好结合的表现。因此，谭献主张提倡这种从后汉到魏期间的骈散不分家的文章，他的弟子有袁昶，也实行这样的主张。袁昶在明治三十三年北清事变中，由于给西太后上谏言书，被杀。这是清朝最后的文体，如通观清朝各个时期，要说独具清朝特色的文体，那就是这种骈散不分家的文体。这是有关文章之事，文章关系到经学，因此，必须予以注意。

近代梁启超等人来到日本，读了日本的报纸，感佩那种自由潇洒的文风，于是学习用报纸文章的风格写作，因而，形成了近代文体。这是从到日本公使馆作书记官的广东人黄遵宪开始的，康有为继之力倡，到梁启超，那文章就几乎像是日本文的翻译文。其中康有为的文章接近于骈散不分家的文章，不像梁启超那样的新派。梁启超完全像是日本报纸上的文章，目前在中国因实用而流行，但也或许只是一时的流行。关于文章就讲这些。

诗

诗在清朝并非陡然兴起，而与明代有关。在"纲目"上的李梦阳、何景明，在明代正德、嘉靖年间，倡古文辞，主张诗与文都必须套用古人的语言，诗文作得必须像出自古人的手笔一样。此后，到嘉靖、隆庆年间，又有王世贞等主张诗文应该模仿古代的经书和诸子，写一本正经的、严肃的文章。这主张一时流行，在诗的方面也是这样，一味模仿盛唐的诗歌——唐诗分四个时期，即初唐、盛唐、中唐、晚唐——盛唐的诗歌以李太白、杜子美为代表。其中也有像何景明，追随比盛唐稍稍往前的初唐的诗风。总之，这些人的诗作，都是以古人为模范的。随着这种主张不断盛行起来，就有显著的反对派起来与之论战。其代表是钟惺、谭元春、袁宏道等人。主张诗必须摹写自己的性情，可以任意随心地写作。这种主张也流行一时，但这种主张在中国可以说是极端的、不同一般的，因此，终于未能十分流行。到明末出现陈子龙，他与李梦阳、何景明一样，多少受前人模式的局限。明代虽有纷繁的争论，但总的来说，是把陈子龙的主张作为正确的意见而依从的。

清初大家

清初大家有钱谦益、吴伟业。此二人可以说是清诗的始祖，他们虽然是另立门户，但也受到陈子龙的影响。这时虽有顾炎武以坚实的学力为基础而写出出色的诗作，他的诗在后代也不是全无影响，但终究未能在世上流行开来。总之，始创清朝诗风的是钱谦益、吴伟业二人。但清代以后，钱谦益的名字被遗忘了，那是应该被遗忘的。因为钱谦益由明而来，却降清做了大官，而且做了清朝的大官之后，又说清朝的坏话。他在诗中暗示：我不是投降了清朝这样的夷狄，而是眼前明朝灭亡了，我才不得已地仕清了。这激怒了乾隆帝，下令禁毁钱谦益的诗集。所以，钱谦益在清朝被人遗忘，也在情理之中。但他们两人却是清诗的始祖。

继此二人之后，不久就有王士禛即有名的王渔洋，在钱、吴诗风的影响下，建筑起清朝诗的根基。另外，钱谦益、吴伟业之下，又有龚鼎孳，也有人将他与钱谦益、吴伟业并列，称之为清初三大家。此外还有吴兆骞，他是诗的天才，尤其是他的境遇很奇特，曾获罪被流放到满洲，因此，他的诗中有关于满洲的记录，像他这样一个具有强烈情感的南方男子来到严寒而荒凉的北方，这样的经历使得他的诗更有一种特殊的情味。

康雍间大家名家

把王士禛称为清朝诗歌的始祖也未尝不可。王渔洋的诗风可以称之为神韵派或格调派，他在诗歌语言上，仍是借用古代现成的文字，而不是自己随意遣词造句，他的诗读来很有余韵，因而受到人们的推崇，他的诗风用某一评论家的话说，就是"华严楼阁，弹指即现"。这是佛教《华严经》里的语言，即组成华严经里极乐世界的楼阁，弹指一挥间就能突然在空中出现，以形容其神韵。总之，王士禛作诗推崇神韵，他的诗歌也就具有这种风格。但他的诗也有缺点，就是太多地使用典故，虽可显示其学问实力，但过多地使用典故，使故事太多而诗情不足。当时，就有人对之表示反对，反对者是有"南施北宋"之称的施闰章，施闰章就是用"华严楼阁，弹指即现"之语评论王士禛诗歌的人，他说王诗好像是使用了魔法，转瞬间就能使空中出现楼阁。但他自己的诗却不采用这种风格，他说作诗好比建房子，他自己的诗是要像先打地基，再树柱子，再起屋顶的房子那样，有秩序地一步步累积、营造。这一派在两方面都有，而王渔洋的诗大体上仍是模仿唐诗。此时虽已摆脱了李梦阳、何景明等人固守盛唐诗风的做法，但也仍然是模仿唐诗。还有同时代或稍晚一些的查慎行，他认为唐诗中像盛唐那样的诗太深奥艰涩，应该作像白乐天那样的诗，或者应该作苏东坡那样的诗。因此，查慎行又开启了另一种诗风。这期间还有朱彝尊，他在诗歌方面也是大家，他也是一位以学问实力来作诗的诗人，他初期所作的诗多深奥艰涩，后来的诗才渐渐自由、活跃起来。总之，王士禛、朱彝尊、查慎行三人是康雍间的大家。

继此以下，名家不断涌现，王渔洋在他当时可谓是一代正宗，但后来渐渐也出现了反对他的人。甚至在他自己的亲属中也有一位叫赵执信的，他曾经向王渔洋讨教作诗的方法，由于王渔洋没有教给他什么，他就自己探索、学习作诗，而且说了不少对王渔洋不满的话。这些都可谓康熙、雍正年间的大家。与此同时，柴绍炳、毛先舒等被称为西泠十子的人也已在杭州成立了登楼社，以诗社的形式展开诗歌活动。此外，广东地方也出现了屈大均、梁佩兰等诗歌名家。康雍间大家、名家就先介绍这些。

乾隆间名家

乾隆时代的诗歌是以康雍年间的诗歌为基础发展而来的，继承王渔洋诗派的是有名的沈德潜，此人非常长寿，而且受到乾隆皇帝的青睐，他是王渔洋诗派的忠实奉行者。他的主张传给了王昶，这是王渔洋的正宗传人。但当时中国诗坛的一般倾向已渐渐离开王渔洋而走向别的方向。当时有袁枚即袁随园反对王渔洋，袁枚反对王渔洋模仿古诗、推崇神韵、受制于一定模式，而要求诗歌能够自由率性地反映自己的思想。这就是与格调派相对立的性灵派。性灵派主张要自由地抒写自己的思想感情，没有必要遵守古代格调等所谓严格、繁难的法则。乾隆时代有三大家之说，即袁枚、蒋士铨、赵翼。其中蒋士铨是个认真的人，而袁枚、赵翼则是不同寻常、有所出格的人，特别是赵翼，认为诗歌只要是自由写作，反映自己的思想情感，即使是玩笑也无妨。对前代诗人，他推崇和奉行查慎行，虽没有明确反对王渔洋，但只奉查慎行为诗的正宗。袁枚则明确地揭起反对王渔洋的旗帜，在清代，王渔洋被认为是最伟大的诗人，而袁枚敢于起而反对之。至于赵翼，如上所说，是奉行查慎行之法，暗中反对王渔洋的。这种反对王渔洋的诗风在清朝当时到处流传，影响及于一般的普通诗人。

在此前后出现的有名诗人，我在这个纲目上都列出了，下面将逐一加以评述。其中当然也有不属于袁枚一派的诗人，从乾隆到嘉庆，随着时代的转移，除了乾隆三家之外，有些虽然在气魄上有所不足，但能写出洗练、风流、潇洒的诗的诗人不断涌现。这些人到后来渐渐形成了风气。从那以后，出现了像张问陶、杨芳灿等能写出漂亮、潇洒诗作的诗人。另一方面，饶有意味的是，中国人关于诗的一般认识是：诗之为物，是必须首先在诗人的心中受到感动，然后，将此真情吐露出来表现为诗，这才是真正的诗，而仅凭新鲜、奇巧的语言作诗，按照诗歌的原则就不能算是好诗。这是中国人一般的关于诗的认识，而这种主张的诗风到了道光、咸丰年间就有所反映出来了。

道咸以来

道光、咸丰以来，伴随着乱世的到来，诗人的心灵受到空前的刺激。因此，诗人们不再有写作温和沉稳、悠游闲适的诗歌的心情。在道咸以来的诗人中，龚自珍可谓是一位我行我素的天才诗人，他作诗不受一般规则的约束。与此同时，魏源、欧阳绍洛、毛贵铭等湖南派诗人兴起，他们的诗艰难晦涩。同时，又有曾国藩也属此派诗人，他们基本上可以说是持一种异端的主张，一般称之为江西派。他们的诗作模仿宋代的苏东坡、黄山谷，并由此上溯至晚唐的李义山，更上溯至盛唐的杜子美（甫）。苏、黄特别是黄山谷关于诗，主张即使没有天赋也能作诗，即主张可以依凭学问，加以研究，然后埋头用功，努力作诗。苏、黄之上是李义山，李义山诗的特点是含蓄、有深意，他的诗不是用语言明确表达自己的思想感情，而是深藏含蓄。李义山之上是杜子美，杜子美的诗要学像是非常不容易的，因而，很难到达他的境界。江西派诗人大多数都是在黄山谷的水平上，不能再向前靠近。总之，这一派的诗歌主张是按照这样一个顺序而追随、模仿的。这是道光、咸丰以来的事。稍稍向前追溯，即受到查慎行等人影响，这些人不是来自乾隆、嘉庆之际轻薄的性灵派，即不作乾隆、嘉庆之际的轻薄之诗，而是倾向于学究性的诗风。道咸以来世道大变，给人们许多新的刺激，所以，严肃、艰深的诗渐渐流行起来。这情况到目前为止还是这样。

这后面写着的这些人，大多数也属于这一流派，特别是张之洞是这一派的要员。纲目中写着"乾隆以来诸家，多由苏黄入玉溪生，以窥工部"，玉溪生是李义山，工部是杜子美，这在当时十分流行，但后来也就出现了变化。即江西派盛行起来，诗风为之一变，渐渐发展到以学问实力作诗。写文章方面也是秉承唐宋八大家达意的宗旨，以学问实力作四六体文，即一方面是大量堆积文字作四六体的文章，同时江西派的诗也讲究学问的实力，变成文选风格的诗。"近时作家往往宗选体"，即指文章与诗都渐渐地向文选体的方向转移这一事实。其中王闿运的诗从选体中而生，是位诗的天才。还有谭献，他的诗比王闿运更为文质绮丽，但也更无力度。总之，这些人是近年来诗坛上最有影响的人，最近这些年间十分流行，凡中国作诗的人，几乎没有不注意到他们的诗的。这就是清朝最后的诗风——诗和文章都归于选体。

旗人的文学

下面稍稍讲一点关于旗人的文学。由于奖励学问，清朝的皇室亲族即清朝的旗人中也出了不少诗人、文人。嘉庆年间，铁保编有《熙朝雅颂集》，收入其中的蒙古旗人纳兰常安，就是一位诗的天才，也是一位文章的天才。还有盛昱收集旗人之文，编成《八旗文经》，其中收集了诗人的代表作，也收入了他本人的诗作。清朝人与蒙古人不一样，蒙古人精通中国文学的不多，虽不能说是完全没有，如西域的后代中也有作诗的人，但旗人则是竞相从事中国文学，因而能出现上述的诗文集，这在前朝的元或金都是没有的，可见，满洲人在中国文化的同化上，是远远胜于元或金的。

诗文方面就讲到这里。

词、曲、传奇小说

最后稍稍讲一点词。我们所说的诗到唐代时就渐渐失去了歌唱。唐初以前诗是配着乐器歌唱的，到唐代中叶，就不再能歌唱了。取而代之的，就是词。这就好像日本的"春雨"或"黑发"等原来是端歌，后来有"替歌"的发展情况一样。所谓春雨就是春雨的调子，依照此调子作歌，这就是词。例如，有某一个调子，作一个百字令，如是春雨的调子就是春雨词。依这个调子可以作许多不同的新词。词在宋代以后不断发展起来，但它在中国，是在非汉族人自己统治而是外部人统治的年代里，得到发展壮大的。因为对于没有中国文学素养的满洲人或蒙古人来说，学习中国文学是不容易的事，而词近于俗语，平时常被吟唱，就常常听在耳中。这种奇妙的旋律，从一定程度上来说，与从外部入主中国的人的文化比较适合。清朝在词方面有突出成就的，是纳兰成德，就是依靠徐乾学的实力编成《通志堂经解》的纳兰成德，他可谓词的天才。此外，乾隆帝也是一个对词倾注了巨大精力的人，乾隆帝是一个对任何学问都感兴趣的人。康熙帝时就已有关于词的著作问世，而最好的是乾隆帝时命扬州黄文旸全面调查自古以来的词曲而编成的著作，黄文旸因此成为古代词曲研究的名家。

曲是由词组成的歌，加上人的动作，形成的戏曲的雏形。入清朝后，渐渐出现关于曲的名著，清初有《桃花扇》名剧，有李笠翁这样天才的曲作家，而乾隆三大家之一的蒋士铨（心余）在曲方面也堪称大家，有《九种曲》存世。作曲的人越来越多，清朝的曲得到很大的发展。元、明都是曲的盛行的时代，但对于曲的研究，则可以说是从清朝开始的。关于曲的研究有孔云亭，他是受乾隆帝之命从事曲的研究的。

传奇小说在清朝也渐渐有所发展，其中有名的是《红楼梦》，这本小说还受到西洋人的佩服，被翻译成西文。清朝小说中也有一些近于鄙猥的，但也有像《品花宝鉴》这样的作品，表现了清朝的民族性的各个方面，对这些作品是有研究的必要的。此外，中国人有好奇谈的倾向，如蒲松龄的《聊斋志异》、纪昀的《阅微草堂笔记》是志怪小说。纪昀这位有名的汉学家，除奉敕作了《四库全书总目提要》外，将其他一切都以麻烦为推辞，未再见过什么正经著作。有空就写些志怪小说。袁枚也写有《新齐谐》志怪小说。从这方面来研究中国人的民族性，是十分有必要的。特别是清朝代表性的文学作品《红楼梦》的研究，在当今是很有必要的。

清朝的史学、文学就讲这些。非常的粗略，但由于时间关系，就到这里为止。

第六章 艺 术

今天讲讲清朝文化的主要部分——艺术。

艺术有各种门类，在中国以书画为主。但要讲书画，如果单是在这讲台上讲而不看实物的话，就很难理解它们的发展变迁过程。但是，凡藏有这些书画的人，都十分宝贝自己的藏品，所以，能够配备书画实物来讲演是非常困难的。所幸我这次讲演，几乎借到了东起东京、西到中国地方的著名收藏家的各种贵重收藏品，在这里展出。因此，大家能在看了这些作品后，听我的讲演，这一点，我感到非常的幸运。对我自己来说，也是研究上的大幸事，对听讲者诸君来说，更是难能可贵的幸事。

清朝的书法家

清初大家名家

要讲清朝的书法，必须上溯至清朝以前。明代中叶书坛上逐渐形成一股新的风气。原来，在明初，书坛主要盛行的是元代赵子昂的书风。到明代中叶，出现了当时最有代表性的人物祝允明，他改变赵子昂的书风，追溯唐人风格，开始了新的书风。当时，还有著名的文徵明，他则仍是延续赵子昂以来的书风。所谓赵子昂的书风，也仍可以往上追溯，追溯到上回讲诗时讲到的黄山谷，他是这一派的创始者。因此，可以说，从黄山谷到文徵明，是黄山谷的书风。这派书风发展到祝允明，另辟一条路，使书坛渐渐有了新的风气。及至明末，董其昌的书风风靡了一代书坛，给清朝的书法很大的影响，清朝书法的七成都受到他的影响。

受明代书风影响最显著的一点是：人们都以从赵子昂到文徵明一派人的书法作品作范本进行习字，因为以往古老的书法真迹总不断有传下来的，就以这些真迹为范本习字。即使没有真迹，也有用真迹复制的临摹本，就根据这临摹本习字。但从祝允明开始，渐渐转向根据碑或帖来研究书法，这风气到明末最为盛行。此纲目上写着"阁帖"一项，即淳化阁的法帖。淳化阁法帖原是宋太宗时集古代书法而成的法帖，先是木版雕刻，后来，又有石版刻印。虽然从宋代以来的历代都很重视这个淳化阁法帖，但明末尤盛，出版了它的翻刻本。因为明末已无法得到真正的宋代淳化阁帖本，因此，就不断出现翻刻本。明末万历年间有一种叫肃府本的淳化阁帖，这是一位有钱的、叫肃王的亲王翻刻的。因此，淳化阁帖翻刻本就在社会上迅速扩大、流传开来，人们便可以按照淳化阁帖进行习字。然而，像董其昌这样的一代名家并不受此种风气的影响，他仍然按照宋代以来的真迹写字。明末政治空气松弛，人人都可以我行我素，在学术上也出现不少奇异独特的学说，建立独具个性的学说的人非常之多。这种思想上的影响也波及于书法，使得表现个人独特个性的书法作品和书法家非常之多。像董其昌这样的一代书法家，其书风在他活着的时候以及他死后的一段时间内，实际上并没有得到普遍流行，因为各种奇特书风的人在明末非常之多。其中有一些人从明末活到了清初，成为清朝书法史上的名家，我在这纲目中也写着，即傅山、王铎等人。这些人在明末还是以模仿淳化阁法帖为主的。傅山和王铎两人，从为人来说，是非常不同的两个人，傅山是明末的所谓忠臣义士，明亡后隐居不出仕，与自己的孩子们一起归隐于田间村舍，以卖药为生。而王铎则没有这么简单，明亡时，即明代在南京战败时，他就率先投降了清朝。不仅如此，他的主人弘光保卫南京一年后，逃出都城时被捕，押回南京，王铎见了他，竟然骂他的主人。可见，傅山、王铎正是性格相反的人，但他们的书风则是基本相似的。明末清初书坛风格各异，但一般流行的、可称之为一派的，就是这些模仿淳化阁法帖的人，其代表人物即傅山、王铎。后面写着的宋曹也是这一派中的人，但是最有名的还是傅山和王铎。

明末各种独具个性的书法家代表人物，还可以举出冒襄和周亮工。明末的书法，同一般正常的书法相比，是写那些看上去几乎不能算是字的东西，然后把它们作成条幅，总算还可以欣赏。在这方面，当时的人几乎可以说个个都是天才，而且各自成趣，留下了不少非常珍贵的东西，总之，明末的书法天才确实非常之多。因为，人人都非常的任性自然，过着所谓堕落的生活，这反而使得人们在书法方面的兴趣十分发达，即使是不太好的书法，也都任凭各自的爱好、兴趣去进行创作。在别室中展出的冒襄、周亮工的字，用一般正常的眼光看，不能算是通常意义上的字，但他们熟练地写就，形成一种独特的风格。冒襄等人是过着放荡生活的人，在明末，像这样过着放荡生活的人很多，他们的书法也受到这样的生活的影响。

康雍间名家

康熙、雍正年间是董其昌的书法大盛的时代。康熙帝非常喜欢董其昌的书法，在第一天讲演时展出的康熙帝的书法，就是临摹的董其昌的书法。康熙帝的书法中临董其昌书法的作品很多，他是一个董其昌书法的追随者，而社会上一般的风气也是追随董其昌。这种情况与目前的交通十分便利有所不同，当时，往往是人死了以后若干年，他的书法才流行起来，所以，董其昌的书法也是在死后三四十年才渐渐流行开来。这里举了几个他的追随者，其中笪重光并非完全学董其昌，可以说是从董其昌出发而接近于米芾。其次的陈弈禧则是完全的董其昌风格。还有汪士鋐也是这样。这里列出的其他名书法家，都是学习董其昌的。康熙帝时，社会政治渐渐安定，人渐渐有了规矩，社会也渐渐上了轨道，人们开始不喜欢放浪的生活，这自然也影响到书风，大家都上了规矩，认认真真地研习书法。从另一方面来看，各种任性自然的书风就渐渐减少了，总之，认真的书风渐渐流行起来。这是从康熙到雍正间的特点，其间大约六七十年。

在董其昌的书风流行的同时，另一方面，碑帖的研究也有了开端。碑即石碑，研究从石碑上拓下的文字。石碑是以记录历史上的某一事件为目的而刻勒的。帖则是从一开始就是以书法为目的而付梓的。在最早的时候，自然不可能有付梓印刷出来的字帖，如王羲之等人的书法，都是临摹下来作为字帖的，后来，这样的临摹本也渐渐变少了，就把以前的临摹本再石刻或木刻，作为习字者的范本而付梓印刷成帖。至于石碑，本来并不是为了书法的目的，而是为了某一事件的目的而刻勒的，因其书法好而变成习字者的范本。总之，中国的书法家对碑和帖两者都予以研究。在明代以前，还有一些古代的真迹留存于世，靠这样的真迹可以进行习字学书。从明代开始，碑帖的学问就渐渐兴起，到清朝康熙、雍正年间，社会渐渐安定下来，学问繁荣，也就又出现了研究碑帖的人。其中姜宸英、王澍最为有名。他们在研究碑帖、临碑临帖习字方面，非常有特长。这些人的书法都有一种由碑帖而来的韵味。其中姜宸英还多少有一些自己的风格，或者说间或可见董其昌的书风，而王澍书风的长处就在于全部临摹古人，几乎不善于自己自由地写字，对临摹别人的书风有特别的本领。这样的人称之为碑帖派。这是康熙、雍正年间的情况。

乾嘉间大家名家

其次即乾隆、嘉庆的大约八九十年，这个时期，清朝文化的总体大局已定。在书法上，也已形成了清朝风格。其中张照、刘墉可谓有清一代的大家，也主要是由帖的学问发展而来的。当时从事帖学的人当然也研究碑文，但主要是从帖学起家的。而张照、刘墉就是清朝由帖学发展而来的著名书法大家。可以说，自古以来临帖的人，从没有达到过这样的成就。但他们又与学习淳化阁帖的傅山、王铎等人的趣味不同，具有一种与傅山、王铎的明末书风完全不一样的风格，这就是乾隆、嘉庆年间形成的具有清朝风格的书风。在这里用语言来讲清楚这两者的区别，很不容易，等会儿希望大家还是去看实物。

总之，张照、刘墉二人可以说是清朝前半期的大家。继他们之后，也仍可谓名家辈出，这里写着的梁同书、梁巘、王文治、宋葆淳、铁保等人就是后起的名家。不仅是这些人，整个清朝书法好的人很多，以上讲到的只是专家中有代表性的人物。这些人正如前面所说，是由董其昌而入米芾、不失趣味的人，而不像他们之前那些束缚于董其昌书风的人，他们大多数是直接从帖学入手而渐进于米芾的书风。大多数是学米芾，但其中如宋葆淳则是完全学习颜真卿的。这些人当中，也有因为地域不同而风格不同的，如生于南方的人与生于北方的人风格不同。当时中国文化在南方特别兴盛，北方的北京是天子所在的地方，所以也是学者的中心，可以说，中国形成了南北两个文化中心。南北文化就从这些人身上体现出来。如梁同书、梁巘、王文治等人体现南方的风格，南方物产丰富，风俗颇奢，因此，书风多少有些华丽。与之相对，铁保是满洲旗人中产生的书家，当时，满洲旗人已发展到足以产生出像铁保这样的书家的程度。铁保的书风是北方的代表，具有敦实的风格，不以精巧见长，沉稳而厚重。因此，可以说，即使是在同样的风气之下，具有同样倾向的清朝书风，也仍然存在这两种不同的流派。

当时，在北京有翁方纲，此人是碑、帖的研究家。碑、帖同时精研的，翁方纲可谓最后的大家。关于碑，他先是比较各种新的拓本和旧的拓本，然后，对之进行研究。对于帖，也是十分专心致志的。碑、帖的研究至此达到最高境界。此后出现的研究碑帖的人，几乎没有高于翁方纲之上的。

道光以后

道光以后，画风一变。在翁方纲晚年，已经出现了可谓道光以后的大家人物，这些道光以后起来的大家与此前的大家，形成书风上的争执。道光以后的大家首推邓石如，另外有包世臣，他自己写得并不好，但经他的倡导，使道光以后的书风大行天下，被称之为北碑派。虽说是北碑派，实际是碑帖兼治的，而此前碑帖兼治的人，都不大研究北碑。那么，碑中为什么要特别有北碑一说呢？因为在此之前研究碑石的人，都只是研究唐碑即唐代的碑石。研究虞世南、欧阳询、褚遂良、颜真卿等有名人物的碑石，研究这些人所写的碑石的人，往往是碑帖兼治的。但到了道光以后，就主要研究六朝碑石，六朝碑石主要存在于山东和河南，而山东、河南属于中国的北方，所以，把这些碑石叫作北碑。这是北碑研究的由来。

北碑是唐以前的书法，体现了非常独特的书法特色。即代表了在形成唐代认真、严格的书风以前，由书法还没有固定风格发展到具有固定风格的中间性过渡书风，是一种十分有意思的书风。因此，研究北碑就渐渐地盛行起来。另一方面，因为金石学的发展，带动对汉碑的研究，六朝碑的研究也正是与此相关而兴起的。得北碑真髓的是邓石如。此人活着时，就到了北京，翁方纲等人见过他的书法，但翁方纲反对他的书法。当时反对他的人很多，但另一方面，包世臣则是十分崇拜并极力赞赏他的。包世臣使得邓石如的书法在世上大为风行，成为一代大家。由于这两人的极力倡言北碑，不到数十年间，北碑取得了风靡天下的势头。不久，波及朝鲜，引起了朝鲜的书法革命。当时，朝鲜屡有使者来中国，其中有一个叫金正喜的人——他是大院君的老师——作为使者来到中国，醉心于北碑并将之传到朝鲜。北碑传到日本是相当晚近的事，是在明治年间由中村梧竹推广的。总之，北碑派的影响远播朝鲜和日本。

其实，在此之前也有人写过像北碑派这样怪异的书法，这就是既是书法家也是画家的金农。只是他不像包世臣那样会说许多精巧的道理，因此，不能造就一派书风。当时，鼓吹北碑的还有一位有力人物，即阮元。他不像包世臣那样，师心自重，自任旗手，而是从理论上论说。阮元著有《北碑南帖论》、《南北书派论》，这只是他文集中短短的两篇文章，但这两篇文章却引发了大规模的书风革命。阮元自己所写的书法，却并不是他所倡言的革命性的新书法，而依然是以往的书风，他只是从理论上说了许多道理。在日本也有佩服他理论的人，对它全然接受。阮元的理论对以往的书风持彻底否定的态度，不能说完全没有错误。但在当时，汉学正彻底冲击着宋学，与此相同，北碑的理论也彻底冲击着帖学，可以说，阮元正是以与经学同样的作风来倡导书风革命的。这一点很重要，它是在翁方纲与邓石如之间，中国书法发展的一个重要关节。

在邓石如的同时代，也有反对邓石如书风的人。邓石如的篆书、隶书都写得很好，当时有钱坫、钱伯坰等人，他们的篆书、隶书也写得很好，他们不仅不服气邓石如的书法，而且反对邓石如。钱坫此人，非常的自傲。钱伯坰因是篆书、隶书的名人，也非常的自负。邓石如虽遭到这些人的反对，但他的书风还是流行、发展了起来。还有满洲人钱泳，也是与邓石如同时代的人，他可以看作是固守旧派书风的代表者。所谓固守旧派，就是认为改变书风，必然引起革命，但并非所有新的东西就是好的，旧的东西就全是不好的，所以，不愿意改变旧的东西。以上简要列举了邓石如的反对者的姓名。

继此之后，由于受到邓石如的影响以及受到北碑派理论的鼓吹，书风继续向这方面发展。这里列举了许多人名，这只不过是这些书法家中的代表人物。这些人可以说都是鼓吹北派的人，其中吴熙载是包世臣的弟子，他是按照包世臣的方针研习书法的。而且，这时出现了不少书法上堪称天才的人物，他们在鼓吹新的书风方面非常有实力。

以上所说是道光以后或道光、咸丰之间的事，其后即是赵之谦到最近的事，如目前尚活着的杨守敬，以及同样健在的吴昌硕，他们也都可说是北碑派。其中有的侧重在理论上鼓吹北派，有的则侧重在创作北派风格的书法，总之，这些一代大家都是北碑派，甚至到今天，在中国仍是北碑派极全盛的时期。治帖学的书法家几乎没有堪称一代大家的。但眼下，又将有新的书风变革的到来。如到了日本、把北碑派的书风传给日本的杨守敬等人，在日本大力地鼓吹北碑，因为日本有各种各样的学者，出于学者之间买卖的方便，出于能向日本人卖出北碑的作品，所以他们这样做。而他们自己并非完全相信北碑或认为北碑必好无疑，杨守敬的著作中有这个纲目中提到的《平碑记》、《平帖记》二书，可见他是碑帖兼治的，即有回归前代的心理。他不是像以前时代的人那样只研究唐碑，同时也研究北碑，但研究的结果是渐渐对唐碑感起兴趣来，此外，对清朝以前的帖学也有了兴趣。特别是到日本后，亲眼看到唐人的真迹、写经等，当时，不像现在这样，唐人的真迹不能轻易见到的。到日本后，由于日本明治初期的破坏行为，奈良一带的寺院，把唐代的写经如纸屑般地抛出，使杨守敬看到后十分吃惊。因为这是真正的唐代写经，这使得杨守敬的想法有了变化，即依照唐代及唐代以前的真迹来改变自己的书风；必须去看那些真迹，使自己的书风受到影响。但也并不是完全回归到古代的书风，只是让自己的书法受到古代书法的影响而已。及至最近，中国各地发现了大量的各种出土文物，如西域汉代的简牍，长城守备军的账本等。当然，当时的账本多是记录在木或竹子上的，这些东西大量被发现，并由西方人带到了法国等地。此外，还有前面讲到过的，发现了用于占卜的龟甲，有实物可作研究参考，也有篆书写的东西，也有已毁坏的石碑上的隶书，这些都是研究的很好的参考。因此，学问大家罗振玉就开始考虑把书上的东西与这些出土的文物互相参考，来作新的研究。另外，在中国的敦煌，发现了大量从六朝到唐代到宋初的写在纸上的文物，这些东西大部分被运往了法国，看到这些东西，一定会引起中国人想法的变化，会给书坛带来很大的影响。于是，北碑也好，南帖也好，都会有所变化，并且或许将合二为一，成为书法的共同源头。这种现象正如在文学方面，曾经盛行古文、骈体文，后来也合二为一一样。如今，各种前代的书写实物纷纷被发现，追溯书法的起源，或许也将出现合二为一的现象。虽然不知合一到什么程度，但今后书法不会颓废，而会随着各种新的研究的发展而不断发展。以上是清朝书法发展的大体情况。

在清朝，妇女中也有书法名人，这里仅举一二代表人物。但这次并没有能得到她们的好作品。此纲目的最后所举出的吴芝瑛是廉泉的妻子，廉泉非常为他的妻子感到骄傲，对其妻子的书法作品也感到骄傲，我们对他的这种骄傲感到佩服。吴芝瑛的书法有一个变化发展的过程，大致是从董其昌变化到接近北碑的风格，她近来的作品可谓非常精妙。这里展出的是她前期接近于董其昌风格的作品。

最后，稍稍提一下论书名著，要说这个话题，会很费时间，所以，只以旧学与新学来区别之。即将研究帖学方面书风的人的著作称为旧学，而作新的研究的著作称为新学，并举出其各自的代表人物。如果有人要研究书法风格，不妨就请读一读这些著作。书法方面就讲到这里。

清朝的画家

这里，讲清朝绘画的梗概。清朝绘画的范围十分广泛，对于它的研究不是一件容易的事。至少首先有必要弄清楚的是，在绘画史上，随着时代的变迁，哪些人是清朝各个时期最有代表性的画家。清朝初期涌现出六位大家。把书法与绘画相比，时代的划分不尽一样。在书法方面，顺治年间是一个时代，康熙、雍正是一个时代，其次，乾隆、嘉庆是一个时代，道光以后是一个时代。但在绘画方面的时代划分就不一样，清初的六大家，可以看作是顺治、康熙年间的大家，此后，雍正、乾隆为一个时代，嘉庆、道光为一个时代，再其次是咸丰以后为一个时代，因此，时代的划分有所不同。这是因为文化中各个分科领域在同一时代并不是作同步的发展。例如，在唐代，就诗文来说，在初、盛、中、晚四个时期中，盛唐时就有了诗的革命，即改变以往的诗风，形成盛唐诗风，但在文的方面，就稍稍迟了一些，要到中唐时才有变化。因此，书法和绘画，虽然同是用手创作的艺术，但其发展并非同步。

清初大家名家

这里举出清初六大家，世称四王吴恽，姓王的四人及吴历、恽格，所以叫四王吴恽。清朝的画风由此六人开启。宋元以来直至明末的绘画传统，由此六人综合。特别是第三位的王翚，被称为是集古代画风为一身的大家。在中国，绘画方面也有南派、北派之分，称为南宗、北宗。它不仅仅是指地域上的南北之分。也有人把南宗、北宗以地域的南北来解释的，但只以地域的南北并不能完全理解南宗、北宗，总之，它们是两大派别，互不相容，各自渐渐扩展、发展起来。南宗、北宗两种画风沿袭到王翚，得到了综合、统一。这种统一的倾向其实不只始于王翚，在明中叶就已有了端倪，如明人唐寅，他是由北宗入手的，但其画风虽说是北宗，却与他前代的宋元时代的北宗非常不同，是与南宗没有多大区别的北宗。从那时起，就有了南北合流的倾向。到王翚可以说是取得了南北合流的成功。由于把向来不同的南北两宗合二为一了，这就开启了以后新的画风，清朝各种不同风格的画风，也是由这六人开启的。这六人不仅是清朝画坛上转变风气的重要人物，在中国历代绘画发展史上也是非常重要的人物。

其中的王时敏、王鉴仍然接受了前代的画风。明末董其昌不仅是书法上划时代的人物，在绘画上也是划时代的人物，王时敏、王鉴就是接受了董其昌的影响，与董其昌的画风非常接近。王翚曾从王鉴学画，年轻时被王时敏发现其才华，极口称赞年轻的王翚，王翚就是这样在继承董其昌的基础上，研究各派画风，将其综合统一的。王原祁是康熙帝身边的绘画鉴定官，作有关于绘画的重要著作，他参与编辑了《佩文斋书画谱》这部可谓中国自古以来没有过的关于书画的重要著作。其次是吴历，像前面所说，他与西洋画法有关，是六人中与西洋画法最接近的人。六人中要说第一天才的话，应是恽格。另外，在此纲目中，"奉常"即王时敏，"廉州"即王鉴，"石谷"即王翚，"南田"即恽格，"渔山"即吴历，"司农"即王原祁。

　　还有一个有趣的事情是：这几个人都出于中国的两个地方，王时敏、王鉴出于上海附近的太仓州，王翚、吴历出于常熟，太仓州古代叫娄东，常熟古代叫虞山，娄东、虞山出了这样的大家，人们称之为正统派。后来，浙江又有浙派，江西又有江西派，福建又有闽派。各地都有画家出现，但他们都是枝叶，都有各地的习气，唯有娄东、虞山两地的画派没有地方习气，因此，清朝画坛认为，如不学习这两地的画风，就不能算是正统画派。总之，这六人不仅是清朝，而且是历代绘画史上的重要人物，而这些人正好一齐出现在顺治到康熙年间的七八十年中。像诗或文，一般是要在一个时代开启后的若干年后，才能定型出一代风格，但清朝的绘画风格，在这时就已经形成了。但严格说来，他们是否可以代表清朝风格的画风，还值得考虑，从绘画史的角度准确地说，也许应该说是他们代表了清朝前期的画风。但在清朝画家中，从实力来看，与其他时代相比，堪称大家的人，只有这六人，所以不得不以这六人作为清朝的代表，因此，这六人的画也就当然成了清朝画的代表。而从绘画史上来看，不得不承认这六人只代表了清朝前期的画风，与此相对，尚有清朝后期的画风存在。

　　其次，有释道济，号石涛，还有释髡残，号石溪，石涛、石溪的画风有些特别，它们代表了明末清初奇逸的画风。他们的画都是山水画，充分发挥了放逸的个性，就这一点说，具有从前人那里学不到的特色。

　　其次是陈洪绶、萧云从，他们的风格也颇有特色，与前二人相近。陈洪绶擅长于画人物，画那些当时人想都不大想的六朝人物，六朝画留存在世的不多，他大概不是跟谁学的，而是见到了一些古画吧。另外，他的性格在明末清初的当时也很特别，几乎是与一千五百年前的古代高人的心境相近，所以，喜画具有古风的人物。萧云从则善于画山水，颇富逸趣，而且也是画当时的画家想不到的古意十足的画。这两人是明末清初画风奇特的画家中尤为特殊的两人。石涛、石溪虽也颇具特色，从某种意义上说，画的还是反映当时社会心理的东西，而到陈洪绶、萧云从，与其说是代表时代心理，不如说更画出了古代人的心境。萧云从的画，对日本也有影响，有一种说法，此人的画谱曾传到日本，祇园南海得之，大雅堂据此学习南画，因此，开启了日本的南画。

其次是龚贤、吕潜、戴本孝，他们是明末画风的一种变调。其中龚贤的画可以看到曾受过西洋画的影响，他的画有一种在以往的画上不大见到的印象派的风格。

其次是顾殷、朱耷（即八大山人）、徐枋、姜实节等人，他们是明末逸士，隐居不仕清朝，这些人淡于尘世名利，其高尚情操在他们所画的画中也有所体现，此外，体现明末清初个性化风格的作品也很多。

综上所述，石涛以下诸家，都是明末清初具有个性化特色的画家的代表，其中又可分为反映当代心理、古代心理、逸人情操等不同风格的流派。

其下有项奎、查士标、顾大申、王武、程邃、文点、罗牧、高其佩等人，他们继承了明末平正的画风。自道济到姜实节，是明末以来个性化风格的画家代表，而项奎到高其佩则是明末以来极其平正、寻常的画风的代表。他们每个人虽然不失自己的特色，但总体来说可以归之为明末画风的继承，他们中间多少有一些与雍正、乾隆以后即清朝中叶的画风相似的东西。因为正好是过渡期，所以，既有属于前一时期画风的人，也有开启后代画风的人，

但大体上可以把他们归于同一画风中。若作区别，把结束前期画
风与开启后代画风的人分开的话，则康熙年间的那些画家可以说
是分界线。其中王武的花鸟画，在恽格的花鸟画兴起之前曾大行
于天下，可以说是明末的代表，但恽格兴起后，他的画遭厌弃，
恽格遂成为清朝画风之祖，而王武的画就成了明末画风的终结。
罗牧的画在被称为画的正统的娄东虞山派看来，都是画一些村舍
的粗犷、野趣，因为罗牧是江西人，遂成为江西派之祖。最有特
色的是高其佩的指画，是特殊的艺术。他是铁岭本地出身的汉人，
是在满洲成长起来的汉人。满洲在中国是文化波及较晚的僻地，
就像日本的北海道，在这样的地方突然出现了这样一位天才人物。

其次的禹之鼎是清朝肖像画的一代大家。清朝的肖像画自成
一格，禹之鼎是明代以来旧派肖像画的画家，后来，肖像画受到
西洋画的影响，在乾隆以后发生了重大变化。但禹之鼎时尚未受
到西洋画的影响，也没有清朝新的画风的影响，尚属旧的画风。
他是康熙年间的人。

其次举出了兼鉴赏家的画家代表笪重光、高士奇二人，这二
人对画的鉴赏能力比自己画画更有名，而鉴赏力的出众又使他们
能画出逸趣横生的画。

雍乾间名家

雍正、乾隆是清朝画的第二时期。这期间的名家有黄鼎、沈
宗敬、杨晋、唐岱、蒋廷锡，这些人的画风已经脱离了明末之风，
上承康熙时代已渐渐出现的新的画风。其中，黄鼎足可跻身大家
之列，他远涉王原祁麓台之流风，是具有相当实力的画家。沈宗
敬也是实力相当，杨晋是王石谷的门人，几乎是毫无改动地接受

了其师的画风。中国画家的师傅与门人之间不像日本那样有严格的师承关系，不得爽失，在日本如果不按师傅的画风画画，就要被赶出师门，近代中国画在这一点上是比较自由的，师徒之间没有那么多限制。这是近代的进步。像杨晋那样完全遵照其师石谷的画风的画家可以说是极为少数的。当然，这是因为在清朝初期，到后来，株守师傅画风的情况就更减少了。唐岱是满洲旗人画家中最有名的，他师出四王吴恽，尤其是师承了王原祁的画风，他是画院供奉的画家。所谓画院是天子御用的绘画之处，那里聚集了有名的画家，也有高官而能画的人，形成了一种画院独特的画风，精细是其长处，但缺乏雅趣。唐岱的画已经走上了画院画的风格。蒋廷锡长于恽格即南田风格的花鸟画，但缺了南田那样自由的、绝妙的生气，是致力于认真写生的人。这些人大致跨越康熙年间到雍正、乾隆年间，而主要体现了康熙年间沉稳、认真的画风。

其次是李世倬、王昱、张庚、张鹏翀等人，这些人与前面的画家一样，也大体上是康熙时代的画风。与前面所提到的画家相比，他们的画技更加趋于成熟，其中张庚既是鉴赏家，又是绘画史家。

再其后，画风大变，钱载、钱维城、潘恭寿、尹锡等人，可谓雍正、乾隆，特别是乾隆时代的真正代表。康熙时代经学以宋学为主，偶有异说也不脱宋学的藩篱，到乾隆时代，学者多转变为汉学，在任何方面都想出新的点子，以求惊人耳目。思想界的这种风气在画坛也有体现。乾隆时代的画家渐渐倾向于画新的画。最大的变化，就山水画来说，过去的画，画深山幽谷等景色奇异处，这是人们平常看不到的景色，让人看了，感到触目惊心；现在新的画，则是画谁见了都觉得是曾经见过的平凡的景色，景色虽然平凡，但一旦入画，则决不平常。这些画虽然不是奇异超凡的，但作为一幅画，有一种沁人心脾的力量。说明这以后的画，将从以往的以技巧为主转变到以印象为主。明代以前的画，注重于笔力或笔意，而雍正、乾隆以后，笔力、笔意不再是最重要的条件，表现心境成了重要的条件，笔势变得随意许多。这样是否就谁都能画呢？也并非如此。东京的某人到京都来拜访一位收藏家，他说：因为要让学校的学生学习南画，所以想借清朝名家的画，拿到学校去让学生模仿作画。我听了这话，认为东京的这个人，根本不懂得南画的本质。古代宋明画院的院画，在画法上有一定的技巧、法则，今天，遵照其法则，是可以模仿作画的；但雍正、乾隆以后的画超越了画的技巧，以自由的手法来表现个性，体现画家各自不同的画风。要说这样的画没有法则，其实又不然，但它们的确不是嵌在一个定型的模式中的，而只是以表现某种心境为主，因此，即使是拼命地、认真地模仿，也不一定能真正地画成那样的画。也就是说，让学校的学生模仿练习学画的做法，只能适合于北宗的画，即从南宋到明代中叶的画，这种方法如用在对于清朝画的学习上，就不能不说是对于清朝新画风的一窍不通。

这里就不得不了解所谓清朝新画风的特点。那些很有才华的画家，他们用笔极轻，从技巧上来说，逐渐地不用湿墨而改用渴笔，在笔势轻捷之间自然地把画作成，而并不用十分的笔力。这是这个时代画的特点。而从画的笔力上来说，宋元明代的大家自不必说，即在清初，特别是顺治、康熙时代的大家，他们画的笔力也是后人所远不能及的。从个人来说，四王吴恽这样的大家在此后再也没有出现过。但从清朝画的全体来看，这以后的画坛出现了许多各种各样非同一般的人物。也就是说，像四王吴恽这样的人，即使他们表现出了种种才艺，那也只是反映了他们某个个人的画风。而乾隆以后则是各种各样的人画各种各样的画，虽然从个人来说比较渺小，没有比得上四王吴恽的。但这些渺小的个人都有特别的长处，因此，从整个清朝后期的画来看，任何画都是缺一不可的，都多少有其有趣之处，有其独特之处。把这些特色全部合并起来，加在一起，则绝不比四王吴恽等大家的画逊色。即乾隆后的画坛缺少一个一个的个体性的大家，但从时代的全体来看，它与四王吴恽的时代以及此后没有大家的时代相比，是决无逊色的。虽然没有大家，但靠了众多名家的成就，也成功地勾勒了这个时代的艺术风貌。

在这些非同一般的、各有特长的人中，有金农、郑燮二人。金农的画就像日本琳派的画那样，带有更为粗犷、野性的情趣，他的字也是这样。郑燮即郑板桥，所画多兰、竹等简单的东西，但也是都带着野性的情趣。这在乾隆时代也可谓异派，是极端反对技巧的代表。

其次是高凤翰、华嵒、李鳝、边寿民等人，这些人在日本人看来很普通，但在中国多少是有逸气的人。因为日本人的画用中国人的眼光看来，只是近乎乡野风格，像娄东派、虞山派这样，十分讲究技巧的正统派，在日本画家中是极少的。在中国人看来，日本人的画多少只是局限于一种风格的，乡里乡气的东西。虽然不能说将来会是怎样，但此前东洋文化是以中国为中心的，所以，日本只是在边缘地位。从国家主义的立场来说，这话说得很抱歉，但像画这样本是中国文化的产物，中国画自然是正统，而日本画就难免乡里乡气了。反过来，从日本人的角度看，中国人的画多少有点缺少力度。因此，在日本人看来，以上举出的高凤翰、华喦、李鱓、边寿民等人的画是比较容易认同接受的，而在中国人看来，则是不同一般的、奇异的东西。因此，日本人喜欢这样的画，在输入日本的、受日本人喜欢的清朝画中，主要就是这些人的作品。他们的画就是这样，具有粗犷的、乡野的气息。

其次举出的王玫、王宸二人都是名家之后，王玫是王石谷之后，王宸是王原祁之后。他们虽都沿袭了自家画风，但也不免受到时代的影响，因此，他们的画与石谷、麓台的画风并不相似。作为时代风格的代表，他们也不是前面讲到的那种奇僻的风格，而是那个时代中以认真为特点的画家的代表。

张宗苍是雍正、乾隆时代的划时代人物，他的画规模宏大，具有力度，身在画院而未染画院的书卷气，他是在乾隆南巡时被发现而招至画院的。因此，虽然画院的俗气不多，但也不是完全没受到画院画风的影响。但总算是那个时代入了画院而不失本色，风格卓异的画院画家。因为他的成长不是在画院，他在入画院之前已是画坛大家了。他的画在乾隆时代的画中是最为规模宏大、富有力度的，因此，可以说，他是在乾隆时代而恢复了四王吴恽旨趣的人。一般地，在不是大家而是一般的画家时，往往可能画出奇异风格的画，而一旦成为大家就不大画奇异的东西了。张宗苍的画也有这样的倾向。张宗苍的画具有一种乾隆时代所看不到的风格，这就是张宗苍的伟大之处，也就是说，他堪称中国绘画史上超越时代的代表。因此，他的画具有乾隆时代所没有的特色，作为中国画的代表是十分有意义的。

其次是邹一桂、董邦达、董诰、张若霭等人，他们都是画院画家。他们本来不是作画的专家，是官员，在为官上他们是出色的人才，同时他们也能作画。他们作为画院的供奉，奉天子之命作画，画出来的画纯粹是画院风格。乾隆帝是个爱好新奇的人，当时的中国受到欧洲文化的影响，因此，乾隆的画院如意馆中供奉的人在画画时，多少也开始用细描的手法。虽然所谓宫廷的嗜好，如宋徽宗、明宣宗，都是喜欢画笔精细的，乾隆帝也是一样，但他的宫廷嗜好又有特别之处，即喜欢极其细密的写生画，而且特别喜欢再加上西洋画的画法。其中董邦达等人在不奉命时画的是豪放的画，而奉命所画的则是细密的画。邹一桂的《百花卷》这样有名的画作，其手法特别是其赋彩，可以说完全是受了西洋画的影响。

此外，乾隆时有沈铨这一画家，他就是在日本很有名的沈南蘋，他在乾隆时代这样一个改革旧画风的新时代里，仍然画着像明代画院那样的平常而无情趣的写生画。在日本，把沈南蘋看作是写生画的极品，而在中国人看来则无疑该说是落后于时代，不领风骚的人。但是，日本人却十分欣赏他的画，幕府还特地礼聘他到长崎来画画，他的画因此给了日本画坛很大的影响，使得此前一直以明代边景昭的画为范本的日本画坛开出了新的风气，应举等大画家就是受了他的影响出现的。这且不说画的高低上下，只从时代来看，日本的画坛就是这样地落后于中国。沈铨的画在当时已是中国落后于时代的画，只是画一些与明代画风毫无两样的画，而日本则十分地珍惜他，特地让他作画，使他的画风在日本流行。我的话稍稍说开去一点，日本文化在接受西洋文化之前，任何时候都要比中国文化迟一百五十年到二百年左右，因此，在任何事情上，都是跟着中国人早已走过的足迹向前走。

其次是袁雪、袁江、袁耀即袁派，他们的画可谓又一种异体。

从日本人来看，也许并不奇异。此派初由北宗入，后受西洋画风的影响，主要画水彩画。日本德川末年，能画写生的山水画的人，正统画家方面有文晁，浮世绘方面有广重，此袁派相当于在文晁与广重之间，但缺少文晁那样的高雅气韵，也没有广重所具有的关东地方的独特风格，总之，是参考了西洋风格的写生，在山水画上营造出新的写实派的画风。陆昀也属于此派，相当于日本的四条派。在画院盛行缺乏高雅气韵的、毫无生气的写实画时，民间也流行着这种画风，可谓形成了一种时代风潮。但由于直到近年来为止，日本并不了解这情况，所以，虽然与德川末年的画风相似，但并无影响到日本画坛的痕迹。同样是写生的山水画，日本的文晁所画要比袁派上乘得多。在中国，没有高雅气韵的画居然能够形成一派，并在乾隆时代的各种画派中成为一派的代表，这件事本身也足以反映乾隆时代在文化上的特点，是我们不应该忽视的。

其次我举出了上官周、黄慎两人，他们都是福建人，所以称闽派，此派主要画人物画。上官周是康熙末年闻名的，黄慎则是在其后继承他风格的人。黄慎号瘿瓢子，他们的画带着福建地方特色，甚至有可能会被误认为是日本画，与日本的吴春、芦雪等人的画颇有相近之处。在中国则被看作是乡下人的画，野气十足，品格不高，而就是这样的画，与日本的大家吴春、芦雪的画相比较，可以说也没有什么特别的逊色。

嘉道间名家

乾隆之后，各个画派经历了全盛期，逐渐变得单调起来。在山水画方面，嘉庆、道光以后的画大体上是继承了四王吴恽的体系，特别是继承了王原祁即王司农的风格。在四王吴恽中，如果说他们的画有高下之分的话，王原祁是最下的，但具有外行人的趣味。在中国称这种趣味叫"士人气"而推崇它。近来艺术界倾向于承认那些外行人的情趣，因为专业画家的艺术有商业买卖的气味，即有匠气，所以，近来有一种喜欢远离内行艺术的风气。认为四平八稳的东西缺乏情趣，而喜欢粗俗东西的风气。四王吴恽中要数王石谷的画最为精巧，鉴赏家称之为能品。王原祁的画不能说是粗俗，是最具有外行人情趣即士人气的代表。那种不均衡的、然而在情趣上略高一筹的可以列之为逸品，而王原祁等人则是神品，是严肃画的最高境界，要之，与王石谷相比的话，在士人气方面王原祁是略高一筹的。他在康熙帝时任鉴赏之职，见过许多名画，作为见许多名画的鉴赏家，他表现出蔑视技巧的倾向，所以，自己的画倾向于远离技巧的士人气。嘉庆以后，这种士人气渐渐向轻妙的、洒脱的、清晰的方向发展。不能说是嘉庆以后所有的画家，但大体上都趋于这种倾向。

嘉庆、道光年间的名家，我举出了康涛、张崟、罗聘、奚冈、黄易、王霖、钱杜、王学浩、黄均、朱昂之等人，这些人的画，多少具有文人气质，其中修养最高的是张崟的画，文人气质与绘画技巧兼长。奚冈、王霖、钱杜等人的画，尽管蕴含圆熟的技巧，但可以看出他们透过精致的画面，想要表现清新的文人气质的苦心。钱杜即钱叔美等人，虽然具有高超的技巧，可以画出精致的画面，但却致力于摆脱职业画家的匠气，尽量在画中表现温粹清秀的气质。这些都是他们在风格上苦心经营的结果，进一步深化职业画家的技艺，淘汰艺术上的渣滓，因此，从风格上说，是超越职业画家的境界，表现出业余艺术家的文人气质，但又不是非专业的业余水平，是超越了职业画家的文人趣味的境界。这些人的画，从力量上来看，确实比不上四王吴恽，但从艺术风格来说，却代表了四王吴恽时代尚未产生的趣味境界。这正可说是嘉庆道光时代的特色。其始祖虽是王原祁，但无论从哪一点讲，钱杜、黄易都比他们所师从的王原祁更为洒脱。在力量和技巧上虽不能说在王原祁之上，但其文人气质的艺术趣味则在王原祁之上。

咸丰以后名家

咸丰以后的时代在清朝是下坡路时代，谈不上什么发展。嘉庆、道光年间，盛行轻妙清隽的风格，道光末年外患内忧相续，遭逢世变。美术并不是像文学那样，受世变的激荡而发出相应的激越雄壮之声，乱世出英雄，名家辈出并不是件容易的事。在为数不多的名家中，能够既反映世变之激荡，又不失趣味的人，则一定是做出出色贡献的人。

咸丰以后，还是有这样的堪称大变动时代的代表性人物的。他们是汤贻汾、戴熙。这二人颇具力量，其力量在嘉庆、道光间的名家之上。他们虽然没有嘉道间名家的清隽轻妙，但在疏宕沉实的力量上则是高过一筹的。道光末年以后，时代变动使人心动荡，影响到诗文表现为向上的激情，这在画上多少也有所反映。与太平盛世不同，书画等艺术缺少了优游的环境，所以，画家的人数减少是当然的。加上长发贼持续了十几年之久，经历了这样凄惨绝伦的世时变更，使得这期间的艺术大体上都是向着衰落的方向发展，但并不是这个时代就没有代表性的大家。汤贻汾在嘉道年间优雅的画风基础上，又加上了疏宕的骨力，戴熙则更进一步具有回到清初画家的沉实的力量，从心境上来看，也表现出了与乱世比较一致的悲壮的情怀。总之，这二人是当代的大家，比之四王吴恽在趣味上虽要狭隘些，但从根本上来讲，是可以与四王吴恽并称的。这二人都殉难于长发贼之乱。

其次是沈宗骞、秦祖永两个画论家，他们也兼长于画画。在他们之前，画论家或鉴赏家等非专业画家的画，与同时代的专业画家的画是有很大区别的。但到了这时，这二位画论家的画与当时专业画家的画已没有多大区别。即清朝前期非专业画家与专业画家之间有着相当大的距离，到了后期，这种区别就渐渐没有了。或者更进一步极而言之，画坛全体都朝着非专业画家的趣味发展了。这是清朝前、后期画风变化的最显著的特征。

其次举出了一系列下及现代的人，他们是王素、赵之谦、张熊、任伯年、顾若波、钱吉生、陆恢，其中陆恢现在还健在。他们是同治、光绪时代的代表。清朝晚季，战乱频仍，画家人数锐减，但也仍有非常优秀的天才人物出现。赵之谦就是这样的人。他的画具有卓越的特色，可以说是纯粹的印象派作品。赵之谦本以金石家闻名于世，在书法艺术上也是近世出名的大家，而且是北碑派邓完白的强力后劲，学习北碑的人有许多，但一般都脱不了唐碑的习气，但赵之谦则以与从前的书法家完全不同的风格为基础，真正可以说是吃透了北朝人的风格。其画与书法风格类似，全不落常套。嘉庆、道光以后的画家，无论作怎样清新的画，也脱不了元明大家及四王吴恽的影响，大抵都是依据向来的法则，但赵之谦的画无视固有的法则，完全是画印象性的画。他的长项是画花卉，他在四五十年前所画的画，不知怎地，就好像是今天的西洋画家画出的日本画作品。日本的画家在文部省的画展上欲显示自己新的探索的画作，而赵之谦在很久以前就已经若无其事地画过了。这是中国人中出现天才的不可思议的现象：即在画风走向衰落之时，突然出现了这样的天才人物。他是这个时代中值得特别注意的人物。此外，大多数人是学习嘉道以后的画风，步前人的后尘，因此，也没有出什么堪称大家的人物，看今天的情形，画风仍在走下坡路。但是近年的画家，在其品位上，并没有全部失去中国人所特有的长处。清朝文化一般来说是在乾隆、嘉庆年间达到鼎盛，绘画方面在经历了各种盛况后，也已经走过了自己的极盛时代，但从这时出现了赵之谦这样的天才人物来看，中国的艺术潜力尚未完全消失，将来如世逢太平，文化复兴，画坛或许又将出现新的变化，开出新的风格来。到那时，赵之谦的画风会在将来的画坛上占怎样的地位，是值得我们注目的。

接着说说几位画美女的画家，他们是顾洛、姜埙、余集、改琦、费丹旭、汤禄名。之所以要把画美女的画家提出来，因为以前讲到，到康熙年间的禹之鼎为止，人物画家一般都沿袭自古以来的传神写照的方法来画人物，此后的人物画家把肖像画完全看作是出自工匠之手的下等之作，大多数画家的主题都只限于山水，若画人物的话，也只限于画美女，因此，美女画发展起来，乾隆、嘉庆、道光以后颇为兴盛。这里所举诸人，都是嘉庆、道光以来到咸丰之间的人，其中汤禄名是前面提到的山水画大家汤贻汾之子。清朝美女画家对于明代而言，进行过一场变革，如果说明代著名画家仇英是美女画家的话，在其之后画美女的人几乎都是沿袭了仇英的画风，到清朝中叶，依然不离此画风。但是从清朝画坛出现新的画风的嘉庆时代起，美女画也有了新的起色。开启新的美女画风的主要人物是改琦、费丹旭二人，他们一改仇英那样的以纤丽柔弱的表情来画美女的做法，而是致力于表现鲜活、清新的美女形象，在美女的姿态方面也尽量表现当时现实生活中的美女形象，因而脱离了以往想象的旧式美女的常套。这就是嘉庆以后表现了时代趣味的新式美女画。

最后讲讲顾媚、李因、马荃、陈书等几位女画家，她们是清朝妇女画家的代表。特别是恽南田一家，女子画画的人很多。陈书是她们中间有名的女画家，一直到老，她仍然作画不止。但她们这些人还不足以影响到一代画风。

如上所述，清朝的画风从总体上来说，与其他文化如经学、史学、文学等的发展道路基本上是相同的，但绘画与经学、诗文不同的是：经学、诗文随着时代的发展，将以前各种不同的流派或派别都渐渐地趋向于同一的方向，到清朝晚季，仍然有颇具实力的学者或作家出现，而相比之下，画坛到清朝晚季，则呈现出衰微的趋向。像画这样的艺术，自古以来，在乱世或国家不安定的时代，专家就锐减，除了特殊的天才人物出现外，难以企望会有名家辈出的景象。在汤贻汾、戴熙二人于咸丰时代去世后，可说再没有出现大家。赵之谦这样的特殊天才人物，不能算是通常意义上的有代表性的大家。最近，社会大变动又起，或许会有大人物出现。但是，画家的作品，不像学者的著作那样，可以在同时代人中就得到流传，所以，近几年来画坛上的名家还不太为人所了解。这一方面是因中国的交通不便；一方面也因为我们的见闻有限。但通观文化的全体，经学、史学、诗文、绘画等在它们的发展变迁过程中，总有几点是遵循一个共同的脉络的。可以断言，与其他时代相比，清朝的绘画是绝不逊色的。

似乎应该对这六天来的讲演作一概括的、结论性的总结，但一则时间不允许了，而且，如果诸位能够自己对这六天来所讲的内容，作一综合性的回顾的话，即使我不作结论，相信听讲者自己也同样能够得出结论。因此，我在这里就省略了下结论这一步。讲演到此结束。最后，我要说一下的是，此次讲演得到日本著名的收藏家诸君的支持，他们惠借出非常珍贵的收藏品来供我们陈列。还有，大阪的上野理一君、东京的山本悌二郎君以及其他诸位，也给予了多方帮助。在此，我对以上诸位表示深切的感谢。

清朝史通论纲目

帝王及内治

一　关于清朝史的著述

《圣武记》三种　　《湘军志》　　《湘军记》

《东华录》二种

丰富的史料（满文老档　三朝实录　方略　圣训　国史列传

谕折汇存）

《三朝实录采要》及《三朝事略》

《清朝全史》　　《清朝衰亡论》　　《支那论》

　　以上有实物展阅

二　历代帝王及摄政王、训政太后

太祖高皇帝　　天命

太宗文皇帝　　天聪　崇德

世祖章皇帝　　顺治

圣祖仁皇帝　　康熙

世宗宪皇帝　　雍正

高宗纯皇帝　　乾隆

仁宗睿皇帝　　嘉庆

宣宗成皇帝　道光

　　以上可参照笔迹、肖像

文宗显皇帝　咸丰

穆宗毅皇帝　同治

德宗景皇帝　光绪

　　以上可参照肖像

宣统皇帝　　　参照笔迹

摄政睿亲王　参照《鞑靼物语》

摄政醇亲王

西太后

　　以上参照英文《西太后时的中国》及照片

1. 入关前的二帝

2. 入关时的摄政王

3. 退位时的摄政王及人臣摄政

4. 训政的先例　西太后时代的中兴

三　清朝帝王的特点及其形成原因

1. 教育的完善　上书房的读书　不立皇太子的制度

2. 各帝的文化活动

　　A. 世祖的中国文化爱好　遗诏

　　B. 圣祖的机略　爱好西洋文物　规模之大

　　C. 世宗的禅机　文字狱　朱批谕旨　猜疑之主

　　D. 高宗的多艺　矛盾的方针　满人复兴的企图

　　　　对于汉文艺的夸耀　蒙回诸语的研究

　　E. 各代御制集的浩瀚　潜邸的全集　钦定书之多

F. 与明代帝王的比较

参照《万古愁曲》　《世祖实录》

《康熙几暇格物编》

御定禅书

《大义觉迷录》

朝服

违碍书目及其实例

御制集　潜邸集　盛京赋　东巡诗等

《古今图书集成》《四库全书》　武英殿聚珍版书

《明太祖文集》　明写邸钞残本

3. 节俭　康熙帝的上谕

4. 寡鲜失德　处置内宠、宦官的严肃

四　清朝政治的特色

1. 满汉二重的政治（参照会典、满文奏议、文书）

2. 注重声名（不顾实惠）　实行免税（参照版画《下江南》）

3. 理想的独裁制度　军机处的创设（参照《枢垣记略》）

4. 对学者的优待　徐乾学编纂《一统志》　博学宏词科（参照《鹤征录》、《词科掌录》）

5. 其弊端（参照江楚会奏变法折、对策等）

五　晚清的政治

1. 汉人的自奋（上）　川湖陕的民乱

2. 汉人的自奋（下）　发匪之乱

参照英文《太平贼》《李秀成供状》《满清纪事》

　　　　曾胡左李彭诸人的笔迹

　　　　名贤手札

　　　　曾公手书日记石印

　　3. 南北洋大臣　委任的外交

　　　参照李文忠全集

　　4. 宗室政治与退位

六　　附论　清代的宗室

　　1. 宗室与觉罗

　　2. 宗室的贡举及其文事

　　3. 短处　善恶两方面的代表性人物、祭酒盛昱

异族统一与外交、贸易

一　　入关以前满蒙汉的三族统一　（附朝鲜）

　　参照三田渡碑　崇谟阁文书　《同文汇考》　通文馆书籍版木

二　　绥抚西藏

　　参照奉天的四体文碑

　　　《喇嘛说》碑

　　　翻译藏经

　　　《同文韵统》

三　征服准噶尔、回部

参照《钦定蒙古回部王公表传》

　　满蒙汉《理藩院则例》

　　《秦边纪略·噶尔丹传》

　　《西域同文志》

　　《清文鉴》

　　《满蒙清文鉴》

　　《三合切音清文鉴》

　　《四体清文鉴》

　　《五体清文鉴》

　　《钦定蒙文汇书》

　　汉回合璧及中国人写《古兰经》

　　乾隆帝赠班禅画

四之上　满语的效果　与欧译的关系

参照满文老档

　　满译经书、小说、佛经

　　翟理斯《汉满文书目录》

四之下　满语的效果　日本的满语研究

参照荻生徂徕《满字考》

　　日本版满文《千字文》

　　库页岛杨忠贞文书

　　最上德内《度量衡说统》

　　近藤重藏《边要分界图考》

　高桥景保的研究遗书

　长崎郑氏碑文写本

五　苗族、台湾、琉球及东南亚华侨

　参照《皇清职贡图》

　　《苗蛮图》

　　蓝鼎元《东征集》

　　姚莹《东槎纪略》

　　黄叔璥《台海使槎录》等

　　台湾山内地图

　　《中山传信录》

　　《琉球国志略》

　　《华夷通语》

　　新建郑和碑

　　《四译馆译语》

　　《八纮译史》

六　外交　与俄国的关系

　参照《平定罗刹方略》

　　《朔方备乘》

　　曹廷杰《西伯利东偏纪要》手写本

　　许景澄《中俄界图》

　　写本交涉档案

七 贸易

1. 与本邦的关系

参照《清朝探事》

《译家必备》

《清俗纪闻》

《南山俗语考》

新井白石《宝货事略》

《天寿随笔》

2. 与海外诸国的关系

参照暹罗馆表文

《粤道贡国说》

《马嘎尔尼纪行》

《中西纪事》

《粤氛纪事》

《夷匪犯境闻见录》及《海外新话》

《溃痈流毒》

耆英、林则徐等人的笔迹

3. 贸易的效果

参照《石渠余纪》

清朝制钱、大钱、楮钞类

《古今钱略》（外国钱）

《大钱图录》

《制钱通考》

外国文化的输入

一　明代天主教传教士远来中国

　　1. 利玛窦与徐光启

　　参照基歇尔《中国图说》

　　　　　徐氏笔记

　　　　　《坤舆万国全图》

　　　　　《天学初函》

　　2. 继此而来的传教士

　　参照卫匡国《鞑靼战纪》

　　　　　《破邪集》

二　明清之际历算家汤若望及其他传教士

　　参照基歇尔《中国图说》

　　　　　《东印度公司使节团访华纪实》

三　历算的成功者南怀仁

　　参照观象台写真

　　　　　历算诸书

四　康熙乾隆年间的地理探险及外交（使用传教士）

　　参照杜赫德《中华帝国全志》

　　　　　唐维尔《中国新图集》

康熙时代的方舆分图及满文旧地图

胡林翼《皇朝中外一统舆图》

折叠本河源图以及地图照片各种

耶稣会传教士关于信教的上奏及圣祖圣旨（满汉文，拉丁语译）

五　采用西洋艺术

1.绘画

A. 自然的感化　吴历及诸家

参照吴历《枯木竹石图》

吴历书牍

吴历文集

吴历画跋

B. 有意的模仿　焦秉贞的《耕织图》及《南巡图》（参照实物）

参照年希尧的《视学精蕴》

C. 西洋人的中国画　郎世宁

参照郎世宁的画及《竹叶亭杂记》中的记事

D. 附清朝的画院

2.铜版画

参照《平定准部回部得胜图》及其他

3.玻璃器　乾隆玻璃（参照实物）

4.音乐

参照《御制律吕正义》所载西洋音阶

魏源《澳门花园听夷女洋琴歌》

5. 数学的发展　参照《畴人传》及其他

6. 兵器　初期及末期的差距

7. 中国与日本采用西洋文明的异同

经　学

宋学

顾炎武　出于朱子（浙西）　徐乾学　纳兰成德　《通志堂经解》出自徐氏而以纳兰氏之名行世

黄宗羲　出于王阳明（浙东）　万氏　斯大　斯同

二人皆非讲学派，所以竟为汉学派之祖。

孙奇逢　魏象枢　汤斌　陆王兼程朱

陆世仪　张履祥　魏裔介　陆陇其　李光地　杨名时　程朱学

李中孚　李绂　陆王学

以上皆自讲学派出，为清初之宋学。然李光地以下已渐流入于顾氏之学。

姚鼐　方东树

以上古文家兼宋学，为中叶之风。

唐鉴　倭仁　曾国藩　罗泽南

以上清末宋学，全脱宋明之窠臼。钱仪吉《经苑》出于此际。

汉学

阎若璩　毛奇龄　张尔岐　朱彝尊　胡渭

以上清初之学，尚属草创。

惠氏　周惕　士奇　栋　余萧客　江声

王鸣盛　钱大昕　孙星衍

　　以上吴派

江永　戴震　段玉裁　王念孙　引之　高邮王氏之学

金榜　程瑶田　凌廷堪　三胡　匡衷　承珙　培翚

　　以上皖派

朱筠　纪昀　张之洞

　　以上北派

汪中　喜孙　刘台拱　阮元　焦循　刘宝楠　刘文淇　江藩

　　以上扬州之学

陈寿祺　乔枞

　　以上闽学

邵晋涵　全祖望　章学诚

　　以上浙东之学，变作史学。

庄存与　庄述祖　刘逢禄　宋翔凤　龚自珍　魏源　邵懿辰
戴望　王闿运　廖平　李滋然　康有为　皮锡瑞　谭献

　　以上常州之学，即为公羊学派。

　　以上为中世极盛之期，间类及于晚季。

俞樾　高邮王氏之学兼公羊学

孙诒让　黄以周　父式三　孙黄为礼学之大成

郑珍　贵州之学

吴大澂　小学的新派

陈澧　主汉学兼采宋学

　　以上晚季大家。又章炳麟、刘师培等为新进名家。

王夫之　方苞　陈厚耀　顾栋高　王懋竑　崔述

　　以上出于宋学而近于汉学者。

颜元　李塨　王源……戴望

　　以上颜李学派

刘献廷

胡承诺……李兆洛

　　以上二派又别为一家。

罗有高　汪缙　彭绍升　杨文会

　　以上为释教派，又公羊学家归佛者有龚、魏、俞、康诸人。其余文廷式、夏曾佑、章炳麟也皆好佛，然皆与理学家趋向异也。

　　以上综为宋学别派。

校勘学

　　朱筠　提出《四库全书》之议

　　纪昀　奉敕撰《四库全书总目提要》

　　彭元瑞　奉敕校《十三经》

　　毕沅　阮元　二人皆为学者之提倡

　　卢见曾　卢文弨　顾千里　黄丕烈　秦恩复　张敦仁　陈鳣　严可均　孙星衍　莫友芝　陆心源　缪荃孙

　　本邦刻《七经孟子考文》、皇侃《义疏》、《佚存丛书》，尤有提醒之功。

　　藏书家

　　藏书刻书二家可以羽翼校勘之学，叶昌炽《藏书纪事诗》可以参考。

　　天禄琳琅　毛晋　季振宜　钱曾

以及近世四大家　陆、杨、瞿、丁

刻书家

毛晋　鲍廷博　黄丕烈　伍崇曜

以及近时黎庶昌、杨守敬

金石学家

顾炎武　翁方纲　王昶　黄易　朱为弼　赵魏　张廷济
刘喜海　张燕昌　翟云升　陈介祺　徐同柏　吴式芬　端方
刘心源　罗振玉

倪模　以下古泉之学

初尚龄　鲍康　李佐贤

史　学

浙东　黄宗羲　万斯同　《历代史表》　全祖望　本集
浙西　顾炎武　徐乾学　《资治通鉴后编》

　　黄顾二氏为众流之源

○正史

明史

朱彝尊　王鸿绪

○修补正史

吴任臣《十国春秋》

邵远平《续弘简录》

　　此二人可属旧派

厉鹗《辽史拾遗》　杭世骏《金史补》　谢启昆《西魏书》
毕沅《续资治通鉴》　梁廷枏《南汉书》

沈炳震《新旧唐书合钞》 彭元瑞《五代史记注》

周济《晋略》

○考证旧史

王鸣盛《十七史商榷》、《蛾术编》

赵翼《廿二史劄记》、《陔余丛考》

钱大昕《廿二史考异》、《十驾斋养新录》

钱氏子弟皆多著作，郁为家学。

王元启　梁玉绳　洪亮吉　章宗源　沈钦韩　吴卓信　张敦仁
汪士铎

○地理

顾祖禹《读史方舆纪要》

阎若璩《四书释地》

胡渭《禹贡锥指》

　以上皆为徐乾学所招修《一统志》

齐召南《水道提纲》

道光以后魏源、徐继畬等为海外地理之学，乃袭耶稣会士所遗及《瀛环志略》等而扩之，不主考订。近时邹代钧最为专门之家。

○塞外史学、地理

钱大昕　考元史以钱氏为大宗，清朝史学自此一变。

祁韵士《皇朝藩部要略》　张穆《蒙古游牧记》　何秋涛《朔方备乘》　李文田《元秘史注》　洪钧《元史译文证补》　文廷式　沈曾植　屠寄《蒙兀儿史记》　柯劭忞《新元史》

龚自珍

魏源《海国图志》、《元史新编》

松筠　徐松《西域水道记》

○汉志水经之学

全祖望　赵一清　董祐诚　杨守敬

戴震　陈澧

○古地志

徐松《唐两京城坊考》　周城《宋东京考》　毕沅《关中胜迹图志》　李兆洛《李氏五种合刊》　六严　杨守敬

○古史

马骕《绎史》　李锴《尚史》

林春溥《竹柏山房十五种》　陈逢衡《竹书纪年集证》崔述《考信录》　程恩泽《国策地名考》

○掌故

礼亲王《啸亭杂录》　盛昱　文廷式　王庆云《石渠余纪》吴振棫《养吉斋丛录》

陈康祺《郎潜纪闻》

○经济

包世臣《安吴四种》　魏源　贺长龄《皇朝经世文编》龚自珍　俞正燮《癸巳类稿》《癸巳存稿》　蓝鼎元《平台纪略》姚莹《台湾》　陶澍《盐法》　严如熤《苗防备览》　冯桂芬《校邠庐抗议》　张之洞

○史法

方苞　古文义法

章学诚《文史通义》　张采田《史微》

文　学

古文

侯方域　魏禧　汪琬（三家皆袭宋明之风）

黄宗羲　顾炎武（二家皆不以文为主，而其文辞卓然，自然为家，后考订家文多从二氏出）

朱彝尊　姜宸英　李绂（此诸人已与侯魏诸家自异趋向，清代古文始可信矣）

袁枚（后来骈散不分之体已兆于此）

　以上为古文革创之期

明归有光　方苞　刘大櫆　姚鼐　刘开　方东树　吴德旋梅曾亮　管同　朱琦　吴敏树　邵懿辰　孙衣言（桐城派古文）

恽敬　张惠言　董士锡　李兆洛（阳湖派古文）

罗有高　汪缙　彭绍升（崇佛家古文）

龚自珍　包世臣　魏源（古文近于选体者）

曾国藩　张裕钊　薛福成　吴汝纶　黎庶昌　郑珍

左宗棠（出于桐城派而综合众家者）

　以上古文极盛之期

骈体文

陈维嵩　胡天游　邵齐焘　吴锡麒　杨芳灿　曾燠　彭兆荪（旧派骈文家）

孔广森　纪昀

孙星衍　洪亮吉　董祐诚　皮锡瑞　樊增祥（考订家兼骈文

家者）

　　骈散不分家　　乃为选体极盛之期

汪中　汪士铎　王闿运　谭献　袁昶

新体古文

黄遵宪　康有为（出于选体）　梁启超

诗

　　明代诗派（李梦阳、何景明、李攀龙、钟惺、谭元春、袁宏道）　王世贞　陈子龙

清初大家

钱谦益　吴伟业　顾炎武

南施北宋　施闰章　宋琬

龚鼎孳　吴兆骞

康雍间大家名家

王士禛（为一代正宗）

朱彝尊

查慎行（出于白苏）

冯班　赵执信（私淑冯班）　毛奇龄　宋荦　田雯

吴雯　柴绍炳　毛先舒（西泠十子柴毛为主）　尤侗

屈大均　梁佩兰

乾隆间名家

沈德潜　王昶（称为王士禛正脉）

袁枚　蒋士铨　赵翼　（三人皆出新意，袁氏尤有意与王士禛为敌人，赵亦推查排王，盖一时风气如此）

　　袁氏二脉或谓为格调派、性灵派，并立门户主持坛坫。

厉鹗　黄之隽　严遂成　吴锡祺　黄景仁　孙星衍

洪亮吉　张问陶　杨芳灿　吴嵩梁　陈文述　郭麟　舒位

孙原湘　刘嗣绾　乐钧　屠倬

　　乾隆间作家如林，今特举其表表者。

道咸以后

龚自珍　魏源　何绍基　郑珍　李鸿裔　欧阳绍洛

曾国藩　毛贵铭　高心夔　翁同龢　许宗衡　李慈铭

张之洞　袁昶　沈曾植　郑孝胥

　　乾隆以来诸家，多由苏黄入玉溪生，以窥工部，所谓江西诗派者也。

王闿运　谭献

　　近时作家往往宗选体，王湘绮尤以此体为一代盟主。

旗人文学

　　铁保编《熙朝雅颂集》（诗）

　　盛昱辑选《八旗文经》（文）

　　词

　　纳兰成德

　　曲

　　孔云亭《桃花扇》　李笠翁《十种曲》　蒋心余《九种曲》

传奇小说

　　《红楼梦》《品花宝鉴》《海上花列传》《儿女英雄传》《镜花缘》

　　蒲松龄《聊斋志异》　纪昀《阅微草堂笔记》　袁枚《新齐谐》

艺　术

书家

（所举皆专门名家，其儒林文苑，兼善临池者，概不载入。）

清初大家名家

傅山

王铎

　　此二人皆学阁帖。明末清初之风气，此为大宗。

宋曹（亦属阁帖派）

冒襄

周亮工

　　清初人亦有务以奇衺横逸自喜者，此二人可以代表斯派。

康雍间名家

笪重光

陈弈禧

汪士鋐

沈荃

查升

　　康雍间名家多由董入米，稍就收敛。亦为治世之风格，以上诸人皆属斯派。

姜宸英

王澍

　　风气新开，乃有兼习碑帖，此二人者可为其先驱者。

乾嘉间大家名家

张照

刘墉

入自帖学，另出机轴，可谓集大成矣。有清一代，谁能争锋。

梁同书

梁巘

王文治

宋葆淳

铁保

皆主帖学，联镳并驰，桃李竞芳。但梁王南人，动失轻俊，冶亭北士，辙病钝重，成哲亲王亦宜入斯派。

翁方纲

兼习碑帖，此为后劲，风气一变，争趋北碑，看者须知关捩之处。

道光以后

邓石如

包世臣

北碑一派，善之者邓，倡之者包，不数十年而风行宇内，施及朝鲜日域，虽乘时之利，亦豪杰之士也。先是试而不倡者金农，当年倡而不染者阮元。

钱坫

钱泳

萨迎阿

以上诸人在书法鼎革后，不变其格，亦可谓有识矣。

伊秉绶

桂馥

姚元之

陈潮

陈鸿寿

吴熙载

何绍基

以上诸人皆为北派之前驱。

赵之谦

杨沂孙

杨岘

翁同龢

潘存

张裕钊

杨守敬

吴昌硕

北派至此极其盛运，而杨星吾新以隋唐遗墨，欲变其格，未及大成，罗叔言复依殷龟汉简，溯源籀篆，匡谬分隶，唐抚王迹，魏写麻笺，亦将混一南北，泯灭辙迹，六书之变，似穷实通，真不知其所届夫。

附女士

清初　顾眉生　柳如是

清末　吴芝瑛

论书名家

冯班《钝吟书要》

王澍《论书賸语》

又《竹云题跋》、《虚舟题跋》

朱履贞《书学捷要》

梁同书《论书》

段玉裁《述笔法》

以上旧学

阮元《北碑南帖论》、《南北书派论》

包世臣《艺舟双楫》

康有为《广艺舟双楫》

杨守敬《平碑记》、《平帖记》

又《学书迩言》

以上新学

画家

清初大家名家

王时敏

王鉴

王翚

王原祁

吴历

恽格

清初大家，推四王吴恽，举世无异辞，一代风气，尽自此开，奉常廉州，犹诗之钱吴；石谷南田，犹诗之朱王，渔山独造，时用西法，司农士气，实启来者。娄东虞山，竟为丹青之丰沛矣。

释道济（石涛）

释髡残（石溪）

　　二石夭矫奇辟，迥不犹人，真所谓散僧入圣者。

陈洪绶

萧云从

　　老莲人物高华渊穆，尺木山水，萧疏绍秀，并不愧逸品。

龚贤

吕潜

戴本孝

　　行笔用墨，独辟境地，往往出入西法，而能泯其迹。

顾殷

朱耷

徐枋

姜实节

　　遗逸之作，不食烟火，顾姜二人，几逼专家。

项奎

查士标

顾大申

王武

程邃

文点

罗牧

高其佩

　　项查顾王，存晚明之风度，穆倩南云，启雍乾之气格，饭牛丘壑，派称江西，且园指画，亦备一体。

禹之鼎

传神写照，为清朝第一，如其风格，仍是实父余派。

笪重光

高士奇

赏鉴之家，时自濡毫，另有逸趣。

雍乾间名家

黄鼎

沈宗敬

杨晋

唐岱

蒋廷锡

诸家沉厚苍浑，守四王之矩矱，存恽吴之遗韵，未得以不能变轻之。

李世倬

王昱

张庚

张鹏翀

以上诸家画格，亦为前五家之亚，未至领新标异，以辟乾隆风气也。

钱载

钱维城

潘恭寿

尹锡

乾隆中叶以后，画家竞喜新异，笔情轻俊，傅彩靓冶，此诸人犹未染时习，然已殊于康雍诸家之重厚矣。

金农

郑燮

冬心奇古，老莲之亚，板桥豪荡，逸趣天成，故自属别格。

高凤翰

华嵒

李鱓

边寿民

以上四家皆以疏宕纵逸见长，卉木翎毛，别具神趣，亦为一格。

王玫

王宸

二子皆为名家后人，虽承家学，每出新意。

张宗苍

山水气体，苍莽深稳，虽入画院不染其书卷之习，在乾隆中，故应推大家。

邹一桂

董邦达

董诰

张若霭

以上诸家奉敕作画，辄入院体，虽乏韵致，精妙无匹，东山父子，仍饶风骨。

沈铨

墨守明格，不求新意，似禹尚吉，犹足以起我邦百年来之画风，不亦异乎？

袁雪

袁江

袁耀

陆昉

　　袁氏一派，山水工致，入由北宗，出由西法，日为奇癖，格似穆倩，皆在我文晃广重之间。

上官周

黄慎

　　闽派之画，不脱犷气，竟与我吴春庐雪为近。

嘉道间名家

康涛

张崟

罗聘

奚冈

黄易

王霖

钱杜

王学浩

黄均

朱昂之

　　清画松秀邵俊，至嘉道之际而极矣，但夕庵犹带沉着之气，两峰自多朴古之韵，小松独有萧疏之趣，叔美竟饶冲淡之意，在诸家中，当推白眉。

咸丰以后名家

汤贻汾

戴熙

道咸间推二子为大家，雨生意致清新，有加乾隆诸家，醇士墨气沉厚，几近康雍名人，前后同殉于发贼之难矣。

沈宗骞

秦祖永

二家先后擅长论画，而其自运亦时臻妙境。

王素

赵之谦

张熊

任伯年

顾若波

钱吉生

同光之际，画家寥若晨星，㧑叔挺生晚季，花卉之妙，独领神理，其余诸家亦有可观。

陆恢

近日山水，尤推廉夫，而其时已入民国矣。

顾洛

姜埙

余集

改琦

费丹旭

汤禄名

有明以来，仕女一派，皆宗十洲，乾隆以后，才脱其圈套者，数子之力，西梅静穆，晓泉妍雅，秋室秀媚，七芗清艳，晓栖潇洒，乐民悠闲，就中改费二氏，尤极清楚艳异之致。

附闺秀

顾媚

李因

马荃

陈书

附录：清朝书画谱目录

书 家

所举多为专门名家，其儒林文苑，兼善临池者，概不载人。

清初大家名家

傅山

王铎

宋曹

晋唐真迹气味，索于有明中叶，而阁帖之学，代兴于清初，青主觉斯，实为其大宗，射陵江北之杰，亦与傅王同其归趣。

丁元公

归庄

金俊明

纪映锺

吴山涛

清初之画，袭明格者，不出祝董二家范围，但逸民一派，若丁归金等，自有高韵，其人品使然，纪吴诸人，已骎入于康雍风格矣。

冒襄

周亮工

清初人有专以奇衷横逸自喜者，盖习明末张二水等之风而加太甚，然亦可备一格，若此二人即是。

康雍间名家

陈弈禧

沈荃

沈楫

查升

汪士鋐

高士奇

汤右曾

康雍间名家，多由董入米，藏锋敛锷，渐就规矩，虽乏奇气，亦为治世之风格，此诸人皆属斯派。

王鸿绪

赵执信

横云腴润，学华亭董氏，秋谷清秀，出虞山冯氏，王弱赵板，动受诋讥，要自为康雍名手。

郑簠

林佶

清初分隶，多学曹全碑，画家若王奉常，学人若朱竹垞，皆可名家，谷口吉人，亦斯派之表表者。

姜宸英

何焯

王澍

杨宾

蒋衡

风气新开，乃有兼学碑帖者，姜何王杨诸人，为其先驱，拙存学书于大瓢，而实与张得天为近，亦风气所致。

乾隆间大家名家

张照

刘墉

入自帖学，另出机轴，华亭以后风格，此谓集大成。有清一代，谁能争锋。

梁同书

梁巘

王文治

铁保

宋葆淳

皆主帖学，联镳并驰，桃李竞芳。但二梁梦栖南人，动失轻俊，冶亭帅初北士，辙病钝重，成哲亲王亦宜侧此诸人间。

翁方纲

兼习碑帖，此为后劲，而后风气一变，争趋北碑，看者须知时世有关捩之处。

道光以后大家名家

邓石如

包世臣

北碑一派，善之者邓，倡之者包，不数十年而风行宇内，

施及朝鲜日域，虽乘时之利，亦豪杰之士也。先是学而不倡者
金农，当时倡而不染者阮元。

钱坫

钱泳

萨迎阿

以上诸人在书法鼎革后，不变其格，亦具特识，非无所见
而后时也。

伊秉绶

桂馥

姚元之

陈鸿寿

陈潮

吴熙载

吴云

何绍基

以上诸人，皆脱唐碑之拘牵，为北派启途径，篆隶真行，
有急风舞雪、天花乱坠之妙。

赵之谦

杨沂孙

杨岘

翁同龢

潘存

张裕钊

杨守敬

吴昌硕

北派至今，运称极盛，而杨星吾新以隋唐真迹欲变其格，未及大成，罗叔言复依殷龟汉简，溯源籀篆，匡谬分隶，唐抚王迹，魏写麻笺，亦将混一南北，泯灭辙迹，六书之变，似穷实通，真不知其所底止也夫。

附　女士

吴芝瑛

画　家

清初大家名家

王时敏

王鉴

王翚

王原祁

吴历

恽格

清初大家，推四王吴恽，举世无异辞，一代风气，尽自此开，奉常廉州，犹诗之钱吴；石谷南田，犹诗之朱王，渔山独造时用西法，司农士气，实启来者。娄东虞山，竟为丹青之丰沛矣。

释道济

释髡残

二石夭矫奇辟，迥不犹人，真所谓散僧入圣者。

陈洪绶

萧云从

老莲人物高华渊穆，尺木山水，萧疏绍秀，并不愧逸品。

龚贤

吕潜

戴本孝

行笔用墨，独辟境地，往往出入西法，而能泯其迹。

顾殷

朱耷

徐枋

姜实节

遗逸之作，不食烟火，顾姜二人，几逼专家。

项奎

查士标

顾大申

王武

程邃

文点

罗牧

高其佩

项查顾王，存晚明之风度，穆倩南云，启雍乾之气格，饭牛丘壑，派称江西，且园指画，亦备一体。

禹之鼎

传神写照，为清朝第一，如其风格，仍是实父余派。

笪重光

高士奇

赏鉴之家，时自濡毫，另有逸趣。

院画名家

焦秉贞

陈枚

郎世宁

清代院画，尤喜海西之法，绘影设色，以分明暗，焦陈诸人，由东学西，郎氏西人，参以东法，其归一也。

雍乾间名家

黄鼎

沈宗敬

马元驭

杨晋

唐岱

蒋廷锡

诸家沉厚苍浑，守四王之矩矱，存恽吴之遗韵，未得以不能变轻之。

李世倬

王昱

张庚

张鹏翀

以上诸家画格，亦为前六家之亚，未至领新标异，以辟乾隆风气也。

钱载

钱维城

潘恭寿

尹锡

乾隆中叶以后，画家竞喜新异，笔情轻俊，傅彩靓冶，此诸人犹未染时习，然已殊于康雍诸家之重厚矣。

金农

郑燮

冬心奇古，老莲之亚，板桥豪荡，逸趣天成，故自属别格。

高凤翰

边寿民

华嵒

李鱓

以上四家皆以疏宕纵逸见长，卉木翎毛，别具神趣，亦为一格。

王玖

王宸

二子皆为名家后人，虽承家学，每出新意。

张宗苍

山水气体，苍莽深稳，虽入画院不染其甜熟之习，在乾隆中，故应推大家。

邹一桂

张若霭

董邦达

董诰

以上诸家奉敕作画，辙入院体，虽乏韵致，精妙无匹，东山父子，仍饶风骨。

沈铨

墨守明格，不求新意，似禹尚吉，犹足以起我邦百年来之画风，不亦异乎?

袁雪

袁江

袁耀

陆昑

袁氏一派，山水工致，入由北宗，出由西法，日为奇癖，格似穆倩，皆在我文晁广重之间。

上官周

黄慎

闽派之画，不脱犷气，竟与我吴春庐雪为近。

嘉道间名家

康涛

张崟

罗聘

黄易

奚冈

钱杜

王霖

王学浩

朱昂之

黄均

清画松秀邵俊，至嘉道之际而极矣，但夕庵犹带沉着之气，两峰自多朴古之韵，小松独有萧疏之趣，叔美竟饶冲淡之意，在诸家中，当推白眉。

咸丰以后名家

汤贻汾

戴熙

道咸间推二子为大家，雨生意致清新，有加乾隆诸家，醇士墨气沉厚，几近康雍名人，前后同殉于发贼之难矣。

沈宗骞

秦祖永

二家先后擅长论画，而其自运亦时臻妙境。

赵之谦

王素

胡义赞

胡璋

顾沄

钱慧

同光之际，画家寥寥若晨星，㧑叔挺生晚季，花卉之妙，独领神理，其余诸家亦有可观。

陆恢

近日山水，尤推廉夫，而其时已入民国矣。

顾洛

姜埙

余集

改琦

费丹旭

汤禄名

有明以来，仕女一派，皆宗十洲，乾隆以后，才脱其圈套者，数子之力，秋室秀媚，西梅静穆，晓泉妍雅，七芗清艳，晓栖潇洒，乐民悠闲，就中改费二氏，尤极清楚艳异之致。

附　闺秀

顾媚

陈书

马荃

编者附言

　　本文收录于《内藤湖南全集》第八卷。在该文正文之后，有《全集》编者之一的内藤乾吉所写的"后记"。其中说，本著作为内藤湖南于1915年8月在京都大学演讲的速记稿。经著者女婿鸳渊一及内藤乾吉校订，与《清朝衰亡论》一起，曾于1944年由弘文堂出版。

编　者

清朝衰亡论

绪　言

　　本小册子原题为《清朝的过去及现在》，是明治四十四年（1911）的十一月二十四日、十二月一日、十二月八日三次在京都大学作"星期五特别讲演"的速记稿。讲演结束后，京都大学的以文会说要把它出版，所以，就大致订正了字句的谬误。虽然时局的变化日新月异，而讲演之时只是率直说出了自己当时的感想，并没有去事后订正。不管时局有多少小的波折，而大势所趋，结局只是一个，这一点是讲演者深信不疑的。

明治四十五年一月十五日

讲演者识

第一章　兵力上的变迁

　　数年前，因为职业上的关系，我曾专心关注过清朝现实的局势，但自忝居京都大学教官末席以来，研究的范围渐渐扩展，就不只是关注现实的局势。所以，对于眼前的问题会有许多并未看准之处，或未能做充分的预计，这一点是首先要向大家交代的。

　　我的讲题是清朝的过去及现在，分三次讲。但是，现在人们想听的，比起清朝的过去及现在来，或许更是清朝的将来，但我选择这个题目是一周前的事。试想一下，从今天开始到这个讲演结束需要整整两周的时间。清朝目前的状况在此之间会变得怎样，我并不知道。在我讲演期间，只能确认清朝的过去及现在，是否有将来本身也是一个问题。所以，首先把将来放在一边。但如果在我讲演结束的当日还有将来的话，就稍稍述及将来。

　　此讲演正如前面说到的，从今天开始分三次讲，每次并就所讲内容作一下小结。所谓过去及现在，范围非常之广，说什么话都并无妨碍，说到哪里也没有止境。正是本着这样的想法，才选了这个题目。目前的形势是清朝的状况每天都有变化，今天我在到这里来之前，很难明确断定说怎样的话合适。到昨日为止的情况是确定的，所以，我就这些情况来说话也就比较安全，于是，我定了一些怎么说都可以的题目，所以，我想就每次一项一项地讲。今天，就主要讲讲清朝兴起以来兵力的变迁。

兵力的变迁对清朝今天的衰运有极为重大的关系。当然，国家兴起时兵力是十分重要的因素，与此相同，国家衰弱时兵力的衰颓也不能不是重大的原因。所以，今天我要主要谈谈兵力。第二次则准备讲经济上的变迁。第三次现在还很难说，视清朝是否有将来再决定讲什么。

侵入中国本土之前

清朝的兵力在清朝还没有进入中国本土之前，即在还没有夺取北京这个都市之前，就已有鲜明的特色，引人注目。清朝兴起的满洲土地，在古代中国人看来，不用说，是野蛮人的、是非常强悍的民族居住的地方。今天清朝称之为满洲的地方，前朝称之为女真或女直。关于女直，有一个谚语说它从非常远古开始就是强悍的，即"女直不满万，满万不可敌"。就是说，女直没有达到一万人的军队，如果有一万人的军队，其强悍就是不可战胜的。总之，这个民族是非常强悍的，自古以来就有这样的评价。这个民族原从北方兴起，所以，容易被人看作是与蒙古人一样，但其实，却与蒙古人非常不同。蒙古人是游牧人，满洲人从一开始就不是游牧人。一些清朝的历史学家也说，满洲人是靠射猎为生的民族，但不是游牧民族，与蒙古人是非常不同的。那么，满洲人被说成是自古以来强悍的民族，其实其强悍程度与其他强悍民族相比怎样呢？还是一个疑问。与东方各国中的强悍民族相比，如与我们日本做比较，就强悍程度来看，幸而日本与满洲之间还存在着可以作比较的标准。

努尔哈赤的兵制

首先必须知道满洲初期的兵制，正像任何人都知道的，满洲国兴起的当时就已经有所谓八旗的军队组织。这是满洲的始祖清太祖努尔哈赤建立的兵制，最小的军队以三百人为一单位，然后，渐渐往上扩展，以三百人的五倍又组成一个大军队。又以此数的五倍再组成一个大军队，这就是一旗。所以，一旗是七千五百人。而总体有八旗六万人的军队。这之后又有蒙古八旗、汉军八旗，但最初是以纯粹的满洲八旗为重要基础而兴起的。

这样的军队在战争时是怎样列阵作战的，这在清朝的《实录》中有所记载。建立八旗组织的当时，是有记载此兵法的书的，但此兵法之书现在不传了。但其大体情况留存在清朝《实录》中。其阵列在与敌人交战时，身穿坚甲，手持长矛和大刀的人是先锋，身穿轻甲的弓箭能手在其后面向敌人进攻。满洲有甲的制度，并有铁甲和绵甲之分。满洲的铁甲是以缎子或棉布做成的衣服，在其衬里上用铁钉缀上二寸长、一寸三四分宽大小的薄铁板。袖子上、身上都有，在身体的腰部之下是草摺，像日本的铠一样，以细长方形的铁片编织而成，缀在缎子或棉布的衣服里面。盔、铠与蒙古及朝鲜一样也都是铁制的，只有披肩部分是在缎子或棉布的里面缀上铁板。这种铁甲就叫坚甲。绵甲就是身上全没有铁片，只是以缎子或棉布制成的。大将等穿缎子的，普通的军队穿棉布制成的铠的形状的衣服。轻甲就是指这些穿绵甲的人。

这样，军队分成穿铁甲的和穿绵甲的两种，穿铁甲者在前列，拿着大刀或长枪。穿绵甲者居后，他们是射手。此外还有精兵。

在第一列、第二列的都是下马而立的人——满洲人可以说全部都是骑兵，但一般人是下马而立的，只有精兵不下马，在别处隐藏着，以便在战斗中能够见机突入敌人的阵中。这就是满洲军队阵列的方式。这与同时代的日本即日本的战国时代的阵列相比，是有很大不同的。

虽然日本中世纪的军队阵列也有种种独特的兵法，但渐渐随着枪支的产生，当时的持枪手都跑得很快，因为开始是在远距离打枪射击，然后撤退下来；其次是射手，散点地发射战箭。这样才渐渐地与敌方距离接近，这时持枪的士兵从背后突进射击，最后是旗本的武士与敌人短兵相接，这是日本普通的阵列。与满洲的顺序相反。满洲人枪在前，弓隐于其后。即满洲的阵列中穿铁甲的相当于日本所说的防御敌人矢箭的持盾者。射手一般是隐蔽而身轻，从暗处射出弓箭。这样趁敌阵混乱时骑兵突入，搅乱敌阵，是这样的一种作战方式。这种阵列是好是坏，像日本那样渐渐战酣时短兵相接，即今天所说的白刃战，是好是坏，是另外的问题，总之在阵列的方式上看，日本的方式是胆小怯懦的阵列。对敌箭毫无畏惧者站在前面，从隐蔽处作战的方式，比起日本兵来要坚强得多。他们不像日本兵那样从一开始就准备遭到敌人的打击。

满兵与明兵的比较

如果把他们与蒙古全盛时期的兵力相比较，由于时代不同了，不能作以上这样的阵列上的比较，从战争成绩来看，自然是蒙古全盛时期即元代初期要强得多。元兴盛时的作战方式十分特别，他的对手金也好、南宋也好，几乎没有可与之对抗的办法。满洲兴起时，他的对手明朝的作战方式则是可以与清相抗衡的。这不是因为明兵强大，而是因为满兵不太强大。明兵的强弱可与日本征伐朝鲜时的兵力相比较，也许是习惯了战争，明代的军队到明末反倒渐渐地变得能够对抗满洲兵了。特别是明代军队考虑到：由于满兵开始时十分强大，如果野战会对自己不利，就寻找能够以弱克强的方法，明末经略辽东的袁崇焕等就在这方面费过苦心，因为如果野战就要有所损失，所以他们筑起坚固的城墙，并且这时已经开始有传入的西方兵器作火力驱逐，这为明兵对抗满洲奠定了基础。但是他们面对的清太祖是到目前为止几乎百战无不胜的，只在宁远攻城时，因为有前面所说的独特的方法即坚固的城墙加上西方兵器作防御，未能攻克，清太祖败了。这是从未有过的第一次残酷的战败，并因此生病而死，这种守城方法对明军相当合适。看到胜利，就自信满洲的军队也不是那么可怕的，明代军队也就渐渐地强大起来了。有祖大寿、祖大弼兄弟两个名将（虽然最后也投降了满洲），这兄弟俩当中，特别是弟弟祖大弼非常顽强，曾迫近清太宗的阵营，与之短兵相接，差点儿虏获了清太宗。又曾企图夜袭清太宗的阵营，进行了爆炸阵营的大决战，可见明代军队后来也渐渐地强大起来了。所以，虽然结果是明朝亡了，满洲夺得了土地，但其实，明兵不是亡于满洲军队，而是亡于内乱，满洲军队从北方来袭取是非常侥幸的。所以，满洲军队虽然不能说是弱，但也绝对与蒙古族所向无敌、踏平中国国土的情况大不相同。其强弱一开始就是这样的程度。

在清太宗时代，虽也曾几度侵入从北京到山东省一带，但因为没有攻陷山海关外的四城，久久没有达到灭亡明的目的，待清世祖继位，在其幼年时明因内乱灭亡了。当时驻守山海关的吴三桂为了对李自成进行复仇战争，有意借用满洲军队，清摄政王知道了吴三桂的请求，就帮他使战争取得成功，自己也就因此夺取了北京，接着建国成功。成功的基础是还有比较强的军队，但不久，就显出不强的迹象。

吴三桂之乱

清朝攻入北京才三十年，引导清兵入关亡明的吴三桂企图谋反。吴三桂早年在辽东，是身经百战的宿将，在清朝亡明之际，又建立了大功劳。清兵入北京后，他成为清的爪牙，攻入中国中部土地，最后在云南封为藩王，于康熙十二年谋反。此时吴三桂已是七十岁以上的老人，他的叛乱给了清朝很大的打击。虽然是七十以上的老人，但他是身经百战的老将，手下还拥有一些同样身经百战的大将。据此，企图谋反，从云南打到贵州，又打到湖南。与吴三桂同样由明降清建立了功劳受封藩王的，还有耿仲明在福建，尚可喜在广东，吴三桂也联合了他们一起谋反，形成中国南部的大骚乱。打到湖南时，清朝当然用大部队防范，当时，攻打明朝建立战功的皇族、大将大部分都已去世，没有能够与吴三桂匹敌的名将，所以清朝的士兵非常丢人，遭遇吴三桂的军队时就溃逃，但清兵为什么最终平定了叛乱呢？因为吴三桂年事已高，对战事过分习惯了，过习惯后就过分谨慎。在进入湖南省洞庭湖畔的岳州后，没有进一步从岳州挺进湖北境内。这时，从四川到陕西一带响应吴三桂的叛清军队，从湖北向中原挺进，如背水一战果敢地进行大决战，形势到底会怎样发展，真是难以推测,但吴三桂谨慎过分,没有再从岳州向前挺进。这时,康熙帝是个年仅十九、二十的少年,他从小敏锐而精力过人,每天一个人阅读从八方而来的军事报告,让大臣们立于其侧,向他们一一口授这应该这样,那应该那样,一天从早到晚要批阅三四百份奏折,指挥战事。清兵软弱,屡屡逃亡,但因为防备部署的程序很好,并且,在还没彻底大败时吴三桂死了,致使叛军大乱,清军征伐顺利告终。当时清军兵力部署的程序之好,真可谓是相当先进的,从北京到西安凡二千六百五十清里,到荆州三千三百八十清里,报告在五天之内可以到达;到浙江是三千三百里,四天可以到达;到甘肃一带遥远的西部,有五千多里,九天可以到达。一天之中可以奔驰五六百里到七八百里。这就是清朝的驿传制度,一天可以传递五百里或六百里的报告,这时就被更为快捷地利用了。因为有了这么好的传递制度,清朝取得了胜利。但取得这胜利的要素,终究不是满洲军队的强大,而是其启用的征伐大将主要是汉人。康熙帝的方针是:古代就有用汉人平定汉人叛乱的先例,因此,没有必要让满洲人出征,而让汉人出力就行了。所以,当时建立战功的多为汉人。即以汉人征伐汉人,而并不是以满人之力征伐吴三桂之兵。这样,满洲人陷于腐败要比一般认为的还要早,即并不是满洲人以强大的实力平定了大叛乱,这一点是可以明确的。

康熙帝以后是雍正帝,他也善于启用汉人大将军。雍正帝时有一非常有名的大将岳钟琪就是汉人。曾有汉人文臣劝他谋反,可见他当时实力之强大。此人善于战事,但没有谋反的胆略,被人劝说谋反之事传到朝廷,受到了严厉的处罚。

乾隆时代

其次的皇帝是乾隆帝。这时，清朝取代明朝已有九十年了，清朝用大将的方针有所改变。乾隆帝努力于大量启用满洲人。乾隆帝时代征伐上立功的人有许多满洲人。其中有征伐台湾和西藏立功的福康安、海兰察等满洲人。但当时所谓的奖励战功，其实并非是满洲人立了多大的战功，而是清朝的财政非常富裕，十分有钱，用钱鼓励征伐战争的胜利。给予征伐将卒的恩赏非常丰厚，极大地鼓舞他们去征战。对将卒的赏赐在乾隆时开始重起来，清初的恩赏是很少的。例如，立了战功或战死了，大体上也只是给他的一个儿子以特殊待遇，让他入国子监即大学读书而已，这已是非常大的恩赏了。清初平定中国建立大功的人，有一个从明代叛降过来的洪承畴，此人有经略五省的大功，也只是封了三等轻车都尉这样很低的爵位。此爵位按清代封爵的规定，只相当于二十几等，这么大的功劳而只是封这样的低爵位。在平定吴三桂之乱时建功的汉人名将中，有赵良栋、王进宝两人，他们也只封了子爵。到了乾隆时，恩赏才重起来。此时立功的福康安等，超越了公、侯、伯、子、男而受封郡王。因为天下渐渐太平，不重赏就难以驱动人作战。

此外，在提拔的方式上也出现破格任用。建立了一点战功，在一年或半年之内，就能连续进官二级、三级、四级、五级。这都是从乾隆帝时代开始的风气，这时不让汉人立功，尽量鼓励满洲人立功，乾隆帝对中国的学问也有很深的造诣，但他却是一个保存满洲国粹的人，他抑制了渐渐滋长起来的满洲八旗中的中国化风气。在此前的金代，金世宗非常注重保存国粹，满洲的太宗也学习金世宗，而乾隆帝在这方面更为注重，模仿他们，大力推行国粹主义。当时，编撰了满洲语的辞书，把原来贫乏的满洲语词汇，通过汉语的翻译语而使之丰富起来。对于致力于保存满语的满洲人，在政治上也给予他们重要的位置。

乾隆帝在位六十年，二十五岁即位，一直到八十五岁让位于其子嘉庆后，还活了四年。晚年乾隆帝的施政方针更加宽大，简直就是没有管理。他因是让位的天子，故为太上皇，也就像日本的太上皇一样，开始训政。近来西太后的训政，就是学的乾隆帝，开了一个不太好的先例。乾隆在世期间，即使让了位，但仍然握有实际的政治权力。而且，一味地采取宽大的政策，宠幸有名的贪污权臣和珅。政治腐败的结果，使得在乾隆末年到嘉庆初年的七年间（到完全平定则几乎有九年）中国出现了大起义。

白莲教匪之乱

白莲教是一种邪教的起义，一时横亘湖南、湖北、四川、陕西四省。这虽然完全是一次起义骚动，但也持续了七年之久。为此，军费用掉了一亿两以上。当时，满洲八旗军队不起作用，大将纷告失败。失败应受到严厉惩处，而事实上却并不严惩，总是给予宽大的处理。当时满洲朝廷的纲纪已松弛。乾隆帝时代是清朝的全盛期，乾隆帝自己也颇为自夸，作有《十全记》夸耀自己的功绩。这"十全"是指征伐蒙古和新疆地区的野蛮种族准噶尔两次，征伐新疆的回教徒一次，征伐四川西部大小金川两次，平定台湾一次，征伐安南一次，征伐西藏西南廓尔喀两次，共计十次征伐^[1]，这十次都武功圆满，故谓"十全武功"。但实际上这"全"只是反映了中国式的圆满。在征伐廓尔喀时，廓尔喀人正举兵攻入西藏，因此，率领了众多军队实际上只是与很少的敌兵作战。即使这样，在到达国境的险要地段时，还是攻克不了廓尔喀，结果是派了使者去诱降，才使之降服了。所以，只是中国式的战争胜利，并没有真正取胜的意义。但总之乾隆帝还是非常自夸这"十全武功"的。这是因为当时处于清朝的全盛时期。在此全盛时代满洲朝廷虽已全部使用了满洲人，但需要给予很大的恩赏，不这样宽大对待就驱使不动。这是满洲军队表现出的明显的缺点。

白莲教匪之乱，暴露了满洲军队的缺点，同时，还遗留下了此后的大弊端。这个白莲教匪之乱对清朝兵力盛衰的变迁有十分重大的关系，绝不只是一个起义骚动而已，因此，是一个绝不可轻视的事件。

八旗及绿营的腐败

现在回过来说清朝的兵制，清朝兵制如前所说，满洲八旗是重要的部分，其后又增加了蒙古八旗和汉军八旗，汉军八旗又叫禁旅八旗，驻守北京。像日本的近卫兵，更像德川幕府的旗本。它有十万人，由二十四旗组成。此外，地方上还有如八旗的分遣队似的兵力存在，这并不是各省都有，而是在重要地方部署驻防八旗。驻防八旗一处以三千人为准。此外，各省还有由汉人组成

---

[1] 十次征伐，内藤湖南在此只列举了九次。查核史实，所遗漏者应为乾隆三十年至三十四年的缅甸之役。——译者注

的绿旗兵（一般称为绿营）。这是各省的常备军，他们受驻防八旗的监督，保护地方的安宁。但嘉庆时白莲教匪起，各省的绿营兵不起作用，驻防八旗也不起作用，从北京增援来的禁旅八旗也不起作用，总之，证明了清朝的常备军都软弱无用。因此，骚乱才能持续了较长时间。军队的弊端很早前就显露了，乾隆晋升福康安为王爵就已助长了这种弊端。乾隆时代的大将们出外征伐，归来时都成了大富豪。为此，乾隆朝因为这些不算多的征伐，用去非常多的征讨费，前面说到，大小金川征伐费用是七千万两或八千万两。白莲教匪之乱时，大部分费用也都为大将军们趁机中饱私囊了。因此，暴乱一直持续着，不能很快平息。结果，用了一亿两。不管清朝的财政有多么富足，也不堪此七八年的折腾。

乡　勇

乾隆的后面是嘉庆，他加强了管制，平息了白莲教匪，在兵制上，他是用什么手段取得平定的呢？即依靠乡勇——地方义勇兵。一开始是在湖北随州地方由于白莲教匪的蜂拥而来，靠官兵防备无用，官兵们纷纷逃散，因此这里受到白莲教匪的严重践踏。这时人民觉悟到必须依靠自己的力量来防备，即发明了所谓"坚壁清野"之法，焚烧城外的土地，深挖壕沟，全城人民众志成城守卫城池。于是，此前连战连胜的白莲教匪终于没有能攻克随州。朝廷因此知道了随州义勇兵的大作用，渐渐地开始使用义勇兵。使用了义勇兵，官军的正式常备军的大将们就更加狡猾不轨。原来绿营兵是各省的常备军，战死了多少人都必须向朝廷报告。禁旅八旗的近卫军战死时，也必须一一向朝廷报告某某战死等，这些都是不可以隐瞒的。但是，自从使用了民间的义勇兵，临时招募了多少人当兵是可以胡乱编造了向上汇报的，因此，战死多少人也就不一定要向上汇报。这样，一仗打下来是胜是败也就变得暧昧不清。这简直是太好的妙计，于是便大规模地招募义勇兵。粮食等等可以从地方上取得，只要给他们武器就可以了。

这种情况不仅限于地方防卫，也用于野战。这时，野战的阵列十分有趣。站在最前面第一列的是义勇兵，其后是绿营军，再其后是北京来的禁旅八旗。义勇兵在最前面遭到打击，败下阵来，被第二列的绿营军斩杀这些逃兵；而绿营军支撑不住败下阵来，又被最后的禁旅八旗斩杀。这种情况渐渐地也启发了白莲教匪。白莲教匪认为与义勇兵即与地方上的人民作战没有什么利益可图，于是，打到某一地方时，就胡乱地捉来许多俘虏，让这些俘虏手持武器去参加战争。于是，白莲教匪的阵列，也是俘虏在最前面，让他们与义勇兵作战。因此，战争双方站在最前面的都是当地的人。而且他们战死了也不必真实汇报，真是非常方便。所以，这种情况被广泛使用。这也渐渐出现弊端，自乾隆去世、嘉庆亲政以来，对义勇兵的功劳也渐渐适当地给予嘉奖，义勇兵的将校们也可以向常备军方面提出要求恩赏。最后，暴乱是平定了，但当时所行恩赏是漏掉了大部分的义勇兵的。总之，暴乱的平定是义勇兵之力，而非常备军之力。

这为清朝军队今后的重大改变奠定了基础。当时，地方官中也已有人观察出这种苗头。他们认为征用义勇兵十分方便，这对朝廷大计来说非常重要。认为给人民以武器，人民掌握了武器就可以参加战争。同时也认识到官兵是并不可怕的。嘉庆年间战乱平定后，就以收买人民手中的武器为名，用钱解除了人民的武装，解散了义勇兵。那时义勇兵虽还没有被看得十分重要，但已经认识到清朝兵制的瘫痪无用，以及改变兵制的必要性。

长发贼 [1]

在这种情形下又发生了长发贼之乱。这是距今六十年前发生、持续十五年、绵延中国十八个省份的大骚乱，它不同于嘉庆年间的白莲教匪之乱。此骚乱发生以来，嘉庆时业已显露出的征兆渐渐变成了事实。骚乱从发生到平定，用简单的话说就是靠了义勇兵的力量。其时立功的曾国藩、胡林翼、李鸿章、左宗棠等人，都是以义勇兵而立功的人。长发贼从广西起来经湖南、湖北到南京，一路长驱直入。那时就已经有人带着义勇兵来从军的，如江忠源就是一例。骚乱初期，以常备军进行征伐，但总觉得没有足够的力量来对抗长发贼军队，于是，曾国藩组建了能够对抗此长发贼的军队。

曾国藩的湘军

曾国藩是湖南人，当时已官至礼部侍郎，正好服母丧回归故里。皇帝很信任此人，让他招募义勇兵。但最初的目的只在于镇抚湖南地方，曾国藩当然也是为了镇抚地方的考虑而组建义勇兵的。但长发贼到了南京，然后又溯长江而上侵略湖南，于是曾国藩训练的义勇兵首次与长发贼发生了交锋。从这次交锋看，义勇

[1] 本书中，原著者所称"长发贼"，均指太平天国起义军，以下均同，不再一一指出。——译者注

216

兵是相当坚强的。其所以坚强，因为曾国藩从一开始就看透了常备军是没用的，故对于义勇兵的训练完全不按照训练官军的方式进行。他读了明代征讨倭寇的有名将领戚继光的兵书《纪效新书》（在日本，徂徕等人也很佩服此书，曾有过翻刻出版），据此组织军队。曾国藩的朋友罗泽南是一位朱子学者，他也参加了义勇兵的训练，起了很大的作用。罗泽南在地方上拥有自己的弟子，用自己的门人任将校。曾国藩十分信任他，什么都听他的，用门人组织将校，一点也不采用常备军的制度。如果借用常备军的将校训练军队的话，多少也要染上常备军的恶习，所以，一点也不采用。全部启用从未参加过战争的人，完全按照书上的说法组建军队。这种办法在战争中一试，效果不坏。也并没有特别地运用上好的武器，只是将校与士兵之间是子弟关系，而且又因为都是一个地方出身的，大家都认识。当然，义勇兵即所谓应募兵，是要发饷银的。这些用饷银雇来的应募兵与将校们有着非常巩固的团结，所以，作战中，官军逃跑了，而他们却不逃跑。由此知道，义勇兵是非常奏效的，陆军也是这样训练，水军也是这样训练。如此训练起来的水陆两军渐渐地足以抵抗长发贼了。这就是在平定长发贼中起了重大作用的湘军。

但这时，已经出现义勇兵的士兵只为自己的大将所驱动，而不听朝廷命令的例子。曾国藩率领湘军从湖南到湖北又来到江西时，在敌军围困的关键时刻，正赶上曾国藩的父亲去世，他要返里奔丧。湘军由此失去了中心，曾国藩部下的将校们，分成各个分部来统率湘军。这当然是因为义勇兵是为朝廷服务的，从道理上说，应该服从朝廷官吏的命令。但是，江西巡抚及朝廷派来的新的大将们，向曾国藩训练的军队发了种种命令，一项都不能执行，谁都不受朝廷派来的官吏的支配。可见，为自己所属的主将而战的现象，在那时已渐渐呈现出来了。总之，曾国藩利用此湘军得以平定了大乱。这就是曾国藩、胡林翼等人的做法，虽说是使用自己的部下，但就像日本陆军那样，不是靠上下级的关系，而是靠师友关系相激励。所以，士兵们对于上官的命令并非迅速执行，却是感于恩义而英勇奋斗，终于平定了长发贼大乱。

骚乱平定了，但并不能解散义勇兵。这平定了广大地方骚乱的义勇兵，首先湖南省的湘勇，还有李鸿章出生地安徽省的淮勇，还有胡林翼长期做巡抚的湖北省的楚勇。战争结束后，却不能收回武器，驱散他们。在中国制度上，向来只有常备军是名义上存在着，不得不给予饷银的。如今，新的义勇兵也被看作是一种常备军，也必须给予特别的饷银。这样，就不得不维持着两重兵制。

洋式兵器与戈登将军

李鸿章在此战争中已十分依赖他的名将戈登将军，让戈登对他的义勇兵进行新式训练，其最有效的就是所谓的常胜军。此后，就让义勇兵拥有新式武器。曾国藩死后，李鸿章成为中国政治的中心，就给义勇兵新式武器，他相信以此就能够创造出精兵，但是，发生了日清战争。李鸿章原来认为：以新式的训练，给以西洋的精良武器，使他们去作战，不管到哪里，都能取得胜利。中国拥有了与西洋人一样的新兵和新式武器，是很了不起的。但是，在日清战争中与日本一交锋，却节节失败。这促使军备观念又一次发生改变，即必须完全从根本上来进行新式的教育、新式的组织。这就是目前进行着革命的新军的起源。

袁世凯的新军

日清战争结束，使中国人认识到，到目前为止的中国向来的练兵方法是行不通的，仅仅掌握西洋的武器或依靠西洋人的海防，不可能形成真正的军事力量，而必须雇佣日本、西洋的士官，由他们来进行纯粹洋式的训练，培养出新式士兵。最早进行这种训练的就是袁世凯。袁世凯在小站这个地方，仅以一万人进行练兵尝试。结果非常有效，在北清事变之前，中国只有袁世凯的军队是最优良的军队。北清事变起，由于袁世凯的军队到了山东，没有与外国的军队发生冲突，使人不知道它的强大，但当时一般都相信，只要是袁世凯的军队是可以有能力抵挡外国军队的。北清事变结束，袁世凯升任直隶总督，就以好几倍于小站练兵的人数来大规模地训练士兵。这就形成了以直隶第几镇、第几镇而发展来的今天的新军。

留学生士官

今天的新军在制度上与此前略有不同。士兵当然还是招募而来的，但在招募之前及之后对待士兵的做法是非常不同的。本来成为士兵的都是无赖之徒，所以，中国有一句谚语"好铁不打钉，好男不当兵"，即以前当兵的都是最下等的无赖汉。但是，袁世凯训练的新兵，一般都招募多少能识得一些字的人，募来后也让他们读书、受教育，这样就与以往的士兵不同，要好得多。与此同时，中国当局还考虑到：不再只雇佣外国士官，而是雇佣外国士官先创设兵学校，再从那里向国外的士官学校派遣留学生，让他们能培养未来的军队，所以，向日本派遣那么多的武官留学生。其第一期的毕业生就有最近在石家庄被杀的吴禄贞等。

这样，就以日本为主派送了很多留学生。但是，送到日本或其他外国的留学生们，到了各个国家，接受了新的教育，回来时，他们带来的却是对清朝不利的知识。所以，清廷认为到日本的留学生都是革命党。其实并不是来日本就成了革命党，而是因为来日本的留学生最多，自然在数量上出自日本的革命者也就最多。总之，到了国外，阅读了新的书籍，就不再愿意臣服于清朝的统治，这成为革命的基础。这种革命的基础，如前所说，在长发贼之乱时，就已有将卒不听清朝大将的命令，而只为组织自己军队的主将的恩义而作战的现象。现在，来了具有外国新思想的士官，他们在训练士兵的同时，也训练了革命思想。渐渐就培养了更多的革命党。这样，在无事之时，士兵们显得是顺从的，即使具有革命思想，也没有表现出来的机会。因为士官们尚没有谋反的意图，还暂时平静着，一旦士官们起来谋反，就立刻形成今天这样的局势。也就是说，以满洲兵为中心，（1）使用汉人；（2）利用义勇兵；（3）义勇兵成为常备兵（产生尾大不掉的弊端）；（4）新式兵、革命思想的养成。从整个发展过程来看，虽然尽早防备的话，也许还会有防御的手段，但大势所趋，不可逆转，因而造成了今天这样的局势。今天，革命从武昌突发，形成如此之大的骚动，震惊了世界的耳目，追究其本质原因，毫无不可思议之处。总之，是清朝二百年的政策培养了对自己进行革命的革命思想。今天革命骚乱的兴起是不应追究于任何人的。

第二章　财政经济上的变迁

众所周知，清朝是由满洲的偏僻之地发展起来而进入中国这样具有辽阔土地的国家的。那么，在清朝入主中国的前后，中国本土即明朝的财政情况如何，有必要在此首先知道一点。

明末的财政

明朝灭亡的一大原因就在财政上。明朝财政对各种收入的处理方法是比较复杂的。清朝岁入岁出主要以银计算，而明朝并不只以银计算。如米，就是以实物收受，马粮等即以草交纳。此外，明代的特殊通货本应是银——但银在中国一般不被认成是通货，实际通行中纸币也大量存在，叫作钞。当然，明末纸币的价值大大跌落，它主要用于官方收税以及在支付俸给时使用，除此之外，纸币几乎并不流通使用。明初规定钞一贯文相当于银一两，而到明末只相当于银三厘，一两之下依次是钱、分、厘，所以，银三厘只相当于原来的三百三十三分之一。因此，虽然只在名义上通用而实际上已经不通用了，但政府的收入、支出，到万历为止仍是用钞计算的。有实际效用的是铜钱和银，铜钱因为不便于向远方运输，因此，军费等需要向远方运输的就使用银，银成为岁入、岁出的主要部分。但在收支方面除银以外的通货也还使用着，所以，从今天所看到的，光是银的岁入、岁出额，是非常小的。

从万历中期户部即财政官吏经统计以后所上的奏折看，光银一项的岁入、岁出是四百万两。到明末支出就更多，财政难以支撑。其主要原因之一就是对日本征伐朝鲜的出兵的军费。这持续了七年，正规的军费开支是五百八十三万两。此外，种种附属费用是三百万两左右，共计支出了八百八十万两。这对明的财政有非常大的影响，成为明万历以后国力趋弱的主要原因。

此外，满洲渐渐强大起来，征伐满洲也成了一大问题，称之为辽东征伐，辽东征伐的军费也很大。以前岁出入一般只不过在四百万两上下，明灭亡前九年即崇祯八年岁出在一千二三百万两上下，当然岁出如此增加是以增税来达到的。到明亡之际又渐渐增至一千六百七十万两。银的支出是正常定额的四倍以上，这就不得不实行重税，因而引起各方的内乱，结果，明朝在被满洲灭亡之前就因为起义暴动而灭亡了。

清朝的初期

明代灭亡的原因如上所述在财政上，接着就是清朝自满洲而来取代明朝。对清朝来说最大的便利是，在进入明代的土地时，完全不需要像明朝征伐满洲那样，在财政中拨出许多军费开支，所以，免除了万历、崇祯年间的种种苛捐杂税。但是，清朝取代明朝之初并未得到中国全部的十八个省份，岁入也不如明末那么多。因此，开始时年年岁入不足。但对于满洲这样一个从偏僻之地发展起来的小国家，野蛮人成了中国中原的大帝王，就像贫穷的农民突然来到大都市，变成几百万两收入的身份，在费用方面与明代是有相当大的差距的。在明末——任何国家将亡时都是这样——帝室费用是相当巨大的。这种帝室费用对清朝这样从偏僻之地发展起来的国家来说是不需要的。而且，清朝自己也已注意到，不要像明朝那样花费那么多的帝室费用。这是财政渐渐富裕起来的原因，关于此事，康熙帝（进入北京的第二代皇帝）曾作过一个比较：把明代的费用情况与入清以来特别是自自己这一朝以来厉行节俭的费用情况作了比较。

宫廷的节俭

明代时宫廷的费用相当之大，宫中费用达九十六万两，到清康熙帝时将之全部用于军队费用。此外，无论在明代还是清代，中国的制度有一"光禄寺"的机构，专管宫中的用度。还有一个工部，主要掌管建筑营造之事。这都要花费非常多的费用。明代由光禄寺送到宫中的费用每年是二十四万两。康熙帝时只三万两。此外，薪炭和营膳费也进行了节俭，光禄寺的费用省去了明代的十分之九，工部的费用也减至二三十万两，后又减至十五万两。在宫中使役的人数也大大减少。康熙帝时还有曾在明朝宫中服务过的老宦官，根据他所谈的明朝的状况——虽然多少有些夸张——明代宫中所使用的胭脂、白粉之费用每年就要四十万两，清世祖入北京后，统统废除了这笔费用。明代在宫中使役的女子数有九千人之多，宦官有十万人之多。光供养这些人的费用，就不知要使得多少人为之饥饿而死。——这也许有些夸张——总之，若相信这个宦官的话，便是这样的。到康熙帝时，宫中使役的男女数总共只有四五百人。康熙帝时还把明代光禄寺费用的六七十万两减至四五万两。工部费用以前是每年百万两左右，康熙帝时也减至十五万两。宫中就是这样地进行着大规模的节俭。也可以说，乡下人即使变成了具有高贵身份的人，也用不着过去明代所使用的那么多费用。节俭的结果使得康熙帝末年国库有了很多剩余金额。关于这剩余金额有种种不同的记载——这是中国人所说的数字，所以，差距大时还真的差得很大——据魏源所说，康熙帝十分节俭，其末年留下了八百万两；另有一种说法是康熙四十八年国库剩余金额达五千万两。这八百万两与五千万两的差距是相当大的，不可能这两者都不正确。也许是由于计算方法不同，譬如只计算中央的或中央和地方合在一起计算，因而导致这么大的差距。总之，剩余金额渐渐积累起来是个事实。

如此厉行节俭，以减轻人民的负担。尤其清朝是由外来而进入中国的，在取得人民的欢心方面尤其努力。所以，在减轻人民负担方面不断地努力着。

废除壮丁税

减轻人民负担的手段首先是废除壮丁税。中国从明代起本没有人头税而有壮丁税。男子在十六岁到六十岁之间要缴壮丁税。而且这壮丁税根据地方的不同，在数额上高低十分不同。低额的只是银一分几厘而已，即只是一两的百分之十几而已，高额的每人要四两以上，这是明末内乱形成的严重不平均状态。总之，平均来说每人须缴二钱即一两的十分之二（相当于现在日本钱的二十五六钱）的壮丁税。乾隆五年废除了这项壮丁税，而把它编入地租中作为地租一起收取。因为是编入地租一起收取，所以也并非完全废除，那么，为什么说是减轻了负担呢？因为由于收取壮丁税，每五年要进行一次人口普查，调查五年中增加的人口以收取壮丁税。乾隆五年后每五年一次的人口普查废除了，因此，负担减轻了。由于并入了地租，而地租的数额是每年一定的，没有增加，所以，相对来说是减轻了。

雍正的财政策略

另一方面，国库的收入也大大地增殖。康熙帝后是雍正帝，治世仅有十三年，但他在财政上的功绩却不小。他是一个禅学者，是一个极其严肃的人，他用了许多密探。关于雍正用密探有一段逸话：某大臣在北京自己的家里与友人一起玩骨牌，玩的时候，不知怎的，丢了一张骨牌。过了三四天他去谒见皇帝，皇帝问他，某日某时你在做什么？这个大臣很诚实地回答了：实在不好意思，当时臣在玩骨牌。雍正帝大悦，认为此人是不欺而可信任的人。褒扬了他的诚实，并拿出了他丢失的那张骨牌[1]。这就是雍正使用密探的事。他在财政上措施也十分严明。在位十三年，由于他的作用，财政大大地丰富了。当然，雍正与他的许多兄弟关系不好，对其兄长处以了非常残酷的刑罚。但总之他是一个了不起的政治家。

---

[1] 关于此事，萧一山著《清代通史》上卷，第886页（中华书局，1986）中曾谈及，请参。——译者注

耗羡归公

雍正帝整顿财政、增加收入的措施之一，就是把地租的附加税耗羡改为政府的收入。所谓耗羡，是人民在向政府纳税时，因遇到什么意外的灾害可能中途损耗，这对政府的收入会有影响，所以，附加交纳一些作为保险金。这种保险金根据地方的不同差额也很大。低的如浙江杭州一带，每一两附加四分，即附加金是百分之四，高的是二钱即附加金是二成。这种耗羡制度本来就已存在，但它是作为地方税，收来后充做地方官厅的杂用（实际上中国的地方官吏把它们私吞了）。雍正帝时下了严令，禁止一切侵吞公款之举。这样就使得租税平均增收了一成到一成二三分。当然，作为此项措施的代价，雍正帝也给了官吏们不少津贴，叫作养廉费。但是这样也并没有完全制止官吏的私吞公款。虽说是减少了官吏的剩余收入，但又出现了其他名目，因此，又得向人民增收租税。总之，用这种方法增加了政府的收入。

捐例和盐课

中国向来有这样的制度，在遇到意外情况时，以捐官的形式卖官爵。如出几百两就可以给你个县官，政府在遇到事变时每每实行这一特殊政策。但到雍正帝时，想出了候补官这一名目，实际上并不真的当官，只是个官的名目，所以，每年都可以卖，因此，捐官成了每年的常例。光这一项一年就增加了三百万两的收入。

此外，随着国家太平、人口增多，盐的食用量增多，盐的消费额也增大。与清初相比，乾隆时一年的盐税增加了三百余万两。

关　税

中国在境内也有关。所谓关，不是像日本德川时代的对人的资格的审查，而是收取货物通行税的机构。以往的关税只收到能支付这个关的开支费用的程度，因为太平之世没有战争，货物的流通渐渐繁盛起来，所以，雍正、乾隆时关税收入就增多起来。到雍正末年，收入大大地增多了。

当时的岁入到底有多少？大体在四千五六百万两，每年岁入都可以有剩余，雍正帝末年国库的剩余金额是六千余万两。当时，有对蒙古、新疆等地的征伐，用去了这些剩余金额的一半，乾隆初年就只有二千四百万两左右了。

乾隆朝——清朝的全盛时期

乾隆帝在位时间很长，持续了一个甲子，即六十年之久，其间有多次大的征伐。而其征伐时对资金的使用，正像前一次讲到的，与清初时很不一样，非常的奢侈。一方面是将校的私吞，一方面是战争结束后的恩赏大大增多，因此，资金的使用就大多了。乾隆帝时为了把新疆归入中国的版图，征伐用去了三千余万两。但此时国库的剩余金额仍还有七千余万两。乾隆四十一年，在四川的深山中，长江的上游险恶地段，大金川、小金川二河流域出现蛮贼，为征伐此蛮贼叛乱必须用兵。就使用这七千万两，叛乱平定之后，仍剩余六千万两，这在同年的上谕中明确写着。到乾隆四十六年国库剩余金额又达七千八百余万两。乾隆年间实行全国性地租全免就有四次。地租全免虽然是非常不可思议的事，但总之，只是免除了那些在中央政府的收入份额中，即叫《赋役全书》的中央政府的账本上所载的地租额。此项地租额的收入一年有三千五百万两，而竟免收了四次。此外，中国南方七省每年要给北京运送大米，这也免除了两次。这些事情似乎有些不可思议，当然，只是免除了给中央政府的地租，即使这一点，实际上也是有争议的。因为说起来这样做好像是惠及人民，但实际上，并没有给人民带来名副其实的好处。因为官吏在收取政府税金时，往往增设种种附加税，以入私囊。现在地租全免了，官吏就不可能在本税全无的情况下而仍收取附加税，所以，全免地租似乎本应使官吏免除勒索。但事实上，并非这样，政府收入的这一部分虽然是免去了，但地方官吏却以其他各种名目收税，致使附加税反而增多起来。因此，所谓地租全免是皇帝得了免税的好名声，而人民并没有得到预期的实惠。但总之，政府的税是免收了，国库的收入相应地减少了。

乾隆帝因为国库充盈，形成了中国的全盛时代，因而四处巡幸。江南景色秀丽，乾隆为了表示孝心就带皇太后去游览，所以，不远万里从北京出发到南京、苏州、杭州一带游玩。一生中六次外出游玩。对巡幸经过的地方就免去租税。另外，游历又需要许多经费，全中国地租的免除，南方七省漕粮的免除以及六次巡幸江南，这样的多出少入，总计使政府减少了二亿两的收入。可见他是下了决心减少收入而去江南的。即使是这样，乾隆五十年的国库剩余金额仍然有七千万两。

　　这是清朝极尽太平隆盛之时，这使得乾隆年间给武官的待遇增加了。此时战争也最多，由于增加武官的待遇，一年需增加支出三百万两。从那时起，就有一些议论。乾隆时有名的大臣阿桂，当时在做地方官，他上奏说：以增加三百万两的支出来救济武官的贫乏当然可以，但如果将它作为常例，那以后每年就必须多支出三百万两。这如果是一时之事尚可，如果作为常例对将来的财政是不好的。而且国家的收入是固定的，一般没有什么特别的增收，这样突然增加三百万两的支出，将来可如何是好？但是乾隆时每年能增收五百万两左右，因此，他认为给出三百万两的武官津贴没有问题，所以，武官兵卒待遇的增加并没有停止。

　　到此时为止，清朝的财政自清初以来是一直在不断增加的。这一百五十年间，国库的岁出入是增殖的，因此呈现出清朝全盛的形势。中国的历史在任何朝代都有这样一个重要情况。即在人民头上的官吏，几百年来都是这样，既不会由于朝廷行了特别的善政而使人民得到好处，也不会因为行了特别的恶政而陷于困难。一般的情况是，只要没有连年的战争，人口就会不断繁殖，在像中国这样广大的国土上，未开垦的土地不断被开垦，这样，国库收入就会增加，国库收入增加了，随之朝廷就开始奢侈起来，文学也繁盛，又大兴土木，建造新的建筑，以此粉饰太平。中国的任何朝代，之所以都是在中间的第四五代出现极盛期，歌舞升平，就是这样形成的，而并不是哪个皇帝特别的了不起的缘故。

走向衰败的命运

清朝也是这样，在一百四五十年间迎来了全盛期，此后就渐渐走向衰运。造成衰运的原因历史学家曾做过研究。探究这原因并不是很容易的事，经过不断研究，结果发现其中一个原因就是岁出的增加。在乾隆末年到道光末年的六十年间，因为岁出增加而造成了清朝的严重的衰运。

皇族的增加

岁出增加的另一原因是皇族的增多。中国皇族人数非常之多，满洲兴起时太祖的伯叔父血统的后代都是皇族，称之为宗室。此后，每十年普查一次系图，此系图收藏在奉天及北京的宫殿里，就这些系图装满了整整一个大仓库。而太祖的祖父的兄弟们的后代是准皇族，称之为觉罗。宗室叫黄带子，有系黄色的带子的特权，觉罗叫红带子，有系红色带子的特权。这些皇族的人数实在是十分之大。清朝在进入北京之时，皇族数是二千人。但到道光末年已达三万人。这是中国的制度，不光是清朝，明朝也是这样。明末皇族数在十万人左右。因为皇族数字如此增殖，所以，现在统计起来，实在是个非常庞大的数字。由此，宗室的俸禄也不断增殖，即皇室的费用大大地增殖。本来中国的宗室不像日本的皇族那样，有那么多的津贴，所以，现在北京等地的宗室一个月给他五万、七万的报酬，他就上门来做官话的教师，这种情况并不少见。总之，皇族数量增加使得皇族费用大量增加，是清朝衰运的原因之一。

地租收入减少

地租的收入也渐渐减少。地租收入减少是一件很重要的事，这也是清朝实行仁政的结果。在中国，几乎是每十年调查一次地租减收的情况。每十年一次把那些征收无望的地租，予以清账。因为有这样的惯例，所以，地方遇到大灾难时，也就申请免除地租，并加以延长，达到十年，就予以清账。由于有这样的仁政，地租减收就渐渐增多，在康熙到雍正年间，一年的地租减收是六十万两，而到乾隆以后以至嘉庆、道光年间，一年的未进额增加到二百万两。四五年后未进额累积到近千万两。账面上是应该收入多少多少的，但实际上收入则在不断减少。这当然是清朝颇以为自豪的仁政的结果，即天灾地变的地方不缴地租，而新开垦的地方也不缴地租。乾隆年间有一部《赋役全书》，今天也仍然按照这账本征收租税。如某河的两岸是某县与某县，由于这条河洪水泛滥，两县的面积有所改变，一方是增加，一方是减少，但两县的地租却仍按照以前的规定收取，面积减少的地方自然造成上缴减少，而新开垦的地方也不用上缴，这造成了实际上的收入减少。

此外，还有似乎是成为收入减少的原因而实际又不是的。如随着八旗人口的渐渐增多，费用似乎也将渐渐增多，但实际上却并不增多。这就像我国德川时代的军队一样，八旗的全部俸给是确定的，所以，并不因人口的增多而增多支出。

从道光末年即道光二十五年到二十九年间的岁入岁出情况，可以看到收入渐渐减少的结果。岁入定额本来应是四千五百十七万两，道光二十五年是四千零六十一万两，到道光二十九年变成三千七百零一万两，收入减少得十分厉害。当然，收入减少的同时支出也减少了，但与过去相比，总之是大大减少了。因此，军队的饷银也只能给原来的七成、八成左右。总之，在中国，政府应发给的饷银，百分之百地全部发给是很少的，大致上如果是发一元的话就只发八十钱左右，以至于需要全额发给时，需在文书上预先写明。这也是收入渐渐减少的结果之一，不这样也无法解决。以上是从政府收入支出的计算上得出来的，也可以说是财政上的原因。

物价高涨

另一个经济上的原因，也给政府财政很大的打击。这就是二百六十年间物价的渐渐高涨。距今三四十年前，有一叫冯桂芬的有名人物，他作了物价上涨的调查，长发贼之乱时，上海的绅董将一艘汽船送到曾国藩的安庆大本营，请求援兵，冯桂芬写了一份乞援书，受到曾国藩的大肆推奖，称"尔来东南大局，全在公之一书"，是这样一个人物。此人是中国改革论的先锋，今天来到日本的康有为最初关于中国改革的意见，主要就是吸取了他的主张。此人长于西洋数学，是个非常聪明的人。他曾是一甲及第的进士，后来成为李鸿章幕中的参谋官，他作了各种物价上涨的调查。举一例而言，康熙年间圣祖皇帝大好西洋实学，以西洋数学为基础作过《数理精蕴》的书，此书的数学问题的部分载有当时物价的记录。书中记载的物价与作此书时的物价没有多大的差别。如春、秋二季祭孔时要杀羊为祭，一头羊的价值在康熙帝时是一钱八分即一两的百分之十八，以日本钱来说，只是二十四五钱，到了冯桂芬的时代，整整上升了六倍。冯桂芬还见过一本韩桂舲家的旧账本，那是顺治年间清朝刚入北京时的账本，根据这账本，当时木匠或泥瓦匠的工钱是一天二十八文，儿童减半给付。但到了道光初年，即顺治之后的一百七八十年，木匠的工钱升为八十四文，涨了三倍。而再过三四十年到了咸丰、同治年间即冯桂芬的同时代，又升到了二百二十文。比起清朝初期来涨了八倍。这也是带来政府财政贫乏的原因。

银价的变化

另一个对中国经济全体以影响的是银价的变化。银价在清初，如以一两来换铜钱的话，可换到七八百文。据冯桂芬说，那时的银价只相当于今天的十分之四五，即从顺治初到咸丰、同治时代，银价翻升了一倍。这对清朝的财政来说是个相当头痛的事。而军队的饷银在清初时是一天五分，五分即一两的二十分之一，相当于日本钱的六钱、七钱。长发贼之后义勇兵成了常备兵，当时给士兵的饷银是一天二钱，二钱相当于日本的二十六七钱。因此，如果有什么大工程的话，就非常的花钱。清初黄河泛滥，一次的费用是百万两左右，到了道光、咸丰年间，黄河泛滥一次，不得不花费上千万两的工程费。费用如此地增多，政府的收入也就难以增殖了。

由于物价的腾贵造成了清朝财政的贫乏是很明显的事了，那么，银价的变化是怎样给清朝的财政带来困境的呢？这也是制度上的原因。在中国，向人民收取地租时，并不直接收取银两，而都以小单位的铜钱计算，然后再把它们换成银两送往北京。在银价低时，银与铜有一定的交换比值，如交纳一两银就相当于两千文铜钱。但银价渐渐上升，铜价就相应贬值，原来二千文铜钱值一两银，现在需三千文铜钱，或许三千文还值不到一两银。这样，政府的收入就大大减少，这给今天的清朝财政很大的打击。

银价上升有种种不同的原因，其主要原因就是从印度大量地输入鸦片，引起银的向国外流失，全国的忧国之士都要求禁止鸦片的输入，结果引起了鸦片战争，由此，又不得不花费大量军费。这也成为一大原因。而且，在鸦片战争以前，即开港以前，清朝与外国的贸易，每年都是向国外输出货物的，与日本长崎的贸易也是这样。但鸦片贸易以后的单方贸易，致使中国本国出现银告缺现象，引起银价的上升。因此，清朝财政在道光、咸丰年间，即使是太平无事也出现了贫乏之势。

军费增加

现在要说到最近的事。正如前面所说，首先是军费的大量开支。以前的常备军是八旗及各省的绿营，他们已不起作用了，因此，在照旧要给付八旗和绿营兵饷银的同时，还必须把各省的义勇兵作为常备军来供养，必须给他们饷银。平定长发贼之时，军费告急，就出现了厘金税。

厘金税

这是内地的通行税。即向通过内地各省之间关卡的货物收取通行税。通行税渐渐增加，到近年来已由千万两上升到二千万两左右。开始时中国政府也知道这是一项严酷的恶税，战争一结束就要废止。但是，战争结束后，义勇兵并未解散，通行税也就没有废止。最近的情况是，明治二十七八年以后，中国进入改革时代，形成三种常备军。在以往旧式兵、义勇兵之外，又增设了新军。今天的新军在名义上有二十个师团之多。这些新军又必须开支新的费用。当然这期间减少了绿营兵，义勇兵也渐渐减少，但总之是在本来的基础上，一加再加。好比说在主菜之外又添加第二道、第三道菜。

新旧制度的重复

这种情况在官制上也有体现。比如说以前有国子监这样的名义上的大学，一向是政府付给经费开支的。后来，又新设了京师大学堂，这就需要有别的收入来维持大学堂的费用。这就是在原来的机构上又重设新的机构，使费用也层层增加，带来了岁出的增加。道光末年岁出入四千五百万两，而实际上就只有三千七百万两，日清战争时中国全体的岁出入翻了一倍，变成八千九百万两。当然，原因之一是与外国贸易，因海关税增加了一千万两以上的收入，而盐税的收入也渐渐增加。总之，道光末年到距今十八九年前，岁出入成倍增加。而从近年岁出入的调查看，又比以往更加增多，今天的岁出入增加到了三亿两，即财政出现不正常的膨胀。日本也曾有过财政的膨胀，但以此带来了与明治维新前完全不同的财政方式。日本也因为近年来财政上的困难，政府主动实行俭约，而且也出现要求进行税制改革的呼声。而中国是从四千几百万两到八千几百万两，又到今天的三亿两，财政上如此的膨胀，却依然沿袭着昔日旧的财政方式，而不进行丝毫的财政整顿。因此，每有新事物的产生就带来财政的困难。

还有一项值得注意的现象是，每当一个朝代接近末路时就会出现这样的现象——在明末也是这样——国家初期即朝廷初期，中央财政在地方岁出入的比例是较少的，随着朝廷渐渐趋于末路，中央财政膨胀，中央财政中的皇室费用部分尤其膨胀。这是中国历史所表现的特定现象。明代的定额收入是四百万两，明末却增至一千六百七十万两。其中皇室费用非常之多。例如，明末万历二十七年，皇太子结婚，朝廷需要二千四百万两，而当时的户部即财政部无论如何也拿不出这么多钱，于是，就发一道命令：严格调查各省的积蓄。明以来中国各省的积蓄有几十万两。但这是制度未坏时的情况，把各省的积蓄收缴上来以供皇太子结婚。中央财政膨胀的结果，帝室方面仍然握有相当的钱财。后来，征伐满洲的军队败北，必须急派援兵，急需用钱，而户部拿不出这些钱。于是，以内币即从帝室拿出几十万两来援助军队的费用。由此可见，在国家走向末路时，帝室仍拥有大量钱财，今天的清朝也有这种倾向。

帝室的资产

今天的帝室到底拥有多少资产，还不太清楚，但据前几日的报纸可知，袁世凯在调查皇室财政时得知皇室有近几千万两金银，这是可以想象的。为什么帝室有这么多钱财，是因为在正常的收入之外帝室还有种种额外的收入。即帝室从官吏那里收受贿赂，而贿赂又是官吏从人民那里盘剥而来上呈给帝室的。地方官在升为更大的官吏时一定要给帝室贿赂。特别是在西太后时，为了讨她的欢心，每年要向她进贡，而进贡之物就是金钱。此外，知县等来北京拜谒即蒙诏见，是晋升官阶的资格之一，被记载在吏部的记录上。这种拜谒是需要付钱的。因此，皇室从官吏那里直接得到的贿赂非常之多，朝廷便拥有许多与政府收入无关的钱财。今天的皇太后拥有几千万两的钱财，也并不是不可思议的事。

中央政府的费用近年来也大大地膨胀。明治二十六年（1893年）是八千九百万两的财政，其中五千三百万两是入中央政府的，其他三千六百万两入地方财政收入。但最近岁出入变成三亿两，而地方财政与八千九百万两时也没有很大的差距。这说明中央财政膨胀，花费了财政的大部分。而且中国特别是自明治三十三年（1900年）的北清事变以来，年年加强中央集权，随之也带来了中央财政的膨胀。

财政与国运

中央财政膨胀，帝室的收入也大幅度膨胀，再持续下去，这个朝廷就将灭亡。这次的事件将如何发展，从财政上、兵力上来看，虽难以预言，总之，今天如果不整顿税制和币制，对财政的方式进行根本性的大改革，那么，纵令朝廷以兵力镇压了革命党，以目前朝廷这样的财政状况，不久也将进退维谷，难免于失败。这在日本也是这样。胜伯爵曾说：德川幕府的倒台，不是倒于萨长，而是因为德川末年的财政。胜伯爵的话引起人们对德川末期财政的注意，可以说是对后人的一大教训。今天的中国在这一点上，与德川幕府的命运正相同，其在财政上无论如何也支持不下去了。

以今天的形势看，清朝这个朝廷在一周左右的时间内，大概还是有可能有将来的吧，所以，下一次，我将讲讲将来的发展趋向。

第三章（上） 思想上的演变

第一次讲演是从军事上看，第二次讲演是从财力上看，都可以看到从过去到现在是向着衰弱的方向发展，今天是从思想上来叙述从过去到现在的变化情况。最后稍稍涉及将来之事。从思想上看，近年来的倾向也是对清朝不利的。

关于思想的情况分两个方面来讲，一是种族观念的勃兴，一是尊孔思想的变迁。为了尽量在这一次中讲完，就讲得极为简单，只讲大体的要点，或许有不能尽意的地方。

种族思想的勃兴

种族观念的勃兴是清代中国在世界上的地位发生极大的变化所带来的。正如大家知道的，中国是一个自尊自大的国家，自称中华或中国，对任何其他国家一概称之为蛮夷狄戎，只有自己的国家是中国，中国的人才是真正的人，外国的人是蛮夷，与禽兽相距不远。因此，他们不把自己的国家看作国，中国人所说的国是指春秋战国时代的列国以及汉以后与郡国并称的诸侯的领土，即国是指自己国家以内进一步划分的各国，至于整个中国则是天下而不是国。天下即天之下的土地都是中国，认为自己正居于其

239

正中，外国则居于其四周的边缘。古代称外国为四夷，最近这种想法有所改变。而这种逐渐的改变是这七八十年间的事。

英使马嘎尔尼

乾隆末年即距今约一百一十年前，有英国使者来朝。他是从伦敦受国王派遣而来的马嘎尔尼，来要求与中国通商。这位使者是以往来中国的外国人中最有见识、不蔑视中国人的人。他在谒见乾隆帝时，发生了礼仪之争。因为中国人认为从外国来的人都是从夷狄之国来的朝贡者而已，因此，从英国来的使者也必须与中国的臣民一样向天子行礼，在谒见时要行三拜九叩之礼，即对天子三度跪拜九度叩头。但是马嘎尔尼俨然拒绝了这要求，说不行此礼不是无礼，我是英国的使者，不是中国的臣民，所以，要我行与中国臣民同样的对皇帝的敬礼是没有理由的。争论到后来，马嘎尔尼说，我带来了英国国王的肖像，如果中国与我同样地位的官吏，对我所带来的英国国王的肖像三拜九叩的话，我也对中国的皇帝行同样的敬礼。此人去过热河，谒见过在大蒙古包中接见当时的蒙古王公的乾隆帝。关于行礼的争论最后怎样了，不大清楚，或许最终是行了三拜九叩礼，也许没行。总之，到中国的外国使臣如此固守自己的尊严是从此人开始。尽管如此，乾隆帝在回复英国国书时，开头就写"谕英吉利国王"，然后是"尔等"如何如何，用的是"尔等"这样的词语。如此气概高昂的英国使者马嘎尔尼拿回去的回信，也就像是一封中国皇帝对夷狄的君长的回信而已。这只是距今一百一十年前的事，其后，嘉庆帝时也有使者来朝，但对外国使者的待遇并未见好。总之，中国把外国与自己国家同等看待，是自与外国战争失败之后的事。

对外战争的失败

那就是从道光二十年开始的、持续二十二年的鸦片战争的结果，是距今仅七八十年前的事。战争失败后，五港开埠通商，与外国订立条约。在中国人自己的资料中所写的，仍是对西洋人的"绥抚"。但正式的条约文本上不得不写对等的语言，这是中国与外国用平等语言的开始。此后，又有英法联军的入侵中国北部，几乎使北京沦陷，这才使中国人感悟到夷狄是强大、可怕的。这时，也开始有了专门处理外国事务的衙门。而这之前，这样的机构是没有的。处理外国事务有过"理藩院"和"四译馆"，那是处理与蒙古这样的属国，以及与缅甸、暹罗等朝贡国之间的事务的。此外，在广东对外国船只的到来有一些需要斟酌处理的事务。英法联军侵入之后，设置了总理各国事务衙门，可以说中国人这才开始承认自己与外国人是对等的。这总理衙门就是后来的外交部。但即使成立了衙门，他们对西洋人的认识也就是拥有军舰的、来边防海岸侵扰的人，只是认识到了西洋人的可怕。至于对日本，那时是丝毫没有恐惧的，认为日本征伐台湾土著、废琉球藩、插手朝鲜等等，都只是模仿西洋，是讨厌的家伙，至于日本的实力，他们并不了解。只是狂妄地认为日本不过是一个东夷小丑而已。然而，在明治二十七八年的战争中却被日本击败了，这时才开始认识到国家无论大小，外国是不易欺侮的，自己的国家只是世界上的一国而已，而且是最弱的国家之一。明白了这些，忽然感到外国的可怕，就产生了变法自强、同文同种等等的观念，也就渐渐发生了关于种族的思考。夷狄不是在中国的边缘，不同的种族是不同的独立的国家，而这些国家都比自己国家强大。

因此，中国较早与外国接触的地方也就较早产生种族观念。道光鸦片战争时最早与外国人接触的广东人，就最早具有了这种种族观念。本来，不仅是这次，中国总是与外国战争失败就陡增种族观念。很早以前的宋朝被蒙古灭亡，这种观念也曾特别强大，一直奋战到最后。中国有各种革命，但多数是通常的改朝换代，奋战到最后的绝少。而在宋亡时，产生了从未有过的奋发之情，奋战到最后。这是由被蒙古灭亡的遗憾而产生的种族观念所引起的。明朝被现在的清朝灭亡时也是抗争到最后。受外国的侵略或败给外国后，种族观念再次兴起。待其强大之后，便又像所谓"好了伤疤忘了痛"似的，又恢复到"天下"、"中国"这些观念上去。总之，像起于夷狄而君临了中国的如今的清朝，一旦它入主了中国，自己也就以中国之主自居，开始轻蔑起四夷来。这样，就又招致失败，又再次兴起种族观念。清朝是从夷狄入主中国的种族，它统治中国时又开启了与外国的关系，因此，现在中国的种族观念有双重的内容。

双重的种族观念

一是从中国全体来看对于外国人的种族观念，另一是由于回顾明朝被清朝灭亡的历史而产生的对于清朝的种族观念。在日清战争后面世的新的著作以及旧籍新刊中，对于满洲人的反抗思想表现得十分显著。本来对于满洲人的反抗思想在入清以后二百年间未曾中断过，康熙、雍正、乾隆时对这种思想曾进行过强烈的镇压，使得反抗思想一时微弱而沉寂。日清战争以后，中央政府日趋软弱，这种反抗思想又勃兴起来。记载明代时对于满洲的侮辱性语言的书籍，以及抒发明朝遗民和其他不满人士对于清朝的不满或谩骂的书籍，在乾隆时都因天子的训令而被销毁过，不仅禁止出版，连谁藏有这样的书都要受到刑罚。而到此时，这些书再次面世，公然出版买卖。因此，清朝的情况是：在对外国的关系上，在使人民产生对于外国的种族观念的同时，其自己又使所统治的国民产生对自己的种族观念。

因此，现在的革命军也是标榜兴汉灭满的。这是近年来兴起的种族观念的中心，此前义和团事件是因为排斥外国人而兴起的，但这种情绪现在大体上没有了。今天的革命党曾在外国进修过学问，具有进步思想，因此，这方面的种族观念反而没有了，而把精力集中于第二种的内部的种族观念。而且，与外国这些强国打交道时，对外国人的反抗思想一经产生就被打垮，与此相反，清朝却已是强弩之末，反抗观念一起来，像今天这样，不消旬日即将面临土崩瓦解的局势。这是在思想上，今天的清朝所受到的打击之一。

尊孔思想的演变

现在要讲的一项似乎与清朝的衰亡无甚直接关系，即近年来中国人思想上隐然发生了不容忽视的变化。这情形是否已遍及全体中国人，尚不清楚，但总之在受过教育的阶层中已普遍存在。

这就是尊孔思想的变迁。这要说起原因来，是很长的，在此，就把古代历史先割弃不论，只说最近出现的情况。道光鸦片战争前，在中国学者中兴起一种与外国并无关系的新的变化，这是一种对孔子的极端尊敬的思想。这种思想在距今八九十年前兴起，是公羊学的一个流派。所谓公羊学，即《春秋》有三传：左氏传、公羊传、穀梁传，主张公羊传的学说的学派就是公羊学派。此学派认为：经书并非固有的上古文献经孔子修改删定而成的，而是全部由孔子一手编撰而成的。即六经皆孔子所作。孔子变革以往的制度，为创造符合自己理想的新制度而作《春秋》。因此，《春秋》中的微言大义，是孔子向其高足口授的。公羊传即此微言大义的笔记，这里留下了孔子经世的真意，因此，公羊传是最重要的。必须以公羊传为标准来批判其他的一切经书。这种思想进一步扩大，就是认为所有与公羊传同时的西汉时代流行的今文经学都是孔子的正传，而不取东汉以后盛行的古文经学。古文、今文之学，说起来是一件比较复杂的事情，简单而言，今文就是用汉代通行的文字即隶书写成，古文是用当时已不通用的籀文写成。秦始皇焚书后，汉初要复兴学术，由叫伏生的老人口授《尚书》，以当时通行的文字记录下来。其他的经书也同样以隶书写成。孔子时通行的文字当然是古文，在西汉的当时已不通用，用西汉通用的文字书写的经书就是今文经书，西汉被立为官学的就是这今文的经书。后来，从孔子的旧宅的墙壁中，或从各方发掘而来的书出现，它们都是用古文书写的。西汉末这些古文经书开始被人研究，因此，东汉时的学者都参考今文经书以外的古文经书。其中如《周礼》就只有古文经书，而没有今文经书了。这就是古文经学。春秋三传中，《左传》与《周礼》一样是古文经的系统，今文的时代主要流行《公羊传》，因此，《公羊传》是今文经，《左传》是古文经。古文、今文之说原本是为了区别西汉、东汉之学而命名的，与《尚书》的今文与伪古文的区别是不同的事，这必须事先清楚。今文学家就以此为区别，认为今文学是孔子以来的微言大义的嫡传，而排斥东汉以来章句训诂的古文学。古文学认为六经是孔子以前就有的，孔子只是对之有所增减，即古文《逸礼》是周公以来就存在的，并未经孔子删定过。公羊传反对这种说法，对孔子的降生也有种种奇妙而祥瑞的说法，就如同对历代帝王的说法一样。它们还利用当时流行的纬书中好说奇事的学问，对孔子表现了极端的尊敬，这种思想在近年来有所复兴。近年来的改革派的重要人物、现在正居住在须磨的康有为就是属于此学派的。康有为认为：孔子就像基督一样，是中国的教主。对孔子如此极端地尊敬，甚至超过了对帝王的尊敬，这种思想在近来非常有影响。

但是，奇怪的是，在如此尊敬孔子的同时，康有为一派的学术还与尊孔一样尊敬诸子。即由孔子而下，对中国古代创造了各种新学说的诸子也与孔子一样地尊敬。康有为等人的学说认为，孔子是中国的教主，同时尊敬继承了孔子之学的儒家，也尊敬属于其他学派的诸子，并不只是尊敬继承了孔子的儒家一派而已。这种学说渐渐盛行，使得近年来关于诸子的研究非常流行。

对老子墨子的研究

对诸子的研究中最盛行的是对老子、墨子的研究。特别是因为墨子的学说与西洋的理学比较接近，所以，对墨学的研究更为流行，墨子几乎与孔子受到同样的尊敬。这种思想倾向渐渐激越，以至于革命党的最大学者章太炎表现出尊敬老子更甚于孔子的倾向。这单从学术批判的角度上来说，或许是一件好事。有一种论调，认为孔子在道术上不如孔子的末流孟子、荀子，但孔子是一个具有非常才能的人，是所谓的经世之才。这样的议论表现出对孔子的尊崇观念日渐低落。特别是章太炎，他不是公羊学派，而是近年来反对公羊学派而产生的另一派——以古文的《周礼》、《左传》为中心的古文学派。章太炎大力鼓吹《左传》。此人是非常特别的人，在东京的留学生中非常有人望、有势力。他执笔的《民报》杂志在中国留学生中大受欢迎。这给最近的思想界以很大的影响，使得对孔子为中心的崇拜意识渐渐淡薄起来。

中国近来的思想就是这样地由极端地尊孔出发，而发展到不太尊敬孔子的地步。另一不可思议的现象是：公羊学在极端尊敬孔子的同时，其信仰却又渐渐远离孔子而去。

对佛教的研究

在公羊学者中对于佛教的研究相当盛行。对佛教研究最突出的是公羊学派有名的学者龚定盦。此人耽读《大藏经》，以天台为主，兼通禅宗和华严，具有坚定的佛教信仰。把佛教称为大法，将之作为西方圣人之教来尊崇。

龚定盦的友人魏源，字默生，是《圣武记》的作者、著名的历史学家。此人与龚定盦有深交，是最重要的公羊学家，晚年皈依佛教。金陵刻书处有南京杨文会版的《净土四经》，即把净土宗的三部经与华严宗的《普贤行愿品》合刻，此书的校录者即魏源，魏源以"菩萨戒弟子魏承贯"自称作有序文（此序文未收入《魏源集》中）。魏源还喜爱老子，作有《老子本义》一书，与龚定盒一样皈依了佛教，特别倾向于净土宗。说到杨文会，他号仁山，与日本南条博士有交，在南京，一生致力于佛教书籍的出版事业。我自己在明治三十二年（1899）于南京访问杨文会时，曾问他"所安如何"，仁山回答："信仰在净土，义理在华严。"这与魏源《净土四经》的精神宗旨是完全一致的，可见仁山佛教信仰之由来。此外，在为《净土四经》出版捐资的人名中，可以看到西洋数学大家李善兰、德清戴子高的名字，更是有趣。德清的戴子高是非常出色的学者，很早就去世了，他抄写过《龚定盒文集》，他的公羊学与同乡友人俞曲园的公羊学有一定的关系。俞曲园是近代经学大家，对道教也有兴趣，写有《太上感应篇缵义》，对佛教也有兴趣，作有对《金刚经》的解释。从这些前后关系来看，戴子高、俞曲园二人不仅是公羊学家，在佛教方面也受龚、魏二氏的影响，并进而把影响传给其他公羊学家。由此可见，公羊学家与佛教思想的关系，并非一时的、一两人的偶例，而是因缘相续形成的结果。（以上一段为 12 月 31 日补记）

特别是在与康有为同时代的人当中，这种倾向更为强烈，康有为称自己研究华严多年。在不是公羊学家的学者当中，佛教研究也较普遍，我所认识的学者之中，有当今第一流的历史学家沈曾植，他就是这样的一个人，还有早亡的文廷式、活着的夏曾佑等对唯识宗有很深的研究。唯识之外禅宗也很盛行。章太炎就是对禅宗与唯识兼有研究的人。章太炎认为中国人是懦弱的国民，所以必须加强对禅宗的研究。这与在日本把对禅宗的研究作为培养人胆量的手段的想法一样。总之，佛教思想在现代中国学者中颇为流行，对学者有非常大的影响，所以，一面是把孔子作为伟人来尊敬，同时视孔子为信仰目标的想法日渐淡薄。

因此，到外国去留学的年少气锐的青年，一旦接触了国外的新思想，就易于无视中国的历史和思想而企图实行共和政治。儒教向来最注重的是五伦，其中，父子、君臣是非常重要的两项。但如实行共和政体，君臣这一项就完全没有了，是对伦理上的重大破坏。如此无视社会秩序，就不仅是政治上的革命，而且还意味着要进行伦理上的革命，这绝非一朝一夕之故，而是近世思想变化造成的必然之结果。在遇某一动乱之时，往往出现各种不规范的、畸形的思想，这在中国并不罕见，如长发贼就是由信仰基督教发展而来的一种畸形存在，但这样的东西大体上不会维持长久。

妇女地位的突飞猛进也是一例，从中国过去的教化来看，这是不可能的，但现在却常有这样反常的事。明末有一个叫秦良玉的妇女参加了战争，长发贼中也有女兵。中国人向来教义与实际不大一致，因此，实际上他们非常地惧内。惧内、畏内所以成为通行语，因为中国的妇女实际是比较强的。但是若从其文化传统看，妇女是无论如何不会在社会上出头的。妇女活跃之时就是社会秩序的紊乱之时，也是思想动乱、变化之时。这种变化是七八十年来种种变化累积的结果。今天，革命思想盛行，如实行共和政治，向来的五伦条目被打破，社会秩序也被打乱，其主要原因就是在最近的教育中，革命的思想渐渐在扩大。

综上所述，由外来刺激而引起的种族观念，内部思想上的变化，这两个原因致使对朝廷的尊敬丧失殆尽，一遇机会就有可能爆发。像今天这样一经爆发，立刻形成不可挽救的形势，也不是什么不可思议的事。当然，这是否能永久地存在，打破由孔子教义而形成的秩序，这种新的思想是否能永久地在中国人中得势，都是问题。或许一遇时机，对今天的革命思想的反动也会出现。我甚至可以举出这样的证据，但太占时间，所以在此省略。要之，虽然无从知晓目前的思想状况是否能永久地支配中国，但现在这样的情况，是当今朝廷的幼年皇帝与生俱来的厄运。总之，从思想上来说，也因为对清朝尊敬的丧失，使得官兵在今天的事变中纷纷逃亡。而在长发贼之乱时，尚有许多地方官枕城赴死坚守；地方官若有逃亡是要受到严惩的，而今天则连严惩都做不到了。所以说，革命动乱起，朝廷处于摇摇欲坠的境地，也实在是不可避免的。

第三章（下） 结 论

　　到这里为止我所讲的是清朝的过去及现在。下面让我们再来看一看将来。经常有人就清朝的时局提问说：中国的时局将会怎样？这是一个非常困难的问题，不是一句话就能说清楚的。这里只稍稍参照过去的情况，对将来作一判断。

　　此前所讲都只是事实的罗列，不太带有我个人的意志，下面的讲话中或许夹杂一些我个人的意志。这里先提请听者注意。

　　说到将来，即使是问中国的明天怎样，也很难说。对于将来，首先，一般人也在做各种各样的观察。而相关专家，则通过自己的工作，根据事实，作出评论推断，下面，我从这一角度来讲一讲。

　　骚乱发生以来，满洲朝廷的命运时时刻刻在衰颓。续发诏敕，最近又在太庙中宣誓宪法十九条。也不知是算时运好还是不好，正好在宣誓的次日，收复了革命军攻陷的汉阳。看宣誓的宪法，像中国这样极端专制的国家一下子要变成极端民主的国家，君主的权力将一点也没有。而且，对于外交权、军事权，君主也完全没有权力，是十分极端的宪法。接着是摄政王的辞职。大体上，满洲朝廷的命运前途已经可以预卜，但是，对于此次事变，日本方面的议论、世界的议论如何呢？听说，近期的评论中有试作仲裁的，有试作调停的等等说法。

关于调停与讲和的主张

有一种说法是到底于何处试作仲裁？或者如报纸上所讲，现在正是讲和的好时机。但是，却不知道谁和谁讲和。总之，社会上有一些人认为讲和是最上策。我不能同意这种意见。如前面所说，到底是谁和谁讲和，向谁作仲裁都不明确。现在满洲朝廷宣誓了宪法，根据宪法可以清楚朝廷不拥有丝毫在民众之上的权力。而且，作为目前皇帝父亲的摄政王也辞职了，剩下的皇帝只是一个五六岁的孩子，这个小孩与革命党讲和吗？这样的讲和果真能够成立吗？即使这个五六岁的幼帝具有讲和的能力，而且有英明的皇太后进行监护，但是，根据宪法，天子什么权力都没有了，还能有讲和的权力吗？如果有，那就无妨；如果没有，那么，到底是谁和谁讲和呢？

袁世凯

如此看来，革命党的讲和对象必然是现在在北京朝廷得势的袁世凯。即袁世凯与革命党的首领之间的讲和。看样子，目前只能由列强，或日本、或英、或美进行仲裁。满洲朝廷在形式上是否还存在尚不清楚，而在实际上却是几乎等于不存在了。在北方拼力孤守的袁世凯必须与南方的革命党讲和，所以，各列强要从中起作用。但这能起到什么作用呢？如果满洲朝廷被保存着，并且具有值得保存的前景，而且它的君主与列国的君主一样握有实际的权力、居于同等的地位，是一国的权力中心、主权者，如果是与这样的君主进行谈判，而列国从中作仲裁，还是可以理解的。但即使是这样的仲裁也还有很多问题。更何况是由不知是否握有实权、不知是否能作为满洲朝廷主权者的袁世凯与革命党谈判，对于这样的谈判来作仲裁会有什么效力呢？日、英、美诸国若要做这样的仲裁，实在无异于异想天开。堂堂的大国列强们却不明白这些道理，让人不可思议，但看了报纸上所写的，似乎真的有这样的倾向。

南北分立论

其次的想法是把中国一分为二，以南北二国的形式维持现在的局面。这自然也是不会有结果的。从报纸上看，日本政府也采取这种方针，从政府方面衔命去北京的使者就带着这意图在内。这是否是事实尚不能肯定，但如果确是这样来观察时局的话，又是异想天开的错误想法。但我想日本内阁总不至于这么愚蠢吧。

南北分立论似乎比仲裁说更为有理一些，但在中国实行南北分立，果真能行吗？中国这个国家，南方有长江这条大河，北方有黄河这条大河，河流流过的地方一边是南方，一边是北方。所谓南北分立是在这两条河流之间的正中划一条线就可以成吗？从地图上看这好像没什么，但国家的分合是不能像在地图上划一条线那样的轻率的。这是无视中国历史的做法，特别是对中国近世历史毫无知识的人的想法。关于此事我在别的地方也曾详细讲过，这里只简单地说说。

北方是指直隶、山东、山西、陕西、甘肃、新疆、满洲三省及蒙古等地。南方是指江苏、安徽、江西、湖北、湖南、四川、浙江、福建、广东、广西、贵州、云南等地。简单一想，把它们一分为二、让它们各自独立似乎是容易的事。但实际上是非常困难的事。为什么说困难呢？蒙古是横亘亚洲、欧洲的非常大的国家，其在元朝末年的灭亡的一大原因，就是南部各省的叛乱。在今天的浙江省沿海有方国珍为首的海贼——我这里且把所有的地名改为今天的名称——其叛乱渐渐扩大，江苏有张士诚起义，从湖北到江西、安徽有陈友谅起义，四川有明玉珍起义。这时，明太祖从安徽的东部起来以南京为根据地，开始着手打击最强的对手陈友谅，接着扫平张士诚，再接着扩展到福建、广东，全部平定了南部，然后再征伐北方，终于消灭了元朝。此时元朝并非没有掌握相当的兵力。元的兵力在山西有王保保大将，在山东、河南等地有皇太子亲自率领的军队，此外陕西也有军队。总之，北方一带是由元朝的军队支配着的。即使是这样，明军从南方打过来时，很快夺取了山东，又夺取了河南，接着夺取了北京，山西、陕西的军队也就自然溃败，全部被逐出了中原。这是什么原因呢？这是因为此前南方的叛乱使得元朝的财力已十分地衰弱。为什么会财力衰弱、陷入财政困难呢？从唐代开始，直隶即今天的北京附近就一直必须靠从南方运送粮食。虽然在这里建都了，但仅以这地方的资源是不能维持政府的生存的，政府靠什么来维持呢？那就是年年从南方运送来大米和金钱。元代时，米也是从南方运来的。元朝，江苏每年向北京运送的大米，就达三百三四十万石左右。这数量的一半就够我们日本一年的用量了，以此支撑着北京的食粮及经济。此外，湖北、湖南等地也经过运河向北方运送大米。这种情形是从元代开始的，但到明代、到清代也仍然延续着。明代以来，虽然海运曾有一时停止，但总之，依靠江南的大米运送到北方来维持北方的政府这一点，是从元代以来没有改变过的。但是，元末江南等地全部叛乱，不向朝廷纳粮，当时，元朝曾尝试封他们以官职使他们仍然纳粮，但他们只是接受了官职，而不纳粮。像张士诚只向朝廷送了一次十万石的粮，此后，就没有再给北京送过。这样延续了二十年，使元朝非常为难。这期间明太祖平定了南方，乘胜北上，终于消灭了元朝。这是元朝的情况。读中国历史的人，因为看到中国大体上总是被北方侵略而灭亡，所以，就总以为北方强大，其实，如果能够深入到中国内部来观察的话，像刚才所说的，南方的收入也是有重大关系的。因此，以我的观点，今天如果南北分立的话，北方是否能够足以与南方对抗，尚是一个疑问。

但是，对于这些，一般人的看法是非常不一样的。如有一位某大政党的政治家兼文学家在某一杂志上著文表示：南方能对抗北方吗？我们是抱着北方是否能够对抗南方的疑问来研究问题的，而他则对于南方是否能够对抗北方持有疑问。这种一样的看法，当然是由于政治家的研究方法与我们这些学者的研究方法不同所致。

形势的不利

看今天的形势，汉阳虽然被官军收复了，武昌还在革命党的手中。南京也已经落入革命党的手中，而且，从江西一带向湖北正有援军到来，湖北与江南之间就有了联络，南方一带不久就可形成一体。但现在朝廷的形势却比元末的形势还要差得多。山东等地处于难以确定的状态中，而元时尚有王信率义兵守卫元朝，而现在山东是独立，还是取消独立尚颇为暧昧。山西也有叛军起来，不处于北京朝廷的管辖之下，而是山西省的商人掌握着北方的钱庄即银行的全权，太原府是其中心。但这些地方也兴起了革命军，陕西也已经不再听从朝廷的命令，蒙古也已经独立了。朝廷的命令能够被执行的就只是直隶省和袁世凯的故乡河南省。而在直隶省的中心、在接近北京朝廷的天津，它的地方议会咨议局正在强烈反对北京朝廷借外国资金用于征讨，这是朝廷同盟军中的反对力量。今天北京的情况就是这样，比起元末来还要差。

要克服此难关只有依靠向外国贷款，他们在这方面做着努力，但总是不能奏效。实际上，像清朝今天这样的状况，没有一个外国能疯子似的敢于借钱给它。没有外债，又断绝了江南的奉纳，仅靠直隶省和河南省的财力要去讨伐南方各省的革命军是无望的。而取用内币的话，大抵也是有限的。如果各国取不干涉的态度而袖手静观、任其发展，其结局自可想见。

即使外国不干涉，北方九省听从北京朝廷的命令，也不能与南方抗衡。还有经济上的原因。明治二十六年前后詹姆森（ジェミソン）对南北方各省向国家负担的份额做了一份调查，结果是南方各省比北方各省多承担了相当大的份额，总额八千九百万两之中南方多负担了二千万两左右，这是从财政方面讲。从贸易额方面来看，南北方也有非常大的差距，北方的贸易额远远比不上南方的贸易额。北方各省的贸易中心天津的贸易额是六千万两或七千万两时，南方中心上海的贸易额已达二亿六七千万两的巨额。也就是说，从经济上的实力看，南方是北方的四倍或五倍。如果双方中的任何一方面都没有外国的干涉，而把中国分成两半，使其战争，北方的财力最后是敌不过南方的。现在北方仍然存在着中央政府，多少还有着中央政府的信用，还从外国秘密地买入武器，所以收复了汉阳。如果外国绝对不加干涉的话，北方最后是无力与南方抗衡的。

所以，如果发生与外国无关联的内战，或者形成了两个国家，大概持续不了五年、十年。如果持续下去的话，在北方建立的国家情况会非常糟，而在南方建立的国家会十分好，南方的实力渐渐发达，而北方则渐渐疲惫以至于沦落成今天的波斯。这样的国家袁世凯再没眼光也不会接受的。因此，所谓现在要实行南北分立的议论，不能不说是不懂中国的议论。

总之，中国应该是一个统一的国家。不管是满洲朝廷复兴，还是袁世凯实行骗局来统一中国，还是革命党来组织共和政府而举统一之实，总之是要归而为一的。纵令外国干涉要使其变成南北二国，北方之国也不会有人来接手掌管。即使委任于日本，日本也最好不要承接。如果有这样的考虑，那就必定是非常吃力的空想而已。我绝对不是革命党的间谍，我在这里赞扬革命党，即使通过无线电传到中国去，也不会帮助革命军收复汉阳。而且，我也不认为这消息会让北京朝廷蒙尘。这只是一个学者所得出的结论。

此后的发展将会怎样呢？

中国的未来

根据以上事实，其结果是可以预期的，但中国的事情往往不会这样快速地进展，所以，我在此急于说什么也不能算数。更进一步的想象将来是困难的，也是无益的。总之，可以这么说，革命党是要成功的。革命主义、革命思想的成功是无疑的。

目前，日本有些人有种种担心，担心在日本的邻国出现一个大的共和国，它的革命思想是否会影响到日本国民。当然，任何事情事前有所准备是好的，但担心是没有用的。即使在中国维持立宪君主制，也与日本的国体不同。如以日本维新改革的例子为榜样，在中国也是不可能的。而且，干涉他国选择政体，这在欧洲遥远的过去的神圣同盟时代不好说，今天却是行不通的。我认为还是保持沉默、作观望的好。过分的担心也是没有必要的。总之，大势的推移不可阻挡，一两场战争的胜败绝不会对大局有什么重大影响，这可以说是中国特有的状况。始终是战胜方的，最后却灭亡了，这样的例子也是有的。如项羽在战争中始终没败过，正渐渐走向强大，却终于灭亡了。元末也是同样，元朝讨伐南方叛乱的大将们也是从来没有战败过的，最后也灭亡了。所以，今天中国的状态是大势之推移、自然之所成，当下的官军胜利或革命军失败，都是无改大局的。无论如何，革命主义、革命思想的成功是无疑的。这是几百年来的趋势，只是到今天终于到了发生变革的时机了。列国于此之时，应停止仲裁或干涉，首先应洞察其大势所趋的方向才是对的。以我学究式的思考，就得出这样的结论。我的讲演完了。

清国创业时期的财政

（中国财政通考之片断）

　　议论东方形势和研究中国历史者最易流于忽略，而又最难以理出头绪的，为中国经济之沿革。而司马迁不愧慧眼，于《平准书》之外，另立《货殖列传》，欲以之表现物货集散、商旅贸易之形势，后世愚昧者却讥讽其以贫贱谈仁义，认为不近于道，无人知其着意之妙。继司马迁之后修史者若班固，似已不能明白其立《货殖列传》的遗意，单单记录素封家之事便了当。故除从散见于历代正史的《食货志》或《九通》等得其零碎断片以外，几无可以依据之成书。中国理财之思想与实绩固然非常发达，从数千年前波及至与之有关的西域及海外，如此大国之民，于经济上的沿革每每不得不发望洋迷津之叹。在对革命变乱习以为常的中国，财政史料与历代掌故、王者命数一齐泯灭而不能复又搜罗，以疏泛的《食货志》、《九通》为根基，就历代地志、诸家杂录，仅剔抉旁证而已。而独当今朝廷清室的掌故，尚可检之，因此纵然其经济社会全体的状况一时难以明了，其政府财政梗概之类，理应都能窥得。可惜此等问题，属于我等学者最未留意之处，凡彼邦掌故，流传于我国者实在可称为绝无仅有之少见，对从前中国历史的这一研究，全然将此世运升降之大关系置之度外，而现时的东方论者每每于此一端不免有悬空立言之处。

余不自量力志于此研究，前代邈远之事今虽然姑且无须说之，清朝的财政对近世史原委之寻绎，对东方问题的解决都是要紧之事。为得其头绪颇为着力，事情本已如此之困难，而余藏书匮乏，又不足以副其企望，尤苦于未能得其要领。关于日清战争以前的国用，有英人哲美森氏之《中国度支考》，有刑部主事李希圣之《光绪会计录》，有德国人之论述者，在细目上各有分歧，难以知道孰可信据。而至于其大纲，倒也不是没有可以归纳大略之处。然而在今日总不免纷纭更迭。且道光、咸丰以后，历经发捻回匪之乱，清廷财政，与其承平时代相比，已有极大变异，迄于近日，越加紊乱，而欲悉知清国财政始末者，必先知其创业时之顺治、康熙及守成时之雍正、乾隆缔造艰难之状与丰亨盛大之运，然后不可不察其渐渐濒于衰飒之势。魏源生于此由盛转衰之时，目睹民力物力变迁之情形，故而有《圣武记》之作，颇寓感慨，于关系财政丰欠、国运升降之因由，三度提及而语焉未详，如仅据此作，对丰欠与升降的实势尚证之不足。王庆云之《熙朝纪政》颇可以与之参互发明，然而如分篇从类，即使以之便于一部之考索，亦不易综览大体。于是上自明史，下至清朝诸撰述，遍悉座右，窃考其始终，欲编清朝盛时财政考，姑先起笔于其创业时代，遂作此篇。顺治以前，其疆域不出满洲，与清一代二百余年之财政关系甚微，此宜作为别录，似不必同列于此论之，所以此篇主要论述入关以后。

顺治元年，乘燕都空虚，闯贼夺之之时，正值继明社覆灭后四海麻乱之际，尚无财政可言。此岁五月摄政睿亲王首先入京，京城内官民房屋被圈者，免三年赋税，以其房屋与满人同居者，亦免一年，大兵经过处，田地被伤者，当年田赋免半，河北各府州县免三分之一，此固属于一时权宜之处理，不致永久影响财政，而与其财政有大关系者，是所谓三饷之免除，现今论此，应当先略述明代财政之梗概。

盖可称之为明朝的"大御所时代"[1]的万历之时，官民总共有田七百零一万三千余顷，夏税米麦共四百六十万五千余石，内中一百九十万三千余石运往京师，余者悉数存留于各行省，钞（纸币）五万七千九百余锭（此存官府所用之空名，在外普遍全无信用，弘治正德年间已未实际通用），绢二十万六千余匹，秋粮米共二千二百零三万三千余石，内中一千三百三十六万二千余石运往京师，余者悉数存留，钞二万三千六百余锭，屯田六十三万五千余顷，花园仓基一千九百余所，征粮四百五十八万四千余石，将粮草换纳银两额为八万五千余两，布五万匹，钞五万余贯，由各运司提举之大小引盐二百二十二万八千余引，此载于《明史·食货志》，与复载于该志的洪武（即初世）、弘治（即中世）两个时代的田税相比，未见大的出入，以此足以明知明一代财政之大宗。其余岁入数目为：

内承运库慈宁慈庆乾清三宫子粒银四万九千余两，金花银一百零一万二千余两，金二千两，广惠库河西务等七钞关钞二千九百二十八万余贯，钱五千九百七十七万余文（即内国关税，以下诸钞关亦同）

京卫屯钞五万六千余贯

---

[1] 日本德川时代第十一代将军德川家齐让将军位后而握实权的大约五十年间，称为"大御所时代"（1793—1853）。在此期间家齐生活奢侈，政治腐败，造成财政困难，国势下降。——译者注

天财库京城九门钞六十六万五千余贯，钱二百四十三万余文（京城门关税）

京通二仓并蓟密诸镇漕粮四百万石

京卫屯豆二万三千余石

太仓银库南北直隶、浙江、江西、山东、河南派剩麦米折银二十五万七千余两（折银即换为银两，下同）

丝绵税丝农桑绢折银九万余两

棉布苎布折银三万八千余两

百官禄米折银二万六千余两

马草折银三十五万三千余两

京五草场折银六万三千余两

各马房仓麦豆草折银二十余万两

户口盐钞折银四万六千余两

蓟密永昌易辽东六镇民运改解银八十五万三千余两

各盐运提举余盐盐课盐税银一百万三千余两

黄白蜡折银六万八千余两

霸大等马房子粒银二万三千余两

备边并新增地亩银四万五千余两

京卫屯牧地增银一万八千余两

崇文门商税牙税一万九千余两钱一万八千余贯

张家湾商税二千余两钱二千八百余贯

诸钞关折银二十二万三千余两

泰山香税二万余两

臧罚银十七万余两

商税鱼课富户历日民壮弓兵并屯折改折月粮银十四万四千余两

北直隶、山东、河南解各边镇麦米豆草盐钞折银八十四万二千余两（解即送达）

诸杂物条目烦琐者不一一具载，该岁入仅计起运于京师与边镇者，不包括存留。

如是不厌其烦在此抄录明食货志之记载，盖因清朝的岁入大致仍循万历之旧，只不过多少略加取舍而已。

以上所示为明时财政之常经。其中世以来，自正德、嘉靖年间起，赋额屡增，即使正供已非其旧，此时已渐出现财政紊乱。此时除嘉靖中在北方诸府及广西、贵州增额以外，加派银一百一十五万，据称以俺答入寇为由。万历八年张居正当政之时，丈量天下民田，一时骤增者达到三百万顷，此时张居正因大征额外之税而与有司相争，因改为小弓（缩小量尺）使田加多，或有将现田课以过分之税以充虚额之事，或一田赋二重之税，或无田有税，由是财政大乱。然而及至万历末年，因用兵辽东，加赋五百二十万两（每亩加九厘），谓之辽饷。崇祯三年，又以兵饷不足，在万历所加之外，再增三厘。十年，杨嗣昌复请加增二百八十万，于旧额之粮，每亩加六合，一石折银八钱（一两十钱），谓之剿饷。剿饷虽预定以一年为期中止，而至十二年，以饷尽而贼未平，嗣昌更请于剿饷之外，又增练饷七百三十万，先后共增一千六百七十余万，合旧饷将近二千二百万，是所谓三饷。睿亲王致军民之谕中称"惟此三饷，数倍正供"。又云："更有召买粮科，名为当官平市，实则计亩加征。初议准作正粮，既而不与销算。有时米价腾贵，每石四五两不等。部议止给五分之一。"此为明末最大之秕政，睿亲王先下蠲免之谕，寻至世祖登基，更申明此意，对明时其他岁入，也多少有予豁免，立下财政之方针。

而此时四方尚未平定，及至顺治八年，其征收额除一部分外，似乎并无可明证之数目。顺治三年下户部之谕："今特遣大学士冯铨前往户部，与公英俄尔岱彻底察核，在京各衙门钱粮款项数目、原额若干、现今作何收支销算；在外各直省钱粮、明季加派三项蠲免若干；现在田土，民间实种若干；应实征起解存留若干。在内责成各该管衙门，在外责成抚按，严核详稽，拟定《赋役全书》。进朕亲览，颁行天下。"顺治八年六月，魏象枢奏曰："国家钱粮，部臣掌出，藩臣掌入。入数不清，故出数不明。请自八年为始，各省布政使司于每岁中会计通省钱粮，分别款项造册，呈送该督抚按查核，恭缮黄册一套，抚臣会题总数，随本进呈御览。仍造清册，咨送在京各该衙门，互相查考。既可杜藩臣之欺隐，又可核臣部之参差。"应看到，会计之整理实即从此时初行就绪。张玉书虽言其出入不可相偿之状，而《实录》记载田地小荡畦亩地数、征银米豆麦草之额，实际上亦始自此年。

康熙年间，张玉书（官大学士，谥文贞）所记，总括有顺治一朝财政之始终，得其要领曰：

"从来创业之主，享有胜国之资，不烦征敛，而国用滋富。汉之承秦，唐之承隋，明之承元，皆是道也。惟宋当五代纷争之后，海内衰耗，差逊汉唐，而左藏之库，积金如山，则犹有余蓄焉。前明之末，秕政厉民，始以军兴旁午，议加辽饷，继以民贫盗起，复加剿饷，继以各边抽练，复加练饷。催科无艺，中外萧然。迄国家以仁义之师，入关靖寇，而中原赤子业已折骸断骨于百战之余，其所谓内库之帑藏，又已尽罹贼劫，盖实遗我一空虚之国也。世祖章皇帝既定大业，袵席疲民，下诏首除三饷，如拯焚溺，继定《赋役全书》，一准前明万历中年旧额，税敛亦綦薄矣。独是多方未靖，虎旅四征，今年下两浙，明年定八闽，又明年克楚蜀，克两粤。辇金输粟，相望于道。方顺治八九年间，岁入额赋一千四百八十五万九千有奇，而诸路兵饷，岁需一千三百余万，加以各项经费二百余万，计岁出至一千五百七十三万四千有奇，出浮于入者，凡八十七万五千有奇。至十三年以后，又增饷至二千万，嗣又增至二千四百万，时额赋所入，除存留项款外，仅一千九百六十万，饷额缺至四百万，而各项经费犹不与焉。国用之匮乏，盖视前代以为独甚。而我先皇帝，爱民如子，必不忍为苟且目前之计，于额赋外少加毫末。汰冗员，抑繁费，躬行俭约，为天下先。自亲政以后，在宥十年，未尝兴一不急之工，采一玩好之物，军需浩穰，悉取给于节省之余，而发帑金以赈凶荒，赐田租以苏疾困，数岁之中，诏书屡降，自古开创之主宽仁恭俭，未有若斯之盛者也。"

但顺治年间，财政疑点在于，入关之初，以何支办兵饷及其他诸经费。元年九月睿亲王谕："将盛京帑银，取至百余万，后又挽运不绝。"二年十月，朝鲜国遵谕送到白米五万七百八十余石，然因就其根本之地满洲的积蓄，充燕京附近驻屯的兵饷，其不足之处以至求之朝鲜而稍得其解，且彼大号焕发之际，大兵经过的地方免征粮一半，归顺而大兵未经过的地方免三分之一，观此可知，此草创之际，虽簿册未具，却决非全然废除钱粮的征收。又元年九月，睿亲王致城堡营卫文武各官及军民人等之谕中有："尔等但备办粮草，赍送军前，此外秋毫不扰。"可见，虽多自新领土征发兵饷，亦知除了其所谓三饷，所谓拯焚溺者，是否果然将实惠给予人民，殆未易知。顺治七年，睿亲王于边外建造一城作避暑地，为之加派九省之地钱粮二百五十四万两，而亲王死后，此工程停止，其加派之钱粮，已征者发还百姓，未征者即行停止，恐其官吏及催钱粮人等行私曲，姑令其按照原定派征完，查照其数目，下谕应自顺治八年的正额钱粮中开除，至八年，据魏象枢之奏："有司派征钱粮，皆假吏胥里书之手，或蒙蔽不知，或通同作弊，朝廷虽有浩荡之恩，而小民终未免剥削之苦。"以此等事实推究其他，即使清人极口称赞之顺治年间不加额赋之政策，实际上人民有几许惠泽可得，仍为可疑，由当日事情视之，此为当然之事也。要之，顺治年间，百事草创，于财政极其困难的时代，作为其补充之手段，依六年户部等衙门之奏："但今边疆未靖、师旅频兴，一岁所入，不足供一岁之出"，开监生吏典承差等的授纳之例，给内外僧道以度牒（至八年，以琐屑非体，免此僧道度牒之项），准许折赎为徒杖等罪（换罚金也）。同年，江南巡抚土国宝以兵饷不足为由请旨增派，其他即以淘汰冗官冗兵为唯一的节省策略，十八年间，此等记事，每岁无不有之，不遑悉数记载。凡应节俭经费者，讲究入微，以至地方土产的进贡也因恐钱粮靡费而停止。一方面，《赋役全书》已成，至十四年重订，编定所谓一代良法，而读康熙三年之上谕，自顺治元年至十七年之拖欠（指未纳额）银共二千七百万有奇，米七百万石有奇，药材十九万斤有奇，绸绢布匹等项九万有奇。如此迄世祖之世终时，支出之数常超过收入，而顺治帝之遗诏发于宾天之后，亲数其罪的数项中，有一项为："国用浩繁，兵饷不足，而金花钱粮尽给宫中之费，未尝节省发施。及度支告匮，每令会议，诸王大臣未能别有奇策，只议裁减俸禄以赡军饷，厚己薄人，益上损下。"应将此项自责之辞，与张玉书等过称之言斟酌参照，推测其实情。直到世祖崩后，不得已于直隶各省之田赋，照明末时练饷之例，以顺治十八年一年为限，加派一分，征银五百万两，以之充济军需。

据会典，顺治十八年，天下田土五百四十九万三千五百七十六顷有奇，赋银二千一百五十七万六千零六两有奇，粮六百七十四万九千四百六十五石有奇，每亩赋银约三分九厘，粮一升一合有奇。引《东华录》记载，《实录》之额与此虽小有差别，今无法知其孰为可信者，但大体必不会有大出入。比之万历之时，于田亩之数，已减少二百余万顷，而于其赋额，彼以米麦算之，此以银两算之，若按康熙四五年时，江浙二省白粮每石按例改折为二两推之（当时民间米价每石不过七八钱，故推算为二两，于人民颇为苛税也），如是所得仅值一千万石有余，甚少于其胜国之盛时。以康熙帝之言，自本朝入关以来，外廷军国之费一类与明代相仿佛，而其支绌所由，不难明了，并非仅如顺治遗诏所自责之因。

魏源曰："及康熙初，三藩叛逆，云、贵、川、湖、闽、粤、陕、浙、江西各省变动，天下财赋复去三分之一，开捐例三载，仅入二百万，则其时海内之歉啬可知。今见于《方略》者，若裁节冗费，改折漕贡，量增盐课杂税，稽查隐漏田赋，核减军需报销，亦皆所裨无几。而其时领兵将帅，藉夫马、舟船、器械、刍茭为名，需索苛派，甚至辇金置产，隔省购妾，无一不达上听，则其供亿之浩穰又可知。由今以思，竟不知当日庙堂如何经营，内外如何协济，始能戡大难而造丕基也。"盖自顺治末年，区宇渐趋戡定，康熙初年频频有蠲免之举，加之冲主即位，内廷之费用，大得节省之途径（裁撤十三衙门，罢其诸种营造等，省费甚多），即使效仿明代练饷之加派，康熙元年以后也得以停止。二年免除自顺治元年至十五年之民欠，四年又免除顺治十八年以前之民欠，又九年减免江南南昌七州县的浮粮十四万九千余石，米折银十九万五千余两等，逐年有之。一方面，财政的整理亦日益就绪。二年户部议之时，准给事中吴国龙奏："直隶各省解京各项钱粮，自顺治元年起，总归户部。至七年，复令各部寺分管催收，以致款项繁多、易滋奸弊。请自康熙三年为始，一应杂项，俱称地丁钱粮，作十分考成，除每年正月扣拨兵饷外，其余通解户部。每省各造简明赋役册，送部查核，其易知由单。颁给民间者，尽除别项名色。至各部寺衙门应用钱粮，年前具题数目，次年于户部支给，仍于年终核报。"收解之制，由是定之。十一年户部议时，准给事中赵之符奏："查顺治十六年，出征云南时，平西王并经略巡抚等会议，因粮米不敷，以四斛作一石征收。今地方已定，此加征两斛米麦，应于康熙十二年为始除免。"如此一来，康熙十二年，即使以经过此等除免所余来看，征银也已至二千五百万以上，米豆麦至六百余万，忽遭三藩之叛，一时复告财政匮乏。所谓三藩即平西王吴三桂、平南王尚之信、靖南王耿精忠。康熙十二年末，以吴三桂先反，相继称兵，西南八九省之地复为兵马之区。据《东华录》，康熙十四年、十五年、十六年比以前的十二年、十三年，所减征银四百万左右，十七年、十八年、十九年、二十年减三百万左右，若尽算其他支绌，可知魏源所谓减天下财赋三分之一者，并非夸张。其捐输助饷之始末，实可见于十六年宋德宜之奏，奏曰："频年发帑行师，度支不继，皇上俯允廷臣之请，开例捐输，实以酌便济时，天下万世，共知为不得也，计开例三载所入，二百万有余，捐纳最多者，莫如知县，至五百余人，始因缺多易得，踊跃争趋。今见非数年不得选授，亦徘徊观望，宜敕部限期停止。"此即不论采取何种琐屑手段，不能不急行节省的原因。

　　所言三藩之叛，势同韩彭俎醢，虽属不得已者，一方面原因亦与财政问题有关。魏源《圣武记》云:"顺治十七年部臣奏,计云南省俸饷,岁九百余万,除召还满兵以外,议裁绿营兵五万之二,三桂谓,边疆未靖,兵力难减,于是唱缅甸水西各役以自固。加以闽粤二藩运饷,岁需二千余万,近省挽输不给,一切仰诸于江南,绌则连章入告,既赢则不复请稽核,天下财赋,半耗于三藩。"是其势,虽乃以三藩恭顺自守,不得已竟撤之而使归于财政之正经。故三藩之叛亡,使一时财政生非常之困难,其实以国计度支永远之规模观之,可谓杜一大尾闾者。因为筹饷之至难,愈益得累节俭之德,康熙年间,内廷费用之节省,殆出于意想之外者。据康熙帝所言,宫中之服用,以各宫计之,尚不及明代妃嫔一宫之数,三十六年之间,尚不及当时一年所用之数。康熙二十九年,以前明之宫殿、楼亭门名、并慈宁宫、宁寿宫、乾清宫及老媪之数目,宣示于外廷。帝谕,天旱,欲减宫人及所用器物,自来未尝有余之故,不能再减,因之饬于群臣将故明宫中用度察阅之。不久廷臣奏明:查故明宫内,每年用金花银九十六万九千四百余两,今悉充饷,光禄寺每年内送用二十四万余两,今止三万两,每年木柴二千六百八十六万余斤,今止六七百万斤,红螺炭一千二百余万斤,今百万余斤,各宫床帐舆轿花毯之属二万八千余两,今俱不用,故明之宫殿楼亭门名,有七百八十六座,今不及十分之一。至于各宫殿之基址墙垣,砖用临清,木用楠木,今禁中修造,断不得已者,只用常砖松木而已。除慈宁宫、宁寿宫以外,乾清宫嫔妃以下,使令之老媪、洒扫之宫女,合计止一百三十四人,可谓少之至,不仅独三代以下所无,三代以上亦未有如此者。三十九年九月,工部上奏销算杂项修理的钱粮之时,帝曰:"一月内杂项修理,即用银至三四万两,殊觉浮多，明季宫中一月用，万金有余，今朕交内务府总管凡一应所用之银，一月止五六百两，并合一应赏赐诸物，亦不过千金，从前光禄寺一年所用银两亦甚浮多，朕节减大半。工部情弊甚多，自后凡有修理之处，将司官笔帖式俱奏请派出，每月支用钱粮，分析细数，造册具奏。若三年内有塌坏者着赔修，如此则工程坚固，而钱粮亦不至妄费矣。"四十五年十月，谕户部："国家钱粮，理当节省，否则必致经费不敷，每年有正项蠲免、有河工费用，必能大加节省，方有裨益。前光禄寺一年用银一百万两，今止用十万两。工部一年用二百万两，今止用二三十万两。"以是较之前朝，十可省九也，及末年，更减之至光禄寺年用四五万，工部十五万余。四十八年又谕大学士等曰：万历以后，所用之内监，为曾在御前服役者，故明季之事迹，朕知之独详，明朝费用甚奢，兴作亦广，一日之费可抵今一年之用，其宫中脂粉银四十万两，供用银数百万两，世祖登极，始悉除之，紫禁城内之砌地瓦，横竖七层，一切之工作，俱派自民间，今则器用朴素，工役皆以现钱雇觅。明季宫女，至九千人，内监至十万人，饭食不能遍及，日有饿死者，今则宫中仅不过四五百人。明季宫中，用马口柴、红螺炭，以数千万斤计，俱取诸昌平等州县，今此柴仅用于天坛焚燎。其内府用度之节省，大略如此。

据会典，康熙二十四年，天下田土，六百零七万八千四百三十顷有奇，赋银二千四百四十四万九千七百二十四两有奇，粮四百三十三万一千一百三十一石有奇，此亦与《东华录》所引《实录》之数有差异。据《实录》，三藩平定之后，赋银便增至二千六百余万两，米豆麦增至六百三十余万，且逐年增加，至康熙五十年前后，赋银殆将增至三千万。据四十八年之谕："前此库贮一二千万时，……现在户部库银，存贮五千余万两。时当承平，无军旅之费，又无土木工程，朕每年经费，极其节省，此存库银两，并无别用。去年蠲免钱粮，至八百余万两，而所存尚多。因思从前恐内帑不足，故将外省钱粮尽收入户部。以今观之，未为尽善。天下财赋，止有此数。在内既赢，则在外必绌。凡事须预为之备，若各省库中，酌留帑银，似于地方有济。"此年有旨，因欲将康熙五十年的天下钱粮，一概蠲免，而召诸廷臣会议之，据大学士张鹏翮所奏，自康熙元年起至今，所免之钱粮，共万万两有余（即一亿两），此系查看户部册籍所得数据。又如四十四年大学士等所奏：康熙元年以来，所免钱粮数目九千万有奇，照此可知决非空言之数。不久又有谕曰，自康熙五十年始，三年以内，天下钱粮通免一周，远近均沾其德泽。如此，三年中所免之天下地丁粮赋，新旧合计三千八百余万两（谕旨为三千二百余万两，此数是合旧来的民欠计算而成）。最初稻谷按例不入蠲免，以台湾有谷无银，巡抚黄秉中请并除之。

会计检查之法，亦渐见严密，令使奏效。康熙十七年，规定了对各省擅动钱粮的处分，惟在用兵刻不容缓之时，一面具题（明记动支款项），一面动用，如浮冒军需按贪官论处。二十三年，因督抚贪污库帑，廷臣受命详议条例以奏闻。自此以后，户工二部咨取之钱粮二三十万两者，仅凭咨文取之，不再奏明。至四十五年，始将咨取大小款项，于月终汇奏之。四十八年，有谕：光禄寺岁用二十余万两，工部自四五十万至百万两，虽较前略省，委官于未估计之先，领银备用，浮支肥己之弊不绝。嗣后十五日一次，具奏委官之姓名及支给之银数。又竣工销算，有至于十年二十年者，稽延作弊，嗣后销算，如有逾年者，立奏闻罢斥。四十九年有谕："先是，光禄寺供应宫中用度，每年用银七十万两有余，朕渐次节省，不使滥溢，一年止需七万两矣。理藩院向来每年赏赐供应外藩宾客，用银八十万两，今裁减浮费，一年止需八万两矣。户工两部，前此每年所用钱粮其数过多，今十日一次，奏闻用过数目，所需钱粮已极少矣。"其内外财政之清厘，详密如此。即使在五十年以后，五十二年时免天下第二年的房地租税一年，兼除逋欠，该年又免山西、河南、陕西西安等府当年之田租。五十四年再免直隶田租，免各省屯卫之带征银二百三十九万，漕项银四十九万除去一半。时以太仓之粟有余裕，下诏以陈粟四百三十余万石，特别赏给官兵。五十七年因西边兴军，免陕甘第二年地丁一百八十余万，频年遭受大兵肆虐之地，屡有蠲免之事例，而库帑未尝不诉匮乏。然各省钱粮之亏空（所谓滥用而亏于定额者）在所难免。五十九年时，定钱粮亏空之条例，而观六十年谕中，有荡平三逆之时，原任湖广布政使徐惺用所用之兵饷，至四十余年也尚未能清了等语，当时的疏节阔目，可推而知之。雍正帝即位之初，首先颁发财政上谕，亦不得已，可见实际上亏空之严查与胥吏之中饱同在。

乾隆四十六年，大学士阿桂疏云："查康熙六十一年，部库所存，八百余万两，雍正年间渐积，至六千余万两。"夫康熙四十八年，库贮已致五千余万，乃反减少如此，似甚费解。然四十八年议及天下地丁钱粮全免时，户部尚书希福纳奏："每年天下地丁钱粮，及盐课关税杂项钱粮内，除照常存留于各省应用及解往别省协济之外，一年共起解银一千三百万两有余，京城俸饷等项，一年需用九百万两有余，每年所积不过一二百万两。"然而即在五十一二年时，一次全免之地丁钱粮已增至三千二百余万。盖其时有支用于近省之事，自户部给发。加之，因末年用兵之故，拨发库帑等，以致库贮之数如此之寡欤。魏源曰："康熙六十载之休养，何以部帑仅止存八百余万，不及乾隆七分之一耶？曰，耗羡未归公，一也；常例未捐输，二也；盐课未足额，三也；关税无赢余，四也；是皆雍正十余载清厘整饬之功，故收效若是。"试就此四款，更稍加说明。

火耗起于明代，即为正供之外再加征几分，清初屡屡厉禁之。顺治元年令曰："官吏征收钱粮，私加火耗者，以犯赃论罪。"康熙四年，有律准许民众控告额外科敛。十七年，有律规定，如克取火耗，则上司不得隐徇。然而不能禁之，因暗加制限。康熙四十八年，圣祖谕河南巡抚鹿祐曰，所谓廉吏，并非一文不取之谓，若纤毫无所资给，则平常日用及家人胥役，以何为生，州县官之类，止取一分之火耗，此外不取，便称为好官，若一概纠摘，属吏则不胜参检。此时各省之耗羡，每两至多不过一钱，独湖南加二三钱，圣祖择廉洁耿介之大吏如赵申乔、陈璸，为偏远之巡抚，使其禁约所属。六十一年闻陕西亏空，总督年羹尧、巡抚喀什图奏："秦省州县火耗，每两有加二三钱者、有加四五钱者。臣与督臣商议、量留本官用度外，其余俱损补合省亏空。"上谕有言断不可行。又云："定例私派之罪甚重。火耗一项，特以州县官用度不敷，故于正项之外，量加些微。原是私事，朕曾谕陈璸云，加一火耗，似尚可宽容。陈璸奏云，此乃圣恩宽大，但不可明谕许其加添。"此实是由于官吏俸禄过薄所生（此事最有关系，当要特别详论），朝廷如以一分示微意，大吏竟昌言以数倍。虽康熙一朝终未公准之，至雍正则以之归公，公然加征，以至以此充作官吏之养廉、地方之公费。虽《会典》事例未载其起存拨用之款目，无由知其总数，观其差异，少则如浙江仁和、钱塘二县，每两加耗四分，多则云南，以至二钱，惟直隶涿州、良乡、昌平、顺义、怀柔、通州、三河、蓟州据称未有征耗，盖应不下三四百万两。

常例之捐输，如捐监、捐封、捐级等，每年约三百万两。而康熙时三藩叛逆之际的开捐，以及三十年大兵征噶尔丹之际，据户部之奏，输运粮草者，作贡监，及记录加级、复级、封赠、准与捐免保举各例，是所谓常例未捐输者。常例之捐输，至乾隆、嘉庆之际得以定也。

盐课于顺治之初，达五十六万两有奇，虽各省渐次纳入版图，也总共不过二百余万。至康熙末年，也不过三百七十余万两，至乾隆，则递增至五百七十余万，实际增加二三百万。

关税中，户部所管二十四关，工部所管六关，其盈余定额四百余万两。然康熙年间，关差各有专员，恣意侵蚀，不但无盈余，并且不敷正额。雍正间经过一番清理，以至报有盈余者络绎不绝，而不闻有缺额。乾隆年间，以雍正十三年为基准，定下赢余之额。

通计以上四款，已增至千余万两，此康熙年间所缺，至乾隆，尽得收之，其财政丰欠之差，所由产生之情势实即如此。圣祖康熙四十九年十月谕："方朕八龄践祚之初，……迄今五十年，……除水旱灾伤，例应蠲免外，其直省钱粮次第通蠲一年，屡经举行，更有一年蠲及数省，一省连蠲数年者。前后蠲除之数，据户部奏称，共计已逾万万，朕一无所顾惜，百姓足，君孰与不足。朝廷恩泽不施及于百姓，将安施乎？朕每岁供御所需，概从俭约，各项奏销浮冒，亦渐次清厘，外无师旅饷馈之烦，内无工役兴作之费，因以历年节省之储蓄，为频岁涣解之恩膏。朕之屡行蠲免，而无国计不足之虑，亦恃此经筹之有素也。"可知确为实言。以此作为清国创业时代财政之概略，其守成时代之财政又当别论。

（明治三十三年七月一日发行《太阳》第六卷第九号）

273

清朝兴衰之关键

今当清朝处于极度衰败之际，处于分崩离析几将难以自保之日。回顾其兴隆旺盛之时，开拓元代以来未曾有之版图，北方与俄国争夺西伯利亚，而能挫其锋，西北征准噶尔，威振中亚；服西藏，与廓尔喀议和。使缅甸、安南入贡。回想当年，未有不惊异于其变化之大者。今日探究其兴衰之关键，未尝不是一极有趣味之事。因之，试加论列，乃起此稿。

人们动则一概相信北强南弱之言，有人认为，北方夷人征服汉人乃为自然之数。然此论据极其薄弱。章潢之《图书编》中，已有只闻北人惧南人，而未闻南人惧北人之论。计东之《筹南论》中，也以吴楚为劲兵之处，可以之经略西北。姑不须谈远，只就明末之时，明清交战之事迹观之，明军亦未必比清军弱也。袁崇焕以通晓边事，当战守之议，思挫败满洲骑射长处之方，则避野战坚城，用西洋大炮数破清军，太祖努尔哈赤为之苦恼，闷郁而崩。且祖大弼以五百骑击清军于锦州，刃几及于太宗之马腹；又尝率死士一百二十人，夜袭白云山太宗之营，火药逼帐而起，使诸官惊扰，其骁勇者亦未尝不如清兵。故永平、滦州等关内之四城，忽失亦忽收复。至于关外四城，至吴三桂开城邀纳清军为止，清军终不能拔。以其不能拔，所以清军屡屡由独石、喜峰等他口深入，致使直隶、山东之州县，尽为其蹂躏之所。虽燕京告警，汹汹惊扰，然太宗终于未能得志于明也。

明之亡，盖由其失政者多，终于灭于流贼，而未灭于外寇。明于山海关内外置二总督，又于昌平、保定设二总督，千里之内有四总督。于今之直隶一省及山海关外尚未达牛庄之疆域内，设六巡抚（宁远、永平、顺天、密云、天津、保定）、八总兵（宁远、山海、中协、西协、昌平、通州、天津、保定）等，星罗棋布，事权不统一，又以阉官太监为之监督，握重兵加以牵制等，皆策之所不宜者。若袁崇焕之英才，遂因反间计被投狱诛死。明之兵饷，自万历以后，每岁征辽饷六百六十万两，崇祯中复加征剿饷二百八十万两，练饷七百二十万两，共增至一千六百七十万两，是皆用以充山海关以东之战费者，是以袁崇焕之"以辽人守辽土，以辽土养辽人"之长策，遂不能用。于是中原盗贼蜂起，而任剿讨之将帅，或以招抚为主，或纵之而不穷追，滔天之祸，遂至不可救药。故明之所以灭亡，应看到，非不足以抵挡满洲之强之故也。

《盛京通志》中曾记曰：萨尔浒之战，是清军以五百，击败明军之四十万。魏源辩曰：明军四路之师，实不过二十万人，加以朝鲜、叶赫，则为二十四万人，每路各六万人。而后全军在萨尔浒攻破者，仅乃杜松一路之兵。军以二万人围界藩，以四万人屯于萨尔浒。而太祖太宗，以六旗兵攻萨尔浒。每旗为七千五百人，是以四万有余之兵攻四万之敌。以二旗兵援界藩，是以一万五千之兵攻二万之敌，杜松军溃败后，我军皆集结于尚间厓；马林溃败后，我军皆集结于布达里冈。其留守于都城者，仅有四千人，而八旗五万余人尽数前去，则亦为倾国之师也。战非一日，军非一路，其兵法当垂后世。焉能以五百人破四十万之妄词，致使史册生疑者乎。

乾隆四十三年，帝巡狩盛京之际，上谕云："山海关京东天险，明代重兵守此，以防我朝。而大军每从喜峰、居庸间道内袭，如入无人之境。然终有山海关控扼其间，则内外声势不接，即入其他口，而彼得挠我后路。故贝勒阿敏弃滦、永、遵、迁四城而归，太宗虽怒遣之，而自此遂不亲统大军入口，所克山东、直隶郡邑，辄不守而去，皆由山海关阻隔之故，乃不旋踵。"此等事实皆足以证明，明朝之兴亡，非由于北强南弱之故。且吴三桂反时，清兵皆畏缩不进，以宗室、亲王、贝勒之重，犹有为之受罚者，益知吾言之不诬也。

世祖入关后，清朝经略南方之手段，取以汉人平定汉人之策。任命明之降臣洪承畴以五省经略之事，命孔有德徇广西，尚可喜、耿仲明徇广东，吴三桂徇四川、云南，皆明之降将，其所部除统领由汉军构成之绿旗兵外，还借由地方招徕之兵力，以平定之。史可法之军败，皆由马士英与左良玉连连内讧，招致人心解体，以至南京不能守也。魏源曰：国朝兵事大者，有前三藩，后三藩。所谓前三藩，为明之福王、唐王、桂王；所谓后三藩者，为平西王吴三桂、平南王尚之信、靖南王耿精忠。若以敌寇之名语之，则为前顺而后逆。若以国家兵力语之，则为前甫新建，而后乘全盛。以勘定之战功语之，则前若拉朽，后似摧山。其事倍功半、劳逸相匹者何也？盖势重则藩镇较殷顽为剧，助少则守成较创业为劳。日本之德川氏不劳于关原、大阪之役；而岛原教民之乱殆穷天下之力者，以此可为例也。当取明之天下时，用明归附之人力，开拓明之土地，赖明之粮饷，其力反易。而至康熙三藩之乱时，虽扰尺寸之土，则我方有减土地之收入，失民心之患。且顺治八、九年间，岁计之出，超过岁入八十余万两，十三年以后，虽频年增饷，岁入之缺额犹至四百万两。承此财政匮乏之后，虽至康熙初年，决非余裕。加之，三藩皆经百战，蓄谋臣猛将，借积威以胁内者。而清廷当时之宿将，无一人可以敌吴三桂者。如赵翼所云，其时汉人既不被信用，汉军中亦多有与诸藩气类相通者，所赖者惟宗室王公及满洲大臣而已，故其屡加催促而不进，律之以老师糜饷之罪，无辞自解，犹仅下诏严饬，交王公大臣议奏，终责以后效，而不遽加革斥，训之励之，终至不得已而用之。然则试问平定三藩之乱者，是否为凭借满人之力乎？则不能不作否定之回答。魏源读《平定三逆方略》，列举在战胜于庙堂者中，有一项：当时谕绿旗诸将有云：自古汉人之叛乱，只用汉兵剿平，岂劳满军助战耶？故一时张勇、赵良栋、王进宝、孙思克奋战于陕西，蔡毓荣、徐治都、万正邑奋战于楚，杨捷、施琅、姚启圣、吴兴祚奋战于闽，李之芳奋战于浙，傅宏烈奋战于粤，群策群力，同仇敌忾，又任岳乐、傅喇塔为宗室，图海、穆占、硕岱取满洲，虽一时宿将已尽，诸臣中无人能敌三桂者，但卒能翦蚩尤于涿鹿，覆豨布于荆吴。是故清朝兴隆之故，在于能善于驱使汉人，决无不可。是为研究清朝史乘时，不能不加以充分注意之点。

然则清廷并非不依靠满洲人。魏源曰："夫草昧之初，以一城一旅敌中原，必先树羽翼于同部。故得朝鲜人十，不若得蒙古人一；得蒙古人十，不若得满洲部落人一。族类同，则语言同，水土同，衣冠居处同，城郭土著射猎习俗同。故命文臣依国语制国书，不用蒙古、汉字；而蒙古、汉军各编旗籍，不入满洲八旗。所以齐风气、一心志、固基业〔者〕，规模宏窈矣。"魏源引乾隆帝《御制实胜寺碑记》云：西师之役，命健锐云梯兵数千人以为先锋，凡行阵参伍、弥缝之际，略觉鼓馁旗靡之处，得健锐兵数十人，屹立其间，则整而复进，斩将夺旗。虽以索伦兵驰突一往，而其知方守节，终不如我满洲世仆其心定而气盛。魏源因附记曰：乾隆尚尔，国初可知。索伦尚且不如，绿营可知，故草昧经营，北讨南征，日无暇给。皆为禁旅与驻防，迭供挞伐，而周召荣散出入行间。盖以禁旅八旗、驻防八旗，为全军之中坚，殆若置于今日宪兵之地位。而使索伦之骁骑、绿营之汉兵，在其行前，不能不致死力，是为不多损伤其世仆，而收全功之法。在一军为已然，扩张此法及于天下，以期无不控驭。是可谓爱新觉罗家之遗法，世世相承，由此以致兴隆。尽管如此，当僻处满洲一隅之际，犹努力招徕汉人，以扩大其规模。洪（承畴）、孔（有德）、尚（之信）、耿（精忠）诸人皆借降附得以建功。而清之极盛之时，即乾隆之际，南征西伐，得以大效其力者，大体皆为满人，如福康安、阿桂、傅恒等皆立大功，而汉人几无可以与之比肩者。故在乾隆时代，最致力于发扬满洲之国粹，往往不无颠倒是非、粉饰史事者。以满洲人为中坚之法，至是大定。乾隆帝之特别依靠满洲世仆之言，亦为之不得不发。此亦犹如日本德川氏于关原、大阪两战役中，皆尽力驱使丰臣氏之臣仆，以之剪除丰臣氏。而及至天下大定之时，如掌握权力，确定武事等，则专赖三河 [1] 之旧臣仆。而在清朝建国过程中，竟无类似关原战役，克服非常之劲敌，决定是否能夺得天下之一战，以建立赫赫战功之机会。其建国过程比之德川氏，犹为弱势，而在其盛时得以粉饰太平者，皆由于渐至积威之所至。

---

[1]　三河国，今爱知县南部。战国时代曾为德川氏领地。三河国出身的谱代武士，在帮助德川氏创业中颇有功绩，为德川氏所信任。——译者注

其招致兴隆固系用此法，而导致衰颓亦由于此法。累代宠遇满洲臣仆之法，反而招致其腐败分崩。日本德川氏三代家光之时，处在极盛之运，已开始惠麾下之穷乏。而清之八旗的世禄制度比之德川时代更薄，更不妥善。其入关后不久，即告贫困，固不足怪。其本为山野骑射之夷人，在遵礼守纪方面自非日本三河武士可比，其侵害良民之不法行为，亦不可胜数。由下列诸事，可见渐次潦倒及法度紊乱之情况。

顺治五年，禁止王府商人及旗人之家人从事外省之贸易。禁止最早东来之人，即清朝皇帝由满洲来的满汉人，以卖人参为名，扰害地方。过去曾许在南京、济宁、临清等处贸易，至是，并禁止，只可在京贸易，违者从重治罪。

顺治十年，赈济八旗穷人。满蒙二军每佐领发布六十匹、棉六百斤、米百石。汉军减半。不久，每次赈济，米增至三百石（一佐领统率三百人）。十二年，发内帑银，赈济八旗穷兵。十四年同。

顺治十七年，内大臣伯索尼奏：商民携货至京者，满洲大臣之家人，出城迎截强买，使商人畏缩不前。又，诸大臣私占边外商人之采木山场，并请禁之。

康熙三年，八旗庄田遭灾，发米粟二百万斛赈济之。十年同此。

康熙五年，上谕：内外奸棍，妄称显要名义，于各处贸易，霸占船只关津，着严拿送部。

康熙十八年，廷臣遵旨议定：包衣之下人、王公大臣之家人、领资本霸占关津生理，倚势欺人者立斩。

康熙三十年，兹偿还八旗兵丁之债务，以后许用官银借贷，特派大臣加以管理。至六十一年，犹申王公家人争买草炭居积牟利之禁。王庆云曰：盖旗人拙于生计，支使悍仆豪奴、衊民驵侩，纵暴牟利，故烦朝廷屡申禁约也。

雍正五年，管理旗务王大臣谕曰：从前皇考轸念兵丁效力行间，以致负债，曾发帑金五百四十余万两，一家赏至数百，未闻置产业者，一二年间荡然无余。其后又赐帑金六百五十余万两，亦如前例，立时费尽。朕即位以来，八旗兵丁一月赏钱粮者数次，每次三十五六万，入手则妄用，不出十日，即归乌有。库帑为国家之正项，百姓之脂膏，岂能无故滥行赏赉乎？若不改除恶习，朕即有加恩之意，亦不能行也。乾隆元年，谕曰：因旗兵寒苦者多，朕借给库银以运官，自应仰体朕心，撙节以为久远之计。乃闻领银到手，不知爱惜，至市肆购买绸缎衣物，使价值增长以巧取。于是晓谕各该营官，是年借给官兵薪俸一年，至次年，又借给兵饷半年。然旗人未领帑银，钱物之价业已高腾。御史明德奏，复严行晓谕。

此年又谕曰：八旗从前风俗，最守古道，迨承平日久，生齿日繁，渐即侈靡。如外省服官，奉差收税，即恣意花销，亏帑犯法，亲戚朋侪，牵连困顿。而兵丁闲散者，惟知鲜衣美食，荡费成风，旗人贫乏，率即由此。朕自即位以来，轸念伊等生计艰难，优恤备至，其亏空钱粮，令部奏免，入官坟茔地亩，已令归还。毕退之世职，亦查明请旨。无非欲令其各个家给人足，返朴还淳而已，惟不可频邀旷典。旗人等宜深思猛省，自为室家之谋。如冀朝廷格外之赏，以供挥霍，济其穷困，焉有是理乎？

至于其宗室，礼、郑、豫、睿、肃诸亲王、克勤郡王等，创业当时，皆亲着戎服，驰突干戈之间，以拥护王室。而如礼烈亲王，身为长兄，因无太祖遗训，以让太宗之贤，而拥戴之，已为当时明人所惊叹。又如睿王于入关之际，有周公辅弼成王之功，而其缔造艰难之遇，或更有过之。其后王族中材艺之多，为历朝所罕见（如怡贤、庄格二亲王辅佐之功。成亲王之书法，礼亲王之学书，皆可传之后世者）。其后，宗室等渐趋倨傲，终致为王室之大患。如现在端郡王勾结无赖，发国家之大难。观礼亲王《啸亭续录》中之所记，可知其由来已非一日。《续录》中曰：

"近日宗室蕃衍，入仕者少，饱食终日，毫无所事。又食指繁多，每患贫窭，好为不法之事，累见奏牍。盖宗室习俗倨傲，不惟汉士大夫不肯亲昵，即满洲亲戚，稍知贵重者，亦不肯甘为之下。惟市井小人，日加谄媚，奉为事主，宗室乐与之狎，一朝失足，遽难回步。每有滥佚干上之事，有司以其天潢，故为屈法，市井之良善者又多畏其威势，不敢与抗，适足以长其凶焰，其俗日渐卑恶也。"

且在康熙年中，犹曾令亲王郡王典兵；而至乾隆、嘉庆，宗胄遂无专征之事。据魏源所云：自嘉庆以后，造成岁计支绌之重大原因者，宗禄之增加居其中之一。顺治年初，宗室之从入关者有二千余，道光年间至三万余，岁禄费数百万两。如此众多之宗室，成为恶棍逋逃之渊薮，其侵害良民之事，殆有不可测者。盖其衰势之征候，早在号称极盛之乾隆末年、嘉庆初年之川、湖、陕教匪之乱中已趋显著。

嘉庆四年，太上皇（即乾隆帝）登遐，皇帝命传谕四川、湖北、陕西之将帅督抚。其中有云：迩年皇考春秋日高，从事宽厚，即令如贻误军事之永保者，本应交刑部严加治罪，仍邀宽宥。其实各路纵贼者，何止永保一人乎？无不粉饰奏报，掩败为功，其在京谙达之侍卫章京，营求以赴军。其由军中归来者，无不营置田产，顿成殷富。故将吏日以玩兵养寇为事等语。又，同时诏谕中有云：川楚之军需，三载经费以至于逾七千余万，是为从来未有者。是皆内恃和珅（为乾隆末年专权之宰相，嘉庆四年被诛），外有福康安、和琳积习相踵，在军惟酒肉笙歌自娱，以国帑供其浮冒，而各路官兵乡勇，迟不发饷，以致枵腹无裈，以牛皮裹足，跣行山谷。此弊毕沅在湖北时已开端绪，而宜绵英善在川时，则相沿为例。盖由此时起，始用乡勇团练。其所来由在于襄阳之贼犯孝感之时，只有随州令居民村庄，预掘壕沟、垒土山，严守御，贼无所施其技，得免焚掠，遂谕各州县用此法，令与官军互为犄角。又诏：若征调黑龙江之兵，往返数千里，供给浩繁，不习水土，不熟贼情。计调黑龙江之一兵，可募数十乡勇，且以可卫身家，免被虏之威胁，可责恃此策以为剿匪之计也。然是时，临阵则使乡勇居前，绿营兵次之，满兵、吉林、索伦之兵又次之。而贼营亦先驱难民于前，与我军相抗，其真贼皆在后观望，故乡勇日与难民交锋，而兵贼常不相值。又，乡勇伤亡，亦无庸注册上报，故可掩败为功，而至于京师禁旅伤亡，必当具奏。更非如绿营之兵，只咨报部可比。是以不能令其赴前敌。及其战胜，则后队之弁兵，又攘以为功，而冲锋陷阵之乡勇，反不得与。是以保奏时，皆满兵居多。绿营兵间而有之，而乡勇之见于奏章者，百无一二。是以满兵不仅可驱使由汉人构成之绿营兵，更产生受绿营驱使之乡勇，以之与被匪贼胁从之难民相啮噬。至是诏：乡勇有功者，一律保奏，阵亡者一律议恤，以收同仇敌忾之效。此文末了处除列举刘清、罗思举、桂涵之外，录其功者，盖无几人。

即此数人，其事迹亦多不见于奏牍，魏源特叙述之，可见满人骄盈之极，腐败之甚。

德川氏之末期，有屡禁庶民习武之事。此实则反映麾下士人之惰弱，禁令以其滔滔之势不足以制，江户幕府之灭亡，所谓八万骑麾下亦无可奈何。惟清朝亦复如此。当此寇乱之际，陕甘总督长麟上奏，以其治内团练日密，当贼势日蹙之时，团练今日虽为有益，大有害于将来。民气日趋强悍，或聚众械斗，抗官拒捕，不可不防其渐，察此情形，奏请防遏之法。诏谕：此情形虽不可容，但对凯旋之乡勇，可取由官给价收购其枪矛之策，一时得以无事。然其积势日下，至于发逆之乱，满兵绿营全不足恃，当时，虽有如勇将塔齐布者，可为满人之后劲，但其剿平之功，则不能不全然归之于楚勇湘勇。国家除额兵之外，更不能养此楚、湘、皖诸勇以自卫。以斯，有别征厘金之一途，使兵制财政产生一大变革，而满洲中坚之政策，则全成废纸。要之，造成清室兴隆之优宠满人，驱使汉人之遗法，其弊之所至，遂成此转旋之势。而此微妙之机，实在乾隆、嘉庆之际。乾隆时，宠用满人达于绝顶，而嘉庆以后，徒受其弊而已，而国势之衰弱亦不能不由此所以致之。清朝史乘，此所谓兴衰之关键，是最需留心者也。

此论系单由国势兵力之一端所发者，但决定一代兴衰之原因，未必止于兵力、国势之一端而已。还不能不与民力物力之盛衰、府帑之丰欠相关连，逐步演变之所致。曩者，余曾论及清朝创业时代之财政，异日，余将再论其极盛时期之财政与衰颓时期之财政，以与前论相终始。再与此篇相互参照，于阐明其兴衰之原委上，势将有更大之发现也。

附云：吴三桂等三藩之叛，以其局面之大而言，固非日本岛原[1]弹丸黑子般之地区可比，以兵力之强而言，又非由教民揭竿而起，一有土侯伯参与之情况可比。而康熙帝年方二十余岁，亲政未久，何以能勘定大难，奏凯全功，不可不穷其究竟。本论所谈只举其最为重大者，要而言之。而本论所言之外，仍有决不可忽视之点。故再于下文中补说之。

魏源云：其时，乱起多方，所在鼎沸，情形日日不同。故中原腹地，皆屯重兵以备应援。楚急则调安庆之兵以赴楚，调河南之兵以移安庆，又调兵屯河南以继之。蜀警则调西安之兵以援蜀，而以太原之兵移西安，又调兵屯太原以继之。闽警则调江宁、江西之兵赴闽浙，调兖州之兵赴江宁，又调兵屯兖州以继之，使贼不能出湖南一步。各地虽有边乱，而江淮晏然，得以转输财赋，佐军兴之急。而贼惟以一隅敌天下，饷匮财竭，重敛劳怨，遂至瓦解。且羽书络绎，命兵部于驿递之外，每四百里——各置笔帖式、拨什库，以加速邮传，诘奸宄，防诈伪。如此，甘肃之西有五千余里，九日可至；荆州、西安，五日可至，浙江四日可至。每日军报三四百疏，手批口谕，发号指示，洞的窥中，遵命者无不摧敌，违机者无不败衄。用能数千里之外指麾臂使，八载一日之余健行默运，兵多而不扰民，饷费而不增赋，至矣哉，震惊百里，不丧匕鬯，洵可谓古之聪明睿智，神武而不能者也。盖其时之兵未经训练，虽非今日文明国家之兵所可企及，至

---

[1] 岛原之乱：江户时代于1637年十一月肥前国，（今长崎县）岛原藩之农民及基督教徒，为反对幕府宗教及藩主之暴政而起义。于次年二月被幕府军镇压。——译者注

于其战略组织，竟可与毛奇将军相提并论。[1] 其不恃一局部之骁锐，而赖针线之绵密，情报之快速，以其补给之齐备，决胜于全局，而尽由一人所统率，虽近世泰西之名将，岂能以加之乎？所谓荆州距京三千三百八十华里，西安为二千六百五十华里，而能五日即达。浙江为三千三百华里，其情报四日即达，岂非在无电报之时，最为神速者耶？若称康熙帝之头脑为近世帝王中最伟大人物之一，决非过誉。吴三桂自恃其宿将老练，帝在年少，仍不敢急于侵入陕西、湖北，大事伸张其力于中原，其失计固为使帝迅速成功之一因，而康熙帝之文明战略，使其弱势一转而为最强有力之防剿法，除驱使汉人之外，无疑此亦为庙堂操胜券之最为显著之原因。

再者，顺治、康熙之际，军兴最多，而其赏不厚。魏源曰：国朝武功之赏，至乾隆年间始趋厚重。国初斩将搴旗，殉难死绥之人，往往仅荫其一子入国子监读书。经略洪承畴，虽收复五省凯旋，仅世袭三等轻车都尉。赵良栋、王进宝力战川陕，破走滇逆，仅封子爵。乾隆四十年，始一概代之以世袭。盖承平日久，人习安逸，非如此不足以振励戎行也。乾隆之际，征伐概用其世仆，不邀如此之重赏，反而难期其军功，可见乾隆帝依靠世仆之政策，未必大得其效，而其时已难掩腐败之兆，亦可知矣。此亦足以与本论有互相启发之处，故又附记于此。

---

[1] 毛奇（Helmuth Karl Bernhard von Moltke, 1800—1891），普鲁士著名将军，被称为普鲁士陆军之父。——译者注

（本文所叙之事实，概据魏源《圣武记》、礼亲王《啸亭杂录》、赵翼《皇朝武功纪盛》、王庆云《熙朝纪政》及《皇朝开国方略》等。并请参王先谦《东华录》、《大清会典》、《经世文编》、计东《筹南论》、章潢《图书编》等。）

（明治三十四年三月五日发行，
《太阳》第九卷第三号）

编者附言

　　本文收录于《内藤湖南全集》第五卷。据著者在本文的绪言及《全集》编者之一内藤乾吉在该卷"后记"中所写，本文原系著者在 1911 年 11 月 24 日、12 月 1 日、12 月 8 日在京都帝国大学三次演讲的速记稿，经稍许修订后，于 1912 年 3 月由该大学以文会出版。著者逝世后，于 1944 年，与《清朝史通论》一起，由弘文堂再版。作为该文后的两篇附录：《清国创业时期的财政》、《清朝兴衰之关键》是在《清朝衰亡论》的演讲十余年前（1900、1901 年）发表的，构成该文的思想基础，故一并收录于该文之后。现亦一并译出，以飨读者。

编　者